Eingriffsnormen im Internationalen Privatrecht

Europäische Hochschulschriften

Publications Universitaires Européennes

European University Studies

Reihe II

Rechtswissenschaft

Série II Series II

Droit

Law

Bd./Vol. 3407

PETER LANG

Frankfurt am Main · Berlin · Bern · Bruxelles · New York · Oxford · Wien

André Stoll

Eingriffsnormen im Internationalen Privatrecht

Dargestellt am Beispiel des Arbeitsrechts

PETER LANG
Europäischer Verlag der Wissenschaften

Die Deutsche Bibliothek - CIP-Einheitsaufnahme

Stoll, André:

Eingriffsnormen im Internationalen Privatrecht : dargestellt am Beispiel des Arbeitsrechts / André Stoll. - Frankfurt am Main ; Berlin ; Bern ; Bruxelles ; New York ; Oxford ; Wien : Lang, 2002
(Europäische Hochschulschriften : Reihe 2, Rechtswissenschaft ; Bd. 3407)
Zugl.: Mannheim, Univ., Diss., 2001
ISBN 3-631-38435-1

Inauguraldissertation zur Erlangung
des akademischen Grades des
Doktors der Rechte
der Universität Mannheim.

D 180
ISSN 0531-7312
ISBN 3-631-38435-1

www.peterlang.de

Meiner Mutter gewidmet

Vorwort

Die vorliegende Arbeit wurde im Wintersemester 2000/2001 von der Fakultät für Rechtswissenschaften der Universität Mannheim als Dissertation angenommen.

Die Arbeit ist während meiner Tätigkeit als wissenschaftlicher Angestellter am Lehrstuhl meines Doktorvaters, Herrn Professor Dr. *Egon Lorenz*, entstanden, dem ich an dieser Stelle meinen herzlichen Dank für die Betreuung der Arbeit und die Zeit, die ich als Mitarbeiter an seinem Lehrstuhl verbringen konnte, aussprechen möchte. Herrn Prof. Dr. *Eibe Rieble* danke ich für die Erstellung des Zweitgutachtens.

Meinem Freund und Kollegen Herrn Assessor *Dirk Leyendecker* danke ich für die Gespräche und Anregungen sowie die Hilfe in allen computertechnischen Angelegenheiten. Meiner Ehefrau Dr. *Ute Merkel-Stoll* danke ich für die sorgfältige Durchsicht des Manuskriptes und ihre Unterstützung im Rahmen der Veröffentlichung dieser Arbeit.

Lampertheim, im Januar 2002 André Stoll

Inhaltsverzeichnis

Abkürzungsverzeichnis

Dieses Abkürzungsverzeichnis führt nur die weniger geläufigen Abkürzungen auf. Zu den übrigen verwandten Abkürzungen s. *Kirchner*, Abkürzungsverzeichnis der Rechtssprache, 4. Auflage, Berlin/New York 1993.

ABl. EG	Amtsblatt der Europäischen Gemeinschaften
ArbuR	Arbeit und Recht
AZO	Arbeitszeitordnung (weggefallen)
BerGesVR	Berichte der Gesellschaft für Völkerrecht
Bus. L. Rev.	Business Law Review
C. M. L. Rev.	Common Market Law Review
DRdA	Das Recht der Arbeit (Österreich)
ERL	Entsenderichtlinie, Richtlinie 96/71 des Europäischen Parlaments und des Rates vom 16.12.1996, ABl. EG Nr. L 18 vom 21.1.1997, S. 1
EVÜ	Römisches EWG-Übereinkommen über das auf vertragliche Schuldverhältnisse anzuwendende Recht vom 19.06.1980, ABl. EG Nr. L 266 vom 09.10.1980
I. C. J. Rep.	International Court of Justice Report
IGH	Internationaler Gerichtshof
Int. Comp. L. Q.	International and Comparative Law Quarterly
IPR	Internationales Privatrecht
Rec.	Recueil
GS	Gedächtnisschrift
FS	Festschrift
JbArbR	Jahrbuch des Arbeitsrechts
IPRspr.	*Makarov; Gamillscheg; Müller; Dierk; Kropholler:* Die deutsche Rechtsprechung auf dem Gebiet des internationalen Privatrechts, 1952 ff.
IzRspr.	Sammlung der deutschen Entscheidungen zum interzonalen Privatrecht
J. B. L.	Journal of Business Law
MPI	Max-Planck-Institut
NILR	Netherlands International Law Review

N. J.	Nederlandse Jurisprudentie
RdW	Recht der Wirtschaft (Österreich)
Rev. crit. dr. i. p.	Revue critique de droit international privé
schweiz.	schweizerische (r, s)
SchwJbIntR	Schweizerisches Jahrbuch für internationales Recht
Slg.	Sammlung der Rechtsprechung des Gerichtshofes und des Gerichts Erster Instanz
VO	Verordnung
Vol.	Volume
VR	Versicherungsrundschau (Österreich)
wbl	Wirtschaftsrechtliche Blätter (Österreich)
Yb. Eur. L.	Yearbook of European Law
ZAS	Zeitschrift für Arbeits- und Sozialrecht (Österreich)
ZfRV	Zeitschrift für Rechtsvergleichung (Österreich)
ZIAS	Zeitschrift für ausländisches und internationales Sozialrecht
ZLR	Zeitschrift für Lebensmittelrecht

Literaturverzeichnis

Monographien werden nach Verfasser und Seite oder Randnummer zitiert. Mehrere Beiträge eines Verfassers werden durch die im Literaturverzeichnis kursiv gedruckten Titelstichwörter unterschieden oder wie dort angegeben zitiert. Sofern sich das Zitat nicht auf die letzte der hier genannten Auflagen bezieht, wird dies durch Angabe der betreffenden Auflage vermerkt.

Anderegg, Kirsten: Ausländische Eingriffsnormen im internationalen Vertragsrecht, Tübingen 1989.

Anderegg, Kirsten: Diskussionsbericht: Die Anwendung ausländischer Eingriffsnormen, RabelsZ 52 (1988), S. 260 – 270.

Arndt, Hans-Wolfgang, Europarecht, 4. Auflage Heidelberg 1999.

Arndt, Hans-Wolfgang: Warenverkehrsfreiheit innerhalb der Europäischen Union: der Fall „Keck" – EuGH, NJW 1994, S. 121, JuS 1994, S. 469 – 473.

Audit, Bernard: Droit international privé, Paris 1991.

Bar, Christian von: Besprechung von: Kegel, Gerhard, Internationales Privatrecht, 5. Auflage München 1985, JZ 1986, S. 488 – 489.

Bar, Christian von: Internationales Privatrecht, Bd. I, Allgemeine Lehren, München 1987; Bd. II, Besonderer Teil, München 1991 [zit.: IPR].

Bär, Rolf: Kartellrecht und Internationales Privatrecht, Bern 1965.

Bartels, Hans-Joachim: Das neue Arbeitsrecht der DDR, RabelsZ 42 (1978), S. 507 - 549.

Basedow, Jürgen: Anmerkung zu Rechtsbank Den Haag, Urteil vom 17.9.1982, RabelsZ 47 (1983), S. 147 - 172.

Basedow, Jürgen: Theoretischer Versuch über die ordnungspolitischen Normen des Forumstaates, RabelsZ 52 (1988), S. 8 – 40.

Basedow, Jürgen: Entwicklungslinien des internationalen Kartellrechts, NJW 1989, S. 627 - 638.

Basedow, Jürgen: Keck on the facts, EuZW 1994, S. 225.

Basedow, Jürgen: Der kollisionsrechtliche Gehalt der Produktfreiheiten im europäischen Binnenmarkt: favor offerentis, RabelsZ 59 (1995), S. 1 - 55.

Baum, Harald: Faktische und potentielle Eingriffsnormen – Der iranische Bierlieferungsfall (Anmerkung zu BGH, RabelsZ 53 (1989), 146), RabelsZ 53 (1989), S. 152 – 164.

Baumert, Andreas F.: Europäischer ordre public und *Sonderanknüpfung* von EG-Recht, Frankfurt a. M. 1994.

Baumert, Andreas F.: Die Umsetzung des Art. 6 Abs. 2 der AGB-Richtlinie im System des europäischen kollisionsrechtlichen Verbraucherschutzes, EWS 1995, S. 57 – 69.

Becker, Ulrich: Voraussetzungen und Grenzen der Dienstleistungsfreiheit, NJW 1996, S. 179 – 181.

Behr, Volker: Zum österreichischen und deutschen internationalen Arbeitsrecht, IPRax 1989, S. 319 – 324.

Behrens, Peter: Die Konvergenz der wirtschaftlichen Freiheiten im europäischen Gemeinschaftsrecht, EuR 1992, S. 145 - 162.

Beisiegel, Detlef; Mosbacher, Wolfgang; Lepante, Eddie: Vergleich des deutschen Arbeitnehmerentsendegesetzes mit seinem französischen Pendant, JZ 1996, S. 668 - 671.

Beitzke, Günther: Probleme der Privatrechtsangleichung in der Europäischen Wirtschaftsgemeinschaft, ZfRV 5 (1964), S. 80 - 93.

Beitzke, Günther: Bemerkungen zur Kollisionsrechtsvergleichung in der Praxis, RabelsZ (48) 1984, S. 623 – 648.

Berg, Hayo: Diskussionsbericht: Der Anwendungsbereich inländischer Eingriffsnormen, RabelsZ 52 (1988), S. 257 – 260.

Berger, Klaus Peter: Devisenrecht in der internationalen Wirtschaftsschiedsgerichtsbarkeit, ZVglRWiss 96 (1997), S. 316 – 346.

Biagi, Marco: The „posted workers" EU directive: from social dumping to social protectionism, in: *Blanpain* (Hrsg.), Labour Law and Industrial Relations in the European Union, Hague 1998, S. 173 – 180.

Birk, Rolf: Die multinationalen Korporationen im internationalen Arbeitsrecht, BerGesVR Band 18 (1978), S. 263 - 370.

Birk, Rolf: Internationales Tarifvertragsrecht, Eine kollisionsrechtliche Skizze, in: Festschrift für Günther Beitzke, Berlin 1979, S. 831 – 873.

Birk, Rolf: Das internationale Arbeitsrecht der Bundesrepublik Deutschland, RabelsZ 46 (1982), S. 384 – 420.

Birk, Rolf: Betriebszugehörigkeit bei Auslandstätigkeit, in: Festschrift Molitor, München 1988, S. 19 - 40.

Birk, Rolf: Die Bedeutung der Parteiautonomie im Internationalen Arbeitsrecht, RdA 1989, S. 201 - 207.

Birk, Rolf: Die Folgewirkungen des europäischen Gemeinschaftsrechts für das nationale Arbeitsrecht, EuR 1990 - Beiheft 1, S. 17 – 33.

Birk, Rolf: Die Gesetzgebungszuständigkeit der Europäischen Gemeinschaft im Bereich des Arbeitsrechts, RdA 1992, S. 68 – 73.

Birk, Rolf: Elemente eines Gemeinschaftsrechts der Arbeitsbeziehungen, in: *Müller-Graff* (Hrsg.), Gemeinsames Privatrecht in der europäischen Gemeinschaft, Baden-Baden 1993, S. 309 – 324.

Birk, Rolf: Deutsches und schweizerisches Arbeitskollisionsrecht – Eine bilaterale Skizze, in: Festschrift für Anton Heini, Zürich 1995, S. 15 - 48.

Birk, Rolf: Die Bedeutung der Parteiautonomie im internationalen Arbeitsrecht, RdA 1996, S. 201 – 207.

Birk, Rolf: Die Regelung der internationalen Zuständigkeit in der Entsenderichtlinie, in: *Wiesehügel/Sahl* (Hrsg.), Die Sozialkassen der Bauwirtschaft und die Entsendung innerhalb der Europäischen Union, Frankfurt a. M. 1998, S. 111 – 125.

Birk, Rolf: Arbeitsrecht und internationales Privatrecht, RdA 1999, S. 13 – 18.

Birk, Rolf: Zur Vereinbarkeit des § 23 Abs. 7 Ang. 6 mit der Regelung der Freizügigkeit im Primär- und Sekundärrecht der EU, ZAS 1999, S. 1 – 13.

Bittner, Claudia: Arbeitsrechtlicher Gleichbehandlungsgrundsatz und ausländisches Arbeitsvertragsstatut, NZA 1993, S. 161 – 168.

Blanke, Thomas: Die Neufassung des Arbeitnehmer – Entsendegesetzes: Arbeitsmarktregulierung im Spannungsverhältnis von Dienstleistungsfreiheit, Arbeitnehmerschutz und Tarifautonomie, ArbuR 1999, S. 417 – 426.

Blanpain, Roger; Schmidt, Marlene; Schubert, Ulrike: Europäisches Arbeitsrecht, 2. Auflage Baden-Baden 1996.

Bleckmann, Albert: Die Freiheiten des Gemeinsamen Marktes als Grundrechte, in: Gedächtnisschrift für Christoph Sasse, Band II, 1981, S. 665 - 684.

Bleckmann, Albert: Europarecht, 6. Auflage Köln/Berlin/Bonn 1997.

Böhm, Barbara: Verbraucherschutz im internationalen Privatrecht, die Reichweite des Art. 29 EGBGB an Hand ausgesuchter Fälle, Bayreuth 1993.

Böhm, Wolfgang: Arbeitnehmer – Entsendegesetz als „Ermächtigungsgesetz"?, NZA 1999, S. 128 – 130.

Borgmann, Bernd: Kollisionsrechtliche Aspekte des Arbeitnehmer-Entsendegesetzes, IPRax 1996, S. 315 – 320.

Böse, Peter O.R.: Der Einfluß des zwingenden Rechts auf internationale Anleihen, Frankfurt a. M. 1963.

Brechmann, Winfried: Die richtlinienkonforme Auslegung – Zugleich ein Beitrag zur Dogmatik der EG-Richtlinie, München 1994.

Brinkmann, Gisbert: Freizügigkeit und Entsendung von Arbeitnehmern nach der Entsenderichtlinie, in: *Hailbronner* (Hrsg.), 30 Jahre Freizügigkeit in Europa, Heidelberg 1998, S. 133 – 148.

Brödermann, Eckart: Europäisches Gemeinschaftsrecht versus IPR: Einflüsse und Konformitätsgebot, MDR 1992, S. 89 – 95.

Brödermann, Eckart; Iversen, Holger: Europäisches Gemeinschaftsrecht und Internationales Privatrecht, Tübingen 1994.

Busse, Daniel: Die Berücksichtigung ausländischer „Eingriffsnormen" durch die deutsche Rechtsprechung, ZVglRWiss 95 (1996), S. 386 – 418.

Coester, Michael: Die Berücksichtigung fremden zwingenden Rechts neben dem Vertragsstatut, ZVglRWiss 82 (1983), S. 1 – 30.

Coester-Waltjen, Dagmar: Der Eskimo-Mantel aus Spanien – Ist der kollisionsrechtliche Verbraucherschutz zu kurz gestrickt?, in: Festschrift für Werner Lorenz, Tübingen 1991, S. 297 – 319.

Coing, Helmut: Bemerkungen zum überkommenen Zivilrechtssystem, in: Festschrift Dölle Band I, Frankfurt a.M. 1963, S. 25 - 40.

Coing, Helmut: Zur Anwendung zwingenden ausländischen Rechts – Art. 7 I des Übereinkommens über das auf vertragliche Schuldverhältnisse anzuwendende Recht, WM 1981, S. 810 - 813.

Cornelissen, Rob: Die Entsendung von Arbeitnehmern innerhalb der Europäischen Gemeinschaft und die soziale Sicherheit, RdA 1996, S. 329 - 339.

Currie, Brainerd: Selected Essays on the Conflicts of Laws, Durham, N. C. 1963.

Däubler, Wolfang: Grundprobleme des internationalen Arbeitsrechts – dargestellt am Beispiel Deutschlands und Italiens, AWD 1972, S. 1 - 12.

Däubler, Wolfgang: Das neue internationale Arbeitsrecht, RIW 1987, S. 249 – 256.

Däubler, Wolfgang: Grenzüberschreitende Fusion und Arbeitsrecht, DB 1988; S. 1850 – 1854.

Däubler, Wolfgang: Arbeitsrecht und Auslandsbeziehungen, ArbuR 1990, S. 1 - 12.

Däubler, Wolfgang: Der Richtlinienvorschlag zur Entsendung von Arbeitnehmern, EuZW 1993, S. 370 – 374.

Däubler, Wolfgang: Tarifvertragsrecht, 3. Auflage Baden-Baden 1993.

Däubler, Wolfgang: Ein Antidumping-Gesetz für die Bauwirtschaft, DB 1995, S. 726 – 731.

Däubler, Wolfgang: Die Entsende-Richtlinie und ihre Umsetzung in das deutsche Recht, EuZW 1997, S. 613 – 618.

Däubler, Wolfgang: Die Entsenderichtlinie und ihre Umsetzung in nationales Recht, in: *Wiesehügel/Sahl* (Hrsg.), Die Sozialkassen der Bauwirtschaft und die Entsendung innerhalb der Europäischen Union, Frankfurt am Main 1998, S. 94 – 110.

Däubler, Wolfgang: Anmerkung zu EuGH, Urteil vom 23.11.1999, Rs. C-396/96 und C-376/96 (Arblade), ZIP 1999, S. 2174 – 2176.

Däubler, Wolfgang: Neue Akzente im Arbeitskollisionsrecht, RIW 2000, S. 255 – 260.

De Boer, Theodorus M.: The EEC Contracts Convention and the Dutch Courts, RabelsZ 54 (1990), S. 24 – 62.

Deinert, Olaf: Arbeitnehmerentsendung im Rahmen der Erbringung von Dienstleistungen innerhalb der Europäischen Union, RdA 1996, S. 339 – 352.

Deinert, Olaf: Mittelbare horizontale Richtwirkung von Richtlinien im IPR, in: Jahrbuch junger Zivilrechtswissenschaftler 1997, S. 257 – 284.

Dicey, Albert V. / Morris, John H. C.: The Conflict of Laws, Bd. I, 12. Auflage London 1993; Bd. II, 11. Auflage London 1987.

Dietz, Rolf; Richardi, Rheinhard: Betriebsverfassungsgesetz: mit Wahlordnung – Kommentar, Band 1 und 2, 7. Auflage München 1998 [zit.: Dietz/Richardi].

Drasch, Wolfgang: Das Herkunftslandprinzip im internationalen Privatrecht, Baden-Baden 1997.

Dreher, Meinrad: Richtlinienumsetzung durch Exekutive und Judikative?, EuZW 1997, S. 522 – 525.

Drobnig, Ulrich: Extraterritoriale Reflexwirkungen ostzonaler Enteignungen, RabelsZ 18 (1953), S. 659 – 689.

Drobnig, Ulrich: Das Profil des Wirtschaftskollisionsrechts, RabelsZ (1988) 52, S. 1 – 7.

Drobnig, Ulrich: Die Beachtung von ausländischen Eingriffsgesetzen - eine Interessenanalyse, in: Festschrift für Karl H. Neumayer, Baden-Baden 1985, S. 159 – 179.

Drobnig, Ulrich; Puttfarken, Hans Jürgen: Arbeitskampf auf Schiffen fremder Flaggen, Kehl 1989.

Droste, Thomas: Der Begriff der „zwingenden Bestimmung " in den Art. 27 ff. EGBGB, Freiburg (Breisgau) 1991.

Eberhartinger, Michael: Konvergenz und Neustrukturierung der Grundfreiheiten, EWS 1997, S. 43 – 52.

Ebke, Werner F.: Internationales Devisenrecht, Heidelberg 1990.

Ehrenzweig, Albert A.: Local and Moral Data in the Conflict of Laws: Terra Incognita, Buffalo Law Review 16 (1966), S. 55.

Ehrenzweig, Albert A.: Dati di fatto e dati morali in diritto internazionale privato, Diritto internazionale 21 (1967-I), S. 246 – 261.

Ehrenzweig, Albert A.: Private International Law, Band I, General Part, Leiden 1967.

Eichenhofer, Eberhard: Internationales Sozialrecht und Internationales Privatrecht, Baden-Baden 1987.

Eichenhofer, Eberhard: Arbeitsbedingungen bei Entsendung von Arbeitnehmern, ZIAS 1996, S. 55 – 82.

Engel, Christoph: Die Bedeutung des Völkerrechts für die Anwendung in- und ausländischen Wirtschaftsrechts, RabelsZ 52 (1988), S. 271 – 302.

Engel, Christoph: Anmerkung zu EuGH, Urteil vom 9.2.1995, Rs. C-412/93 (TF 1 Publicité SA), JZ 1995, S. 940 – 942.

Erfurter Kommentar zum Arbeitsrecht, herausgegeben von Reiner Ascheid u.a., München 1998 [zit.: ErfK-*Bearbeiter*].

Erman, Walter: Handkommentar zum Bürgerlichen Gesetzbuch, 10. Auflage Münster 2000.

Erne, Monica: Vertragsgültigkeit und drittstaatliche Eingriffsnormen, Zürich 1985.

Everling, Ulrich: Das Niederlassungsrecht in der Europäischen Gemeinschaft, DB 1990, S. 1853 - 1859.

Everling, Ulrich: Von der Freizügigkeit der Arbeitnehmer zum Europäischen Bürgerrecht, EuR 1990 – Beiheft 1, S. 81 – 103.

Everling, Ulrich: Der Einfluß des EG-Rechts auf das nationale Wettbewerbsrecht im Bereich des Täuschungsschutzes, ZLR 1994, S. 221 – 239.

Fabricius, Fritz; Kraft, Alfons; Wiese, Günther; Kreutz, Peter; Oetker, Hartmut: Betriebsverfassungsgesetz – Gemeinschaftskommentar, Band I und II, 6. Auflage Neuwied u.a. 1998 [zit.: GK-*Bearbeiter*].

Ferid, Murad: Internationales Privatrecht, 3. Aufl. (unter Mitwirkung von C. Böhmer), Frankfurt a. M. 1986.

Feudner, Bernd W.: Grenzüberschreitende Anwendung des § 613 a BGB?, NZA 1999, S. 1184 – 1190.

Feuerborn, Andreas: Grenzüberschreitender Einsatz von Fremdfirmenpersonal, EAS Teilausgabe B 250, Stand: November 1995.

Fezer, Karl-Heinz: Europäisierung des Wettbewerbsrechts, JZ 1994, S. 317 – 326.

Firsching, Karl: Übereinkommen über das auf vertragliche Schuldverhältnisse anzuwendende Recht (IPR-VertragsÜ) vom 11.6.1980, IPRax 1981, S. 37 – 43.

Firsching, Karl: Das neue jugoslawische IPR-Gesetz, IPRax 1983, S. 1 – 5.

Firsching, Karl; Hoffmann, Bernd von: Internationales Privatrecht, 6. Auflage, München 2000.

Fischer, Gerfried: Anmerkung zu BGH, Urteil vom 26.10.1993, JZ 1994, S. 367 – 370.

Fischer, Hans Georg: Europarecht: eine Einführung in das Europäische Gemeinschaftsrecht und seine Verbindungen zum deutschen Staats- und Verwaltungsrecht, 2. Auflage München 1997.

Fitting, Karl; Kaiser, Heinrich; Heither, Friedrich; Engels Gerd; Schmidt, Ingrid: Betriebsverfassungsgesetz – Handkommentar, 20. Auflage München 2000 [zit. Fitting].

Fletcher, Jan F.: Conflict of Laws and European Community Law, Amsterdam, 1982.

Franzen, Martin: Internationales Arbeitsrecht, AR-Blattei, SD 920, Stand Oktober 1993.

Franzen, Martin: Der *Betriebsinhaberwechsel* nach § 613 a BGB im internationalen Arbeitsrecht, Heidelberg 1994.

Franzen, Martin: Rechtsangleichung der Europäischen Union im Arbeitsrecht, ZEuP 1995, S. 796 – 826.

Franzen, Martin: „Gleicher Lohn für gleiche Arbeit am gleichen Ort"? – Die Entsendung von Arbeitnehmern aus EU-Staaten nach Deutschland, DZWir 1996, S. 89 – 101.

Franzen, Martin: Arbeitskollisionsrecht und sekundäres Gemeinschaftsrecht: Die EG-Entsende-Richtlinie, ZEuP 1997, S. 1055 – 1074.

Freitag, Robert; Leible, Stefan: Von den Schwierigkeiten der Umsetzung kollisionsrechtlicher Richtlinienbestimmungen, ZIP 1999, S. 1296 – 1301.

Gamauf, Christian: Aktuelle Probleme des ordre public im Schiedsverfahren, insbesondere im Hinblick auf Eingriffsnormen, ZfRV 2000, S. 41 – 52.

Gamillscheg, Franz: Internationales Arbeitsrecht (Arbeitsverweisungsrecht), Berlin 1959.

Gamillscheg, Franz: Die Entwicklung des internationalen Arbeitsrechts 1959–1964, JbArbR 2 (1964), S. 19 - 43.

Gamillscheg, Franz: Rules of Public Order in Private International Labour Law, Rec. des Cours 181 (1983), S. 285 - 347.

Gamillscheg, Franz: Ein Gesetz über das internationale Arbeitsrecht, ZfA 14 (1983), S. 307 - 363.

Gamillscheg, Franz: Das internationale Arbeitsrecht im Münchener Handbuch zum Arbeitsrecht, in: Festschrift für Otto Rudolf Kissel, München 1994, S. 237 – 248.

Gamillscheg, Franz: Kollektives Arbeitsrecht, Band 1, München 1997.

Ganzert, Ernst Ludwig: Das internationale Arbeitsverhältnis im deutschen und französischen Kollisionsrecht, Frankfurt a.M. 1992.

Garcke, Klaus: Der Anwendungsbereich des öffentlichen Außenwirtschaftsrechts, Göttingen 1973.

Gärtner, Rudolf: EG-Versicherungsbinnenmarkt und Versicherungsvertragsrecht, EWS 1994, S. 114 - 123.

Gassner, Ulrich M.: Horizontale Direktwirkung von EG-Richtlinien – EuGH Slg. I 1994, 3325, JuS 1996, S. 303 – 306.

Gemeinschaftskommentar zum Kündigungsschutzgesetz und zu sonstigen kündigungsschutzrechtlichen Vorschriften, von: Friedrich Becker und Gerhard Etzel (Red.), 4. Auflage Neuwied 1996 [zit.: KR-*Bearbeiter*].

Gerken, Lüder; Löwisch, Manfred; Rieble, Volker: Der Entwurf eines Arbeitnehmer-Entsendegesetzes in ökonomischer und rechtlicher Sicht, BB 1995, S. 2370 – 2375.

Giuliano, Mario; Lagarde, Paul: Bericht über das Übereinkommen über das auf vertragliche Schuldverhältnisse anzuwendende Recht, Bundestagsdrucksache 10/503, S. 33 – 79.

Gounalakis, Georgios; Radke, Wolfram: Das Verhältnis des Internationalen Privatrechts zum Europäischen Gemeinschaftsrecht am Beispiel des Diskriminierungsverbots (Art. 6 EGV), der Niederlassungsfreiheit (Art. 52; 58 EGV) und des Kollisionsrechts der EG-Datenschutzrichtlinie, ZVglRWiss 98 (1999), S. 1 – 27.

Grabitz, Eberhard; Hilf, Meinhard: Kommentar zur Europäischen Union, Stand: 14. Ergänzungslieferung Oktober 1999, München.

Grossfeld, Bernhard; Junker, Abbo: Das CoCom im Internationalen Wirtschaftsrecht, Tübingen 1991.

Grossfeld, Bernhard; Rogers, C. Paul: A Shared Values Approach to Jurisdictional Conflicts in International Economic Law, 32 Int. Comp. L. Q. 931 (1983).

Grundmann, Stefan: Europäisches Vertragsrechtsübereinkommen, EWG-Vertrag und § 12 AGBG, IPRax 1992, S. 1 – 5.

Grundmann, Stefan: Europäisches Schuldvertragsrecht – Struktur und Bestand, NJW 2000, S. 14 – 23.

Hagemeier, Christian; Kempen, Otto Ernst; Zachert, Ulrich; Zilius, Jan: Tarifvertragsgesetz - Kommentar für die Praxis, 2. Auflage Köln 1990 [zit.: Hagemeier, Kempen, Zachert, Zilius].

Hailbronner, Kay: Beeinträchtigung der Dienstleistungsfreiheit durch nationale Meldevorschriften und Kontrollmaßnahmen?, in: *Wiesehügel/ Sahl* (Hrsg.), Die Sozialkassen der Bauwirtschaft und die Entsendung innerhalb der Europäischen Union, Frankfurt am Main 1998, S. 75 – 93.

Hanau, Peter: Der Vorschlag für eine Richtlinie des Rates der Europäischen Gemeinschaft über die Entsendung von Arbeitnehmern im Rahmen der Erbringung von Dienstleistungen aus deutscher Sicht, in: *Blainpain/Weiss* (Hrsg.), Liber Amicorum for Clyde W. Summers, Baden-Baden 1993, S. 194 – 226.

Hanau, Peter: Lohnunterbietung („Sozialdumping") durch Europarecht, in: Festschrift für Ulrich Everling, Baden-Baden 1995, S. 415 – 431.

Hanau, Peter: Das Arbeitnehmer-Entsendegesetz, NJW 1996, S. 1369 – 1373.

Hanau, Peter: Die Anwendung des Arbeitnehmer-Entsendegesetzes auf inländische Arbeitnehmer, NZA 1998, S. 1249 –1250.

Hanau, Peter; Adomeit, Klaus: Arbeitsrecht, 11. Auflage Neuwied 1994.

Heilmann, Frank Sven: Das Arbeitsvertragsstatut, Konstanz 1991.

Held, Dieter: Arbeitnehmer-Entsendegesetz gegen Lohndumping und illegale Beschäftigung im Baugewerbe, AuA 1996, S. 113 – 117.

Hentzen, Matthias: Zur Anwendung fremden Eingriffsrechts seit der IPR-Reform, RIW 1988, S. 508 - 511.

Hergenröder, Curt Wolfgang: Der Arbeitskampf mit Auslandsbeziehung, Berlin 1987.

Heßler, Hans Joachim: Sachrechtliche Generalklausel und internationales Familienrecht – Zu einer zweistufigen Theorie des internationalen Privatrechts, München 1985.

Hickl, Manfred: Arbeitsverhältnisse mit Auslandsberührung, NZA 1987, Beil. 1, S. 10 - 18.

Hickl, Manfred: Auswirkungen und Probleme des Entsendegesetzes, NZA 1997, S. 513 - 518.

Hilf, Meinhard; Pache, Eckhard: Das Bosman-Urteil des EuGH, NJW 1996, S. 1169 – 1177.

Hobe, Stephan; Tietje, Christian: Europäische Grundrechte auch für Profisportler, JuS 1996, S. 486 – 493.

Hoffmann, Bernd von: Über den Schutz des Schwächeren bei internationalen Schuldverträgen, RabelsZ 38 (1974), S. 396 – 420.

Hoffmann, Bernd von: General Report on Contractual Obligations, in: *Lando/von Hoffmann/Siehr* (Hrsg.), European Private Law of Obligations, Tübingen 1975, S. 1 – 41.

Hoffmann, Bernd von: Aufrechnung und Zurückbehaltungsrecht bei Fremdwährungsforderungen, IPRax 1981, S. 155 - 157.

Hoffmann, Bernd von: Inländische Sachnormen mit zwingendem internationalen Anwendungsbereich, IPRax 1989, S. 261 – 271.

Hoffmann, Bernd von: Anmerkung zu BGH, Urteil vom 2.11.1990, IPRax 1991, S. 345 – 346.

Hoffmann, Bernd von: Richtlinien der Europäischen Gemeinschaft und Internationales Privatrecht, ZfRV 36 (1995), S. 45 – 52.

Hohloch, Gerhard: Rechtswahl, Günstigkeitsprinzip und Mindeststandards – Kollisionsrechtliche Anmerkungen zum Einsatz entsandter Kräfte im Baugewerbe, in : Festschrift Wolfgang Heiermann, Wiesbaden/Berlin 1995, S. 143 – 155.

Hold, Dieter: Arbeitnehmer-Entsendegesetz gegen Lohndumping und illegale Beschäftigung im Baugewerbe, AuA 1996, S. 113 – 144.

Holleaux, Dominique; Foyer, Jacques; La Pradelle, Géraud de Geouffre: Droit internationale privé, Paris/New York/Barcelona 1987.

Hönsch, Ronald: Die Neuregelung des Internationalen Privatrechts aus arbeitsrechtlicher Sicht, NZA 1988, S. 113 - 119.

Hoppe, Jeannine: Die Entsendung von Arbeitnehmern ins Ausland: kollisionsrechtliche Probleme und internationale Zuständigkeit; eine Untersuchung anhand praktischer Vertragsgestaltungen, Berlin 1999.

Höpping, Ulrike: Auswirkungen der Warenverkehrsfreiheit auf das IPR: unter besonderer Berücksichtigung des Internationalen Produkthaftungsrechts und des Internationalen Vertragsrechts, Frankfurt a. M. 1997.

Huber, Peter: Das internationale Deliktsrecht nach der Reform, JA 2000, S. 67 – 73.

Hübner, Ulrich: Die methodische Entwicklung des internationalen Wirtschaftsrechts, Konstanz 1980.

Hueck, Alfred; von Hoyningen-Huene, Gerrick: Kündigungsschutzgesetz - Kommentar, 12. Auflage München 1997.

Jackson, David: Mandatory Rules and Rules of „ordre public", in: *North* (Hrsg.), Contract Conflicts, Amsterdam 1982, S. 59 – 79.

Jahr, Günther: Internationale Geltung nationalen Rechts - Zur Relevanz internationalrechtlicher Fragestellungen für Praxis und Theorie des Rechts, RabelsZ 54 (1990), S. 481 – 532.

Jarass, Hans D.: Richtlinienkonforme bzw. EG-rechtskonforme Auslegung nationalen Rechts, EuR 1991, S. 211 – 223.

Jarass, Hans D.: Elemente einer Dogmatik der Grundfreiheiten, EuR 1995, S. 202 – 226.

Jayme, Erik: Sprachrisiko und Internationales Privatrecht beim Bankverkehr mit ausländischen Kunden, in: Festschrift für Johannes Bärmann, München 1975, S. 509 - 522.

Jayme, Erik: Ausländische Rechtsregeln und Tatbestände inländischer Sachnormen, Betrachtungen zu Ehrenzweigs Datum-Theorie, in: Gedächtnisschrift für Albert Ehrenzweig, Karlsruhe/Heidelberg 1976, S. 37 – 49.

Jayme, Erik: Diskussionsbeitrag, BerGesVR Band 25 (1984), Heidelberg 1984, S. 90 – 93.

Jayme, Erik: Methoden der Konkretisierung des ordre public im Internationalen Privatrecht, Heidelberg 1989.

Jayme, Erik: Haustürgeschäfte deutscher Urlauber in Spanien: Horizontale Wirkungen der EG-Richtlinien und internationales Vertragsrecht, IPRax 1990, S. 220 – 222.

Jayme, Erik: Internationales Privatrecht und Europäischer Binnenmarkt – Eine Skizze, in: *Jayme*, Ein internationales Privatrecht für Europa: Reden zur Verleihung des Landesforschungspreises Baden-Württemberg 1989, Heidelberg 1991, S. 25 - 39.

Jayme, Erik: Rechtsspaltung im spanischen Privatrecht und deutsche Praxis, RabelsZ 55 (1991), S. 303 – 331.

Jayme, Erik; Kohler, Christian: Das internationale Privat- und Verfahrensrecht der EG auf dem Wege zum Binnenmarkt. IPRax 1990, S. 353 – 361.

Jayme, Erik; Kohler, Christian: Das internationale Privat- und Verfahrensrecht der EG nach Maastrich, IPRax 1992, S. 346 – 356.

Jayme, Erik; Kohler, Christian: Das internationale Privat- und Verfahrensrecht der EG 1993 – Spannungen zwischen Staatsverträgen und Richtlinien, IPRax 1993, S. 357 – 371.

Jayme, Erik; Kohler, Christian: Europäisches Kollisionsrecht 1994: Quellenpluralismus und offene Kontraste, IPRax 1994, S. 405 – 415.

Jayme, Erik; Kohler, Christian: Europäisches Kollisionsrecht 1997 – Vergemeinschaftung durch „Säulenwechsel"?, IPRax 1997, S. 385 – 401.

Jestaedt, Thomas; Kästle, Florian: Kehrtwende oder Rückbesinnung in der Anwendung von Art. 30 EGV: das „Keck"-Urteil, EWS 1994, S. 26 - 29.

Jickeli, Joachim: Der Binnenmarkt im Schatten des Subsidiaritätsprinzips, JZ 1995, S. 57 –64.

Junker, Abbo: Die „zwingenden Bestimmungen" im neuen internationalen Arbeitsrecht, IPRax 1989, S. 69 – 75.

Junker, Abbo: Anmerkung zu BAG, Urteil vom 24.08.1989, SAE 1990, S. 323 - 328.

Junker, Abbo: Die einheitliche europäische Auslegung nach dem EG-Schuldvertragsübereinkommen , RabelsZ 55 (1991), S. 674 – 696.

Junker, Abbo: Schadensersatzpflicht bei einem Verstoß gegen ein ausländisches Embargo, JZ 1991, S. 699 – 702.

Junker, Abbo: Die Tarifgeltung als Problem der deutschen Integration, RdA 1992, S. 265 – 272.

Junker, Abbo: Internationales Arbeitsrecht im *Konzern*, Tübingen 1992.

Junker, Abbo: Die freie Rechtswahl und ihre Grenzen – Zur veränderten Rolle der Parteiautonomie im Schuldvertragsrecht, IPRax 1993 , S. 1 – 10.

Junker, Abbo: Zwingendes ausländisches Recht und deutscher Tarifvertrag, IPRax 1994, S. 21 – 27.

Junker, Abbo: Anmerkung zu BAG, Urteil vom 29.10.1992, SAE 1994, S. 37 – 43.

Junker, Abbo: Internationales Privatrecht, München 1998 [zit.: IPR].

Junker, Abbo: Neue Entwicklungen im internationalen Arbeitsrecht, RdA 1998, S. 42 – 47.

Junker, Abbo: Empfiehlt es sich, Art. 7 EVÜ zu revidieren oder aufgrund der bisherigen Erfahrungen zu präzisieren?, IPRax 2000, S. 65 – 73.

Junker, Abbo; Wichmann, Julia: Das Arbeitnehmer-Entsendegesetz – Doch im Verstoß gegen Europäisches Recht?, NZA 1996, S. 505 – 512.

Kärcher, Konrad: Öffentliches Arbeitsrecht in Fällen mit Auslandsberührung, Marburg 1990.

Kaye, Peter: The New Private International Law of Contract of the European Community, Aldeshot u.a., 1993.

Kegel, Gerhard: Die Rolle des öffentlichen Rechts im internationalen Privatrecht, in: Festschrift für Ignaz Seidl-Hohenveldern, Köln 1988, S. 243 – 278.

Kegel, Gerhard: Die selbstgerecht Sachnorm, in: Gedächtnisschrift für Albert Ehrenzweig, Karlsruhe/Heidelberg 1976, S. 51 – 87.

Kegel, Gerhard: Internationales Privatrecht, 7. Auflage München 1995 [zit.: IPR].

Kegel, Gerhard: Internationales Privatrecht, Rechtsangleichung in Europa und deutsche Reform, DRpflZ 1987, S. 1 - 5.

Kegel, Gerhard: Zum heutigen Stand des Internationalen Privatrechts, in: *Holl/Klinke* (Hrsg.), Internationales Privatrecht. Internationales Wirtschaftsrecht (Symposium der A. v. Humboldt-Stiftung 1983), Köln u.a. 1985, S. 1 - 24.

Kegel, Gerhard; Schurig, Klaus: Internationales Privatrecht, 8. Auflage München 2000 [zit.: IPR].

Kegel, Gerhard; Seidl-Hohenveldern, Ignaz: Zum Territorialitätsprinzip im internationalen öffentlichen Recht, in: Festschrift für Murad Ferid, München 1978, S. 233 - 277.

Kindler, Peter: Die Umsetzung der EG-Richtlinie 653/86: Harmonisiertes Handelsvertreterrecht in der Bundesrepublik Deutschland und in Italien?, in: Jahrbuch für Italienisches Recht 4 (1991), S. 25 – 48.

Kleinschmidt, Peter M.: Zur Anwendbarkeit zwingenden Rechts im internationalen Vertragsrecht unter besonderer Berücksichtigung von Absatzmittlerverträgen, München 1985.

Knöfel, Susanne: Mandatory Rules and Choice of Law: A Comparative Approach to Article 7 (2) of the Rome Convention, J.B.L. 1999, S. 239 – 263.

Knüppel, Norbert: Zwingendes materielles Recht und internationale Schuldverträge, Bonn 1988.

Koberski, Wolfgang; Sahl, Karl-Heinz; Hold, Dieter: Arbeitnehmer-Entsendegesetz: Kommentar, München 1997.

Koch, Harald; Magnus Ulrich; Winkler von Mohrenfels, Peter: IPR und Rechtsvergleichung: Ein Studien- und Übungsbuch zum Internationalen Privat- und Zivilverfahrensrecht und zur Rechtsvergleichung, 2. Auflage München 1996.

Koenigs, Folkmar: Lohngleichheit am Bau? – Zu einem Arbeitnehmer-Entsendegesetz, DB 1995, S. 1710 – 1711.

Koenigs, Folkmar: Rechtsfragen des Arbeitnehmer-Entsendegesetzes und der EG-Entsenderichtlinie, DB 1997, S. 225 – 231.

Kort, Michael: Schranken der Dienstleistungsfreiheit im europäischen Recht, JZ 1996, S. 132 – 140.

Kösters, Friedrich: Die Anwendung ausländischer Eingriffsnormen im französischen Recht, Münster 1991.

Kothe, Wolfhard: Verbraucherschutz im Lichte des europäischen Wirtschaftsrechts, EuZW 1990, S. 150 – 156.

Kratz, Brigitte: Ausländische Eingriffsnormen und inländischer Privatrechtsvertrag, Frankfurt a.M./Bern/New York 1986.

Krebber, Sebastian: Die Vereinbarkeit von Entsenderichtlinie und Arbeitnehmer-Entsendegesetz mit der Dienstleistungsfreiheit und Freizügigkeit des EGV, in: Jahrbuch junger Zivilrechtswissenschaftler 1997, S. 129 – 156.

Krebber, Sebastian: Internationales Privatrecht des *Kündigungsschutz*es bei Arbeitsverhältnissen, Baden-Baden 1997.

Krebber, Sebastian: Die volle Wirksamkeit von Richtlinien in länderübergreifenden Sachverhalten, ZVglRWiss 97 (1998), S. 124 – 160.

Kreuzer, Karl: Parteiautonomie und fremdes Außenwirtschaftsrecht, in: *Schlechtriem/Leser* (Hrsg.), Zum deutschen und Internationalen Schuldrecht, Kolloquim aus Anlaß des 75. Geburtstages von Ernst von Caemmerer, Tübingen 1983, S. 89 – 112.

Kreuzer, Karl: Ausländisches *Wirtschaftsrecht* vor deutschen Gerichten – Zum Einfluß fremdstaatlicher Eingriffsnormen auf private Rechtsgeschäfte, Heidelberg 1986.

Kreuzer, Karl Friedrich: Die Europäisierung des Internationalen Privatrechts – Vorgaben des Gemeinschaftsrechts -, in: *Müller-Graff* (Hrsg.), Gemeinsames Privatrecht in der europäischen Gemeinschaft, Baden-Baden 1993, S. 373 – 447.

Krings, Petra: Erfüllungsmodalitäten im internationalen Schuldvertragsrecht, Frankfurt a.M. u.a. 1997.

Kronke, Herbert: Rechtstatsachen, kollisionsrechtliche Methodenentfaltung und Arbeitnehmerschutz im internationalen Arbeitsrecht, Tübingen 1980.

Kronke, Herbert: Betriebsveräußerung und Kündigungsschutz im internationalen Arbeitsrecht, IPRax 1981, S. 157 - 160.

Kronke, Herbert: Europäische Vereinheitlichung des Arbeitskollisionsrechts als Wirtschafts- und Sozialpolitik, RabelsZ 45 (1981), S. 301 – 316.

Kronke, Herbert: Konkursausfallgeld und Auslandsbeschäftigung, IPRax 1982, S. 177 - 179.

Kronke, Herbert: Das Arbeitsrecht im Gesetzesentwurf zur Neuregelung des Internationalen Privatrechts, DB 1984, S. 404 - 406.

Kronke, Herbert: The Impact of International Business Transfers on Employment Contracts, NILR 1989, S. 1 – 17.

Kronke, Herbert: Mehrstufiger grenzüberschreitender Konzern und mitbestimmter Aufsichtsrat, IPRax 1995, S. 377 – 379.

Kropholler, Jan: Besprechung von Lorenz, Egon, Zur Struktur des Internationalen Privatrechts, Berlin 1977, RabelsZ 41 (1977), S. 790 – 794.

Kropholler, Jan: Das kollisionsrechtliche System des Schutzes der schwächeren Vertragspartei, RabelsZ (42) 1978, S. 634 - 661.

Kropholler, Jan: Besprechung von Jayme, Erik, Ein internationales Privatrecht für Europa: Reden zur Verleihung des Landesforschungspreises Baden-Württemberg 1989, Heidelberg 1991, RabelsZ 56 (1992), S. 330 – 331.

Kropholler, Jan: Internationales Privatrecht, 2. Auflage Tübingen 1994 [zit.: IPR].

Kühl, Manfred: Auswirkungen und Probleme des Entsendegesetzes, NZA 1997, S. 513 – 518.

Lagarde, Paul: Le nouveau droit international privé des contrats aprés l'entrée en vigeur de la Convention de Rome du juin 1980, Rev. crit. dr. i. p. 79 (1991), S. 287 - 340.

Lalive, Pierre: Sur l'application du droit public étranger, Schweizerisches Jahrbuch für internationales Recht 1971, S. 103 – 137.

Lando, Ole: The EC Draft Convention on the Law Applicable to Contractual and Non-Contractual Obligations, RabelsZ 38 (1974), S. 6 – 55.

Lando, Ole: Les Obligations Contractuelles, in: *Lando/von Hoffmann/Siehr* (Hrsg.), European Privat International Law of Obligations, Tübingen 1975, S. 125 – 154.

Lando, Ole: The EEC Convention on the Law Applicable to Contractual Obligations, C. M. L. Rev. (24) 1987, S. 159 – 214.

Langenfeld, Christine: Noch einmal: Die EG-Richtlinie zum Haustürwiderrufsgesetz und deutsches IPR, IPRax 1993, S. 155 – 157.

Larenz, Karl: Methodenlehre der Rechtswissenschaft, 6. Auflage Berlin/Heidelberg/New York 1991.

Lehmann, Rolf: Eingriffsnormen dritter Staaten und die deutsche IPR-Reform, ZRP 1987, S. 319 – 321.

Lehmann, Rolf: Zwingendes Recht dritter Staaten im internationalen *Vertragsrecht* - Zur Bedeutung und Anwendung des Art. 7 Abs. 1 EuIPRÜ, Frankfurt 1986.

Leible, Stefan: Rechtswahlfreiheit und kollisionsrechtlicher Verbraucherschutz, in: Jahrbuch junger Zivilrechtswissenschaftler 1995, S. 245 - 269.

Looschelders, Dirk: Die Anpassung im Internationalen Privatrecht, Heidelberg 1995.

Lorenz, Egon: Anmerkung zu BAG, Urteil vom 4.5.1977, AP Nr. 30 zu § 1 TVG: Bau, Bl. 5 – 7.

Lorenz, Egon: Das anwendbare Deliktsrecht bei Schiffszusammenstößen auf hoher See – Ein Beitrag zum internationalen Deliktsrecht, in: Festschrift für Konrad Duden, München 1977, S. 229 – 268.

Lorenz, Egon: Zur *Struktur* des internationalen Privatrechts: Ein Beitrag zur Reformdiskussion, Berlin 1977.

Lorenz, Egon: Anmerkung zu BAG, Urteil vom 25.4.1978, SAE 1979, S. 223 – 224.

Lorenz, Egon: Die Reform des deutschen IPR, ZRP 1982, S. 148 – 156.

Lorenz, Egon: Die Rechtswahlfreiheit im internationalen Schuldvertragsrecht, RIW 1987, S. 569 – 584.

Lorenz, Egon: Zum neuen internationalen Vertragsrecht aus versicherungsvertraglicher Sicht, in: Festschrift für Gerhard Kegel, Stuttgart u.a. 1987, S. 303 – 363.

Lorenz, Egon: Zur Zweistufentheorie des IPR und zu ihrer Bedeutung für das neue internationale Versorgungsausgleichsrecht, FamRZ 1987, S. 645 – 653

Lorenz, Egon: Das objektive Arbeitsstatut nach dem Gesetz zur Neuregelung des IPR, RdA 1989, S. 220 – 228.

Lorenz, Egon: Die Grundsätze des deutschen internationalen Betriebsverfassungsrechts, in: Festschrift für Werner Lorenz, Tübingen 1991, S. 441 – 469.

Lorenz, Egon: Zur Kontrolle grenzüberschreitender Versicherungsverträge anhand der „Rechtsvorschriften des Allgemeininteresses" im freien Dienstleistungsverkehr innerhalb der EU, VR 1995, S. 8 – 22.

Lorenz, Frank: Die Sozialkassen und ihre Begrenzung durch die Dienstleistungsfreiheit – zum Fall Guiot/Climatec, in: *Wiesehügel/Sahl* (Hrsg.), Die Sozialkassen der Bauwirtschaft und die Entsendung innerhalb der Europäischen Union, Frankfurt am Main 1998, S. 46 – 74.

Lorenz, Werner: Kollisionsrecht des Verbraucherschutzes: Anwendbares Recht und internationale Zuständigkeit, IPRax 1994, S. 429 – 431.

Löwisch, Manfred: Der Entwurf einer Entsende-Richtlinie der EU in rechtlicher Sicht, in: Festschrift für Albrecht Zeuner, Tübingen 1994, S. 91 - 99.

Löwisch, Manfred: Der arbeitsrechtliche Teil des sogenannten Korrekturgesetzes, BB 1999, S. 102 – 107.

Löwisch, Manfred; Rieble, Volker: Tarifvertragsgesetz - Kommentar, München 1992.

Lüderitz, Alexander: Internationales Privatrecht, 2. Auflage Frankfurt a. M. 1992.

Magnus, Ulrich: Zweites Schiffsregister und Heuerstatut, IPRax 1990, S. 141 - 145.

Magnus, Ulrich: Englisches Kündigungsrecht auf deutschem Schiff – Probleme des internationalen Seearbeitsrechts, IPRax 1991, S. 382 – 386.

Magnus, Ulrich: Anmerkung zu BAG, Urteil vom 3.5.1995, SAE 1997, S. 35 – 38.

Mankowski, Peter: Arbeitsverträge von Seeleuten im deutschen Internationalen Privatrecht (Ein Beitrag zur Auslegung des Art. 30 II EGBGB und zum sog. Zweitregistergesetz), RabelsZ 53 (1989), S. 487 – 525.

Mankowski, Peter: Strukturfragen des internationalen Verbrauchervertragsrechts, RIW 1993, S. 453 – 463.

Mankowski, Peter: Wichtige Klärungen im Internationalen Arbeitsrecht, IPRax 1994, S. 88 – 98.

Mankowski, Peter: Seerechtliche Vertragsverhältnisse im Internationalen Privatrecht, Tübingen 1995.

Mankowski, Peter: Art. 34 EGBGB erfaßt § 138 BGB nicht, RIW 1996, S. 8 – 12.

Mankowski, Peter: Internationales Seeschiffahrtsregister, Anknüpfung von Heuerverträgen und Qualifikationsfragen im internationalen Arbeitsrecht, IPRax 1996, S. 405 – 410.

Mankowski, Peter: Keine Sonderanknüpfung deutschen Verbraucherschutzrechts über Art. 34 EGBGB, DZWir 1996, S. 273 – 281.

Mankowski, Peter: Anmerkung zu BGH, Urteil vom 19.3.1997, EWiR Art. 29 EGBGB 1/1997, S. 547 – 548.

Mankowski, Peter: Ausländische Scheinselbständige und Internationales Privatrecht, BB 1997, S. 465 – 472.

Mankowski, Peter: Strukturfragen des internationalen Verbrauchervertragsrechts, RIW 1998, S. 287 – 291.

Mann, Frederick Alexander: Conflict of Laws and Public Law, Rec. des Cours 132 (1971-I), S. 115 – 196.

Mann, Frederick Alexander: Eingriffsgesetze und Internationales Privatrecht, in: Festschrift für Eduard Wahl, Heidelberg 1973, S. 139 – 160.

Mann, Frederick Alexander: Sonderanknüpfung und zwingendes Recht im Internationalen Privatrecht, in: Festschrift für Günther Beitzke, Berlin 1979, S. 607 – 624.

Mann, Frederick Alexander: Zum Anwendungsbereich des neuen Seefrachtrechts, NJW 1988, S. 3074 – 3075.

Martiny, Dieter: Der deutsche Vorbehalt gegen Art. 7 Abs. 1 des EG-Schuldvertragsübereinkommens vom 19.6.1980 – seine Folgen für die Anwendung ausländischen zwingenden Rechts, IPRax 1987, S. 277 – 280.

Martiny, Dieter: Gemeinschaftsrecht, ordre public, zwingende Bestimmungen und Exklusivnormen, in: *von Bar* (Hrsg.), Europäisches Gemeinschaftsrecht und Internationales Privatrecht, Köln u.a. 1991, S. 211 – 242.

Martiny, Dieter: Internationales Vertragsrecht zwischen Rechtsgefälle und Vereinheitlichung (Zum Römischen Übereinkommen von 19. Juni 1980), ZEuP 1995, S. 67 – 88.

Martiny, Dieter: Europäisches internationales Vertragsrecht – Erosion der Römischen Konvention?, ZEuP 1997, S. 107 – 129.

Mäsch, Gerald: Rechtswahlfreiheit und Verbraucherschutz: eine Untersuchung zu den Art. 29 I, 27 II und 34 EGBGB, Berlin 1993.

Max-Planck-Institut: Kodifikation des deutschen Internationalen Privatrechts (Stellungnahme des MPI für ausländisches und internationales Privatrecht zum Regierungsentwurf von 1983), RabelsZ 47 (1983), S. 595 – 690.

Mentzel, Ralph: Sonderanknüpfung von Eingriffsrecht im internationalen Vertragsrecht, München 1993.

Mestmäcker, Ernst-Joachim: Staatliche Souveränität und offene Märkte, RabelsZ (52) 1988, S. 205 - 255.

Meyer, Cord: Arbeitnehmerentsendegesetz. Mehr Schlagkraft gegen Lohn- und Sozialdumping, AuA 1999, S. 113 – 115.

Meyer, Cord: Gesetzliche Neuregelungen im Renten- und Arbeitsförderungsrecht einschließlich des Arbeitnehmer-Entsendegesetzes, NZA 1999, S. 121 – 127.

Meyer-Sparenberg, Wolfgang: Staatsvertragliche Kollisionsnormen, Berlin 1990.

Michaels, Ralf; Kamann, Hans-Georg: Europäisches Verbraucherschutzrecht und IPR, JZ 1997, S. 601 – 609.

Misera, Karlheinz: Anmerkung zu BAG, Urteil vom 22.12.1982, SAE 1983, S. 271 – 273.

Morse, Christopher George John: Contracts of Employment and the E. E. C. Contractual Obligations Conventions, in: *North* (Hrsg.), Contract Conflicts, Amsterdam 1982, S. 143 – 184.

Morse, Christopher George John: The EEC Convention on the Law Applicable to Contractual Obligations, Yb. Eur. L. 2 (1982), S. 107 - 178.

Möschel, Wernhard: Kehrtwende in der Rechtsprechung der EuGH zur Warenverkehrsfreiheit, NJW 1994, S. 429 - 431.

Mülbert, Peter O.: Ausländische Eingriffsnormen als Datum, IPRax 1986, S. 140 – 142.

Mülbert, Peter O.: Privatrecht, die EG-Grundfreiheiten und der Binnenmarkt, ZHR 159 (1995), S. 2 – 33.

Müller, Andreas: Die Entsendung von Arbeitnehmern in der Europäischen Union, Baden-Baden 1997.

Müller, Gerhard: Die rechtliche Behandlung abhängiger fremdbestimmter Arbeit bei Berührung mit Deutschland und Italien, RdA 1973, S. 137 – 147.

Müller, Gerhard: Richterliche Rechtsfortbildung im Arbeitsrecht, JuS 1980, S. 627 – 636.

Müller, Gerhard: Das Rangverhältnis zwischen allgemeinverbindlichen und dritten Tarifverträgen, DB 1989, S. 1970 – 1973.

Münchener Handbuch zum Arbeitsrecht, herausgegeben von Reinhardt Richardi u.a., Band 1 – Individualarbeitsrecht 1, München 1992; Band 3 – Kollektives Arbeitsrecht, München 1993 [zit.: MArbR-*Bearbeiter*].

Münchener Kommentar zum Bürgerlichen Gesetzbuch, herausgegeben von Kurt Rebmann, Roland Rixecker und Franz-Jürgen Säcker, Art. 1 – 38 EGBGB - IPR (Band 10), 3. Auflage München 1998.

Nettesheim, Martin: Die europarechtlichen Grundrechte auf wirtschaftliche Mobilität (Art. 48, 52 EGV), NVwZ 1996, S. 342 – 345.

Neuhaus, Paul Heinrich: Die Grundbegriffe des Internationalen Privatrechts, 2. Auflage Tübingen 1976.

Neumayer, Karl Heinz: Die Notgesetzgebung des Wirtschaftsrechts im Internationalen Privatrecht, BerGesVR Band 2 (1958), S. 35 - 37.

Neumayer, Karl Heinz: Autonomie de la volonté et dispositions impératives en droit international privé des obligations, Teil I, Rev. crit. dr. i. p. 46 (1957), S. 579 - 604.

Neumayer, Karl Heinz: Autonomie de la volonté et dispositions impératives en droit international privé des obligations, Teil II, Rev. crit. dr. i. p. 47 (1958), S. 53 - 78.

Neumayer, Karl Heinz: Anmerkung zu BGH, Urteil vom 17.12.1959, RabelsZ 25 (1960), S. 649 – 657.

Neumeyer, Karl: Internationales Verwaltungsrecht, Bd. IV. Allgemeiner Teil, unveränderter Nachdruck der Ausgabe Zürich/Leipzig 1936, München/Berlin 1980.

Neuner, Robert R.: Der Sinn der international-privatrechtlichen Norm. Eine Kritik der Qualifikationstheorie, Brünn u. a. 1932.

North, Peter M.: The EEC Convention on the Law Applicable to Contractual Obligations (1980): It's History and Main Features, in: *North* (Hrsg.), Contract Conflicts, Amsterdam 1982, S. 1 - 30.

Nuyts, Arnaud: L´application des lois de police dans l´espace (Réflexions au dé part du droit belge de la distribution commerciale et du droit communautaire), Rev. crit. dr. i. p. 88 (1999), S. 31 – 74.

Oppermann, Thomas: Europarecht, 2. Auflage München 1999.

Ortlepp, Hanns-Peter: Anmerkung zu BAG, Urteil vom 7.9.1983, AP Nr. 7 zu § 1 KSchG 1969 Verhaltensbedingte Kündigung, Bl. 4.

Palandt, Otto: Bürgerliches Gesetzbuch, 59. Auflage München 2000.

Petschke, Matthias: Die Warenverkehrsfreiheit in der neuesten Rechtsprechung des EuGH – Anmerkungen zu den Urteilen EuGH 24.11.1993, verb. Rs. C-267/91 und C-268/91 (Keck) und EuGH 15.12.1993, Rs. C-292/92 (Hünermund), EuZW 1994, S. 107 - 111.

Pfeiffer, Thomas: Die Entwicklung des Internationalen Vertrags-, Schuld- und Sachenrechts in den Jahren 1995/96, NJW 1997, S. 1207 – 1216.

Pfeiffer, Thomas: Die Entwicklung des Internationalen Vertrags-, Schuld-, und Sachenrechts 1997-1999, NJW 1999, S. 3674 – 3687.

Philip, Allan: Mandatory Rules, Public Law (Political Rules) and Choice of Law in the EEC Convention on the Law Applicable to Contractual Obligations, in: *North* (Hrsg.), Contract Conflicts, Amsterdam 1982, S. 81 – 119.

Picot, Gerhard; Land, Volker: Der internationale Unternehmenskauf, DB 1998, S. 1601 – 1607.

Piehl, Hansjörg: Ausländische zwingende Vorschriften und deutsches Schuldstatut, RIW 1988, S. 841 - 843.

Piffl-Pavelec, Susanne: Die Entsendung von Arbeitnehmern im Rahmen der Dienstleistungsfreiheit (Richtlinien – Entwurf), DRdA 45. Jahrgang (1995), S. 292 – 297.

Pirrung, Jörg: Die Einführung des EG-Schuldvertragsübereinkommen in die nationalen Rechte, in: *von Bar* (Hrsg.), Europäisches Gemeinschaftsrecht und Internationales Privatrecht, Köln u.a. 1991, S. 21 – 70.

Plender, Richard: The European Contracts Convention – The Rome Convention on the Choice of Law for Contracts, London 1991.

Plesterninks, Ingo: Entsenderegelungen nach nationalem und europäischem Recht, Frankfurt a. M. 1998.

Pohl, Hans-Jürgen: Grenzüberschreitender Einsatz von Personal und Führungskräften, NZA 1998, S. 735 – 742

Prölss, Jürgen; Armbrüster, Christian: Europäisierung des deutschen Privatversicherungsrechts, DZWir 1993, S. 397 - 404 und S. 449 – 459.

Pulte, Peter: Internationales Arbeitsrecht, ArbuR 1990, S. 285 – 288.

Radicati di Brozolo, Luca G.: L'influence sur les conflits de lois des principes des droit communautaire en matiére de liberté de circulation, Rev. crit. dr. i. p. 82 (1993), S. 401 – 424.

Radtke, Rolf C.: Schuldstatut und Eingriffsrecht, ZVglRWiss 84 (1985), S. 325 – 357.

Rauscher, Thomas: Gran Canaria – Isle of Man – Was kommt danach?, Plädoyer für einen europäischen Ordre Public, EuZW 1996, S. 650 – 653.

Rebhahn, Robert: Österreichisches Arbeitsrecht bei Sachverhalten mit Auslandsberührung, Festschrift für Rudolf Strasser, Wien 1983, S. 59 - 86.

Rebhahn, Robert: Kündigungs- und Entlassungsschutz im Internationalen Privatrecht, RdW 1996, S. 68 - 75.

Rebhahn, Robert: Entsendung von Arbeitnehmern in der EU – arbeitsrechtliche Fragen zum Gemeinschaftsrecht, DRdA 1999, S. 173 – 186.

Rehbinder, Eckard: Die amerikanischen Restriktionen für Direktinvestitionen in Europa und das deutsche Kollisionsrecht, AWD 1969, S. 346 – 354.

Rehbinder, Eckard: Zur Politisierung des Internationalen Privatrechts, JZ 1993, S. 151 – 158.

Reich, Norbert: Binnenmarkt als Rechtsbegriff, EuZW 1991, S. 203 - 210.

Reich, Norbert: Rechtsprobleme grenzüberschreitender irreführender Werbung im Binnenmarkt, RabelsZ 56 (1992), S. 444 – 520.

Reich, Norbert: Anmerkung zu EuGH 24.11.1993, verb. Rs. C-267/91 und C-268/91 (Keck), ZIP 1993, S. 1815 - 1818.

Reich, Norbert: Grundgesetz und internationales Vertragsrecht, NJW 1994, S. 2128 – 2131.

Reich, Norbert: Anmerkung zu EuGH, Urteil vom 10.5.1995, Rs. C-384-93 (Alpine Investments BV/ Minister van Financien), EuZW 1995, S. 407 – 408.

Reichold, Hermann: Arbeitsrechtsstandards als „Aufenthaltsmodalitäten" – Personenverkehrsfreiheiten zwischen „Bosman"-Urteil und Entsende-Richtlinie, ZEuP 1998, S. 434 – 459.

Reiff, Peter: Anmerkung zu BAG, Urteil vom 7.12.1989, SAE 1990, S. 251 – 255.

Reinhart, Gert: Zur einheitlichen Auslegung vereinheitlichter IPR-Normen nach Art. 36 EGBGB, RIW 1994, S. 445 – 452.

Reiserer, Kerstin: Allgemeiner Kündigungsschutz bei Arbeitsverhältnissen mit Auslandsbezug, NZA 1994, S. 673 – 678.

Reithmann, Christoph; Martiny, Dieter: Internationales Vertragsrecht: das internationale Privatrecht der Schuldverträge, 5. Auflage Köln 1996.

Remien, Oliver: Einheit, Mehrstufigkeit und Flexibilität im europäischen Privat- und Wirtschaftsrecht, RabelsZ 62 (1998), S. 627 – 647.

Reuter, Dieter: Die problematische Tarifeinheit (BAG NZA 1991, 736), JuS 1992, S. 105 – 110.

Richter, Christian: Probleme beim grenzüberschreitenden Betriebsübergang, ArbuR 1992, S. 65 – 73.

Rittner, Fritz: Wirtschaftsrecht – Ein Lehrbuch, 2. Auflage Heidelberg 1987.

Rohe, Mathias: Binnenmarkt oder Interessenverband? Zum Verhältnis von Binnenmarktsziel und Subsidiaritätsprinzip nach dem Maastricht-Vertrag, RabelsZ 61 (1997), S. 1 – 85.

Roth, Wulf-Henning: Internationales Versicherungsvertragsrecht, Tübingen 1985.

Roth, Wulf-Henning: Grundlagen des gemeinsamen europäischen Versicherungsmarktes, RabelsZ 54 (1990), S. 63 - 138.

Roth, Wulf-Henning: Der Einfluß des Europäischen Gemeinschaftsrechts auf das Internationale Privatrecht, RabelsZ 55 (1991), S. 623 – 673.

Roth, Wulf-Henning: Dienstleistungsfreiheit, in: *Dauses* (Hrsg.), Handbuch des EU-Wirtschaftsrechts, München 1993, Kap. E I.

Roth, Wulf-Henning: Das Allgemeininteresse im europäischen Internationalen Versicherungsvertragsrecht, VersR 1993, S. 129 – 139.

Roth, Wulf-Henning: Die Freiheiten des EG-Vertrages und das nationale Privatrecht (Zur Entwicklung internationaler Sachnormen für europäische Sachverhalte), ZEuP 1994, S. 5 – 33.

Roth, Wulf-Henning: Angleichung des IPR durch sekundäres Gemeinschaftsrecht, IPRax 1994, S. 165 – 174.

Roth, Wulf-Henning: Verbraucherschutz über die Grenze – Anmerkungen zu BGH, Urteil vom 26.10.1993, RIW 1994, S. 275 – 278.

Roth, Wulf-Henning: Die Niederlassungsfreiheit zwischen Beschränkungs- und Diskriminierungsverbot, in: Gedächtnisschrift für Brigitte Knobbe-Keuk, Köln 1997, S. 729 - 742.

Roth, Wulf-Henning: Freier Warenverkehr nach „Keck“, in: Festschrift für Bernhard Großfeld, Heidelberg 1999, S. 929 – 957.

Rüffler, Friedrich: Niederlassungsfreiheit; Keck und die Bestimmung der Verwechslungsgefahr bei Kollision unternehmerischer Kennzeichen, wbl 1999, S. 297 – 302.

Sack, Rolf: Marktortprinzip und allgemeine Ausweichklausel im internationalen Wettbewerbsrecht, am Beispiel der sog. Gran-Canaria-Fälle, IPRax 1992, S. 24 – 29.

Sack, Rolf: Staatliche Regelungen sogenannter „Verkaufsmodalitäten“ und Art. 30 EG-Vertrag, EWS 1994, S. 37 – 47.

Sack, Rolf: Staatliche Werbebeschränkungen und die Art. 30 und 59 EG-Vertrag, WRP 1998, S. 103 – 119.

Samtleben, Jürgen: Das internationale Privatrecht der Börsentermingeschäfte und der EWG-Vertrag, RabelsZ (45) 1981, S. 218 – 252.

Sandrock Otto: Die Bedeutung des Gesetzes zur Neuregelung des Internationalen Privatrechts für die Unternehmenspraxis, RIW 1986, S. 841 – 854.

Sauveplane, Jean Georges: Inländische zwingende Vorschriften und ausländisches Vertragsstatut des Arbeitsvertrags, IPRax 1989, S. 114 – 121.

Savigny, Friedrich Carl von: System des heutigen römischen Rechts, Band VIII, Nachdruck der Ausgabe Berlin 1849, Darmstadt 1956.

Schaub, Günter: Arbeitsrechts-Handbuch, 9. Auflage, München 2000.

Schiek, Dagmar: Europäisches Arbeitsrecht, Baden-Baden 1997.

Schiffer, Jan K.: Normen ausländischen „öffentlichen" Rechts in internationalen Handelsschiedsverfahren, Köln u.a. 1990.

Schlosser, Peter: Das Recht der internationalen privaten Schiedsgerichtsbarkeit, Tübingen 1975.

Schlunck, Angelika: Die Grenzen der Privatautonomie im internationalen Arbeitsrecht, München 1990.

Schmidt, Marek: Privatrechtsangleichende EU-Richtlinien und nationale Auslegungsmethoden, RabelsZ 59 (1995), S. 569 – 597.

Schroeder, Dirk; Federle, Anne: Das Keck-Urteil: Tatsächlich eine Abkehr von „Yves Rocher"?, ZIP 1994, S. 1428 - 1434.

Schroeder, Werner: Anmerkung zu EuGH, Urteil vom 15.12.1995, Rs. C-415/93 (Bosman), JZ 1996, S. 254 –257.

Schubert, Mathias: Internationale Verträge und Eingriffsrecht – ein Beitrag zur Methode des Wirtschaftskollisionsrechts, RIW 1987, S. 729 – 746.

Schulte, Dieter: Die Anknüpfung von Eingriffsnormen, insbesondere wirtschaftsrechtlicher Art im internationalen Vertragsrecht, Bielefeld 1975.

Schulze, Johannes: Das öffentliche Recht im Internationalen Privatrecht, Frankfurt a.M. 1972.

Schurig, Klaus: Kollisionsnorm und Sachrecht. Zu Struktur, Standort und Methode des internationalen Privatrechts, Berlin 1981.

Schurig, Klaus: Lois d'application immédiate und Sonderanknüpfung zwingenden Rechts, in: *Holl/Klinke* (Hrsg.), Internationales Privatrecht. Internationales Wirtschaftsrecht (Symposium der A. v. Humboldt-Stiftung 1983), Köln u. a. 1985, S. 55 – 76.

Schurig, Klaus: Zwingendes Recht, „Eingriffsnormen" und neues IPR, RabelsZ 54 (1990), S. 217 – 250.

Schwab, Brent: Das Arbeitnehmer-Entsendegesetz, AR-Blattei, SD 370.3, Stand April 1999.

Schwander, Ivo: Lois d'application immédiate, Sonderanknüpfung IPR-Sachnormen und andere Ausnahmen von der gewöhnlichen Anknüpfung im internationalen Privatrecht, Zürich 1975.

Schweitzer, Michael; Hummer, Waldemar: Europarecht, 5. Auflage Neuwied/Kriftel/Berlin 1996.

Schwintowski, Hans-Peter: Freier Warenverkehr im europäischen Binnenmarkt – Eine Fundamentalkritik an der Rechtsprechung des EuGH zu Art. 28 EGV, RabelsZ 64 (2000), S. 38 – 59.

Seif, Ulrike: Das Spannungsverhältnis zwischen Kollisionsrecht und Europarecht, in: Jahrbuch junger Zivilrechtswissenschaftler 1997, S. 225 – 256.

Selmayr, Martin: Die gemeinschaftsrechtliche Entsendungsfreiheit und das deutsche Entsendegesetz, ZfA 27 (1996), S. 615 – 658.

Serick, Rolf: Die Sonderanknüpfung von Teilfragen im Internationalen Privatrecht, RabelsZ (18) 1953, S. 633 - 650.

Siehr, Kurt: Besprechung von Lorenz, Egon, Zur Struktur des Internationalen Privatrechts, Berlin 1977, ZVglRWiss 77 (1978), S. 234 – 236.

Siehr, Kurt: Normen mit eigener Bestimmung ihres räumlich-persönlichen Anwendungsbereiches im Kollisionsrecht der Bundesrepublik Deutschland, RabelsZ (46) 1982, S. 357 – 383.

Siehr, Kurt: Sachrecht und IPR, transnationales Recht und lex mercatoria, in: *Holl/Klinke* (Hrsg.), Internationales Privatrecht. Internationales Wirtschaftsrecht (Symposium der A.v.Humboldt-Stiftung 1983), Köln u. a. 1985, S. 103 - 126.

Siehr, Kurt: Ausländische Eingriffsnormen im inländischen Wirtschaftskollisionsrecht, RabelsZ 52 (1988), S. 41 – 103.

Smulders, Ben; Glazener, Paul: Harmonization in the Field of Insurance Law Through the Introduction of Community Rules of Conflict, C. M. L. Rev. 29 (1992), S. 775 - 797.

Soergel, Hans Theodor: Bürgerliches Gesetzbuch, 11. Auflage: Bd. 8, Einführungsgesetz, Stuttgart u.a. 1984; 12. Auflage: Bd. 10, Einführungsgesetz, Stuttgart u.a. 1996.

Sonnenberger, Hans Jürgen: Bemerkungen zum Internationalen Privatrecht im AGB-Gesetz, in: Festschrift für Murad Ferid, München 1978, S. 377 – 396.

Sonnenberger, Hans Jürgen: „Internationales Privatrecht/Internationales öffentliches Recht", in: Festschrift für Kurt Rebmann, München 1989, S. 819 – 838.

Sonnenberger, Hans Jürgen: Europarecht und internationales Privatrecht, ZVglRWiss 95 (1996), S. 3 – 47.

Sonnenberger, Hans Jürgen: Die Eingriffsnorm: ein internationalrechtliches σκανδαλον?, in: Festschrift für Wolfgang Fikentscher, Tübingen 1998, S. 283 – 297.

Spetzler, Eugen: Die Kollision des Europäischen Gemeinschaftsrechts mit nationalem Recht und deren Lösung, RIW 1990, S. 286 – 290.

Staudinger, Julius v.: Kommentar zum Bürgerlichen Gesetzbuch: BGB §§ 134 – 163, 13. Bearbeitung Berlin 1996; BGB §§ 611 – 615, 13. Bearbeitung Berlin 1999; EGBGB Art. 27 – 37 (Internationales Vertragsrecht), Art. 10 (Internationales Namensrecht), 12. Auflage Berlin 1998; EGBGB/IPR, Einl. zum IPR, Art. 3 – 6, 13. Bearbeitung Berlin 1996.

Stein, Torsten: Anmerkung zu EuGH, Urteil vom 24.3.1994, Rs. C-275/92 (Schindler), EuZW, S. 315.

Steindorff, Ernst: Sachnormen im internationalen Privatrecht, Frankfurt a. M. 1958.

Steindorff, Ernst: Europäisches Gemeinschaftsrecht und deutsches Internationales Privatrecht - Ein Beitrag zum ordre public und zur Sonderanknüpfung zwingenden Rechts -, EuR 1981, S. 426 - 441.

Steindorff, Ernst: Termingeschäft an ausländischen Börsen, IPRax 1982, S. 49 – 51.

Steindorff, Ernst: Anmerkung zu EuGH 2.8.1993, verb. Rs. C-259, C-331 und C-332/91 (Allué II), JZ 1994, S. 95 - 98.

Steindorff, Ernst: Unvollkommener Binnenmarkt, ZHR 158 (1994), S. 149 – 169.

Steindorff, Ernst: EG-Vertrag und Privatrecht, Baden-Baden 1996.

Steindorff, Ernst: Mehr staatliche Identität, Bürgernähe und Subsidiarität in Europa?, ZHR 163 (1999), S. 395 – 440.

Steinmeyer, Heinz-Dietrich: Sozialdumping in Europa – Perspektiven einer arbeits- und sozialrechtlichen Rechtsprechung, DVBL 1995, S. 962 – 968.

Stoll, Hans: Kollisionsrechtliche Fragen beim Kommissionsgeschäft, RabelsZ (24) 1959, S. 601 - 638.

Stoll, Hans: Deliktsstatut und Tatbestandswirkung ausländischen Rechts, in: Festschrift für Kurt Lipstein, Heidelberg/Karlsruhe 1980, S. 259 - 277.

Stoll, Hans: Bemerkungen zu den Vorschriften über den „Allgemeinen Teil" im Gesetzesentwurf der Bundesregierung zur Neuregelung des IPR (Art. 3-9, 11-12), IPRax 1984, S. 1 - 5.

Stoll, Hans: Rechtliche Inhaltskontrolle bei internationalen Handelsgeschäften, in: Festschrift für Gerhard Kegel, Stuttgart u.a. 1987, S. 623 - 662.

Stoll, Hans; Karatreris, Fotios: Stellungnahmen u. Gutachten zum europäischen internationalen Zivilverfahrens- und Versicherungsrecht, Tübingen 1991.

Streinz, Rudolf: Europarecht, 4. Auflage Heidelberg 1999.

Strohmeier, Gerhard: Die Verfassungswidrigkeit des Arbeitnehmerentsendegesetzes, RdA 1998, S. 339 – 345.

Stumpf, Cordula: Gewerblicher Rechtsschutz auf dem Weg vom gemeinschaftsrechtlichen Ausnahmebereich zur Binnenmarkt-Normalität, DZWir 1998, S. 124 – 128.

Stuyck, Jules; Wytinck, Paul: Annotation to Case C-106/89, Marleasing, C. M. L. Rev. 28 (1991), S. 205 – 223.

Taupitz, Jochen: Kaffeefahrten deutscher Urlauber auf Gran Canaria: Deutscher Verbraucherschutz im Urlaubsgepäck?, BB 1990, S. 642 – 652.

Taupitz, Jochen: Europäische Privatrechtsvereinheitlichung heute und morgen, Tübingen 1993.

Taupitz, Jochen: Privatrechtsvereinheitlichung durch die EG: Sachrechts- oder Kollisionsrechtsvereinheitlichung?, JZ 1993, S. 533 – 539.

Toubiana, Annie: Le domaine de la loi du contrat en droit international privé, Paris 1972.

Vahlens Großes Wirtschaftslexikon, herausgegeben von Erwin Dichtl und Ottmar Issing, Band 1 A – K, 2. Auflage München 1993.

Van Hecke, Georges: Vertragsautonomie und Wirtschaftsgesetzgebung im Internationalen Privatrecht, ZfRV 1966, S. 23 – 30.

Van Hecke, Georges: International Contracts and Domestic Legislativ Policies, in: Festschrift für Frederick Alexander Mann, München 1977, S. 183 - 191.

Vischer, Frank: Kollisionsrechtliche Parteiautonomie und dirigistische Wirtschaftsgesetzgebung, in: Festgabe zum 70. Geburtstag von Max Gerwig, Basel 1960, S. 167 – 191.

Vischer, Frank: Probleme des Währungsrechtes nach dem Entwurf des schweizerischen IPR-Gesetzes, in: *von Graffenried* (Hrsg.), Beiträge zum schweizerischen Bankenrecht, Bern 1987, S. 425 – 449.

Vischer, Frank: The Antagonism Between Legal Security and the Search for Justice in the Field of Contracts, Rec. des Cours 142 (1974), S. 1 - 70.

Vischer, Frank: Zwingendes Recht und Eingriffsgesetze nach dem schweizerischen IPR-Gesetz, RabelsZ 53 (1989), S. 438 – 461.

Vogel, Sabine: Drittstaatliche zwingende Normen im internationalen Vertragsrecht: eine Betrachtung aus kollisionsrechtlicher Sicht, Potsdam 1993.

von der Groeben, Hans; Thiesing, Jochen; Ehlermann, Claus-Dieter: Kommentar zum EU-/EG-Vertrag, 5. Auflage Baden-Baden 1997/1999.

Voser, Nathalie: Die Theorie der lois d'application immédiate im Internationalen Privatrecht, Frankfurt am Main 1993.

Wagner, Rolf: Der Regierungsentwurf eines Gesetzes zum Internationalen Privatrecht für außervertragliche Schuldverhältnisse und für Sachen, IPRax 1998, S. 429 – 438.

Walz, Stefan: Multinationale Unternehmen und internationaler Tarifvertrag, Baden-Baden 1981.

Weber, Claus: Die Reichweite des Arbeitnehmerentsendegesetzes, DZWir 1999, S. 499 – 501.

Weber, Helmut J.: Das Zwingende an den zwingenden Vorschriften im neuen internationalen Arbeitsrecht, IPRax 1988, S. 82 – 85.

Wengler, Wilhelm: Die Anknüpfung des zwingenden Schuldrechts im Internationalen Privatrecht, ZVglRWiss 54 (1941), S. 168 – 212.

Wengler, Wilhelm: Die Gesetze über unlauteren Wettbewerb und das internationale Privatrecht, RabelsZ 19 (1955), S. 401 – 426.

Wengler, Wilhelm: Das Gleichheitsprinzip im Kollisionsrecht, in: Eranion Maridakis Bd. III, Athen 1964, S. 323 - 379.

Westphalen, Friedrich Graf von: Fallstricke bei Verträgen und Prozessen mit Auslandsberührung, NJW 1994, S. 2113 – 2120.

Weyer, Hartmut: Die Rechtsprechung zum freien Warenverkehr: Dassonville – Cassis de Dijon – Keck, DZWir 1994, S. 89 – 95.

White, Eric L.: In Search of the Limits to Article 30 of the EEC-Treaty, C. M. L. Rev. 26 (1989), S. 234 - 280.

Wichmann, Julia: Dienstleistungsfreiheit und grenzüberschreitende Entsendung von Arbeitnehmern, Frankfurt a.M. 1998.

Wilburg, Walter: Zusammenspiel der Kräfte im Aufbau des Schuldrechts, AcP 163 (1963), S. 346 – 379.

Williams, Patrick Ross: The EEC Convention on the Law Applicable to Contractual Obligations, I.C.L.Q. (35) 1986, S. 1 – 31.

Wilmowsky, Peter von: EG-Vertrag und kollisionsrechtliche Rechtswahlfreiheit, RabelsZ 62 (1998), S. 1 – 37.

Wimmer, Norbert: Die *Gestaltung* internationaler Arbeitsverhältnisse durch kollektive Normverträge, Baden-Baden 1992.

Wimmer, Norbert: Neuere Entwicklungen im internationalen Arbeitsrecht – Überlegungen zur Politik des Arbeitskollisionsrechts, IPRax 1995, S. 207 – 214.

Winterfeldt, Rosemarie: Anmerkung zu BAG, Urteil vom 20.5.1988, SAE 1990, S. 261 – 265.

Wolf, Manfred: Auslegung und Inhaltskontrolle von AGB im internationalen kaufmännischen Verkehr, ZHR (153) 1989, S. 300 – 321.

Wolff, Hans-Julius / Bachof, Otto: Verwaltungsrecht I, 9. Auflage München 1974.

Zimmer, Daniel: Ausländisches Wirtschaftsrecht vor deutschen Zivilgerichten: Zur Unterscheidung zwischen einer normativen Berücksichtigung fremder zwingender Normen und einer bloßen Beachtung ihrer tatsächlichen Folgen, IPRax 1993, S. 65 – 69.

Zöllner, Wolfgang; Loritz, Karl-Georg: Arbeitsrecht, 5. Auflage München 1998.

Zweigert, Konrad: Nichterfüllung auf Grund ausländischer Leistungsverbote, RabelsZ 14 (1942), S. 283 – 307.

Zweigert, Konrad: Internationales Privatrecht und öffentliches Recht, in: Fünfzig Jahre Institut für internationales Recht an der Universität Kiel, Hamburg 1965, S. 124 – 141.

Zweigert, Konrad: Zur Armut des Internationalen Privatrechts an sozialen Werten, RabelsZ 37 (1973), S. 435 – 452.

§ 1: Einleitung

I. Ziele der Arbeit

Das international zwingende Recht stellt nach wie vor einen der umstrittensten Bereiche des IPR dar. Obwohl die Problemstellung seit langem bekannt ist[1], wird nach wie vor von einem „unfertigen Teil" des IPR gesprochen[2]. Eingriffsnormen scheinen ein kollisionsrechtliches „Paradoxon"[3] darzustellen, ihnen soll die Gefahr innewohnen, das System des herkömmlichen IPR zu „sprengen"[4]. Der Vielzahl offener Fragen entsprechend sind die gesetzlichen Regelungen dürftig: Für inländisches Eingriffsrecht existiert mit Art. 34 EGBGB (Art. 7 Abs. 2 EVÜ[5]) eine Bestimmung, deren Aussagegehalt äußerst beschränkt ist. Die Beachtung ausländischen Eingriffsrechts blieb aufgrund des Vorbehalts gegen Art. 7 Abs. 1 EVÜ grundsätzlich ungeregelt[6]. Die wissenschaftliche Auseinandersetzung um die Eingriffsnormen wird auch in Zukunft nicht an Bedeutung verlieren. Es ist eher zu erwarten, daß das Eingriffsrecht noch stärker als bisher in den Vordergrund der kollisionsrechtlichen Forschung tritt, da für Eingriffsnormen - schon aufgrund ihres zwingenden Charakters - ein Gesichtspunkt eine besonders

---

[1] Schon *von Savigny* (System des heutigen Römischen Rechts VIII 33) weist auf Normen von „streng positiver, zwingender Natur" hin, die „von den Richtern unseres Staates schlechthin angewendet werden müssen.".

[2] *Junker*, IPR Rn. 79.

[3] Vgl. insoweit den Titel des Beitrages von *Sonnenberger*, FS Fikentscher 283 ff.

[4] Vgl. *Mäsch* 163 f. sowie unten § 5 II.

[5] Europäisches Übereinkommen über das auf vertragliche Schuldverhältnisse anzuwendende Recht vom 9.10.1980, ABl. EG 1980 Nr. L 266, S. 1 ff. Das Internationale Vertragsrecht der Artt. 27 ff. EGBGB hat den größten Teil des EVÜ in deutsches Recht umgesetzt; vereinzelt wurden Vorschriften des EVÜ auch an anderer Stelle eingesetzt (z.B. Art. 16 EVÜ in Art. 6 S. 1 EGBGB). Trotz seiner Grundlage im EVÜ ist das Internationale Vertragsrecht deutsches staatliches Kollisionsrecht; die Vorschriften des EVÜ gelten in Deutschland nicht unmittelbar, Art. 3 Abs. 2 S. 1 EGBGB ist also nicht einschlägig. Das EVÜ regelt in Art. 21 auch ausdrücklich den Vorrang (anderer) internationaler Abkommen, in Art. 20 EVÜ wird der Vorrang gemeinschaftsrechtlicher Rechtsakte klargestellt. Vgl. näher hierzu z.B. MünchKomm-*Martiny* Vor Art. 27 EGBGB Rn. 2 ff.

[6] Näher hierzu unten § 11 II.

wichtige Rolle spielt, der in letzter Zeit immer mehr Beachtung findet: das Verhältnis des Europarechts zum Internationalen Privatrecht[7].

Von besonderer Bedeutung sind international zwingende Bestimmungen im Arbeitsrecht. Dies liegt zunächst an der Vielzahl zwingender Vorschriften in diesem Bereich. Aufgrund der hohen sozialen, wirtschaftlichen und politischen Relevanz des Arbeitsrechts besteht auch ein besonderer Anreiz für Staaten, ihr eigenes Recht unabhängig vom Vertragsstatut anzuwenden. Bei arbeitsrechtlichen Eingriffsnormen berühren sich zwei grundlegende Fragestellungen des Internationalen Privatrechts: Das bereits erwähnte Problem des international zwingenden Rechts sowie der Aspekt des „Schutz des Schwächeren" im Kollisionsrecht[8]. Innerhalb des ohnehin schwierigen Gebietes „Eingriffsnormen" nehmen die Vorschriften zum Schutz der Arbeitnehmer nochmals eine Sonderstellung ein; ihnen wird von Teilen des Schrifttums sogar die Fähigkeit abgesprochen, international zwingend sein zu können. Das Arbeitsrecht auszuwählen, um die mit der international zwingenden Anwendung von Rechtsnormen verbundenen Fragestellungen zu beleuchten, drängt sich daneben aber auch aus einem aktuellen Anlaß auf: Mit Umsetzung der „Entsenderichtlinie"[9] im AEntG wurde erstmals eine ausdrückliche Regelung für die international zwingende Wirkung weiter Teile des Arbeitsrechts geschaffen.

Ziel der Arbeit ist es, das Phänomen „Eingriffsnormen" faßbar zu machen, das bedeutet z.B. zu untersuchen, durch welche Eigenschaften sich Eingriffsnormen auszeichnen, oder aufzuzeigen, wie die international zwingende Wirkung einer Vorschrift zu ermitteln ist. Weiterhin soll versucht werden, eine schlüssige Konzeption für die Behandlung sowohl des in- als auch des ausländischen

---

[7] Insoweit ist auch auf den Aktionsplan des Rates und der Kommission zur bestmöglichen Umsetzung der Bestimmungen des Amsterdamer Vertrages über den Aufbau eines Raumes der Freiheit, der Sicherheit und des Rechts vom 3.12.1998 (ABl. EG 1999, Nr. C 19, S. 1 ff.) hinzuweisen. Der Aktionsplan sieht in Teil II B. II. 40. c) „erforderlichenfalls" die „Einleitung der Revision einzelner Bestimmungen" des EVÜ vor. Es bleibt abzuwarten, ob hierdurch auch die Behandlung international zwingender Bestimmungen (Art. 7 EVÜ) betroffen werden wird. Der Aktionsplan wird jedenfalls dazu führen, daß die Diskussion um die Eingriffsnormen noch zunehmen wird. Die Möglichkeit einer Revision des Art. 7 EVÜ bietet Gelegenheit, alte Streitfragen wieder aufzunehmen und auf eine Kodifizierung der eigenen Ansicht hinzuwirken, vgl. insoweit auch *Junker*, IPRax 2000, 65 ff.

[8] Im Arbeitsrecht soll der „Armut des Internationalen Privatrechts an sozialen Werten" (vgl. den Titel des Aufsatzes von *Zweigert*, RabelsZ 37 (1973), 435 ff.) zwar durch Art. 30 Abs. 1 EGBGB entgegengewirkt werden. Wie im Text erwähnt, wird in den Rechtsbereichen, die den „Schutz des Schwächeren" betreffen, aber auch die Tendenz, Eingriffsrecht zu schaffen, besonders ausgeprägt sein.

[9] Richtlinie 96/71 des Europäischen Parlamentes und des Rates, ABl. EG Nr. L 18 vom 21.1.1997, S. 1 ff.

Eingriffsrechts zu entwickeln. Dabei fungiert das Arbeitsrecht grundsätzlich nicht als beschränkender Faktor; die Arbeit strebt an, allgemeine Lösungen zu entwickeln, die auch für andere Rechtsbereiche Gültigkeit besitzen; das Arbeitsrecht dient insoweit als erläuterndes Beispiel. Nicht alle Fragen des Eingriffsrechts lassen sich aber einheitlich für alle Bereiche beantworten, in diesen Fällen erfolgt eine Konzentration auf das Arbeitsrecht. Problemen, die nur für das Arbeitsrecht relevant (wie z.B. das Verhältnis von Art. 30 Abs. 1 EGBGB zu Art. 34 EGBGB) oder zumindest von besonderer Bedeutung sind, wird erhöhte Aufmerksamkeit geschenkt. Wie bereits angesprochen wurde, kann gerade im Bereich des international zwingenden Rechts der Einfluß des Europarechts auf das Kollisionsrecht nicht ignoriert werden, auch diese Fragestellung soll daher vertieft betrachtet werden.

II. Gang der Untersuchung

Der Gang der Untersuchung ist in seiner Grundstruktur durch die Zielsetzung der Arbeit vorgegeben: Im ersten Teil erfolgen grundlegende Erwägungen, die sowohl für in- als auch ausländisches Eingriffsrecht von Bedeutung sind. Es wird erörtert, durch welche Merkmale Eingriffsnormen gekennzeichnet sind, wie die international zwingende Wirkung einer Vorschrift ermittelt werden kann und welche Stellung die Eingriffsnormen im Kollisionsrecht einnehmen. Der zweite Teil der Arbeit ist dann den Eingriffsnormen der lex fori gewidmet. Einen Schwerpunkt dieses Abschnitts bildet die Frage, unter welchen Voraussetzungen inländisches Eingriffsrecht anzuwenden ist. Insbesondere wird untersucht, welche Schranken die Grundfreiheiten des *EGV* für die Anwendung deutscher Eingriffsnormen des Arbeitsrechts aufstellen. Im dritten Teil wird dann die Beachtung ausländischer Eingriffsnormen behandelt. In diesem Kapitel wird zunächst die Regelung des Art. 32 Abs. 2 EGBGB betrachtet, die zumindest für einen Teil des ausländischen Eingriffsrechts eine gesetzliche Regelung enthält. Weiterhin wird der seit langem bestehende Meinungsstreit um Form und Voraussetzungen einer Berücksichtigung fremder Eingriffsnormen betrachtet. Ausgehend von diesem Meinungsstreit wird versucht, ein eigenes Lösungskonzept zu entwickeln.

1. Kapitel
Grundlegende Erwägungen zu den Eingriffsnormen

§ 2: Problemstellung

I. Zwingende Bestimmungen im internationalen Schuldvertragsrecht

Die einzige Regelung im EGBGB, die Eingriffsrecht betrifft - Art. 34 -, verwendet den Begriff „Eingriffsnormen" nicht, sie spricht von „Bestimmungen", „die ohne Rücksicht auf das auf den Vertrag anzuwendende Recht den Sachverhalt zwingend regeln." Anders als in Artt. 27 Abs. 3, 29 Abs. 1 und 30 Abs. 1 EGBGB ist zwar nicht einfach von „zwingenden Bestimmungen" die Rede, zieht man das Arbeitsrecht als Beispiel heran, läßt sich aber festhalten, daß bei der Ermittlung des anwendbaren Rechts (zumindest) drei Normen zu beachten sind, die Bestimmungen mit „zwingendem Charakter" betreffen: Artt. 27 Abs. 3, Art. 30 Abs. 1 und Art. 34 EGBGB[10]. Zwischen den ersten beiden Normen und Art. 34 EGBGB bestehen aber ganz erhebliche Unterschiede.

Sowohl Art. 27 Abs. 3 EGBGB als auch Art. 30 Abs. 1 EGBGB beschränken die Wirkungen der Rechtswahl zugunsten von Normen, die Bestandteil des ohne Rechtswahl anwendbaren Rechts, des objektiven Arbeitsstatuts, sind. Durch das neue internationale Vertragsrecht wurde zwar grundsätzlich eine Entscheidung zugunsten der Rechtswahlfreiheit getroffen, die Regelungen in den Artt. 27 Abs. 3, 29 Abs. 1, 30 Abs. 1 und jetzt auch Art. 29 a EGBGB lassen aber erkennen, daß die unbeschränkte Möglichkeit, das anwendbare Recht durch Rechtswahl zu bestimmen, nicht uneingeschränkt als interessengerecht angesehen wurde. Insbesondere mußte der Schutz der typisch schwächeren Vertragspartei gegenüber der Möglichkeit, das anwendbare Recht durch Vertrag zu bestimmen, gewährleistet werden[11].

Vor allem die für das Arbeitsrecht relevanten Beschränkungen in Artt. 27 Abs. 3, 30 Abs. 1 EGBGB können jedoch ohne Schwierigkeiten in das allgemeine kollisionsrechtliche System eingegliedert werden, sie sind also „systemimmanent"[12]. Vorgenommen wird lediglich eine Begrenzung des gewählten Arbeitsstatuts

---

[10] Vgl. MünchKomm-*Martiny* Art. 34 EGBGB Rn. 64 ff.; Staudinger-*Magnus* Art. 34 EGBGB Rn. 187 ff.; *Schlunck* 193 ff.

[11] Vgl. z.B. *E. Lorenz*, RIW 1987, 571 ff.

[12] *Junker*, Konzern 283.

durch das „Schwerpunktrecht". Hierdurch wird das allgemeine System der allseitigen Anknüpfungen jedoch nicht verlassen[13]. Auch wird die Grundentscheidung für die Rechtswahl als solche nicht in Frage gestellt. Die Anwendung des Art. 30 Abs. 1 EGBGB berührt die Wirksamkeit der Rechtswahl nicht[14]. Das EVÜ bzw. das EGBGB hat also den Schutz des typisch Schwächeren nicht dadurch verwirklicht, daß eine Rechtswahl im Arbeitsrecht schlechthin unzulässig wäre[15]. Es wurde ein „geringerer Eingriff" in die Rechtswahlfreiheit vorgenommen, indem man die Reichweite der Rechtswahl begrenzfe.

Von den durch Art. 27 Abs. 3 EGBGB und Art. 30 Abs. 1 EGBGB berufenen zwingenden Bestimmungen des ohne Rechtswahl anwendbaren Rechts sind solche Normen zu unterscheiden, die ohne Rücksicht auf das objektive Statut oder eine etwaige Rechtswahl angewendet werden, also unabhängig vom „an sich" anwendbaren Recht gelten wollen[16]. Auf derartige Vorschriften bezieht sich Art. 34 EGBGB. Diese Normen passen nicht ohne weiteres in das allseitige Verweisungssystem, da für ihre Anwendung unerheblich ist, welches Recht nach den allgemeinen Kollisionsnormen zur Regelung des Vertrages berufen wird[17] Sie werden üblicherweise als „Eingriffsnormen" bezeichnet[18].

Daß es Normen gibt, die einen Vertrag unabhängig von dem nach den allgemeinen Regeln anzuwendenden Recht erfassen wollen, ist seit langem bekannt[19]. Auch die Gründe für diese Tatsache sind anerkannt: Schon *Wengler*[20] hat darauf hingewiesen, daß es kein Vertragsstatut gibt, das einen Vertrag in jeder Hinsicht erfaßt. Dies gilt nicht nur für den Fall einer Rechtswahl, sondern auch bei einer objektiven Anknüpfung. Auch das gemäß Art. 30 Abs. 2 EGBGB zu ermittelnde

---

[13] *Schurig*, RabelsZ 54 (1990), 226.

[14] MünchKomm-*Martiny* Art. 30 EGBGB Rn. 18; Staudinger-*Magnus* Art. 30 EGBGB Rn. 51.

[15] Es bestehen also keine allgemeinen Rechtswahlverbote (auch nicht im Rahmen der Artt. 27 Abs. 3 und 29 EGBGB), vgl. *E. Lorenz*, RIW 1987, 569.

[16] *E. Lorenz*, RIW 1987, 572; Staudinger-*Magnus* Art. 34 EGBGB Rn. 10.

[17] *E. Lorenz*, RIW 1987, 578; MünchKomm-*Martiny* Art. 34 EGBGB Rn. 7; auch *Schurig* (RabelsZ 54 (1990), 220) der aber letztlich von einer Eingliederung der Eingriffsnormen in das allgemeine verweisungsrechtliche System ausgeht.

[18] Vgl. z.B. MünchKomm-*Martiny* Art. 34 EGBGB Rn. 9; *Kropholler*, IPR § 3 II 1; Staudinger-*Magnus* Art. 34 EGBGB Rn. 1; *Droste* 4 f. Vgl. auch *Vogel* 10 ff., die aber Unterschiede zwischen den Begriffen „Eingriffsnormen" und „international zwingende Normen" sieht. Näher zu der Terminologie unten § 2 II.

[19] Vgl. den Verweis auf *von Savigny* in Fn. 1. Grundlegend auch *Wengler*, ZVglRWiss 54 (1941), 168 ff. Vgl. hierzu auch *Schurig*, RabelsZ 54 (1990), 218 und 233.

[20] ZVglRWiss 54 (1941), 172.

objektive Arbeitsstatut regelt einen Vertrag nicht allumfassend. Der Anwendungsbereich des Vertragsstatuts wird zum einen durch speziellere - allseitige - Kollisionsnormen eingeschränkt, die für bestimmte Teilbereiche (z.B. hinsichtlich der Fragen der Geschäftsfähigkeit und der Form) Sonderregelungen enthalten[21]. Die Reichweite wird aber auch durch Normen begrenzt, deren Anwendung nicht auf allgemeinen Kollisionsnormen beruht, sondern darauf, daß sie mit einem „kollisionsrechtlichen Eingriffsbefehl“[22] ausgestattet sind, der ihre Anwendung „ohne Rücksicht auf das auf den Vertrag anzuwendende Recht“[23] fordert.

Auch wenn die Existenz derartiger Normen unbestritten ist, so bestehen erhebliche Probleme bei der Beantwortung der Fragen hinsichtlich ihrer Abgrenzung und den von ihnen ausgehenden Wirkungen.

II. Die Ausgangslage im Bereich des Eingriffsrechts

Die erste Hürde bei der Untersuchung der „Eingriffsnormen“ besteht darin, daß der Begriff nicht einheitlich gebraucht wird bzw. eine Vielzahl von anderen Bezeichnungen verwendet werden, die zumindest Ähnliches meinen[24]. So wird von „selbstgerechten Sachnormen“[25], „international zwingenden Rechtsnormen“[26] und allgemein von „Wirtschaftskollisionsrecht“[27] gesprochen oder auch auf ausländische Bezeichnungen wie „lois de police“, „lois d´application immediate“ [28] und „mandatory rules“[29] zurückgegriffen.
Letztlich ist entscheidend, wie die betreffenden Normen definiert werden, der verwendete Begriff ist demgegenüber nur von untergeordneter Bedeutung[30]. Da

---

[21] Vgl. z.B. *E. Lorenz*, RdA 1989, 226.

[22] *E. Lorenz*, RIW 1987, 578.

[23] Art. 34 EGBGB.

[24] *Droste* 4 f.; *Anderegg*, Eingriffsnormen 3 ff.; *Busse*, ZVglRWiss 95 (1996), 388; *Vogel* 8 ff; *Schurig*, RabelsZ 54 (1990), 227.

[25] *Kegel*, GS Ehrenzweig 51 ff. „Selbstgerechte Sachnormen“ unterscheiden sich zwar in ihrer Struktur nicht von den „Eingriffsnormen“ im hier verstandenen Sinne, Unterschiede bestehen aber in den Zwecksetzungen, vgl. *Looschelders* 220.

[26] *Vogel* 8 ff.

[27] *Schubert*, RIW 1987, 730.

[28] Vgl. zu den Begriffen „lois de police“ und „lois d´application immediate“ z.B. *Ganzert* 170 ff. und *Vogel* 12 ff.

[29] Vgl. *Siehr*, RabelsZ 52 (1988), 42 f.

[30] Ähnlich auch *Schurig*, RabelsZ 54 (1990), 233: „... mag man sie Eingriffsnormen oder sonstwie nennen.“.

sich die - wohl auf *Karl Neumeyer*[31] zurückgehende - Bezeichnung „Eingriffsnorm“ mittlerweile eingebürgert hat[32], soll sie auch hier verwendet werden.

Wendet man sich dem Rechtsinstitut der Eingriffsnormen zu, so stehen zunächst die Fragen im Vordergrund, was überhaupt „Eingriffsnormen“ sind, durch welche Voraussetzungen sie sich auszeichnen und wie sie in das kollisionsrechtliche System eingeordnet werden können. Hat man diese Problem gelöst, stellt sich die Frage, unter welchen Bedingungen bzw. in welcher Art eine als Eingriffsnorm identifizierte Bestimmungen anzuwenden ist[33].

Dabei hat man es nicht nur mit eigenen Eingriffsnormen zu tun, also solchen der lex fori, sondern auch mit ausländischen Eingriffsnormen, die dem Recht des Vertragsstatutsstaates angehören können, aber auch dem Recht dritter Staaten, die nicht das Vertragsstatut stellen. Daß nicht alle oben aufgeworfene Fragen - zumindest ohne weiteres - für eigene und ausländische Eingriffsnormen einheitlich beantwortet werden können, zeigt schon, daß das EVÜ für Eingriffsnormen der lex fori und drittstaatliche Eingriffsnormen in Art. 7 Abs. 2 EVÜ und Art. 7 Abs. 1 EVÜ unterschiedliche Regelungen enthält[34]. Es leuchtet aber auch unmittelbar ein, daß ein Staat eher geneigt ist, seinen eigenen Interessen und damit auch seinen Eingriffsnormen zur Durchsetzung zu verhelfen, als fremden Interessen bzw. Eingriffsnormen[35]. Auch wenn die Behandlung der Eingriffsnormen von ihrem Herkunftsstaat abhängt, bedeutet dies aber nicht, daß keine Aussagen getroffen werden könnten, die für alle Eingriffsnormen Gültigkeit haben. Da der Ausgangspunkt - die Anwendbarkeit zwingenden Rechts unabhängig vom Vertragsstatut - gleich ist, bietet es sich an, zunächst nach einheitlichen Grundsätzen zu suchen, die sowohl für in- als auch ausländische Eingriffsnormen gelten[36].

---

[31] Internationales Verwaltungsrecht IV (1936) 234 ff.

[32] MünchKomm-*Martiny* Art. 34 EGBGB Rn. 9.

[33] Vgl. *E. Lorenz*, RIW 1987, 578.

[34] Wobei nur Art 7 Abs. 2 EVÜ durch Art. 34 EGBGB umgesetzt wurde, näher hierzu unten § 5.

[35] Vgl. Staudinger-*Magnus* Art. 34 EGBGB Rn. 147; näher zur Konkurrenz von eigenen und fremden Eingriffsnormen unten § 14 III. 3.

[36] Vgl. Staudinger-*Magnus* Art. 34 EGBGB Rn. 55 nach dem im Interesse des internationalen Entscheidungseinklangs Eingriffsnormen der lex fori nicht „wesentlich anders“ definiert werden sollten als fremde Eingriffsnormen. Für eine einheitliche Definition z.B. auch *Krebber*, Kündigungsschutz 300 und *E. Lorenz*, RIW 1987, 578. Welche Anforderungen an Eingriffsnormen zu stellen sind, bestimmt dabei sowohl für in- als auch ausländisches Eingriffsrecht die lex fori, vgl. MünchKomm-*Martiny* Art. 34 EGBGB Rn. 9.

§ 3: Die Definition der Eingriffsnormen

I. Gesetzliche Regelung

Bei dem Versuch einer Definition der Eingriffsnormen liegt es nahe, zunächst nach einer gesetzlichen Regelung Ausschau zu halten. Das EGBGB kennt den Begriff der „Eingriffsnorm" nicht. Art. 34 EGBGB (Art. 7 Abs. 1 EVÜ) enthält aber eine Regelung, die die maßgebliche Normenkategorie - jedenfalls hinsichtlich inländischer Bestimmungen - betrifft. Art. 34 EGBGB lautet:

„*Dieser Unterabschnitt berührt nicht die Anwendung der Bestimmungen des deutschen Rechts, die ohne Rücksicht auf das auf den Vertrag anzuwendende Recht den Sachverhalt zwingend regeln.*"

Welche Bedeutung Art. 34 EGBGB für eine Abgrenzung der Eingriffsnormen zukommt, wird kontrovers diskutiert. Die Literatur geht teilweise davon aus, Art. 34 EGBGB habe hauptsächlich klarstellende Funktion[37] bzw. sei bei der Definition „keine Hilfe"[38].
Auch wenn man davon ausgeht, daß Art. 34 EGBGB nur klarstellende Funktion hat, lenkt er doch das Augenmerk auf zwei Merkmale, die entscheidend für das Vorliegen einer Eingriffsnorm sind[39]:
- die Norm muß den Sachverhalt zwingend regeln;
- sie muß „ohne Rücksicht auf das auf den Vertrag anzuwendende Recht" Geltung beanspruchen.

1. Zwingende Wirkung

Die betreffende Norm muß zwingend sein. Insoweit besteht kein Unterschied zu dem in Artt. 27 Abs. 3 und 30 Abs. 1 EGBGB verwendeten Begriff. Die Legaldefinition des Art. 27 Abs. 3 EGBGB kann auch im Rahmen des Art. 34

---

[37] *Junker*, Konzern 284 f.

[38] *Mäsch* 135.

[39] *E. Lorenz*, RIW 1987, 578; auch Reithmann-Martiny-*Limmer* Rn. 387, der zumindest eine „grobe Umschreibung" des Anwendungsbereichs sieht.

EGBGB herangezogen werden. Grundvoraussetzung ist also, daß die betreffende Norm nicht der Parteidisposition unterliegt[40].

Die Gründe hierfür sind offensichtlich. Von einem Willen des Gesetzgebers, eine Norm auch gegen das Vertragsstatut durchzusetzen, kann nur ausgegangen werden, wenn die Vorschrift auch „intern zwingend" ist. Würde man auch dispositive Normen als Eingriffsnormen ansehen, wären unvertretbare Ergebnisse die Folge. Den Parteien stünde es zwar frei, die Geltung einer Vorschrift vertraglich auszuschließen, die Norm hätte insoweit also nur einen „schwachen" Geltungsanspruch. Gleichzeitig würde man aber davon ausgehen, daß die Norm sich gegen das Vertragsstatut durchsetzen will und damit einen kollisionsrechtlich „starken" Geltungsanspruch aufweist. Daß eine solche Unterscheidung bei einer Norm gewollt sein könnte, erscheint aber kaum denkbar. Durch die Ausstattung einer Norm mit einem „internationalen Geltungsanspruch" bzw. „kollisionsrechtlichen Eingriffsbefehl" wird ein bestimmter Zweck verfolgt. Der jeweilige Gesetzgeber will die mit der betreffenden Bestimmung verfolgten Interessen auch durchsetzen, wenn „an sich" nach den allgemeinen kollisionsrechtlichen Grundsätzen eine andere Rechtsordnung zur Regelung des maßgeblichen Aspektes berufen wäre. Der entsprechende Wille des Gesetzgebers, einer Norm einen besonderen kollisionsrechtlichen Geltungsanspruch zu verleihen, wird aber nur vorliegen, wenn die Vorschrift auch intern einen besonderen Geltungsanspruch aufweist und nicht der Parteidisposition unterliegt. *Junker* weist insoweit darauf hin, daß eine Norm, die der Parteidisposition unterliegt, „erst recht" keine Anwendung ohne Rücksicht auf das Vertragsstatut beansprucht[41].

Insbesondere im Fall einer Rechtswahl zeigt sich, daß nur zwingende Normen einen internationalen Geltungsanspruch aufweisen können. Wären auch dispositive Normen erfaßt, hätte dies zur Folge, daß die Parteien eine Norm zwar durch Parteivereinbarung grundsätzlich ausschließen könnten, die Norm sich aber gegenüber einem entgegenstehenden Rechtswahlvertrag durchsetzen könnte. Der Rechtswahlvertrag hätte also eine „schwächere" Wirkung als eine Vereinbarung, die ohne internationalen Bezug geschlossen wurde. Fraglich wäre dann, ob der Rechtswahlvertrag dann nicht so auszulegen ist, daß er eine Vereinbarung[42] über

---

[40] Staudinger-*Magnus* Art. 34 EGBGB Rn. 49; Begründung des Regierungsentwurfs BT-Drucks. 10/504, 83; *E. Lorenz*, RIW 1987, 578; *Junker*, Konzern 286; *Krebber*, Kündigungsschutz 248 f.; *Hönsch*, NZA 1988, 117; MünchKomm-*Martiny* Art. 34 EGBGB Rn. 6.

[41] *Junker*, Konzern 286 f.; nach *Schubert* (RIW 1987, 731) sind Eingriffsnormen „naturgemäß" zwingendes Recht.

[42] Diese Vereinbarung wäre - wie auch der Rechtswahlvertrag im übrigen - materiellrechtlicher Natur und würde damit einer „gewöhnlichen" Vereinbarung über den Ausschluß von dispositiven Normen entsprechen.

den Ausschluß der dispositiven Normen derjenigen Rechtsordnungen enthält, die nicht das Vertragsstatut stellen. Bei einer derartigen Auslegung des Rechtswahlvertrages - die durchaus dem Willen der Parteien entsprechen wird - wäre die Auffassung, daß auch dispositive Normen einen internationalen Geltungswillen beanspruchen können, letztlich bedeutungslos.

Dennoch vertritt *Siehr* die Auffassung, ausländische Eingriffsnormen müßten keine zwingenden Vorschriften sein[43]. Fremde Eingriffsnormen könnten auch dadurch in die inländische Rechtsordnung eingreifen, daß sie etwas gestatten, was im Inland verboten ist. Diese „Erlaubnisnormen" müßten im Ausland nicht zwingend sein, könnten aber dennoch dem inländischen zwingenden Recht und seinem Anwendungswillen widersprechen und somit einen „Eingriff" darstellen.

Der Ansicht *Siehrs* kann zumindest nicht entgegengehalten werden, daß sie gegen den Wortlaut des Art. 34 EGBGB verstoße, da Art. 34 EGBGB nur inländische Eingriffsnormen erfaßt[44]. Gegen sie sprechen aber die oben genannten Argumente. Es erscheint kaum nachvollziehbar, warum ein Staat eine Erlaubnisnorm mit einem internationalen Eingriffsbefehl ausstatten sollte, wenn die betreffende Norm nicht intern unabdingbar ist. Zwar will der betreffende Staat den Parteien durch die entsprechende Vorschrift einen bestimmten Gestaltungsspielraum einräumen. Bei dispositiven Normen steht es den Parteien jedoch frei, diesen Gestaltungsspielraum wieder zu beschränken bzw. ein gesetzlich erlaubtes Verhalten durch Parteivereinbarung auszuschließen. Da der Staat in diesem Fall die Bestimmung nicht gegen den Willen der Parteien durchsetzen will, kann auch kein besonderes Interesse des Staates angenommen werden, die Vorschrift gegen eine Norm des Vertragsstatuts durchsetzt, die den Parteien ein Verhalten verbietet, das vom Erlaßstaat erlaubt wird[45]. Nur wenn ein Recht von dem Gesetzgeber als derartig bedeutsam und „unabdingbar" angesehen wird, daß es der Disposition der Parteien entzogen sein soll, besteht die Möglichkeit, daß auch der Wille gegeben ist, die korrespondierende „Erlaubnisnorm" mit einem kollisionsrechtlichen „Eingriffsbefehl" auszustatten.

---

[43] *Siehr*, RabelsZ 52 (1988), 44.

[44] A.A. *Junker* (Konzern 286), der allerdings nicht darlegt, warum die Ansicht *Siehrs* gegen den „klaren Wortlaut" des Art. 34 EGBGB verstoßen sollte.

[45] Vermittelnd *Schurig*, RabelsZ 54 (1990), 227 (Fn. 33): Eine besondere kollisionsrechtliche Behandlung sei zwar auch bei solchen Normen angebracht, fraglich sei aber, ob man auch sie „Eingriffsnormen" nennen sollte.

Daß die Vorschrift zwingend ist, ist also auch bei ausländischen Normen Voraussetzung für das Vorliegen einer Eingriffsnorm[46]. Dies gilt auch für Normen, die ein Verhalten gestatten, das im Inland verboten ist. Insoweit ist also eine Differenzierung zwischen in- und ausländischen Eingriffsnormen nicht notwendig. Auch ausländische „Erlaubnisnormen" können nur Eingriffsnormen sein, wenn sie zwingend sind.

2. *Internationaler Geltungswille*

Nach dem Wortlaut des Art. 34 EGBGB wird die Anwendung von Normen nicht berührt, „die ohne Rücksicht auf das auf den Vertrag anzuwendende Recht den Sachverhalt zwingend regeln". Es reicht also nicht aus, wenn die betreffende Norm zwingend im Sinne des Art. 27 Abs. 3 EGBGB ist, also von ihr nicht durch Vertrag abgewichen werden kann[47]. Die Vorschrift muß darüber hinaus „ohne Rücksicht auf das auf den Vertrag anzuwendende Recht" gelten wollen. Eingriffsnormen sind also nur solche Normen mit einem „internationalen Geltungswillen"[48], d.h. mit einem Anspruch auf Anwendbarkeit unabhängig von dem Vertragsstatut. Die Anwendbarkeit der betreffenden Bestimmungen richtet sich also nicht nach den allgemeinen Kollisionsnormen. Eingriffsnormen müssen weder dem objektiven Statut noch der durch Rechtswahl bestimmten Rechtsordnung angehören[49].

Eine zwingende Norm im Sinne des Art. 27 Abs. 3 EGBGB ist vertragsfest, d.h. aber zunächst nur, daß die Vorschrift bei innerstaatlichen Sachverhalten nicht der Parteidisposition unterliegt. Hiermit wird jedoch noch keine Aussage über die Anwendbarkeit der Norm ohne Rücksicht auf das Vertragsstatut getroffen.

Das neue internationale Vertragsrecht zeigt, daß nicht alle zwingenden Normen unabhängig vom Vertragsstatut anzuwenden sind. Die allgemeinen

---

[46] Auch der Wortlaut des (nicht übernommenen) Art 7 Abs. 1 EVÜ spricht von „zwingenden Bestimmungen" anderer Staaten; in der englischen Fassung von „mandatory rules", in der französischen von „lois de l´application".

[47] Vgl. z.B. *Gamillscheg*, ZfA 14 (1983), 345; *Krebber*, Kündigungsschutz 249; MünchKomm-*Martiny*, Art. 34 EGBGB Rn. 6 f.; Staudinger-*Magnus*, Art. 34 EGBGB Rn. 51.

[48] *Drobnig*, FS Neumayer 167. Kritisch zu dem Begriff „internationaler Geltungswille": Coester, ZVglRWiss 82 (1983), 9 (Fn. 9) und Taupitz, BB 1990, 649 (Fn. 97), die den Begriff „internationaler Anwendungswille" vorziehen. Gemeint ist mit den Begriffen das gleiche, sie werden daher im folgenden beide gebraucht.

[49] Vgl. z.B. *E. Lorenz*, RIW 1987, 572 und 578.

Kollisionsnormen erfassen grundsätzlich auch zwingende Bestimmungen[50]. Dies wird schon dadurch deutlich, daß im EVÜ und damit auch im EGBGB Sonderregelungen für die Fälle geschaffen wurden, in denen zwingende Vorschriften nicht nach den allgemeinen Regeln angeknüpft werden sollen. So läßt sich aus Art. 27 Abs. 3 EGBGB (Art. 3 Abs. 3 EVÜ) entnehmen, daß die Parteien durch eine Rechtswahl regelmäßig (soweit der Sachverhalt nicht nur mit einem Staat verbunden ist) auch die zwingenden Bestimmungen dieses Rechts berufen. Damit werden auch inländische zwingende Bestimmungen durch eine Rechtswahl grundsätzlich „abgewählt". Von „einfach zwingenden"[51] Normen kann also zwar nicht durch „einfache" Parteivereinbarung abgewichen werden, sie werden aber durch Rechtswahlverträge erfaßt, die eine Rechtsordnung als ganzes ausschließen[52]. Anders bei Eingriffsnormen: Sie werden weder durch eine Rechtswahl der Parteien berührt, noch ist für ihre Anwendung entscheidend, welches Recht objektives Vertragsstatut ist.

Däubler weist zu Recht darauf hin, daß nicht alle zwingenden Normen von Art. 34 EGBGB erfaßt sein können, weil sonst das Kollisionsrecht für Verträge unter dem Vorbehalt stehen würde, daß ausländische Rechtsordnungen nur dispositive Normen des eigenen Rechts ersetzen können[53]. Alle eigenen zwingenden Normen unabhängig vom Vertragsstatut durchzusetzen, würde auch Grundprinzipien des Internationalen Privatrechts widersprechen. Der eigenen Rechtsordnung käme gegenüber fremden Rechtsordnungen eine überragende Bedeutung zu. Dies wäre schon unter dem Gesichtspunkt der Gleichbehandlung kollidierender Rechtsordnungen problematisch[54]. Die Anwendung des gesamten zwingenden Rechts der lex fori würde aber auch dem „Gleichheitsprinzip des

---

[50] Gemäß *Schurig* (RabelsZ 54 (1990), 220) ist dies eine „Selbstverständlichkeit".

[51] *Drobnig*, FS Neumayer 167. *Radtke* (ZVglRWiss 84 (1985), 329) verwendet den Begriff „intern zwingende Normen".

[52] MünchKomm-*Martiny* Art. 34 EGBGB Rn. 6.

[53] *Däubler*, RIW 1987, 255. So auch das BAG, Urteil vom 29.10.1992, SAE 1994, 28, 35: „Andernfalls wäre Art. 30 Abs. 1 EGBGB n.F. überflüssig, und das gesamte Kollisionsrecht bezöge sich nur noch auf dispositives nationales Recht". Vgl. auch *Schlunck* 127, die in der Erstreckung auf alle zwingenden Normen eine unerwünschte Einschränkung der Parteiautonomie sieht.

[54] Wobei dieses Problem natürlich stets im Zusammenhang mit der Existenz von Eingriffsnormen entsteht. Gemäß *E. Lorenz* (Struktur 61) kann das auf völkerrechtlicher Ebene stehende Ziel der Gleichbehandlung der Rechtsordnungen auch nicht unmittelbare Aufgabe des IPR sein, weil sich das IPR nur einzelstaatlich begründen läßt.

Kollisionsrechts“ [55] widersprechen. Durch die pauschale Anwendung des eigenen zwingenden Rechts und damit verbundenen Nichtanwendung eines ausländischen Rechts würden wesentlich ungleiche Sachverhalte gleich behandelt, da die zwingenden Bestimmungen der lex fori stets anzuwenden wären, ohne Rücksicht darauf, wie stark der Sachverhalt mit dem Ausland verbunden ist.

Es ist daher unzutreffend bzw. zumindest mißverständlich, wenn in der Begründung des Regierungsentwurfs[56] ausgeführt wird, unter „zwingenden Bestimmungen“ im Sinne des Art. 34 EGBGB seien ebenso wie in Art. 27 Abs. 3 EGBGB Vorschriften zu verstehen, von denen durch Vertrag nicht abgewichen werden kann[57]. Die Legaldefintion in Art. 27 Abs. 3 EGBGB beschreibt die Eingriffsnormen nur teilweise. Auch Eingriffsnormen sind vertragsfest, sie sind aber mehr als das[58]. Durch ihren internationalen Geltungsanspruch - ihre Ausgestaltung mit einem besonderen kollisionsrechtlichen Eingriffsbefehl - sind sie (im Gegensatz zu den „einfach bzw. intern zwingenden Normen“) „international zwingend“[59]. Man könnte also sagen, Eingriffsnormen sind „zwingender“[60] bzw. „besonders zwingend“[61].

Im Ergebnis bleibt also festzuhalten: Nicht jede Bestimmung, die zwingend ist, ist auch eine Eingriffsnorm. Der deutsche Richter ist also gemäß Art. 34 EGBGB weder berechtigt noch verpflichtet, alle deutschen zwingenden Normen unabhängig vom Vertragsstatut anzuwenden[62].

---

[55] Vgl. hierzu *Wengler*, Gleichheitsprinzip 342 und 347; *Looschelders* 82 ff.; *E. Lorenz*, Struktur 60 ff.; *derselbe*, Duden-FS 248 f.; *derselbe*, ZRP 1982, 148 ff.; MünchKomm-*Sonnenberger* Einl. IPR Rn. 1.; *Schubert*, RIW 1987, 740 ff. Kritisch zum Gleichheitsprinzip z.B.: *Schurig*, Kollisionsnorm 56; *Kropholler*, RabelsZ 41 (1977), 793 f.; *derselbe*, IPR § 4 I.; *Siehr*, ZVglRWiss 77 (1978), 234 ff.; *von Bar*, IPR I Rn. 233.

[56] BT-Drucks. 10/504, 83. Nicht ganz eindeutig auch *Weber*, IPRax 1988, 83.

[57] *Junker*, IPRax 1989, 73; *derselbe*, IPRax 2000, 70.

[58] Vgl. z.B. *Krebber*, Kündigungsschutz 249 m.w.N.

[59] Der Begriff „international zwingende Normen“ hat sich weitgehend eingebürgert, vgl. z.B.: BAG, Urteil vom 29.10.1992, SAE 1994, 28, 35; MünchKomm-*Martiny* Art. 34 EGBGB Rn. 7; Soergel-*von Hoffmann* Art. 34 EGBGB Rn. 12, Ermann-*Hohloch* Art. 34 EGBGB Rn. 11. Im Englischen spricht *Kaye* (242 ff.) von „contract-mandatory“ und „conflicts-mandatory“.

[60] *Junker*, IPRax 1989, 73; *derselbe*, IPRax 2000, 70; *Däubler* RIW 1987, 255. Gemäß *Schurig* (RabelsZ 54 (1990), 220 f.) scheinen Eingriffsnormen in „höherer Potenz“ zwingend zu sein.

[61] So *Mäsch* (111) mit Hinweis auf den hollandischen Wortlaut des Übereinkommens: „Bepalingen van bijzonders dwingend recht“.

[62] *Schlunck* 127.

II. Materiellrechtliche Kriterien für das Vorliegen des internationalen Geltungswillens

Es läßt sich also zunächst festhalten, daß Eingriffsnormen sich dadurch auszeichnen, daß sie internationalen Geltungswillen besitzen, also ohne Rücksicht auf das allgemeine Vertragsstatut angewendet werden wollen. Diese „kollisionsrechtliche Definition" der Eingriffsnormen stellt keinesfalls eine „Kapitulation" vor einer sachrechtlichen Definition dar[63].
Zutreffend ist aber, daß das Problem der Identifizierung von Eingriffsnormen mit der obigen Feststellung nicht gelöst ist. Es stellt sich vielmehr die Frage, unter welchen Voraussetzungen eine Vorschrift den entsprechenden Anwendungswillen aufweist[64]. Die Beantwortung bereitet nur dann keine Schwierigkeiten, wenn der Geltungswille in der betreffenden Norm selbst ausdrücklich festgelegt wird. Diese Fälle sind im allgemeinen selten[65]. Im Arbeitsrecht fand sich bisher nur in § 1 AEntG eine derartige Regelung, deren Anwendungsbereich sehr begrenzt war[66]. Durch die Änderung des AEntG mit Gesetz vom 19. Dezember 1998[67] erfolgte jedoch eine wesentliche Ausweitung der gesetzlich geregelten Fälle international zwingenden Arbeitsrechts. Zur Umsetzung der Richtlinie des Europäischen Parlaments und des Rates vom 16.12.1996 über die Entsendung von Arbeitnehmern im Rahmen der Erbringung von Dienstleistungen[68] wurden durch § 7 AEntG einige Bereiche des Arbeitsrechts mit einem ausdrücklichen Anwendungsbefehl ausgestattet[69]. Auch im Arbeitsrecht erübrigt sich die Suche nach allgemeinen Kriterien damit aber nicht. So ist die Regelung im AEntG keinesfalls abschließend[70], auch könnte gegebenenfalls die Frage relevant werden, ob das AEntG gegen die allgemeinen Grundsätze des Internationalen

---

[63] So aber zu Unrecht *Mäsch* 143. Ähnlich auch *Schurig*, RabelsZ 54 (1990), 228.

[64] Vgl. *E. Lorenz*, RIW 1987, 578.

[65] Außerhalb des Arbeitsrechts enthalten z.B. § 130 Abs. 2 GWB (ehemals § 98 Abs. 2 S. 1 GWB a.F.) und § 61 BörsG solche Festlegungen, vgl. z.B. Staudinger-*Magnus* Art. 34 EGBGB Rn. 84. Auch der mittlerweile weggefallene § 12 AGBG enthielt eine entsprechende Regelung.

[66] Nach § 1 AEntG finden die Rechtsnormen eines für allgemeinverbindlich erklärten Tarifvertrages des Baugewerbes unter bestimmten Voraussetzungen auch auf Arbeitsverhältnisse zwischen einem Arbeitgeber mit Sitz im Ausland und seinem im Geltungsbereich des betreffenden Tarifvertrags beschäftigten Arbeitnehmer zwingend Anwendung.

[67] BGBl. I S. 227.

[68] ABl. EG Nr. L 18 vom 21.1.1997, S. 1 ff.

[69] Siehe unten § 8 I.

[70] Siehe hierzu auch unten § 6 III. 2. b) bb).

Privatrechts verstößt[71] (und welche Konsequenzen hieraus zu ziehen sind), schließlich trifft das AEntG keine Aussagen über ausländisches Eingriffsrecht.

Es ist also zu klären, ob sich allgemeine Kriterien finden lassen, die dafür oder dagegen sprechen, daß eine Norm internationalen Geltungswillen besitzt bzw. ob bestimmte Normgruppen existieren, bei denen ein entsprechender Wille vorliegt.

1. Die Möglichkeit einer Sonderstellung des Arbeitsrechts

a) Allgemeines

Im internationalen Arbeitsrecht drängt sich naturgemäß die Frage auf, ob allgemeine Aussagen über Eingriffsnormen für den Bereich des Arbeitsrechts getroffen werden können.
Die einfachste Lösung wäre dabei die folgende: Man betrachtet alle zwingenden Normen des Arbeitsrecht auch als international zwingend und damit als Eingriffsnormen. Zwar wurde oben dargelegt, daß grundsätzlich nicht alle zwingenden Normen als Eingriffsnormen betrachtet werden können. Es ließen sich aber durchaus Gründe finden, warum diese Regel im Bereich des Arbeitsrechts nicht gelten könnte.

So vertritt *von Hoffmann* die Auffassung, im Bereich des Sonderprivatrechts seien alle zwingenden Bestimmungen gesondert anzuküpfen[72]. Unter Sonderprivatrecht versteht er dabei Normgruppen, die die Parteiautonomie einschränken, „um typische Ungleichgewichtslagen auszugleichen", wie z.B. den Verbraucherschutz oder das Arbeitsrecht[73]. Im Arbeitsrecht soll für eine einseitige Sonderanknüpfung nach Art 34 EGBGB allerdings kein Bedürfnis bestehen, da die allseitige Sonderanknüpfung nach Art. 30 EGBGB alle Arbeitsverträge erfasse und dem Schutzbedürfnis der Arbeitnehmer damit lückenlos Rechnung getragen würde[74].

---

[71] So bedeutet nach *Gerken/Löwisch/Rieble* (BB 1995, 2374) das AEntG einen Verstoß gegen die Artt. 30, 34 EGBGB, wobei Artt. 30, 34 EGBGB aufgrund völkervertraglicher Bindung gegenüber dem AEntG vorrangig sein sollen.

[72] Vgl. *von Hoffmann*, IPRax 89, 266; Soergel-*von Hoffmann* Art. 34 EGBGB Rn. 9. Vgl. für das Arbeitsrecht auch *Grundmann*, NJW 2000, 17: „International zwingend sind – generell – Normen des Arbeitsvertragsrechts".

[73] *Von Hoffmann*, IPRax 89, 266; Soergel-*von Hoffmann* Art. 34 EGBGB Rn. 4.

[74] Anders als beim Verbraucherschutz gemäß Art. 29 EGBGB, der nicht alle relevanten Vertragstypen erfaßt, vgl. Soergel-*von Hoffmann* Art. 34 EGBGB Rn. 10.

Dem ist entgegenzuhalten, daß es – trotz der Regelungen in Art. 30 EGBGB – nicht von vornherein abwegig erscheint, auch im Bereich des Arbeitsrecht zumindest alle inländischen zwingenden Normen als international zwingend einzustufen[75]. Art. 30 EGBGB gewährleistet keinesfalls, daß einem deutschen Arbeitnehmer stets der Schutz des deutschen Arbeitsrechts zugute kommt; auch läßt die Norm zu, daß im Inland Arbeit unter einem fremden Arbeitsstatut verrichtet wird. Es könnte also argumentiert werden, auch im Arbeitsrecht werde der Schutz der typisch schwächeren Vertragspartei nur gewährleistet, wenn über Art. 34 EGBGB alle zwingenden Normen des „Sonderprivatrechts" angewendet werden[76].
Auch *Reich* ist der Auffassung, Art. 30 Abs. 1 EGBGB habe den Arbeitnehmerschutz im internationalen Vertragsrecht nicht abschließend geregelt[77]. Der Schutz des typisch Schwächeren werde auch über Art. 34 EGBGB gewährleistet, weil er „Einfallstor für grundrechtsspezifische Eingriffsnormen"[78] sei. Diese Funktion des Art. 34 EGBGB werde immer bei „gestörter Vertragsparität" bzw. „struktureller Unterlegenheit" relevant, weil gemäß des Beschlusses des BVerfG vom 7.2.1990[79] der Zivilrichter „den objektiven Grundentscheidungen der Grundrechte in Fällen gestörter Vertragsparität mit den Mitteln des Zivilrechts Geltung zu verschaffen hat"[80]. Diese Aufforderung gelte auch im Bereich des Kollisionsrechts, so daß der deutsche Richter verpflichtet sei, dem deutschen Arbeitsrecht über Art. 34 EGBGB zur Geltung zur verhelfen[81].

Damit tritt die Frage in den Vordergrund, welchen Zweck die Norm des Art. 34 EGBGB bzw. allgemein die Anwendung von Eingriffsnormen verfolgt. Sollten bestimmte Normen oder Normgruppen ohne Rücksicht auf das Vertragsstatut angewendet werden, weil sie dem Schutz der typisch schwächeren Vertragspartei dienen und allein dieser Schutzzweck schon einen internationalen Geltungswillen begründen kann?

---

[75] Für dieses Ergebnis wohl: *Grundmann*, NJW 2000, 17.

[76] Differenzierend aber auch *Roth* (RIW 1994, 277 f.), der bei Verbraucherverträgen (Art. 29 EGBGB) zwar eine Erstreckung des Art. 34 EGBGB auf Normen ohne Eingriffscharakter befürwortet, weil Art. 29 EGBGB nicht alle Verbraucherverträge erfaßt. Im Rahmen des Arbeitsvertragsstatuts aber nur „klassische" Eingriffsnormen mit kollisionsrechtlichen Eingriffsbefehl anwenden will, da Art. 30 EGBGB alle Arbeitsverträge erfaßt.

[77] *Reich*, NJW 1994, 2129.

[78] *Reich*, NJW 1994, 2129. Zustimmend *F. Lorenz*, in: Wiesehügel/Sahl 68.

[79] NJW 1990, 1469, 1471 = BVerfGE 81, 242, 255 - zum Ausschluß der Karenzentschädigung für Handelsvertreter bei außerordentlicher Kündigung.

[80] BVerfG, Beschluß vom 7.2.1990, NJW 1990, 1469, 1471.

[81] *Reich*, NJW 1994, 2129. Auch nach *F. Lorenz* (in: Wiesehügel/Sahl 68) besteht wohl eine verfassungsrechtliche Pflicht, deutsches Recht über Art. 34 EGBGB durchzusetzen.

b) Eingriffsnormen und Arbeitnehmerschutz

Die Beziehung zwischen Arbeitnehmerschutz und Eingriffsnormen kann nicht geklärt werden, ohne darauf einzugehen, warum Eingriffsnormen notwendig sind bzw. manche Vorschriften unabhängig vom Vertragsstatut anwendbar sein sollen.

Bereits oben wurde dargestellt, daß es ein allgemeines Vertragsstatut nicht gibt[82]. Es wird auch allgemein anerkannt, daß es Staaten möglich sein muß, bestimmte Vorschriften mit einem kollisionsrechtlichen Eingriffsbefehl auszustatten, sie aus dem Anwendungsbereich der „gewöhnlichen" Kollisionsnormen auszunehmen[83]. Als Begründung wird angeführt, daß Staaten mit einem System allseitiger Kollisionsnormen zwar grundsätzlich bereit seien, fremdes Recht anzuwenden[84]. Diese Bereitschaft habe jedoch bestimmte Grenzen. Würden durch die Anwendung fremder Vorschriften, d.h. der Nichtanwendung eigener Bestimmungen, besondere staatliche Interessen berührt, auf deren Gewährleistung ein Staat angewiesen sei, müsse es diesem Staat offenstehen, die eigenen Normen vom allgemeinen Verweisungssystem auszunehmen und sie im Wege einer Sonderanknüpfung unabhängig vom Vertragsstatut durchzusetzen[85]. Eingriffsnormen dienten danach also zur Durchsetzung unverzichtbarer Wert- und Ordnungsvorstellungen[86], dem Erhalt eines bestimmten „staats-, sozial- und wirtschaftspolitischen Ordnungsgefüges"[87]. Die grundsätzliche Toleranz gegenüber dem fremden Recht träte hier also gegenüber den eigenen staatlichen Interessen zurück[88].

Hieraus könnte folgender Schluß gezogen werden: Eingriffsnormen und die Regelung des Art. 34 EGBGB dienten allein ordnungspolitischen Zwecksetzungen. Arbeitnehmerschutz bzw. der Schutz der typisch schwächeren Vertragspartei allgemein werde nicht über Art. 34 EGBGB verwirklicht. Art. 30 Abs. 1 EGBGB und Art. 34 EGBGB würden sich also hinsichtlich der verfolgten Ziele unterscheiden. Ziel des Art. 30 Abs. 1 EGBGB sei der Schutz des Arbeitnehmer, während bei Art. 34 EGBGB staatliche Regelungsansprüche mit

---

[82] Siehe oben § 2 I.

[83] Vgl. z.B. *Mentzel* 3; *Kropholler* IPR § 52 V. 1. a); *Schwander* 248 ff.; *Morse*, Yb. Eur. L. 2 (1982), 144.

[84] MünchKomm-*Sonnenberger* Einl. IPR Rn. 34; *Sonnenberger* spricht diesbezüglich von einer „politischen Entscheidung".

[85] MünchKomm-*Sonnenberger* Einl. IPR Rn. 34.

[86] *Däubler*, RIW 1987, 255; *Birk*, RabelsZ 46 (1982), 388.

[87] MünchKomm-*Sonnenberger* Einl. IPR Rn. 34.

[88] Staudinger-*Magnus* Art. 34 EGBGB Rn. 12.

anderen Worten die Ordnungspolitik im Vordergrund stehe[89]. Einen Schritt weiter geht eine sowohl für Arbeits- als auch Verbraucherverträge vertretene Ansicht: Nicht alle Vorschriften zum Schutz des Verbrauchers / Arbeitnehmers würden von Art. 34 EGBGB erfaßt, vielmehr seien derartige Vorschriften gerade vom Anwendungsbereich des Art. 34 EGBGB ausgenommen. Da Eingriffsnormen stets einem öffentlichen Interesse dienten und somit keine Normen erfaßt seien, bei denen der „gerechte Ausgleich der Parteiinteressen" im Vordergrund steht[90], habe Art. 34 EGBGB nichts mit dem Schutz des Verbrauchers / Arbeitnehmers zu tun. Somit könnten Normen zum Schutz des typisch Schwächeren keine Eingriffsnormen sein[91].

Schon die Schlußfolgerung, Art. 34 EGBGB diene der Ordnungspolitik und könne somit eindeutig von der Regelung des Art. 30 Abs. 1 EGBGB, deren Zweck der Schutz des Arbeitnehmers ist, abgegrenzt werden, erscheint bedenklich. Abzulehnen ist jedenfalls die Ansicht, Vorschriften zum Schutz des Arbeitnehmers (oder Verbrauchers) könnten keine Eingriffsnormen sein.

Zwar mag zutreffend sein, daß ein Staat Vorschriften mit einem internationalen Geltungswillen ausstattet, weil er Interessen staats-, sozial- und wirtschaftspolitischer Art auch in Fällen mit Auslandsberührung - unabhängig vom Vertragsstatut - durchsetzen will. Auch wenn man davon ausgeht, daß im Rahmen des Art. 34 EGBGB ordnungspolitische Zwecksetzungen im Vordergrund stehen, heißt das aber nicht, daß der Arbeitnehmerschutz keine Bedeutung hätte. Gerade das Arbeitsrecht spiegelt sozial- und wirtschaftspolitische Grundentscheidungen wider. Die Entscheidung für ein bestimmtes Gesellschaftssystem - also im Falle Deutschlands für die soziale Marktwirtschaft - hat immer auch Auswirkungen auf die Ausgestaltung des Arbeitsrechts[92]. Der wichtigste Zweck des deutschen Arbeitsrechtes ist der Schutz des Arbeitnehmers[93]. Diese Zielsetzung hängt unmittelbar mit dem staats- und wirtschaftspolitischen System zusammen. Auch Arbeitnehmerschutz ist somit

---

[89] So *Junker*, Konzern 283; *derselbe*, IPRax 1989, 73.

[90] Zu dem Kriterium öffentliches / privates Interesse siehe unten § 3 II. 2. Die wohl h.M. geht zwar - zu Unrecht - davon aus, daß Eingriffsnormen stets einem öffentlichem Interesse dienen müßten. Sie zieht hieraus aber nicht den Schluß, daß Schutzvorschriften zugunsten von Verbrauchern oder Arbeitnehmern keine Eingriffsnormen sein können, vgl. z.B. MünchKomm-*Martiny* Art. 34 EGBGB Rn. 16; Reithmann-Martiny-*Limmer* Rn. 397.

[91] Vgl. etwa *Schubert*, RIW 1987, 731: „Beispiele sind Vorschriften, die den Schutz von Arbeitnehmern, Mietern oder Verbrauchern bezwecken". Vgl. auch *Wolf*, ZHR 153 (1989), 302; *Sonnenberger*, FS *Rebmann* 823; *Mankowski*, IPRax 1994, 94 f. Im Ergebnis auch *Schiffer* 125 f. sowie *Kärcher* 178 ff.

[92] Vgl. z.B. *Hanau/Adomeit* 1 ff.

[93] Vgl. nur *Schaub* 1 ff.

ein ordnungspolitisches Ziel. Es ist daher zwar richtig, daß Art. 34 EGBGB nicht unmittelbar darauf abzielt, den Schutz der typisch schwächeren Vertragspartei zu gewährleisten. Es ist aber zu beachten, daß die Anwendung von Eingriffsnormen auch z.B. dem Arbeitnehmerschutz dienen kann, weil dieser Schutz zum einen selbst ein sozial- und wirtschaftspolitisches Ziel ist[94], zum anderen mit weiteren derartigen Zielsetzungen verbunden sein kann[95]. Mittelbar kann Art. 34 EGBGB also dem Schutz des Arbeitnehmer dienen[96].

Aus diesem Grund ist es auch verfehlt, Vorschriften, die dem Schutz des typisch Schwächeren dienen, pauschal aus dem Anwendungsbereich des Art. 34 EGBGB ausnehmen zu wollen[97]. Wie oben gezeigt, können die Beweggründe für die Ausstattung einer Norm mit einem internationalen Geltungswillen auch bei derartigen Schutzvorschriften bestehen. Ebenfalls nicht überzeugend ist das Argument, im Bereich des Arbeits- und Verbraucherschutzrechtes könnten keine Eingriffsnormen existieren, weil zwar wirtschafts- und sozialpolitische Zielsetzungen verfolgt würden, dies aber „im Wege des Interessenausgleiches zwischen Privaten“[98]. Maßgeblich ist, ob eine Norm dem Schutz wichtiger Wert- und Ordnungsvorstellungen dient. Welcher Weg zum Schutz dieser Vorstellungen gewählt wurde, spielt demgegenüber keine Rolle.

Ebenso abzulehnen ist allerdings die Auffassung, alle Vorschriften zum Schutz der typisch schwächeren Vertragspartei seien Eingriffsnormen bzw. international zwingend. Ein Staat kann zwar ein Interesse an der Anwendbarkeit bestimmter Vorschriften des Arbeitsrechts, die dem Schutz des Arbeitnehmers dienen, unabhängig vom Vertragsstatut haben. Es ist aber kaum vorstellbar, daß dieses Interesse so weit geht, daß alle zwingenden Schutzvorschriften mit internationalem Geltungswillen ausgestattet werden müßten. Auch zeigt die

---

94 Vgl. auch *Coester-Waltjen* (FS W. Lorenz 315), die darauf hinweist, daß der Schutz des Schwächeren im sozialen Rechtsstaat ein „legitimes und bedeutsames Anliegen“ ist.

95 So dient der Mutterschutz der einzelnen Arbeitnehmerin; betrifft aber auch Zielsetzungen, die aus Art. 3 und Art. 6 GG folgen, wie z.B. der Vermeidung von Benachteiligungen von Frauen im Berufsleben oder dem Schutz der Familie, vgl. etwa *Schaub* 1656 f. *Limmer* stellt darauf ab, daß Normen zum Schutz des Schwächeren „in vielen Fällen auch der Durchsetzung sozialpolitischer Ziele dienen“, Reithmann-Martiny-*Limmer* Rn. 397.

96 So z.B. auch *Rebhahn*, DRdA 1999, 176.

97 So MünchKomm-*Martiny* Art. 34 EGBGB Rn. 16; Reithmann-Martiny-*Limmer* Rn. 397. Im deutschen Recht wurden auch gerade für das Arbeits- und Verbraucherschutzrecht ausdrückliche Regelungen für die international zwingende Wirkung bestimmter Normgruppen geschaffen, vgl. §§ 1, 7 AEntG und den weggefallenen § 12 AGBG. Genau für die Bereich, in denen Eingriffsnormen keine Rolle spielen sollen, bestehen (bzw. bestanden) also gesetzlich Regelungen.

98 *Schubert*, RIW 1987, 731.

Systematik des EGBGB bzw. EVÜ, daß nicht das gesamte zwingende Arbeitsrecht auch als international zwingend anzusehen ist[99]. Die Regelungen in Art. 29 und Art. 30 Abs. 1 EGBGB zeigen deutlich, daß das Problem der Abwägung der Rechtswahlfreiheit gegenüber dem Schutz der typisch schwächeren Vertragspartei gesehen wurde. Hinsichtlich der Arbeitnehmer wurde der besonderen Schutzbedürftigkeit dadurch Rechnung getragen, daß dem Arbeitnehmer durch eine Rechtswahl nicht der Schutz der zwingenden Bestimmungen des objektiven Arbeitsstatuts entzogen werden darf. Art. 30 Abs. 1 EGBGB verhilft aber nur günstigeren Vorschriften des objektiven Arbeitsstatuts im Falle einer Rechtswahl zur Geltung.

Diesem System würde es widersprechen, wollte man alle zwingenden Vorschriften des Arbeitsrechts über Art. 34 EGBGB anwenden. Im Gegensatz zu Art. 30 Abs. 1 EGBGB stellt Art. 34 EGBGB nicht auf das objektive Statut ab, sondern betrifft nur Normen der lex fori. Auch enthält Art. 34 EGBGB keine Regelung, wonach die Günstigkeit der zwingenden Bestimmungen von Bedeutung wäre[100]. Weiterhin ist für den Anwendungswillen von Eingriffsnormen unerheblich, ob das Vertragsstatut objektiv zu bestimmen ist oder sich aus der Rechtswahl der Parteien ergibt. Die Normierung in Art. 6 Abs. 1 EVÜ (Art. 30 Abs. 1 EGBGB) zeigt, daß es Wille der Vertragsparteien des EVÜ war, den Schutz der Arbeitnehmer in der dort gewählten Form zu verwirklichen, also einer Einschränkung des Umfangs der Rechtswahl durch die zwingenden Vorschriften des objektiven Arbeitsstatut. Dem würde es widersprechen, würde ein Staat alle eigenen Schutznormen über Art. 34 EGBGB - auch gegen das objektive Statut - zur Anwendung verhelfen[101].
Art. 6 Abs. 1 EVÜ zeigt, daß der Arbeitnehmerschutz grundsätzlich nicht über eine Anwendung der Vorschriften der lex fori, sondern der günstigeren Vorschriften des objektiven Arbeitsstatuts erfolgen sollte und daß ein Schutzbedürfnis regelmäßig nur im Falle der Rechtswahl gegeben ist. Auch würde die Anwendung aller zwingenden Normen der lex fori im Arbeitsrecht unabhängig vom Vertragsstatut die Bedeutung der allgemeinen Kollisionsnorm des Art. 30 Abs. 2 EGBGB stark beeinflussen[102]. Wäre eine derartige

---

[99] Diese systematischen Gründe wurden bisher vor allem für das Verbraucherschutzrecht diskutiert. Vgl. beispielsweise *Coester-Waltjen*, FS W. Lorenz 314; *Fischer*, JZ 1994, 369 f.; *Junker*, IPRax 1993, 9; MünchKomm-*Martiny* Art. 34 EGBGB Rn. 13 a; Reithmann-Martiny-*Limmer* Rn. 397; *Roth*, RIW 1994, 277; *Taupitz*, BB 1990, 649. Sie gelten entsprechen aber auch im Arbeitsrecht, vgl. z.B. *Junker*, SAE 1994, 42.

[100] Vgl. hierzu aber unten § 3 III. 2.

[101] Vgl. insoweit auch BAG, Urteil vom 24.8.1989, SAE 1990, 317, 322.

[102] *Junker* (SAE 1994, 42) spricht von einer „Entwertung" der objektiven Anknüpfung nach Art. 30 Abs. 2 EGBGB.

Beschränkung des objektiven Arbeitsstatuts gewollt, so ist davon auszugehen, daß eine ausdrückliche Regelung getroffen worden wäre.

Dem nationalen Gesetzgeber steht es zwar offen, auch Vorschriften des Arbeitsrechts mit einem internationalem Anwendungsbefehl zu versehen und dadurch seinem Arbeitnehmerschutzrecht zur Geltung zur verhelfen. Dieses Vorgehen sollte nach der Konzeption des EVÜ jedoch nur eine Option für Einzelfälle sein und nicht dazu dienen, beispielsweise das gesamte nationale zwingende Arbeitsrecht - abweichend von Art. 30 Abs. 1 EGBGB - durchzusetzen[103].

Auch im Bereich des Arbeitsrechts (bzw. des Rechts zum Schutz der schwächeren Vertragspartei) gilt daher, daß zwingende Vorschriften zwar Eingriffsnormen sein können, aber nicht sein müssen[104].

---

[103] Ähnlich auch *Taupitz* (BB 1990, 649), der davon ausgeht, daß auch der Zweck sozialpolitischer Vorschriften „im Zweifel" auf Inlandswirkung zu begrenzen ist.

[104] So auch die h.M., vgl. z.B. *Junker*, SAE 1994, 42; MünchKomm-*Martiny* Art. 34 EGBGB Rn. 16; Reithmann-Martiny-*Limmer* Rn. 397; Staudinger-*Magnus* Art. 34 EGBGB Rn. 39, 60, 64. Für das Verbraucherschutzrecht: *Coester-Waltjen*, FS W. Lorenz 314; *Fischer*, JZ 1994, 369 f.; *Junker*, IPRax 1993, 9; *Taupitz*, BB 1990, 649.

2. *Die Differenzierung zwischen öffentlichen und privaten Interessen*

a) Die herrschende Meinung

Das BAG[105] und der überwiegende Teil der Literatur[106] stellen zur Abgrenzung der Eingriffsnormen auf den Zweck, den eine Vorschrift verfolgt, ab.
Entscheidend sei, ob eine Norm vorrangig öffentlichen oder privaten Interessen dient. Verfolgt eine Vorschrift hauptsächlich öffentliche Interessen, so spräche dies für eine Qualifizierung als Eingriffsnorm, dagegen sei eine Sonderanknüpfung bei Bestimmungen, die in erster Linie privaten Interessen dienen, regelmäßig ausgeschlossen.

Dabei ist die Terminologie nicht einheitlich. Teilweise wird gesagt, die Norm müsse staats- und wirtschaftspolitischen[107] oder auch sozialpolitischen[108] Zielen dienen. Für das „öffentliche Interesse" werden auch Begriffe wie

---

[105] Vgl. BAG, Urteil vom 24.8.1989, BAGE 63, 17, 31 f. = IPRax 1991, 407, 411 (mit Aufsatz *Magnus*, IPRax 1991, 382) = SAE 1990, 317, 322 (mit Anmerkung *Junker*); Urteil vom 29.10.1992, BAGE 71, 297, 316 ff. = IPRax 1994, 123, 128 f. (mit Aufsatz *Mankowski*, IPRax 1994, 88) = SAE 1994, 28, 35 f. (mit Anmerkung *Junker*); Urteil vom 3.5.1995, BAGE 80, 84, 92 f. = IPRax 1996, 416, 419 (mit Aufsatz *Mankowski*, IPRax 1996, 405) = SAE 1997, 31, 34 (mit Anmerkung *Magnus*). Der BGH vermeidet es in neueren Entscheidungen, eindeutig Stellung zu beziehen (die Frage wird z.B. in BGH, Urteil vom 19.3.1997, RIW 1997, 875, 878 offengelassen); hat das betreffende Kriterium jedoch zur Bestimmung der Anwendbarkeit ausländischen öffentlichen Rechts herangezogen, vgl. BGH, Urteil vom 17.12.1959, BGHZ 31 367, 371; Urteil vom 16.4.1975, BGHZ 64 183, 189.

[106] Vgl. z.B. *Drobnig*, FS Neumayer 178; Erman-*Hohloch* Art 34 EGBGB Rn. 12; *Kegel/Schurig*, IPR § 2 IV. 2.; *Knöfel*, J.B.L. 1999, 263; *Magnus*, IPRax 1991, 385; *Mankowski*, IPRax 1996, 409; *Neumayer*, BerGesVR 2 (1958), 45 ff.; *derselbe*, RabelsZ 25 (1960), 653 f.; MünchKomm-*Sonnenberger* Einl. IPR Rn. 34 ff.; *derselbe*, FS Fikentscher 291 ff.; *Radtke*, ZVglRWiss 84 (1985), 328; *Reiserer*, NZA 1994, 678; Reithmann-Martiny-*Limmer* Rn. 391; Staudinger-*Magnus* Art. 34 EGBGB Rn. 68 ff. Vgl. auch schon die Stellungnahme von *Lando* (in: Lando/von Hoffmann/Siehr 142) zum Vorentwurf des EVÜ. Ein (letztlich wenig aufschlußreicher) rechtsvergleichender Überblick zu dem Meinungsstand in anderen Staaten findet sich bei *Junker*, IPRax 2000, 68 f. Nach *Junker* (IPRax 2000, 70) sollte bei einer Revision des EVÜ (vgl. Fn. 7) eine „Präzisierung" in Art. 7 EVÜ aufgenommen werden, die festlegt, daß Eingriffsnormen nicht nur dem Ausgleich privater Interessen dienen dürfen.

[107] MünchKomm-*Martiny* Art. 34 EGBGB Rn. 12.

[108] *Schubert*, RIW 1987, 731; *Wolf*, ZHR 153 (1989), 302.

„Gemeinwohl“[109], „Gemeinschaftsinteresse“[110], „Kollektivbelange“[111] oder „Staatswohl“[112] herangezogen. Gemeint ist mit den verschiedenen Begriffen aber grundsätzlich das gleiche, inhaltliche Unterschiede bestehen insoweit kaum.

Es besteht aber keine Klarheit darüber, inwieweit die betreffende Vorschrift öffentlichen oder privaten Interessen dienen muß: ob es also notwendig ist, daß eine Norm ausschließlich öffentlichen Interessen dient; oder ob es ausreicht, wenn sie vorrangig diesen Zweck verfolgt oder nur notwendig ist, daß die Vorschrift nicht ausschließlich den Ausgleich von Privatinteressen bezweckt[113]. Ebenfalls nicht eindeutig sind die Aussagen darüber, welche Folgen es hat, wenn eine Norm nicht das notwendige Maß an Schutzwirkung zugunsten öffentlich-rechtlicher Interessen aufweist. Kann eine Norm, die ausschließlich oder vorrangig privaten Zwecken dient, keine Eingriffsnormen sein oder spricht bei derartigen Normen nur eine „Vermutung“ gegen das Vorliegen eines internationalen Geltungswillens; hat das Kriterium „öffentliches/privates Interesse“ also ausschließende Wirkung oder ist es nur Indiz?

Das BAG vermeidet eindeutige Aussagen. Es meint, Vorschriften, die „vor allem“ dem Ausgleich widerstreitender Interessen der Vertragsparteien und damit Individualbelangen dienen, unterlägen „in der Regel“ dem Vertragsstatut[114]. In einer späteren Entscheidung heißt es, als Eingriffsnormen kämen „vor allem“ Normen in Betracht, deren Zweck sich nicht im Ausgleich widerstreitender Interessen der Vertragsparteien erschöpft, sondern „auch“ auf öffentliche Interessen gerichtet ist[115]. In der ersten Entscheidung war für die Vermutung gegen eine Eingriffsnorm also ausreichend, daß die Vorschrift „vor allem“ privaten Interessen dient. Dem widerspricht die Aussage der zweiten Entscheidung, wonach internationaler Geltungswillen vor allem bei solchen Normen in Frage käme, die „auch“ öffentlichen Interessen dienen. Schon die Rechtsprechung des BAG beantwortet damit die Frage nicht eindeutig, ob eine Norm vorrangig öffentlichen Interessen dienen muß, oder ob es ausreicht, daß sie auch solche Interessen verfolgt. Die Entscheidungen des BAG lassen aber zumindest erkennen, daß dem hier behandelten Kriterium nur Indizwirkung zukommen soll. Auch Normen, die nicht den Anforderungen des BAG

---

[109] BAG, Urteil vom 24.8.1989, SAE 1990, 317, 322.

[110] MünchKomm-*Sonnenberger* Einl. IPR Rn. 34 ff.

[111] *Van Hecke*, ZfRV 7 (1966), 27 ff.

[112] *Drobnig*, FS Neumayer 167 f.

[113] Vgl. hierzu auch *Busse*, ZVglRWiss 95 (1996), 414.

[114] BAG, Urteil vom 24.8.1989, SAE 1990, 322.

[115] BAG, Urteil vom 3.5.1995, SAE 1997, 34.

hinsichtlich des Schutzes öffentlicher Interessen entsprechen, können Eingriffsnormen sein, wenn sie es „in der Regel" auch nicht sind.

Die in der Literatur vertretenen Ansichten weichen zum Teil von der Rechtsprechung ab. So geht *Mankowski* davon aus, daß Normen, die „überwiegend" dem Ausgleich der Parteiinteressen dienen, in keinem Fall einer Sonderanknüpfung gemäß Art. 34 EGBGB unterliegen könnten[116]. Normen zum Schutz der schwächeren Vertragspartei sollen daher nicht in den Anwendungsbereich des Art. 34 EGBGB fallen können, weil sie den Ausgleich von Privatinteressen betreffen. Auch eine Einordnung der relevanten Vorschriften scheint problemlos möglich zu sein: Eine Norm könne nur entweder überwiegend dem Ausgleich der Parteiinteressen dienen oder überwiegend überindividuelle, öffentliche Interessen verfolgen. Im ersten Fall könne eine Norm nur über die allseitigen allgemeinen Kollisionsnormen (also z.B. Art. 30 EGBGB) zur Anwendung gelangen; in der anderen Alternative greife die Sonderanknüpfung nach Art. 34 EGBGB[117].

Eine andere Lösung schlägt *Sonnenberger* vor[118]. Nur Sachnormen, die ausschließlich Privatinteressen verfolgen, könnten keine Eingriffsgesetze sein. Bei Vorschriften, die zwar grundsätzlich Privatinteressen dienen, aber zugleich ein „überindividuelles Gemeinschaftsinteresse" verfolgen, käme dagegen eine Sonderanknüpfung in Betracht. Notwendig sei also nur, daß eine Norm auch öffentlichen Interessen dient. Ist dies nicht der Fall, so soll die Anwendbarkeit des Art. 34 EGBGB aber generell ausgeschlossen sein und nicht nur „in der Regel". Auch nach *Krebber* führt der „individualschützende" Charakter einer Norm nicht zwingend dazu, daß die betreffenden Vorschrift nicht international zwingend sein kann[119]. Entscheidend sei, inwieweit der „Individualschutz auch dem Schutz von Allgemeininteressen dient" bzw. der Individualschutz in „andere Rechtsgebiete" integriert ist oder das zu untersuchende Arbeitsverhältnis auch andere Arbeitsverhältnisse berührt.

Einen anderen Ansatzpunkt zur Lösung des Problems, in welchem Ausmaß eine Norm öffentliche Interessen dienen muß, wählt eine Auffassung in der Literatur, die ein „bewegliches System" der international zwingenden Vorschriften

---

116 *Mankowski*, IPRax 1994, 94 f.; *derselbe*, Seerechtliche Vertragsverhältnisse, 508 f.; *derselbe*, DZWir 1996 273 ff.; *derselbe*, RIW 1998, 289 ff.

117 *Mankowski*, IPRax 1994, 94 f.

118 MünchKomm-*Sonnenberger* Einl. IPR Rn. 44 ff.; *derselbe*, FS Rebmann 819 ff.

119 *Krebber*, Kündigungsschutz 296 f.

vorschlägt[120]. Nach dieser Ansicht stehen die Zwecksetzung der Norm und die Intensität des Inlandsbezugs[121] (also die Verbindung zum Erlaßstaat) in einer wechselseitigen Beziehung. Je stärker die Zwecksetzung der Norm auf ein öffentliches Interesse gerichtet ist, desto schwächer könne die Inlandsbeziehung sein. Umgekehrt sinke mit der Zunahme der Inlandsberührung das notwendige Ausmaß an Schutzwirkung zugunsten überindividueller öffentlicher Interessen.

Trotz der Unterschiede im einzelnen haben die verschieden Stimmen innerhalb der h.M. einen gemeinsamen Ausgangspunkt: Für die Abgrenzung von Eingriffsnormen ist entscheidend, inwieweit eine Norm privaten oder öffentlichen Interessen dient. Zur Begründung dieser These wird angeführt, bei Sachnormen, die ausschließlich Privatinteressen verfolgten, bestehe keine Veranlassung, das System allseitiger Kollisionsnormen zu verlassen[122].
Die klassischen, allseitigen Kollisionsregeln orientierten sich an den Parteiinteressen[123]. Im Falle einer Rechtswahl werde diesen Interessen dadurch Rechnung getragen, daß die gewählte Rechtsordnung zur Anwendung komme; bei objektiver Bestimmung des Vertragsstatuts dadurch, daß an parteibestimmte Sachverhaltselemente angeknüpft werde (wie z.B. den gewöhnlichen Arbeitsort). Dieses an den Parteiinteressen ausgerichtete System sei in der Lage, alle nicht ordnungsrelevanten Normen zu erfassen. Ein Ausbruch aus dem System sei nur erforderlich, wenn staatliche Regelungsinteressen ins Spiel kämen. Auf die Berücksichtigung derartiger Interessen sei das System der allseitigen Kollisionsnormen nicht ausgelegt, da es eben nur am Ausgleich privater Interessen orientiert sei[124]. Eingriffsnormen seien dadurch definiert, daß sie ein öffentliches Interesse staats-, wirtschafts- oder sozialpolitischer Art verfolgten; sie könnten daher nicht in das an Parteiinteressen orientierte allseitige Verweisungssystem eingeordnet

---

[120] Vgl. *Kohte*, EuZW 1990, 153 f.; Reithmann-Martiny-*Limmer* Rn. 394, 398; Palandt-*Heldrich* Art. 34 EGBGB Rn. 3. Der Ansatz geht wohl auf die Lehre *Wilburgs* vom „Zusammenspiel der Kräfte im Aufbau des Schuldrechts" zurück, vgl. *Wilburg*, AcP 163 (1963), 346 ff.

[121] Zum Kriterium des Inlandsbezug siehe näher unter § 5 II. und § 12 III. 4.

[122] Vgl. z.B. *Kreuzer*, Wirtschaftsrecht 82; *Mankowski*, IPRax 1994, 94 f.; MünchKomm-*Sonnenberger* Einl. IPR Rn. 36; *Rehbinder*, JZ 1973, 156; Reithmann-Martiny-*Limmer* Rn. 391.

[123] *Kreuzer*, Wirtschaftsrecht 82; *Mankowski*, IPRax 1994, 94 f.

[124] Vgl. *Kreuzer* (Wirtschaftsrecht 82) der die Orientierung der allseitigen Kollisionsnormen an den Privatinteressen auf die überkommene Vorstellung zurückführt, Schuldverträge seien allein Instrumente des interindividuellen Ausgleichs der Parteiinteressen. Im modernen Wirtschaftsrecht sei aber von einer Doppelfunktion von Schuldverträgen auszugehen, da neben den Privatinteressen auch gesamtwirtschaftliche Aspekte eine Rolle spielen würden.

werden und seien vielmehr Gegenstand eines andersartigen, einseitigen Kollisionssystems[125].
Ein weiteres Argument zur Begründung der h.M. wird in dem Gedanken der internationalen Austauschbarkeit und Gleichwertigkeit von Normen gesehen[126]. Da ordnungsrelevante Normen eine ganz bestimmte, nationale (mit anderen Worten: einzigartige) Wirtschaftsordnung sicherten, seien sie nicht austauschbar. Anders bei Normen, die vorrangig dem Ausgleich von Privatinteressen dienen. Hier seien die Regelungen in allen Ländern ähnlich ausgeformt und im wesentlichen gleichwertig und austauschbar.

b) Kritik

Auf den ersten Blick erscheint die Ansicht der h.M. durchaus begründet, wenn sie besagt; Zweck der Ausstattung bestimmter Normen mit einem internationalen Geltungswillen sei die Durchsetzung bestimmter staats-, wirtschafts- und sozialpolitischer Interessen; demgemäß müßten auch die betreffenden Normen einem derartigen Interesse dienen.

Bei näherer Betrachtung erweist sich der Weg der h.M. jedoch weder als sinnvoll noch durchführbar[127].
Die h.M. basiert auf der Prämisse, daß es möglich sei zu bestimmen, ob eine Norm „hauptsächlich" oder „vorrangig" dem öffentlichen Interesse dient bzw. nicht ausschließlich auf den Ausgleich von Privatinteressen abzielt. Daß eine derartige Abgrenzung aber nicht möglich ist, zeigt sich insbesondere im Bereich des Arbeitsrechts[128]. Es wurde bereits darauf hingewiesen, daß Vorschriften des Arbeitsrechts immer auch eine bestimmte ordnungs-, staats- oder wirtschaftspolitische Konzeption widerspiegeln. Gerade im Bereich des Schutzes der typisch schwächeren Vertragspartei wird sich immer ein öffentliches oder ordnungspolitisches Interesse finden lassen, das durch eine Vorschrift geschützt

---

[125] *Mankowski*, IPRax 1994, 94 f.; *Basedow*, RabelsZ 52 (1988), 8 ff.

[126] Vgl. Reithmann-Martiny-*Limmer* Rn. 391.

[127] So z.B. auch *Busse*, ZVglRWiss 95 (1996), 415.

[128] Kritisch gegenüber der entsprechenden Abgrenzung (vor allem im Verbraucherschutzrecht) z.B. *Busse*, ZVglRWiss 95 (1996), 414 f.; *Leible*, JbJgZivWiss 1995, 261; MünchKomm-*Martiny* Art. 34 EGBGB Rn. 79; *Mäsch* 138. Vgl. (zum Arbeitsrecht) auch *Beitzke*, RabelsZ 48 (1984), 644 f. Vgl. allgemein auch schon: *von Hoffmann*, in: Lando/von Hoffmann/Siehr, 18 („No clear distinction could be established between rules which aim to protect private parties and rules which are enacted to protect public interest.").

wird[129]. Die zwingenden Bestimmungen schützen grundsätzlich gleichzeitig Allgemein- und Individualinteressen[130]. So regelt der allgemeine Kündigungsschutz den Ausgleich der (privaten) Interessen des Arbeitnehmers am Erhalt seines Arbeitsplatzes und dem Interesse des Arbeitgebers, hinsichtlich der Besetzung dieses Arbeitsplatzes frei disponieren zu können. Die Ausgestaltung des Kündigungsschutzes ist aber auch immer Wirtschafts- und Sozialpolitik[131]. Daher kann sich das Ausmaß des Kündigungsschutzes auf das Einstellungsverhalten der Arbeitgeber auswirken und damit die nationale Beschäftigungssituation beeinflussen. Der Kündigungsschutz stellt aber auch einen internationalen „Wettbewerbsfaktor" dar. Man stünde also vor einem kaum lösbaren Problem, wollte man beurteilen, ob die Normen des KSchG vorrangig öffentlichen oder privaten Interessen dienen[132]. Zu Abgrenzungsschwierigkeiten dürfte die h.M. auch führen, wenn eine Norm, die (vermeintlich) vorrangig Individualinteressen dient, mit international zwingender Wirkung ausgestattet wird, um übergeordnete Gemeininteressen zu erreichen. So kann die Ausstattung von Vorschriften über den Mindesturlaub mit einem kollisionsrechtlichen Eingriffsbefehl[133] dem Ziel dienen, eine Angleichung der Arbeitskosten zu bewirken und damit einen „fairen Wettbewerb" zwischen in- und ausländischen Unternehmen zu ermöglichen[134].

Der h.M. läßt sich weiter entgegen halten, daß die vermeintliche Unterscheidbarkeit zwischen dem Schutz öffentlicher und privater Interessen tatsächlich nicht gegeben ist. Im Sozialstaat ist auch der Schutz des Schwächeren in Privatrechtsverhältnissen eine öffentliche Aufgabe[135]. Letztlich ist der

---

[129] Vgl. *Mäsch* 137; auch *Sonnenberger* sieht die „Gefahr einer schleichenden Unterstellung öffentlicher Zwecke", will dieser Gefahr aber durch eine „hinlänglich eindeutige Beschreibung der Eingriffsnormen" begegnen, vgl. MünchKomm-*Sonnenberger* Einl. IPR Rn. 44.

[130] *Bittner*, NZA 1993, 165; *Junker*, Konzern 290 f.; *Krebber*, Kündigungsschutz 295; *Schurig*, RabelsZ 54 (1990), 227 f. Für das Verbraucherschutzrecht vgl. *Mäsch* 135 ff. *E. Lorenz* weist darauf hin, daß auch das in den Gesetzesmaterialien (BT-Drucks. 10/504, 83 f.) als Beispiel für Eingriffsnormen genannte Wohnraummietrecht sowohl Individual- als auch Gemeininteressen dient, vgl. *E. Lorenz*, RIW 1987, 580.

[131] Vgl. MünchArbR-*Birk* § 19 Rn. 87; *Krebber*, Kündigungsschutz 296.

[132] Vgl. hierzu auch *Krebber*, Kündigungsschutz 295.

[133] Vgl. § 7 Abs. 2 Nr. 1 AEntG. Da die Vorschriften über den Mindesturlaub als vorrangig arbeitnehmerschützend angesehen werden, ergeben sich aus der Sicht der h.M. Einordnungsschwierigkeiten hinsichtlich der Eingriffsnorm des § 7 Abs. 2 Nr. 1 AEntG; vgl. z.B. *Hoppe* 252.

[134] Gleichzeitig dient die Angleichung der Arbeitsbedingungen auch dem Schutz inländischer Arbeitnehmer, vgl. *Rebhahn*, DRdA 1999, 176. Näher hierzu unten § 6 III. 1. b) ee) (3) (b).

[135] *Von Hoffmann*, RabelsZ 38 (1974), 408, *Heilmann* 113; *Leible*, JbJgZivWiss 95, 261.

Aussagegehalt von Begriffen wie „öffentliches Interesse“, „Gemeinwohl“, „Staats- Wirtschafts- oder Ordnungspolitik“ im Bereich des Eingriffsrechts sehr begrenzt[136]. Es ließe sich beispielsweise auch argumentieren, der „gerechte Ausgleich der Privatinteressen“ sei eine öffentliche Aufgabe. Was als „gerecht“ angesehen wird, hängt immer auch von der staatlichen Ordnung ab. Wie die privaten Interessen ausgeglichen werden, wird also von „politischen Entscheidungen“ beeinflußt; die Ausgestaltung des Ausgleichs ist damit auch Ordnungspolitik. Dies gilt insbesondere für zwingende Normen. Entzieht der Gesetzgeber eine Vorschrift der Disposition der Parteien, greift er damit „ordnend“ in das Rechtsverhältnis ein; daß eine Norm zwingend ist, zeigt den Willen des Gesetzgebers, bestimmte Interessen zu schützen, die Grenzen zwischen öffentlichen und privaten Interessen sind dabei fließend[137].

Der Schutz des Schwächeren bzw. „Individualschutz“ läßt sich also nicht vom Schutz des Allgemeininteresses sinnvoll abgrenzen. Aussagen darüber, inwieweit eine Norm öffentlichen oder privaten Interessen dient oder der Individualschutz auch den Schutz von Allgemeininteressen verfolgt, wären daher im hohen Maße willkürlich, letztlich ließe sich jedes gewünschte Ergebnis begründen[138]. Keine Hilfe ist insoweit auch ein „bewegliches System“, da es letztlich das Problem nicht beseitigt zu ermitteln, in welchem Ausmaß eine Norm öffentlichen oder privaten Interessen dient.

Der h.M. ist also schon deshalb nicht zu folgen, weil sie kein greifbares Abgrenzungskriterium zur Verfügung stellt. Es leuchtet aber auch nicht ein, warum die Ausrichtung einer Norm auf den Schutz öffentlicher Interessen für ihren internationalen Geltungswillen entscheidend sein soll[139]. Könnten Normen, die öffentliche Interessen schützen, tatsächlich nicht in das (vermeintlich) allein an Privatinteressen ausgerichtete System der allseitigen Kollisionsnormen integriert werden, müßte man wohl davon ausgehen, daß alle derartigen Normen

[136] Ähnlich *Mäsch* 136 ff.; *Schurig*, RabelsZ 54 (1990), 227 f.

[137] Ähnlich. auch *E. Lorenz* (VR 1995, 17) für den Begriff des Allgemeininteresses im Europarecht: „Die Abgrenzung des Allgemeininteresses kann mit der Feststellung beginnen, daß ein einzelstaatlicher Gesetzgeber, der zwingende Vorschriften erläßt, stets irgendein allgemeines Interesse verfolgt; denn andernfalls könnte er die Gestaltung dem individuellen Parteiwillen überlassen.“.

[138] Vgl. die Hinweise in Fn. 136.

[139] *Junker*, Konzern 290. Im Ergebnis auch *Busse*, ZVglRWiss 95 (1996), 415.

Eingriffsnormen darstellen[140]. Letztlich könnte man also auch vom Standpunkt der h.M. zu dem Ergebnis gelangen, daß beispielsweise alle zwingenden Bestimmungen im Arbeitsrecht Eingriffsnormen sind, weil sie (auch) öffentliche Interessen schützen. Warum dieses Ergebnis nicht überzeugend ist, wurde oben bereits gezeigt. Auch das Argument, Normen, die vorrangig auf den Ausgleich der Privatinteressen zielen, seien austauschbar oder gleichwertig, kann die Ansicht der h.M. nicht stützen. So sind z.B. nach Ansicht des BAG die Vorschriften des allgemeinen Kündigungsschutzes nicht als Eingriffsnormen anzusehen, weil sie vorrangig dem Ausgleich zwischen Bestandsschutzinteressen des Arbeitnehmers und der Vertragsfreiheit des Arbeitnehmers dienen[141]. Angesichts der unterschiedlichen Ausgestaltung des Kündigungsschutzes in verschiedenen Staaten erscheint es aber geradezu abwegig, annehmen zu wollen, die Vorschriften des Kündigungsschutzes seien gleichwertig und austauschbar.

Für die h.M. spricht auch nicht, daß Normen nur deshalb von den allgemeinen Verweisungsnormen ausgenommen und mit internationalem Geltungswillen ausgestattet werden, weil sie dem Erhalt eines bestimmten „staats-, sozial- und wirtschaftspolitischen Ordnungsgefüges"[142] oder dem Schutz „staatlicher" Interessen dienen. Wie gezeigt wurde, erlauben derartige Begriffe hier keine sinnvolle Abgrenzung. Der Schutz staatlicher und privater Interessen läßt sich nicht trennen. Auch Normen, die vermeintlich in erster Linie dem Ausgleich von Privatinteressen dienen, können für das „staats-, sozial- und wirtschaftspolitischen Ordnungsgefüge" von wesentlicher Bedeutung sein.

Ein Abstellen auf den Schutz öffentlicher oder privater Interessen zur Abgrenzung von Eingriffsnormen ist daher entgegen der h.M. abzulehnen[143].

---

[140] Als Alternative bliebe nur, davon auszugehen, daß bestimmte Sachnormen weder von den allseitigen Verweisungen erfaßt werden, noch internationalen Geltungswillen besitzen.. Diese Annahme würde für die betreffenden Sachnormen jedoch zu einem kollisionsrechtlichen „Vakuum" führen, d.h. für die entsprechenden Bereiche könnte kein anwendbares Sachrecht ermittelt werden.

[141] BAG, Urteil vom 24.8.1989, SAE 1990, 317, 322 f.

[142] MünchKomm-*Sonnenberger* Einl. IPR Rn. 34.

[143] So im Ergebnis auch *Busse*, ZVglRWiss 95 (1996) 414 f.; *Junker*, Konzern 289 f.; *Mäsch* 135 ff.; *E. Lorenz*, RIW 1987, 579; *Rebhahn*, FS Strasser 63 (jetzt aber anders in: RdW 1996, 70 f.); *Schurig*, RabelsZ 54 (1990), 227 f.; *von Hoffmann*, RabelsZ 38 (1974), 408 f. Wohl auch *Freitag/Leible*, ZIP 1999, 1299 (öffentlich-rechtliche Zielsetzung soll aber Anhaltspunkt für den Eingriffscharakter sein) sowie (aus belgischer Sicht) *Nuyts*, Rev. crit. dr. i. p. 88 (1999), 40 ff.

3. *Die Unterscheidung zwischen öffentlichem und privatem Recht*

a) Die Zugehörigkeit zum öffentlichen Recht als Abgrenzungskriterium

Vereinzelt wird die Auffassung vertreten, als Kriterium für die Definition von Eingriffsnormen könne herangezogen werden, ob die betreffende Vorschrift öffentlich-rechtlicher oder privat-rechtlicher Natur ist[144].
So geht *Gamillscheg* davon aus, daß nur öffentlich-rechtliche Normen Eingriffsnormen sein könnten, deren Durchsetzung einer Behörde anvertraut und durch Strafvorschriften abgesichert ist[145]. Diese hohen Anforderungen erscheinen folgerichtig, weil *Gamillscheg* voraussetzt, daß nur solche Normen Eingriffsnormen sein können, die „Säulen der staatlichen und sozialen Ordnung" sind und deren Wegfallen diese Ordnung erschüttern würde[146].

Unbestreitbar weist diese Ansicht einige Vorteile auf. So wäre die Identifikation von Eingriffsnormen anhand der Kriterien „Durchsetzung durch Behörden" und „Strafbewehrung" relativ einfach. Auch wäre die Anzahl von Vorschriften, die die betreffenden Voraussetzungen erfüllen und damit als Eingriffsnormen in Frage kommen, gering[147]. Bei der Rechtsanwendung könnte also regelmäßig von der Geltung des Vertragsstatuts ausgegangen werden, eine Abweichung von dem durch die allseitigen Kollisionsnormen berufenen Recht durch Eingriffsnormen wäre äußerst selten.

Schon der Ausgangspunkt *Gamillschegs* erscheint aber diskussionswürdig. Zutreffend ist, daß ein Staat eine Norm nur dann mit internationalen Geltungswillen ausstatten wird, wenn die Norm aus irgendeinem Grund besondere Bedeutung hat, weil sonst kein Anlaß dazu besteht, sie von den allgemeinen Verweisungen auszunehmen. Fraglich ist aber, ob dieser Beweggrund nur darin liegen kann, daß die Vorschrift für die Staats- und

---

[144] Vgl. *Böse* 82 ff.; *Gamillscheg*, ZfA 14 (1983), 345 f.; *Philip*, in: North 81 ff. Dagegen die ganz h.M. vgl. z.B. BAG, Urteil vom 29.10.1992, IPRax 1994, 123; *Junker*, Konzern 289; *E. Lorenz*, RIW 1987, 580; MünchKomm-*Martiny* Art. 34 Rn. 11; Reithmann-Martiny-*Limmer* Rn. 389; *Roth*, IPRax 1994, 277; Schubert, RIW 1987, 731; Staudinger-*Magnus* Art. 34 EGBGB Rn. 65.

[145] *Gamillscheg*, Internationales Arbeitsrecht 192 f.; *derselbe*, ZfA 14 (1983), 345 f. Für das Kriterium der Strafbewehrung auch *Schulte* 121.

[146] *Gamillscheg*, ZfA 14 (1983), 345 f.

[147] Dies gilt zumindest für das deutsche Arbeitsrecht. In anderen Staaten (z.B. Frankreich) findet dagegen weitaus häufiger eine Strafbewehrung arbeitsrechtlicher Vorschriften statt, vgl. *Krebber*, Kündigungsschutz 257 f.

Sozialordnung von ganz überragender Bedeutung ist[148]. Die Eingriffsnormen würden dann ein Gegenstück zur Regelung des ordre public in Art. 6 EGBGB darstellen. Über Art. 6 EGBGB würde die Anwendung fremder Normen, die mit wesentlichen Grundsätzen des deutschen Rechts nicht vereinbar sind, zurückgedrängt und über Art. 34 EGBGB diesen wesentlichen Grundsätzen zur Geltung unabhängig vom Vertragsstatut verholfen[149]. Gegen eine Beschränkung des Art. 34 EGBGB auf einen derartig begrenzten „positiven ordre public" spricht schon der Wortlaut des Art. 34 EGBGB[150]. Art. 34 EGBGB enthält keine Formulierung, die mit dem Wortlaut des Art. 6 EGBGB „wesentliche Grundsätze des deutschen Rechts" vergleichbar wäre. Nach dem Bericht zum EVÜ von *Giuliano/Lagarde* sollte mit Art. 7 Abs. 2 EVÜ (Art. 34 EGBGB) die Anwendung der inländischen, international zwingenden Normen „sichergestellt" werden[151]. Das EVÜ räumt den nationalen Gesetzgebern also die Möglichkeit ein, eigene Normen mit internationalem Geltungswillen anzuwenden, ohne eine Begrenzung auf Vorschriften von überragender Bedeutung vorzusehen[152]. Nach der bisherigen Rechtslage sprach also vieles dafür, daß auch Vorschriften, die nicht „Säulen der staatlichen Ordnung" bilden, Eingriffsnormen sein können[153].

Zumindest für den Bereich des inländischen Arbeitsrechts könnte jetzt aber die Regelung des Art. 3 Abs. 10 lit. 1 der Entsenderichtlinie[154] die Ansicht *Gamillschegs* stützen. Nach dieser Bestimmung berührt die betreffende Richtlinie nicht das Recht der Mitgliedsstaaten, „für inländische und ausländische Unter-

---

[148] So z.B. *Junker*, IPRax 2000, 70: Eingriffsnormen seien Vorschriften, die „politische, soziale oder wirtschaftliche Grundwerte" eines Landes sichern.

[149] Mit dieser Tendenz (aus österreichischer Sicht): *Gamauf*, ZfRV 2000, 41 f.

[150] A.A. *Mann* (NJW 1988, 3075) nach dem Art. 34 EGBGB nur bei „offensichtlicher Unvereinbarkeit mit wesentlichen Grundsätzen des deutschen Rechts" anwendbar ist. In diesem Sinne wohl auch *Schurig* (in: Holl/Klinke 65) nach dem mit Bezeichnungen wie „lois d´application immediate" oder „positiver ordre public" das gleiche gemeint ist.

[151] *Giuliano/Lagarde* 60.

[152] Vgl. näher hierzu unten § 5 II.

[153] Ähnlich auch *Heilmann* (111) und *Weber* (IPRax 1988, 84), nach deren Ansicht die Regelung des Art. 34 EGBGB überflüssig wäre, würde man inländische Vorschriften nur unter den Voraussetzungen des positiven ordre public als Eingriffsnorm qualifizieren. Dieser Begründung kann allerdings nicht gefolgt werden. Der in Art. 6 EGBGB geregelte negative ordre public steht der Anwendung ausländischer Normen entgegen, während Art. 34 EGBGB die Anwendung eigener Normen unabhängig vom Vertragsstatut regelt, vgl. auch *Junker*, IPRax 1989, 75. Vgl. weiterhin MünchKomm-*Martiny* Art. 34 EGBGB Rn. 91: „Gewichtige Schutzgüter brauchen nicht auf dem Spiel zu stehen, wenn nur die unbedingte Anwendung der Norm angeordnet wird."; so auch *Droste* 145 ff. und im Ergebnis *Krebber*, Kündigungsschutz 286.

[154] ABl. EG Nr. L 18 vom 21.1.1997, S. 1.

nehmen Arbeits- und Beschäftigungsbedingungen [vorzuschreiben]..., soweit es sich um Vorschriften im Bereich der öffentlichen Ordnung handelt". Aus dieser Formulierung könnte der Schluß gezogen werden, die Möglichkeit der Mitgliedsstaaten Normen mit internationalen Geltungswillen auszustatten, werde für die betreffende Fälle auf Vorschriften des ordre public begrenzt[155]. Nach zutreffender Ansicht ist mit der betreffenden Regelung jedoch keine derartige Einschränkung gewollt[156].
Nicht haltbar ist vor allem die Aussage, nur öffentlich-rechtliche Normen könnten Eingriffsnormen sein[157]. Schon die Einordnung einer Norm wird oft schwierig sein, insbesondere weil die Unterscheidung zwischen privatem und öffentlichem Recht international unterschiedlich sein kann[158]. Es ist aber auch kein Grund ersichtlich, warum privatrechtliche Normen ausgenommen sein sollten. Weder das EGBGB noch das EVÜ enthalten irgendwelche Anhaltspunkte, die für eine Beschränkung auf Vorschriften des öffentlichen Rechts sprechen. Weiterhin zeigt das in der Begründung des Regierungsentwurfs für Eingriffsnormen angeführte Beispiel des zwingenden Wohnraummietrechts[159], daß auch zwingende Bestimmungen des Privatrechts Eingriffsnormen sein können[160]. Es kann auch nicht argumentiert werden, öffentlich-rechtliche Normen seien für das staatliche Ordnungsgefüge „wichtiger", da sich eine solche Abstufung zwischen öffentlichem und privatem Recht nicht bilden läßt.

Auch der gegenteiligen Ansicht, Eingriffsnormen müßten dem Privatrecht entstammen, weil sich das EVÜ nur auf das Privatrecht bezieht[161], kann in dieser Form nicht gefolgt werden. Eine Begrenzung auf das Privatrecht wäre aufgrund der Wechselwirkungen zwischen öffentlichem und privatem Recht nicht sinnvoll, und auch der Text des Übereinkommens enthält keine Hinweise auf eine derartige

---

[155] So *A. Müller* 154; ähnlich *Rebhahn*, DRdA 1999, 176 f.

[156] Näher hierzu unten § 6 III. 2. b) bb).

[157] So auch die h.M., vgl. z.B. *Busse*, ZVglRWiss 95 (1996), 389; *Coester*, ZVglRWiss 82 (1983), 14; *Drobnig*, RabelsZ 52 (1988), 3; *Krebber*, Kündigungsschutz 255 ff.; *E. Lorenz*, RIW 1987, 580; *derselbe*, RdA 1989, 222; MünchKomm-*Martiny*, Art. 34 EGBGB Rn. 11; *Schubert*, RIW 1987, 731; *Siehr*, RabelsZ 52 (1988), 44; *Sonnenberger*, FS Ferid 388 f.; *von Bar*, IPR I Rn. 245.

[158] *Drobnig*, RabelsZ 52 (1988), 3; *Krebber*, Kündigungsschutz 255 ff.; *von Bar*, IPR I Rn. 245. Gemäß *Martiny* sind die Grenzen „fließend und häufig auch zufällig", MünchKomm-*Martiny* Art. 34 EGBGB Rn. 11. In BAG, Urteil vom 12.10.1977, NJW 1978, 1766, 1767 trat z.B. das Problem auf, ob das gesamte italienische Arbeitsrecht als öffentliches Recht zu qualifizieren ist.

[159] BT Drucks. 10/504, 83 f.

[160] Vgl. *E. Lorenz*, RIW 1987, 580.

[161] *Philips*, in: North 81 ff.; *Kegel*, in: FS Seidl-Hohenvelder 276.

Beschränkung[162]. Da bei Eingriffsnormen oft die Tendenz bestehen dürfte, eine Zuordnung zum öffentlichen Recht vorzunehmen[163], würde eine Ausklammerung der „öffentlich-rechtlichen Vorschriften" auch dazu führen, daß das (Sonder-) Kollisionsrecht nur sehr unvollständige Aussagen liefert. Das Sonderkollisionsrecht wird durch die Einbeziehung „öffentlich-rechtlicher Normen" auch nicht zu internationalem öffentlichen Recht bzw. internationalem Verwaltungsrecht, da es stets nur auf die vertragsbezogenen Regelungen der Eingriffsnormen verweist[164].

b) Die Unterscheidung zwischen öffentlich- und privatrechtlichen Rechtsfolgen

Eine Ausklammerung „öffentlich-rechtlicher Normen" wäre also verfehlt, weil Vorschriften, die üblicherweise dem öffentlichen Recht zugeordnet werden, auch mit privatrechtlichen Rechtsfolgen verbunden sein können[165]. Dies macht die Unterscheidung zwischen öffentlichem und privatem Recht nicht überflüssig. Abzustellen ist jedoch nicht auf die Rechtsnatur der einschlägigen Ge- oder Verbote als solchen, sondern auf die Art der mit ihnen verknüpften Rechtsfolgen[166]. Oft wird es auch kaum möglich sein, Gebots- oder Verbotsvorschriften - insbesondere im Bereich des Arbeitsrecht - als Ganzes als öffentliches oder privates Recht zu qualifizieren. Eine entsprechende Einteilung der einzelnen Rechtsfolgen dürfte dagegen mit weit weniger Schwierigkeiten verbunden sein[167]. Sinnvoll ist eine Unterscheidung zwischen öffentlichem und privatem Recht also dann, wenn man die einzelnen Rechtsfolgen einer Norm differenziert betrachtet und von

---

[162] *Jackson*, in: North 64; MünchKomm-*Martiny* Art. 34 EGBGB Rn. 11.

[163] So *E. Lorenz*, RIW 1987, 583. Vgl. z.B. BAG, Urteil vom 12.12.1990, NZA 1991, 386, 387. Hier nimmt das BAG wohl eine Zuordnung der gesamten AZO zum öffentlichen Recht vor. In BAG, Urteil vom 30.4.1987, NZA 1988, 135, 136 geht das BAG von einer Überlagerung des „privatrechtlichen Kündigungsschutzes" des SchwbG durch öffentlich-rechtliche Normen aus.

[164] *E. Lorenz*, RIW 1987, 583. Vgl. auch MünchKomm-*Martiny* Art. 34 EGBGB Rn. 36: Es gehe nicht um die Anwendung öffentlichen Rechts als solchem, sondern um „die Anwendung darauf beruhender privatrechtlicher Vorschriften". *Vischer* (in: von Grafenried 439) spricht von privatrechtlichen „Sekundärsanktionen"; *Drobnig* (RabelsZ 18 (1953), 659) von „privatrechtlichen Reflexwirkungen"; wie *Drobnig* auch *Kropholler* (IPR § 22 II. 2.) und *Schiffer* 76.

[165] Gegen eine Ausklammerung auch *Krebber* (Kündigungsschutz 244), der allerdings nicht auf die privatrechtlichen Rechtsfolgen, sondern auf die Auswirkungen auf das einzelne Arbeitsverhältnis abstellt.

[166] Vgl. schon *Neumayer*, RabelsZ 25 (1960), 650 ff. (Anm. zu BGH, Urteil vom 17.12.1959, BGHZ 31, 367 ff.) und *Stoll*, RabelsZ 24 (1959), 635. Aus dem neueren Schrifttum: *Drobnig*, FS Neumayer 175; *Junker*, Konzern 117 ff.; *E. Lorenz*, RIW 1987, 583; *derselbe*, RdA 1989, 222 und 226; *von Bar*, IPR I Rn. 246.

[167] *Junker*, Konzern 117 f.; allgemein *von Bar*, IPR I Rn. 246.

Versuchen absieht, die Norm als solche dem öffentlichen oder privaten Recht zuzuordnen.

So ist es z.B. wenig ergiebig, das Verbot des § 3 ArbZG insgesamt als öffentlich- oder privatrechtlich qualifizieren zu wollen[168]. Abzustellen ist vielmehr auf die verschiedenen Rechtsfolgen, die mit einem Verstoß gegen § 3 ArbZG verbunden sind. Beispielsweise kann die Folge des § 22 Abs. 1 Nr. 1, Abs. 2 ArbZG, die Verletzung des § 3 ArbZG mit einem Bußgeld zu ahnden, ohne weiteres dem öffentlichen Recht zugeordnet werden. Privatrechtlicher Natur sind dagegen die Fragen, welche Auswirkungen die Nichtbeachtung des § 3 ArbZG auf den Bestand des Arbeitsverhältnisses oder den Entgeltanspruch des Arbeitnehmers hat. Hinsichtlich der Einordnung der einzelnen Rechtsfolgen kann auf die im Verwaltungsrecht vorherrschende Meinung (modifizierte Subjektstheorie)[169] Bezug genommen werden[170]: Ist Berechtigter oder Verpflichteter der maßgeblichen Rechtsfolge zwingend ein Träger hoheitlicher Gewalt, gehört die Rechtsfolge zum öffentlichen Recht.

Das Abstellen auf die modifizierte Subjektstheorie läßt sich nicht allein daraus begründen, daß sie allgemein im deutschen Recht zur Abgrenzung des öffentlichen Rechts herangezogen wird. Diejenigen Rechtsfolgen auszuklammern, deren Adressat zwingend ein Hoheitsträger ist, folgt aus der Funktion des Internationalen Privatrechts. Das Internationale Privatrecht kann nur Anwendungsregeln für Rechtsfolgen enthalten, die sich nicht ausschließlich an Hoheitsträger richten[171]. Regelungen, deren Adressat allein Hoheitsträger sind, betreffen die Ausübung von Staatsgewalt, diese ist auf das Hoheitsgebiet des betreffenden Staates beschränkt[172]. Handeln Hoheitsträger als solche, können sie

---

[168] Anders wohl das BAG, das davon auszugehen scheint, daß die AZO als ganzes dem öffentlichen Recht zuzuordnen ist und daher dem Territorialitätsprinzip unterfällt; BAG, Urteil vom 12.12.1990, NZA 1991, 386, 387.

[169] Zurückgehend auf *Wolff*, vgl. *Wolff/Bachof*, VerwR I § 22 II. c. Im Verwaltungsrecht ist für die Abgrenzung des öffentlichen Rechts nach jetzt wohl allgemeiner Ansicht vorrangig die modifizierte Subjektstheorie heranzuziehen, vgl. nur GmS-OGB, Beschluß vom 10.7.1989, NJW 1990, 1527.

[170] So auch *Junker*, Konzern 117 f.; wohl auch *von Bar*, IPR I Rn. 243 ff. Mit dieser Tendenz auch schon *Neumayer*, RabelsZ 25 (1960), 651 (Anm. zu BGH, Urteil vom 17.12.1959, BGHZ 31, 367 ff.).

[171] In der Literatur wird insoweit z.B. ausgeführt, im IPR gehe es nur um „Rechtsanwendungsnormen für Privatrecht" (*Junker*, IPR Rn. 3) oder das IPR erfasse alle „privatrechtlichen Sachverhalte" (*Kropholler*, IPR § 1 IV.).

[172] *Kropholler* spricht insoweit von „relativer Territorialität": Nicht der Anwendungsbereich des öffentlichen Rechts als solches sei notwendig territorial, nur die unmittelbare Wirkung – die Möglichkeit der Durchsetzung mit hoheitlichem Zwang – sei auf das Staatsgebiet beschränkt; *Kropholler*, IPR § 22 II. 2.

auch immer nur nach ihrem „Heimatrecht" tätig werden[173]. Es fehlt also insoweit an der Austauschbarkeit der Rechtsordnung, die Frage nach der anwendbaren Rechtsordnung stellt sich nicht[174]. Die modifizierte Subjektstheorie bietet sich also zur Abgrenzung der öffentlich-rechtlichen Rechtsfolgen an, weil sie auf Hoheitsträger und damit „die Staatsgewalt" abstellt und für hoheitliches Handeln keine Rechtsanwendungsregeln im Sinne des Internationalen Privatrechts bestehen.

Öffentlich-rechtliche Folgen werden vom Internationalen Privatrecht nicht erfaßt, insoweit ist das internationale öffentliche Recht einschlägig[175]. Das internationale öffentliche Recht soll hier grundsätzlich nicht näher behandelt werden. Einige Bemerkungen erscheinen aber erforderlich, da Eingriffsnormen und internationales öffentliches Recht einige Parallelen aufweisen, die teilweise dazu führen, daß beide Rechtsinstitute nur ungenau abgegrenzt werden.

c) Das Territorialitätsprinzip

Vor allem die Rechtsprechung vertritt bei der Anwendung öffentlichen Rechts das Territorialitätsprinzip[176]. Was unter diesem Begriff zu verstehen ist, bleibt aber oft unklar. Nach Ansicht des BGH enthält das Territorialitätsprinzip den „Grundsatz der Nichtanwendung ausländischen öffentlichen Rechts" bzw. die Vorstellung, „daß die Bestimmungen des öffentlichen Rechts grundsätzlich nicht über die Landesgrenzen des rechtsetzenden Staates hinaus wirken."[177] Das BAG stellt in einer Entscheidung lapidar fest, die Geltung der AZO sei gemäß dem Territorialitätsprinzip auf das Gebiet der Bundesrepublik beschränkt[178].

Das Territorialitätsprinzip wird von einigen Stimmen in der Literatur - wohl zu recht - als vieldeutig und wenig aussagekräftig eingestuft[179]. Das betreffende Prinzip bringt aber zumindest einige Grundsätze für das Internationale öffentliche Recht zum Ausdruck, die eine „Verwandtschaft" zu den Eingriffsnormen

---

[173] Dies dürfte der ganz h.M. Meinung entsprechen, vgl. *von Bar*, IPR I Rn. 248 m.w.N.

[174] *von Bar*, IPR I Rn. 247.

[175] Vgl. *Junker*, Konzern 120 f.

[176] BAG, Urteil vom 30.4.1987, NZA 1988, 135, 136; Urteil vom 12.12.1990, NZA 1991, 386, 387; BGH, Urteil vom 17.12.1959, BGHZ 31, 367, 371. Aus der Literatur für das öffentliche Arbeitsrecht z.B.: *Kegel*, FS Seidl-Hohenveldern 270; *G. Müller*, RdA 1973, 240 ff.

[177] BGH, Urteil vom 17.12.1959, BGHZ 31, 367, 371. Näher hierzu unten § 12 IV.

[178] BAG, Urteil vom 12.12.1990, NZA 1991, 386, 387.

[179] *Junker*, Konzern 127; *Kegel/Seidl-Hohenveldern*, FS Ferid 277; *Kropholler*, IPR § 22 I. 1.; *E. Lorenz*, SAE 1979, 223; *Schiffer* 78 ff.; *Sonnenberger*, FS Rebmann 831.

nahelegen: Das in Fällen mit Auslandsberührung anwendbare öffentliche Recht bestimmt sich nicht nach dem (durch das Internationale Privatrecht bestimmte) Vertragsstatut. Auch das öffentliche Recht ist also „rechtswahlfest" und stellt international zwingendes Recht dar. Für das öffentliche Recht können keine allseitigen Kollisionsnormen gebildet werden, die öffentlich-rechtlichen Normen bestimmen ihren Anwendungsbereich selbst; die Rechtsanwendungsfrage ist also nicht vom Sachverhalt sondern vom Gesetz her zu stellen[180]. Geht man mit der hier vertretenen Ansicht davon aus, daß die Anwendung von Eingriffsnormen einen hinreichenden Inlandsbezug voraussetzt und dieser im Arbeitsrecht regelmäßig durch den inländischen Arbeitsort vermittelt wird[181], stimmt oft auch der Anwendungsanspruch von öffentlichem Recht und arbeitsrechtlichen Eingriffsnormen überein[182]. Für das öffentliche Recht hat das BAG zwar ausgeführt, öffentlich-rechtliche Normen könnten an räumliche, persönliche und/oder sachliche Kriterien anknüpfen[183]. In der gleichen Entscheidung betont das BAG aber, bei der Anwendung öffentlichen Arbeitsrechts müsse grundsätzlich darauf abgestellt werden, ob die Arbeit im Inland erfolgt[184]. Das Territorialitätsprinzip ist also wohl dahingehend zu verstehen, daß die Anwendbarkeit des öffentlichen Rechts von dem inländischen Arbeitsort abhängt[185].

Dennoch verbieten sich pauschale Gleichsetzungen von Eingriffsnormen und öffentlichem Recht. In der Literatur läßt sich die Aussage finden, Gesetze wie das ArbZG, AÜG, MuSchG oder JArbschG würden „von Art. 34 EGBGB erfaßt", weil sie zum öffentlichen Recht gehörten und insoweit die Anwendung auf Inlandsarbeit aus dem Territorialitätsprinzip folge[186]. Auch das BAG spricht generell von einer Beschränkung der Anwendbarkeit „der AZO" auf das Gebiet der Bundesrepublik Deutschland aufgrund des Territorialitätsprinzips[187]. Wie oben angedeutet wurde, verschleiern derartig allgemeine Aussagen die Bedeutung der Unterscheidung zwischen öffentlichem und privatem Recht. Gesetze wie das

---

[180] *Junker*, IPR Rn. 86 f.; *derselbe*, Konzern 121 ff.; *von Bar*, IPR I Rn. 247 ff. Vgl. auch BAG, Urteil vom 30.4.1987, NZA 1988, 135, 136: „Wann öffentliches Recht eingreift, bestimmt vielmehr jede anzuwendende öffentlich-rechtliche Norm selbständig, sie kann an räumliche, persönliche und/oder sachliche Kriterien anknüpfen."

[181] Siehe hierzu unten § 6 II. 4.

[182] Vgl. *Junker*, Konzern 125 f.

[183] BAG, Urteil vom 30.4.1987, NZA 1988, 135, 136.

[184] BAG, Urteil vom 30.4.1987, NZA 1988, 135, 136.

[185] So grundsätzlich auch *Birk*, RabelsZ 46 (1982), 410 f.; MünchKomm-*Martiny* Art. 30 EGBGB Rn. 65.

[186] *Franzen*, ZEuP 1997, 1064 ff.; *Däubler*, EuZW 1993, 373; *derselbe*, EuZW 1997, 616.

[187] BAG, Urteil vom 12.12.1990, NZA 1991, 385, 386.

ArbZG oder das MuSchG werden nicht deshalb als solche „von Art. 34 EGBGB erfaßt", weil sie dem öffentlichen Recht zuzuordnen sein könnten. Die Geltung „des ArbZG" („der AZO") als Ganzes ist nicht aufgrund des Territorialitätsprinzips auf Inlandsarbeit beschränkt[188]. Es ist vielmehr zwischen den verschiedenen Rechtsfolgen zu unterscheiden.
Die Anwendung öffentlich-rechtlicher Rechtsfolgen wird durch das Internationale öffentliche Recht geregelt, insoweit mag das Territorialitätsprinzip das entscheidende Kriterium sein. Privatrechtliche Rechtsfolgen öffentlich-rechtlicher Normen (soweit eine Qualifizierung der Norm als solche überhaupt sinnvoll ist) werden dagegen vom Internationalen Privatrecht erfaßt. Für den Bereich der Eingriffsnormen werden internationales öffentliches Recht und Internationales Privatrecht zwar oft zu übereinstimmenden Anwendungsbereichen der verschiedenen Rechtsfolgen führen (Anwendung bei Arbeit im Inland), zwingend ist dies aber nicht[189]. Auch das Kollisionsrecht der Eingriffsnormen ist also Internationales Privatrecht, da es nur die privatrechtlichen, vertragsbezogenen Rechtsfolgen der „öffentlich-rechtlichen Eingriffsnormen" erfaßt[190].

4. Andere Abgrenzungskriterien

a) Einseitigkeit

Junker vertritt die Ansicht, die Schutzrichtung einer zwingenden Norm liefere zumindest ein Indiz für ihren internationalen Anwendungswillen. Bei nur einseitig zwingenden Normen, die zugunsten des Arbeitnehmers dispositiv sind, spräche eine Vermutung gegen das Vorliegen einer Eingriffsnorm[191]. Als Begründung weist *Junker* auf den Ausnahmecharakter der Eingriffsnormen hin. Die Anzahl von international zwingenden Normen müsse gering gehalten werden. Ermögliche der Gesetzgeber aber schon im internen Recht Abweichungen, spreche dies dagegen, daß er die Norm international zwingend durchsetzen wolle.

Auch dieser Abgrenzungsversuch kann jedoch nicht überzeugen. Die Möglichkeit, von einer Norm zugunsten des Arbeitnehmers abzuweichen, läßt keine Rückschlüsse auf ihren internationalen Geltungswillen zu. Einseitig zwingende Normen sind hinsichtlich Änderungen zu Lasten des Arbeitnehmers

---

[188] *Junker*, Konzern 127 f.

[189] Eingehend: *Junker*, Konzern 125 f.

[190] *E. Lorenz*, RIW 1987, 583.

[191] *Junker*, Konzern 290 f.

nicht weniger zwingend als beidseitig zwingende Vorschriften[192]. Schon der nationale „Durchsetzungswille“ ist insoweit nicht schwächer. Die unterschiedliche Ausgestaltung des zwingenden Charakters bedeutet keine Abstufung der Wertigkeit. Zwar mag die Interessenlage bei einseitig und beidseitig zwingender Ausgestaltung unterschiedlich sein. Das heißt aber nicht, daß das Interesse an einer nationalen oder auch internationalen Durchsetzung bei halbzwingenden Normen geringer wäre.

Die Auffassung *Junkers* hätte zur Folge, daß auch dann eine Vermutung gegen die international zwingende Ausgestaltung einer Norm bestünde, wenn ein Sachverhalt vorliegt, in dem sich die internrechtliche zwingende Wirkung der Vorschrift entfaltet[193]. Dieses Ergebnis ist aber angesichts der oben dargestellten Gleichwertigkeit der zwingenden Wirkung unbefriedigend. Geht man dagegen davon aus, daß die einseitig zwingende Wirkung von Normen kein Problem des internationalen, sondern des nationalen Geltungswillens ist, läßt sich unschwer eine überzeugende Lösung erzielen. Der internationale Geltungswille kann nicht weitergehen als der nationale; die maßgebliche Vorschrift ist nur dann unabhängig vom Vertragsstatut anzuwenden, wenn die materiellrechtlichen Voraussetzungen einer Anwendung vorliegen[194]. Bei der Prüfung der Anwendbarkeit einer Norm ohne Rücksicht auf das Vertragsstatut ist die halbseitig zwingende Wirkung also nicht auf der Stufe „internationaler Geltungswille“, sondern bei dem Punkt „materiellrechtliche Voraussetzungen der Vorschrift“ zu beachten[195]. Haben die Parteien eine Abweichung zugunsten des Arbeitnehmers vereinbart, ist die betreffende Norm nicht anzuwenden, weil es an einer materiellrechtlichen Voraussetzung fehlt. Das gleiche gilt, wenn das Vertragsstatut eine Norm beruft, die günstiger als die einseitig zwingende Eingriffsnorm ist. Daß die Norm einseitig zwingend ist, bedeutet, daß sie Abweichungen zugunsten des Arbeitnehmers zuläßt. Worauf diese Abweichung beruht - also auf materiellrechtlicher Vereinbarung oder Berufung einer günstigeren Norm durch das Vertragsstatut - muß unerheblich sein[196].

b) Umkehrschluß

Junker geht davon aus, daß bei Normen, die bei Auslandsarbeit nicht angewendet werden wollen, eine Vermutung dafür spricht, daß sie bei Inlandsarbeit als

---

[192] *Krebber*, Kündigungsschutz 294. Im Ergebnis auch *Wichmann* 38.

[193] *Krebber*, Kündigungsschutz 294.

[194] Zu „Günstigkeitserwägungen“ siehe näher unten § 3 III. 2.

[195] Zu dem betreffenden Prüfungsaufbau vgl. unten § 6.

[196] Vgl. auch *Krebber*, Kündigungsschutz 299.

Eingriffsnormen Anwendung verlangen. Diese Einsicht erleichtere auch die Ermittlung von Eingriffsnormen, da die Nichtanwendbarkeit einer Vorschrift bei Auslandsarbeit oft einfacher zu ermitteln sei als die unbedingte Anwendbarkeit bei Inlandsarbeit[197].

Gegen diese Ansicht spricht jedoch, daß ein Anwendungswille bei Auslandsarbeit ohnehin nur im Bereich der Eingriffsnormen in Betracht kommt. Sachnormen, die keine Eingriffsnormen sind, können keinen „Anwendungswillen" haben, da ihre Anwendung allein von den allseitigen Kollisionsnormen abhängt[198]. Man geht also schon von dem Vorliegen einer Eingriffsnorm aus, wenn man nach dem Anwendungswillen für Auslandsarbeit fragt. Anders formuliert: Normen, die bei Auslandsarbeit angewendet werden wollen, müssen Eingriffsnormen sein, weil nur diese einen entsprechenden Anwendungswillen aufweisen können. Eine Vermutung dahingehend, fehlender Anwendungswille bei Auslandsarbeit spräche für unbedingten Geltungswillen bei Inlandsarbeit, kann also nicht aufgestellt werden.

III. Die Ermittlung des internationalen Geltungswillens durch Auslegung

1. Grundsätze

Eingriffsnormen entziehen sich also einer Definition durch materiellrechtliche Kriterien. Die dargestellten „Abgrenzungsversuche" geben auch keine Antwort auf die Frage, welche Auswirkungen es hat, wenn ein Staat sich nicht an die entsprechende Definition hält und z.B. Normen mit einen Anwendungsbefehl ausstattet, die allein dem Ausgleich von Privatinteressen dienen[199].

Der internationale Geltungswille kann daher nur durch Heranziehung der üblichen Auslegungsmethoden ermittelt werden[200]. Die interessierende Norm ist also darauf zu untersuchen, ob sie unabhängig vom Vertragsstatut Geltung beansprucht. Dabei ist der Wortlaut der Vorschrift regelmäßig wenig ergiebig. Auch eine historische Auslegung anhand der Gesetzesmaterialien wird in der Regel keine entscheidenden Erkenntnisse liefern. Systematische Gesichtspunkte können Anhaltspunkte liefern; entscheidend für die Ermittlung des internationalen Geltungswillens ist aber letztlich der Normzweck[201]. Zu untersuchen ist also, ob

---

[197] *Junker*, Konzern 291 f.

[198] Sieht man einmal von den Ausnahmefällen der „selbstbegrenzten Sachnormen" ab (vgl. hierzu z.B. *Junker*, IPR Rn. 118 f.).

[199] Die h.M. dürfte sich daher mit der Einordnung der kollisionsrechtlichen Regelungen des AEntG schwer tun, vgl. hierzu *Däubler*, RIW 2000, 258 und unten § 8 I.

[200] *Junker*, Konzern 289; MünchKomm-*Martiny* Art. 34 EGBGB Rn. 92.

[201] *Junker*, Konzern 289 und 292.

der Zweck der Norm den Schluß nahelegt, daß der Gesetzgeber akzeptiert, daß die betreffende Norm durch Anwendung ausländischer Vorschriften „zurückgedrängt“ wird oder ob davon auszugehen ist, daß die grundsätzliche Toleranz gegenüber fremden Recht hier nicht greift, die Norm also unabhängig vom Vertragsstatut angewendet werden soll[202].

Die Zwecksetzung der Norm und die geschützten Interessen sind also in einem kollisionsrechtlichen bzw. internationalen Hintergrund zu sehen. Entscheidend ist nicht allein, welcher Art und von welcher Bedeutung die geschützten Interessen sind. Maßgeblich ist auch, inwieweit diese Interessen berührt werden, wenn die betreffende Norm nicht mit einem kollisionsrechtlichen Eingriffsbefehl ausgestattet wird. Die übliche Betrachtung des Normzwecks aus der nationalen Perspektive ist also nicht weitgehend genug. Es ist auch zu fragen, welche Zwecke mit der international zwingenden Wirkung verfolgt werden bzw. welche Interessen bei Geltung des Vertragsstatuts beeinträchtigt würden. So kann davon ausgegangen werden, daß das EFZG in erster Linie dem Schutz der Arbeitnehmer dient. Bei der Ermittlung des internationalen Geltungswillens ist aber nicht nur dieser Aspekt zu berücksichtigen, sondern zu beachten sind z.B. auch die Auswirkungen, die eine Anwendung des Vertragsstatuts auf die Wettbewerbssituation inländischer und ausländischer Unternehmen hätte[203].

Die Ermittlung des internationalen Anwendungswillens wird häufig sehr problematisch sein[204]. Abzustellen ist dabei z.B. darauf, welche Interessen die Norm schützt und welche Bedeutung diese Interessen für den Erlaßstaat haben. Dabei können Kriterien wie der Schutz „unverzichtbarer Wert- und Ordnungsvorstellungen“[205] oder die Einordnung der Norm als „Säule der staatlichen Ordnung“[206] durchaus Anhaltspunkte für das Vorliegen einer

---

[202] Das Abstellen auf den Normzweck entspricht der ganz h.M., vgl. anstatt vieler Staudinger-*Magnus* Art. 34 EGBGB Rn. 53; MünchKomm-*Martiny* Art. 34 EGBGB Rn. 8 sowie BAG, Urteil vom 24.8.1989, SAE 1990, 317, 322. Der h.M. ist nur hinsichtlich der Kategorisierung öffentliche/private Interessen nicht zu folgen.

[203] Vgl. auch Reithmann-Martiny-*Martiny* Rn. 1373; *Martiny* sieht das EFZG von Art. 34 EGBGB erfaßt, weil eine einheitliche Beurteilung eine Anknüpfung entsprechend der Kranken- und Unfallversicherung erfordere. Auch diese Begründung zeigt, daß der Zweck der Vorschrift nicht isoliert betrachtet werden darf.

[204] Ob man mit *Coester* (ZVglRWiss 82 (1983), 16) von einer „rechtsschöpferischen“ Tätigkeit des Richters ausgehen kann, erscheint aber fraglich. Auch wenn die Ermittlung des internationalen Geltungswillens schwierig sein mag, geht sie doch von der bestehenden Gesetzeslage aus.

[205] *Birk*, RabelsZ 46 (1982), 388; *Däubler*, RIW 1987, 255.

[206] *Gamillscheg*, ZfA 14 (1983), 345.

Eingriffsnorm sein[207], da bei derartig bedeutsamen Vorschriften eher eine Tendenz zur international zwingenden Ausgestaltung bestehen wird. Auch die Verbindung der Vorschrift zu anderen Bestimmungen oder anderen Rechtsgebieten kann insoweit von Bedeutung sein[208]. Es ist also eine umfassende Untersuchung notwendig, welche Gründe dafür sprechen könnten, die Norm aus dem allgemeinen Verweisungssystem auszunehmen. Zu berücksichtigen sind alle denkbaren Interessen, die der Erlaßstaat an der Durchsetzung der zwingenden Bestimmungen haben könnte bzw. der Einfluß einer nicht international zwingenden Wirkung auf die Rechts-, Staats-, Wirtschafts- oder Sozialordnung des Staates. Beruht die zwingende Bestimmung auf einer Richtlinie, so ist dieser europarechtliche Hintergrund bei der Ermittlung des internationalen Geltungswillens zu berücksichtigen. Bei der Beurteilung der Frage, ob die betreffende nationale Norm eine Eingriffsnorm darstellt, ist also die zugrundeliegende Richtlinie maßgeblich[209].

Dabei sind immer nur die Vorstellungen des Erlaßstaates entscheidend. Über den internationalen Geltungswillen entscheidet allein der Erlaßstaat[210]. Bei der Ermittlung des international zwingenden Charakters ausländischer Normen kann die Perspektive der lex fori nicht maßgeblich sein. Da für die Einordnung als Eingriffsnorm relevant ist, welche Interessen mit der betreffenden Norm verfolgt werden, kann die Sicht der lex fori nicht herangezogen werden. Andernfalls würden „Wert- und Ordnungsvorstellungen" der lex fori zur Beurteilung fremder Rechtsnormen herangezogen, die auf ganz anderen Vorstellungen beruhen können. So kann der Kündigungsschutz nach der Staats- und Sozialordnung eines Staates von überragender Bedeutung sein, für einen anderen Staat dagegen fast bedeutungslos. Auch die verfolgten Interessen und die Wege ihrer Durchsetzung können unterschiedlich sein. Der Kündigungsschutz kann vorrangig auf Bestandsschutz ausgelegt sein, er kann aber auch in erster Linie auf Abfindungsschutz gerichtet sein[211]. In letzterem Fall steht das Interesse an der finanziellen Absicherung des Arbeitnehmers im Vordergrund, während beim Bestandsschutz z.B. auch arbeitsmarktpolitische Gesichtspunkte eine wichtige Rolle spielen können. Was die Verwirklichung des Kündigungsschutzes betrifft,

---

[207] So auch *Heilmann* 113; ähnlich *E. Lorenz*, RIW 1987, 579.

[208] *Krebber*, Kündigungsschutz 296 f.

[209] *Brödermann/Iversen* Rn. 731 ff.

[210] *Krebber*, Kündigungsschutz 284; *E. Lorenz*, RIW 1987, 579; Staudinger-*Magnus* Art. 34 EGBGB Rn. 11.

[211] Im deutschen Recht lassen sich beide Aspekte finden. Vorrang hat jedoch der Bestandsschutz; im Gegensatz z.B. zum (schwächeren) amerikanischen Kündigungsschutz, der (wenigstens bisher) stärker auf einen Abfindungsschutz abzielt; vgl. *Krebber*, Kündigungsschutz 188 et passim.

so kann sie im Wege öffentlich-rechtlicher oder privatrechtlicher Normen erfolgen oder durch eine Kombination beider Rechtsformen.

Die Bedeutung einer ausländischen Norm und damit die Frage nach ihrem internationalen Geltungswillen können also nicht von der lex fori aus beurteilt werden können. Anschaulich wird auch nochmals, daß es nicht sinnvoll ist, materiellrechtliche - von der lex fori bestimmte - Abgrenzungskriterien zu bilden[212]. Die Verwendbarkeit der Kriterien wird immer von der maßgeblichen Rechtsordnung abhängen[213]. So wird in Staaten, in denen die Vertragsfreiheit (auch im Arbeitsrecht) relativ uneingeschränkt besteht und der Schutz des Schwächeren in Privatrechtsverhältnissen kaum von Bedeutung ist, eine Unterscheidung, ob eine Norm öffentlichen oder privaten Interessen dient, eher möglich sein. Ist der sozialstaatliche Gedanke in einer Nation dagegen stark ausgeprägt und wird der Schutz der typisch schwächeren Vertragspartei als staatliche Aufgabe angesehen (wie z.B. in Deutschland) verschwimmen die Grenzen zwischen öffentlichen und privaten Interessen. Zwischen den unterschiedlichen Rechtsordnungen bestehen damit auch andere Vorstellungen darüber, was öffentliche bzw. private Interessen sind.

2. Fallbezogene Ermittlung des internationalen Geltungswillens und „Günstigkeitsprinzip"

Geht man von der Annahme aus, daß der internationale Geltungswille regelmäßig nur durch Auslegung der betreffenden Norm ermittelt werden kann und hierbei alle relevanten Interessen des Erlaßstaates zu berücksichtigen sind, stellt sich die Frage, ob eine allgemeine Aussage über den internationalen Geltungswillen einer Vorschrift zu treffen oder jeweils fallspezifisch zu entscheiden ist.

Da für die Ausstattung einer Norm mit einem internationalen Eingriffsbefehl die von der Vorschrift geschützten Interessen maßgeblich sind, könnte argumentiert werden, über den international Geltungswillen sei von Fall zu Fall entscheiden, je nachdem welche Auswirkungen die Nichtanwendung der (Eingriffs-) Norm hat[214]. Werden nationale Interessen nicht durch die Anwendung des Rechts des

---

[212] So aber MünchKomm-*Martiny* Art. 34 EGBGB Rn. 9.

[213] Vgl. *E. Lorenz*, RIW 1987, 579.

[214] So wohl im Ergebnis *Mäsch* (161), für den entscheidend ist, ob sich bestimmte Normen in „speziellen Fallkonstellationen" aufgrund einer abweichenden kollisionsrechtlichen Interessenlage einer an sich einschlägigen allseitigen Verweisungsnorm entziehen. Vgl. auch *Coester* (ZVglRWiss 82 (1983), 16), der zumindest bei fremden Eingriffsnormen einen „bedingten Geltungswillen" in Betracht zieht.

Vertragsstatuts berührt, so könnte sich eine Durchsetzung der zwingenden Bestimmungen gegen das Vertragsstatut erübrigen. Dient eine Vorschrift z.B. dem Arbeitnehmerschutz, könnte der internationale Anwendungswille nur dann anzunehmen sein, wenn das durch die allgemeinen Kollisionsnormen berufene Recht nicht den gleichen oder zumindest einen annähernd gleichen Schutz gewährt[215]. Zumindest könnte man annehmen, daß die zu untersuchende Vorschrift dann nicht international zwingend ist, wenn das Arbeitsstatut für den Arbeitnehmer günstiger ist. Vor allem bei Eingriffsnormen, die nur einen Mindeststandard setzen wollen und daher nur einseitig zwingend sind, könnte die entsprechende Annahme also gerechtfertigt sein[216].
Man könnte also davon ausgehen, daß eine zwingenden Bestimmung nur dann unabhängig vom Vertragsstatut Anwendung beansprucht, wenn die geschützten Interessen dies im konkreten Sachverhalt gebieten. Ist dies nicht der Fall - z.B. weil der Schutz der typisch schwächeren Partei auch durch das Vertragsstatut gewährleistet wird - könnte man davon absehen, die Norm international durchzusetzen. In diesem Fall sei von einer Durchbrechung des allseitigen Verweisungssystems abzusehen, weil kein Grund für eine Ausnahme bestehe. Der internationale Geltungswille würde dann von der Ausgestaltung des Vertragsstatuts abhängen[217].

Für ein derartiges Vorgehen ließe sich anführen, daß damit eine Flexibilisierung erreicht wird, die es erlaubt, interessengerechtere Ergebnisse zu erzielen. So wäre es möglich, bei arbeitnehmerschützenden Normen auch im Bereich der Eingriffsnormen dem Günstigkeitsprinzip zur Geltung zur verhelfen, da eine international zwingende Wirkung nur dann angenommen werden würde, wenn die „Eingriffsnorm" günstiger als die korrespondierende Vorschrift des Vertragsstatuts ist. Auch könnte argumentiert werden, „Eingriffe" in das System der allseitigen Kollisionsnormen würden abgemildert, wenn nicht Normen als solche aus diesem System ausgenommen werden, sondern fallweise entschieden wird, ob eine Ausnahme gerechtfertigt ist.

---

[215] Nach *Heilmann* (113) kann „gerade" im Arbeitsrecht der soziale Interessenausgleich zwischen Arbeitgeber und Arbeitnehmer „sowohl im Einzelfall wie auch gesellschaftsbezogen" in aller Regel durch die ausländische Rechtsordnung gewährleistet werden; diese Aussage erscheint angesichts der unterschiedlichen Ausgestaltungen der Rechtsordnungen aber sehr bedenklich.

[216] Vgl. hierzu *Coester*, ZVglRWiss 82 (1983), 15 f.

[217] Nach *Brödermann/Iversen* (Rn. 724 ff.) sind diese Gesichtspunkte zumindest im Bereich umgesetzter Richtlinien der EU relevant. Eine Sonderanknüpfung einer Transformationsnorm als Eingriffsnorm sei ausgeschlossen, wenn das (mitgliedsstaatliche) Vertragsstatut ebenfalls auf der betreffenden Richtlinie beruht und daher vergleichbare Regelungen enthält.

Gegen die geschilderte Methode spricht jedoch, daß sie die Ermittlung des internationalen Geltungswillens nicht erleichtert, sondern erschwert. Nicht nur die Zwecksetzung und die von der als Eingriffsnorm in Betracht kommenden geschützten Interessen müßten untersucht werden, es müßte immer auch eine Abwägung mit der Situation bei Anwendung des Rechts des Vertragsstatuts erfolgen. Dabei wären die schwierigen Fragen zu beantworten, ob eine - mögliche - Eingriffsnorm und die entsprechende Vorschrift des Vertragsstatuts wirklich die gleichen Interessen schützen und die Gewichtung der betreffenden Interessen vergleichbar ist. Folge wäre auch ein erhöhtes Maß an Rechtsunsicherheit. Schon die Existenz von Eingriffsnormen als solche erschwert die Ermittlung des anwendbaren Rechts und kann zu Unsicherheiten führen, weil sich der Rechtsanwender nicht darauf verlassen kann, daß der Vertrag stets nach dem Vertragsstatut zu beurteilen ist[218]. Noch unüberschaubarer würde die Lage aber, wollte man die international zwingende Wirkung bestimmter Normen abhängig vom Einzelfall beurteilen.

Es erscheint auch zweifelhaft, ob ein fallspezifisches Vorgehen eine Eindämmung von Eingriffen in das System der allseitigen Verweisungen zur Folge hätte. Lehnt man eine generelle Bejahung des internationalen Anwendungswillens bestimmter Normen ab, so wäre es folgerichtig, davon auszugehen, daß bei zwingenden Bestimmungen der internationale Geltungswille auch nie pauschal ausgeschlossen werden kann. Eine Einzelfallprüfung könnte also dazu führen, daß es zu einer Ausweitung der Anwendung von Eingriffsrecht kommt, weil auch bei solchen Normen ein internationaler Geltungswille zumindest in Betracht gezogen wird, die bisher nicht als Eingriffsnormen eingeordnet wurden. Die größere Flexibilität bei der Bestimmung des internationalen Geltungswillens von zwingenden Normen könnte dazu führen, daß Gerichte dazu neigen, immer dann von einem kollisionsrechtlichen Eingriffsbefehl auszugehen, wenn die Anwendung des Vertragsstatuts zu Ergebnissen führt, die sich stark von denen unterscheiden, die aus einer Anwendung des eigenen Rechts resultieren würden[219].

Die Ermittlung des internationalen Geltungswillens einer bestimmten Norm von Fall zu Fall ist aber auch nicht notwendig, um sachgerechte Ergebnisse zu erzielen. Auch nach der herkömmlichen Vorgehensweise – also eine generelle

---

[218] Derartige Unsicherheiten werden aber durch das Kriterium der „Inlandsbeziehung“ (vgl. unten § 6 II. sowie § 13 III. 4.) gemindert. Die Parteien werden zumindest nicht ausschließen, daß sie zwingendes Recht derjenigen Staaten beachten müssen, die eine enge Verbindung zu dem Sachverhalt aufweisen.

[219] *Mäsch* (163) geht dann auch davon aus, daß Eingriffsnormen „richterrechtliche“ Ausnahmen von der gebündelten Verweisung in einer allseitigen Kollisionsnorm sind, die aufgrund einer im Einzelfall abweichenden „kollisionsrechtlichen Interessenbewertung“ notwendig sind. Der Eingriffscharakter von zwingenden Bestimmungen ist jedoch durch Auslegung zu ermitteln, Eingriffsnormen sind daher keine „richterrechtlichen“ Ausnahmen.

Aussage darüber zu treffen, ob eine Vorschrift eine Eingriffsnorm ist oder nicht - wird mit der Annahme des internationalen Geltungswillens einer Norm noch nicht zwingend die Aussage getroffen, daß die betreffende Norm auf den zu untersuchenden Sachverhalt anzuwenden ist. Nach richtiger Ansicht ist für die Anwendbarkeit der Norm auch noch maßgeblich, ob sich der Vertrag in dem von der Vorschrift geregelten Bereich auf den Erlaßstaat auswirkt (Inlandsbezug)[220]. Jedenfalls müssen aber die materiellrechtlichen Voraussetzungen der Norm vorliegen[221].

So bedarf es bei inländischen Eingriffsnormen keiner fallspezifischen Ermittlung des internationalen Geltungswillens, um bei arbeitnehmerschützenden Eingriffsnormen dem Günstigkeitsprinzip zur Geltung zu verhelfen. Günstigkeitserwägungen spielen im Bereich der international zwingenden Normen des Arbeitsrechts vor allem eine Rolle, wenn eine deutsche Eingriffsnorm primär dem Schutz des Arbeitnehmers dient, die nach dem Vertragsstatut an sich anwendbare Vorschrift aber einen weitergehenden Schutz gewährt. Dabei kommt die Berücksichtigung der Günstigkeit der Bestimmungen nicht in Betracht, wenn die Eingriffsnorm eine bestimmte Regelung - ohne Möglichkeit der Abweichung - festschreiben will, sie also einen „unabdingbaren gesetzlichen Kompromiß"[222] zwischen den Interessen der Vertragsparteien aufstellt. In derartigen Fällen bleibt für Günstigkeitsüberlegungen kein Raum, da die betreffende zwingende Bestimmung auch bei nationalen Sachverhalten keine Abweichungen zugunsten des Arbeitnehmers zuläßt. Bei einseitig zwingenden Normen wird dem Günstigkeitsprinzip aber schon durch die Tatsache, daß eine Eingriffsnorm nur bei Vorliegen ihrer materiellrechtlichen Voraussetzungen anwendbar ist, Rechnung getragen[223]. Einer Einschränkung des internationalen Geltungswillens bedarf es insoweit nicht. Ist eine Norm des Vertragsstatuts günstiger als eine einseitig zwingende Eingriffsnorm, liegen die materiellrechtlichen Voraussetzungen der Eingriffsnorm nicht vor. Der Geltungswille einseitig zwingender Normen bezieht sich nur auf Fälle, in denen der verbindlich geregelte Standard unterschritten wird. In rein nationalen Sachverhalten kommen Abweichungen durch Parteivereinbarung, Betriebsvereinbarungen oder Tarifverträge in Betracht. Bei Fällen mit

---

[220] H.M. vgl. Ermann-*Hohloch* Art. 34 EGBGB Rn. 13; *Heilmann* 114 ff; *Kropholler* § 52 VIII. 1.; *Leible*, JbJgZivWiss 1995, 262; *E. Lorenz*, RdA 1989, 227; MünchKomm-*Martiny* Art. 34 EGBGB Rn. 100; Reithmann-Martiny-*Limmer* Rn. 393; Soergel-*von Hoffmann* Art. 34 EGBGB Rn. 95. Näher hierzu unten § 6 III. und § 13 III. 4.

[221] Siehe unten § 6 I. und § 13 III. 2.

[222] *E. Lorenz*, RIW 1987, 580.

[223] Vgl. auch *Junker*, IPRax 1993, 7: „Ein Günstigkeitsvergleich kann ... ins Spiel kommen, wenn nämlich die Eingriffsnorm sachrechtlich eine dem Arbeitnehmer günstigere Gestaltung zuläßt.".

Auslandsberührung kann der Regelungsbereich der halbseitig zwingenden Vorschrift dadurch betroffen werden, daß eine fremde Rechtsordnung durch Rechtswahl oder durch objektive Anknüpfung berufen wird. Hinsichtlich des Geltungswillens der einseitig zwingenden Normen unterscheiden sich diese Fälle nicht[224]. Die betreffenden Normen sind nicht anzuwenden, wenn eine für den Arbeitnehmer günstigere Regelung greift, dabei ist unerheblich, ob sich diese in einer Parteivereinbarung, einem Tarifvertrag oder in einer fremden Rechtsordnung finden läßt. Da eine Eingriffsnorm nur bei Vorliegen ihrer materiellrechtlichen Voraussetzungen anzuwenden ist, stimmen nationaler und internationaler Geltungswille insoweit überein.

Nach *Krebber* gilt dieser Grundsatz jedoch nur bei einseitig zwingenden Normen, deren internationaler Geltungswille allein auf der „Garantie der Sicherung des materiellen Schutzes"[225] beruht. Dagegen komme bei Vorschriften, deren internationaler Geltungswille - zumindest auch - eine einheitliche Regelung aller betroffenen Arbeitsverhältnisse bezweckt, eine Abweichung nicht in Betracht. Eine derartige Unterscheidung ist aber nicht angebracht. Normen, die eine „einheitliche Regelung" in diesem Sinne bezwecken, können nicht nur einseitig zwingend sein[226]. Begriffe wie „einheitliche Regelung aller Arbeitsverhältnisse"[227], „unabdingbarer gesetzlicher Kompromiß zwischen den Interessen der Vertragsparteien"[228], oder „Setzen eines Mindeststandards"[229] umschreiben im Ergebnis die gleiche Frage: Soll die Norm eine verbindliche Regelung in alle Richtungen festschreiben oder ist sie zugunsten des Arbeitnehmers „offen", d.h. ist sie einseitig zwingend? Einseitig zwingende Bestimmungen bezwecken keine einheitliche Regelung aller Arbeitsverhältnisse, sie setzen nur einen Mindeststandard bzw. stellen keinen unabdingbaren gesetzlichen Kompromiß dar. Neben der einseitig zwingenden Wirkung muß also kein weiteres Kriterium herangezogen werden. Ist eine Eingriffsnorm nur einseitig zwingend, so ist sie nicht anzuwenden, wenn das Vertragsstatut eine günstigere Regelung enthält.

---

[224] So auch *Krebber*, Kündigungsschutz 299.

[225] *Krebber*, Kündigungsschutz 299 f. Gemeint sind wohl Vorschriften, die dem Schutz des einzelnen Arbeitnehmers dienen.

[226] Auch *Krebber* (Kündigungsschutz 299 f.) räumt insoweit ein, daß es „unter Umständen" an der Voraussetzung fehlt, daß internrechtlich von der Norm zugunsten eines Arbeitnehmers abgewichen werden kann.

[227] *Krebber*, Kündigungsschutz 299 f.

[228] *E. Lorenz*, RIW 1987, 580.

[229] *Wimmer*, Gestaltung 185.

3. *Im Zweifel gegen die Eingriffsnorm*

Wie gezeigt wurde, kann die Ermittlung des internationalen Geltungswillens einer Norm oft schwierig sein. Häufig wird eine eindeutige Aussage über den internationalen Eingriffsbefehl nicht möglich sein. Für diese Fälle wird diskutiert, ob bei Unklarheiten davon auszugehen ist, daß die Norm nicht ohne Rücksicht auf das Vertragsstatut angewendet werden will, also im Zweifel keine Eingriffsnorm vorliegt[230].

Diese Frage wird zum Teil im Zusammenhang mit dem Problem erörtert, ob Art. 34 EGBGB eng auszulegen ist[231]. Auch wenn die relevanten Argumente ähnlich sein dürften, sind diese Fragestellungen aber unterschiedlicher Natur. Bei einer Auslegung des Art. 34 EGBGB ist zu klären, welche Voraussetzungen (inländische) Eingriffsnormen auszeichnen bzw. welche Anforderungen allgemein an das Vorliegen von Eingriffsrecht zu stellen sind. Davon abzugrenzen ist die Untersuchung einzelner Normen auf die entsprechenden Voraussetzungen. Die Auslegung einzelner zwingender Bestimmungen ist insoweit von der Auslegung des Art. 34 EGBGB zu unterscheiden. Hier soll zunächst nur betrachtet werden, ob es geboten ist, im Zweifel gegen die Qualifikation als Eingriffsnorm zu entscheiden, wenn der international Geltungswille einer Norm nicht eindeutig ermittelt werden kann.

Als Argument für diese Annahme wird vorgebracht, Eingriffsnormen müßten im internationalen Verkehr die Ausnahme bleiben[232]. Nach *E. Lorenz* kann auch die für die Beurteilung unklarer Vertragsklauseln entwickelte römischrechtliche Unklarheitenregel[233] zur Begründung dieses Ergebnisses herangezogen werden[234]. Auf die Auslegung von Eingriffsnormen angewandt bedeutet diese Regel, daß es „zu Lasten" des Erlaßstaates gehen muß, wenn er seinen Willen, eine zwingende Bestimmung mit internationalem Geltungswillen auszustatten, nicht deutlich genug zum Ausdruck gebracht hat. Will ein Staat also eine Norm mit einem kollisionsrechtlichen Eingriffsbefehl ausstatten, muß er dies auch erkennbar machen; bestehen Zweifel, so trifft dies den Erlaßstaat, weil seine Norm nicht als international zwingend angesehen wird und gegebenenfalls nicht anzuwenden ist.

---

[230] So z.B. *E. Lorenz*, RIW 1987, 580; *Taupitz*, BB 1990, 649. Ähnlich auch MünchKomm-*Sonnenberger* Einl. IPR 53; *derselbe*, FS Rebmann 824 (Fn. 17); allerdings vom Standpunkt der h.M. zur Abgrenzung der Eingriffsnormen ausgehend.

[231] *Krebber* (Kündigungsschutz 290) sieht insoweit Zusammenhänge als - seiner Ansicht nach zu Unrecht - kollisionsrechtliche Überlegungen im Vordergrund stehen.

[232] *E. Lorenz*, RIW 1987, 580; *Taupitz*, BB 1990, 649.

[233] „Ambiguitas contra stipulatorem"; im Recht der Allgemeinen Geschäftsbedingungen findet sich diese Regel in § 5 AGBG.

[234] Vgl. *E. Lorenz*, RIW 1987, 580.

Für diesen Gedanken spricht, daß Eingriffsnormen im Kollisionsrecht als „Besonderheiten“ bzw. Ausnahmen angesehen werden können[235]. Von dem Vorliegen einer Ausnahme, kann aber nur ausgegangen werden, wenn der entsprechende Wille hinreichend deutlich zu Tage tritt; ansonsten ist anzunehmen, daß es beim Regelfall bleiben soll, also der Geltung des Vertragsstatuts. Daß Eingriffsnormen - zumindest nach der Konzeption des EVÜ und EGBGB - Ausnahmen sein sollen, zeigen schon systematische Erwägungen[236]. Regel soll die Anknüpfung gemäß den allgemeinen, allseitigen Kollisionsnormen (also z.B. Art. 30 EGBGB) sein; Ausnahme die Sonderanknüpfung nach Art. 34 EGBGB. Wäre die Anwendung zwingender Bestimmungen unabhängig vom Vertragsstatut der Regelfall, würde die Bedeutung der Rechtswahl gravierend eingeschränkt, und auch die objektive Anknüpfung nach Art. 30 Abs. 2 EGBGB würde entwertet[237]. Die Argumente, die gegen eine Einbeziehung aller zwingenden Bestimmungen sprechen[238], zeigen auch, daß die international zwingende Wirkung nicht als Regel betrachtet wurde.

Krebber wendet gegen die Annahme, bei Zweifeln über den internationalen Geltungswillen sei gegen die Eingriffsnormen zu entscheiden, ein, sie gehe von der falschen Perspektive aus[239]. Ausgangspunkt müsse die Regelung des Art. 7 Abs. 2 EVÜ (Art. 34 EGBGB) sein, die ausschließlich auf den Willen des einzelnen Gesetzes abstelle. Das EVÜ und insbesondere Art. 7 Abs. 2 EVÜ schreibe den Vertragsstaaten nicht vor, welche und wie viele Vorschriften sie international zwingend ausgestalten. Einem Staat stehe es frei, beliebig viele zwingende Bestimmungen mit internationalem Geltungswillen zu versehen, ohne hierdurch gegen das EVÜ zu verstoßen. Auch wenn man in der Ausstattung weiter Teile des zwingenden Arbeitsrechts mit einem kollisionsrechtlichen Eingriffsbefehl (wie es z.B. im Vereinigten Königreich und Irland der Fall ist) einen Verstoß gegen die Systematik des EVÜ sieht, sei dieser hinzunehmen, weil das EVÜ keine Handhabe enthielte, die Macht eines Vertragsstaates Eingriffsnormen zu schaffen zu begrenzen.

---

[235] So im Ergebnis *Junker*, SAE 1994, 42; *derselbe*, IPRax 1993, 9; *E. Lorenz*, RIW 1987, 580; *Taupitz*, BB 1990, 649. Im Ergebnis auch *Mann*, NJW 88, 3075; Palandt-*Heldrich*, Art. 34 EGBGB Rn. 2 (die eine „enge Auslegung“ des Art. 34 EGBGB fordern).

[236] Vgl. hierzu auch LAG Köln, Urteil vom 6.4.1992, RIW 1992, 932, 935: „... nach der Systematik und dem Normzweck der Art. 30, 34 EGBGB [können] nur Teilbereiche des deutschen Arbeitsrechts international zwingend sein. Diese klare Wertung des Gesetzgebers darf nicht durch eine ausufernde Anwendung des Art. 34 EGBGB unterlaufen werden.“.

[237] *Junker*, SAE 1994, 42.

[238] Vgl. hierzu oben § 3 I. 2. und die betreffenden Nachweise.

[239] *Krebber*, Kündigungsschutz 291 f.

Die Aussagen *Krebbers* sind zwar im wesentlichen zutreffend, sie sprechen jedoch nicht gegen die hier behandelte Annahme. Richtig ist, daß bei der Bestimmung des internationalen Geltungswillens immer von der einzelnen Norm auszugehen ist[240]. Der nationale Gesetzgeber wird durch das EVÜ auch nicht unmittelbar daran gehindert, beliebig viele Vorschriften als Eingriffsnormen auszugestalten. Diese Aspekte sprechen zwar vielleicht gegen die Annahme, Art. 34 EGBGB sei „eng auszulegen", um so die Anzahl der Eingriffsnormen zu begrenzen; sie stehen einer „engen Auslegung" der einzelnen Normen hinsichtlich des international zwingenden Charakters aber nicht entgegen. Hat ein Gesetzgeber eine Norm ausdrücklich mit einem kollisionsrechtlichen Eingriffsbefehl ausgestattet oder kann dieses Ergebnis durch Auslegung unzweifelhaft ermittelt werden, so besteht tatsächlich keine Möglichkeit, diese Entscheidung zu korrigieren, auch wenn eine Vielzahl zwingender Bestimmungen betroffen ist. Kann dagegen keine eindeutige Aussage über den entsprechenden Willen des Gesetzgebers getroffen werden, so fordern Systematik und Zweck des EVÜ davon auszugehen, daß keine Eingriffsnorm vorliegt, um so deren Anzahl gering zu halten. Das EVÜ betrachtet Eingriffsnormen als Ausnahmen. Weite Teile eines Rechtsgebiets als Eingriffsrecht auszugestalten, widerspricht damit zwar der Konzeption des EVÜ; die Zielsetzungen des Übereinkommens werden teilweise unterlaufen. Von einem „Verstoß" gegen das EVÜ kann aber nicht gesprochen werden, da gemäß Art. 7 Abs. 2 EVÜ der Handlungsspielraum der Mitgliedsstaaten hinsichtlich der Durchsetzung eigenen zwingenden Rechts nicht beschränkt wurde[241]. Wird aber keine eindeutige Aussage über den Eingriffsbefehl getroffen, so ist dennoch davon auszugehen, daß der nationale Gesetzgeber „vertragsfreundlich" handeln will und Eingriffsnormen als Ausnahme betrachtet bzw. Eingriffsnormen deutlich kenntlich macht, da sie Ausnahmen von den allgemeinen Grundsätzen darstellen.

Neben den erwähnten systematischen Gründen spricht vor allem die Zwecksetzung des EVÜ für eine Begrenzung der Anzahl der Eingriffsnormen. Die Existenz von Eingriffsnormen stellt ein Grundproblem der Kollisionsrechtsvereinheitli-

---

[240] So z.B. auch *Junker*, Konzern 289.

[241] So wohl auch *Freitag/Leible*, ZIP 1999, 1299. Auch wenn man von einem Verstoß gegen das EVÜ ausgeht, besteht aber zumindest keine europarechtliche Handhabe gegen den betreffenden Staat, da das EVÜ kein Gemeinschaftsrecht darstellt; vgl. MünchKomm-*Martiny* Vor Art. 27 EGBGB Rn. 3; Reithmann-Martiny-*Martiny* Rn. 16. Entgegen einer in der Literatur vertretenen Auffassung besitzt es auch keinen „gemeinschaftsrechtlichen Charakter" oder ist „Gemeinschaftsrecht im weitesten Sinne" (mit dieser Tendenz *Brödermann*, MDR 1992, 89; *von Hoffmann*, ZfRV 1995, 48 f.; *Pirrung*, in: von Bar 36), sondern stellt ein völkervertragliches Übereinkommen der Mitgliedsstaaten dar; vgl. *Junker*, RabelsZ 55 (1991), 682 f.; wohl auch *Kreuzer*, in Müller-Graff 405.

chung dar[242]. Das EVÜ spiegelt den Trend wider, von der europäischen Sachrechtsvereinheitlichung auf die Vereinheitlichung des Kollisionsrechts überzugehen. Dabei soll das Internationale Privatrecht zum Instrument der Integration werden, Wettbewerbsunterschiede ausgleichen und gleiche Marktbedingungen schaffen[243]. Ist eine Vereinheitlichung des Sachrechts nicht möglich bzw. nicht erwünscht, soll eine Kollisionsrechtsvereinheitlichung zumindest ermöglichen, daß Fälle mit Auslandsberührung EU-weit einheitlich beurteilt werden[244]. Durch die Vereinheitlichung des Internationalen Privatrechts soll also das forum-shopping vermieden werden, da einheitliche Kollisionsregeln zur Anwendung desselben Rechts führen und somit der Kläger nicht mehr durch Wahl des Gerichtsortes Einfluß auf das anwendbare Recht nehmen kann[245].

Mit der Anzahl der Eingriffsnormen sinkt die Möglichkeit, diese Ziele zu erreichen[246]. Eingriffsnormen bestimmen ihren Anwendungsbereich selbst, sie werden daher von den vereinheitlichten Kollisionsnormen nicht erfaßt. International zwingende Normen führen dazu, daß einheitliche Kollisionsregeln nur begrenzt die Anwendung desselben Rechts bewirken. Zwar hat die Vereinheitlichung zur Folge, daß von den Gerichten in allen Vertragsstaaten des EVÜ für einen Sachverhalt das gleiche Vertragsstatut angewendet wird. Die Bedeutung dieser einheitlichen Anknüpfung schwindet aber, wenn die maßgeblichen Rechtsfragen im wesentlichen durch Eingriffsnormen geregelt werden. Da eine Gleichbehandlung eigener und fremder Eingriffsnormen überwiegend abgelehnt wird, führt die Existenz international zwingender Vorschriften zur vorrangigen Anwendung nationalen Rechts[247]. Damit besteht die Möglichkeit, daß der gleiche Sachverhalt von den Gerichten der Vertragsstaaten unterschiedlich beurteilt wird, da diese jeweils primär ihre eigenen Eingriffsnormen anwenden. Für den Kläger kann die Auswahl des Gerichtsortes also durchaus „lohnend" sein, weil er hiermit über die anwendbaren Eingriffsnormen entscheidet[248]. Letztlich läuft die Vereinheitlichung

---

[242] Vgl. z.B. Reithmann-Martiny-*Martiny* Rn. 400. *Martiny* spricht von einem besonderen Spannungsverhältnis zwischen IPR und Europarecht im Bereich der zwingenden Bestimmungen.

[243] Vgl. z.B. *Jayme/Kohler*, IPRax 1990, 353. Nach *Kreuzer* (in: Müller-Graff, 412) fördert die Kollisionsrechtsintegration die Schaffung eines einheitlichen Binnenmarkts. Ähnlich auch *Roth*, RabelsZ 55 (1991), 637: Das IPR läßt sich als Instrument begreifen, mit dem die Ziele eines gemeinsamen Marktes gefördert werden können.

[244] *Taupitz*, JZ 1993, 533.

[245] Vgl. *Junker*, Konzern 162; *Roth*, RabelsZ 55 (1991), 638.

[246] Vgl. *Martiny*, in: von Bar 235 f.; *Freitag/Leible*, ZIP 1999, 1299; *Taupitz*, Privatrechtsvereinheitlichung 54 (Fn. 294).

[247] Vgl. hierzu anstatt vieler Staudinger/*Magnus* Art. 34 EGBGB Rn. 146 ff.

[248] So auch *Williams*, I.C.L.W. 35 (1986), 24: „The possibility of forum-shopping arising if different countries make use of Article 7 to different extents cannot be overlooked".

des Kollisionsrechts durch das EVÜ also leer, wenn nationales Recht im hohen Umfang international zwingend ist.

Im Bereich des Eingriffsrechts zeigen sich die Grenzen der Integration durch Vereinheitlichung des Kollisionsrechts. Einheitlichkeit ist hier nur durch Angleichung des Sachrechts erreichbar[249]. Mit der Entwicklung eines einheitlichen europäischen Arbeitsrechts würde auch die Bedeutung der Eingriffsnormen im europäischen Bereich sinken[250]. Zwar sind in einzelnen Bereichen, insbesondere der Gleichberechtigung von Mann und Frau, Ansätze für ein einheitliches Arbeitsrecht erkennbar. Eine weitgehende Vereinheitlichung des Arbeitsrechts ist bisher aber nicht in Sicht. Sie ist in nächster Zeit auch nicht zu erwarten. So ist die Zuständigkeit der EU zur Regelung des Arbeitsrechts begrenzt[251]. Das Arbeitsrecht ist auch stark von nationalen Vorstellungen und Werten geprägt, so daß eine Sachrechtsvereinheitlichung oft auf Vorbehalte stoßen wird. Auch im europäischen Bereich werden Eingriffsnormen im Arbeitsrecht daher noch lange von Bedeutung sein.
Das EVÜ bietet auch keine Möglichkeit, die Vertragsstaaten daran zu hindern, Normen von den allseitigen Verweisungen auszunehmen. Auch die Aufstellung allgemeiner, materiellrechtlicher Kriterien oder der Versuch, Art. 34 EGBGB eng auszulegen, sind insoweit unergiebig. Da der internationale Geltungswille nur von der einzelnen zwingenden Bestimmung ausgehend ermittelt werden kann, kann über die Auslegung des Art. 34 EGBGB keine Begrenzung des Eingriffsrechts erreicht werden[252]. Damit bleibt nur eine Möglichkeit, die Anzahl der Eingriffsnormen gering zu halten und so dem Sinn des EVÜ gerecht zu werden, ohne dem Willen des nationalen Gesetzgebers zuwider zu handeln: Kann keine eindeutige Feststellung über den internationalen Geltungswillen einer zwingenden Bestimmungen getroffen werden, so ist davon auszugehen, daß keine Eingriffsnorm vorliegt.

---

[249] *Martiny*, in: von Bar 235 f. Diese Tatsache ändert aber nichts an der Berechtigung der von *Taupitz* (Privatrechtsvereinheitlichung 60 ff.) erhobenen Forderung, sich bei der Harmonisierung der Rechtsordnungen der Mitgliedsstaaten verstärkt auf das Kollisionsrecht – und nicht das Sachrecht – zu konzentrieren.

[250] *E. Lorenz*, RdA 1989, 227.

[251] Die EU besitzt keine generelle Zuständigkeit für das Arbeitsrecht; vgl. insoweit auch EuGH, Urteil vom 29.9.1987, Rs. 126/86 (Zaera), Slg. 1987, 3697, 3716 f. Näher hierzu insbesondere *Birk*, in: Müller-Graff 320 f.; *derselbe*, RdA 1992, 68 ff. und MünchArbR-*Birk* § 18 Rn. 26 ff.; Staudinger-*Magnus* Art. 30 EGBGB Rn. 8 ff.

[252] Insoweit ist *Krebber* (Kündigungsschutz 289 ff.) zuzustimmen.

§ 4: Die Einordnung der Eingriffsnormen in das kollisionsrechtliche System

Eingriffsnormen werden nicht von den allgemeinen „gewöhnlichen" Kollisionsnormen erfaßt. Ihre Anwendbarkeit richtet sich im Arbeitsrecht also nicht nach einer Rechtswahl der Parteien oder Art. 30 EGBGB. Diese Tatsachen führen zu der Frage, wie Eingriffsnormen in das System des Kollisionsrechts einzuordnen sind. Steht mit der Anwendbarkeit unabhängig vom Vertragsstatut fest, daß für Eingriffsnormen ein besonderes kollisionsrechtliches System notwendig ist, weil eine Integration in das „herkömmliche" System der allseitigen Verweisungen nicht möglich ist? Oder stehen Eingriffsnormen sogar ganz außerhalb des Kollisionsrechts?

I. Die Auffassung von der Integration

Schurig vertritt die Ansicht, eine Integration der Eingriffsnormen in das „klassische" kollisionsrechtliche System der allseitigen Anknüpfungen sei ohne weiteres möglich. Ein Methodenpluralismus, die Etablierung eines zweiten kollisionsrechtlichen Systems oder eine „Sonderanknüpfung" führten zu unnötigen Systembrüchen[253]. Auch Eingriffsnormen würden durch Kollisionsnormen berufen. Sie zeichneten sich nur dadurch aus, daß sie Sachnormen darstellten, die andere Sachinteressen verfolgten und damit andere kollisionsrechtliche Interessen implizierten als die, die unter allseitigen Bündelungen zusammengefaßt seien[254]. Herkömmliche allseitige Kollisionsnormen (wie Art. 30 EGBGB) beriefen ganze Normgruppen für bestimmte Rechtsbereiche, sie erfassten auch nicht nur die Normen einer Rechtsordnung, sondern zielten darauf ab, die entsprechenden Sachnormen verschiedener Rechtsordnungen zu berufen. Nach *Schurig* zeichnen sie sich daher durch eine starke „Bündelung" aus. Diese Bündelung beruhe auf dem Gedanken, daß die von der Kollisionsnorm vorgeschriebene Anknüpfung grundsätzlich in allen erfaßten Fällen den kollisionsrechtlichen Interessen entspreche[255]. Die klassischen Kollisionsnormen seien aber zu schematisierend bzw. generalisierend, nicht immer entspreche die kollisionsrechtliche Interessenlage der angeordneten Anknüpfung. Überwiege in derartige Konstellationen nicht aus Gründen der Kontinuität das Interesse an der Regelanknüpfung, so sei eine neue

---

[253] Vgl. *Schurig*, Kollisionsnorm 271 ff.; *derselbe*, in: Holl/Klinke 55 ff.; *derselbe*, RabelsZ 54 (1990), 217 ff.; *Kegel/Schurig*, IPR § 2 IV. 2. Ihm folgend *Mäsch* 143 ff.

[254] *Schurig*, RabelsZ 54 (1990), 234.

[255] Art. 30 Abs. 2 EGBGB würde also beispielsweise auf der Überlegung beruhen, daß die Anknüpfung an den Arbeitsort grundsätzlich interessengerecht ist, wenn der Arbeitsort nicht regelmäßig wechselt.

bessere Anknüpfung zu finden. In diesen Fällen müßten spezielle Kollisionsnormen herausgebildet werden, die der Interessenlage eher gerecht werden[256].

Das klassische multilateralistische System verlange auch nicht, daß alle Kollisionsnormen allseitig seien. Daher sei das kollisionsrechtlichen System auch nicht bedroht, wenn bestimmte Vorschriften gesondert angeknüpft werden, weil die hinter ihnen stehenden sachrechtlichen Interessen besondere kollisionsrechtliche Interessen implizieren, die einer Einordnung dieser Norm in die vorhandenen allseitigen Bündelungen entgegenstehen[257].
Insbesondere bei fremden Eingriffsnormen bedeute das Abstellen auf den Geltungswillen der ausländischen Norm einen unnötigen Systembruch. Ein unilateralistischer Ansatz, der von einem vom fremden Gesetzgeber definierten Anwendungswillen der Vorschrift ausgeht, sei weder notwendig noch sachgerecht. Auch die Berufung fremder Eingriffsnormen in das bestehende „autonomistisch-multilateralistische System" sei möglich, die Anwendung beruhe dann auf einer autonomen Abwägung durch das Forum[258].

II. Stellungnahme

Zunächst ist *Schurig* insoweit zuzustimmen, daß auch Eingriffsnormen nicht unabhängig vom IPR anzuwenden sind[259]. Sie bilden keine kollisionsrechtsunbhängige Normenkategorie[260]. Daraus folgt aber nicht zwingend, daß sie auch vom Verweisungsrecht erfaßt werden, da das Kollisionsrecht nicht nur aus Verweisungsnormen besteht[261].

Gegen die Ansicht *Schurigs* bestehen auch Bedenken. So weist *Junker* darauf hin, daß eine verweisungsrechtliche Sicht der Eingriffsnormen zwar möglich, jedoch mit Problemen verbunden sei[262]. Zwar könne grundsätzlich auch beim Sachverhalt angesetzt werden, um dann zu untersuchen, ob er vom Arbeitsstatut oder einer spezielleren Kollisionsnorm erfaßt werde. Logisch mache es keinen Unterschied, ob man dieses Vorgehen wähle oder bei der einzelnen Vorschrift ansetze

---

[256] Vgl. *Schurig*, Kollisionsnorm 102 ff., 200 ff.

[257] *Schurig*, RabelsZ 54 (1990), 231 f.

[258] Vgl. *Schurig*, RabelsZ 54 (1990), 234 ff.; *Kegel/Schurig*, IPR § 2 IV. 2.; *Mäsch* 163 f. Der Tendenz nach auch *Coester*, ZVglRWiss 82 (1983), 8 ff.

[259] *Schurig*, RabelsZ 54 (1990), 233.

[260] *E. Lorenz*, RIW 1987, 578; Ebenso *Junker*, Konzern 288 (Fn. 27); *Schubert*, RIW 1987, 733.

[261] *Junker*, Konzern 288; ähnlich auch *Siehr*, RabelsZ 46 (1982), 617.

[262] *Junker*, Konzern 288 f.

und untersuche, ob sie unabhängig vom Vertragsstatut Anwendung verlange[263]. Die verweisungsrechtliche Sicht sei im Bereich der Eingriffsnormen aber nicht angemessen. Eingriffsnormen würden nicht durch Verweisungsrecht zur Anwendung berufen, sie seien auch nicht potentiell allseitig, sondern griffen einseitig in das Arbeitsverhältnis ein. Die Sicht von der einzelnen Rechtsnorm mache den Unterschied zu den Anknüpfungen nach Artt. 27 Abs. 1, 30 Abs. 2 EGBGB deutlich und betone die Sonderstellung der Eingriffsnormen. Aus der Perspektive von der Rechtsnorm aus folge auch, daß sich der Anwendungswille nur aus der einzelnen Vorschrift ergeben könne.

Die Kritik *Junkers* ist berechtigt. Eingriffsnormen nehmen eine Sonderstellung im kollisionsrechtlichen System ein. Es erscheint zweifelhaft, ob eine Integration in das System der allseitigen Verweisungen wirklich ohne weiteres möglich und sinnvoll ist[264]. Die allgemeinen Verweisungsnormen beziehen sich auf verschiedene Rechtsordnungen und ganze Teilbereiche einer Rechtsordnung. Im Bereich der Eingriffsnormen geht es um die Anwendung einzelner Normen einer bestimmten Rechtsordnung. Es leuchtet nicht unmittelbar ein, warum diese Unterschiede einer verweisungsrechtlichen Sicht nicht entgegenstehen bzw. hier nur Unterschiede hinsichtlich der „Bündelung" bestehen sollen.

Fraglich erscheint auch die These, bei ausländischen Eingriffsnormen sei es vermeidbar, auf den - von einem fremden Gesetzgeber definierten - Geltungswillen der Norm abzustellen[265]. Die Anwendung ausländischer Eingriffsnormen hängt zwar von einer Entscheidung der lex fori ab, also vom Kollisionsrecht des Forums, nicht aber von den inländischen Verweisungsnormen. Die Verweisungsnormen des Forums führen gerade zu einer Nichtanwendung der fremden Eingriffsnormen. Ihre Anwendung kommt nur deshalb in Betracht, weil ein fremder Gesetzgeber ihre Anwendung fordert, nicht weil sie durch inländische

---

[263] Die logische Gleichwertigkeit der Alternativen, von Rechtsnormen oder vom Sachverhalt auszugehen, hat schon *von Savigny* betont, vgl. *von Savigny*, System des heutigen römischen Rechts, Band 8, 1 ff. Vgl. auch *Mentzel* 57 f. *Junker* (Konzern 288 f.) betont aber „psychologische Unterschiede", so auch für die beiden Ansätze im allgemeinen *Kegel/Schurig*, IPR § 3 IX.

[264] Zweifelnd zu einer Aufstellung allseitiger Kollisionsnormen für ausländische Eingriffsnormen auch MünchKomm-*Sonnenberger* Einl. IPR Rn. 62. Nach *Sonnenberger* würde eine Verallseitigung die Harmonisierung der staats-, wirtschafts- und sozialpolitischen Zielsetzungen der Staaten erfordern. Die Möglichkeit einer Verallseitung dagegen grundsätzlich bejahend MünchKomm-*Martiny* Art. 34 EGBGB Rn. 48.

[265] Aus einer anderen Perspektive *Kreuzer*, Wirtschaftsrecht 84: „Was gibt es für einen Grund, bei ausländischen Eingriffsnormen die IPR-Normen als geeignete Verweisungsregeln anzusehen, während man sie bei inländischen Eingriffsnormen als untauglich verworfen hat?".

Verweisungsnormen berufen werden[266]. Die kollisionsrechtliche *Aufforderung* zur Anwendung ausländischer Eingriffsnormen folgt aus der fremden Rechtsordnung. Ob dieser Aufforderung gefolgt wird, entscheidet das Recht des Forums[267]. Diese Entscheidung ist eine kollisionsrechtliche, aber keine verweisungsrechtliche.
Es ist auch nicht ersichtlich, welche Vorteile eine verweisungsrechtliche Sicht haben sollte. Diese Sichtweise dürfte die Sonderstellung der Eingriffsnormen eher verschleiern[268]. Die Auffassung, es bestünden neben den allgemeinen Kollisionsnormen noch eine unbestimmte Anzahl anderer speziellerer Kollisionsnormen, könnte dazu führen, daß die Anknüpfung beliebig verändert wird. Die allgemeinen Kollisionsnormen wären dann nur noch unverbindliche Grundsätze, von denen ohne weiteres abgewichen werden kann, wenn eine andere Anknüpfung „passender" erscheint[269]. *Schurig* will dieser Gefahr durch das „juristische Trägheitsprinzip" begegnen[270]. Neue Kollisionsnormen und damit Abweichungen von den positiv normierten Anknüpfungen wären nicht bei jeder geringen Interessenabweichung gerechtfertigt. Von der Regelanknüpfung dürfe erst abgewichen werden, wenn das Kontinuitätsinteresse des Rechtsverkehrs an der Beibehaltung der gesetzlich geregelten Anknüpfung und damit der Rechtssicherheit und Voraussehbarkeit der Gerichtsentscheidungen nicht überwiege. Eine Abwägung des kollisionsrechtlichen „Interessenschwunds" gegenüber dem Kontinuitätsinteresse wird jedoch mit erheblichen Schwierigkeiten verbunden sein, da das Gewicht dieser Interessen schwer zu ermitteln sein wird. Letztlich ließe sich im Einzelfall wohl jedes (gewünschte) Ergebnis begründen, die Möglichkeit einer Aushöhlung der gesetzlichen Kollisionsnormen und kaum voraussehbarer Entscheidungen würde also weiterhin bestehen.

Es überzeugt nicht, eine verweisungsrechtliche Sicht der Eingriffsnormen nur deshalb zu vertreten, weil sie dem System des „klassischen" IPR entspricht und

---

266 So auch *Busse*, ZVglRWiss 95 (1996), 387 (Fn. 2). Kritisch zu einem Abstellen auf den Geltungswillen einer fremden Norm z.B.: *Coester*, ZVglRWiss 82 (1983), 14 ff. et passim; MünchKomm-*Sonnenberger* Einl. IPR Rn. 58 f. und 64 (Anwendungswille der fremden Norm nur als Kriterium für deren Unanwendbarkeit).

267 Vgl. z.B. *E. Lorenz*, RIW 1987, 578; Staudinger/*Magnus* Art. 34 EGBGB Rn. 12; MünchKomm-*Martiny* Art. 34 EGBGB Rn. 9. Vgl. auch *Siehr* (RabelsZ 52 (1988), 84), der allerdings von einem inländischen „Anwendungsbefehl" spricht. Der „Anwendungsbefehl" stammt jedoch aus der ausländischen Rechtsordnung, das inländische Kollisionsrecht entscheidet über die Stattgabe dieses „Befehls".

268 Ähnlich *Junker*, Konzern 288 f.

269 Die früher vertretene Ansicht, Kollisionsnormen seien nur Leitsätze (vgl. *Neuner*, Sinn 132), wird auch von *Schurig* nicht geteilt. Seine Begründung hierfür ist ebenso kurz wie zutreffend: „Die Folge wäre Chaos"; *Schurig*, Kollisionsnorm 201.

270 *Schurig*, Kollisionsnorm 199 ff.; so auch *Mäsch* 159.

so eine „Sprengung des Systems“[271] vermieden werden kann. Zum einen ist der Schutz des herkömmlichen, verweisungsrechtlichen Systems kein Selbstzweck. Eine Betrachtungsweise, die bei bestimmten Normen die Perspektive des Verweisungsrechts verläßt (und auf den Geltungswillen der einzelnen Norm abstellt), bedroht das allgemeine Kollisionsrecht aber auch nicht. Sie stellt kein Ersatzmodell, sondern vielmehr eine Ergänzung dar und hilft so, daß klassische System zu erhalten[272].
Es bleibt also festzuhalten, daß Eingriffsnormen nicht vom Verweisungsrecht erfaßt werden. Sie nehmen also eine Sonderstellung innerhalb des Kollisionsrechts ein, sind aber nicht losgelöst vom Kollisionsrecht[273].

III. Zwischenbilanz

Die bisherige Untersuchung hat gezeigt, daß sich für Eingriffsnormen – d.h. sowohl für inländische als auch ausländische Eingriffsnormen - folgende allgemeine Aussagen machen lassen: Eingriffsnormen sind zwingend und haben internationalen Geltungswillen, der ihre Anwendung unabhängig vom Vertragsstatut fordert. Darüber hinaus lassen sich keine materiellrechtlichen Kriterien für Eingriffsnormen aufstellen. Was die international zwingende Wirkung betrifft, weist das Arbeitsrecht keine grundlegenden Besonderheiten auf: Weder sind alle zwingenden Vorschriften Eingriffsnormen noch scheiden arbeitnehmerschützende Vorschriften aus dem Bereich des Eingriffsrechts aus.
Der internationale Geltungswille ist durch Auslegung der einzelnen Vorschrift zu ermitteln. Eine fallbezogene Ermittlung des internationalen Geltungswillens ist abzulehnen; Günstigkeitserwägungen spielen auf kollisionsrechtlicher Ebene keine Rolle. Systematisch stehen Eingriffsnormen zwar außerhalb des Verweisungsrechts, nicht aber des Kollisionsrechts. Das Kollisionsrecht der Eingriffsnormen zeichnet sich durch das Abstellen „auf die Norm“ (und nicht den Sachverhalt) aus.

Nach diesen allgemeinen Erwägungen sollen nunmehr die Fragen behandelt werden, die eine Differenzierung zwischen in- und ausländischen Eingriffsnormen verlangen.

---

[271] So aber *Mäsch* (163 f.), der in dem Abstellen auf einen vom fremden Gesetzgeber definierten Anwendungswillen einen „systemsprengenden Ansatz“ sieht.

[272] *E. Lorenz*, RIW 1987, 579 (vgl. zu den Gefahren aber auch *E. Lorenz*, ZRP 1982, 150*)*. In diesem Sinne ebenfalls *Siehr*, RabelsZ 46 (1982), 612 ff. Vgl. auch *Junker* (IPRax 2000, 69 f.), der von einer „Zweispurigkeit des IPR“ spricht, die dazu beiträgt, das herkömmliche IPR zu stabilisieren.

[273] So auch die h.M. vgl. anstatt vieler *Junker* Konzern 288 f.; *Kropholler* IPR § 3 II. 4.; *Lorenz* RIW 1987, 579; MünchKomm-*Sonnenberger* Einl. IPR Rn. 34.

2. Kapitel
Inländische Eingriffsnormen

Inländische Eingriffsnormen stellen regelmäßig nicht den Schwerpunkt der wissenschaftlichen Diskussion dar. Ihre Behandlung scheint einfacher als die ausländischen Eingriffsrechts zu sein[274]. Dies mag daran liegen, daß es aus der Perspektive des Inlandes „selbstverständlicher" erscheint, Normen der lex fori unabhängig vom Vertragsstatut anzuwenden als Vorschriften fremden Rechts[275]. Angesichts der Anzahl der Fragen, die mit der Existenz inländischer - hier also deutscher - Eingriffsnormen verbunden ist, wäre es aber nicht gerechtfertigt, sich vorwiegend auf die Untersuchung ausländischer Eingriffsnormen zu konzentrieren. Als Ausgangspunkt einer Betrachtung inländischer Eingriffsnormen bietet sich wiederum die gesetzliche Regelung in Art. 34 EGBGB an.

§ 5: Die Regelung in Art. 34 EGBGB

Mit Art. 34 EGBGB wurde erstmals eine gesetzliche Regelung für inländische Eingriffsnormen geschaffen. Art. 34 EGBGB beruht auf Art. 7 Abs. 2 EVÜ und bezieht sich ausschließlich auf die Durchsetzung international zwingender Bestimmungen der lex fori. Art. 7 Abs. 1 EVÜ, der eine Regelung für ausländische Eingriffsnormen enthält, wurde vom deutschen Gesetzgeber nicht übernommen, was aufgrund der Vorbehaltsklausel in Art. 22 Abs. 1 lit. a EVÜ möglich war[276].

---

[274] Vgl. z.B. *Vogel* 1 f.; *Schurig* (RabelsZ 54 (1990), 234), der bei ausländischen Eingriffsnormen das „eigentliche Schlachtfeld" der Meinungen sieht; nach *Anderegg* (Eingriffsnormen 3) sind Normen der lex fori von „geringem kollisionsrechtlichen Interesse".

[275] So ist diese „Praxis" (die Anwendung eigener Eingriffsnormen) gemäß *Vogel* (1 f.) „international anerkannt und im allgemeinen nicht umstritten".

[276] Vgl. z.B. MünchKomm-*Martiny* Art. 34 EGBGB Rn. 4; Staudinger/*Magnus* Art. 34 EGBGB Rn. 5. Näher zu Art. 7 Abs. 1 EVÜ unten § 10 II.

I. Die Abweichung vom Wortlaut des Art. 7 Abs. 2 EVÜ

Der Wortlaut des Art. 34 EGBGB stimmt nicht vollständig mit dem deutschen Wortlaut des Art. 7 Abs. 2 EVÜ überein. Nach Art. 7 Abs. 2 EVÜ wird die Anwendung „der nach dem Recht des Staates des angerufenen Gerichtes geltenden Bestimmungen" nicht berührt. Diese Formulierung wurde in Art. 34 EGBGB durch die Worte „der Bestimmungen des deutschen Rechts" ersetzt. *Droste* hat zu Recht daraufhin gewiesen, daß diese Abweichung durchaus von Bedeutung sein kann[277]. Relevant wird der unterschiedliche Wortlaut immer dann, wenn ausländische Gerichte aufgrund einer Gesamtverweisung das deutsche internationale Schuldvertragsrecht anzuwenden haben. In Vertragsstaaten des EVÜ kann dieses Problem zwar nicht auftreten, da hier gemäß Art. 15 EVÜ (Art. 35 EGBGB) im Schuldvertragsrecht der Grundsatz der Sachnormverweisung gilt. Sieht das Recht eines anderen Staates jedoch eine Gesamtverweisung vor[278], gelangt man zu unterschiedlichen Ergebnissen. Eine Verweisung auf Art. 34 EGBGB hätte nach dessen Wortlaut zur Folge, daß das ausländische Gericht die deutschen Eingriffsnormen anzuwenden hat. Wäre die Formulierung des Art. 7 Abs. 2 EVÜ übernommen worden, wären die zwingenden Bestimmungen des Rechts des Gerichtsstaates anzuwenden, also der jeweiligen lex fori und damit die ausländischen Normen bei ausländischem Gerichtsstand[279].

Für deutsche Gerichte ist dieses Problem ohne Bedeutung, die Lösung soll daher hier nur kurz skizziert werden. Ausländische Gerichte werden im Ergebnis den Wortlaut des Art. 7 Abs. 2 EVÜ heranziehen, wenn sie aufgrund einer IPR-Verweisung Art. 34 EGBGB anzuwenden haben. Eine an der ratio der Vorschrift orientierte Auslegung muß hier Vorrang vor dem Wortlaut des Art. 34 EGBGB haben. Die Abänderung des Wortlautes gegenüber Art. 7 Abs. 2 EVÜ ist allein auf eine gewünschte Vereinfachung der Formulierung zurückzuführen. Eine inhaltliche Abweichung war nicht gewollt und wäre nach dem EVÜ auch nicht zulässig. Auch die gemäß Art. 36 EGBGB vorgeschriebene einheitliche Auslegung gebietet es, insoweit vom Wortlaut des Art. 34 EGBGB abzuweichen[280].

---

[277] *Droste* 111 ff.

[278] So z.B. das jugoslawische Recht, vgl. Art. 6 des jugoslawischen IPR-Gesetzes (abgedruckt in IPRax 1983, 6 ff.), das gemäß *Firsching* (IPRax 1983, 5) weitgehend als Modell für künftige IPR-Gesetze anderer Staaten geeignet sein soll.

[279] Vgl. hierzu eingehender, mit Fallbeispiel, *Droste* 111 ff.

[280] In diesem Sinne auch *Droste* (111 ff.) der darüber hinaus vorschlägt, den Wortlaut des Art. 34 EGBGB zu ändern und an Art 7 Abs. 2 EVÜ anzupassen.

II. Die Auslegung des Art. 34 EGBGB

Ist das Konzept der einheitlichen Auslegung gemäß Art. 36 EGBGB schon im allgemeinen nicht unproblematisch[281], so bereitet es im Rahmen des Art. 34 EGBGB besondere Schwierigkeiten.
So vertritt *Weber* die Ansicht, Art. 34 EGBGB sei einer einheitlichen Auslegung überhaupt nicht zugänglich[282]. Dies folge vor allem aus den Wortlauten der Art. 34 EGBGB und Art. 7 Abs. 2 EVÜ. Durch die Verwendung der Formulierungen „Bestimmungen des deutschen Rechts“ (Art. 34 EGBGB) bzw. „der nach dem Recht des Staates des angerufenen Gerichts geltenden Bestimmungen“ werde deutlich gemacht, daß hier eine Ausnahme von Art. 36 EGBGB gewollt, Art. 34 EGBGB einer einheitlichen Auslegung also nicht zugänglich sei. Eine einheitliche Auslegung würde nach *Weber* auch zu unerwünschten Ergebnissen führen. So könnten Auslegungsregeln, die in anderen Rechtsordnungen durchaus ihre Berechtigung haben, im deutschen Recht zu wenig sachgerechten Ergebnissen führen. Ein Abstellen auf eine behördliche Durchsetzung oder Strafbewehrung[283], das durch den französischen Begriff der „lois de police“ nahegelegt wird, sei in Deutschland wenig sinnvoll, da das deutsche Arbeitsrecht vorrangig auf den gerichtlichen Rechtsschutz baue und nicht auf behördliches Tätigwerden oder Strafen[284].

Die h.M. folgt der Ansicht *Webers* nicht[285]. Aus der Tatsache, daß Art. 34 EGBGB sich nur auf Vorschriften des „deutschen Rechts“ bezieht, dürfe nicht geschlossen werde, der Begriff der „zwingenden Bestimmungen“ entzöge sich einer einheitlichen Auslegung. Welche Voraussetzungen an Eingriffsnormen zu

---

[281] Schwierigkeiten entstehen z.B. dadurch, daß bisher keine übergeordnete, internationale Auslegungsinstanz besteht. Zwar existieren zwei „Auslegungsprotokolle“ zum EVÜ (veröffentlicht in: ABl. EG 1989 Nr. L 48, S. 1 und ABl. EG 1989 Nr. L 48, S.17), die vorsehen, daß der EuGH über die Auslegung des EVÜ entscheidet. Die beiden Protokolle zum EVÜ sind mangels Ratifikation durch alle Staaten aber noch nicht in Kraft getreten. (Deutschland hat sie inzwischen ratifiziert; vgl. BGBl. 1995 II. S. 914.) Vgl. näher hierzu MünchKomm-*Martiny* Art. 36 EGBGB Rn. 4, 26 ff.; Staudinger-*Magnus* Art. 36 EGBGB Rn. 73 ff.

[282] *Weber*, IPRax 1988, 83.

[283] So *Gamillscheg*, ZfA 14 (1983), 342 ff.

[284] Vgl. *Weber* IPRax 1988, 83. Auch *Krebber* (Kündigungsschutz 288) weist daraufhin, „daß Strafbewährung und Beteiligung einer Verwaltung in verschiedenen Mitgliedsstaaten der Union aufgrund der jeweiligen Gesetzgebungstradition weitaus häufiger zu finden sind als in Deutschland“.

[285] Vgl. *Heilmann* 109; *Junker*, IPRax 1989, 75; *Meyer-Sparenberg* 179; Erman-*Hohloch* Art. 36 EGBGB Rn. 2; MünchKomm-*Martiny* Art. 36 EGBGB Rn. 11 f.; Palandt-*Heldrich* Art. 36 EGBGB Rn. 1.

stellen sind, könne europaeinheitlich ermittelt werden. Davon müsse die Frage unterschieden werden, welche inländischen Normen diese Voraussetzungen erfüllen. Die Subsumtion der einzelnen zwingenden Bestimmungen unter die einheitlich bestimmten Voraussetzungen erfolge dagegen auf nationaler Ebene[286].

Der h.M. ist darin zuzustimmen, daß aus dem Wortlaut des EGBGB bzw. EVÜ nicht abgeleitet werden kann, Art. 34 EGBGB werde von der einheitlichen Auslegung nach Art. 36 EGBGB nicht erfaßt. Zutreffend ist auch, daß die Ermittlung der Tatbestandsmerkmale von der Subsumtion der nationalen Vorschriften unter diese Merkmale unterschieden werden muß. Grundsätzlich ist also davon auszugehen, daß eine einheitliche Auslegung des Art. 34 EGBGB möglich ist. Aufgrund der Struktur des Eingriffsrechts ist diese einheitliche Auslegung jedoch im wesentlichen unergiebig.

Der internationale Geltungswille kann sich immer nur aus der konkreten nationalen Norm ergeben[287]. Entscheidend für die Ausstattung mit einem derartigen kollisionsrechtlichen Eingriffsbefehl ist der Wille des nationalen Gesetzgebers. Dem EVÜ lassen sich auch keine Beschränkungen entnehmen, welche Normen als Eingriffsnormen ausgestattet werden dürfen[288]. Art. 34 EGBGB enthält also keine inhaltlichen Vorgaben für die Gestalt des Eingriffsrechts[289]. Diese können daher auch nicht durch eine einheitliche Auslegung ermittelt werden[290]. Sinn des Art. 34 EGBGB ist es klarzustellen, daß es auch innerhalb des Geltungsbereichs des EVÜ zulässig ist, Normen von den Verweisungen der allgemeinen Kollisionsnormen auszunehmen[291]. Die Entscheidung darüber, welche Normen dies sind, sollte den Vertragsstaaten überlassen bleiben. Art. 34 EGBGB stellt keine Begrenzung für den Erlaß von Eingriffsnormen dar, sondern verdeutlicht nur, daß es möglich ist, Vorschriften

---

[286] Vgl. z.B. *Heilmann* 109; MünchKomm-*Martiny* Art. 36 EGBGB Rn. 11 f.

[287] Siehe hierzu oben § 3 I. 2.; vgl. auch *Junker*, Konzern 289; *Krebber*, Kündigungsschutz 291; *Sonnenberger*, FS Rebmann 823.

[288] So auch *Krebber*, Kündigungsschutz 291 f. Sehr kritisch zu Art. 7 Abs. 2 EVÜ (Art. 34 EGBGB) *Junker*, IPRax 2000, 66: Die Vorschrift sei „eine Wundertüte, aus der man alles mögliche herausholen kann."

[289] Vgl. auch *Sonnenberger*, FS Rebmann 825: „Es handelt sich um eine Blankettnorm, die voraussetzt, daß sich aus der Eingriffsnorm selbst bzw. aus einer ihr beigegebenen Rechtsanwendungsnorm ergibt, auf welche Sachverhalte sie anwendbar ist".

[290] Anders z.B. MünchKomm-*Martiny* Art. 36 EGBGB Rn. 11 f.; *Sonnenberger*, FS Fikentscher 290 ff. und *Krebber*, Kündigungsschutz 288.

[291] Vgl. *von Bar*, IPR I Rn. 263; *Drobnig*, RabelsZ 52 (1988), 4; *Junker*, Konzern 285; *Schurig*, RabelsZ 54 (1990), 233 f.; *Sonnenberger*, FS Fikentscher 288.

unabhängig vom Vertragsstatut anzuwenden[292]. Diese Funktion würde in das Gegenteil verkehrt, wollte man über eine einheitliche Auslegung Kriterien ermitteln, die den Bereich des Eingriffsrechts eingrenzen.
Aus dem begrenzten Aussagegehalt und der vorwiegend klarstellenden Funktion des Art. 34 EGBGB folgt, daß im Wege der einheitlichen Auslegung keine materiellrechtlichen Voraussetzungen für Eingriffsnormen ermittelt werden können. Wie oben gezeigt wurde[293], sind derartige Kriterien auch nicht sinnvoll. *Webers* Argument der unterschiedlichen nationalen Vorstellungen spricht also strenggenommen nicht gegen eine einheitliche Auslegung des Art. 34 EGBGB, es unterstützt aber die Ansicht, daß es materiellrechtliche generelle Kriterien für international zwingende Normen nicht gibt.

Diese Überlegungen zeigen auch, daß es nicht möglich ist, die Anzahl der Eingriffsnormen über eine enge Auslegung des Art. 34 EGBGB zu begrenzen[294]. Art. 34 EGBGB enthält keine materiellrechtlichen Merkmale, die eng ausgelegt werden könnten. Das entscheidende kollisionsrechtliche Merkmal des internationalen Geltungswillens definiert die mit dem Begriff „Eingriffsnormen" umschriebene Situation, eine enge Auslegung ist insoweit nicht möglich. Wann dieser Wille vorliegt, ist nur aus der einzelnen Norm zu ermitteln, hängt also von einer nationalen Entscheidung ab, eine enge oder einheitliche Auslegung des Art. 34 EGBGB ist insoweit also ohne Bedeutung.

Einheitlichkeit wäre nur dadurch zu erreichen, daß innerhalb der Vertragsstaaten festgelegt wird, welche Vorschriften oder Teilgebiete – z.B. des Arbeitsrechts - unabhängig vom Vertragsstatut anwendbar sein sollen. Das EVÜ bietet für eine derartige Festlegung keine Handhabe, auch die einheitliche Auslegung nach Art. 36 EGBGB kann hier keine Einheitlichkeit bewirken[295]. Hieraus folgt natürlich nicht, daß eine Vereinheitlichung unmöglich ist. Durch zwischenstaatliche Vereinbarungen oder Maßnahmen auf Ebene der EU können Regelungen darüber getroffen werden, welche Bereiche des Arbeitsrecht international zwingend sein sollen. Die Richtlinie des Europäischen Parlaments und des Rates vom 16.12.1996 über die Entsendung von Arbeitnehmern im Rahmen der Erbringung von Dienstleistungen[296] ist ein Schritt in diese Richtung. Diese Richtlinie

---

[292] Ähnlich MünchKomm-*Martiny* Art. 34 EGBGB Rn. 95. Vgl. auch *Kaye* 262: „Mandatory rules in general of the forum are safeguarded under Article 7 (2)".

[293] Oben § 3 II.

[294] So auch *Krebber* (Kündigungsschutz 289 ff.), der sich allerdings auch gegen den Gedanken wendet, bei der Auslegung der einzelnen zwingenden Bestimmungen sei im Zweifel gegen die Eingriffsnorm zu entscheiden.

[295] Mit anderer Begründung, im Ergebnis aber gleich *Krebber*, Kündigungsschutz 289.

[296] ABl. EG Nr. L 18 vom 21.1.1997, S. 1 ff.

verpflichtet die Mitgliedsstaaten, dafür Sorge zu tragen, daß einige Normgruppen des Arbeitsrechts unter bestimmten Voraussetzungen „unabhängig von dem auf das jeweilige Arbeitsverhältnis anwendbare Recht“ Wirkung entfalten (Art. 3 der Richtlinie). In einem gewissen Bereich erfolgt durch die Richtlinie also eine Vereinheitlichung hinsichtlich der Normen des Arbeitsrechts, die unabhängig vom Vertragsstatut anzuwenden sind[297].

III. Die Bedeutung des Art. 34 EGBGB

Fragt man nach der Bedeutung des Art. 34 EGBGB, läßt sich somit zunächst folgendes festhalten: Art. 34 EGBGB hat vorwiegend klarstellende Funktion. Die Anwendung inländischer Normen ohne Rücksicht auf das Vertragsstatut ist keine Neuerung und stellt fast eine „Selbstverständlichkeit“ dar[298]. Die Anwendung inländischer Eingriffsnormen „beruht“ nicht auf Art 34 EGBGB, sondern auf dem internationalen Geltungswillen der einzelnen Norm[299]. Die Bedeutung des Art. 34 EGBGB besteht darin klarzustellen, daß das EVÜ hieran nichts geändert hat. Art. 34 EGBGB verdeutlicht damit auch, daß das EVÜ die Möglichkeit der Vertragsstaaten, Normen mit einem kollisionsrechtlichen Eingriffsbefehl auszustatten, nicht beschränken will. Damit spricht Art. 34 EGBGB gegen die Ansicht, es könnten allgemeingültige materiellrechtliche Kriterien für Eingriffsnormen aufgestellt werden, die einer einheitlichen Auslegung zugänglich wären. Diese Auffassung hätte zur Folge, daß die Anwendung des Art. 34 EGBGB zu einer Begrenzung der möglichen Eingriffsnormen führt, weil z.B. alle Normen, die nicht vorwiegend öffentlich-rechtlichen Interessen dienen, ausgenommen würden. Eine derartige Funktion soll Art. 34 EGBGB aber gerade nicht haben. Art. 34 EGBGB kann damit zum Einfallstor nationaler Vorstellungen werden und zu einer Aushöhlung der allgemeinen Kollisionsnormen führen. Dieses Ergebnis mag in kollisionsrechtlicher Sicht unerwünscht sein, läßt sich durch eine einheitliche Auslegung aber nicht vermeiden[300].

Dadurch, daß Art. 34 EGBGB klarstellt, daß die Kollisionsnormen des internationalen Vertragsrechts die Anwendung deutscher Vorschriften mit internationalem Geltungswillen nicht berühren, entfaltet er noch eine weitere Wirkung: Die Schuldstatutslehre ist zumindest nicht mehr uneingeschränkt

---

[297] Vgl. *A. Müller* 122.

[298] So z.B. *Drobnig*, RabelsZ 52 (1988), 4; *Junker*, Konzern 285; *Schurig*, RabelsZ 54 (1990), 233.

[299] Vgl. MünchKomm-*Martiny* Art. 34 EGBGB Rn. 93; *Sonnenberger*, FS Fikentscher 288 f.

[300] Anders z.B. *Heilmann* 111: Um „totalen Nationalismus“ zu vermeiden, müsse Art. 34 EGBGB restriktiv ausgelegt werden.

vertretbar[301]. Nach der Schuldstatutstheorie (auch als Einheitstheorie oder Lehre von der Einheitsanknüpfung bezeichnet) wird durch die Verweisungsnormen des Forums eine bestimmte Rechtsordnung ausschließlich und insgesamt berufen[302]. Für die Anwendung von Normen anderer Staaten - auch soweit es sich um international zwingende Vorschriften handelt - bliebe daher grundsätzlich kein Raum. Auch inländisches zwingendes Recht könnte allenfalls über den ordre public durchgesetzt werden[303]. Der generellen Geltung des Vertragsstatuts bzw. der Verdrängung auch inländischer Eingriffsnormen durch das Vertragsstatut steht jetzt aber Art. 34 EGBGB entgegen. Deutsche Gerichte müssen inländische Eingriffsnormen anwenden, die Regeln des Vertragsstatuts treten insoweit zurück. Damit ist ein Fall der Sonderanknüpfung zwingenden Rechts in Art. 34 EGBGB gesetzlich festgeschrieben[304].

§ 6: Die Anwendung inländischer Eingriffsnormen

Die Regelungen über die zwingenden Bestimmungen im internationalen Vertragsrecht erschweren die Ermittlung des anwendbaren Rechts[305]. Im Arbeitsrecht macht Art. 30 Abs. 1 EGBGB es notwendig, auch bei einer Rechtswahl das objektive Arbeitsstatut zu ermitteln und einen Günstigkeitsvergleich anzustellen. Die Regelung des Art. 34 EGBGB führt zu einem noch schwieriger zu lösenden Problem bei der Bestimmung der Vorschriften, die einen konkreten Sachverhalt mit Auslandsberührung regeln. Der deutsche Rechtsanwender ist gezwungen, das inländische Arbeitsrecht auf Vorschriften zu untersuchen, die unabhängig vom Arbeitsstatut Geltung beanspruchen.

Dabei ist zunächst die Frage zu beantworten, ob die betreffende Norm eine Eingriffsnorm darstellt, also zwingend ist und internationalen Geltungswillen aufweist. Mit der positiven Beantwortung dieser Frage steht die Anwendbarkeit

---

[301] Vgl. *Heilmann* 111; *Junker*, Konzern 286; *Martiny*, IPRax 1987, 279; Staudinger-*Magnus* Art. 34 EGBGB Rn. 131.

[302] Vertreten wird die Schuldstatutstheorie z.B. von *Mann*, FS Wahl 147 ff.; *derselbe*, FS Beitzke 607 ff.; Palandt-*Heldrich* Art. 34 EGBGB Rn. 4; *Vischer*, FS Gerwick 170 ff. Zur Bedeutung der Schuldstatutstheorie im Rahmen des Streits über die Anwendung ausländischer Eingriffsnormen siehe unten § 12 I.

[303] Anders aber z.B. *Vischer* (FS Gerwick 171) der einräumt, bestimmte zwingende Bestimmungen der lex fori müßten angewendet werden, da „kein Richter über die dem Wohl des eigenen Staates dienenden Gesetze sich hinwegsetzen kann."

[304] *Junker*, Konzern 286; *Martiny*, IPRax 1987, 279.

[305] Vgl. z.B. MünchKomm-*Martiny* Art. 30 EGBGB Rn. 64; Staudinger-*Magnus* Art. 30 EGBGB Rn. 214.

der Vorschrift im konkreten Fall jedoch noch nicht fest. Der Sache nach selbstverständlich ist, daß die materiellrechtlichen Voraussetzungen der Norm vorliegen müssen. Umstritten ist dagegen, inwieweit Günstigkeitserwägungen die Anwendung inländischer Eingriffsnormen beeinflussen können. Keine Einigkeit besteht auch darüber, ob eine Eingriffsnorm nur dann anzuwenden ist, wenn eine hinreichend enge Beziehung des Sachverhalts zum Inland besteht. Da europäisches Recht dem nationalen Recht vorgeht, ist von zentraler Bedeutung, inwieweit die Anwendung inländischer Eingriffsnormen durch das Europarecht beschränkt wird. Letzteres Problem wird in Zukunft wohl der wichtigste Aspekt bei der Frage nach der Anwendbarkeit inländischen Eingriffsrechts sein[306]. Schließlich ist zu klären, welche Rechtsfolgen mit dem Vorliegen aller notwendigen Voraussetzungen verbunden ist, was also unter „Anwendung“ der Eingriffsnorm zu verstehen ist.

I. Materiellrechtliche Voraussetzungen und Günstigkeit der Eingriffsnorm

Daß eine Eingriffsnorm nur dann anzuwenden ist, wenn ihre materiellrechtlichen Voraussetzungen vorliegen, erscheint auf den ersten Blick trivial. Im Einzelfall kann es aber durchaus angebracht sein, dieser Tatsache gesteigerte Beachtung zu widmen.

So setzen einige Normen des deutschen Arbeitsrechts die Betriebszugehörigkeit des betroffenen Arbeitnehmers voraus[307].
Fällt ein Sachverhalt mit Auslandsberührung in den Anwendungsbereich derartiger Normen, so besteht die Gefahr, bei der Untersuchung der Anwendbarkeit der Vorschrift das Augenmerk ausschließlich auf kollisionsrechtliche Fragen zu richten. Die Betriebszugehörigkeit stellt jedoch eine materiellrechtliche Voraussetzung und keine kollisionsrechtliche Problematik dar[308]. Auch für diese Voraussetzung kann die Auslandsberührung des Sachverhalts aber bedeutsam sein, weil es z.B. bei in das Ausland entsandten Arbeitnehmern an der Zugehörigkeit zu dem - inländischen - Betrieb fehlen kann.

---

[306] Ähnliche Prüfungsreihenfolgen für die Anwendbarkeit inländischer Eingriffsnormen finden sich z.B. bei *E. Lorenz*, RdA 1989, 227 oder Reithmann-Martiny-*Limmer* Rn. 449.

[307] Das Erfordernis der Betriebszugehörigkeit ist zum Teil ausdrücklich normiert (§ 8 Abs. 1 S. 2 BetrVG, § 1 BetrAVG), wird oft aber auch implizit vorausgesetzt (so z.B. in § 1 KSchG; auch das BetrVG setzt in weiten Teilen stillschweigend die Betriebszugehörigkeit voraus); vgl. *Birk*, FS K. Molitor 19 f.

[308] *Birk*, FS K. Molitor 19 f.; *E. Lorenz*, RdA 1989, 227.

Wie oben gezeigt wurde, läßt sich durch Vergegenwärtigen der Tatsache, daß Eingriffsnormen nur bei Vorliegen ihrer materiellrechtlichen Voraussetzungen anwendbar sind, auch das Problem lösen, ob Günstigkeitserwägungen im Rahmen des Art. 34 EGBGB eine Rolle spielen[309]. Aus einer kollisionsrechtlichen Sichtweise läßt sich das Problem nur schwer lösen. Eingriffsnormen sind definitionsgemäß ohne Rücksicht auf das Vertragsstatut anwendbar; deutsche Gerichte sind zur Anwendung der inländischen Eingriffsnormen verpflichtet. Dem würde es widersprechen, wollte man Eingriffsnormen nur dann anwenden, wenn das Vertragsstatut für den Arbeitnehmer oder allgemein die typisch schwächere Vertragspartei ungünstiger ist[310]. Dennoch erschiene es wenig befriedigend, würde man ausländische günstigere Vorschriften durch inländische Normen verdrängen, die eigentlich allein dem Schutz des Arbeitnehmers dienen bzw. nur einen Mindestschutz festlegen wollen[311]. Zur Lösung dieses Problems bedarf es jedoch keines kollisionsrechtlichen „Kunstgriffes". Sind die in Frage kommenden inländischen Vorschriften nur einseitig zwingend, sind sie nicht anzuwenden, weil ihre materiellrechtlichen Voraussetzungen nicht vorliegen. Sind sie beidseitig zwingend, verdrängen sie aufgrund ihrer Natur als Eingriffsnormen auch günstigere Regelungen des Vertragsstatuts[312].

---

[309] Siehe oben § 3 III. 2.

[310] Vgl. *Junker*, Konzern 293; *Krebber*, Kündigungsschutz 299.

[311] Vgl. z.B. *E. Lorenz*, RdA 1989, 227; *derselbe*, RIW 1987, 580; MünchKomm-*Martiny* Art. 30 EGBGB Rn. 29; *Wimmer*, Gestaltung 185.

[312] Vgl. oben § 3 III. 2.

II. Inlandsbeziehung

Umstritten ist, ob eine inländische Norm schon dann anzuwenden ist, wenn ihre materiellrechtlichen Voraussetzungen vorliegen und sie internationalen Geltungswillen aufweist (sie also eine Eingriffsnorm darstellt) oder die Anwendung noch von einem zusätzlichen Kriterium abhängt. Die h.M. bejaht letzteres und fordert zusätzlich zu der Qualifizierung als Eingriffsnorm, daß der Sachverhalt eine „enge Verbindung" mit dem Erlaßstaat aufweist, notwendig sei also ein „hinreichender Inlandsbezug"[313]. Eine Mindermeinung wendet sich gegen diese Auffassung[314]: Weise eine Norm international Geltungswillen auf, müsse sie angewendet werden, weitere Voraussetzungen für die Anwendbarkeit dürften nicht aufgestellt werden.

1. Die herrschende Meinung

Die Argumente, die von der h.M. zur Begründung ihrer Ansicht vorgetragen werden, sind vielfältig.
So wird z.B. auf den Sinn und Zweck des Art. 34 EGBGB bzw. allgemein auf die Zwecksetzung der Anwendung international zwingender Vorschriften unabhängig vom Vertragsstatut abgestellt. Ratio des Art. 34 EGBGB sei es, bestimmte Grundsätze der deutschen Wirtschafts- und Sozialordnung durchzusetzen. Ein Interesse, diese Vorstellungen zu verwirklichen, bestehe aber nur dann, wenn der Sachverhalt Beziehungen zum Inland aufweist[315]. Durch die Anwendung eigener Normen ohne Rücksicht auf das Vertragsstatut solle die inländische Ordnung gesichert werden, diese Ordnung sei jedoch nur dann berührt, wenn ein hinreichender Inlandsbezug besteht[316]. In Fällen ohne „beträchtliche"

---

[313] Vgl. z.B. Erman-*Hohloch* Art. 34 EGBGB Rn. 13; *Heilmann* 114 ff.; *Kropholler* § 52 VIII. 1.; *Leible*, JbJgZivWiss 1995, 262; *E. Lorenz*, RdA 1989, 227; MünchKomm-*Martiny* Art. 34 EGBGB Rn. 100; Reithmann-Martiny-*Limmer* Rn. 393; Soergel-*von Hoffmann* Art. 34 EGBGB Rn. 95. Auch der BGH hat in seiner Entscheidung vom 19.3.1997 (RIW 1997, 875, 878) für die Anwendung von Eingriffsnormen im Bereich des Verbraucherschutzes einen Inlandsbezug gefordert, der den Voraussetzungen des Art. 29 Abs.1 Nr. 1 - 3 entspricht.

[314] Vgl. *Junker*, Konzern 285; *Krebber*, Kündigungsschutz 297; *Radtke*, ZVglRWiss 84 (1985) 331; *Wimmer*, Gestaltung 179. Ähnlich - allerdings für fremde Eingriffsnormen - auch *Kreuzer*, Wirtschaftsrecht 91 f.: Eine hinreichend enge Beziehung zum Eingriffsstaat sei nicht notwendig, es reiche aus, wenn der Staat die völkerrechtlichen Grenzen der extraterritorialen Rechtssetzung nicht überschreitet.

[315] Reithmann-Martiny-*Limmer* Rn. 393.

[316] *E. Lorenz*, RdA 1989, 227.

Inlandsberührung könnten die von der Eingriffsnorm geschützten Interessen nicht beeinträchtigt werden[317]. *Magnus* geht davon aus, daß Eingriffsnormen der lex fori vor allem im Inland einheitliche Rechtsverhältnisse bewirken sollen und daher die Anwendung dieser Normen nur gerechtfertigt sei, wenn eine enge Verbindung zum Erlaßstaat besteht[318].

Weiterhin wird auf allgemeine Grundsätze der Sonderanknüpfung international zwingenden Rechts verwiesen. Eine derartige Sonderanknüpfung setze stets eine hinreichend enge Beziehung des Sachverhalts zum normsetzenden Staat voraus[319]. Dieser Grundsatz habe auch in Art. 7 Abs. 1 EVÜ Niederschlag gefunden, dessen Wortlaut ausdrücklich von einer „engen Verbindung" spricht. Daß Art. 7 Abs. 1 EVÜ nicht in das deutsche Recht übernommen wurde, könne nichts daran ändern, daß die allgemeinen Grundsätze des Art. 7 Abs. 1 EVÜ auch im Rahmen des Art. 7 Abs. 2 EVÜ (Art. 34 EGBGB) berücksichtigt werden müssten. Die beiden Absätze des Art. 7 EVÜ würden nur unterschiedliche Aspekte der Anknüpfung international zwingenden Rechts behandeln[320], das in Art. 7 Abs. 1 EVÜ enthaltene Grundverständnis des Eingriffsrechts wirke sich daher auch auf den zweiten Absatz aus[321].

E. Lorenz führt zwei weitere Argumente an: Zum einen wären auch die im deutschen Recht ausdrücklich als Eingriffsnormen ausgestalteten Vorschriften nur anzuwenden, soweit der Vertrag eine starke Beziehung zum Inland aufweist[322]. Darüber hinaus sei auch bei Eingriffsnormen die Zweistufentheorie des IPR zu beachten. Nach dieser Theorie ist auch bei der Anwendung der gemäß dem Kollisionsrecht berufenen Sachnormen zu berücksichtigen, daß der Sachverhalt nicht nur mit dem Vertragsstatutsstaat, sondern ebenfalls mit anderen Staaten verbunden ist. Die Auslandsberührung des Sachverhalts ist demgemäß sowohl auf

---

[317] *Heilmann* 115.

[318] Staudinger-*Magnus* Art. 34 EGBGB Rn. 78.

[319] So z.B. MünchKomm-*Martiny* Art. 34 EGBGB Rn. 100; Reithmann-Martiny-*Limmer* Rn. 393; Staudinger-*Magnus* Art. 34 EGBGB Rn. 77.

[320] So auch *Giuliano-Lagarde* 60.

[321] Vgl. insbesondere Staudinger-*Magnus* Art. 34 EGBGB Rn. 77. Vgl. auch *Kaye* (262), der davon ausgeht, daß der Anwendungsbereich nationaler zwingender Vorschriften stets in einer Art. 7 Abs. 1 EVÜ entsprechenden Form („enge Verbindung") begrenzt sein wird.

[322] *E. Lorenz*, RdA 1989, 227 mit Hinweis auf (den mittlerweile weggefallenen) § 12 AGBG und § 98 Abs. 2 GWB a.F. (jetzt § 130 Abs. 2 GWB). Die Aussage gilt jetzt auch für §§ 1, 7 AEntG, die nur bei im Inland beschäftigten Arbeitnehmern anwendbar sind, vgl. MünchKomm-*Martiny* Art. 30 EGBGB Rn. 92.

der kollisionsrechtlichen (erste Stufe), als auch der sachrechtlichen Ebene (zweite Stufe) zu berücksichtigen[323].

2. *Die Mindermeinung*

Gegen die Ansicht der h.M. wird vorgebracht, sie werde dem Charakter der Eingriffsnormen nicht gerecht. Die Anwendung von Eingriffsnormen beruhe allein auf dem internationalen Geltungswillen, dem würde es widersprechen, wollte man weitere Anwendungsvoraussetzungen aufstellen. Deutsche Gerichte seien schon aufgrund Art. 20 Abs. 3 GG an den gesetzlichen Anwendungsbefehl der betreffenden Eingriffsnorm gebunden[324]. Soweit der Wortlaut oder die weitergehende Auslegung einer Norm ergebe, daß sie auch ohne Inlandsbezug anzuwenden ist, könne ein Inlandsbezug nicht entgegen dem Gesetz gefordert werden. Zwar wird der Gesetzgeber in der Regel den Geltungswillen von Eingriffsnormen auf Fälle mit Inlandsberührung beschränken, ihm stünde es aber auch frei, den Geltungswillen auf Sachverhalte auszudehnen, die nur mit dem Ausland verbunden sind. Ein Inlandsbezug als zusätzliche allgemeine Voraussetzung könne daher nicht gefordert werden. Ob eine Eingriffsnorm nur bei Inlandsbezug anzuwenden ist, könne sich allein aus dem Geltungswillen der betreffenden Vorschrift ergeben[325].

3. *Stellungnahme*

Die h.M. geht davon aus, daß der Inlandsbezug ein selbständiges Kriterium neben dem internationalen Geltungswillen darstellt. Nach a.A. kann sich die Notwendigkeit eines Inlandsbezuges nur aus dem Geltungswillen der Norm ergeben. Der Inlandsbezug stellt nach dieser Ansicht also keine eigenständige Voraussetzung dar, ergibt sich aber regelmäßig daraus, daß der Geltungswille der Norm entsprechend eingeschränkt ist.

---

[323] Vgl. *E. Lorenz*, FamRZ 1987, 646 ff.; *derselbe*, RdA 1989, 224. Gemäß der Zweistufentheorie meinen die Kollisionsnormen nur eine „entsprechende“ Anwendung der von ihnen berufenen Sachnormen. Vgl. zur Zweistufentheorie allgemein die Monographie von *Heßler* (insbesondere den Thesenkatalog auf S. 178).

[324] *Junker* (Konzern 285) sieht insoweit nur eine Beschränkung durch den völkerrechtlichen „genuine link“.

[325] Vgl. *Junker*, Konzern 285; *Krebber*, Kündigungsschutz 297; *Radtke*, ZVglRWiss 84 (1985) 331; *Wimmer*, Gestaltung 179.

Der Ausgangspunkt der Mindermeinung ist kaum angreifbar. Ist eine inländische Norm mit einem kollisionsrechtlichen Anwendungsbefehl ausgestattet, so haben deutsche Gerichte diesem Folge zu leisten und die Norm anzuwenden. Es ist auch zutreffend, daß es für den deutschen Gesetzgeber grundsätzlich möglich ist, Eingriffsnormen zu schaffen, die unabhängig von einer Beziehung zum Inland anzuwenden sind[326]. Diese Möglichkeit wäre nur versperrt, wenn sie gegen höherrangiges Recht verstoßen würde. Auch wenn man in der Anwendung von Eingriffsnormen ohne hinreichenden Inlandsbezug einen Verstoß gegen das EVÜ sieht, würde daraus nicht die Unzulässigkeit des entsprechenden Vorgehens folgen, da das EVÜ kein (höherrangiges) Recht der EU darstellt[327]. Allein in dem Verzicht auf eine enge Verbindung zum Inland ist kein Verstoß gegen europäisches Recht zu erkennen. Welche Bedeutung das Völkerrecht insoweit haben kann, erscheint fraglich. Es könnte allenfalls argumentiert werden , das Völkerrecht verbiete eine Anwendung des inländischen Rechts, wenn keinerlei „sinnvolle Beziehung" („genuine link") zum Forumstaat besteht[328]. Auch wenn man dieser Ansicht folgt, würde hierdurch aber nur irgendeine Beziehung zum Inland erforderlich und keine „hinreichend enge"[329].

Fraglich ist aber, ob die Schlußfolgerung aus den - zutreffenden - Prämissen der Mindermeinung gezogen werden kann, eine Inlandsbeziehung könne nicht als allgemeine Anwendungsvoraussetzung von Eingriffsnormen gefordert werden. Ergibt sich aus dem EVÜ, der Zwecksetzung von Eingriffsnormen oder anderen Überlegungen, daß grundsätzlich eine enge Verbindung zum Inland erforderlich ist, stehen die Argumente der Mindermeinung dem Inlandsbezug als zusätzlicher Voraussetzung nicht entgegen. Entspricht das Erfordernis des Inlandsbezugs der Systematik des EVÜ bzw. des deutschen internationalen Vertragsrechts, so wäre davon auszugehen, daß der deutsche Gesetzgeber sich grundsätzlich systemgerecht verhalten will. Daß kein Inlandsbezug notwendig ist, könnte also nur

---

[326] Dies räumt beispielsweise auch Staudinger-*Magnus* Art. 34 EGBGB Rn. 76 - als Vertreter der h.M. - ein.

[327] Siehe hierzu Fn. 5.

[328] So *Junker* (Konzern 106 ff. und 285), der sich zur Begründung des völkerrechtlichen „Gebots der sinnvollen Anknüpfung" auf das „Nottebohm-Urteil" des Internationalen Gerichtshofs (IGH vom 06.04.1955, I.C.J.Rep. 1955 Nr. 4) beruft. Die „Nottebohm-Entscheidung" behandelt die Anerkennung einer Einbürgerungsentscheidung eines Staates durch einen dritten Staat. Es erscheint zumindest sehr zweifelhaft, ob ihr ein allgemeines Gebot der sinnvollen Anknüpfung entnommen werden kann. Kritisch zu dem Gedanken, ein Staat sei nicht völlig frei in der Entscheidung darüber, welche Art der Inlandsverknüpfung er für ausreichend hält, *von Bar*, IPR I Rn. 139 ff.

[329] So auch *Junker*, Konzern 285.

angenommen werden, wenn dies gesetzlich ausdrücklich festgelegt ist[330]. Fehlt es an einer derartigen Regelung, müßte man einen Regelfall annehmen, d.h. eine Anwendung nur bei Inlandsbezug. Im Ergebnis macht es dann keinen Unterschied, ob man davon ausgeht, Art. 34 EGBGB sei dahingehend auszulegen, daß die Anwendung von inländischen Eingriffsnormen eine hinreichende Verbindung zum Inland fordert[331] und gegebenenfalls abweichende Regelungen in einzelnen (Eingriffs-) Normen als leges speciales betrachtet. Oder ab man annimmt, bei der Auslegung des Geltungswillens der einzelnen *Eingriffsnormen* sei stets zu unterstellen, daß sich der Geltungswille auf Sachverhalte mit Inlandsberührung beschränkt und diese Auslegungsregel nur bei einer eindeutigen gesetzlichen Regelung nicht greift. In dogmatischer Hinsicht ist letztere Lösung vorzuziehen, da sie der vorwiegend klarstellenden Funktion des Art. 34 EGBGB eher gerecht wird und der Tatsache Rechnung trägt, daß für die Anwendbarkeit der Geltungswille der einzelnen Norm entscheidend ist[332].

Daß es systemgerecht ist, eine hinreichend enge Inlandsbeziehung zu fordern, zeigen die Argumente der h.M. Ein Interesse zur Durchsetzung eigener Ordnungsvorstellungen besteht nur dann, wenn der Vertrag eine hinreichende enge Verbindung zum Inland aufweist. Weist der Sachverhalt keinen Inlandsbezug auf, besteht auch keine Notwendigkeit eine inländische Norm zum Schutze der eigenen Wirtschafts- und Sozialordnung unabhängig vom Vertragsstatut anzuwenden[333]. Verträge, die einen Staat in tatsächlicher Hinsicht „nichts angehen", wollen von ihm auch nicht rechtlich geregelt werden. Eine Anwendung von Eingriffsnormen ohne hinreichenden Inlandsbezug würde also die Zielsetzung überschreiten, die den Eingriffsnormen innewohnt[334].

Wie oben gezeigt wurde, sollte - z.B. aus Gründen des Entscheidungseinklangs - die Anwendung von Eingriffsnormen die Ausnahme bleiben[335]. Die Voraussetzung des Inlandsbezugs stellt insoweit eine systemgerechte Schranke

---

[330] Die Mindermeinung beachtet also nicht, daß es der Annahme einer allgemeinen Voraussetzung nicht entgegensteht, daß Ausnahmen möglich sind, vgl. z.B. *Krebber*, Kündigungsschutz 297 f.

[331] So z.B. Staudinger-*Magnus* Art. 34 EGBGB Rn. 77, der den Inlandsbezug als „Anwendungsvoraussetzung" des Art. 34 EGBGB sieht.

[332] Auch insoweit ist also der Ausgangspunkt der Mindermeinung - der Geltungswille der einzelnen Norm (vgl. z.B. *Junker*, Konzern 285; *Radtke*, ZVglRWiss 84 (1985), 331) - nicht zu beanstanden.

[333] Wobei nach der hier vertretenen Ansicht hinsichtlich der Zugehörigkeit zur „Wirtschafts- und Sozialordnung" nicht danach unterschieden werden kann, ob die Norm vorrangig Gemeinwohlinteressen oder dem Ausgleich privater Interessen dient, vgl. oben § 3 II. 2. b).

[334] Vgl. die Hinweise in Fn. 315 – 318.

[335] Vgl. oben § 3 III. 3.

für die Anwendung inländischen Eingriffsrechts dar. Ohne diese Voraussetzung würde der ohnehin durch die Eingriffsnormen berührte Grundsatz der Gleichwertigkeit der Rechtsordnungen noch stärker eingeschränkt. Die deutsche Rechtsordnung würde oktroyiert, Eingriffsnormen könnten tatsächlich das „Einfallstor für Nationalismus" sein[336]. Ohne das Kriterium des Inlandsbezugs würde auch im verstärkten Maße das Problem der Kollision von Eingriffsnormen entstehen. Hier erscheint es durchaus angebracht, die Aussagen der „Zweistufentheorie des IPR" entsprechend heranzuziehen. Auch bei der Anwendung der Eingriffsnormen ist zu berücksichtigen, daß der Sachverhalt ebenfalls mit anderen Staaten verknüpft ist. Ist diese Verknüpfung mit dem Ausland so stark, daß eine enge Verbindung zum Inland nicht mehr begründet werden kann, ist von der Anwendung der inländischen Eingriffsnorm abzusehen[337].

Es ist also davon auszugehen, daß der Anwendungsbefehl mit dem Eingriffsnormen ausgestattet sind, sich grundsätzlich nicht auf die Aussage beschränkt „Anwendung ohne Rücksicht auf das Vertragsstatut", sondern regelmäßig lautet: „Anwendung ohne Rücksicht auf das Vertragsstatut, soweit eine hinreichend enge Verbindung zum Inland besteht". Soll etwas anderes gelten, so ist eine eindeutige gesetzliche Regelung notwendig. Dieser Grundsatz ergibt sich aus einer am System sowie Sinn und Zweck des internationalen Vertragsrechts orientierten Auslegung der Eingriffsnormen. Genauso wie jede Eingriffsnorm den kollisionsrechtlichen Eingriffsbefehl in sich selbst enthält, beinhaltet sie auch selbst das Erfordernis eines hinreichenden Inlandsbezugs. Dieses Ergebnis stellt weder eine Auslegung des Art. 34 EGBGB über seinen Wortlaut hinaus[338] noch eine Mißachtung des Willens des Gesetzgebers[339] dar, sondern folgt unmittelbar aus den Strukturen des internationalen Vertragsrechts und aus dem Sinn der Eingriffsnormen.

4. *Art der Inlandsbeziehung*

Welcher Art die Verbindung zum Inland sein muß, kann weder einheitlich für alle Eingriffsnormen noch für den gesamten Bereich des Arbeitsrechts bestimmt

---

[336] Vgl. *Heilmann* (114), der jedoch aus diesem Grund eine „restriktive Auslegung" des Art. 34 EGBGB fordert.

[337] *E. Lorenz*, RdA 1989, 224.

[338] Daß die Anforderung des Inlandsbezugs „keine Stütze im Wortlaut des Art. 34 EGBGB findet" - Reithmann-Martiny-*Limmer* Rn. 393; ähnlich auch Staudinger-*Magnus* Art. 34 EGBGB Rn. 76 - ist also von vornherein unerheblich.

[339] Diese Gefahr sieht z.B. *Junker*, Konzern 285.

werden. Entscheidend sind die Zwecksetzungen der Norm, genauer gesagt die Ziele, die mit der Anwendung der Norm unabhängig vom Vertragsstatut verfolgt werden[340]. Soll z.B. durch den internationalen Geltungswillen erreicht werden, daß für alle Tätigkeiten in Deutschland die gleichen Arbeitsbedingungen gelten (z.B. um einheitliche Wettbewerbsbedingungen zu erreichen), so spricht dies für den Arbeitsort als maßgebliche Inlandsbeziehung. Zwar ist ein „bewegliches System“, das die notwendige Stärke des Inlandsbezug in Relation zum Ausmaß des Schutzes öffentlicher Interessen bestimmen will, nach der hier vertretenen Auffassung abzulehnen[341]. Hieraus folgt aber nicht, daß die zu fordernde Inlandsbeziehung unabhängig von der Zwecksetzung der Norm wäre. Aus der an der ratio der Norm orientierten Auslegung ist nicht nur der internationale Geltungswille als solcher zu ermitteln, sondern auch der Umfang dieses Geltungswillens und damit Art und Ausmaß der notwendigen Verbindung zum Inland.

Im Arbeitsrecht wird als Inlandsverbindung regelmäßig der inländische Arbeitsort zu fordern sein[342]. Das bedeutet jedoch nicht, daß es zu einer Schwerpunktanknüpfung im Sinne des Art. 30 Abs. 2 Nr. 1 EGBGB kommt. Im Bereich des Eingriffsrechts kann die nötige Inlandsbeziehung auch schon dadurch entstehen, daß nur ganz kurzfristig Arbeit in Deutschland geleistet wird. So gilt das grundsätzliche Verbot der Sonntagsarbeit nach § 9 ArbZG für alle in Deutschland ausgeführten Arbeiten, ohne daß es auf die Dauer der Inlandstätigkeit ankommt[343].
Es läßt sich also nicht argumentieren, der für die Anwendung einer Eingriffsnorm erforderliche Inlandsbezug orientiere sich an den Regelungen des objektiven Arbeitsstatuts, sei also regelmäßig nur vorhanden, wenn das objektive Statut das deutsches Recht ist[344]. Einer derartigen Annahme steht schon die grundlegende Eigenschaft der Eingriffsnormen, Geltung unabhängig vom Vertragsstatut zu beanspruchen, entgegen.

Eine Anlehnung an das objektive Arbeitsvertragsstatut läßt sich auch nicht durch einen Gedanken begründen, den der BGH in einer Entscheidung zum

---

[340] Ähnlich auch MünchKomm-*Martiny* Art. 34 EGBGB Rn. 100 ff.; Reithmann-Martiny-*Limmer* Rn. 393; Staudinger-*Magnus* Art. 34 EGBGB Rn. 81. Vgl. allgemein auch *Gamauf*, ZfRV 2000, 42: Der räumliche Anwendungsbereich sei durch Auslegung der konkreten Norm zu ermitteln.

[341] Kritisch zum „beweglichen System“ aus der Perspektive der h.M. z.B. *Kropholler* § 52 VIII. 1.; *Mankowski*, DZWir 1996, 279; Staudinger-*Magnus* Art. 34 EGBGB Rn. 62, 79.

[342] MünchKomm-*Martiny* Art. 34 EGBGB Rn. 112; Reithmann-Martiny-*Martiny* Rn. 393.

[343] Vgl. hierzu MünchKomm-*Martiny* Art. 34 EGBGB Rn. 112; Reithmann-Martiny-*Martiny* Rn. 1385.

[344] So aber *Heilmann* 115.

internationalen Verbraucherschutzrecht herangezogen hat[345]. In der betreffenden Entscheidung hat der BGH ausgeführt, die Inlandsberührung von Eingriffsnormen des Verbraucherrechts müsse den in Art. 29 Abs. 1 Nr. 1-3 EGBGB geregelten Voraussetzungen entsprechen. Ansonsten wären die Hürden für eine Anwendung von Verbraucherschutzvorschriften im Rahmen des Art. 34 EGBGB niedriger als bei Art. 29 EGBGB. Über Art. 34 EGBGB würde also ein weitergehender Verbraucherschutz als über Art. 29 EGBGB erreicht. Dieses Ergebnis würde aber einen Wertungswiderspruch hinsichtlich der Konzeption des EVÜ bzw. EGBGB darstellen, da der Verbraucherschutz gerade über Art. 29 EGBGB / Art. 5 EVÜ verwirklicht werden sollte[346]. Überträgt man diese Überlegungen auf den Bereich des Arbeitsrechts, so müßte man wohl davon ausgehen, daß Eingriffsnormen nur bei einer Inlandsverbindung anzuwenden sind, die der objektiven Anknüpfung im Sinne des Art. 30 Abs. 2 EGBGB entspricht. Nach der Argumentation des BGH könnte ansonsten über Art. 34 EGBGB ein umfassenderer Schutz des Arbeitnehmers verwirklicht werden, als über die „eigentliche" Arbeitnehmer-Schutznorm des Art. 30 Abs. 1 EGBGB.

Schon das Ergebnis dieses Vorgehens zeigt, daß der Argumentation des BGH nicht gefolgt werden kann. Eingriffsnormen zeichnen sich dadurch aus, daß sie gerade auch unabhängig vom objektiven Statut Anwendung verlangen. Der Vergleich mit den Anforderungen der allseitigen Kollisionsnormen zum Schutz der typisch schwächeren Vertragspartei ist angesichts der unterschiedlichen Zwecksetzung und kollisionsrechtlichen Struktur der Eingriffsnormen auch nicht angebracht[347]. Für das Arbeitsrecht gilt, daß Art. 30 Abs. 1 EGBGB zum Schutz des Arbeitnehmers die Auswirkungen einer Rechtswahl begrenzt, wobei das objektive Arbeitsstatut als Maßstab herangezogen wird. Im Rahmen des Art. 34 EGBGB geht es darum, eigene, inländische Vorstellungen durchzusetzen, unabhängig auch vom objektiven Statut. Will der nationale Gesetzgeber arbeitnehmerschützende (oder verbraucherschützende) Vorschriften unabhängig vom Vertragsstatut durchsetzen, so hindert ihn die Regelung des Art. 30 Abs. 1 EGBGB (Art. 29 EGBGB) nicht. Art. 30 Abs. 1 EGBGB soll den Arbeitnehmer den Schutz des Schwerpunktrechtes garantieren, nicht aber die Möglichkeit der Staaten begrenzen, im Bereich des Arbeitsrechts Normen mit einem kollisionsrechtlichen Eingriffsbefehl auszustatten[348].

---

[345] BGH, Urteil vom 19.3.1997, RIW 1997, 875, 878.

[346] Der BGH (Urteil vom 19.3.1997, RIW 1997, 875, 878) beruft sich in der Entscheidung auf *Mankowski*, DZWir 1996, 278. Zumindest hinsichtlich der Inlandsbeziehung vertritt *Mankowski* (a.a.O.) aber eine andere Auffassung: „Zwar ist ein gewisser Inlandsbezug vorausgesetzt. Dieser muß jedoch nicht die Stärke des in Art. 5 EVÜ vorausgesetzten erreichen."

[347] Kritisch auch *Junker/Kohler*, IPRax 1997, 400.

[348] Anders *Mankowski*, DZWir 1996, 278; *derselbe*, EWiR Art. 29 EGBGB 1/97, 547.

Die enge Verbindung zum Inland kann sich also daraus ergeben, daß der Schwerpunkt des Arbeitsverhältnisses im Inland liegt, zwingend erforderlich ist dies aber nicht. Zwar kann davon ausgegangen werden, daß der erforderliche Inlandsbezug regelmäßig bei inländischem Schwerpunkt vorliegt[349]. Daraus kann aber nicht gefolgert werden, daß es grundsätzlich an einer engen Verbindung fehlt, wenn der Schwerpunkt im Ausland liegt.
In der Regel wird sich die notwendige Verbindung aus dem Arbeitsort ergeben. Ob jede kurzfristige Beschäftigung im Inland ausreicht oder der gewöhnliche Arbeitsort im Inland liegen muß hängt dabei von der jeweiligen Zielrichtung der konkreten Norm ab[350]. Nach den oben genannten Grundsätzen wird in Einzelfällen auch eine hinreichend enge Beziehung zum Inland bejaht werden können, wenn der Arbeitsort im Ausland liegt, sich aus den übrigen Umständen aber ergibt, daß das Arbeitsverhältnis wesentliche Verbindungen zum Inland aufweist[351].

III. Europarechtliche Begrenzungen für die Anwendung inländischen Eingriffsrechts

Wie gezeigt wurde, lassen sich aus dem EVÜ keine Beschränkungen für die Kompetenz der Mitgliedsstaaten ableiten, Normen mit internationalem Geltungswillen zu versehen. Bei der Heranziehung inländischer Eingriffsnormen ist aber zu berücksichtigen, daß das Europarecht Beschränkungen für deren Anwendungen enthalten kann. Auch das Kollisionsrecht steht unter dem Vorbehalt der Europarechtskonformität[352]. Eine Eingriffsnorm ist dann nicht anzuwenden, wenn ihre Anwendung dem Recht der EU widersprechen würde[353].

---

[349] So auch Reithmann-Martiny-*Limmer* Rn. 393.

[350] Vgl. MünchKomm-*Martiny* Art. 34 EGBGB Rn. 112.

[351] Allgemein auf den Betriebs- oder Unternehmenssitz abzustellen - so *G. Müller,* RdA 1973, 141 - würde aber zu weit gehen.

[352] Vgl. hierzu z.B. *Gounalakis/Radke*, ZVglRWiss 98 (1999), 1 ff.; *Kreuzer*, in Müller-Graff 413 ff.; *Martiny*, in: von Bar 236 ff.; *Roth*, RabelsZ 55 (1991), 637 ff.; *Seif*, JbJgZivWiss 1997, 241 ff.; *Sonnenberger*, ZVglRWiss 95 (1996), 13 ff.; *Spetzler*, RIW 1990, 286 ff.; und die Monographie von *Brödermann/Iversen* passim.

[353] Zu „Polizei- und Sicherheitsgesetzen" hat der EuGH jetzt ausdrücklich wie folgt Stellung genommen: „Die Tatsache, daß nationale Vorschriften zur Kategorie der Polizei- und Sicherheitsgesetze gehören, nimmt sie nicht von der Beachtung der Bestimmungen des Vertrags aus, andernfalls würden der Vorrang und die einheitliche Anwendung des Gemeinschaftsrechts mißachtet."; EuGH, Urteil vom 23.11.1999, Rs. C-396/96 und C-376/96 (Arblade), DB 1999, 2570 f. Der EuGH verwendet hier die französische Terminologie der „lois des police"; gemeint ist wohl nichts anderes als Eingriffsrecht.

Der auf einfachem (geschriebenen oder ungeschriebenen) nationalen Recht beruhende internationale Anwendungsbefehl wird in diesem Fall durch höherrangiges Recht verdrängt[354]: Ist eine Eingriffsnorm z.B. nicht mit den Grundfreiheiten des EGV vereinbar, so heißt das aber nicht, daß die Norm unwirksam oder nichtig wäre. Die Vorschrift ist nur im grenzüberschreitenden Verkehr zwischen den Mitgliedsstaaten nicht anwendbar[355].

1. *Primäres Gemeinschaftsrecht*

Betrachtet man das primäre Gemeinschaftsrecht, so ist zunächst danach zu fragen, welche Bedeutung das allgemeine Diskriminierungsverbot des Art. 12 EGV[356] und die wirtschaftlichen Freiheiten des EGV (die ebenfalls Diskriminierungsverbote enthalten) für die Anwendung inländischer Eingriffsnormen haben[357]. Zwar sind auch die Sozialvorschriften des EGV (Art. 136 ff.) insbesondere für das Arbeitsrecht relevant[358], sie werden der Anwendung inländischer Eingriffsnormen aber regelmäßig nicht unmittelbar entgegenstehen. Von Bedeutung könnte hier z.B. Art. 141 EGV sein; daß eine Eingriffsnorm nicht den Grundsatz „Gleiches Entgelt für Männer und Frauen" verletzen darf, bedarf aber keiner näheren Erörterung.

a) Art. 12 EGV

Art. 12 EGV verbietet im Anwendungsbereich des EGV jede Diskriminierung aus Gründen der Staatsangehörigkeit. Die Anwendung inländischer

---

[354] *E. Lorenz* spricht insoweit von der gemeinschaftsrechtlichen Anwendbarkeit. Diese sei von der kollisionsrechtlichen Anwendbarkeit zu unterscheiden, also der Frage, ob eine Sachnorm durch das Kollisionsrecht zur Anwendung berufen wird, vgl. *E. Lorenz*, VR 1995, 9.

[355] Nach der Rechtsprechung des EuGH müssen die nationalen Gerichte die betreffende Norm unangewendet lassen, ohne daß sie dabei „die vorherige Beseitigung dieser Bestimmung auf gesetzgeberischem Wege oder durch irgendein anderes verfassungsrechtliches Verfahren beantragen oder abwarten" müßten; EuGH, Urteil vom 9.3.1978, Rs. 106/77 (Simmenthal), Slg. 1978, 629, 645.

[356] Ehemals Art. 6 EGV (davor Art. 7 EWGV). Im folgenden wird nur die neue Numerierung gemäß dem Vertrag von Amsterdam verwendet.

[357] Vgl. z.B. *Kreuzer*, in: Müller-Graff 413 ff.; *Roth*, RabelsZ 55 (1991), 640; Reithmann-Martiny-*Limmer* Rn. 404; abweichend *Seif* (JbJgZivWiss 1997, 241 ff.), die nur auf die Grundfreiheiten abstellen will.

[358] Vgl. hierzu z.B. *Schiek* 81 ff.

Eingriffsnormen darf also nicht zu einer (willkürlichen) Ungleichbehandlung von In- und Ausländern aufgrund der Staatsangehörigkeit führen. Für den Bereich des Verweisungsrechts wurde diesbezüglich diskutiert, inwieweit Art. 12 EGV der Heranziehung der Staatsangehörigkeit als Anknüpfungspunkt entgegensteht[359]. Für das Eingriffsrecht könnte insoweit fraglich sein, ob bei der Prüfung des hinreichenden Inlandsbezugs die Staatsangehörigkeit berücksichtigt werden darf. Bei der Beantwortung dieser Frage wird man berücksichtigen müssen, daß Art. 12 EGV als Ausprägung des allgemeinen Gleichheitsgrundsatzes nicht jede Ungleichbehandlung schlechthin verbietet, sondern nur „Diskriminierungen", d.h. gleiche Behandlung ungleicher Sachverhalte oder ungleiche Behandlung gleicher Sachverhalte, also Differenzierungen ohne objektive Rechtfertigung[360]. Auch bei Berücksichtigung dieses Gesichtspunktes wird ein Abstellen auf die Staatsangehörigkeit bei der Prüfung des Inlandsbezugs aber nur möglich sein, wenn die mit der Norm verfolgten Regelungsziele eine Differenzierung nach der Staatsangehörigkeit nahelegen und diese Ziele selbst nicht europarechtlichen Wertungen widersprechen[361].

Es versteht sich von selbst, daß das Diskriminierungsverbot des Art. 12 EGV nicht nur bei der Bestimmung des Inlandsbezugs zu berücksichtigen ist; auch der Regelungsinhalt der Eingriffsnormen ist an diesem Verbot zu messen. Von besonderer Bedeutung ist insoweit, daß nach der Rechtsprechung des EuGH im Rahmen des Art. 12 EGV (bzw. allgemein der Vorschriften über die Gleichbehandlung) auch „versteckte Formen der Diskriminierung" verboten sind[362]. Unter diesem Begriff werden Regelungen verstanden, die zwar nicht direkt auf die Staatsangehörigkeit abstellen, aber Anforderungen enthalten, die typischerweise nur von Inländern oder Ausländern erfüllt werden. Bei der Prüfung des Art. 12 EGV ist auch zu beachten, daß das allgemeine Diskriminierungsverbot „unbeschadet besonderer Bestimmungen" des EGV gilt. Da die Grundfreiheiten spezielle Diskriminierungsverbote enthalten, ist - soweit eine Ungleichbehandlung möglich erscheint - immer auch zu untersuchen, ob die

---

[359] Vgl. hierzu schon *Wengler*, FS zum Hundertjährigen Bestehen des Deutschen Juristentages 1860 - 1960, Bd. I, 297; *Beitzke*, ZfRV 5 (1964), 89; *Fischer*, in: von Bar 157 ff.; *Roth*, RabelsZ 55 (1991), 643 f.

[360] EuGH, Urteil vom 16.10.1980, Rs. 147/79 (Hochstrass), Slg. 1980, 3005, 3019; nach dieser Entscheidung ist eine Differenzierung nach der Staatsangehörigkeit objektiv gerechtfertigt, wenn sie die unterschiedlichen Bedingungen und Gegebenheiten berücksichtigt, unter denen die Betroffenen zu leben haben.

[361] Ähnlich für die Staatsangehörigkeit als Anknüpfungspunkt *Roth*, RabelsZ 55 (1991), 643.

[362] EuGH, Urteil vom 12.2.1974, Rs. 152/73 (Sotgiu), Slg. 1974, 153, 164 f. Vgl. hierzu auch Reithmann-Martiny-*Limmer* Rn. 403.

betreffende Eingriffsnorm gegen eine Grundfreiheit verstößt[363]. Nach der Rechtsprechung des EuGH ist davon auszugehen, daß die Verletzung eines speziellen Diskriminierungsverbots immer auch die Verletzung der Art. 12 EGV bewirkt[364].

b) Die Grundfreiheiten

Nicht zuletzt durch die Entsenderichtlinie[365] und ihre Umsetzung im AEntG ist in der letzten Zeit das Problem in den Vordergrund getreten, inwieweit die Grundfreiheiten die Anwendung inländischer zwingender Vorschriften des Arbeitsrechts begrenzen können[366]. Allgemein scheint die Frage, welchen Einfluß die Grundfreiheiten auf das Privatrecht der Mitgliedsstaaten haben, immer mehr an Bedeutung zu gewinnen. Da die Grundfreiheiten nur bei grenzüberschreitenden Sachverhalten Wirkung entfalten, kommt dem nationalen Internationalen Privatrecht insoweit eine besondere Bedeutung zu[367]. Da inländische Eingriffsnormen zwingend die Anwendung der lex fori vorschreiben, erscheinen Konflikte mit den Grundfreiheiten geradezu unausweichlich. Dem Aspekt, inwieweit die Grundfreiheiten einen beschränkenden Faktor für inländisches Eingriffsrecht darstellen, soll daher besondere Aufmerksamkeit geschenkt werden. Die Bedeutung der Grundfreiheiten läßt sich dabei nur schwer abstrakt erörtern; sie hängt entscheidend von der Art der Wirtschaftsvorgänge ab (so läßt sich die Frage nach den einschlägigen Freiheiten nur für konkrete Vorgänge beantworten). Entsprechend dem Grundkonzept der Arbeit sollen sich die Ausführungen auf die im Arbeitsrecht relevanten Probleme beschränken.

---

[363] Ähnlich *Seif* (JbJgZivWiss 1997, 242), nach der aber die Grundfreiheiten alleiniger Prüfungsmaßstab sind.

[364] Vgl. EuGH, Urteil vom 28.1.1992, Rs. C-332/90 (Steen), EuZW 1992, 189: „Folglich verstößt jede Regelung, die mit Art. 48 EWGV [jetzt Art. 39 EGV] unvereinbar ist, auch gegen Art. 7 EWGV [jetzt Art. 12 EGV]." Die speziellen Verbote in den Grundfreiheiten verdrängen also nicht das allgemeine Diskriminierungsverbot, sondern sind neben Art. 12 EGV anwendbar.

[365] ABl. EG Nr. L 18 vom 21.1.1997, S. 1.

[366] Vgl. zur Diskussion über die Vereinbarkeit der Richtlinie und des AEntG mit den Grundfreiheiten z.B. *Däubler*, EuZW 1993, 373; *derselbe*, EuZW 1997, 614 f; *Gerken/Löwisch/Rieble*, BB 1995, 2372 ff; *Hickl*, NZA 1997, 514 f.; *Junker/Wichmann*, NZA 1996, 505 ff.; *Koenigs*, DB 1995, 1710; *derselbe*, DB 1997, 229 f.; *Schiek* 126 ff. Speziell zu den Melde- und Kontrollvorschriften: *Hailbronner*, in: Wiesehügel/Sahl 75 ff.

[367] Vgl. nur die Monographie von *Drasch* zur Bedeutung des Herkunftslandprinzips für das IPR, insbesondere: *Drasch* 362 ff. Vgl. allgemein auch *Brödermann/Iversen* Rn. 418 ff.

Untersucht man die Bedeutung der Grundfreiheiten für das Privatrecht bei internationalen Sachverhalten, sind nach der Ansicht *Roths* zwei Aspekte zu beachten[368]. Zum einen sei zu prüfen, ob die kollisionsrechtliche Regelung mit den Freiheiten vereinbar ist bzw. der durch eine Kollisionsnorm beanspruchte Anwendungsbereich zu einer Einschränkung der Grundfreiheiten führt. Andererseits müsse überprüft werden, ob das durch das Kollisionsrecht berufene materielle Recht gegen die Grundfreiheiten verstößt. Ob insoweit immer eine klare Trennung vorzunehmen ist, erscheint fraglich[369]. Bei Eingriffsrecht sind jedenfalls stets beide Gesichtspunkte relevant: Eingriffsnormen enthalten sowohl eine kollisionsrechtliche als auch eine sachrechtliche Regelung[370].

---

[368] *Roth*, ZEuP 1994, 7; *derselbe*, RabelsZ 55 (1991), 660.

[369] Vgl. auch unten § 6 I. 1. b).

[370] *E. Lorenz*, FamRZ 1987, 648.

aa) Die einschlägigen Grundfreiheiten

Betrachtet man das Verhältnis zwischen Grundfreiheiten und inländischen arbeitsrechtlichen Eingriffsnormen, stehen zwangsläufig die Fälle vorübergehender Entsendung von ausländischen Arbeitnehmern nach Deutschland im Vordergrund[371]. Dies folgt zum einen daraus, daß regelmäßig in diesen Fällen nur bei Eingriffsnormen eine Kollision mit den Grundfreiheiten in Frage kommt. „Gewöhnliches" deutsches Sachrecht ist bei Greifen des Art. 30 Abs. 2 Nr. 1 EGBGB schon kollisionsrechtlich nicht anwendbar, die europarechtliche Anwendbarkeit steht also nicht in Frage[372]. Folgt man der hier vertretenen Ansicht, daß die Anwendung von Eingriffsnormen eine hinreichend enge Inlandsverbindung voraussetzt und diese grundsätzlich durch den inländischen Arbeitsort vermittelt wird, stellt die vorübergehende Entsendung - wiederum aufgrund der Regelung in Art. 30 Abs. 2 Nr. 1 EGBGB - auch den Hauptanwendungsfall inländischen Eingriffsrechts dar. Schließlich betreffen auch die gesetzlichen Regelungen arbeitsrechtlicher Eingriffsnormen im AEntG die Entsendungsfälle.

Als wirtschaftliche Freiheiten, die durch die Anwendung eigener Eingriffsnormen des Arbeitsrechts berührt werden könnten, kommen damit vor allem die Dienstleistungsfreiheit nach Art. 49 EGV und die Freizügigkeit der Arbeitnehmer nach Art. 39 EGV in Betracht[373]. In den Entsendungsfällen ist regelmäßig nicht der grenzüberschreitende Verkehr körperlicher Waren betroffen, sondern die vorübergehende Erbringung von Leistungen in einem anderen Staat. Einschlägig ist also nicht die Freiheit des Warenverkehrs nach Artt. 28, 29 EGV, sondern die Dienstleistungsfreiheit[374]. Aufgrund des vorübergehenden Charakters der Leistungserbringung wird auch der sachliche Anwendungsbereich der Niederlassungsfreiheit (Art. 43 EGV) nicht berührt. Die Niederlassungsfreiheit schützt die Errichtung eines ständigen gewerblichen oder beruflichen Mittelpunktes bzw. die dauernde selbständige Tätigkeit[375], ist bei der Entsendung von Arbeitnehmern also grundsätzlich nicht einschlägig[376].

---

[371] Vgl. auch *Rebhahn*, DRdA 1999, 175.

[372] Vgl. zur Unterscheidung zwischen kollisionsrechtlicher und europarechtlicher Anwendbarkeit *E. Lorenz*, VR 1995, 9.

[373] Vgl. die Hinweise in Fn. 366.

[374] Problematisch könnten Fälle sein, in denen die Lieferung einer Ware mit der Entsendung von Arbeitnehmern - z.B. zur Installation der Ware - verbunden ist. In derartigen Fällen ist zweifelhaft, inwieweit eine Prüfung anhand der Warenverkehrsfreiheit zu erfolgen hat, vgl. *Bleckmann* Rn. 1673.

[375] *Bleckmann* Rn. 1592; *Schweitzer/Hummer* Rn. 1172.

[376] Im Ergebnis so auch *Wichmann* 56.

(1) Die Auffassungen im Schrifttum zur Einschlägigkeit der Arbeitnehmerfreizügigkeit

Im Schrifttum ist umstritten, ob bei der Entsendung von Arbeitnehmern aus anderen Mitgliedsstaaten der sachliche Anwendungsbereich der Arbeitnehmerfreizügigkeit berührt werden kann[377]. Dies wird mit der Begründung bejaht, die Freizügigkeit umfasse auch das Recht der Arbeitnehmer, ihrem Arbeitgeber in einen anderen Mitgliedsstaat zu folgen und dort zu den im Heimatland „ausgehandelten" Bedingungen tätig zu werden. Die Anwendung inländischer Vorschriften könnte eine Beschränkung der Freizügigkeit darstellen, weil sie den Einsatz ausländischer Dienstleister und damit auch derer Arbeitnehmer weniger vorteilhaft mache. Im Falle der Arbeitnehmerentsendung könne sich der Arbeitgeber also regelmäßig auf die Dienstleistungsfreiheit, der Arbeitnehmer auf die Arbeitnehmerfreizügigkeit berufen[378].

Hiergegen wird eingewandt, Art. 39 EGV stelle auf den Zugang zum Arbeitsmarkt ab[379], greife also nicht, wenn ein Arbeitnehmer nur vorübergehend seine Arbeitsleistung in einem anderen Staat erbringt[380]. Weiterhin machten Arbeitnehmer, die aufgrund einer Weisung ihres Arbeitgebers vorübergehend im Ausland arbeiten, nicht selbst von ihrem Recht auf Freizügigkeit Gebrauch[381]. Auch wenn die Unterscheidung in der Literatur nicht immer ganz eindeutig ist, lassen sich damit zwei Aspekte anführen, die gegen eine Anwendbarkeit der Arbeitnehmerfreizügigkeit in den Entsendungsfällen sprechen könnten: Zum einen der Gesichtspunkt, daß die Tätigkeit der Arbeitnehmer im Ausland nicht auf einem Entschluß der Arbeitnehmer beruht, sondern auf einer Entscheidung des

---

[377] Gegen die Einschlägigkeit der Arbeitnehmerfreizügigkeit z.B. *Brinkmann*, in: Hailbronner 136 ff.; *Eichenhofer*, ZIAS 1996 , 61; *Franzen*, DZWir 1996, 96; *Koberski/Sahl/Hold* § 1 AEntG Rn. 605; *Krebber*, JbJgZivWiss 1997, 138 ff.; *Plesterninks* 43 ff.; *Schiek* 129; *Selmayer*, ZfA 27 (1996), 633 f. A.A. ausdrücklich *Gerken/Löwisch/Rieble*, BB 1995, 2372 f.; *Koenigs*, DB 1995, 1710; *derselbe*, DB 1997, 230; von der Anwendbarkeit der Arbeitnehmerfreizügigkeit gehen im Ergebnis auch aus: *Deinert*, RdA 1996, 350; *Hanau*, NJW 1996, 1371 und *Rebhahn*, DRdA 1999, 181 f. Offengelassen bei *Wichmann* 56 ff. Vermittelnd *F. Lorenz*, in: Wiesehügel/Sahl 61: Die Arbeitnehmerfreizügigkeit sei zwar einschlägig, aber nur als „Annex-Freizügigkeit".

[378] Vgl. *Gerken/Löwisch/Rieble*, BB 1995, 2372 f. sowie *Hanau*, NJW 1996, 1371 f.

[379] Dies entspricht der Auffassung des EuGH, vgl. EuGH, Urteil vom 27.1.2000, Rs. C-190/98 (Graf), EuZW 2000, 252, 253. Der EuGH trifft hier aber keine Aussage dahingehend, bei vorübergehender Tätigkeit werde kein „Zugang" zum Arbeitsmarkt angestrebt.

[380] So z.B. *Eichenhofer*, ZIAS 1996, 64; *Franzen*, DZWir 1996, 96; *Krebber*, JbJgZivWiss 1997, 138 ff.; *Plesterninks* 46. Ähnlich auch *Feuerborn* Rn. 61.

[381] *Schiek* 129; *Eichenhofer*, ZIAS 1996, 61 und *Plesterninks* 46. Ähnlich auch *Rebhahn*, DRdA 1999, 181 (der im Ergebnis aber dennoch die Arbeitnehmerfreizügigkeit als einschlägig ansieht).

Arbeitgebers; zum anderen die Tatsache, daß die Entsendung nur vorübergehend erfolgt und damit kein Zugang zum Arbeitsmarkt angestrebt wird.

Hinsichtlich des ersten Punktes wird argumentiert, der entsandte Arbeitnehmer erfülle nur seine arbeitsvertraglichen Pflichten, „wer aber Pflichten erfüllt, damit andere (hier der Arbeitgeber) Rechte ausüben können, nimmt nicht seinerseits ein Recht wahr, sondern ermöglicht durch Pflichterfüllung die Rechtswahrnehmung anderer."[382] Dem kann nicht gefolgt werden. Auch wer auf Weisung handelt, kann eigene Rechte wahrnehmen. Behindert eine nationale Vorschrift die Tätigkeit des Arbeitgebers im Ausland, so kann auch der Rechtskreis des Arbeitnehmers betroffen sein, weil ein Hindernis für seinen Einsatz auf dem fremden Markt entsteht[383]. Daß der Arbeitnehmer eine vertragliche Pflicht erfüllt, steht der gleichzeitigen Ausübung eines Rechtes also nicht entgegen.

Damit könnte für die Anwendbarkeit des Art. 39 EGV entscheidend sein, ob die Arbeitnehmerfreizügigkeit voraussetzt, daß der Arbeitnehmer seinen Arbeitsort nicht nur vorübergehend in einem anderen Mitgliedsstaat hat[384]. Der Wortlaut des Art. 39 EGV ist insoweit wenig ergiebig. Es könnte allenfalls vorgebracht werden, der Begriff „Freizügigkeit" lasse auf einen dauernden Aufenthalt schließen, da er impliziert, der Arbeitnehmer „ziehe" in einen anderen Staat, d.h. lasse sich dort nieder. Systematisch könnte dementsprechend Art. 39 EGV als Parallele zur Niederlassungsfreiheit aufgefaßt werden[385]. Weiterhin wird argumentiert, eine Erstreckung des Art. 39 EGV auf vorübergehend entsandte Arbeitnehmer würde dazu führen, daß die Arbeitnehmer einen gemeinschaftsrechtlichen Anspruch auf Gleichbehandlung hinsichtlich der Arbeitsbedingungen hätten[386].

Die erstgenannten Argumente sind nicht zwingend. So läßt der Wortlaut des Art. 39 EGV auch eine abweichende Interpretation zu. In systematischer Hinsicht ließe sich anführen, daß der EGV mit den Produktverkehrsfreiheiten und der Niederlassungsfreiheit für selbständige Tätigkeiten sowohl für die vorübergehende als auch dauernde Ausübung im Ausland den Schutz der Grundfreiheiten vorsieht[387]. Der Schutzumfang der Rechte der Arbeitnehmer wäre damit nur

---

[382] *Eichenhofer*, ZIAS 1996, 61. Ähnlich auch *Brinkmann*, in: Hailbronner 138. Vgl. auch *F. Lorenz* (in: Wiesehügel/Sahl 61), der aus diesem Grund nur von einer „Annex-Freizügigkeit" ausgehen will. Mit dem EGV ist eine derartige Freizügigkeit „zweiter Klasse" kaum vereinbar.

[383] Ähnlich *Gerken/Löwisch/Rieble*, BB 1995, 2372 f.

[384] So auch *Krebber*, JbJgZivWiss 1997, 139.

[385] Vgl. *Franzen*, DZWir 1996, 96 und *Plesterninks* 45.

[386] *Schiek* 129.

[387] Vgl. *Krebber*, JbJgZivWiss 1997, 138.

gleichlaufend, wenn auch vorübergehende unselbständige Tätigkeiten von der Arbeitnehmerfreizügigkeit erfaßt würden. Nur schwer zu entkräften ist allerdings der Hinweis, bei Anwendbarkeit der Arbeitnehmerfreizügigkeit bestehe eine Pflicht zur Erstreckung des inländischen Arbeitsrechts auf entsandte Arbeitnehmer gemäß Art. 39 Abs. 2 EGV, wobei es aus europarechtlicher Sicht wenig wahrscheinlich erschiene, daß eine derartige, umfassende Pflicht gewollt ist. Eine entsprechende Pflicht würde z.B. die Entsenderichtlinie als solche sowie den Streit (auch zwischen den Mitgliedsstaaten) um ihre Berechtigung und Zulässigkeit ad absurdum führen, da die Anwendung des gesamten inländischen Arbeitsrecht auf entsandte Arbeitnehmer schon aufgrund des Primärrechtes notwendig wäre[388]. Es ließe sich allenfalls einwenden, Art. 39 Abs. 2 EGV sei nicht einschlägig, weil auf die Entsendung der Arbeitnehmer abgestellt wird und nicht auf ihre Staatsangehörigkeit. Angesichts der Tatsache, daß Art. 39 Abs. 2 EGV auch versteckte Diskriminierungen verbietet[389], erschiene dieser Einwand aber wenig überzeugend.
Es spricht also vieles dafür, daß die Arbeitnehmerfreizügigkeit in den Entsendungsfällen nicht einschlägig ist.

(2) Die Rechtsprechung des EuGH

Betrachtet man die Rechtsprechung des EuGH zu der hier untersuchten Fragestellung, ist zunächst festzuhalten, daß der EuGH meint, der Schutzbereich der Arbeitnehmerfreizügigkeit werde nur dann berührt, wenn der „Zugang der Arbeitnehmer zum Arbeitsmarkt" beeinflußt wird[390].
In der Literatur wird darüber hinaus darauf hingewiesen, der EuGH habe in den Entscheidungen „Rush Portuguesa"[391] und „Vander Elst"[392] entschieden, daß vorübergehend entsandte Arbeitnehmer keinen Zutritt zu dem Arbeitsmarkt des aufnehmenden Staates verlangen würden. Damit würde feststehen, daß die Arbeitnehmerfreizügigkeit bei Entsendungen nach Ansicht des EuGH nicht berührt werde[393].
Bei näherer Betrachtung ist die Rechtsprechung des EuGH aber nicht derart eindeutig. Der Gerichtshof hat in den Urteilen „Vander Elst" und „Rush

---

[388] Vgl. auch *F. Lorenz,* in: Wiesehügel/Sahl 61.

[389] Vgl. z.B. *Bleckmann* Rn. 1563 und unten § 6 III. 1. b) bb) (1).

[390] Zuletzt: EuGH, Urteil vom 27.1.2000, Rs. C-190/98 (Graf), EuZW 2000, 252, 253.

[391] EuGH, Urteil vom 27.3.1990, Rs. C-113/89 (Rush Portuguesa), Slg. 1990, I-1439, 1446.

[392] EuGH, Urteil vom 9.8.1994, Rs. C-43/93 (Vander Elst), Slg. 1994, I-3818, 3825.

[393] So *Schiek* 129 und Eichenhofer, ZIAS 1996, 64; wohl auch *Franzen,* DZWir 1996, 96 und *Krebber,* JbJgZivWiss 1997, 138. Dagegen *Gerken/Löwisch/Rieble,* BB 1995, 2372 f.

Portuguesa" zwar ausgeführt, vorübergehend entsandte Arbeitnehmer verlangten keinen „Zutritt" zu dem betreffenden Arbeitsmarkt. Diese Aussage wurde aber zumindest in keinem unmittelbaren Zusammenhang zur Reichweite der Arbeitnehmerfreizügigkeit getroffen, sondern bezog sich auf das Erfordernis einer Arbeitserlaubnis[394]. Der genannten Literaturmeinung ist jedoch insoweit zuzustimmen, als es zumindest überraschend wäre, wenn der EuGH den Zugang zum Arbeitsmarkt für den Bereich der Arbeitnehmerfreizügigkeit anders definieren würde, als er es in seiner bisherigen Rechtsprechung zu den Arbeitserlaubnissen getan hat. Aus den Entscheidungen „Vander Elst" und „Rush Portuguesa" kann also zwar nicht ohne weiteres die Schlußfolgerung gezogen werden, der EuGH gehe unzweifelhaft davon aus, die Arbeitnehmerfreizügigkeit sei bei einer nur vorübergehenden Entsendung nicht einschlägig. Die Urteile lassen aber zumindest eine derartige Tendenz in der Rechtsprechung des EuGH erkennen.

Wenn auch die besseren Gründe gegen eine Einschlägigkeit der Arbeitnehmerfreizügigkeit sprechen, soll die betreffende Grundfreiheit - mangels eindeutiger Aussage des EuGH[395] – nicht ganz ignoriert werden. Wie sich zeigen wird, gelten viele der Überlegungen zur Dienstleistungsfreiheit ohnehin entsprechend auch für die Arbeitnehmerfreizügigkeit.

Zieht man die Regelung in § 7 AEntG als Beispiel heran, könnte eine Fragestellung also lauten, ob ein Unternehmer aus dem EU-Ausland dadurch in seiner Dienstleistungsfreiheit verletzt wird, daß er bei der Erbringung seiner Leistung auch für nur vorübergehend entsandte Arbeitnehmer bestimmte Mindeststandards des deutschen Arbeitsrechts einhalten muß. Darüber hinaus könnte auch eine Verletzung der Freizügigkeit der entsandten Arbeitnehmer vorliegen (soweit man von ihrer Einschlägigkeit ausgeht), weil die Anwendung des deutschen Arbeitsrechts ihren Einsatz weniger vorteilhaft macht und die betroffenen Arbeitnehmer damit vom deutschen Markt „fernhält"[396].

---

[394] Vgl. *Gerken/Löwisch/Rieble*, BB 1995, 2372 f.

[395] Das ArbG Wiesbaden hat in seinem Vorlagebeschluß an den EuGH vom 27.2.1998 (NZA-RR 1998, 217, 223) u.a. die Vorlagefrage gestellt, ob das AEntG mit der Arbeitnehmerfreizügigkeit vereinbar ist. Auch das ArbG Wiesbaden geht also offensichtlich davon aus, daß die Frage der Anwendbarkeit der Arbeitnehmerfreizügigkeit bei vorübergehender Entsendung vom EuGH bisher nicht entschieden wurde.

[396] So z.B. *Gerken/Löwisch/Rieble*, BB 1995, 2372 f.; *Koenigs*, DB 1997, 230.

bb) Die Schutzrichtungen

Bei der Prüfung der Verletzung von Grundfreiheiten des EGV ist zwischen zwei Konstellationen zu unterscheiden: Eine (Eingriffs-) Norm kann eine echte Ungleichbehandlung bzw. eine Diskriminierung von EU-Ausländern bewirken. Ihre Wirkung kann aber auch dahin gehen, daß sie zwar den Schutzbereich der Freiheit berührt - also z.B. die Wirtschaftsvorgänge betrifft, die von der Dienstleistungsfreiheit erfaßt werden - hierbei aber unterschiedslos In- und Ausländer in gleicher Weise belastet. Zu unterscheiden ist also zwischen Diskriminierungen einerseits und bloßen Beschränkungen einer Freiheit andererseits. Erschwert wird die Grenzziehung zwischen diesen Schutzrichtungen dadurch, daß die Rechtsprechung des EuGH – insbesondere hinsichtlich der Unterscheidung zwischen versteckten bzw. mittelbaren Diskriminierungen und Beschränkungen – nicht immer ganz eindeutig ist[397].

(1) Diskriminierungsverbote

Die Grundfreiheiten enthalten zum einen spezielle Diskriminierungsverbote, konkretisieren also insoweit das allgemeine Diskriminierungsverbot des Art. 12 EGV[398]. Auch das Verbot der versteckten Diskriminierung ist bei den Grundfreiheiten zu beachten[399]. Erfolgt durch eine Eingriffsnorm also eine Diskriminierung von Ausländern, ist die betreffende Vorschrift im grenzüberschreitenden Verkehr innerhalb der Gemeinschaft grundsätzlich unanwendbar. Dieser Grundsatz gilt jedoch nicht uneingeschränkt. Die Grundfreiheiten enthalten regelmäßig Vorbehalte der öffentlichen Ordnung. So enthält Art. 39 Abs. 3 EGV für die Arbeitnehmerfreizügigkeit einen Vorbehalt für Beschränkungen „aus Gründen der öffentlichen Ordnung, Sicherheit und Gesundheit". Auch für die Dienstleistungsfreiheit besteht ein ähnlicher Vorbehalt in Art. 55 i.V.m. Art. 46 EGV[400]. Fraglich ist, ob auch versteckte Diskriminierungen nur unter den Voraussetzungen der betreffenden Vorbehalte

---

[397] Vgl. z.B. *Schiek* 126.

[398] Für die Arbeitnehmerfreizügigkeit ausdrücklich bestätigt in EuGH, Urteil vom 28.1.1992, Rs. C-332/90 (Steen), EuZW 1992, 189. Vgl. auch *Arndt*, Europarecht 93; *Seif*, JbJgZivWiss 1997, 242 und *Wichmann* 59 ff.

[399] Zur Dienstleistungsfreiheit vgl. EuGH, Urteil vom 3.2.1982, Rs. 62/81 (Seco), Slg. 1982, 222 ff. Zur Arbeitnehmerfreizügigkeit EuGH, Urteil vom 12.2.1974, Rs. 152/73 (Sotgiu), Slg. 1974, 153 ff.; zuletzt bestätigt in EuGH, Urteil vom 27.1.2000, Rs. C-190/98 (Graf), EuZW 2000, 252, 253. Vgl. auch *Schiek* 105 f.

[400] Zur Auslegung dieser Vorbehalte vgl. z.B. EuGH, Urteil vom 27.10.1977, Rs. 30/77 (Bouchereau), Slg. 1977, 1999, 2013.

zulässig sind. Die Rechtsprechung des EuGH läßt darauf schließen, daß dies nicht der Fall ist und versteckte Diskriminierungen schon - wie nicht-diskriminierende Beschränkungen - bei einer Rechtfertigung durch zwingende Gründe des Allgemeininteresses zulässig sind[401].

Eine Diskriminierung im Bereich des Arbeitsrechts könnte z.B. angenommen werden, wenn ein ausländischer Arbeitgeber bei der Ausführung von Arbeiten in einem anderen EU-Staat für seine Arbeitnehmer Beiträge abführen muß, obwohl er vergleichbare Beiträge bereits im Staat seiner Niederlassung entrichtet hat. Der EuGH ging für den betreffenden Sachverhalt aber nur von einer Beschränkung aus[402]. Auch die mit zusätzlichen Kosten verbundene Einholung einer Arbeitserlaubnis für entsandte Arbeitnehmer wurde vom EuGH als grundsätzlich unzulässig angesehen[403]. Die vom EuGH insoweit entschiedenen Fälle waren letztlich jedoch relativ eindeutig. Unabhängig von der konkreten Einordnung als Beschränkung oder Diskriminierung kam es durch die betreffenden nationalen Regelungen zu einer Doppelbelastung ausländischer Unternehmen bzw. entstanden Belastungen, die für inländische Arbeitgeber nicht relevant waren. Die Annahme einer (versteckten) Diskriminierung wäre zumindest möglich gewesen. In den nationalen Maßnahmen ein Eingriff in die Dienstleistungsfreiheit zu sehen, lag also nahe.

(2) Beschränkungsverbote

Die vom EuGH entwickelte zweite Schutzrichtung der Grundfreiheiten kann jedoch in anderen Fällen (ohne Doppelbelastung) dazu führen, daß im Einzelfall nur schwer eingeschätzt werden kann, ob eine nationale Vorschrift mit den

---

[401] Vgl. z.B. EuGH, Urteil vom 17.12.1981, Rs. 279/80 (Webb), Slg. 1981, 3305, 3324. Eine genaue Bewertung der Rechtsprechung ist nur schwer möglich, da der EuGH oft nicht zwischen versteckten Diskriminierungen und Beschränkungen unterscheidet bzw. von Beschränkungen spricht, obwohl eine versteckte Diskriminierung angenommen werden könnte. Zur Anwendung des Kriteriums des Allgemeininteresses auf versteckte Diskriminierungen vgl. ArbG Wiesbaden, Vorlagebeschluß vom 27.2.1998, NZA-RR 1998, 217, 220 mit weiteren Beispielen aus der Rechtsprechung. Vgl. auch *Roth*, in: Dauses, Kap. E I Rn. 125 sowie *Rebhahn*, DRdA 1999, 181 f. Zum Allgemeininteresse siehe unten § 6 III. 1. b) dd).

[402] EuGH, Urteil vom 28.3.1996, Rs. C-272/94 (Guiot), Slg. 1996, I-1915, 1923 f. Vgl. auch EuGH, Urteil vom 23.11.1999, Rs. C-396/96 und C-376/96 (Arblade), DB 1999, 2570, 2572. Die Annahme einer Diskriminierung wäre wohl konsequenter gewesen, vgl. auch *Schiek* 126.

[403] EuGH, Urteil vom 27.3.1990, Rs. C-113/89 (Rush Portuguesa), Slg. 1990, I-1439, 1446; EuGH, Urteil vom 9.8.1994, Rs. C-43/93 (Vander Elst), Slg. 1994, I-3818, 3827 f.

Grundfreiheiten vereinbar ist. Nach der Rechtsprechung des EuGH erschöpft sich die Wirkung der Grundfreiheiten regelmäßig nicht in einem Diskriminierungsverbot. Auch Regelungen, die unterschiedslos In- und Ausländer belasten, können in den Schutzbereich fallen, wenn sie die Ausübung der entsprechenden Freiheit beschränken. Die Grundfreiheiten enthalten also - über das Diskriminierungsverbot hinaus - auch ein Beschränkungsverbot[404]. Ob unterschiedslos wirkende Maßnahmen vom Schutzbereich aller Grundfreiheiten erfaßt werden, war lange Zeit strittig. Nach der neueren Rechtsprechung des EuGH muß aber wohl davon ausgegangen werden, daß alle Grundfreiheiten auch ein Beschränkungsverbot enthalten[405].

Für die Dienstleistungsfreiheit nach Art. 49 EGV hat der EuGH relativ früh eine eindeutige Aussage getroffen: Hier werden auch Beschränkungen erfaßt, die „unterschiedslos für einheimische Dienstleistende anderer Mitgliedsstaaten gelten"[406]. Die Dienstleistungsfreiheit soll die Aufhebung aller - auch nichtdiskriminierender - Beschränkungen verlangen, die geeignet sind, die Tätigkeit eines Dienstleistenden in einem anderen Mitgliedsstaat „zu unterbinden, zu behindern oder weniger attraktiv zu machen"[407]. Für die Arbeitnehmerfreizügigkeit lag lange keine derartig eindeutige Rechtsprechung vor. Spätestens seit dem „Bosman-Urteil"[408] konnte aber mit einiger Sicherheit angenommen werden, daß die Rechtsprechung des EuGH dahingeht, auch im Rahmen der Arbeitnehmerfreizügigkeit von einem Beschränkungsverbot auszugehen[409]. Spätestens mit der Entscheidung „Graf" sind jetzt alle Zweifel beseitigt: Auch

---

[404] Wegweisend insoweit die Entscheidungen zur Warenverkehrsfreiheit: EuGH, Urteil vom 11.7.1974, Rs. 8/74 (Dassonville), Slg. 1974, 837; EuGH, Urteil vom 20.1.1979, Rs. 120/78 (Rewe - „Cassis-de-Dijon"), Slg. 1979, 649.

[405] Vgl. z.B. *Mülbert*, ZHR 159 (1995), 28 f.

[406] EuGH, Urteil vom 28.3.1996, Rs. C-272/94 (Guiot), Slg. 1996, I-1915, 1920. Ständige Rechtsprechung vgl. auch EuGH, Urteil vom 4.12.1986, Rs. 205/84 (Kommission), Slg. 1986, 3755, 3802; EuGH, Urteil vom 25.7.1991, Rs. C-76/90 (Säger), Slg. 1991, I-4221, 4243; EuGH 9.8.1994, C-43/93 (Vander Elst), Slg. 1994, I-3818, 3823 f.

[407] Vgl. die Hinweise in der vorhergehenden Fußnote.

[408] EuGH, Urteil vom 15.12.1995, Rs. C-415/93 (Bosman), Slg. 1995, I-4921. Der EuGH geht für die streitgegenständlichen Bestimmungen von einer Beeinträchtigung der Arbeitnehmerfreizügigkeit aus, auch wenn die Vorschriften „unabhängig von der Staatsangehörigkeit der betroffenen Arbeitnehmer Anwendung finden", EuGH a.a.O., 5069.

[409] Zögernd *Schiek* (106 ff.), die von einem „vorsichtigen Bekenntnis" zu einem Beschränkungsverbot spricht. Nach der ganz h.L. ließ das „Bosman-Urteil" kaum eine andere Interpretation zu, als von einem Beschränkungsverbot auszugehen, vgl. z.B. *Birk*, ZAS 1999, 5 ff.; *Fischer* 311 ; *Hilf/Pache*, NJW 1996, 1172; *Hobe/Tietje*, JuS 1996, 489; *Nettesheim*, NVwZ 1996, 342 f.; *Schroeder*, JZ 1996, 254 f.

„unterschiedslos anwendbare Bestimmungen" können eine Beeinträchtigung der Freizügigkeit der Arbeitnehmer darstellen[410].

Auch aus den Beschränkungsverboten kann aber nicht gefolgert werden, daß jede nationale Regelung, die eine Grundfreiheit einschränkt, im grenzüberschreitenden Verkehr nicht anzuwenden wäre. Nach der Rechtsprechung des EuGH sind Beschränkungen durch Vorschriften möglich, die „durch zwingende Gründe des Allgemeininteresses gerechtfertigt sind"[411]. Untersucht man die Vereinbarkeit einer nicht - direkt - diskriminierenden Eingriffsnorm mit den Grundfreiheiten, sind also zwei Fragen zu klären: Enthält die Norm eine Beschränkung der Grundfreiheit? Ist diese Beschränkung gerechtfertigt, weil die Norm zwingenden Gründen des Allgemeininteresses dient[412]?

cc) Beschränkungen durch Eingriffsnormen

Zumindest direkte Diskriminierungen durch Eingriffsnormen lassen sich relativ unproblematisch erkennen, sie werden auch nur selten vorkommen. Von zentraler Bedeutung ist daher, inwieweit die Anwendung inländischer, arbeitsrechtlicher Eingriffsnormen eine Beschränkung der Grundfreiheiten darstellen kann. Wie bereits dargestellt wurde, ist für Eingriffsnormen des Arbeitsrechts vor allem die Vereinbarkeit mit der Dienstleistungsfreiheit nach Art. 49 EGV von Relevanz. Im Mittelpunkt der wissenschaftlichen Auseinandersetzung stehen dabei die im AEntG geregelten Fälle, also die Anwendung inländischer Vorschriften auf vorübergehend entsandte Arbeitnehmer von Unternehmen mit Sitz in einem anderen Mitgliedsstaat[413]. Da die Anwendung inländischer Eingriffsnormen nicht nur für die im AEntG geregelten Fälle, sondern auch nach allgemeinen Grundsätzen in der Regel einen inländischen Arbeitsort voraussetzt[414], lautet die regelmäßig zu beantwortende Frage, ob es die Dienstleistungsfreiheit beschränkt, wenn ein ausländischer Arbeitgeber bei der Erbringung von Leistungen im Inland inländisches Arbeitsrecht beachten muß. Nach dem vom EuGH vertretenen

---

[410] EuGH, Urteil vom 27.1.2000, Rs. C-190/98 (Graf), EuZW 2000, 252, 253.

[411] Ständige Rechtsprechung, vgl. für die Dienstleistungsfreiheit z.B. EuGH, Urteil vom Urteil vom 28.3.1996, Rs. C-272/94 (Guiot), Slg. 1996, I-1915, 1920; EuGH, Urteil vom 9.8.1994, Rs. C-43/93 (Vander Elst), Slg. 1994, I-3818, 3824. Für die Arbeitnehmerfreizügigkeit z.B. EuGH, Urteil vom 15.12.1995, Rs. C-415/93 (Bosman), Slg. 1995, I-4921, 5071.

[412] So auch *E. Lorenz*, VR 1995, 13.

[413] Vgl. die Hinweise in Fn. 366.

[414] Da die notwendige Inlandsbeziehung grundsätzlich durch den Arbeitsort vermittelt wird, siehe hierzu oben § 6 II. 4.

weiten Verständnis des Schutzbereichs der Grundfreiheiten[415] scheint sich eine einfache Lösung aufzudrängen: Muß der Arbeitgeber Vorschriften beachten, die höhere Anforderungen enthalten als sein „Heimatrecht", wird er stets in seiner Dienstleistungsfreiheit beschränkt, weil er bei der Ausführung der Leistung durch die betreffenden Normen zumindest mittelbar eingeschränkt wird[416]. Die Anwendung des inländischen Arbeitsrechts könnte die Tätigkeit „weniger attraktiv machen", schon weil sie regelmäßig mit höheren Kosten verbunden ist. Arbeitsrechtliche Eingriffsnormen würden in Entsendungsfällen also immer Beschränkungen darstellen[417].

Es lassen sich aber drei Aspekte anführen, die gegen eine derartige Lösung sprechen könnten: der Umfang der Schutzbereiche der Grundfreiheiten im Lichte der „Keck-Rechtsprechung", die Bedeutung der bisherigen Rechtsprechung des EuGH zur Erstreckung inländischen Arbeitsrechts auf alle im Inland tätigen Arbeitnehmer sowie systematische Erwägungen.

(1) Die Bedeutung der „Keck-Rechtsprechung"

Gegen die dargestellte „einfache Lösung" könnte zunächst eingewendet werden, daß auch im Bereich der Dienstleistungsfreiheit (und Arbeitnehmerfreizügigkeit) die Einschränkungen zu beachten sind, die der EuGH in zwei Entscheidungen aus dem Jahr 1993 für den Schutzbereich der Warenverkehrsfreiheit gemacht hat.

---

[415] Vgl. oben § 6 III. 1. b) bb) (2).

[416] Die folgenden Ausführungen beschränken sich auf die Angebotsseite. Nach *Steindorff* (Privatrecht 241) ist auch eine Beschränkung auf der Nachfrageseite in Betracht zu ziehen, weil inländischen Abnehmern die „Wahlfreiheit" genommen wird. Auch wenn man dem zustimmt, erübrigen sich gesonderte Ausführungen zur Nachfrageseite: Bei der Frage, inwieweit auch die Abnehmer durch die Grundfreiheiten geschützt werden, geht es allein um den begünstigten Personenkreis. Ob überhaupt eine Beschränkung vorliegt, ist unabhängig von dieser Frage zu beantworten. Werden die Erbringer der Leistung nicht in der Dienstleistungsfreiheit beschränkt, kann auch auf der Nachfrageseite keine Beschränkung vorliegen.

[417] So ganz allgemein *Roth*, RabelsZ 55 (1991), 660: „Eingriffsnormen müssen im Hinblick auf ihre den zwischenstaatlichen Handelsverkehr beschränkenden Wirkungen den ... Maßstäben der Artt. 30, 59 EWGV, und hier insbesondere dem Grundsatz der Verhältnismäßigkeit, genügen." Ähnlich auch *Drasch* 341; *Grundmann*, NJW 2000, 17 und *Radicati di Brozolo*, Rev. crit. dr. i. p. 82 (1993), 416 f. Für das AEntG mit gleicher Tendenz: *Koenigs*, DB 1995, 1710; *Gerken/Löwisch/Rieble*, BB 1995, 2373 f.; *Roth*, IPRax 1994, 168. Vgl. auch *Wichmann* (89), nach der wohl alle „Maßnahmen zur Angleichung der Arbeitsbedingungen entsandter und heimischer Arbeitnehmer als Beschränkungen zu bewerten" sind. Für die Entsenderichtlinie auch *Rebhahn*, DRdA 1999, 181 und 183: „Das Arbeitsortsprinzip für Entsandte ist also eine Beschränkung der Dienstleistungsfreiheit."

(a) Die Einschränkung des Schutzbereiches der Warenverkehrsfreiheit

In den Urteilen „Keck“[418] und „Hünermund“[419] hat der EuGH die sehr weite Auslegung des Schutzbereichs der Warenverkehrsfreiheit - die auf die Entscheidungen „Cassis de Dijon“[420] und „Dassonville“[421] zurückging - wieder eingeschränkt bzw. eine Klarstellung hinsichtlich des Schutzumfangs vorgenommen. Nach der Dassonville-Formel lag eine Maßnahme gleicher Wirkung (also ein Eingriff in die Warenverkehrsfreiheit) immer vor, wenn die nationale Regelung „geeignet ist, den innergemeinschaftlichen Handel unmittelbar oder mittelbar, tatsächlich oder potentiell zu behindern“[422]. Diese Rechtsprechung führte dazu, daß „sich die Wirtschaftsteilnehmer immer häufiger auf Art. 30 EWGV beriefen, um jedwede Regelung zu beanstanden, die sich als Beschränkung ihrer geschäftlichen Freiheit auswirkt, auch wenn sie nicht auf Erzeugnisse aus anderen Mitgliedsstaaten gerichtet ist ...“[423]. Um dieser Entwicklung entgegenzutreten, hat der EuGH in „Keck“ und „Hünermund“ den Anwendungsbereich der Warenverkehrsfreiheit begrenzt: Ein Eingriff in die Warenverkehrsfreiheit liege bei nationalen Regelungen nicht vor, die „Verkaufsmodalitäten“ beschränken oder verbieten, wenn die betreffenden Regelungen für alle Wirtschaftsteilnehmer gelten, die ihre Tätigkeit im Inland ausüben und den Absatz inländischer und aus anderen Mitgliedsstaaten stammender Erzeugnisse in gleicher Weise berühren[424]. Schon die Bedeutung dieser Entscheidungen für die Warenverkehrsfreiheit selbst wird in der Literatur kontrovers diskutiert[425]. Offene Fragen entstehen z.B. dadurch, daß der EuGH sowohl in den genannten Urteilen als auch in folgenden Entscheidungen[426] nicht

---

[418] EuGH, Urteil vom 24.11.1993, Rs. C-267/91 und C-268/91 (Keck), Slg. 1993, I-6097 ff.

[419] EuGH, Urteil vom 15.12.1993, Rs. C-292/92 (Hünermund), Slg. 1993, I-6787.

[420] EuGH, Urteil vom 20.1.1979, Rs. 120/78 (Rewe „Cassis-de-Dijon“), Slg. 1979, 649.

[421] EuGH, Urteil vom 11.7.1974, Rs. 8/74 (Dassonville), Slg. 1974, 837.

[422] EuGH, Urteil vom 11.7.1974, Rs. 8/74 (Dassonville), Slg. 1974, 837, 852.

[423] EuGH, Urteil vom 24.11.1993, Rs. C-267/91 und C-268/91 (Keck), Slg. 1993, I-6097, 6131.

[424] EuGH, Urteil vom 24.11.1993, Rs. C-267/91 und C-268/91 (Keck), Slg. 1993, I-6097, 6131; EuGH, Urteil vom 15.12.1993, Rs. C-292/92 (Hünermund), Slg. 1993, I-6787, 6823.

[425] Die Entscheidungen haben eine Vielzahl von Veröffentlichungen ausgelöst, vgl. z.B. *Arndt*, JuS 1994, 469 ff.; *Basedow*, EuZW 1994, 224 ff.; *Fischer*, WIB 1994, 182 ff.; *Möschel*, NJW 1994, 429 ff.; *Mülbert*, ZHR 159 (1995), 2 ff.; *Petschke*, EuZW 1994, 107 ff.; *Reich*, ZIP 1993, 1813 ff.; *Schwintowski*, RabelsZ 64 (2000), 38 ff.; *Steindorff*, ZHR 158 (1994), 149 ff.

[426] EuGH, Urteil vom 2.6.1994, Rs. C-401/92 und C-402/92 (Tankstation 't Heukske), Slg. 1994, I-2199, 2233; EuGH, Urteil vom 2.6.1994, Rs. C-69/93 und C-258/93 (Punto Casa), Slg. 1994, I-2355, 2368.

erläutert hat, was genau unter „Bestimmungen, die bestimmte Verkaufsmodalitäten beschränken oder verbieten" zu verstehen ist[427]. Keine Aussage wurde auch darüber getroffen, wie Normen zu behandeln sind, die zwar - zumindest mittelbar - die Freiheit des Warenverkehrs betreffen, aber weder die Ware selbst noch die Regelung von Verkaufsmodalitäten betreffen. Dieser Normgruppe dürfte aber eine Vielzahl nationaler Bestimmungen angehören, da der Begriff der „Verkaufsmodalitäten" nicht ohne weiteres so ausgelegt werden kann, daß er alle Normen erfaßt, die nicht direkt die Ware als solche betreffen[428].

Trotz dieser Unklarheiten läßt sich aber für die Warenverkehrsfreiheit zumindest folgendes festhalten: Nicht jede nationale Bestimmung, die geeignet ist, die Freiheit des Warenverkehrs in irgendeiner Weise zu berühren, stellt eine Beschränkung dieser Grundfreiheit dar, die einer Rechtfertigung durch das Allgemeininteresse bedarf[429].

(b) Die Übertragbarkeit der „Keck-Rechtsprechung"

Noch schwieriger als die Bedeutung der betreffenden Rechtsprechung für die Warenverkehrsfreiheit zu bemessen, ist die Beurteilung, welche Schlüsse aus diesen Entscheidungen für die anderen Grundfreiheiten und insbesondere die Dienstleistungsfreiheit gezogen werden können. Fraglich ist also, ob und in welchem Ausmaß die in „Keck" und „Hünermund" getroffenen Aussagen z.B. auch für die Dienstleistungsfreiheit relevant sind[430]. Der EuGH hat sich hierzu bis jetzt nicht - zumindest nicht explizit – geäußert, läßt in der Entscheidung „Alpine Investment BV"[431] aber erkennen, daß er eine Übertragung der „Keck-Rechtsprechung" zumindest im Bereich der Dienstleistungsfreiheit in Betracht zieht[432].

---

[427] *Mülbert*, ZHR 159 (1995), 17; *Steindorff*, ZHR 158 (1994), 152.

[428] Ähnlich *Jickeli*, JZ 1995, 60; *Mülbert*, ZHR 159 (1995), 17; *Petschke*, EuZW 1994, 111.

[429] *Sack* (EWS 1994, 39 f.) und *Steindorff* (ZHR 159 (1995), 154 ff.) zeigen, daß der EuGH auch schon vor „Keck" und „Hünermund" Wege gefunden hat, den Einfluß des Art. 28 EGV auf nationales Recht abzumildern. Die „Keck-Rechtsprechung" stellt aber schon insoweit einen Wendepunkt dar, als die bisherigen Ausnahmen vom Anwendungsbereich keine einheitliche Struktur erkennen ließen und nur schwierig erklärbar waren, vgl. auch *Everling*, ZLR 1994, 225.

[430] Vgl. zu dieser Frage z.B. *E. Lorenz*, VR 1995, 14 f.; *Mülbert*, ZHR 159 (1995), 29 ff.

[431] EuGH, Urteil vom 10.5.1995, Rs. C-384/93 (Alpine Investment BV), Slg. 1995, I-1141, 1177 f.

[432] So z.B. auch *Becker*, NJW 1996, 181; *Birk*, ZAS 1999, 4; *Kort*, JZ 1996, 133; *Rohe*, RabelsZ 61 (1997), 21 und *Wichmann* 72. Näher hierzu unten § 6 III. 1. b) cc) (1) (e).

Gesichtspunkte, die dafür sprechen, daß die betreffenden Urteile auch für die anderen Grundfreiheiten von Bedeutung sein könnten, lassen sich durchaus finden. So kann ein Argument herangezogen werden, daß ursprünglich vom Generalanwalt *Lenz* in der Entscheidung „Bosman“[433] vorgebracht wurde, um zu begründen, daß die Arbeitnehmerfreizügigkeit - wie andere Grundfreiheiten - ebenfalls als Beschränkungsverbot aufgefaßt werden müßte: das Gebot der Einheitlichkeit der Dogmatik der Grundfreiheiten. *Lenz* hat in seinen Schlußanträgen zu dem betreffenden Urteil ausgeführt, daß die Grundfreiheiten wegen ihrer gemeinsamen Grundlage in Art. 3 Abs. 1 c) EGV auch die gleiche Struktur haben müßten[434]. Mit dieser Argumentation ließe sich auch begründen, daß Einschränkungen, die für den Anwendungsbereich der Warenverkehrsfreiheit gemacht werden, entsprechend auf die anderen Grundfreiheiten zu übertragen sind. Ansonsten würde die Gefahr der Verletzung des Einheitlichkeitsgebots drohen, weil der Anwendungsbereich der übrigen Grundfreiheiten weitergehend wäre als der Anwendungsbereich der Warenverkehrsfreiheit. Da die Dienstleistungsfreiheit gegenüber der Freiheit des Warenverkehr eine parallele Regelung für nichtkörperliche Waren darstellt[435], wäre insbesondere eine unterschiedliche Behandlung der Dienstleistungs- und Warenverkehrsfreiheit schwierig zu begründen[436].

Auch die Motive, die den EuGH bewogen haben, eine „Klarstellung“ hinsichtlich des Anwendungsbereichs der Warenverkehrsfreiheit vorzunehmen, sind ebenfalls bei den anderen Grundfreiheiten relevant. So ist bei einer weiten Auslegung des Schutzbereichs der Dienstleistungsfreiheit, bei der alle nationalen Bestimmungen erfaßt werden, die geeignet sind, die Tätigkeit des Dienstleistenden eines anderen Mitgliedsstaates „zu behindern oder weniger attraktiv zu machen“[437], eine Parallele zu der in „Keck“ beanstandeten Entwicklung zu erwarten[438]. Die Wirtschaftsteilnehmer werden sich immer häufiger auf Art. 49 EGV berufen, um

---

433 EuGH, Urteil vom 15.12.1995, Rs. C 415/93 (Bosman), Slg. 1995, I-4921.

434 Vgl. Schlußanträge des Generalanwalts *Lenz*, Slg. 1995, I-4921, 4990 ff.; auch in der Literatur gibt es Stimmen, die auf die „gleichförmige Struktur“ der Grundfreiheiten hinweisen, vgl. *Behrens*, EuR 1992, 145; *Eberhartinger*, EWS 1997, 49 f.; *Steindorff*, JZ 1994, 96.

435 Groeben/Thiesing/Ehlermann-*Troberg*, Vorbem. zu den Artt. 59-66 EGV Rn. 17 ff.; *Mülbert*, ZHR 159 (1995), 29; *Sack*, WRP 1998, 116 (der allerdings für beide Freiheiten auf die „Spürbarkeit“ abstellen will). Vgl. auch *E. Lorenz*, VR 1995, 14: „...denn die Regelung der Dienstleistungsfreiheit ist als Auffangregel den Grundsätzen über die Warenverkehrsfreiheit nachgebildet worden.“.

436 So auch *Engel*, JZ 1995, 940. Anders wohl *Stumpf*, DZWir 1998, 126.

437 So der EuGH in einem Urteil vom 28.3.1996, Rs. C-272/94 (Guiot), Slg. 1996, I-1915, 1920.

438 Vgl. auch *Schroeder*, JZ 1996, 255.

jedwede Regelung zu beanstanden, die sich als Beschränkung ihrer geschäftlichen Freiheit auswirkt, auch wenn sie nicht auf Dienstleistungen aus anderen Mitgliedsstaaten gerichtet ist[439].

Ohne Einschränkung der bisher sehr weiten Auslegung des Schutzbereichs der Dienstleistungsfreiheit müßte also jede zwingende nationale Norm, die die grenzüberschreitende Erbringung einer Dienstleistung irgendwie - sei es nur mittelbar oder potentiell - betrifft, am Erfordernis des Allgemeininteresses gemessen werden; ob dies Sinn und Zweck der Grundfreiheiten ist, erscheint zumindest zweifelhaft[440]. Gleiches gilt für die Arbeitnehmerfreizügigkeit, auch hier wurde vom EuGH die Formel verwendet, daß alle nationalen Bestimmungen erfaßt werden, die geeignet sind, die Ausübung der Freiheiten „zu behindern oder weniger attraktiv zu machen“[441]. *Steindorff*[442] und *Mülbert*[443] haben gezeigt, daß auch diese Rechtsprechung zu einer umfassenden gemeinschaftsrechtlichen Kontrolle nationalen zwingenden (Arbeits-) Rechts führen kann[444].

Gegen eine Übertragung der in „Keck“ getroffenen Aussagen wird eingewandt, im Rahmen der Dienstleistungsfreiheit gäbe es keine dem Art. 30 EGV vergleichbare Einschränkung. Dies könne dafür sprechen, daß die Dienstleistungsfreiheit weitergehend als die Freiheit des Warenverkehrs zu verstehen ist[445]. Gegen diese Annahme sprechen schon die oben genannte Aspekte der Einheitlichkeit der Dogmatik der Grundrechte und der Parallelität der Dienstleistungs- und Warenverkehrsfreiheit. Die Frage nach der Bedeutung des „Keck-Urteils“ für die anderen Grundfreiheiten betrifft den Anwendungsbereich der Freiheiten, nicht die im EGV geregelten Ausnahmeregelungen. Es erscheint sehr zweifelhaft, ob aus dem unterschiedlichen Wortlaut der Ausnahmeregelungen in Art. 30 EGV und Art. 46 EGV darauf geschlossen

---

439 Vgl. hierzu EuGH, Urteil vom 24.11.1993, Rs. C-267/91 und C-268/91 (Keck), Slg. 1993, I-6097, 6131.

440 Vgl. zu der Funktion der Grundfreiheiten auch *Mülbert*, ZHR 159 (1995), 18 ff.; *Steindorff*, ZHR 158 (1994), 160 und passim.

441 EuGH, Urteil vom 31.3.1993, Rs. C-19/92 (Kraus), Slg. 1993, I-1663, 1697.

442 *Steindorff*, JZ 1994, 97 f. als Reaktion auf EuGH, Urteil vom 2.8.1993, Rs. C 259/91, C 331/91 und C 332/91 (Allué II), JZ 1994, 94.

443 *Mülbert*, ZHR 159 (1995), 31 ff.

444 Vgl. auch *Nettesheim* (NVwZ 1996, 343 f.): Es bedürfe einer tatbestandlichen Beschränkung der Artt. 39, 43 EGV um das „absurde Ergebnis“ zu vermeiden, „daß die gesamte mitgliedsstaatliche Wirtschaftsordnung einer Verbotsnorm unterfällt und vom EuGH auf ihre Rechtfertigung überprüft werden muß.“

445 Diesen Gedanken zieht *Stumpf* (DZWir 1998, 126) zumindest in Betracht.

werden kann, daß die Warenverkehrsfreiheit grundsätzlich nur einen geringeren Grad an Freiheit von Beschränkungen gewährleisten soll[446].

E. Lorenz macht geltend, gegen eine Übertragung der „Keck-Grundsätze" auf die Dienstleistungsfreiheit spräche, daß schon im Bereich des Warenverkehrs die Reichweite der betreffenden Rechtsprechung unklar ist[447]. Dieses Argument betont einen wichtigen Aspekt des hier behandelten Problems: Die Beantwortung der Frage, welche Bedeutung die Aussagen der „Keck-Rechtsprechung" für andere Grundfreiheiten haben, setzt voraus, daß beurteilt werden kann, was überhaupt die Aussagen der „Keck-Rechtsprechung" sind. Dem Urteil selbst und seinen Nachfolgern läßt sich zunächst entnehmen, daß eine Klarstellung hinsichtlich des Umfangs des Beschränkungsverbots gewollt war, im Ergebnis kam es zu einer „Beschränkung des Beschränkungsverbots"[448]. Es muß auch beachtet werden, daß der EuGH ausdrücklich darauf hingewiesen hat, daß auch Regelungen, die ausschließlich Verkaufsmodalitäten regeln, das „Absatzvolumen und damit das Volumen des Absatzes von Erzeugnissen aus anderen Mitgliedsstaaten" beschränken können. Der EuGH führt hierzu zunächst aus, daß es „fraglich" sei, ob dies ausreicht, um die nationale Regelung als „Maßnahme gleicher Wirkung" anzusehen, verneint dies aber im Ergebnis[449]. Eine nationale Regelung stellt also nicht automatisch einen Eingriff in die Warenverkehrsfreiheit dar, wenn sie geeignet ist, Importe aus anderen Mitgliedsstaaten quantitativ zu beschränken[450].

(c) Die Funktion der Grundfreiheiten

Da die Entscheidungen über den Begriff der „Verkaufsmodalitäten" hinaus keine Informationen darüber liefern, inwieweit das Beschränkungsverbot für andere nationale Normen (d.h. Nicht-Verkaufsmodalitäten) oder im Bereich anderer Grundfreiheiten gilt, kann eine Klarstellung nur durch eine Berücksichtigung der Funktion der Grundfreiheiten erfolgen. Die Beantwortung der Frage, wieweit die Beschränkungsverbote reichen, hängt letztlich davon ab, welche Aufgaben die

---

[446] Mit dieser Tendenz aber *Stumpf*, DZWir 1998, 126.

[447] *E. Lorenz*, VR 1995, 15.

[448] *Petschke*, EuZW 1994, 108.

[449] EuGH, Urteil vom 24.11.1993, Rs. C-267/91 und C-268/91 (Keck), Slg. 1993, I-6097, 6130; EuGH, Urteil vom 15.12.1993, Rs. C-292/92 (Hünermund), Slg. 1993, I-6787, 6822.

[450] *Weyer*, DZWir 1994, 91.

Grundfreiheiten erfüllen sollen[451]. Die mit den Grundfreiheiten verfolgten Ziele ergeben sich aus Art. 3 Abs. 1 c) EGV. Nach dieser Bestimmung umfaßt die „Tätigkeit der Gemeinschaft" die Schaffung eines Binnenmarktes, „der durch die Beseitigung der Hindernisse für den freien Waren-, Personen-, Dienstleistungs- und Kapitalverkehr zwischen den Mitgliedsstaaten gekennzeichnet ist"[452]. Die Schaffung eines funktionierenden Binnenmarktes setzt aber nicht voraus, daß jegliche Rechtsunterschiede zwischen den Mitgliedsstaaten beseitigt werden[453]. Dies hat der EuGH mit der „Keck-Rechtsprechung" anerkannt, wenn er ausführt, daß nicht jede Regelung, die das „Absatzvolumen" der Erzeugnisse anderer Mitgliedsstaaten mindern kann, eine Beschränkung des Warenverkehrs darstellt[454]. Der EuGH bekennt sich insoweit also zu einem „unvollkommenen Binnenmarkt"[455], in dem Rechtsunterschiede in Kauf genommen werden, auch wenn sie Auswirkungen auf den Austausch von Waren zwischen den Mitgliedsstaaten haben[456]. Aufgabe der Grundfreiheiten in einem derartig „unvollkommenen" Binnenmarkt ist dabei nicht, eine vollständige Vereinheitlichung der Bestimmung zu bewirken, die in irgendeiner Weise den Austausch von Waren, Dienstleistungen oder den Personenverkehr betreffen können. Die Freiheiten dienen vielmehr dazu, Hindernisse für den Austausch zwischen den

[451] So *Mülbert*, ZHR 159 (1995), 19 ff.; *Steindorff*, ZHR 158 (1994), 160. Im Ergebnis auch *Nettesheim*, NVwZ 1996, 344; *Roth*, GS Knobbe-Keuk 737 ff.; *derselbe*, FS Großfeld 944 ff. Ähnlich *Schwintowski* (RabelsZ 64 (2000), 56 ff.), der im Ergebnis der „Keck-Rechtsprechung" aber kritisch gegenüber steht.

[452] Nach *Reich* (EuZW 1991, 205) führt eine am Binnenmarktziel orientierte Auslegung der Grundfreiheiten zu einem Zirkelschluß, weil das Binnenmarktziel wiederum durch die Reichweite der Grundfreiheiten bestimmt werde (ihm folgend *Wichmann* 80). Hiergegen spricht schon, daß nach dem EGV eine Mittel/Zweck-Beziehung zwischen Grundfreiheiten und Binnenmarkt besteht.

[453] *Everling*, ZLR 1994, 230; *Mülbert*, ZHR 159 (1995), 19 ff.; *Steindorff*, ZHR 158 (1994), 160. Vgl. auch schon *White*, C. M. L. Rev. 1989, 259.

[454] EuGH, Urteil vom 24.11.1993, Rs. C-267/91 und C-268/91 (Keck), Slg. 1993, I-6097, 6130.

[455] *Steindorff*, ZHR 158 (1994), 160 (wobei *Steindorff* allerdings in der Anwendung inländischen Arbeitsrechts eine Beschränkung der Dienstleistungsfreiheit sieht, vgl. *Steindorff*, Privatrecht 36 und 241).

[456] Vgl. auch *Rohe*, RabelsZ 61 (1997), 13: Der EuGH bewege sich mit dem „Keck-Urteil" weg vom Ziel eines vollkommenen Binnenmarkts zu einer „Dezentralisierung der Normgebung". *Rohe* sieht diese Rechtsprechung als „Ausfluß des Subsidiaritätsprinzips"; gemeint sei damit aber letztlich das gleiche wie mit dem Begriff „unvollkommener Binnenmarkt". Nach *Steindorff* (ZHR 163 (1999), 422 f.) liegt der Ursprung der „Keck-Rechtsprechung" in der Rücksichtnahme auf die Identität der Mitgliedstaaten; vgl. hierzu auch *Roth*, FS Großfeld 934.

Mitgliedsstaaten zu beseitigen[457]. Dieser Funktion entspricht die in „Keck" für den Warenverkehr gemachte Unterscheidung zwischen waren- und verkaufsbezogenen Regelungen[458]. Durch warenbezogene Regelungen wird der Anbieter gehindert, seine Ware in einem anderen Mitgliedsstaat abzusetzen, obwohl die Ware den Vorschriften seines Heimatstaates entspricht. Warenbezogene Vorschriften machen die Ware „unverkäuflich", das Absatzpotential für das Produkt - in seiner konkreten (den Vorschriften des Herkunftslandes entsprechenden) Ausgestaltung - sinkt auf Null. Diese Auswirkung haben verkaufsbezogene Vorschriften nicht. Durch diese Regelungen wird der Anbieter zwar z.B. daran gehindert, seine Ware zu einem bestimmten Preis oder auf bestimmten Distributionswegen zu veräußern, der Zugang zum Markt wird für die Ware jedoch nicht vollständig versperrt[459]. Den

---

[457] *Mülbert*, ZHR 159 (1995), 19 ff.; *Steindorff*, ZHR 158 (1994), 160. Ähnlich auch *Rohe*, RabelsZ 61 (1997), 13 f.; *Rohe* spricht von der Beseitigung „unmittelbar binnenmarktwirksamer" Maßnahmen. Vgl. weiterhin *Roth*, GS Knobbe-Keuk 737 ff.; *derselbe*, FS Großfeld 944 ff.: Aus dem Binnenmarktziel ergebe sich, daß das Beschränkungsverbot nur Maßnahmen erfasse, die den Zugang zu dem Markt eines anderen Mitgliedsstaates betreffen. Vgl. auch schon *White*, C. M. L. Rev. 1989, 259: Maßnahmen, die nicht das Produkt selbst betreffen, würden grundsätzlich der Schaffung eines Binnenmarktes nicht entgegenstehen und würden somit nicht unter die Warenverkehrsfreiheit fallen.

[458] Die vom EuGH gemachte Differenzierung zwischen waren- und verkaufsbezogen Regelungen ist in der Literatur teilweise auf Kritik gestoßen. Eingewendet wird vor allem, die betreffende Unterscheidung sei nicht durchführbar bzw. das Abgrenzungskriterium ungeeignet. Einige Autoren wollen daher auf die „Spürbarkeit" des Eingriffs abstellen; vgl. *Fezer*, JZ 1994, 28; *Jestaedt/Kästle*, EWS 1994, 28; *Reich*, EuZW 1995, 407 f.; *Sack*, EWS 1994, 45; *derselbe*, WRP 1998, 116 ff. Nach *Schwintowski* (RabelsZ 64 (2000), 58), sollen nationale Regelungen dann keine Beschränkungen darstellen, wenn sie das Erreichen des Binnenmarktziels nicht in Frage stellen oder der Aufrechterhaltung eines offenen, freien oder fairen Marktwettbewerbs dienen. Diese Lösungsvorschläge werden aber kaum praktikabler als das Abstellen auf die Waren- bzw. Produktbezogenheit der Regelung sein. Die in „Keck" gemachte Unterscheidung entspricht auch der Funktion der Grundfreiheiten, es besteht also keine Veranlassung, von ihr abzuweichen.

[459] Ähnlich *Arndt*, JuS 1994, 472: Durch warenbezogene Regelungen komme es zu einer Kontingentierung, Verkaufsregelungen hätten keine derartige Folge. Im Ergebnis auch *Nettesheim* (NVwZ 1996, 344) für die Arbeitnehmerfreizügigkeit und Niederlassungsfreiheit: Beschränkungen, die Teil eines „wirtschaftlichen Ordnungsrahmens" sind, würden nicht erfaßt. Vgl. für die Niederlassungs- und Warenverkehrsfreiheit auch *Roth*, GS Knobbe-Keuk 737 ff.; *derselbe*, FS Großfeld 944 ff.: Entscheidend sei, ob die nationale Vorschrift „marktzugangssperrende" Wirkung entfalte. Für die Warenverkehrsfreiheit ebenso *Steindorff*, Privatrecht 106: Maßgeblich sei, ob ein Marktzugang „versperrt oder diskriminierend erschwert„ werde. Vgl. auch *Rohe* (RabelsZ 61 (1997), 14 ff.), der auf die „Unmittelbarkeit" abstellt: Produktbezogene Regelungen würden „Unmittelbarkeit" aufweisen. Anders dagegen Normen, die zwar den Absatz beeinflussen, nach ihrer Intention jedoch nicht auf eine derartige Beeinflussung ausgerichtet sind. „Nicht-unmittelbar" wären dabei vor allem Vorschriften wirtschafts- und sozialpolitischen Gehalts (wie Bestimmungen über Nacht-, Sonn- und Feiertagsarbeitsverbote).

Anforderungen des Binnenmarkts wird Genüge getan, wenn ein Anbieter seine Ware als solche in anderen Mitgliedsstaaten so anbieten kann, wie er es in seinem Heimatland tun kann; ansonsten würden Hindernisse aufgestellt, die für die Ware in ihrer konkreten Gestaltung nicht überwindbar sind[460]. Daß alle Rahmenbedingungen, unter denen die Ware angeboten wird, gleich sind, ist nicht notwendig. Zwar können auch nicht-warenbezogene Regelungen Umsatz und Gewinn des ausländischen Anbieters auf dem Inlandsmarkt beeinflussen. Aufgabe der Grundfreiheiten kann es aber nicht sein, dem Anbieter die ökonomischen Rahmenbedingungen und Erfolgsaussichten zu erhalten, die er auf seinem Heimatmarkt hat[461]. Dieses Ziel wäre nur über eine Vereinheitlichung des gesamten Privatrechts aller Mitgliedsstaaten zu erreichen. Auch der EuGH bestätigt in der „Keck-Rechtsprechung", daß nicht jede Vorschrift in den Anwendungsbereich der Warenverkehrsfreiheit fällt, die ökonomische Auswirkungen für den Anbieter hat: Der Gerichtshof weist ausdrücklich darauf hin, daß auch Verkaufsmodalitäten die Absatzchancen beeinflussen können[462]. Mit der „Keck-Entscheidung" hat der EuGH damit den Anwendungsbereich der Warenverkehrsfreiheit auf ein Maß zurückgeführt, das der Funktion der Grundfreiheiten entspricht: Nicht-diskriminierende Verkaufsmodalitäten, also Regelungen, die die Gestaltung der Ware nicht unmittelbar betreffen, fallen nicht in den Anwendungsbereich der Warenverkehrsfreiheit; für warenbezogene Regelungen bleibt es dagegen bei dem weitgehenden Beschränkungsverbot[463]. Diskriminierende Regelungen stellen auch dann eine Beschränkung dar, wenn sie nicht warenbezogen sind, dies ergibt sich schon aus der Funktion der Grundfreiheiten als spezielle Diskriminierungsverbote; die Freiheiten sichern insoweit die „Marktgleichheit"[464].

---

[460] *Mülbert*, ZHR 159 (1995), 22. Dies entspricht dem Herkunftslandprinzip: Die Ware muß - wenn sie den Rechtsvorschriften des Herkunftslandes entspricht - auch auf den Märkten der anderen Staaten absetzbar sein. Vgl. zum Herkunftslandprinzip z.B. auch *Roth*, RabelsZ (55) 1991, 664 ff.

[461] Vgl. *Deinert* (RdA 1996, 349), nach dessen Ansicht schon Art. 60 Abs. 2 EGV gegen die Auffassung spricht, der EG-Vertrag garantiere die Ausnutzung von Wettbewerbsvorteilen durch die günstigeren Bedingungen des Heimatrechts. Im Ergebnis auch *Mülbert*, ZHR 159 (1995), 22 sowie *Rohe*, RabelsZ 61 (1997), 14 ff. A.A. wohl *Gerken/Löwisch/Rieble*, BB 1995, 2373 f. und *Koenigs*, DB 1995, 1710.

[462] EuGH, Urteil vom 24.11.1993, Rs. C-267/91 und C-268/91 (Keck), Slg. 1993, I-6097, 6130 f.

[463] Vgl. z.B. *Weyer*, DZWir 1994, 94. *Everling* (ZLR 1994, 225) spricht insoweit von einer Rückführung der Anwendung der Warenverkehrsfreiheit auf ein „vernünftiges Maß". Ähnlich auch *Jestaedt/Kästle*, EWS 1994, 28. Weitergehend *Jarass* (EuR 1995, 217), der aus der Funktion der Grundfreiheiten ableitet, daß nur Ungleichbehandlungen bzw. Schlechterstellungen von Ausländern einen Eingriff in die Schutzbereiche darstellen. Mit der Rechtsprechung des EuGH ist diese Ansicht nicht vereinbar.

[464] Vgl. *Roth*, GS Knobbe-Keuk 737 ff.; *derselbe*, FS Großfeld 944 ff.

(d) Die Schutzbereiche von Dienstleistungsfreiheit und Arbeitnehmerfreizügigkeit

Da die Überlegungen zur Warenverkehrsfreiheit auf die allgemeine Zwecksetzung der Grundfreiheiten zurückgreifen, lassen sie sich zumindest auf die Dienstleistungsfreiheit relativ unproblematisch übertragen[465]. Auch hier kann zwischen produktgestaltenden und nicht-produktgestaltenden Regelungen differenziert werden[466]. Nach den obigen Grundsätzen wäre dann davon auszugehen, daß nicht-diskriminierende, nicht-produktgestaltende Vorschriften nicht in den Anwendungsbereich der Dienstleistungsfreiheit fallen, das Beschränkungsverbot also insoweit beschränkt ist[467]. „Produkt" in diesem Sinne ist die betreffende Dienstleistung, also z.B. die Leistungen, die ein ausländischer Bauunternehmer im Inland erbringt. Regelungen, die diese Leistung bzw. das Produkt nicht als solches betreffen, schotten den Markt nicht für das konkrete Produkt ab, stellen also keine unmittelbaren Hindernisse für das Produkt selbst dar. Überträgt man die Aussagen zur Warenverkehrsfreiheit, kann es grundsätzlich nicht darauf ankommen, ob eine nationale Regelung geeignet ist, die Absatzmöglichkeiten für das Produkt zu beschränken oder die wirtschaftlichen Erfolgsaussichten des Dienstleisters zu beeinflussen[468]. Muß der ausländische Dienstleister also bei vorübergehender Entsendung von Arbeitnehmern die inländischen Vorschriften über den Mindesturlaub berücksichtigen, so verteuert dies seine Leistung, wenn sein Heimatrecht weniger

---

[465] Für eine Übertragung auf die Dienstleistungsfreiheit z.B. *Eberhartinger*, EWS 1997, 49 f.; *Everling*, ZLR 1994, 225; *Krebber*, JbJgZivWiss 1997, 143 f.; *E. Lorenz*, VR 1995, 15; *Mülbert*, ZHR 159 (1995), 29 f.; *Rohe*, RabelsZ 61 (1997), 27 f.; *Sonnenberger*, ZVglRWiss 95 (1996), 12; *Wichmann* 62 f. Ähnlich auch *Roth*, der aber zwischen Regelungen, die das (Versicherungs-) Produkt selbst betreffen und Regelungen des allgemeinen Vertragsrechts differenzieren will und bei letzteren nur von einer „reduzierten Kontrollintensität" ausgeht, *Roth*, VersR 1993, 135; kritisch hierzu *E. Lorenz*, VR 1995, 15.

[466] Vgl. für den Bereich des Versicherungsrechts *E. Lorenz*, VR 1995, 14 f. Vgl. auch *Mülbert*, ZHR 159 (1995), 29 f. Die Unterscheidung wird nicht immer einfach sein; insoweit aber zutreffend *Remien*, RabelsZ 62 (1998), 636: „Die Abgrenzung ist schwierig; sie ist aber unvermeidlich, wenn man nicht entweder alle Privatrechtsnormen freistellen oder dem EuGH die Totalkontrolle des Privatrechts anheimgeben will".

[467] Vgl. *E. Lorenz*, VR 1995, 15; *Mülbert*, ZHR 159 (1995), 29 f. Anders z.B. *Wichmann* 73: Es sei nicht zwischen produkt- und nicht-produktbezogenen Regelungen zu differenzieren. Entscheidend sei, ob die Norm andere Wirkungen für Ausländer als für Inländer entwickle. Eine derartige Unterscheidung wäre aber wenig überzeugend: Inländische Normen entfalten für Ausländer bei einer Abweichung von deren „Heimatrecht" stets andere Wirkungen, da eine „Umstellung" auf das abweichende Recht nötig ist. Maßgeblich kann allenfalls sein, ob Ausländer „zusätzlich" belastet werden, vgl. unten § 6 III. 1. b) cc) (2) (b).

[468] Vgl. auch *Mülbert* ZHR 159 (1995), 22 f. und 29 f.

Urlaub vorsieht. Ein Eingriff in die Dienstleistungsfreiheit würde aber nicht vorliegen, weil die deutsche Urlaubsregelung nicht unmittelbar die Gestaltung der Leistung bzw. des Produktes betrifft. Bei der Anwendung deutschen Arbeitsrechts auf nach Deutschland entsandte Arbeitnehmer würde also regelmäßig kein Eingriff in die Dienstleistungsfreiheit vorliegen, da die arbeitsrechtlichen Normen keine produktgestaltenden Vorschriften sind[469].

Auch wenn man mit der hier vertretenen Auffassung davon ausgeht, daß eine nationale Vorschrift nicht schon deshalb eine Beschränkung darstellt, weil sie den Preis des Produktes beeinflußt, könnten die Auswirkungen auf den Preis doch in einem besonderen Fall von Bedeutung sein. Denkbar ist, daß eine nationale Norm den Preis der Dienstleistung so stark beeinflußt, daß der Erbringer der Leistung von dem betreffenden Markt ferngehalten wird. Die Vorschrift könnte dann als echtes Hindernis für die Dienstleistung selbst - mit marktabschottender Wirkung - angesehen werden[470]. Eine derartige Konstellation dürfte bei nicht-diskriminierenden Normen selten sein, da hier alle Mitbewerber von der entsprechenden Vorschrift betroffen sind. Im Bereich der Eingriffsnormen des Arbeitsrechts kommt sie wohl nur bei der Vorschreibung eines bestimmten Lohnniveaus in Betracht[471]. Da sich eine derartige Regelung in § 1 AEntG befindet, soll auf diese Frage bei Behandlung des AEntG näher eingegangen werden[472].

Welche Bedeutung die dargestellten Grundsätze für die Arbeitnehmerfreizügigkeit haben, ist schwieriger zu beurteilen, da insoweit keine Unterscheidung zwischen produktbezogenen und nicht-produktbezogenen Regelungen möglich ist. Es sei aber darauf hingewiesen, daß auch für die Arbeitnehmerfreizügigkeit ein unbegrenztes Beschränkungsverbot zur Verwirklichung des Binnenmarkts nicht notwendig erscheint. Angebracht wäre also eine Rückbesinnung auf die Funktion der Freiheit, Hindernisse für die Aufnahme einer Berufstätigkeit in einem anderen Mitgliedsstaat zu beseitigen.

---

[469] So im Ergebnis auch *Däubler*, EuZW 1997, 615. Wohl auch *Krebber* (JbJgZivWiss 1997, 144) der eine produktbezogene Beschränkung anscheinend nur bei Normen annimmt, die den Preis derart stark beeinflussen, daß sie den Marktzugang verhindern können.

[470] So *Krebber*, JbJgZivWiss 1997, 144. Vgl. auch *Birk*, ZAS 1999, 9: „Ist aber der Zugang betroffen, fällt eine Beschränkung auch nach der „Keck-Rechtsprechung" in den Tatbestand der Produktverkehrsfreiheiten und damit auch der Dienstleistungsfreiheit."

[471] Vgl. z.B. *Koenigs*, der für das AEntG a.F. einen Eingriff in die Dienstleistungsfreiheit bejaht, weil die ausländischen Unternehmen ihren Kostenvorteil weitgehend einbüßen würden, *Koenigs*, DB 1995, 1710. Ähnlich auch *Gerken/Löwisch/Rieble* (BB 1995, 2373), die sogar eine Diskriminierung ausländischer Unternehmen sehen, weil ihnen der Heimatvorteil niedrigerer Löhne genommen würde. Vgl. auch *Krebber*, JbJgZivWiss 1997, 144.

[472] Siehe unten § 6 III. 1. b) ee) (2).

Ein umfassendes Beschränkungsverbot wäre daher wohl nur für Normen geboten, die unmittelbar die Aufnahme eines Berufes betreffen[473]. Solche nationale Normen, die nicht die Aufnahme, sondern die Ausübung der Berufstätigkeit regeln, könnten ebenso von dem Beschränkungsverbot ausgenommen werden wie Normen, die die Aufnahme nur mittelbar betreffen[474]. Zwar würden Abgrenzungsprobleme zwischen mittelbaren und unmittelbaren Regelungen, sowie zwischen Regelungen der Ausübung und der Aufnahme entstehen, diese erscheinen aber nicht unüberwindlich. Die Anwendung inländischer Eingriffsnormen des Arbeitsrecht würde bei einer derartigen Begrenzung des Beschränkungsverbots regelmäßig keinen Eingriff in die Freizügigkeit der Arbeitnehmer darstellen, soweit nicht ausnahmsweise eine unmittelbare Beschränkung der Aufnahme einer Tätigkeit entsteht[475]. Einen Schritt weiter gehen *Everling* und *Mülbert*, sie halten im Rahmen der Arbeitnehmerfreizügigkeit eine Begrenzung des Schutzbereichs auf ein reines Diskriminierungsverbot für gerechtfertigt[476]. Dieser Lösungsansatz erscheint aber schon aufgrund des Grundsatzes der Einheitlichkeit der Dogmatik der Grundfreiheiten bedenklich.

(e) Die Übertragbarkeit der „Keck-Rechtsprechung" im Lichte der EuGH-Rechtsprechung

Auch wenn für eine Übertragung der „Keck-Grundsätze" auf die Dienstleistungsfreiheit (und wohl auch die Arbeitnehmerfreizügigkeit) gute Gründe sprechen, hängt die praktische Bedeutung dieses Ergebnisses davon ab, ob auch die Rechtsprechung des EuGH die betreffende Tendenz erkennen läßt. Eine ausdrückliche Stellungnahme des EuGH liegt nicht vor. In Urteilen, die der „Keck-Entscheidung" folgten, hat der EuGH regelmäßig keine Veranlassung gesehen, den Umfang der Anwendungsbereiche anderer Grundfreiheiten entsprechend zu begrenzen. So wird für die Dienstleistungsfreiheit weiterhin die

---

[473] Mit ähnlicher Tendenz: *Nettesheim*, NVwZ 1996, 344. Wie oben dargestellt, geht die Rechtsprechung des EuGH in eine andere Richtung, vgl. z.B. EuGH, Urteil vom 2.8.1993, Rs. C 259/91, C 331/91 und C 332/91 (Allué II), JZ 1994, 94. Nach der Ansicht *Steindorffs* ließe sich im Rahmen dieser Rechtsprechung auch begründen, daß die deutschen Mieterschutzvorschriften in die Arbeitnehmerfreizügigkeit eingreifen, weil sie ausländische Arbeitnehmer vom Erwerb einer Eigentumswohnung abhalten können und damit ihren Entschluß, in Deutschland zu arbeiten, beeinflussen könnten, vgl. *Steindorff*, JZ 1994, 97. Kritisch auch *Nettesheim*, NVwZ 1996, 343 f.

[474] Vgl. auch *Birk*, ZAS 1999, 9 sowie *Reichold*, ZEuP 1998, 447 f. Ähnlich *Schroeder* (JZ 1996, 255), der eine Differenzierung zwischen Zugangs- und Ausübungsregelungen befürwortet.

[475] Ähnlich *Birk*, ZAS 1999, 9; *Reichold*, ZEuP 1998, 447 f.

[476] *Everling*, DB 1990, 1857 f.; *Mülbert*, ZHR 159 (1995), 32.

Formel verwendet, Art. 49 EGV verlange die Aufhebung aller Beschränkungen, die geeignet sind, die Tätigkeit des Dienstleistenden „zu unterbinden, zu behindern oder weniger attraktiv zu machen“[477], ohne ausdrücklich auf mögliche Begrenzungen dieses Beschränkungsverbots hinzuweisen. Auch in einer Entscheidung, die durch ein britisches Einfuhrverbot für Werbematerialien für Lotterien ausgelöst wurde, hat der EuGH für die Dienstleistungsfreiheit keine Parallelen zu der „Keck-Rechtsprechung“ gezogen, obwohl es nahegelegen hätte, bei der Auseinandersetzung mit „Werbung“ einen Bezug zu „Verkaufsmodalitäten“ herzustellen[478]. Die Rechtsprechung des EuGH könnte also die Schlußfolgerung nach sich ziehen, bei den übrigen Grundfreiheiten müsse weiterhin von einem umfassenden Beschränkungsverbot ausgegangen werden, da der EuGH keine Begrenzungen in Betracht zieht, die mit der „Keck-Rechtsprechung“ vergleichbar wären[479].

Es wäre aber verfrüht, aus der angeführten Rechtsprechung zu schließen, der EuGH hätte die Frage der Übertragbarkeit der „Keck-Grundsätze“ ablehnend entschieden. So stand in der erwähnten Entscheidung zu den Werbematerialien für Lotterien das Werbeverbot in einem unmittelbaren Zusammenhang mit einem Veranstaltungsverbot[480]. Der EuGH betrachtet daher auch nicht isoliert die Vereinbarkeit des Werbeverbots mit der Dienstleistungsfreiheit, sondern führt nur aus, daß Regelungen, die „die Durchführung von Lotterien auf dem Gebiet eines Mitgliedsstaates verbieten, eine Beschränkung des freien Dienstleistungsverkehrs darstellen“[481]. Das Verbot der Durchführung stellt aber eindeutig eine produktbezogene Regelung dar. Aus dem Urteil kann also nicht gefolgert werden, der EuGH habe hier deutlich gemacht, daß die Rechtsprechung zu den „Verkaufsmodalitäten“ nicht auf die Dienstleistungsfreiheit übertragbar sei[482].

---

[477] EuGH, Urteil vom 28.3.1996, Rs. C-272/94 (Guiot), Slg. 1996, I-1915, 1920. EuGH, Urteil vom 23.11.1999, Rs. C-396/96 und C-376/96 (Arblade), DB 1999, 2570, 2571.

[478] Vgl. EuGH, Urteil vom 24.3.1994, Rs. C-275/92 (Schindler), EuZW 1994, 311.

[479] In diese Richtung *E. Lorenz*, VR 1995, 15.

[480] *Schroeder/Federle* (ZIP 1994, 1413) und ihnen folgend *E. Lorenz* (VR 1995, 15) bezweifeln, daß der Zusammenhang mit dem Veranstaltungsverbot entscheidend war. Festzuhalten ist aber jedenfalls, daß es der EuGH vermieden hat, eine isolierte Aussage zum Werbeverbot als solchem zu treffen.

[481] EuGH, Urteil vom 24.3.1994, Rs. C-275/92 (Schindler), EuZW 1994, 311, 313.

[482] *Stein* geht sogar davon aus, daß sich das Urteil „in gewisser Weise in die Linie einfügt, die durch die Entscheidungen in den Rechtssachen Keck und Hünermund vorgezeichnet wurde“, da auch diese Entscheidung den Mitgliedsstaaten erheblichen Regelungsspielraum für die Festlegungen von Beschränkungen einräume; *Stein*, EuZW 1994, 315.

Seit der Entscheidung „Alpine Investments BV“[483] spricht vielmehr vieles dafür, daß auch der EuGH davon ausgeht, daß die „Keck-Grundsätze“ auch für die Freiheit des Dienstleistungsverkehrs von Bedeutung sind. In dem betreffenden Rechtsstreit wurde von den Regierungen der Niederlande und des Vereinigten Königreichs geltend gemacht, ein nationale Verbotsregelung falle nicht in den Anwendungsbereich der Dienstleistungsfreiheit, weil sie nur die Art und Weise betreffe, in der die Dienstleistungen angeboten würden. Damit entspräche die Regelung den nicht-diskriminiernden Maßnahmen, die Verkaufsmodalitäten regelten und nach der „Keck-Rechtsprechung“ nicht in den Anwendungsbereich der Warenverkehrsfreiheit fielen. Der EuGH hat im Ergebnis einen Eingriff in die Dienstleistungsfreiheit bejaht. Das Gericht führt aber ausdrücklich aus, das streitgegenständliche Verbot entspräche nicht den Verkaufsmodalitäten im Sinne der „Keck-Rechtsprechung“, weil es für inländische Unternehmen unmittelbar den Zugang zum Dienstleistungsmarkt in den anderen Mitgliedsstaaten beschränkt[484]. Durch die Prüfung der Frage, ob das nationale Verbot den Regelungen der Verkaufsmodalitäten im Sinne der „Keck-Grundsätze“ entspricht, gibt der EuGH zu erkennen, daß diese Grundsätze auch für die Dienstleistungsfreiheit Bedeutung haben können[485]. Von einer bereits vollzogenen Übertragung der „Keck-Rechtsprechung“ kann aber noch nicht ausgegangen werden[486].

Im Bereich der Arbeitnehmerfreizügigkeit hat die Rechtsprechung erst in letzter Zeit eine Entwicklung zu einem Beschränkungsverbot hin vollzogen. In der Entscheidung „Bosman“[487], die von der h.L. als Durchbruch zu einem Beschränkungsverbot verstanden wurde[488], erwähnt der EuGH das „Keck-Urteil“. Auch in diesem Fall konnte die staatliche Maßnahme aber nicht mit den Regelungen über Verkaufsmodalitäten gleichgesetzt werden, weil sie den Zugang zum Arbeitsmarkt anderer Mitgliedsstaaten unmittelbar beeinflußt hat[489]. Die Erwähnung der Entscheidung könnte aber ein Indiz dafür sein, daß der EuGH

---

[483] EuGH, Urteil vom 10.5.1995, Rs. C-384/93 (Alpine Investments BV), Slg. 1995, I-1141.

[484] EuGH, Urteil vom 10.5.1995, Rs. C-384/93 (Alpine Investments BV), Slg. 1995, I-1141, 1177 f. Der EuGH unterscheidet also danach, ob die Regelungen durch den Sitzstaat oder den Tätigkeitsstaat erfolgt. Gegen diese Differenzierung: *Reich*, EuZW 1995, 408.

[485] So auch *Becker*, NJW 1996, 181; *Birk*, ZAS 1999, 4; *Kort*, JZ 1996, 133; *F. Lorenz*, in: Wiesehügel/Sahl 59; *Rohe*, RabelsZ 61 (1997), 21 und *Wichmann* 72.

[486] Anders *Krebber* (JbJgZivWiss 1997, 143 (Fn. 47)), der wohl davon ausgeht, daß eine Übertragung bereits vollzogen wurde. Mit gleicher Tendenz auch *Rüffler*, wbl 1999, 298. Eine derart eindeutige Aussage läßt sich dem Urteil „Alpine Investment BV“ aber nicht entnehmen.

[487] EuGH, Urteil vom 15.12.1995, Rs. C-415/93 (Bosman), Slg. 1995, I-4921.

[488] Vgl. die Hinweise in Fn. 409.

[489] EuGH, Urteil vom 15.12.1995, Rs. C-415/93 (Bosman), Slg. 1995, I-4921, 5070 f.

wohl auch für die Arbeitnehmerfreizügigkeit davon ausgeht, daß die „Keck-Grundsätze" relevant sein können[490].

Auch wenn es in der Rechtsprechung des EuGH Anzeichen für eine Ausdehnung der „Keck-Grundsätze" auf andere Grundfreiheiten gibt, läßt sich keine eindeutige Aussage darüber treffen, ob und inwieweit der EuGH geneigt ist, eine Übertragung vorzunehmen. Als Ergebnis kann also vorläufig festgehalten werden, daß eine Begrenzung der Beschränkungsverbote zwar durchaus sinnvoll wäre, der EuGH sie bisher aber explizit nur im Bereich der Warenverkehrsfreiheit vorgenommen hat. Damit könnte also nicht ausgeschlossen werden, daß der EuGH Eingriffsnormen des Arbeitsrechts regelmäßig einer Kontrolle anhand des Allgemeininteresses unterziehen würde, weil sie unter die weiten Beschränkungsverbote fallen.

(2) Die Rechtsprechung des EuGH zu den Entsendungsfällen

(a) Allgemeines

Betrachtet man den für die Eingriffsnormen des Arbeitsrechts bedeutsamsten Fall der vorübergehenden Entsendung von Arbeitnehmern, könnte sich jedoch ein anderes Bild ergeben. Der EuGH hat sich zu den Entsendungsfällen in dem Urteil „Rush Portuguesa"[491] wie folgt geäußert:

„Schließlich ist ... darauf hinzuweisen, daß es das Gemeinschaftsrecht den Mitgliedsstaaten nicht verwehrt, ihre Rechtsvorschriften oder die von den Sozialpartnern geschlossenen Tarifverträge unabhängig davon, in welchem Land der Arbeitgeber ansässig ist, auf alle Personen auszudehnen, die in ihrem Hoheitsgebiet, und sei es auch nur vorübergehend, eine unselbständige Erwerbstätigkeit ausüben; ebensowenig verbietet es das Gemeinschaftsrecht den Mitgliedsstaaten, die Beachtung dieser Regeln mit den geeigneten Mitteln durchzusetzen."

---

[490] So auch *Birk*, ZAS 1999, 9 und *Rüffler*, wbl 1999, 298.

[491] EuGH, Urteil vom 27.3.1990, Rs. C-113/89 (Rush Portuguesa), Slg. 1990, 1417, 1445; vgl. auch vorher schon EuGH, Urteil vom 3.2.1982, Rs. 62/81 und 63/81 (Seco), Slg. 1982, 223, 236 f.

Diese Rechtsprechung wurde in den Urteilen „Vander Elst“[492], „Arblade“[493] und wohl auch „Guiot“[494] bestätigt; in der „Vander-Elst-Entscheidung“ spricht der EuGH von einer ständigen Rechtsprechung des Gerichtshofes. Die Entscheidungen „Vander Elst“, „Arblade“ und „Guiot“ unterscheiden sich insoweit von „Rush Portuguesa“ als eine Konkretisierung für Mindestlöhne vorgenommen wird: Das Gemeinschaftsrecht verwehre den Mitgliedsstaaten nicht, „ihre Rechtsvorschriften oder die von den Sozialpartnern geschlossenen Tarifverträge über Mindestlöhne“ anzuwenden[495]. Die oben wiedergegebene Aussage des EuGH in dem Urteil „Rush Portuguesa“ erscheint zunächst recht eindeutig: Das Europarecht steht einer Erstreckung inländischen Rechts auf alle im Inland tätigen Arbeitnehmer nicht entgegen[496].

Nach der Ansicht *Birks* hat der EuGH diese Aussage aber schon in der Entscheidung „Guiot“ eingeschränkt. In dem betreffenden Urteil hatte der EuGH entschieden, daß die Anwendung inländischen Arbeitsrechts auf entsandte Arbeitnehmer gegen die Dienstleistungsfreiheit verstoßen kann. *Birk* zieht daraus den Schluß, daß man nun nicht mehr davon ausgehen könne, daß die Anwendung inländischer Eingriffsnormen des Arbeitsrechts über Art. 34 EGBGB stets mit Art. 49 EGV vereinbar sei[497]. Bei der Bewertung der „Guiot-Entscheidung“ ist jedoch zu berücksichtigen, daß der zugrundeliegende Sachverhalt eine Besonderheit aufwies. Die nationale Regelung, die auf die entsendeten Arbeitnehmer angewendet wurde, führte dazu, daß das betroffene Unternehmen bestimmte Beiträge in dem Aufnahmestaat leisten mußte, obwohl es schon vergleichbare Beiträge in dem Staat abführte, in dem es ansässig war. Es kam also zu einer Doppelbelastung und damit einer Ungleichbehandlung. Das entsendende Unternehmen befand sich aufgrund der Auferlegung dieser „zusätzlichen wirtschaftlichen Belastung ... nicht in der gleichen Lage ... wie die im Aufnahmestaat ansässigen Arbeitgeber“[498]. Nach der Entscheidung des EuGH konnte die Regelung „daher“ eine Beschränkung des Dienstleistungsverkehrs darstellen. Die Entscheidung ist zwar wohl nicht ganz konsequent, weil der

---

[492] EuGH, Urteil vom 9.8.1994, Rs. C-43/93 (Vander Elst), Slg. 1994, I-3818, 3826.

[493] EuGH, Urteil vom 23.11.1999, Rs. C-396/96 und C-376/96 (Arblade), DB 1999, 2570, 2571.

[494] EuGH, Urteil vom 28.3.1996, Rs. C-272/94 (Guiot), Slg. 1996, I-1915, 1920.

[495] Ähnlich auch schon in EuGH, Urteil vom 3.2.1982, Rs. 62/81 und 63/81 (Seco), Slg. 1982, 223, 236 f.; hier ist von „Rechtsvorschriften über die Mindestlöhne oder die hierüber von den Sozialpartnern geschlossenen Tarifverträge“ die Rede.

[496] Vgl. insoweit auch die Erwägungsgründe 12 und 13 der Entsenderichtlinie (ABl. EG Nr. L 18 v. 21.1.1997, S. 1 ff.): Die Gründe sind eng an die „Rush-Portuguesa-Formel“ angelehnt.

[497] *Birk*, RdA 1999, 17. Der Tendenz nach auch *Rebhahn*, DRdA 1999, 181.

[498] EuGH, Urteil vom 28.3.1996, Rs. C-272/94 (Guiot), Slg. 1996, I-1915, 1920.

EuGH der Sache nach von einer (versteckten) Diskriminierung ausgeht und daher die Formulierung „Beschränkung“ überrascht. Der EuGH läßt aber erkennen, daß im konkreten Fall entscheidend war, daß eine Ungleichbehandlung bzw. zusätzliche Belastung durch Anwendung des nationalen Rechts entstand. Der EuGH weist auch in keiner Weise daraufhin, daß er die in „Rush Portuguesa“ gemachte und in „Guiot“ wiederholte Feststellung relativieren will. Da auch vor „Guiot“ nicht davon auszugehen war, daß sich die „Rush-Portuguesa-Formel“ auf Diskriminierungen bezieht, kann wohl nicht davon ausgegangen werden, mit „Guiot“ habe eine Einschränkung der „Rush-Portuguesa-Rechtsprechung“ stattgefunden[499].

Bei der Einschätzung der Bedeutung der „Rush-Portuguesa-Formel“ entstehen aber noch weitergehende Probleme. Die betreffende Feststellung wurde nur als obiter dictum getroffen[500]. Da sie nicht Bestandteil der ratio decidendi war, erfolgte keinerlei systematische Einordnung. Der EuGH trifft also z.B. keine Aussage darüber, ob die Anwendung inländischen Arbeitsrechts schon keinen Eingriff in die Grundfreiheiten darstellt oder zwar ein solcher Eingriff vorliegt, dieser aber aus zwingenden Gründen des Allgemeininteresses gerechtfertigt ist. Aufgrund der Natur als obiter dictum und der fehlenden näheren Erläuterung der Feststellung durch den EuGH wird auch argumentiert, der EuGH hätte keine Aussage über Fälle getroffen, in denen die Anwendung inländischen Arbeitsrechts die Dienstleistungsfreiheit „entscheidend einschränkt“[501] bzw. die Dienstleistungsfreiheit gezielt beschränkt werde[502].

Gegen diese Argumentation spricht aber schon, daß die Bemerkungen zur Erstreckung inländischen Rechts nicht völlig ohne Zusammenhang zu den entscheidungserheblichen Fragen getroffen wurden. In den angeführten Entscheidungen wurde jeweils die Vereinbarkeit einer nationalen Regelung mit der Dienstleistungsfreiheit erörtert. Die Aussagen zur Anwendung inländischen Rechts folgten stets diesen Erörterungen als Klarstellung hinsichtlich der Auswirkungen der Dienstleistungsfreiheit auf die Regelungskompetenz der

---

[499] Von einer Bestätigung der „Rush-Portuguesa-Rechtsprechung“ durch das „Guiot-Urteil“ gehen z.B. aus: *Däubler*, EuZW 1997, 615; *Franzen*, ZEuP 1997, 1063; *Hanau*, NJW 1996, 1372; *Reichold*, ZEuP 1998, 447 f. Anders *Birk*, RdA 1999, 17; *Krebber*, JbJgZivWiss 1997, 149 f.

[500] Vgl. z.B. *Rebhahn*, DRdA 1999, 181. Auch in den Entscheidungen „Vander Elst“ und „Guiot“ erfolgte die entsprechende Äußerung nur als obiter dictum.

[501] *Koenigs*, DB 1995, 1710.

[502] *Gerken/Löwisch/Rieble*, BB 1995, 2373.

Mitgliedsstaaten[503]. Der EuGH wollte also offensichtlich deutlich machen, daß die Ausdehnung inländischen Rechts auf im Inland tätige Arbeitnehmer keine unzulässige Beschränkung des Dienstleistungsverkehrs darstellt. Es läßt sich also nicht anführen, der EuGH habe die Fälle einer „entscheidenden Einschränkung" der Dienstleistungsfreiheit noch nicht entschieden; die Rechtsprechung legt vielmehr den Schluß nahe, daß nach der Ansicht des EuGH die Anwendung inländischen Arbeitsrechts bei Entsendungsfällen keine „entscheidende Einschränkung" bzw. zumindest keine ungerechtfertigte Beschränkung der Dienstleistungsfreiheit ist[504]. Der Verweis auf die Natur der „Rush-Portuguesa-Formel" als obiter dictum läßt sich nach der Entscheidung „Arblade"[505] auch nicht mehr aufrecht erhalten. Hinsichtlich der Anwendung der inländischen Vorschriften über Mindestlöhne wurde die „Rush-Portuguesa-Formel" hier nicht nur als obiter dictum wiederholt, sondern gehörte zu den tragenden Gründen des Urteils.

(b) Die Bedeutung der „Rush-Portuguesa-Formel"

Schwieriger ist die Frage zu beantworten, ob nach den Urteilen „Rush Portuguesa", „Vander Elst", „Guiot" und „Arblade" davon auszugehen ist, daß der EuGH annimmt, bei der Anwendung inländischen Rechts auf im Inland tätige Arbeitnehmer liege keine Beschränkung der Grundfreiheiten vor oder daß zwar eine Beschränkung gegeben, diese aber gerechtfertigt sei. Die wohl überwiegende Ansicht im Schrifttum geht von der zweiten Alternative aus[506]. Für diese Annahme spricht die bereits erwähnte Formulierung, die der EuGH - z.B. auch in der Entscheidung „Guiot" - zur Definition des Beschränkungsverbot verwendet. Danach sind alle Beschränkungen aufzuheben, die die Tätigkeit des Dienstleistenden „behindern oder weniger attraktiv machen". Die Notwendigkeit, inländisches Arbeitsrecht anzuwenden, macht die Tätigkeit eines ausländischen

---

[503] Vgl. auch *Däubler* (EuZW 1997, 615; *derselbe*, in: Wiesehügel/Sahl 100), der darauf hinweist, daß nach dem Gegenstand der Urteile „Rush Portuguesa", „Vander Elst" und „Guiot" auszuschließen sei, der EuGH „habe bei seiner Formulierung den Gesichtspunkt einer möglichen unzulässigen Behinderung des die Dienstleistungsfreiheit in Anspruch Nehmenden nicht bedacht."

[504] Ähnlich *Däubler*, EuZW 1997, 615; *derselbe*, in: Wiesehügel/Sahl 100 f.

[505] EuGH, Urteil vom 23.11.1999, Rs. C-396/96 und C-376/96 (Arblade), DB 1999, 2570, 2571.

[506] *Deinert*, RdA 1996, 349; *Hanau*, NJW 1996, 1372; *Reichold*, ZEuP 1998, 447 f.; *Roth*, RabelsZ 55 (1991), 661; *derselbe*, IPRax 1994, 168; *Selmayr*, ZfA 27 (1996), 648. Wohl auch *Schiek* 128.

Dienstleisters zumindest dann weniger attraktiv, wenn die entsprechenden Vorschriften für seine Arbeitnehmer günstiger als das Heimatrecht und daher für den Dienstleister mit höheren Kosten verbunden sind. Die betreffende Rechtsprechung könnte also so ausgelegt werden, daß der EuGH im Rahmen der Entsendungsfälle von einer Beschränkung des Dienstleistungsverkehrs ausgeht, diese aber grundsätzlich durch zwingende Gründe des Allgemeininteresses gerechtfertigt sieht[507].

Gegen diese Interpretation spricht aber schon die Tatsache, daß der EuGH vollkommen undifferenziert und in kürzester Form ausführt, das Gemeinschaftsrecht verwehre den Mitgliedsstaaten die Anwendung ihren Rechts nicht. Läge bei der Erstreckung inländischen Rechts auf im Inland tätige Arbeitnehmer eine Beschränkung einer Grundfreiheit vor, so wäre zu erwarten gewesen, daß der EuGH dies erwähnt hätte[508]. Wäre der EuGH von einem - durch zwingende Gründe des Allgemeininteresses zu rechtfertigenden - Eingriff ausgegangen, erscheint es unwahrscheinlich, daß er eine derartig pauschale Aussage getroffen hätte[509]. Die Interessen, die mit der Anwendung inländischen Arbeitsrechts auf alle im Inland tätigen Arbeitnehmer verbunden sind, können unterschiedlicher Natur sein. Ob sie zwingende Gründe des Allgemeininteresses im Sinne der Rechtsprechung des EuGH darstellen, kann kaum allgemein beurteilt werden, wäre also jeweils im Einzelfall zu ermitteln und würde z.B. voraussetzen, daß „dem Allgemeininteresse nicht bereits durch die Vorschriften Rechnung getragen wird, denen der Dienstleistende in dem Mitgliedsstaat unterliegt, in dem er ansässig ist“[510]. Daß sich die sehr allgemeine Aussage des EuGH auf eine Rechtfertigung durch zwingende Gründe des Allgemeininteresses bezieht, wäre also zumindest überraschend.

---

[507] Vgl. die Hinweise in der vorhergehenden Fußnote; sehr zurückhaltend *Selmayr* (ZfA 27 (1996), 648), der davon ausgeht, daß der Rechtsprechung nur entnommen werden könne, die Anwendung inländischen Rechts verstoße nicht per se gegen das Gemeinschaftsrecht.

[508] *Hanau* geht davon aus, daß der EuGH in den Entscheidungen „Vander Elst“ und „Seco“ die Vereinbarkeit der Anwendung der Vorschriften über die Mindestlöhne mit der Dienstleistungsfreiheit mit zwingenden Erfordernissen des Allgemeininteresses begründet habe; *Hanau*, NJW 1996, 1372. Dem Wortlaut der Urteile läßt sich dies aber nicht entnehmen.

[509] Auch *Roth* (IPRax 1994, 168) weist daraufhin, daß der EuGH nicht auf „die Kontrollstandards der Geeignetheit, Erforderlichkeit und Verhältnismäßigkeit“ verweist. *Roth* zieht hieraus aber keine weiteren Schlußfolgerungen.

[510] Ständige Rechtsprechung des EuGH, vgl. z.B. EuGH, Urteil vom 28.3.1996, Rs. C-272/94 (Guiot), Slg. 1996, I-1915, 1920. Siehe hierzu auch unten § 6 III. 1. b) dd) (3).

Zu beachten ist allerdings, daß der EuGH in zwei Urteilen vom 25.7.1991[511] eine Auflistung der bereits anerkannten Allgemeininteressen vorgenommen hat. In diesen Urteilen wird auch der Schutz der Arbeitnehmer als legitimes Allgemeininteresse aufgeführt, wobei als Nachweis u.a. die hier wiedergegebene Stelle der „Rush-Portuguesa-Entscheidung" angegeben wird. Der EuGH scheint also davon auszugehen, daß dem betreffenden Teil des Urteils „Rush Portuguesa" eine Aussage zum Allgemeininteresse zu entnehmen ist. Es ist aber fraglich, welche Bedeutung den betreffenden Urteilen insoweit zuzumessen ist. Der EuGH hat in den Entscheidungen als obiter dictum Beispiele für anerkannte Gründe des Allgemeininteresses aufgelistet und vorhergehende Rechtsprechung als Beleg angeführt. Die maßgebliche Aussage besteht darin, daß der Arbeitnehmerschutz zu den zwingenden Gründen des Allgemeininteresses gehört. Ob aus der Tatsache, daß als Nachweis auch „Rush Portuguesa" zitiert wurde, weitergehende Schlüsse gezogen werden können, erscheint zweifelhaft.

Nach der „Arblade-Entscheidung"[512] erscheint eine Interpretation der EuGH-Rechtsprechung entgegen dem hier vertretenen Sinne auch kaum noch vertretbar. Der EuGH geht in dieser Entscheidung zunächst allgemein auf die Dogmatik der Dienstleistungsfreiheit ein, um dann verschiedene nationale Maßnahmen anhand dieser Grundsätze zu untersuchen. Bei zwei nationalen Regelungen (Beiträge für Schlechtwetter- und Treuemarkensysteme; Führung von Personal- und Arbeitsunterlagen) prüft der EuGH zunächst ausdrücklich einen Eingriff in die Dienstleistungsfreiheit und bejaht diesen, weil durch die betreffenden Maßnahmen eine zusätzliche Belastung für die entsendenden Unternehmen entstand. Er wendet sich dann jeweils der Frage einer möglichen Rechtfertigung durch zwingende Gründe des Allgemeininteresses zu. Bei der ersten untersuchten nationalen Maßnahme – die Verpflichtung zur Zahlung der inländischen Mindestvergütung an entsandte Arbeitnehmer – erwähnt der EuGH dagegen die Möglichkeit einer Beschränkung der Dienstleistungsfreiheit nicht einmal. Er verweist nur lapidar auf seine bisherige Rechtsprechung, wonach es das Gemeinschaftsrecht den Mitgliedsstaaten nicht verbietet, ihre Regelungen über Mindestlöhne auf entsandte Arbeitnehmer zu erstrecken. Die unterschiedliche Ausgestaltung der Prüfung der verschiedenen Maßnahmen zeigt, daß der EuGH allem Anschein nach in der Anwendung der Vorschriften über Mindestlöhne keinen Eingriff in die Dienstleistungsfreiheit sieht. Ansonsten wäre kaum erklärbar, warum er die betreffende nationale Regelung nicht - in der sonst üblichen Weise - am Maßstab der Dienstleistungsfreiheit mißt[513].

---

[511] EuGH, Urteil vom 25.7.1991, Rs. C-288/89 (Stichting Collectieve Antennenvoorziening Gouda), Slg. 1991, I-4007, 4040; EuGH, Urteil vom 25.7.1991, Rs. C-353/89 (Kommission), EuZW 1992, 56, 57.

[512] EuGH, Urteil vom 23.11.1999, Rs. C-396/96 und C-376/96 (Arblade), DB 1999, 2570.

[513] Vgl. auch *Däubler*, ZIP 1999, 2175.

Die Annahme, der EuGH habe in „Rush Portuguesa“ und den folgenden Entscheidungen zu verstehen gegeben, eine Anwendung inländischen Rechts stelle in den betreffenden Fällen schon keine Beschränkung von Grundfreiheiten dar, entspricht auch dem oben dargestellten Verständnis der Freiheiten[514]. Man kann auch in der „Rush-Portuguesa-Entscheidung“ ein Bekenntnis des EuGH zu einem „unvollkommenen Binnenmarkt“, der keine Beseitigung jeglicher Rechtsunterschiede fordert, sehen[515]. Zieht man die „Keck-Grundsätze“ heran, läßt sich erklären, daß das Gemeinschaftsrecht der Erstreckung inländischen Arbeitsrechts auf im Inland tätige Arbeitnehmer ausländischer Dienstleister nicht entgegensteht. Gemäß den Ergebnissen zur „Keck-Rechtsprechung“ erfordert die Freiheit des Dienstleistungsverkehrs nicht, daß der Dienstleister eine Tätigkeit unter den gleichen Rahmenbedingungen wie in seinem Heimatland erbringen kann. Auch reicht für eine Beschränkung nicht aus, daß eine nationale Bestimmung das „Absatzvolumen“ für die Dienstleistung beeinflussen kann. Die Vorschriften des Arbeitsrechts sind grundsätzlich nicht-produktbezogen und würden daher bei einer einschränkenden Auslegung der Beschränkungsverbote nicht von dem Anwendungsbereich der Dienstleistungsfreiheit erfaßt. Auch die Arbeitnehmerfreizügigkeit würde regelmäßig nicht berührt, da das Arbeitsrecht ganz überwiegend die Ausübung der Tätigkeit regelt bzw. die Aufnahme nur mittelbar betrifft[516].

Der EuGH macht das Vorliegen einer Beschränkung von dem Vorliegen einer zusätzlichen Belastung für die entsendenden Unternehmen abhängig[517]. Dies widerspricht der hier vorgenommenen Einteilung zwischen produktbezogenen und nicht-produktbezogenen Regelungen nicht. Entsteht eine Doppelbelastung ausländischer Unternehmen, werden diese gegenüber inländischen Unternehmen schlechter gestellt, auch wenn die inländische Regelung „unterschiedslos“ gilt. Verläßt man die rein nationale Sichtweise, kommt es also durchaus zu einer Ungleichbehandlung; die ausländischen Unternehmen werden insoweit diskriminiert. Nationale Maßnahmen, die letztlich eine (mittelbare)

---

[514] Vgl. oben § 6 III. 1. b) cc) (d).

[515] Ähnlich *Rohe*, RabelsZ 61 (1997), 23 ff. Vgl. auch *Franzen* (DZWir 1996, 95), der allerdings die Bedeutung der „Vander-Elst-Entscheidung“ im Bereich des rechtfertigenden Allgemeininteresses sieht: Der EuGH akzeptiere im „Vander-Elst-Urteil“ offenbar - entgegen seiner sonstigen Rechtsprechung - wirtschaftliche Belange als Rechtfertigungsgründe. Diese Rechtfertigungsmöglichkeit stelle ein Bekenntnis zu einem unvollkommenen Binnenmarkt dar.

[516] So im Ergebnis auch *Birk*, ZAS 1999, 10 f.

[517] Vgl. insbesondere EuGH, Urteil vom 23.11.1999, Rs. C-396/96 und C-376/96 (Arblade), DB 1999, 2570, 2572; EuGH, Urteil vom 28.3.1996, Rs. C-272/94 (Guiot), Slg. 1996, I-1915, 1921.

Diskriminierung bewirken, stellen aber stets einen Eingriff in die Dienstleistungsfreiheit dar, unabhängig davon, ob sie produktbezogen sind[518].

(3) Systematische Erwägungen

Für die Auffassung, die Anwendung inländischer Normen des Arbeitsrechts bei Entsendungsfällen beschränke die Dienstleistungsfreiheit und die Arbeitnehmerfreizügigkeit nicht, sprechen auch die Regelungen in Art. 50 S. 3 und Art. 39 Abs. 3 c) EGV[519]. Nach Art. 50 S. 3 EGV „... kann der Leistende zwecks Erbringung seiner Leistungen seine Tätigkeit vorübergehend in dem Staat ausüben, in dem die Leistung erbracht wird, und zwar unter den Voraussetzungen, welche dieser Staat für seine eigenen Angehörigen vorschreibt." Gemäß Art. 39 Abs. 3 c) EGV gibt die Freizügigkeit den Arbeitnehmern das Recht „sich in einem Mitgliedsstaat aufzuhalten, um dort nach den für die Arbeitnehmer dieses Staates geltenden Rechts- und Verwaltungsvorschriften eine Beschäftigung auszuüben". Auch dem EGV liegt also erkennbar die Vorstellung zu Grunde, daß die betreffenden Freiheiten nicht verlangen, ein Dienstleister müsse auf einem fremden Markt zu den gleichen Rahmenbedingungen tätig werden können wie auf seinem Heimatmarkt oder ein Arbeitnehmer müsse das Recht haben, zu den Bedingungen seines Heimatlandes beschäftigt zu werden[520]. Die aufgeführten Artikel zeigen vielmehr, daß die Freiheiten keine vollkommene Rechtsangleichung fordern, sondern von einem Nebeneinander verschiedener Rechtsordnungen ausgehen. Die Freiheiten garantieren Unternehmen, die in anderen Mitgliedsstaaten Dienstleistungen erbringen, also nicht die Ausnutzung von Wettbewerbsvorteilen aufgrund „günstigeren" Arbeitsrechts[521].

Wie bereits erläutert, würde bei einer weiten Auslegung der Beschränkungsverbote praktisch jede Norm des Arbeitsrechts in den Schutzbereich der Freiheiten fallen. Dies würde auch der Kompetenzverteilung im Bereich des Arbeitsrecht zwischen der EU und den Mitgliedsstaaten widersprechen. Aus den

---

[518] Vgl. auch *Schwintowski*, RabelsZ 64 (2000), 43: Daß nationale Vorschriften, die unterschiedliche Wirkungen zwischen In- und Ausländern entfalten, von der Warenverkehrsfreiheit erfaßt werden, sei eine „Selbstverständlichkeit", da hier bereits ein Verstoß gegen das immanente Diskriminierungsverbot vorliege.

[519] Vgl. insbesondere *Deinert*, RdA 1996, 349 f.; *Däubler*, ZIP 1999, 2175 und *Rohe*, RabelsZ 61 (1997), 25. Auf Art. 50 S. 3 EGV weisen ebenfalls hin *Däubler*, EuZW 1997, 615; *derselbe*, in: Wiesehügel/Sahl, 99 f. *Hanau*, NJW 1996, 1371 f.

[520] Vgl. die Hinweise in Fn. 519.

[521] Vgl. *Deinert*, RdA 1996, 349 f. Anders *Gerken/Löwisch/Rieble*, BB 1995, 2373.

Regelungen über die Sozialvorschriften der Artt. 136 ff. EGV und dem allgemeinen Subsidiaritätsprinzip in Art. 5 EGV ergibt sich, daß die Hauptzuständigkeit für die Gesetzgebung im Arbeitsrecht bei den Mitgliedsstaaten liegt, und der EU insoweit nur eine ergänzende Kompetenz zukommt. Der Kompetenz der Mitgliedsstaaten zur Sozialgestaltung widerspräche es, würde man das Arbeitsrecht einer weitgehenden Kontrolle anhand der Grundfreiheiten unterwerfen. Die Gestaltungskompetenz der nationalen Gesetzgeber würde ausgehöhlt, wenn das Arbeitsrecht im weiten Umfang daraufhin überprüfbar wäre, ob eine Rechtfertigung durch zwingende Gründe des Allgemeininteresses vorliegt[522].

(4) Beschränkungen der Grundfreiheiten durch den kollisionsrechtlichen Gehalt der Eingriffsnormen

Gegen die bisher angestellten Überlegungen könnte eingewendet werden, sie berücksichtigten den kollisionsrechtlichen Bestandteil der Eingriffsnormen zu wenig bzw. es stehe der sachrechtliche Gehalt der Normen zu sehr im Vordergrund. Dieser Einwand wäre berechtigt, wollte man davon ausgehen, daß schon zwingende Sonderanknüpfungen als solche - also der kollisionsrechtliche Regelungsgehalt der Eingriffsnormen - regelmäßig Beschränkungen der Grundfreiheiten darstellen. In der Literatur lassen sich entsprechende Argumentationen finden, die teilweise zu dem Ergebnis führen, mit jeder Eingriffsnorm sei ein Eingriff in die Grundfreiheiten verbunden, der einer Rechtfertigung bedürfe.

So vertritt *von Wilmowsky* die Ansicht, die Beschränkungsverbote der Grundfreiheiten hätten weitgehende, unmittelbare Auswirkungen auf die zulässige Ausgestaltung des Kollisionsrechts der Mitgliedstaaten[523]. Aus den Grundfreiheiten ließe sich ableiten, daß in den Kollisionsrechten der Grundsatz der Rechtswahlfreiheit herrschen muß. Werde der Grundsatz der kollisionsrechtlichen Parteiautonomie durch zwingende Anknüpfungen eingeschränkt, liege stets ein Eingriff in die Grundfreiheiten vor, der durch zwingende Gründe des Allgemeininteresses gerechtfertigt werden müsse[524].

---

[522] So auch *Birk*, ZAS 1999, 10 f.

[523] *von Wilmowsky*, RabelsZ 62 (1998), 2 ff.

[524] *von Wilmowsky*, RabelsZ 62 (1998), 2 ff. Mit ähnlicher Tendenz für das Versicherungsrecht *Smulders/Glazener*, C. M. L. Rev. 1992, 776 f.: „Arguably, in a perfect world a free movement of insurance services can only be achieved to the fullest extent if there is a free choice of the law applicable to the contract."

Nach anderer Ansicht folgt aus den Grundfreiheiten zwar nicht unmittelbar das Erfordernis der kollisionsrechtlichen Parteiautonomie. Die Freiheiten würden aber stets berührt, wenn zwingendes Kollisionsrecht das Recht des Bestimmungsstaates einer Ware oder Dienstleistung beruft, da die zwingende Anknüpfung des Rechts des Ziellandes dazu führe, daß der Anbieter sein „Produkt" nicht zu den Bedingungen seines Heimatlandes anbieten kann. Inländische Eingriffsnormen führten dementsprechend stets zu Beschränkungen der Grundfreiheiten, soweit sie Regelungen enthalten, die die Schutzbereiche der Freiheiten in irgendeiner Weise betreffen[525].

Schon der Ausgangspunkt der ersten Auffassung erscheint bedenklich. Es leuchtet nicht unmittelbar ein, warum sich aus den Grundfreiheiten das Erfordernis der Parteiautonomie im Kollisionsrecht ableiten lassen sollte[526]. Das Argument, objektive Anknüpfungen oder Sonderanknüpfungen seien für die betroffenen Vertragsparteien mit einem - gegenüber der subjektiven Anknüpfung - erhöhten Maß an Unsicherheit und damit einer Beschränkung der Freiheiten verbunden[527], ist wenig überzeugend. Gerade bei einem „Verhandlungsungleichgewicht" zwischen den Parteien kann die Rechtswahl dazu führen, daß ein Recht gewählt wird, das einer Partei wesentlich „fremder" ist als das objektive Statut bzw. dem Sachverhalt nicht „näher" ist als aufgrund Sonderanknüpfung berufenes Recht[528]. Es ist aber auch fraglich, ob - auch bei einem extensiven Verständnis der Schutzbereiche - ein erhöhtes Maß an Unsicherheit ausreicht, um einen Eingriff in die Grundfreiheiten zu bejahen. Der Schutzbereich der Grundfreiheiten würde überdehnt, wollte man in jeder zwingenden Anknüpfung eine Beschränkung sehen[529]. Ein Eingriff in die Freiheiten entsteht nicht allein durch die Berufung einer bestimmten Rechtsordnung, sondern erst durch die materiellrechtliche Regelung des anwendbaren Rechts.

Demgegenüber wird die Ansicht vertreten, die Grundfreiheiten würden gerade aufgrund des kollisionsrechtlichen Normbestandteiles einer Eingriffsnorm berührt,

---

[525] *Roth*, Internationales Versicherungsvertragsrecht 696; *derselbe*, RabelsZ 55 (1991), 652, 660 f.; *derselbe*, VersR 1993, 133; *Basedow*, RabelsZ 59 (1995), 12 ff.; *Grundmann*, IPRax 1992, 4.

[526] Kritisch auch *Gärtner*, EWS 1994, 121 f.; *Prölss/Armbrüster*, DZWir 1993, 457.

[527] *von Wilmowsky*, RabelsZ 62 (1998), 3 ff.

[528] Die zwingende Anknüpfung nach Art. 30 Abs. 1 EGBGB soll ja gerade den Arbeitnehmer - auch vor „Unsicherheiten" durch eine subjektive Bestimmung des anwendbaren Rechts - schützen. Es leuchtete nicht ein, warum eine objektive Anknüpfung, die ja gerade an den Schwerpunkt des Rechtsverhältnisses anknüpft (vgl. z.B. *E. Lorenz*, RdA 1989, 221), also das „sachnächste" Recht beruft, mit einem erhöhten Maß an „Unsicherheit" verbunden sein soll.

[529] Im Ergebnis ähnlich *Gärtner*, EWS 1994, 121 f.; *Prölss/Armbrüster*, DZWir 1993, 457.

weil allein aufgrund dieses Teil die Anwendbarkeit in grenzüberschreitenden Fällen gegeben ist[530]. Zwar ist zutreffend, daß ohne kollisionsrechtlichen Anwendungsbefehl keine Konfliktsituation mit den Grundfreiheiten auftreten könnte. Dies ändert aber nichts an der Tatsache, daß letztlich der sachrechtliche Regelungsgehalt das Kriterium für die Vereinbarkeit mit den Grundfreiheiten darstellen muß, da die kollisionsrechtliche Regelung insoweit „inhaltsleer" ist. Kollisionsnormen als solche enthalten keine Regelungen bestimmter Anforderungen an Waren oder Dienstleistungen.

Das Kollisionsrecht kann also nur dann eine Beschränkung der Grundfreiheiten darstellen, wenn das berufene Sachrecht zu einem Eingriff in die Freiheiten führt[531]. Nach der hier vertretenen Auffassung resultiert aber nicht aus jeder Regelung, die z.B. die Erbringung einer Dienstleistung irgendwie betrifft, eine Beschränkung der entsprechenden Freiheit. Auch die zwingende Anknüpfung des Rechtes des Bestimmungslandes führt also nicht durchweg zu einer Beschränkung[532]. Wird nationales Arbeitsrecht durch zwingende Kollisionsnormen berufen, wie es bei Eingriffsnormen der Fall ist, bedeutet also auch der kollisionsrechtliche Eingriffsbefehl nicht notwendigerweise einen Eingriff in die Dienstleistungsfreiheit. Die Ansicht, zwingendes Kollisionsrecht greife bei Berufung des Rechtes des Ziellandes einer Ware oder Dienstleistung aufgrund des Herkunftsstaatprinzips grundsätzlich in die Grundfreiheiten ein, folgt aus einer sehr weiten Auslegung der Schutzbereiche der Freiheiten. Wie gezeigt wurde, spricht vieles - vor allem im Bereich des Arbeitsrechts - gegen ein derartiges Verständnis der Grundfreiheiten.

Im Ergebnis dürfte es bei dem hier vertretenen Verständnis der Grundfreiheiten auch keinen Unterschied machen, ob man im Bereich der Eingriffsnormen auf die Vereinbarkeit der kollisionsrechtlichen oder der sachrechtlichen Regelung mit den Grundfreiheiten abstellt[533]. Geht man z.B. davon aus, daß die Dienstleistungsfreiheit nicht verlangt, ein Dienstleister müsse seine Leistungen in

---

[530] *Basedow*, RabelsZ 59 (1995), 12.

[531] Vgl. auch *Steindorff*, Privatrecht 83: „Grundfreiheiten werden bei Anwendung beschränkender staatlicher Regelungen durch das Zusammenwirken von Sach- und Kollisionsnormen beschränkt." Mit ähnlicher Tendenz auch *Samtleben*, RabelsZ 45 (1981), 243 f. *Samtleben* leitet im Bereich des ordre public allerdings aus dem EU-Recht das Erfordernis einer „toleranten Haltung gegenüber der ausländischen Regelung und eine Zurückdrängung des ordre public" ab; *Samtleben*, RabelsZ 45 (1981), 246.

[532] Einschränkend auch *Radicati di Brozolo*, Rev. crit. dr. i. p. 82 (1993), 407 f.: „ ... l'application d'une loi autre que celle du pays d'origine *peut* représenter une restriction à la circulation du service" (Hervorhebung durch den Verfasser).

[533] Anders wohl *Roth* (RabelsZ 55 (1991), 660 f.), der zwischen dem sach- und kollisionsrechtlichen Gehalt der Eingriffsnormen differenziert.

Deutschland zu den gleichen Rahmenbedingungen wie in seinem Heimatstaat erbringen können, stellt auch nicht jede Kollisionsnorm, die zwingend deutsches Recht beruft, eine Beschränkung der Dienstleistungsfreiheit dar. Zwingendes Kollisionsrecht kann nur dann in die Grundfreiheiten eingreifen, wenn das berufene Sachrecht „freiheitsrelevant" ist (letztendlich ist also wiederum das Sachrecht maßgeblich). Nicht jede Kollisionsnorm, die das Recht des Ziellandes beruft, widerspricht also dem Herkunftsstaatprinzip und muß durch ein Allgemeininteresse gerechtfertigt sein[534]. Für die Frage, inwieweit durch Eingriffsnormen im Bereich des Arbeitsrechts eine Beschränkung der Grundfreiheiten eintritt, ist also nicht in erster Linie maßgeblich, ob man auf den kollisions- oder sachrechtlichen Regelungsgehalt abstellt. Entscheidend ist vielmehr, wie der Umfang der Beschränkungsverbote definiert wird. Schließlich ist darauf hinzuweisen, daß sich auch der EuGH in den „Entsendungsfällen" mit Eingriffsrecht beschäftigt hat[535], dabei aber (nach der hier vertretenen Interpretation) nicht von einem Eingriff in die Dienstleistungsfreiheit ausgegangen ist.

Geht man entgegen der hier vertretenen Auffassung davon aus, daß zwingende Sonderanknüpfungen, soweit sie nur irgendwie im Zusammenhang mit dem Austausch von Waren, Dienstleistungen Arbeit oder Kapital stehen, grundsätzlich einen Eingriff in die Grundfreiheiten darstellen, tritt die Möglichkeit einer Rechtfertigung durch zwingende Gründe des Allgemeininteresses in den Vordergrund.

(5) Ergebnis

Zusammenfassend läßt sich zu der Frage, inwieweit Eingriffsnormen des Arbeitsrecht zu rechtfertigende Beschränkungen der Grundfreiheiten darstellen, folgendes feststellen: Die Bedeutung der sehr weit formulierten Beschränkungsverbote relativiert sich für den Bereich des Arbeitsrechts, wenn man die „Keck-" und „Rush-Portuguesa-Rechtsprechung" unter dem Gesichtspunkt der Funktion der Grundfreiheiten analysiert. Auch die Vorschriften der Art. 50 S. 3 und Art. 39 Abs. 3 c) EGV sowie die Kompetenzverteilung im

---

[534] Vgl. auch *Basedow* (RabelsZ 59 (1995), 25), der folgende Kollisionsnorm entwickelt: „Die Vermarktung von Waren oder Dienstleistungen in den Mitgliedsstaaten der EU unterliegt, *soweit sie in den Anwendungsbereich der Artt. 30 oder 59 EGV fällt*, dem Recht des Herkunftslandes oder dem Recht des Bestimmungslandes, je nachdem welches für den Anbieter das günstigere ist" (Hervorhebung durch den Verfasser).

[535] Besonders deutlich in: EuGH, Urteil vom 23.11.1999, Rs. C-396/96 und C-376/96 (Arblade), DB 1999, 2570.

Arbeitsrecht sprechen für die Annahme, daß bei der Anwendung inländischen Arbeitsrechts bei Entsendungsfällen kein Eingriff in die Grundfreiheiten vorliegt[536].
Die herrschende Auffassung im Schrifttum teilt diese Ansicht nicht. Sie geht grundsätzlich davon aus, daß nationales Arbeitsrecht in grenzüberschreitenden Fällen eine Beschränkung der Grundfreiheiten, insbesondere der Dienstleistungsfreiheit, darstellen kann[537]. Damit gewinnt die Frage an Bedeutung, inwieweit derartige Eingriffe durch zwingende Gründe des Allgemeininteresses gerechtfertigt sein können. Auch wenn man der hier vertretenen Meinung folgt, kann diese Frage schon deshalb nicht ignoriert werden, weil die Rechtsprechung des EuGH nicht ganz eindeutig ist[538]. Auslegungen, die von den oben dargestellten Interpretationen abweichen, erscheinen nicht gänzlich ausgeschlossen. Mit vollkommener Sicherheit kann also nicht beurteilt werden, ob der EuGH – nach der hier vertretenen Ansicht im Widerspruch zur „Rush-Portuguesa-Rechtsprechung" - nicht doch eine weitgehende Überprüfung der nationalen (Eingriffs-) Normen im Bereich des Arbeitsrechts vornehmen wird[539]. Darüber hinaus ist eine Rechtfertigung durch zwingende Gründe des Allgemeininteresses jedenfalls dann von Bedeutung, wenn die Anwendung des inländischen Arbeitsrechts zu einer zusätzlichen Belastung ausländischer Unternehmen führt und diese damit schlechter als ihre inländische Konkurrenz gestellt werden[540].

---

[536] Im Ergebnis ähnlich *Däubler*, EuZW 1997, 615 f.; *derselbe*, RIW 2000, 257. Vgl. auch *Birk* (ZAS 1999, 10 f.), der allerdings davon ausgeht, daß der „Vander-Elst-Rechtsprechung" keine besondere Bedeutung zukommt.

[537] Vgl. die Hinweise in Fn. 506.

[538] Vgl. z.B. die in Fn. 511 angegebenen Entscheidungen, in denen ein Bezug der „Rush-Portuguesa-Formel" zu den zwingenden Gründen des Allgemeininteresses hergestellt wird.

[539] Vgl. z.B. auch *Rebhahn* (DRdA 1999, 181), der unter Hinweis auf den Charakter der „Vander-Elst-Formel" als obiter dictum die Ansicht vertritt, über die Befugnis zur Anwendung des Arbeitsortsrechts sei noch nie positiv entschieden worden.

[540] Ob man in diesem Fall von einer Beschränkung oder einer versteckten Diskriminierung ausgeht, erscheint hinsichtlich der Rechtfertigung ohne Bedeutung. Der EuGH will jedenfalls bei einer zusätzlichen Belastung eine Rechtfertigung durch zwingende Gründe des Allgemeininteresses zulassen, vgl. zuletzt EuGH, Urteil vom 23.11.1999, Rs. C-396/96 und C-376/96 (Arblade), DB 1999, 2570, 2572.

dd) Rechtfertigung durch zwingende Gründe des Allgemeininteresses

(1) Allgemeines

Nach der Rechtsprechung des EuGH sind Beschränkungen der Grundfreiheiten nur zulässig, wenn die betreffende nationale Regelung durch zwingende Gründe des Allgemeininteresses gerechtfertigt ist[541]. Dabei reicht das Vorliegen eines derartigen Interesses aber allein nicht aus. Der EuGH fordert für Beschränkungen der Dienstleistungsfreiheit außerdem, daß die nationale Regelung zur Durchsetzung des Allgemeininteresses geeignet und erforderlich ist[542]; dem Allgemeininteresse darf auch nicht bereits durch Vorschriften Rechnungen getragen werden, denen der Dienstleistende im Staat seiner Ansässigkeit unterliegt (Herkunftslandprinzip)[543]. Schließlich wird verlangt, daß die durch die nationale Bestimmung entstehende Beschränkung der Dienstleistungsfreiheit nicht außer Verhältnis zur Bedeutung des verfolgten Allgemeininteresses stehen darf[544].

Im „Bosman-Urteil“[545] hat der EuGH für die Arbeitnehmerfreizügigkeit ebenfalls die Geeignetheit und Erforderlichkeit zur Verfolgung des Allgemeininteresses angesprochen. Er führt weiterhin aus, die Beschränkung sei gerechtfertigt, wenn die nationale Regelungen „einen mit dem Vertrag zu vereinbarenden berechtigten Zweck verfolgen würden und aus zwingenden Gründen des Allgemeininteresses gerechtfertigt wären.“ Inhaltlich scheint mit der Forderung eines „mit dem Vertrag zu vereinbarenden berechtigten Zwecks“ jedoch keine Ausweitung der im Rahmen der Dienstleistungsfreiheit geforderten Voraussetzungen verbunden zu sein. Daß die Zielsetzung einer nationalen Regelung auch im Bereich von Beschränkungen der Dienstleistungsfreiheit mit dem EGV vereinbar sein muß, ergibt

---

[541] Ständige Rechtsprechung, vgl. für die Dienstleistungsfreiheit z.B. EuGH, Urteil vom 28.3.1996, Rs. C-272/94 (Guiot), Slg. 1996, I-1915, 1920; EuGH, Urteil vom 9.8.1994, Rs. C-43/93 (Vander Elst), Slg. 1994, I-3818, 3824. Für die Arbeitnehmerfreizügigkeit z.B. EuGH, Urteil vom 15.12.1995, Rs. C-415/93 (Bosman), Slg. 1995, I-4921, 5071.

[542] Vgl. z.B. EuGH, Urteil vom 25.7.1991, Rs. C-288/89 (Stichting Collectieve Antennenvoorziening Gouda), Slg. 1991, I-4007, 4040; EuGH, Urteil vom 30.11.1995, Rs. C-55/94 (Gebhard), Slg. 1995, I-4165, Rn. 37; EuGH, Urteil vom 5.6.1997, Rs. C-398/95 (SETTG), EWS 1997, 277, 278.

[543] EuGH, Urteil vom 9.8.1994, Rs. C-43/93 (Vander Elst), Slg. 1994, I-3818, 3824; EuGH, Urteil vom 28.3.1996, Rs. C-272/94 (Guiot), Slg. 1996, I-1915, 1920; EuGH, Urteil vom 23.11.1999, Rs. C-396/96 und C-376/96 (Arblade), DB 1999, 2570, 2572.

[544] Vgl. z.B. EuGH, Urteil vom 25.7.1991, Rs. C-288/89 (Stichting Collectieve Antennenvoorziening Gouda), Slg. 1991, I-4007, 4040.

[545] EuGH, Urteil vom 15.12.1995, Rs. C-415/93 (Bosman), Slg. 1995, I-4921, 5071.

sich auch aus den oben genannten Kriterien. Im Ergebnis zielt auch die in „Bosman" verwendet Formel auf eine schon für das Allgemeininteresse formulierte Anforderung ab, nämlich auf eine Verhältnismäßigkeitsprüfung des nationalen Rechts[546]. Die Rechtfertigungsvoraussetzungen stimmen also bei beiden Freiheiten im wesentlichen - bis auf das Herkunftslandprinzip, das nur im Rahmen der Dienstleistungsfreiheit relevant ist - überein. Aufgrund der umfangreicheren Rechtsprechung zur Dienstleistungsfreiheit bietet es sich an, im folgenden die vom EuGH aufgestellten Bedingungen für eine Beschränkung dieser Grundfreiheit zu betrachten. Nach den oben dargestellten Grundsätzen ist eine Beschränkung der Dienstleistungsfreiheit unter den folgenden vier Voraussetzungen gerechtfertigt[547]: Vorliegen eines Allgemeininteresses, Geeignetheit und Erforderlichkeit, Verhältnismäßigkeit.

---

[546] Vgl. auch *Hobe/Tietje*, JuS 1996, 490; *Schroeder*, JZ 1996, 255 f. Es erscheint aber zweifelhaft, ob der Verhältnismäßigkeitsgrundsatz alle für die Dienstleistungsfreiheit formulierten Kriterien erfaßt, vgl. *E. Lorenz*, VR 1995, 18.

[547] Vgl. hierzu z.B. *Roth*, in Dauses, Kap. E. I Rn. 119 ff.; *derselbe*, VersR 1993, 134; *E. Lorenz*, VR 1995, 18; *Rebhahn*, DRdA 1999, 183. Teilweise wird als fünfte Voraussetzung aufgeführt, die nationale Regelung müsse nicht-diskriminierend sein, vgl. *Birk*, ZIAS 1999, 11. Bloße Beschränkungen sind aber stets nicht-diskriminierend. Wie oben erwähnt, tendiert der EuGH aber auch zu einer Gleichbehandlung von Beschränkungen und versteckten Diskriminierungen. Das „Prüfungsschema" gilt daher wohl auch für versteckte Diskriminierungen.

(2) Die Allgemeininteressen

Damit ist als erstes die Frage zu beantworten, welche Gründe des Allgemeininteresses bei der Anwendung inländischer Eingriffsnormen des Arbeitsrechts in Betracht kommen. Der EuGH hat bisher nicht definiert, was unter „Allgemeininteresse“ zu verstehen ist. Allgemeine Aussagen über den Kreis der in Frage kommenden Interessen lassen sich aus der vorliegenden Rechtsprechung nur schwer ableiten. Zumindest ist davon auszugehen, daß nicht bei jeder zwingenden Vorschrift von einem legitimen Allgemeininteresse auszugehen ist[548]. Zwar ließe sich argumentieren, ein nationaler Gesetzgeber verfolge beim Erlaß zwingender Vorschriften stets allgemeine Interessen, weil er ansonsten die Regelung des betreffenden Aspektes der Disposition den Parteien überlassen könnte. Bei zwingenden Normen stets von einem Allgemeininteresse im Sinne der Rechtsprechung des EuGH auszugehen, würde aber sowohl den Zielen der Dienstleistungsfreiheit als auch den mit der betreffenden Judikatur verfolgten Zwecken widersprechen. Das Kriterium des Allgemeininteresses würde praktisch leerlaufen, wenn es durchweg bei zwingenden nationalen Vorschriften vorliegen würde, da dispositive Normen schon keine Beschränkung der Freiheit des Dienstleistungsverkehrs darstellen werden. Die Dienstleistungsfreiheit und die Entwicklung der Beschränkungsverbote durch den EuGH zielt gerade auf den Abbau von Hindernissen ab, die durch zwingende Bestimmungen entstehen.

E. Lorenz weist weiter daraufhin, daß Allgemeininteressen nicht solche Interessen sein können, die ausschließlich die Dienstleistungen als solche bzw. eine spezielle Dienstleistung betreffen; derartige Interessen seien eben nicht „allgemein“[549]. Dem ist zuzustimmen. Der freie Dienstleistungsverkehr wird erst dadurch ermöglicht, daß es den Mitgliedsstaaten verwehrt ist, sich auf „dienstleistungsbezogene“ Interessen zu berufen. Daß es nicht möglich ist, nationale Regelung durch Interessen zu rechtfertigen, die z.B. direkt die Gestaltung der Dienstleistung betreffen, folgt schon aus dem Grundgedanken des Art. 49 EGV, den ungehinderten zwischenstaatlichen Austausch von Dienstleistungen zu ermöglichen[550]. „Allgemein“ sind also nur solche Interessen, die Zwecksetzungen umfassen, die über eine Regelung der Dienstleistungen selbst hinausgehen. Ansonsten könnten diejenigen nationalstaatlichen Interessen

---

[548] Vgl. *E. Lorenz*, VR 1995, 18.

[549] Vgl. *E. Lorenz*, VR 1995, 18.

[550] Vgl. *E. Lorenz*, VR 1995, 18. Nach der hier vertretenen Ansicht hinsichtlich des Schutzbereiches der Grundfreiheiten ist bei „nicht-dienstleistungsbezogenen“ schon fraglich, ob überhaupt eine Beschränkung der Dienstleistungsfreiheit vorliegt.

Beschränkungen rechtfertigen, die gerade durch die Dienstleistungsfreiheit ausgeschlossen sein sollen[551].

„Nicht-allgemein" sind auch rein wirtschaftliche Interessen. Der EuGH hat in einer Entscheidung vom 5.6.1997[552] ausdrücklich bestätigt, daß „Ziele wirtschaftlicher Art" keinen Grund des Allgemeininteresses darstellen können, der eine Beschränkung einer durch den Vertrag gewährleisteten Grundfreiheit rechtfertigen könnte[553]. Nach dem genannten Urteil liegt keine Rechtfertigung vor, wenn die betreffende nationale Regelung darauf abzielt, negative Auswirkungen auf einen Wirtschaftszweig und damit auf die Wirtschaft eines Landes zu verhindern. Auch „rein administrative Erwägungen" können einen Eingriff in die Freiheiten nicht rechtfertigen; ist eine nationale Regelung aber grundsätzlich gerechtfertigt, gilt dies auch für die zu ihrer Durchsetzung erforderlichen Kontrollmaßnahmen[554].

Im übrigen ist bei der Prüfung der Frage, ob bestimmte Interessen ein legitimes Allgemeininteresse darstellen können, darauf abzustellen, welche Gründe vom EuGH bereits anerkannt wurden. Im Bereich des Arbeitsrechts ist insoweit insbesondere der Arbeitnehmerschutz von Bedeutung. Der EuGH hat in Entscheidungen, in denen eine Bestandsaufnahme der anerkannten Gründe des Allgemeininteresses vorgenommen wurde, ausdrücklich auch ganz allgemein den Schutz der Arbeitnehmer genannt[555] und diese Aussage z.B. in der Entscheidung „Arblade"[556] bestätigt. In der Entscheidung „Guiot"[557] führt der EuGH aus, das Allgemeininteresse am „sozialen Schutz der Arbeitnehmer des Bausektors"

---

[551] Vgl. *E. Lorenz*, VR 1995, 18.

[552] EuGH, Urteil vom 5.6.1997, Rs. C-398/95 (SETTG), EuZW 1997, 277, 279.

[553] In den vorhergehenden Entscheidungen - EuGH, Urteil vom 26.4.1988, Rs. 352/85 (Bond van Adverteerders), NJW 1989, 2189, 2191 und EuGH, Urteil vom 25.7.1991, Rs. C-288/89 (Stichting Collectieve Antennenvoorziening Gouda), Slg. 1991, I-4007, 4040 - hatte der EuGH bereits entschieden, daß „wirtschaftliche Ziele" keine Gründe der „öffentlichen Ordnung" im Sinne des Art. 46 EGV sein können. Die Literatur ging aber auch schon vor der Entscheidung „SETTG" (vgl. vorherige Fußnote) davon aus, daß wirtschaftliche Ziele auch kein Allgemeininteresse begründen können, vgl. z.B. *Franzen*, DZWir 1996, 95; *E. Lorenz*, VR 1995, 18; *Roth*, in Dauses, Kap. E. I Rn. 119.

[554] EuGH, Urteil vom 23.11.1999, Rs. C-396/96 und C-376/96 (Arblade), DB 1999, 2570, 2572.

[555] EuGH, Urteil vom 26.4.1988, Rs. 352/85 (Bond van Adverteerders), NJW 1989, 2189, 2191 und EuGH, Urteil vom 25.7.1991, Rs. C-288/89 (Stichting Collectieve Antennenvoorziening Gouda), Slg. 1991, I-4007, 4040.

[556] EuGH, Urteil vom 23.11.1999, Rs. C-396/96 und C-376/96 (Arblade), DB 1999, 2570, 2572.

[557] EuGH, Urteil vom 28.3.1996, Rs. C-272/94 (Guiot), Slg. 1996, I-1915, 1920.

könne „wegen der besonderen Bedingungen dieses Sektors" ein zwingender Grund des Allgemeininteresses sein. Hierin ist jedoch keine Einschränkung dahingehend zu sehen, zu dem Arbeitnehmerschutz müßten stets weitere Gründe oder Besonderheiten treten, um eine Beschränkung zu rechtfertigen. Die Bezugnahme auf „die besonderen Bedingungen" des Bausektors erfolgte in „Guiot" erkennbar aufgrund der Art der konkreten Beschränkung[558].

Von den in der Rechtsprechung bereits ausdrücklich genannten Gründen, können im Bereich des Arbeitsrechts neben dem Schutz der Arbeitnehmer auch noch andere Belange in Betracht kommen, so z.B. die Funktionsfähigkeit der Sozialversicherungssysteme[559].

(3) Die Geeignetheit und Erforderlichkeit

Besteht ein legitimes Allgemeininteresse, ist im nächsten Schritt zu prüfen, ob die nationale Regelung geeignet und erforderlich ist, um das betreffende Interesse zu verfolgen. Die Erforderlichkeit der Regelung setzt voraus, daß sie nicht über das zur Erreichung des betreffenden Zieles Notwendige hinausgeht bzw. „das gleiche Resultat ... nicht durch weniger einschneidende Regelungen erreichbar" ist[560]. Es dürfen also keine - gleich wirksamen - Maßnahmen denkbar sein, die einen geringeren Eingriff in die Dienstleistungsfreiheit bedeuten würden.

Nach der Rechtsprechung des EuGH ist auch bei Vorliegen dieser Voraussetzungen eine Beschränkung der Dienstleistungsfreiheit nur insoweit zulässig, „als dem Allgemeininteresse nicht bereits durch die Vorschriften Rechnung getragen wird, denen der Dienstleistende in dem Mitgliedsstaat unterliegt, in dem er ansässig ist"[561]. Für diese Bedingung spricht schon, daß die Anwendung einer nationalen (den Dienstleistungsverkehr beschränkenden) Regelung überflüssig ist, wenn der von der Regelung verfolgte Zweck schon durch Vorschriften des

[558] Vgl. auch EuGH, Urteil vom 23.11.1999, Rs. C-396/96 und C-376/96 (Arblade), DB 1999, 2570, 2572: Hier stellt der EuGH klar, der Schutz der Arbeitnehmer gehöre zu den anerkannten zwingenden Gründen des Allgemeininteresses, „insbesondere auch der soziale Schutz der Arbeitnehmer des Baugewerbes."

[559] So wurde vom EuGH im Rahmen der Warenverkehrsfreiheit die Finanzierbarkeit der Krankenversicherung als Allgemeininteresse anerkannt, EuGH, Urteil vom 7.2.1984, Rs. 238/82 (Duphar BV), Slg. 1984, 523, 541.

[560] EuGH, Urteil vom 25.7.1991, Rs. C-288/89 (Stichting Collectieve Antennenvoorziening Gouda), Slg. 1991, I-4007, 4040; EuGH, Urteil vom 25.7.1991, Rs. C-353/89 (Kommission), EuZW 1992, 56, 57.

[561] Vgl. z.B. EuGH, Urteil vom 28.3.1996, Rs. C-272/94 (Guiot), Slg. 1996, I-1915, 1920.

„Heimatstaates“ des Dienstleisters gesichert ist. Der zwischenstaatliche Austausch von Dienstleistungen soll also nicht dadurch beschränkt werden, daß Dienstleister doppelten Belastungen ausgesetzt werden, weil sie die Vorschriften zweier Staaten beachten müssen, obwohl den maßgeblichen Interessen schon durch das „Heimatrecht“ Genüge getan wird[562]. Genießen also z.B. entsandte Arbeitnehmer schon aufgrund ihres Heimatrechts einen Schutz der dem Schutzniveau des Rechts des aufnehmenden Staates „im wesentlichen vergleichbar“ ist, scheidet der Arbeitnehmerschutz (hinsichtlich der entsandten Arbeitnehmer) als rechtfertigendes Allgemeininteresse aus[563].

Der EuGH hat in dem Urteil „Guiot“ entschieden, daß das Allgemeininteresse am sozialen Schutz der Arbeitnehmer keine nationale Regelung des Aufnahmestaats rechtfertigen kann, die einen Arbeitgeber verpflichtet, für entsendete Arbeitnehmer bestimmte Beiträge abzuführen (für „Treue- und Schlechtwettermarken“), wenn der Arbeitgeber für dieselben Beschäftigungszeiten bereits vergleichbare Beiträge in seinem Heimatstaat leistet[564]. Diese Entscheidung macht deutlich, daß das hier behandelte Kriterium zur Folge hat, daß nicht mehr allein die Ausgestaltung der betrachteten nationalen Vorschrift für die Vereinbarkeit mit den Grundfreiheiten entscheidend ist. Von Bedeutung ist auch, welche Regelungen die zweite beteiligte Rechtsordnung aufweist. Die Unvereinbarkeit mit den Grundfreiheiten relativiert sich somit. Eine Norm ist nicht mehr unbedingt als solche mit der Dienstleistungsfreiheit unvereinbar, sondern nur in den Fällen, in denen die Vorschriften des Staates, in dem der Dienstleister ansässig ist, keinen äquivalenten Schutz der betroffenen Allgemeininteressen gewährleistet. In der Entscheidung „Guiot“ wäre die Erhebung von Beiträgen für „Schlechtwettermarken“ also keine (unzulässige) Beschränkung der Dienstleistungsfreiheit gewesen, wenn die Rechtsordnung des „Heimatstaates“ keine vergleichbaren Beiträge vorgesehen hätte[565]. Sind die übrigen Voraussetzungen einer Rechtfertigung erfüllt, läßt das Kriterium der „gleichen Wahrung der Allgemeininteressen“ nur dann eine generelle Aussage zu, wenn die maßgeblichen Rechtsbereiche europaweit vereinheitlicht sind. In diesem Fall gewährleisten die Rechtsordnungen aller Mitgliedsstaaten die verfolgten

---

[562] Vgl. *Roth*, RabelsZ 54 (1990), 96; *derselbe*, RabelsZ 55 (1991), 651.

[563] EuGH, Urteil vom 23.11.1999, Rs. C-396/96 und C-376/96 (Arblade), DB 1999, 2570, 2572.

[564] EuGH, Urteil vom 28.3.1996, Rs. C-272/94 (Guiot), Slg. 1996, I-1915, 1920. Vgl. auch EuGH, Urteil vom 23.11.1999, Rs. C-396/96 und C-376/96 (Arblade), DB 1999, 2570, 2572.

[565] Nach der hier vertretenen Ansicht hätte schon keine Beschränkung der Dienstleistungsfreiheit vorgelegen, weil die Regelung über die „Schlechtwettermarken“ in diesem Fall keine Doppelbelastung hervorgerufen hätte und die Regelung auch nicht unmittelbar die Dienstleistung als solche betrifft.

Allgemeininteressen im gleichen Umfang. Ansonsten kann über die Zulässigkeit der Beschränkung nur im Einzelfall - unter Berücksichtigung der Bestimmungen des „Heimatstaates" - entschieden werden.

Roth geht weiterhin davon aus, daß der EuGH mit dem Ansatz der „gleichen Wahrung der Allgemeininteressen" auch im Bereich der Dienstleistungsfreiheit zum Herkunftslandprinzip übergeht[566]. Im Bereich der Dienstleistungsfreiheit bedeute das Herkunftslandprinzip, daß eine Dienstleistung, die den Anforderungen der Rechtsordnung des Herkunftsstaates genügt, auch in den anderen EU-Staaten absetzbar sein muß[567]. Nach der hier vertretenen Ansicht ist das Herkunftslandprinzip schon für den Umfang der Beschränkungsverbote maßgeblich[568]. Die Formel des EuGH zur Gewährleistung der Allgemeininteressen scheint auch nicht unmittelbar auf das Herkunftslandprinzip bezogen zu sein, sondern zielt eher darauf ab, die Rechtfertigung von Regelungen zu vermeiden, die zu einer Doppelbelastung führen[569].

(4) Die Verhältnismäßigkeit

Schließlich ist bei einer Beschränkung der Dienstleistungsfreiheit der Verhältnismäßigkeitsgrundsatz zu beachten. Die Beschränkung darf also nicht außer Verhältnis zu dem verfolgten Ziel stehen[570]. In Relation zu setzen sind damit die Schwere des Eingriffs in die Dienstleistungsfreiheit und das Gewicht der verfolgten Allgemeininteressen[571]. Folgt man der hier vertretenen Ansicht nicht, daß nicht-produktbezogene Regelungen regelmäßig schon keine Beschränkungen darstellen, kann die entsprechende Differenzierung als Anhaltspunkt für den Grad der Beeinträchtigung des freien

---

[566] *Roth*, in: Dauses Kap. E. I Rn. 121.

[567] *Roth*, in: Dauses Kap. E. I Rn. 121; *derselbe*, RabelsZ 55 (1991), 665.

[568] Siehe oben § 6 III. 1. b) cc) (1) (c).

[569] Denkbar wäre insoweit auch, bei einer Doppelbelastung von einer - versteckten - Diskriminierung auszugehen (vgl. auch *Schiek* 126) und bei versteckten Diskriminierungen allgemein keine Rechtfertigung durch zwingende Gründe des Allgemeininteresses zuzulassen, sondern die Schranke des Art. 46 EGV (iVm. Art. 55 EGV) anzuwenden. Der EuGH geht diesen Weg allerdings nicht. Bei nicht-produktbezogenen Regelungen wäre dieser Lösung ohnehin nicht sinnvoll: hier entsteht die Beschränkung grundsätzlich erst aus der Tatsache, daß eine Doppelbelastung entsteht. Eine Rechtfertigung durch Allgemeininteressen hätte also keine Bedeutung mehr, weil stets die hohe Hürde des Art. 46 EGV (iVm. Art. 55 EGV) angesetzt werden müßte.

[570] EuGH, Urteil vom 25.7.1991, Rs. C-76/90 (Säger), Slg 1991, I-4221, 4245.

[571] Vgl. *E. Lorenz*, VR 1995, 18; *Roth*, in: Dauses Kap. E. I Rn. 122.

Dienstleistungsverkehrs herangezogen werden. Produktbezogene Regelungen stellen grundsätzlich einen schwerwiegenderen Eingriff als nicht-produktbezogene dar, da sie den Zugang für das konkrete Produkt versperren. Durch die Anwendung inländischen Arbeitsrechts - also nicht-produktbezogener Regelungen - entsteht für das Produkt selbst aber regelmäßig kein unüberwindbares Hindernis.

Franzen schlägt demgegenüber vor, nach der Art der Grenzüberschreitung zu differenzieren[572]. Maßgeblich sei, daß der Dienstleister sich in den Entsendungsfällen in den Empfangsstaat begibt. Diese Form der Ausübung der Dienstleistungsfreiheit weise Ähnlichkeiten zu dem Schutzbereich der Niederlassungsfreiheit auf. Die Niederlassungsfreiheit sei aber bisher aus guten Gründen noch nicht zu einem Beschränkungsverbot ausgebaut worden. Wer sich in einen anderen Staat niederlasse, müsse grundsätzlich die dort geltenden Bedingungen akzeptieren. Auch für die Dienstleistungsfreiheit sei davon auszugehen, daß beschränkende Regelungen um so eher hinzunehmen sind bzw. geringere Anforderungen an die Verhältnismäßigkeit zu stellen sind, „je mehr sich der Dienstleister in ein fremdes rechtliches Umfeld begibt“[573]. Zu dieser Argumentation ist anzumerken, daß die Prämisse, die Niederlassungsfreiheit sei bisher nicht zu einem Beschränkungsverbot entwickelt worden, bedenklich erscheint. Spätestens seit dem Urteil „Gebhard“[574] muß davon ausgegangen werden, daß der EuGH auch im Bereich der Niederlassungsfreiheit von einem Beschränkungsverbot ausgeht[575]. Zutreffend ist aber, daß bei der Verhältnismäßigkeitsprüfung berücksichtigt werden kann, daß sich der Dienstleister in einen anderen Staat begibt. Art. 50 S. 3 EGV geht davon aus, daß der Dienstleister, der seine Tätigkeit vorübergehend in einem anderen Staat ausübt, dies zu den Voraussetzungen tut, „welcher dieser Staat für seine eigenen Angehörigen vorschreibt.“ Berücksichtigt man Art. 50 S. 3 EGV nicht - wie hier[576] - bereits im Rahmen der Reichweite des Beschränkungsverbots, ist ihm jedenfalls bei der Prüfung der Verhältnismäßigkeit Rechnung zu tragen[577].

Geht man bei der Anwendung inländischer Eingriffsnormen des Arbeitsrechts grundsätzlich von einer Beschränkung der Dienstleistungsfreiheit oder auch der Arbeitnehmerfreizügigkeit aus, ist eine Aussage über eine Rechtfertigung durch zwingende Gründe des Allgemeininteresses nur für den konkreten Einzelfall

---

572 *Franzen*, DZWir 1996, 95.

573 *Franzen*, DZWir 1996, 95.

574 EuGH, Urteil vom 30.11.1995, Rs. C-55/95 („Gebhard“), Slg. 1995, I-4165.

575 Vgl. z.B. *Schweitzer/Hummer* Rn. 1075; *Fischer* 325 ff.

576 Siehe oben § 6 III. 1. b) cc) (3).

577 *Franzen*, DZWir 1996, 95.

möglich, gegebenenfalls unter Berücksichtigung des „Heimatrechts" des Dienstleisters. Die oben untersuchten allgemeinen Grundsätze zeigen aber, daß in den Entsendungsfällen vieles dafür spricht, daß eine Rechtfertigung für die Anwendung inländischen Arbeitsrechts oft möglich sein wird. Unterstellt man mit der wohl h.M., daß sich die „Rush-Portuguesa-Formel" auf das Kriterium des Allgemeininteresses bezieht, liegt die Interpretation nahe, daß der EuGH davon ausgeht, daß die Anwendung inländischen Arbeitsrechts auf entsandte Arbeitnehmer grundsätzlich gerechtfertigt ist[578].

ee) Die Vereinbarkeit des AEntG mit den Grundfreiheiten

Die Diskussion über die Vereinbarkeit der Anwendung inländischer Eingriffsnormen mit den Grundfreiheiten ist vor allem durch das Inkrafttreten des AEntG am 1.3.1996 ausgelöst worden[579]. Die Bedeutung der Grundfreiheiten für inländisches, international zwingendes Arbeitsrecht stellt im Rahmen des AEntG also auch ein ganz konkretes Problem dar. Im folgenden soll anhand der soeben entwickelten allgemeinen Grundsätze untersucht werden, in welcher Beziehung die kollisionsrechtlichen Regelungen des AEntG zu den Grundfreiheiten stehen.

Das AEntG enthielt in seiner ursprünglichen Fassung in § 1 nur eine Regelung über die international zwingende Wirkung von Normen allgemeinverbindlicher Tarifverträge des Bauhaupt- oder Baunebengewerbes. Das ArbG Wiesbaden hat in einem Vorlagebeschluß vom 27.2.1998 den EuGH gemäß Art. 234 EGV (früher Art. 177 EGV) angerufen, um die Vereinbarkeit dieser Regelung mit den Grundfreiheiten zu überprüfen[580]. Eine Entscheidung des EuGH liegt bisher nicht vor[581]. Zur Umsetzung der Richtlinie des Europäischen Parlaments und des Rates vom 16.12.1996 über die Entsendung von Arbeitnehmern im Rahmen der

---

[578] So z.B. *Deinert*, RdA 1996, 349 f.; *Hanau*, NJW 1996, 1372.

[579] Nicht nur die Vereinbarkeit mit den Grundfreiheiten, sondern auch die Verfassungsmäßigkeit des AEntG wurde bezweifelt. Die Frage der Vereinbarkeit mit dem Grundgesetz betrifft aber in erster Linie nicht die kollisionsrechtlichen Bestimmungen des AEntG, sondern vor allem die Regelung in § 1 Abs. 3 a AEntG (vgl. z.B. *W. Böhm*, NZA 1999, 130 sowie unten Fn. 798). Sie wird daher in der vorliegenden Arbeit nicht im einzelnen erörtert. Vgl. zu verfassungsrechtlichen Fragen aber auch unten § 6 III. 1. b) ee) (1) (a).

[580] ArbG Wiesbaden, Vorlagebeschluß vom 27.2.1998, NZA-RR 1998, 217.

[581] Das Verfahren ist beim EuGH anhängig unter den Aktenzeichen C 49/98, 50/98 und 52 bis 54/98.

Erbringung von Dienstleistungen[582] wurde mit Gesetz vom 19.12.1998[583] mit § 7 AEntG eine weitere Regelung geschaffen, die die kollisionsrechtliche Anwendbarkeit inländischer Normen des Arbeitsrechts betrifft. Nach § 7 Abs. 1 AEntG sind bestimmte Regelungen in „Rechts- oder Verwaltungsvorschriften" auch auf Arbeitsverhältnisse zwischen ausländischen Arbeitgebern und deren im Inland beschäftigten Arbeitnehmern zwingend anzuwenden. Durch § 7 Abs. 2 AEntG wurde darüber hinaus der Kreis der Arbeitsbedingungen erweitert, die unter den in § 1 Abs. 1 AEntG genannten Bedingungen auf entsandte Arbeitnehmer anwendbar sind. § 1 und § 7 Abs. 1 AEntG enthalten also jeweils Regelungen über die Anwendung inländischen Arbeitsrechts auf entsandte Arbeitnehmer ohne Rücksicht auf das Vertragsstatut. Sie unterscheiden sich aber dadurch, daß § 1 AEntG (i.V.m. § 7 Abs. 2 AEntG) nur Normen in allgemeinverbindlichen Tarifverträgen erfaßt und dies nur im Bereich des Bauhaupt- oder Nebengewerbes[584]; die Reichweite des § 7 AEntG ist dagegen nicht auf eine bestimmte Branche beschränkt; weiterhin wird in § 7 AEntG die Anwendbarkeit staatlicher Rechts- und Verwaltungsvorschriften geregelt und nicht tarifvertraglicher Bestimmungen.

(1) Diskriminierungen durch das AEntG

Nach den oben dargestellten Grundsätzen ist zunächst zu fragen, ob die §§ 1, 7 AEntG Regelungen mit diskriminierender Wirkung enthalten. Dies scheint auf den ersten Blick ausgeschlossen. Die §§ 1, 7 AEntG bewirken, daß bestimmte Normen auch auf ausländische Arbeitnehmer anzuwenden sind, führen also gerade zu einer Gleichbehandlung inländischer und ausländischer Arbeitnehmer und damit auch für die betroffenen Arbeitgeber zu gleichen Beschäftigungsbedingungen. Dennoch wird eine Diskriminierung sowohl der

---

[582] Richtlinie 96/71 der Europäischen Parlamentes und des Rates, ABl. EG Nr. L 18 vom 21.1.1997, S. 1 ff. Schon die Vereinbarkeit der Richtlinie mit den Grundfreiheiten war umstritten. Eine Erörterung erübrigt sich hier, da die Ausführungen zum AEntG grundsätzlich entsprechend gelten. Hinsichtlich der Entsenderichtlinie wurde (und wird) aber auch die Rechtssetzungsbefugnis bzw. Rechtsgrundlage diskutiert; nach einer in der Literatur vertretenen Auffassung hätte die Richtlinie nicht auf Art. 57 Abs. 2 i.V.m. Art. 66 EGV (jetzt: Artt. 47 Abs. 2, 55 EGV) gestützt werden dürfen. Vgl. zu der betreffenden Diskussion eingehend *A. Müller* 32 ff.; *Wichmann* 144 ff. Auf diese Frage soll hier nicht näher eingegangen werden, sie hat keine unmittelbar kollisionsrechtliche Bedeutung.

[583] BGBl. I S. 3843.

[584] § 1 Abs. 2 AEntG erstreckt den Geltungsbereich des Absatzes 1 auch auf den Bereich der Seeschiffahrtsassistenz, d.h. die Schlepper in den deutschen Seehäfen. Schon aufgrund der geringen Zahl der erfaßten Arbeitsverhältnisse dürfte die Bedeutung des § 1 Abs. 2 AEntG aber gering sein.

ausländischen Arbeitnehmer als auch der entsendenden Unternehmen - vor allem durch § 1 AEntG - diskutiert.

(a) Dienstleistungsfreiheit

So gehen *Junker/Wichmann* von einer Diskriminierung der ausländischen Unternehmen im Bereich der Dienstleistungsfreiheit durch § 1 Abs. 1 AEntG aus[585]. Nach § 1 Abs. 1 AEntG finden Rechtsnormen allgemeinverbindlicher Tarifverträge über Mindestentgelte, die Dauer des Erholungsurlaubs sowie Urlaubsentgelt und zusätzliches Urlaubsgeld auch auf entsandte Arbeitnehmer Anwendung, wenn sie im räumlichen Geltungsbereich des Tarifvertrages beschäftigt werden[586]. Grundsätzlich entsteht hierdurch keine Ungleichbehandlung von in- und ausländischen Arbeitgebern; auch die inländischen Arbeitgeber werden - soweit sie nicht ohnehin tarifgebunden sind - von den Normen des allgemeinverbindlichen Tarifvertrags gemäß § 5 Abs. 4 TVG erfaßt. *Junker/Wichmann* sehen für inländische Arbeitgeber aber eine Möglichkeit sich einer Bindung zu entziehen[587]. Inländische Arbeitgeber könnten gegenüber dem allgemeinverbindlichen Tarifvertrag speziellere Tarifverträge abschließen, die Regelungen über die Materien des § 1 Abs. 1 AEntG[588] enthalten. Inländischen Unternehmen stünde also z.B. die Option offen, Firmentarifverträge abzuschließen, deren Normen geringere Mindestentgelte vorsehen als der allgemeinverbindliche Tarifvertrag. Nach den allgemeinen Regeln der Tarifkonkurrenz gingen diese spezielleren Tarifverträge dem für allgemeinverbindlich erklärtem Tarifvertrag vor. Auch das AEntG lasse die betreffenden Grundsätze der Tarifkonkurrenz unberührt. Damit komme es zu einer Diskriminierung: Inländische Unternehmen könnten durch Abschluß speziellerer Tarifverträge die Regelungen im allgemeinverbindlichen Tarifvertrag

[585] *Junker/Wichmann*, NZA 1996, 508 ff.

[586] Nach der Änderung des AEntG vom 19.12.1998 sind auch andere Regelungen allgemeinverbindlicher Tarifverträge (z.B. über Höchstarbeitszeiten und Mindestruhezeiten) zwingend anzuwenden, vgl. § 7 Abs. 2 iVm. §§ 7 Abs. 1; 1 Abs. 1 AEntG. Die von *Junker/Wichmann* (NZA 1996, 508 ff.) angesprochene Problemstellung besteht jedoch unverändert.

[587] *Junker/Wichmann*, NZA 1996, 508 ff.

[588] Nach der Gesetzesänderung auch über die Materien des § 7 Abs. 1 Nr. 1, Nr. 4 - 7 AEntG; vgl. § 7 Abs. 2 AEntG.

unterschreiten; ausländische Unternehmen seien dagegen gemäß § 1 Abs. 1 AEntG stets gebunden[589].

Zutreffend ist, daß nach den vom BAG entwickelten Grundsätzen der Tarifkonkurrenz und -pluralität[590] speziellere (Firmen-) Tarifverträge auch dann allgemeineren Tarifverträgen vorgehen, wenn diese aufgrund einer Allgemeinverbindlichkeitserklärung Geltung beanspruchen[591]. Das BAG geht sogar davon aus, ein speziellerer Haustarifvertrag verdränge aufgrund des Prinzips der Tarifeinheit allgemeinverbindliche Tarifverträge auch für diejenigen Arbeitnehmer, die mangels Mitgliedschaft in der betreffenden Gewerkschaft nicht von dem Haustarifvertrag erfaßt werden[592]. Folgt man der Rechtsprechung des BAG wäre es also grundsätzlich möglich, daß inländische Unternehmen die Anforderungen eines allgemeinverbindlichen Tarifvertrags unterlaufen, indem sie - für sie - günstigere Firmentarifverträge abschließen. Die Möglichkeit, daß eine Gewerkschaft einen Haustarifvertrag abschließt, der für die Arbeitnehmerseite - was Mindestentgelte und Urlaubsregelungen betrifft - ungünstiger Bedingungen enthält, erscheint aber eher unwahrscheinlich[593]. Es erscheint schon zweifelhaft, ob die theoretische Aussicht eines derartigen Vorgehens ausreicht, um der

---

[589] *Junker/Wichmann*, NZA 1996, 508 ff.

[590] Nach der Rechtsprechung des BAG liegt „Tarifkonkurrenz" vor, wenn „beide Parteien eines Arbeitsverhältnisses gleichzeitig an mehrere von verschiedenen Tarifvertragsparteien abgeschlossene Tarifverträge gebunden sind und deshalb mehrere Tarifverträge auf das gleiche Arbeitsverhältnis Anwendung finden." Tarifpluralität ist gegeben, wenn „der Betrieb des Arbeitgebers vom Geltungsbereich zweier von verschiedenen Gewerkschaften abgeschlossenen Tarifverträgen erfaßt wird, an die der Arbeitgeber gebunden ist, während für den jeweiligen Arbeitnehmer je nach Tarifbindung nur einer der beiden Tarifverträge Anwendung findet.", vgl. BAG, Urteil vom 14.6.1989, AP Nr. 16 zu § 4 TVG Tarifkonkurrenz, Bl. 6; Urteil vom 20.3.1991, AP Nr. 20 zu § 4 TVG Tarifkonkurrenz, Bl. 3.

[591] BAG, Urteil vom 14.6.1989, AP Nr. 16 zu § 4 TVG Tarifkonkurrenz, Bl. 6; Urteil vom 20.3.1991, AP Nr. 20 zu § 4 TVG Tarifkonkurrenz, Bl. 3 f. Im Schrifttum wird der Grundsatz der Tarifspezialität nicht uneingeschränkt vertreten, kritisch z.B. *Däubler*, Tarifvertragsrecht 624 ff. (Textziffer 1491 ff.). Auch *Gamillscheg* (Kollektives Arbeitsrecht 756) hält es für bedenklich, dem spezielleren Tarifvertrag stets den Vorrang zu geben.

[592] Vgl. BAG, Urteil vom 20.3.1991, AP Nr. 20 zu § 4 TVG Tarifkonkurrenz, Bl. 3 f. Das BAG entzieht also den Nichtorganisierten (insoweit liegt Tarifpluralität vor) den Schutz des allgemeinverbindlichen Tarifvertrags. Daß hierdurch ein „tariffreier Raum" entsteht, ist nach Ansicht des BAG hinzunehmen. Die ganz überwiegende Meinung im Schrifttum lehnt die Verdrängung des allgemeinverbindlichen Tarifvertrags auch für Nichtorganisierte - aus guten Gründen - ab, vgl. *Däubler*, Tarifvertragsrecht 628 f. (Textziffer 1502 ff.); *Kraft*, RdA 1992, 166 ff.; *Löwisch-Rieble*, § 4 TVG Rn. 290 ff.; *Reuter*, JuS 1992, 108; *Zöllner-Loritz* § 37 IV. 2.

[593] So auch *Schiek* 128.

Vorschrift des § 1 Abs. 1 AEntG eine diskriminierende Wirkung zuzusprechen[594]. Berücksichtigt man die Möglichkeit inländischer Unternehmen, „günstigere" Haustarifverträge abzuschließen, muß aber auch in Betracht gezogen werden, daß es dann - zumindest in rechtlicher Hinsicht - wohl ebenfalls nicht ausgeschlossen werden kann, daß ausländische Unternehmen für ihre entsandten Arbeitnehmer mit deutschen Gewerkschaften speziellere Firmentarifverträge abschließen. Zwar werden deutsche Gewerkschaften hierzu kaum bereit sein; auch die Unterschreitung allgemeinverbindlicher Tarifverträge durch Firmentarifverträge mit deutschen Unternehmen erscheint aber wenig wahrscheinlich[595]. Auch bei Anwendung der allgemeinen Grundsätze der Tarifpluralität und -konkurrenz ist eine Diskriminierung also nur schwer zu begründen.

Darüber hinaus sind auch die Prämissen in Frage zu stellen, das AEntG ließe die ansonsten geltenden Regeln der Tarifpluralität und -konkurrenz unberührt bzw. eine Änderung dieser Regeln sei aus verfassungsrechtlichen Gründen nicht zulässig. § 1 Abs. 1 S. 3 AEntG bestimmt ausdrücklich, daß auch Arbeitgeber „mit Sitz im Inland" verpflichtet sind, ihren Arbeitnehmern die in dem allgemeinverbindlichen Tarifvertrag geregelten Arbeitsbedingungen zu gewähren „unabhängig davon, ob der Tarifvertrag kraft Tarifbindung nach § 3 des Tarifvertragsgesetzes oder aufgrund der Allgemeinverbindlichkeitserklärung Anwendung findet." Der Wortlaut des § 1 Abs. 1 S. 3 AEntG legt also die Schlußfolgerung nahe, im Bereich des § 1 Abs. 1 AEntG sei eine Unterschreitung der Regelungen allgemeinverbindlicher Tarifverträge über Mindestentgelte und Urlaubsansprüche[596] auch durch speziellere Tarifverträge nicht möglich. Obwohl auch schon die alte Fassung des AEntG eine ähnliche „Inländerklausel" enthielt[597], wurde durch Gesetz vom 19.12.1998[598] eine Klarstellung durch eine eindeutigere Formulierung vorgenommen. Die entsprechende Klarstellung wurde

---

[594] Anders *Junker/Wichmann* (NZA 1996, 510) unter Berufung auf EuGH, Urteil vom 3.6.1992, Rs. C-45/90 (Paletta), Slg.1992, I- 3423. Diesem Urteil soll zu entnehmen sein, „daß es nicht auf die praktische Umsetzbarkeit einer Regelung ankomme, sondern auf die bestehende - gemeinschaftsrechtswidrige - Rechtslage." Dem ist entgegenzuhalten, daß aus der betreffenden Entscheidung keine derartige Aussage abgeleitet werden kann. Dem Urteil kann auch nicht entnommen werden, die ganz entfernte Möglichkeit einer Diskriminierung könne einen Verstoß gegen die Dienstleistungsfreiheit begründen (anders *Junker/Wichmann*, NZA 1996, 510).

[595] Ähnlich *Schiek* 128.

[596] Bzw. über die Materien des § 7 Abs. 1 Nr. 1, Nr. 4-7 AEntG.

[597] Vgl. § 1 Abs. 1 S. 4 AEntG a.F.

[598] BGBl. I, S. 3843.

notwendig, weil das OLG Düsseldorf[599] die alte Fassung des AEntG so interpretiert hatte, daß es auf inländische Arbeitsverhältnisse nicht anwendbar sei. Nach der Begründung zur Gesetzesänderung würde ein derartiges Auslegungsergebnis zu einer „gemeinschaftsrechtlich unzulässigen Ausländerdiskriminierung" führen[600]. Auch wenn der Fall eines spezielleren Tarifvertrags nicht erwähnt wird, erfolgte die Änderung des AEntG eindeutig mit dem Zweck, Zweifel daran zu beseitigen, daß auch inländische Arbeitgeber zwingend die betreffenden Arbeitsbedingungen einhalten müssen[601]. Der Gesetzgeber betont die Notwendigkeit einer Gleichbehandlung von In- und Ausländern aus europarechtlichen Gründen[602]. Es entspricht also durchaus dem Willen des Gesetzgebers, § 1 Abs.1 S. 3 AEntG so zu interpretieren, daß er - um eine Diskriminierung von Ausländern zu vermeiden - die allgemeinen Grundsätze der Tarifkonkurrenz bzw. -pluralität in seinem Anwendungsbereich verdrängt[603]. Eine Bindung deutscher Arbeitnehmer anzunehmen, die auch durch den Abschluß von Haustarifverträgen nicht umgangen werden kann, entspricht auch dem Grundsatz der gemeinschaftsrechtskonformen Auslegung[604].

Die Annahme, daß im Bereich des § 1 Abs. 1 AEntG speziellere Tarifverträge die Regelungen des allgemeinverbindlichen Tarifvertrags nicht verdrängen, stößt auch auf keine verfassungsrechtliche Bedenken. Nach der Ansicht von *Junker/Wichmann* ist zu beachten, daß „die Allgemeinverbindlichkeitserklärung nicht die Normsetzungsprärogative als Teil der verfassungsrechtlich verbürgten Betätigung der Koalitionen" verdrängt. Der Vorrang einer - durch Allgemeinverbindlichkeitserklärung - staatlich angeordneten Tarifgeltung gegenüber einer mitgliedsschaftlich legitimierten Geltung werde „von der

---

[599] OLG Düsseldorf, Urteil vom 3.7.1998, NZA 1998, 1286, 1287. Kritisch hierzu *Hanau*, NZA 1998, 1249.

[600] BT-Drucks. 14/45, 59.

[601] Gesetzesbegründung, BT-Drucks. 14/45, 59. Vgl. auch *Meyer*, NZA 1999, 127; *W. Böhm*, NZA 1999, 130.

[602] Gesetzesbegründung, BT-Drucks. 14/45, 59.

[603] Anders grundsätzlich *Plesterninks* 54. Nach *Plesterninks* soll aber dennoch keine Diskriminierung von Ausländern möglich sein, da der speziellere Tarifvertrag bei Unterschreitung der Festsetzungen eines allgemeinverbindlichen Tarifvertrages nicht mehr vorrangig sein soll (*Plesterninks* 56). Es leuchtet dann allerdings nicht ganz ein, warum eine Abweichung von den allgemeinen Grundsätzen im AEntG nicht möglich sein sollte.

[604] Ähnlich auch *Weber*, DZWir 1999, 500 (der für die Anwendung des AEntG aber stets eine „Entsendung" – gegebenenfalls zwischen inländischen Tarifbezirken – fordert). Vgl. zum Grundsatz gemeinschaftsrechtskonformer Auslegung vor allem EuGH, Urteil vom 4.2.1988, Rs. 157/86 (Murphy), Slg. 1988, 673, 690. Aus der Literatur vgl. z.B. *Brechmann* 63 ff.; MünchKomm-*Sonnenberger* Einl. IPR Rn. 194.

Verfassung" nur sehr beschränkt zugelassen[605]. Dem ist entgegenzuhalten, daß das BVerfG keineswegs meint, allgemeinverbindliche Tarifverträge müßten grundsätzlich hinter mitgliedsschaftlich legitimierte Tarifverträge zurücktreten[606]. Nach der Rechtsprechung des BVerfG kommt vielmehr weder allgemeinverbindlichen noch mitgliedschaftlich legitimierten Tarifverträgen ein grundsätzlicher Vorrang zu. Das BVerfG zieht zur Lösung der Frage, welcher Tarifvertrag im Konfliktfall maßgeblich ist, keine verfassungsrechtlichen Grundsätze heran. Maßgeblich sollen vielmehr die „allgemeinen arbeitsrechtlichen Grundsätze für die Tarifkonkurrenz" sein[607]. Daß diese Grundsätze von Verfassungsrang wären, läßt sich der betreffenden Entscheidung aber nicht entnehmen.

Im übrigen begründet auch das BAG die Anwendung von Firmentarifverträgen trotz Bestehens allgemeinverbindlicher Tarifverträge nicht mit einem „verfassungsrechtlichen Gebot" des Vorrangs mitgliedschaftlich legitimierter Verträge, sondern mit dem Spezialitätsgrundsatz[608]. Diesen Spezialitätsgrundsatz im Anwendungsbereich des § 1 Abs. 1 AEntG zu durchbrechen, erscheint verfassungsrechtlich unbedenklich. Art. 9 Abs. 3 GG bzw. das Prinzip der Tarifautonomie stehen zumindest einem eng begrenzten Vorrang allgemeinverbindlicher Tarifverträge nicht entgegen[609]. Auch allgemeinverbindliche Tarifverträge beruhen auf einer Einigung der Koalitionen; die in ihnen enthaltenen Regelungen werden nicht staatlich festgesetzt[610]. Die in § 1 Abs. 1 S. 1 AEntG erwähnten Materien als „tarifvertragsfest" gegenüber spezielleren Tarifverträgen einzustufen, stellt keinen Verstoß gegen die

---

605 Vgl. *Junker/Wichmann*, NZA 1996, 510 (unter Berufung auf BVerfG, Beschluß vom 24.5.1977, BVerfGE 44, 322, 341 und Beschluß vom 14.11.1995, BVerfG 93, 352, 358); ähnlich *Plesterninks* 52 f. Auch *Löwisch/Rieble* (§ 4 TVG Rn. 297 ff.) gehen davon aus, daß mitgliedschaftlich legitimierten Tarifverträgen aus verfassungsrechtlichen Gründen Vorrang gegenüber allgemeinverbindlichen Tarifverträgen, die aufgrund staatlicher Anordnung Geltung beanspruchen, zukommt (ebenso MünchArbR-*Löwisch* § 239 Rn. 82). *Löwisch/Rieble* führen aber zutreffend aus, daß die h.M. - auch das BVerfG und das BAG - diese Auffassung nicht teilen, vgl. den folgenden Text.

606 Vgl. BVerfG, Beschluß vom 15.7.1980, BVerfGE 55, 7, 24. Auch dem Beschluß vom 24.5.1977 (BVerfGE 44, 322, 341) in Verbindung mit dem Beschluß vom 14.11.1995 (BVerfGE 93, 352, 258) läßt sich eine derartige Aussage nicht entnehmen.

607 BVerfG, Beschluß vom 15.7.1980, BVerfGE 55, 7, 24.

608 BAG, Urteil vom 14.6.1989, AP Nr. 16 zu § 4 TVG Tarifkonkurrenz, Bl. 6; Urteil vom 20.3.1991, AP Nr. 20 zu § 4 TVG Tarifkonkurrenz, Bl. 3 f.

609 Allgemein gegen einen „verfassungsrechtlichen Vorrang" mitgliedschaftlich legitimierter Tarifverträge auch *Däubler*, Tarifvertragsrecht 624 (Textziffer 1491) Fn. 56; *G. Müller*, DB 1989, 1972.

610 So im Ergebnis auch *Däubler*, Tarifvertragsrecht 624 (Textziffer 1491) Fn. 56.

Koalitionsfreiheit dar, sondern eine zulässige Regelung der Tarifkonkurrenz. Betroffenen Gewerkschaften wird auch bei Anwendbarkeit eines allgemeinverbindlichen Tarifvertrags nicht die Möglichkeit genommen, Firmentarifverträge abzuschließen. In diesen Verträgen können auch Vereinbarungen z.B. über Mindestentgeltsätze getroffen werden, lediglich eine Unterschreitung des maßgeblichen allgemeinverbindlichen Tarifvertrags ist insoweit nicht möglich. Die Festlegung bestimmter Mindestbedingungen, zumal diese Bedingungen selbst in einem Tarifvertrag festgelegt werden, erscheint aber nicht geeignet, die Koalitionsfreiheit der Verbände oder von Arbeitnehmern zu verletzen[611]. Der von *Junker/Wichmann* aufgeworfene Gedanke ist aber bei der Auslegung des AEntG zu berücksichtigen. Er zeigt, daß schon aus europarechtlichen Gründen das Spezialitätsprinzip im Bereich des AEntG zurückgedrängt wird.

Im Ergebnis kann also mit der von *Junker/Wichmann* vorgetragenen Begründung eine Diskriminierung ausländischer Unternehmen nicht angenommen werden.

(b) Arbeitnehmerfreizügigkeit

Gerken/Löwisch/Rieble vertreten die Ansicht, das AEntG führe im Bereich der Arbeitnehmerfreizügigkeit zu einer Diskriminierung ausländischer Arbeitnehmer[612]. Durch das AEntG würden ausländische Arbeitnehmer gezielt vom deutschen Arbeitsmarkt ferngehalten, da ihnen die Möglichkeit genommen werde, ihre Leistung zu den niedrigeren „Heimatlöhnen" anzubieten. Hierin liege auch eine Diskriminierung, weil wesentlich Ungleiches gleich behandelt würde. Entsandte, ausländische Arbeitnehmer müßten im Gegensatz zu Inländern nur die niedrigeren Lebenshaltungskosten ihres Heimatstaates bestreiten. Aufgrund dieses Unterschieds sei eine unterschiedliche Behandlung in- und ausländischer Arbeitnehmer hinsichtlich der Entlohnung nicht nur zulässig, sondern auch geboten.

Die Auffassung von *Gerken/Löwisch/Rieble* ist abzulehnen. Bei nur vorübergehenden Entsendungen erscheint schon sehr zweifelhaft, ob der

---

[611] Das BVerfG hat in seiner neueren Rechtsprechung „klargestellt", daß ein Eingriff in den Schutzbereich des Art. 9 Abs. 3 GG keine Beeinträchtigung des „Kernbereichs" der Betätigung der Koalitionen voraussetzt, vgl. BVerfG, Beschluß vom 14.11.1995, BVerfGE 93, 352, 358. Dieses Verständnis des Schutzbereiches der Koalitionsfreiheit berührt die hier vorgenommene Einschätzung nicht. Auch wenn man davon ausgehen wollte, daß der Schutzbereich der Koalitionsfreiheit berührt wird, liegt jedenfalls eine zulässige „Ausgestaltung" vor, vgl. allgemein auch *Däubler*, Tarifvertragsrecht 624 (Textziffer 1491) Fn. 56.

[612] *Gerken/Löwisch/Rieble*, BB 1995, 2372 f.

Schutzbereich der Arbeitnehmerfreizügigkeit überhaupt einschlägig ist.[613] Jedenfalls löst das AEntG keine Diskriminierung ausländischer Arbeitnehmer aus. Zwar ist zutreffend, daß der EuGH dem allgemeinen Diskriminierungsverbot des Art. 12 EGV auch den Grundsatz entnimmt, ungleiche Sachverhalte dürften nicht willkürlich gleich behandelt werden[614]. Hieraus läßt sich aber kein Recht entsandter Arbeitnehmer auf niedrigere Entlohnung ableiten. Ein Recht auf Ungleichbehandlung bei der Entlohnung würde sowohl dem Wortlaut des Art. 39 Abs. 2 EGV als auch seiner Zielsetzung vollkommen widersprechen. Nach Art. 39 Abs. 2 EGV zielt die Arbeitnehmerfreizügigkeit gerade auf eine „Abschaffung jeder ... unterschiedlichen Behandlung" in bezug auf die Entlohnung ab[615]. Die Auffassung, Art. 39 EGV werde verletzt, wenn inländische und entsandte ausländische Arbeitnehmer hinsichtlich der Entlohnung gleich behandelt werden, ist also mit der Regelung in Art. 39 Abs. 2 EGV unvereinbar[616]. Es ist auch nicht nachvollziehbar, warum die gleiche Entlohnung eine „willkürliche" Gleichbehandlung darstellen sollte. Die betroffenen ausländischen Arbeitnehmer sind auf dem deutschen Arbeitsmarkt tätig, auf diesem Mark „konkurrieren" sie mit deutschen Arbeitnehmern. Eine Gleichbehandlung beider - auf dem gleichen Arbeitsmarkt tätiger - Gruppen erscheint keinesfalls „willkürlich".

Die Vorschriften des AEntG, die die Ausstattung inländischen Arbeitsrechts mit internationalem Geltungswillen zum Gegenstand haben, entfalten also keine diskriminierende Wirkung[617].

(2) Beschränkungen der Grundfreiheiten durch das AEntG

Folgt man der hier vertretenen Ansicht, so erfolgt zumindest durch § 7 Abs.1 AEntG grundsätzlich auch keine Beschränkung der Grundfreiheiten. Die

---

[613] Siehe dazu oben § 6 III. 1. b) aa).

[614] EuGH, Urteil vom 23.2.1983, Rs. 8/82 (Wagner), Slg. 1983, 371, 387.

[615] Vgl. auch z.B. *Fischer* (307), der ausführt, es handle sich bei Art. 39 Abs. 2 EGV um einen „Anspruch auf Gleichbehandlung", wonach ausländische Arbeitnehmer „nicht schlechter behandelt werden dürfen" als inländische.

[616] So auch *Hanau*, FS Everling 417: „Artikel 48 II EG-Vertrag [jetzt Art. 39 Abs. 2] hat von Anfang an klargestellt, daß Freiheit und Gleichheit hier zusammenfallen." Ähnlich *Deinert*, RdA 1996, 350 (allerdings mit Hinweis auf Art. 39 Abs. 3 lit. c EGV). Im Ergebnis auch *Brinkmann*, in: Hailbronner 135 f. sowie *F. Lorenz*, in: Wiesehügel/Sahl 62.

[617] Der Frage, ob die Vorschrift des § 3 AEntG diskriminierende Wirkung entfaltet, soll hier nicht näher nachgegangen werden. § 3 AEntG enthält eine Anmeldungspflicht nur für Arbeitgeber mit Sitz im Ausland und erscheint daher unter dem Gesichtspunkt der Diskriminierung bedenklich, vgl. auch *Krebber*, JbJgZivWiss 1997, 154.

Regelungen des deutschen Arbeitsrechts, die gemäß § 7 Abs. 1 AEntG auch auf entsandte Arbeitnehmer anzuwenden sind, stellen keine „produktbezogenen" Regelungen dar. Ihre Anwendung führt nicht dazu, daß unüberwindbare Hindernisse für die grenzüberschreitende Erbringung bestimmter Dienstleistungen entstehen. Die durch § 7 Abs. 1 AEntG mit internationalem Geltungswillen ausgestatteten Normen stellen nur Rahmenbedingungen für den Dienstleister dar; daß der ausländische Dienstleister diese Bedingungen bei Tätigkeiten im Inland hinnehmen muß, entspricht der Konzeption des EGV. Auch wenn man von der Einschlägigkeit der Arbeitnehmerfreizügigkeit bei vorübergehenden Entsendungen ausgeht, ist in den Regelungen des § 7 Abs. 1 AEntG keine Beschränkung der Freizügigkeit der Arbeitnehmer zu sehen. Die betreffenden Vorschriften des Arbeitsrechts regeln die Ausübung der Tätigkeit und betreffen nicht unmittelbar die Aufnahme einer Tätigkeit im Inland[618].

Eine abweichende Beurteilung könnte allerdings im Rahmen des § 7 Abs. 1 Nr. 4 AEntG möglich sein. Nach § 7 Abs. 1 Nr. 4 AEntG sind die Regelungen über „die Bedingungen für die Überlassung von Arbeitskräften, insbesondere durch Leiharbeitsunternehmer" zwingend anzuwenden. Durch die Anwendung der Regelungen über die Arbeitnehmerüberlassung wird das von ausländischen Leiharbeitsunternehmen angebotene „Produkt" direkt betroffen. So kann die Anwendung des § 1 b AÜG dazu führen, daß die Überlassung von „Bauarbeitern" für ein Leih-arbeitsunternehmen unmöglich wird[619]. Hier könnte also eine Beschränkung der Dienstleistungsfreiheit angenommen werden. Der EuGH geht in der Entscheidung „Webb" von einer Beschränkung der Dienstleistungsfreiheit aus, wenn ein Staat (auch) für ausländische Leiharbeitsunternehmen eine Genehmigung verlangt[620]. Hinsichtlich der Rechtfertigung durch zwingende Allgemeininteressen betont der Gerichtshof aber, daß die Überlassung von Arbeitnehmern einen „besonders sensiblen Bereich" darstelle. Grundsätzlich seien daher Genehmigungsregelungen gerechtfertigt, soweit sie auch für inländische Unternehmen gelten[621]. Auch die Regelung in § 7 Abs. 1 Nr. 4 AEntG wird daher aus europarechtlicher Sicht unbedenklich sein, da sie zumindest durch zwingende Gründe des Allgemeininteresses gerechtfertigt werden kann[622].

---

[618] Vgl. oben § 6 III. 1. cc) (1) (d). Gegen eine Beschränkung der Grundfreiheiten durch das AEntG auch *Däubler*, EuZW 1997, 614 f.

[619] Gemäß § 1 b AÜG ist die gewerbsmäßige Arbeitnehmerüberlassung für „Bauarbeiter" z.B. nur zwischen „Betrieben des Baugewerbes" (innerhalb bestimmter Grenzen) gestattet. Vgl. zur Verfassungsmäßigkeit des (alten) Verbots der Arbeitnehmerüberlassung im Baugewerbe (§ 12 a AFG a.F.): BVerfG, Beschluß vom 6.10.1987, NJW 1988, 1195.

[620] EuGH, Urteil vom 17.12.1981, Rs. 279/80 (Webb), Slg. 1981, 3305, 3323 ff.

[621] EuGH, Urteil vom 17.12.1981, Rs. 279/80 (Webb), Slg. 1981, 3305, 3325.

[622] Näher hierzu unten § 6 III. 1. b) ee) (3).

Auch wenn man den hier vertretenen Grundsätzen zu der Reichweite der Grundfreiheiten folgt, könnte eine Beschränkung der Dienstleistungsfreiheit (oder auch der Arbeitnehmerfreizügigkeit) durch § 1 Abs. 1 AEntG in Betracht kommen. Zwar unterscheidet sich der Katalog der Regelungen, die gemäß § 1 Abs. 1 AEntG international zwingend sind, aufgrund der Verweisung in § 7 Abs. 2 AEntG kaum von den Materien des § 7 Abs. 1 AEntG. Dennoch besteht ein erheblicher Unterschied zwischen den Vorschriften des § 1 Abs. 1 AEntG und § 7 Abs. 1 AEntG. So gehören zwar sowohl nach § 1 Abs. 1 S. 1 Nr. 1 AEntG als auch nach § 7 Abs. 1 Nr. 3 AEntG die „Mindestentgeltsätze einschließlich der Überstundensätze" zu den Regelungsbereichen, die zwingend anzuwenden sind. Da § 7 Abs. 1 AEntG jedoch nur Regelungen in „Rechts- oder Verwaltungsvorschriften" erfaßt, ist die Bestimmung des § 7 Abs. 1 Nr. 3 AEntG praktisch bedeutungslos. Regelungen über Mindestentgeltsätze in „Rechts- oder Verwaltungsvorschriften" lassen sich nur im „Gesetz über die Festsetzung von Mindestarbeitsbedingungen" finden, dieses ist bisher aber noch nie angewendet worden[623]. Die Vorschrift des § 1 Abs. 1 S. 1 Nr. 1 AEntG bezieht sich dagegen auf Regelungen von Mindestentgeltsätzen in allgemeinverbindlichen Tarifverträgen und hat damit durchaus praktische Bedeutung[624]. Es könnte also argumentiert werden, die Regelung des § 1 Abs. 1 AEntG führe zu einem unüberwindlichen Hindernis für ausländische Dienstleister und ihre Arbeitnehmer. Da die entsendenden Unternehmen neben anderen Arbeitsbedingungen auch inländische Mindestentgelte beachten müssen, würden sie vom deutschen Markt ferngehalten, da die Erbringung der Dienstleistung in Deutschland wirtschaftlich nicht mehr lohnend sei[625].

Gegen diese Ansicht spricht zunächst, daß es fraglich erscheint, ob die Tatsache, mit dem im Inland üblichen Arbeitskosten belastet zu werden, eine unüberwindliche Sperre für ausländische Dienstleister darstellt. Eine Entlohnung gemäß inländischen Tarifverträgen führt zwar zum Verlust des in den unterschiedlichen Lohnregelungen bestehenden Wettbewerbs*vorteils* der ausländischen Anbieter. Die Wettbewerbsposition wäre insoweit aber nicht schlechter als die inländischer Unternehmen. Darüber hinaus erfolgt durch § 1 Abs. 1 S. 1 Nr. 1 AEntG auch keine umfassende Gleichstellung in- und ausländischer Unternehmen hinsichtlich der Arbeitskosten. § 1 Abs. 1 S. 1 Nr. 1 AEntG betrifft nur die „Mindestentgelte". Regelmäßig werden von deutschen Unternehmen höhere Entgelte bezahlt werden. Zuschläge zum Mindestentgelt

---

[623] Vgl. z.B. *Koberski/Sahl/Hold* AEntG Einl. Rn. 19.

[624] Die einschlägigen Tarifverträge sind im Anhang zum Dienstblatt-Runderlaß 50/97 der Bundesanstalt für Arbeit vom 3.9.1997 abgedruckt. Vgl. auch ErfK/*Hanau* § 1 AEntG Rn. 4 ff.

[625] Vgl. *Gerken/Löwisch/Rieble*, BB 1995, 2372 ff. und *Beisiegel/Mosbacher/Lepante*, JZ 1996, 671.

fallen nicht unter § 1 Abs. 1 S. 1 Nr. 1 AEntG. Da auch das (internationale) Sozialversicherungsrecht unberührt bleibt und entsandte Arbeitnehmer grundsätzlich von den Sozialversicherungen ihrer „Heimatstaaten" erfaßt werden[626], bestehen auch weiterhin die aus den unterschiedlichen nationalen Regelungen resultierenden Unterschiede hinsichtlich der Lohnnebenkosten. Die ausländischen Unternehmen verlieren also keinesfalls vollständig ihren Wettbewerbsvorteil hinsichtlich der Arbeitskosten[627]. Eine Abschottung des Marktes gegen ausländische Dienstleister und ihre Arbeitnehmer - und damit eine Beschränkung der Grundfreiheiten im hier verstandenen Sinne - liegt also nicht vor.

(3) Rechtfertigung durch zwingende Gründe des Allgemeininteresses

Geht man - entgegen der hier vertretenen Ansicht[628] - davon aus, daß § 1 Abs. 1 und § 7 Abs. 1 AEntG eine Beschränkung zumindest der Dienstleistungsfreiheit darstellen, stellt sich die Frage, ob diese Beschränkung durch zwingende Gründe des Allgemeininteresses gerechtfertigt ist. Diese Frage wird in der Literatur kontrovers diskutiert. Während das AEntG teilweise als Mittel zur Ermöglichung fairen Wettbewerbs und Abwehr von „Sozialdumping" angesehen wird[629], gefährdet das AEntG nach anderer Ansicht den Grundsatz einer offenen Marktwirtschaft mit freiem Wettbewerb und damit eine „tragende Grundsatzentscheidung" des EGV[630].

---

[626] Vgl. hierzu die Verordnung 1408/71 vom 14.6.1971 zur Anwendung der des Systems der sozialen Sicherheit auf Arbeitnehmer und deren Familien, die innerhalb der Gemeinschaft zu und abwandern, ABl. EG 1971 Nr L 149, S.2. Art. 14 der VO 1408/71 bestimmt, daß entsandte Arbeitnehmer hinsichtlich der Sozialabgaben bis zu einer Entsendungsdauer von 12 Monaten weiterhin den Rechtsvorschriften ihres „Heimatstaates" unterliegen. Vgl. hierzu auch *Cornelissen*, RdA 1996, 330 f. und *Rebhahn*, DRdA 1999, 180.

[627] So auch *Däubler*, EuZW 1997, 615.

[628] Die Regelung des § 7 Abs. 1 Nr. 4 AEntG kann auch nach der hier vertretenen Auffassung als Beschränkung angesehen werden.

[629] *Däubler*, EuZW 1997, 615; *derselbe*, DB 1995, 730; *Schiek* 127 f. Auch in der Gesetzesbegründung (BT-Drucks. 13/2414, 7) und der Begründung zur Entsenderichtlinie wird ausdrücklich die Gewährleistung eines „fairen Wettbewerbs" genannt, ABl. EG Nr. L 18 vom 21.1.1997, S. 1 (Nr. 5 der Begründung).

[630] So insbesondere *Koenigs*, DB 1995, 1711; *derselbe* DB 1997, 229. Ähnlich *Beisiegel/Mosbacher/Lepante*, JZ 1996, 670 f.; *Gerken/Löwisch/Rieble*, BB 1995, 2372 ff. und *Rohe*, RabelsZ 1997, 24 f. Vgl. zu den gegensätzlichen Positionen auch *Rebhahn*, DRdA 1999, 175.

(a) Die Gesetzesbegründung zum AEntG

Bei der Ermittlung der in Frage kommenden Allgemeininteressen bietet es sich an, zunächst die Gesetzesmaterialien zum AEntG heranzuziehen. Nach der Gesetzesbegründung zur ersten Fassung des AEntG[631] verfolgt das Gesetz eine Reihe von Zielen. So soll gespaltenen Arbeitsmärkten, den daraus resultierenden sozialen Spannungen, Gefährdungen der Tarifautonomie und einer Verschlechterung der Situation der Betriebe der deutschen Bauwirtschaft entgegengewirkt werden. Weiterhin ist der Gesetzesbegründung zu entnehmen, daß auch der Erhalt von Arbeitsplätzen in der deutschen Bauwirtschaft angestrebt wird. Diese Ziele sollen dadurch erreicht werden, daß die bisher „unterschiedlichen rechtlichen Wettbewerbsvoraussetzungen" durch unterschiedslose Anwendung „besonders wettbewerbsrelevanter Arbeitsbedingungen" angenährt werden[632].

Die Gesetzesbegründung ist aus europarechtlicher Sicht nicht unproblematisch. Der EuGH erkennt sogenannte „wirtschaftliche Ziele" nicht als rechtfertigende Allgemeininteressen an[633], das AEntG bezweckt jedoch ausdrücklich auch den Schutz der deutschen Bauwirtschaft[634]. Gegen entsprechende Bedenken wenden Teile der Literatur ein, daß AEntG verfolge keine nationalen wirtschaftlichen Interessen, sondern solle nur einen „fairen" Wettbewerb zwischen in- und ausländischen Dienstleistern ermöglichen[635]. Deutsche Unternehmen könnten mit den auf „Dumpinglöhnen" basierenden Preisen ausländischer Anbieter nicht konkurrieren; mit dem AEntG werde dieser „unfairen" Sachlage entgegengetreten[636]. Die Förderung eines fairen Wettbewerbs wäre aber unzweifelhaft ein anzuerkennendes Allgemeininteresse.

Nach abweichender Ansicht stellt das AEntG dagegen ein Hindernis für den freien Wettbewerb dar[637]. Aus nationalen Interessen würden deutsche Unternehmen vor ihren ausländischen Konkurrenten geschützt, das AEntG sei also protektionistisch. Zwar hätten ausländische Dienstleister Wettbewerbsvorteile aufgrund niedrigerer Lohn- bzw. Arbeitskosten, die

---

631 BT-Drucks. 13/2414, 6 ff.

632 BT-Drucks. 13/2414, 6 f.

633 Siehe dazu oben § 6 III. 1. b) dd) (2).

634 Auf dieses Problem weist auch das ArbG Wiesbaden in seinen Vorlagebeschluß vom 27.2.1998 hin, NZA-RR 1998, 217, 220. Vgl. auch *Beisiegel/Mosbacher/Lepante*, JZ 1996, 670 f.; *Franzen*, DZWir 1996, 94 f.

635 *Däubler*, EuZW 1997, 615; *derselbe*, DB 1995, 730; *Schiek* 127 f.

636 Vgl. z.B. *Däubler*, DB 1995, 726 ff., der das AEntG als „Antidumping-Gesetz" bezeichnet.

637 Vgl. die Hinweise in Fn. 630.

Ausnutzung dieser Vorteile entspräche aber durchaus dem Leitbild des EGV[638]. Kostenvorteile zu nutzen, die auf unterschiedlichen nationalen Voraussetzungen (z.B. niedrigere Löhne aufgrund niedrigerer Lebenshaltungskosten) beruhen, könne keinesfalls als „unfair" angesehen werden. Auch sei die Argumentation, das Erfordernis eines fairen Wettbewerbs könne ein relevantes Allgemeininteresse darstellen, zirkulär[639]. Die Grundfreiheiten zielten gerade darauf ab, einen fairen Wettbewerb zu ermöglichen. Der faire Wettbewerb könne daher kein Allgemeininteresse darstellen, das eine Beschränkung der Freiheiten rechtfertigen kann.

Zu den dargestellten Argumenten ist zunächst anzumerken, daß von einem „Dumping" im üblichen Sinne nicht die Rede sein kann, da die ausländischen Unternehmen ihre Leistungen nicht zu niedrigeren Preisen als in ihrem Herkunftsstaat anbieten werden[640]. Desweiteren erscheint fraglich, ob eine pauschale Aussage darüber möglich ist, ob die Ausnutzung komparativer Kostenvorteile „fair" oder „unfair" ist. Zu beachten ist aber folgendes: Solange in den Mitgliedsstaaten der EU unterschiedliche Rechts- und Lebensverhältnisse bestehen, bewirken die Grundfreiheiten nicht, daß in- und ausländische Unternehmen ihre Leistungen zu den gleichen Voraussetzungen anbieten können. Staaten mit einem hohen Lohnniveau bzw. - allgemeiner - einem ausgeprägten Arbeitnehmerschutz geraten hierdurch in eine schwierige Situation. Einerseits bewirkt die „Unvollkommenheit" des Binnenmarkts[641], daß Unternehmen anderer Staaten über Wettbewerbsvorteile verfügen, weil z.B. das Lohnniveau geringer ist; andererseits könnten es ihnen die Grundsätze des Binnenmarktes - mit anderen Worten die Grundfreiheiten - verwehren, Maßnahmen zu ergreifen, die Wettbewerbsnachteile heimischer Unternehmen auszugleichen. Diese immanente „Schwäche" eine Binnenmarktes ohne einheitliche Rechts- und Lebensverhältnisse läßt es fraglich erscheinen, ob das Erfordernis eines „fairen" Wettbewerbs tatsächlich als Allgemeininteresse ausscheidet. Auch die Artt. 39 Abs. 3 c) und 50 S. 3 EGV zeigen was dem Leitbild des EGV entspricht und

---

[638] Vgl. *Gerken/Löwisch/Rieble*, BB 1995, 2372 f.; *Rohe*, RabelsZ 1997, 24 f.; wohl auch *Beisiegel/Mosbacher/Lepante*, JZ 1996, 670 f. Kritisch hierzu *Deinert*, RdA 1996, 349.

[639] So *Krebber*, JbJgZivWiss 1997, 153.

[640] *Gerken/Löwisch/Rieble*, BB 1995, 2372 f. Unter Dumping versteht man eine nicht kostenbestimmte Preisdifferenzierung zwischen In- und Auslandsmärkten, vgl. z.B. Vahlens Großes Wirtschaftslexikon, „Dumping" 420.

[641] Siehe dazu oben § 6 III. 1. b) cc) (1) (c). Berücksichtigt man die „Unvollkommenheit" des Binnenmarktes nicht schon beim Umfang der Schutzbereiche der Grundfreiheiten, liegt es nahe, ihr bei der Prüfung der Rechtfertigung von Eingriffen Rechnung zu tragen, vgl. *Franzen*, DZWir 1996, 95.

damit europarechtlich als „fair" anzusehen ist: die Tätigkeit im Inland unter den im Inland geltenden Bedingungen[642].

(b) Der Arbeitnehmerschutz und der Erhalt der inländischen Wirtschafts- und Sozialordnung

Als weiteres Erfordernis des Allgemeininteresses kommt im Rahmen des AEntG der Schutz der Arbeitnehmer in Betracht. Dabei ist zu unterscheiden zwischen dem Schutz der entsandten Arbeitnehmer und der mit ihnen auf dem Arbeitsmarkt konkurrierenden deutschen Arbeitnehmer. Die hinsichtlich der ausländischen Arbeitnehmer verfolgte Schutzrichtung scheint auf der Hand zu liegen: Den ausländischen Arbeitnehmern soll durch Anwendung inländischen Arbeitsrechts ein gewisser Mindestumfang an Schutz gewährt werden, da der Schutzumfang des - an sich anwendbaren - ausländischen Arbeitsrechts als unzureichend angesehen wird. Auch wenn dieser Gedanke bei Erlaß des AEntG eine Rolle gespielt haben dürfte[643], ist er aus europarechtlicher Sicht wohl nicht geeignet, einen Eingriff in Grundfreiheiten zu rechtfertigen. Der Schutz „seiner" Arbeitnehmer ist Sache des jeweiligen Mitgliedsstaates (bzw. allenfalls der Gemeinschaft). Den Schutz der entsandten Arbeitnehmer als Rechtfertigung heranzuziehen, ist also nicht möglich[644]. Dieser Schutz ist Sache der „Heimatstaaten" und seine Ausgestaltung muß von anderen Mitgliedsstaaten akzeptiert werden, soweit sie einer Prüfung aus europarechtlicher Sicht standhält[645]. Der EuGH teilt diese

---

[642] So im Ergebnis auch *Deinert*, RdA 1996, 349. Ähnlich *Schiek* 127 f. Vgl. auch *Rebhahn*, DRdA 1999, 184: „Der Arbeitsmarkt ist ein Markt, für den das Gebot des EGV zu einer Marktwirtschaft mit freiem Wettbewerb nur eingeschränkt gilt."

[643] Ausdrücklich erwähnt wird der Schutz entsandter Arbeitnehmer in der Gesetzesbegründung (BT-Drucks. 13/2414, 6 ff.) jedoch nicht. Anders dagegen in der Begründung zur Entsenderichtlinie, ABl. EG Nr. L 18 vom 21.1.1997, S. 1 (Nr. 13 der Begründung).

[644] Nach der Ansicht von *Rebhahn* (DRdA 1999, 180) und *Gerken/Löwisch/Rieble* (BB 1995, 2373) ist auch fraglich, ob überhaupt von einem „Schutz" der entsandten Arbeitnehmer gesprochen werden kann. Mit dem Verlust der entsprechenden Wettbewerbsvorteile würde das Arbeitsplatzrisiko der Arbeitnehmer steigen, die Arbeitnehmer würden also nicht „geschützt".

[645] So auch *Krebber*, JbJgZivWiss 1997, S. 150 ff.; ähnlich *Rebhahn*, DRdA 1999, 183. Es geht allerdings zu weit, wenn *Krebber* ausführt, zumindest die Entsenderichtlinie sei „unehrlich", da es überhaupt nicht um den Schutz der entsandten Arbeitnehmer gehe. Der Schutz nicht-europäischer Arbeitnehmer kann durchaus als Beweggrund für die Entsenderichtlinie und das AEntG angesehen werden, dieser Schutzzweck ist nur nicht geeignet, eine Beschränkung der Grundfreiheiten im innereuropäischen Verkehr zu rechtfertigen. Differenzierend *Koenigs*, DB 1997, 229: Der Schutz der entsandten Arbeitnehmer könne nur insoweit herangezogen werden, als das Heimatrecht nicht der Mehrbelastung Rechnung trägt, die durch die Entsendung entsteht.

Auffassung aber wohl nicht. Nach Ansicht des Gerichtshofs scheint der Schutz der entsandten Arbeitnehmer die Anwendung inländischen Rechts schon dann rechtfertigen zu können, wenn das Heimatrecht der Arbeitnehmer keinen gleichwertigen Schutz gewährleistet[646].

Weiterhin könnte der Schutz der inländischen Arbeitnehmer als zwingender Grund des Allgemeininteresses herangezogen werden. Relevant ist dabei vor allem der Schutz vor Arbeitslosigkeit und die Sicherung eines Mindeststandards von Arbeitsbedingungen[647]. Den Wettbewerbsvorteil, den ausländische Unternehmen aufgrund ihres „schwächeren" Arbeitsrechts und vor allem niedrigerer Löhne genießen, wirkt sich ungünstig auf die Lage inländischer Unternehmen und damit auch auf die Beschäftigungssituation inländischer Arbeitnehmer aus[648]. Gegen das Argument, der Schutz inländischer Arbeitnehmer könne ein rechtfertigendes Allgemeininteresse darstellen, könnte eingewandt werden, das betreffende Arbeitsplatzrisiko folge unmittelbar aus dem Konzept eines freien Binnenmarktes. Das Gebot des freien Dienstleistungsaustauschs bringe Vorteile für Staaten mit niedrigeren Arbeitskosten mit sich bzw. sei ein freier Austausch von Dienstleistungen nur gewährleistet, wenn entsprechende Wettbewerbsvorteile nicht durch nationale Maßnahmen nivelliert werden. Es sei verfehlt, das Risiko des Arbeitsplatzverlustes aus nationaler Sicht zu sehen, vielmehr müsse ein europäischer Maßstab angelegt werden[649]. Aus europäischer Sicht müßten sich die deutschen Arbeitnehmer aber das Risiko, arbeitslos zu werden, mit ihren europäischen „Kollegen" teilen. Es sei unzulässig, Arbeitsplätze inländischer Arbeitnehmer zu schützen und so die Beschäftigungsmöglichkeiten ausländischer Arbeitnehmer - und so deren Arbeitsplätze - zu gefährden[650].

Hiergegen lassen sich wiederum die oben genannten Argumente vorbringen. Der EGV geht davon aus, daß ausländische Arbeitnehmer bei Tätigkeiten im Inland zu den hier geltenden Bedingungen tätig werden und dies aus gutem Grund. Die Tätigkeit entsandter Arbeitnehmer zu den in ihrem „Heimatstaat" geltenden

---

[646] Vgl. hierzu zuletzt EuGH, Urteil vom 17.12.1999, Rs. C-369/96 und C-376/96 (Arblade), DB 1999, 2570, 2572.

[647] Vgl. *Rebhahn*, DRdA 1999, 184: „Es geht um das Vorsehen und Absichern eines Mindeststandards, so daß sich kein Arbeitnehmer im Inland aus Konkurrenzgründen auf weniger einlassen muß."

[648] Vgl. zur Lage in der Bauwirtschaft die Ausführungen in der Begründung zum AEntG, BT-Drucks. 13/2414, 6.

[649] Gegen eine Bestimmung des Allgemeininteresses aus nationaler Sicht, z.B. *Selmayr*, ZfA 27 (1996), 649.

[650] So insbesondere *Gerken/Löwisch/Rieble*, BB 1995, 2373. Kritisch zum Aspekt des Schutzes inländischer Arbeitnehmer auch *Rebhahn*, DRdA 1999, 184.

Bedingungen kann für den aufnehmenden Staat gravierende Folgen haben. Sie sind in der Begründung zum AEntG aufgeführt: gespaltene Arbeitsmärkte, Gefährdung der Tarifautonomie, Verdrängung inländischer Unternehmen und Verlust inländischer Arbeitsplätze[651]. Diesen Gefahren könnten Staaten mit hohen Schutzstandard und hohem Lohnniveau nur durch eine Angleichung an die Verhältnisse anderer Staaten mit niedrigeren Löhnen und weniger Arbeitnehmerschutz begegnen[652]. Eine derartige Entwicklung kann aber nicht gewollt sein und entspricht auch nicht den Zielsetzungen der Europäischen Union[653]. Das AEntG dient also letztlich dem Erhalt der deutschen Wirtschafts- und Sozialordnung[654] und verfolgt damit die „klassische" Zielsetzung, die mit der Anwendung inländischen Rechts ohne Rücksicht auf das Vertragsstatut verbunden ist. Der Schutz der inländischen Wirtschafts- und Sozialordnung umfaßt hier den Schutz inländischer Arbeitnehmer. Der Vorwurf, die europäische Perspektive zugunsten einer rein nationalen Sicht zu vernachlässigen, greift insoweit nicht. Eine „Teilung des Arbeitsplatzrisikos" erfolgt über den internationalen Wettbewerb innerhalb der europäischen Gemeinschaft; dieser Wettbewerb setzt aber nicht voraus, daß entsandte Arbeitnehmer ihre Arbeitsbedingungen in den Aufnahmestaat „importieren"[655]. Inländische Arbeitnehmer dadurch zu schützen, bestimmte Arbeitsbedingungen auch auf entsandte Arbeitnehmer zu erstrecken, kann nicht als „unfair" bezeichnet werden, auch werden nicht nationale Interessen über europäische gestellt. Den inländischen Arbeitnehmer wird hierdurch nur die Möglichkeit gegeben - zumindest auf dem inländischen Markt - zu partiell angeglichen Bedingungen mit ausländischen Arbeitskräften zu konkurrieren[656].

Es lassen sich also durchaus zwingende Gründe des Allgemeininteresses finden, die einen Eingriff durch das AEntG in die Grundfreiheiten rechtfertigen können. Allgemein formuliert geht es um den Erhalt der inländischen Wirtschafts- und Sozialordnung; insbesondere der „Absicherung der Arbeitsmarktordnung"[657]. Im einzelnen spielen Gesichtspunkte wie die Vermeidung gespaltener Arbeitsmärkte, der Erhalt „fairen" Wettbewerbs oder der Schutz inländischer Arbeitnehmer eine Rolle. Der Schwerpunkt der verfolgten Interessen kann bei den einzelnen Regelungen des AEntG unterschiedlich sein. So wird im Rahmen des § 7 Abs. 1

---

[651] BT-Drucks. 13/2414, 6.

[652] Vgl. z.B. *Rebhahn*, DRdA 1999, 179.

[653] Vgl. *Däubler*, EuZW 1997, 615 f. (mit Hinweis auf Art. 136 EGV, der als Ziel der Gemeinschaft und der Mitgliedsstaaten die „Verbesserung der Lebens- und Arbeitsbedingungen" erwähnt).

[654] Vgl. *Deinert*, RdA 1996, 349 f. Ähnlich *Rebhahn*, DRdA 1999, 179 f.

[655] Vgl. *Däubler*, EuZW 1997, 615 f.; *Deinert*, RdA 1996, 349 f.

[656] Vgl. *Rebhahn*, DRdA 1999, 185.

[657] So *Rebhahn*, DRdA 1999, 184. Vgl. auch *Reichold*, ZEuP 1998, 448.

Nr. 4 AEntG vor allem der Schutz der Funktionsfähigkeit des Arbeitsmarktes im Vordergrund stehen[658].

Auch gegen das Vorliegen der übrigen Voraussetzungen einer Rechtfertigung - Erforderlichkeit, Geeignetheit, Verhältnismäßigkeit sowie die Einhaltung des Herkunftslandprinzips[659] - bestehen keine Bedenken[660].

(4) Ergebnis

Für die Vereinbarkeit der kollisionsrechtlichen Regelungen des AEntG mit den Grundfreiheiten ergibt sich damit folgendes Bild: Eine Diskriminierung durch die §§ 1, 7 AEntG liegt nicht vor. Auch eine Beschränkung insbesondere der Dienstleistungsfreiheit ist nach der hier entwickelten Auffassung grundsätzlich nicht gegeben, allenfalls im Bereich des § 7 Abs. 1 Nr. 4 AEntG könnte man auch vom hier vertretenem Standpunkt aus zu einem anderen Ergebnis gelangen. Geht man mit der in der Literatur wohl herrschenden Ansicht von einer Beschränkung aus, ist diese durch zwingende Erfordernisse des Allgemeininteresses gerechtfertigt.

---

[658] Nach der Rechtsprechung des EuGH kann auch der Schutz der „gedeihlichen Verhältnisse auf dem Arbeitsmarkt" ein Rechtfertigungsgrund darstellen; vgl. die bereits erwähnte Entscheidung „Webb": EuGH, Urteil vom 17.12.1981, Rs. 279/80 (Webb), Slg. 1981, 3305, 3325. Vgl. auch *Reichold*, ZEuP 1998, 448.

[659] Daß die Vorschriften des Herkunftsstaates hier nicht geeignet sind, die verfolgten Allgemeininteressen zu gewährleisten, ergibt sich schon aus den vorhergehenden Darstellungen.

[660] Anders z.B. *Koenigs*, DB 1995, 1711; *derselbe* DB 1997, 229 f.; *Selmayr*, ZfA 27 (1996), 649 f. Von den genannten Autoren wird u.a. eingewandt, die durch allgemeinverbindliche Tarifverträge bisher festgesetzten Mindestlöhne seien „zu hoch", bei Anwendung von Mindestlöhnen auf entsandte Arbeitnehmer müßten diese jedenfalls unter den bisher vereinbarten Sätzen liegen, um verhältnismäßig zu sein. Hiergegen ist einzuwenden, daß die mit dem AEntG verfolgten Ziele gerade eine Angleichung der Bedingungen für In- und Ausländer erfordern.

2. *Sekundäres Gemeinschaftsrecht*

Als sekundäres Gemeinschaftsrecht, das Begrenzungen für inländische Eingriffsnormen enthalten kann, werden regelmäßig nur Verordnungen und Richtlinien in Betracht kommen[661].

a) Verordnungen

Die Wirkungen von Verordnungen auf das inländische Eingriffsrecht ergeben sich unproblematisch aus den allgemeinen Grundsätzen. Nach Art. 249 Abs. 2 EGV (früher Art. 189 Abs. 2 EGV) haben Verordnungen allgemeine Geltung, sind in allen ihren Teile verbindlich und gelten unmittelbar in jedem Mitgliedsstaat. Verordnungen entfalten also unmittelbar mit ihrem Erlaß Rechtswirkungen in den Mitgliedsstaaten, ohne daß es eines Transformations- oder Umsetzungsaktes bedürfte[662]. Ist eine Eingriffsnorm mit einer Verordnung unvereinbar, ist die Eingriffsnorm also ohne weiteres aufgrund des Vorrangs des Europarechts im grenzüberschreitenden Verkehr unanwendbar[663]. Dabei kann eine Verordnung sowohl sachrechtliche als auch kollisionsrechtliche Regelungen aufweisen, die der Anwendung einer inländischen Eingriffsnorm entgegenstehen. Verordnungen können spezielle Kollisionsnormen enthalten, die dem kollisionsrechtlichen Eingriffsbefehl von international zwingenden Normen entgegenstehen können. Ergibt sich z.B. aus einer Verordnung, daß eine fremde Rechtsordnung anwendbar ist, so wäre es aufgrund des Vorrangs der Verordnung ausgeschlossen, eine inländische Norm anzuwenden, auch wenn diese nach nationalem Recht international zwingend ist[664].

---

[661] Andere Rechtsakte des sekundären Gemeinschaftsrechts - wie Entscheidungen oder Stellungnahmen - sind dagegen schon aufgrund ihrer Rechtsnatur nicht geeignet, Beschränkungen zu enthalten. Auch Übereinkommen aufgrund Art. 293 EGV werden kaum von Bedeutung sein. Einen Überblick über die verschiedenen Rechtsakte geben z.B. *Arndt*, Europarecht 50 ff.; *Fischer* 80 ff.

[662] *Schweitzer/Hummer* Rn. 352: Verordnungen gelten nicht nur für, sondern auch in den Mitgliedsstaaten.

[662] *Arndt*, Europarecht 52 f.; *Bleckmann* Rn. 409; *Oppermann* Rn. 539.

[663] Aus dem allgemeinen Vorrang des Europarechts folgt, daß auch Verordnungen nationalem Recht vorgehen, vgl. die Hinweise in der vorhergehenden Fußnote.

[664] So wohl auch *Brödermann/Iversen* Rn. 989.

Als Beispiel kann insoweit Art. 93 Abs. 2 der Verordnung Nr. 1408/71[665] genannt werden. Diese Bestimmung enthält eine spezielle Kollisionsnorm für arbeitsrechtliche Haftungsbefreiungen und zielt darauf ab, zu gewährleisten, daß bei bestimmten grenzüberschreitenden Fällen die anwendbaren Vorschriften über die Gewährung von „Leistungen für einen Schaden" (gemeint sind Leistungen der Sozialversicherungsträger z.B. bei Arbeitsunfällen) einerseits und die Vorschriften über Haftungsbefreiungen von Arbeitgebern oder Arbeitnehmern anderseits der gleichen Rechtsordnung entstammen[666]. Art. 93 Abs. 2 VO 1408/71 würde es also in den von ihm geregelten Fällen ausschließen, inländische „Vorschriften" (auch Richterrecht wird man hierunter subsumieren müssen) über Haftungsbeschränkungen der Arbeitsvertragsparteien auch auf entsandte Arbeitnehmer bzw. deren Arbeitgeber anzuwenden, für die grundsätzlich ihr „Heimatrecht" das Sozialrechtsstatut bildet.

Enthalten kollisionsrechtliche Regelungen in Verordnungen keine „Öffnungsklauseln" für Eingriffsnormen, führt der Vorrang des Europarechts stets dazu, daß in den betreffenden Bereichen eine Sonderanknüpfung inländischen Rechts ausgeschlossen ist, soweit sie eine Ausnahme gegenüber der in der Verordnung geregelten Anknüpfung bedeuten würde[667]. Die durch Art. 34 EGBGB grundsätzlich gewährte Freiheit, Bestimmungen mit internationalem Geltungswillen auszustatten, kann also auch durch sekundäres Gemeinschaftsrechts eingeschränkt werden. Für den Vorrang des Gemeinschaftsrechts ist dabei unerheblich, daß Art. 34 EGBGB auf Art 7 Abs. 2

---

[665] „Verordnung über die Anwendung der Systeme der sozialen Sicherheit auf Arbeitnehmer, Selbständige und deren Familienangehörige, die innerhalb der Gemeinschaft zu- und abwandern." Ursprünglich veröffentlicht in ABl. EG 1971 Nr. L 149, S. 2. Der Wortlaut der Vorschrift wurde oft geändert, die derzeit geltende Fassung findet sich in ABl. EG 1997 Nr. L 28, S. 1. Art. 93 Abs. 2 der Verordnung lautet: *„Werden nach den Rechtsvorschriften eines Mitgliedsstaats Leistungen für einen Schaden gewährt, der sich aus einem im Gebiet eines anderen Mitgliedsstaats eingetretenen Ereignis ergibt, so gelten gegenüber der betreffenden Person oder dem zuständigen Träger die Bestimmungen dieser Rechtsvorschriften, in denen festgelegt ist, in welchen Fällen die Arbeitgeber oder die von ihnen beschäftigten Arbeitnehmer von der Haftung befreit sind."*

[666] Nach Art. 93 Abs. 2 VO 1408/71 ist für arbeitsrechtliche Haftungsbefreiungen das Sozialrechtsstatut, also das Recht des leistenden Sozialversicherungsträgers maßgeblich, vgl. MünchKomm-*Martiny* Art. 33 EGBGB Rn. 34 b; Staudinger-*Hausmann* Art. 33 EGBGB Rn. 70.

[667] Zwar wird die Beachtung inländischen Rechts ohne Rücksicht auf das Vertragsstatut üblicherweise als „Selbstverständlichkeit" angesehen, die keiner Regelung in Art. 7 Abs. 1 EVÜ bedurft hätte (vgl. oben § 5 II.). Wird das Vertragsstatut durch eine kollisionsrechtliche Regelung in einer Verordnung bestimmt, muß aufgrund des Vorrangs der Verordnung aber davon ausgegangen werden, daß diese Regelung für den nationalen Gesetzgeber verbindlich ist und Abweichungen aufgrund nationalen Rechts nicht möglich sind.

EVÜ beruht. Das EVÜ stellt kein „unmittelbares" Gemeinschaftsrecht dar, Akte des EU-Rechts sind damit schon nach den allgemeinen Regeln vorrangig. Auch Art. 20 EVÜ stellt für Kollisionsnormen in Rechtsakten der EU ausdrücklich den „Vorrang des Gemeinschaftsrechts" klar; zumindest für Verordnungen hätte es dieser Klarstellung aber nicht bedurft. Auch die Vorschrift des Art. 3 Abs. 2 S. 2 EGBGB, nach der „Regelungen in Rechtsakten der Europäischen Gemeinschaften" unberührt bleiben, hat insoweit nur Hinweischarakter[668].

b) Richtlinien

aa) Allgemeines

Nach Art. 249 Abs. 3 EGV sind Richtlinien für die Mitgliedsstaaten hinsichtlich des angestrebten Ziels verbindlich, die „Wahl der Form und Mittel" zur Erreichung des Zieles bleibt aber den einzelnen Staaten überlassen. Da die Umsetzung der Richtlinien den Mitgliedsstaaten obliegt, ergibt sich ein zweistufiges Verfahren: Zunächst erläßt der Rat eine Richtlinie (deren Adressat die Mitgliedsstaaten sind), danach erfolgt die Umsetzung der Richtlinie in nationales Recht durch die Mitgliedsstaaten[669]. Richtlinien wirken im Gegensatz zu Verordnungen also in den Mitgliedsstaaten nicht unmittelbar; ihr Inhalt wird erst durch den nationalen Umsetzungakt in den EU-Staaten verbindlich[670]. Damit sind hinsichtlich der Beschränkung inländischen Eingriffsrechts zwei Konstellationen zu unterscheiden: Eine Eingriffsnorm kann - in sachrechtlicher oder kollisionsrechtlicher Hinsicht - einer nationalen Norm widersprechen, die auf einer Richtlinie beruht; eine Eingriffsnorm kann aber auch unmittelbar „richtlinienwidrig" sein, d.h. gegen eine Richtlinie verstoßen, die in Deutschland (trotz Ablauf der maßgeblichen Frist) nicht umgesetzt wurde.

---

[668] Vgl. MünchKomm-*Sonnenberger* Einl. IPR Rn. 141 und Art. 3 EGBGB Rn. 16; Palandt-*Heldrich* Art. 3 EGBGB Rn. 9.

[669] Vgl. *Arndt*, Europarecht 53 f.; *Bleckmann* Rn. 415 ff.

[670] Der EuGH hat aber in seiner Rechtsprechung Ausnahmen anerkannt, bei denen auch Richtlinien unmittelbare Wirkung zukommt. Eine unmittelbare Wirkung setzt voraus, daß die Richtlinie nicht frist- oder ordnungsgemäß umgesetzt wurde, inhaltlich unbedingt und hinreichend genau ist. Weiterhin wird gefordert, daß die Richtlinie Rechte gegen den Mitgliedsstaat - und nicht gegen Private - begründet. Eine unmittelbar Wirkung zwischen Privaten (horizontale Direktwirkung) wird vom EuGH abgelehnt. Vgl. z.B. EuGH, Urteil vom 25.7.1991, C-208/90 (Emmot), Slg. 1991, I-4269, 4298; EuGH, Urteil vom 14.7.1994, Rs. C-91/92 (Faccini Dori), Slg. 1994, I-3325, 3355 ff.; aus der Literatur *Arndt*, Europarecht 55 f.; *Bleckmann* Rn. 431 ff.

(1) Unvereinbarkeit mit nicht rechtzeitig umgesetzten Richtlinien

Betrachtet man zunächst die zweite Alternative, stellt sich die Frage, ob nationale Eingriffsnormen angewendet werden können, wenn sie gegen eine Richtlinie verstoßen, deren Umsetzung vom nationalen Gesetzgeber versäumt wurde. Auch mit Ablauf der Umsetzungsfrist werden richtlinienwidrige nationale Bestimmungen nicht unwirksam bzw. nichtig; auf der Ebene der nationalen Rechtsordnungen kommt es zu keiner direkten Kollision zwischen Richtlinie und nationaler Vorschrift, da Richtlinien keine unmittelbare (horizontale) Wirkung in den Mitgliedsstaaten entfalten[671]. Obwohl die Wirksamkeit nationaler Vorschriften nicht berührt wird, geht *Iversen* davon aus, daß richtlinienwidrige Eingriffsnormen nicht anzuwenden sind[672]. Dies ergebe sich für den Fall, daß das Recht eines Mitgliedsstaates Vertragsstatut ist, schon aus dem Grundsatz der Gemeinschaftstreue nach Art. 10 EGV (früher Art. 5 EGV): Die Sonderanknüpfung richtlinienwidriger Eingriffsnormen führe zur Verdrängung richtlinienkonformen Rechts (soweit der Vertragsstatutsstaat die Richtlinie bereits umgesetzt hat) und verstoße damit gegen Gemeinschaftsrecht (Art. 10 EGV). Aber auch wenn drittstaatliches Recht als Vertragsstatut berufen ist, soll eine Anwendung richtlinienwidrigen Eingriffsrechts grundsätzlich ausgeschlossen sein: Aufgrund der Richtlinienwidrigkeit könne die nationale Bestimmung nicht von Bestand sein, derartig „umstrittene und angreifbare" Normen, könnten aber keine „wesentlichen Grundsätze des deutschen Rechts" sein, eine „Anwendung von Art. 34 EGBGB" sei daher ausgeschlossen[673].

Obwohl die Ansicht *Iversens* zu einem aus europäischer Sicht wünschenswerten Ergebnis führt, bestehen gegen sie Bedenken. Daß der betreffende Staat durch die Nichtumsetzung einer Richtlinie gegen Gemeinschaftsrecht verstößt, liegt auf der Hand. Nach der Rechtsprechung des EuGH verstößt ein Mitgliedsstaat sogar schon dann gegen des Grundsatz der Vertragstreue (Art. 10 EGV), wenn er nach Bekanntgabe der Richtlinien (vor Ablauf der Umsetzungsfrist) Vorschriften erläßt, die das Richtlinienziel gefährden können[674]. Es erscheint aber sehr fraglich, ob hieraus der Schluß gezogen werden kann, richtlinienwidriges Eingriffsrecht sei nicht anzuwenden. *Iversen* leitet aus der Richtlinienwidrigkeit unmittelbare Wirkungen für das nationale Kollisionsrecht ab. Der auf nationalem

---

[671] Vgl. *Bleckmann* Rn. 1206.

[672] *Brödermann/Iversen* Rn. 990 ff. Für den Fall, daß durch die deutsche Eingriffsnorm die richtlinienkonforme Vorschrift eines anderen Mitgliedsstaates verdrängt würde, wohl auch *Pfeiffer*, NJW 1999, 3679.

[673] *Brödermann/Iversen* Rn. 990 ff.

[674] EuGH, Urteil vom 18.12.1997, Rs. C-129/96 (Inter-Environnement Wallonie ASBL), Slg. 1997, I-7411, 7449.

Recht beruhende Anwendungsbefehl würde durch die – nicht-umgesetzte - Richtlinie verdrängt. Damit würde die Richtlinie unmittelbare Wirkung in dem Mitgliedsstaat entfalten. Ein Ergebnis, das kaum mit Art. 249 Abs. 3 EGV vereinbar ist. Auch bei einer kollisionsrechtlichen Betrachtung ist davon auszugehen, daß der Verstoß des Mitgliedsstaates gegen seine Umsetzungsverpflichtung keine unmittelbaren Auswirkungen auf den Bestand des nationalen Rechts hat. Der kollisionsrechtliche Eingriffsbefehl einer Bestimmung kann auch nicht deshalb ignoriert werden, weil das Recht des Vertragsstatutsstaates richtlinienkonform ist. Es ist nicht ersichtlich, warum Eingriffsnormen gegenüber nicht-umgesetzten Richtlinien „nachgiebiger" sein sollten als anderes nationales Recht bzw. in diesem Fall ausnahmsweise von einer Direktwirkung der Richtlinie auszugehen sein sollte.

Wenig überzeugend ist auch die Ansicht, richtlinienwidrige Normen seien „umstritten und angreifbar" und könnten daher keine über Art. 34 EGBGB anwendbare „wesentlichen Grundsätze des deutschen Rechts" darstellen[675]. Eingriffsnormen müssen nicht zwingend wesentliche Grundsätze der inländischen Rechtsordnung darstellen. Der nationale Gesetzgeber kann auch Normen mit internationalem Geltungswillen ausstatten, denen eine geringere Bedeutung zukommt[676]. Die Auffassung, richtlinienwidrige Eingriffsnormen seien „angreifbar" und damit im Ergebnis nicht anzuwenden, führt wiederum zu einer direkten Wirkung der Richtlinien auf das nationale Recht, die nach der Konzeption des EGV nicht gewollt ist. Auch richtlinienwidrige Eingriffsnormen müßten also grundsätzlich angewendet werden, solange keine Umsetzung der Richtlinie in nationales Recht stattfindet.

Es ließe sich aber vorbringen, daß dieses Ergebnis letztlich doch kein Bestand haben kann, weil die Gerichte der Mitgliedsstaaten zur richtlinienkonforme Auslegung des nationalen (richtlinienwidrigen) Eingriffsrechts verpflichtet sind. Insoweit ist aber zu beachten, daß die nationalen Eingriffsnormen – aufgrund ihres unbedingten Geltungswillens - regelmäßig keinen Auslegungsspielraum einräumen werden, der ihre Nichtanwendung umfaßt. Die Nichtanwendung würde also über eine bloße Auslegung hinausgehen[677]. Eine Verpflichtung nationaler

---

[675] *Iversen* stützt sich insoweit u.a. auf BGH, Urteil vom 24.4.1974, BGHZ 62, 282, 283; der BGH habe hier entschieden, daß rechtspolitisch umstrittene Normen nicht zum ordre public gehören könnten, *Brödermann/Iversen* Rn. 993 (Fn. 425). Es erscheint aber sehr zweifelhaft, ob der betreffenden Entscheidung diese allgemeine Aussage - zum negativen ordre public des Art. 6 EGBGB - entnommen werden kann.

[676] Siehe oben § 3 II. 3. a).

[677] Vgl. *Steindorff*, Privatrecht 450: Die „Auslegungsmöglichkeiten" stellten eine Grenze für das Gebot richtlinienkonformer Auslegung dar.

Gerichte, richtlinienwidriges Eingriffsrecht (contra legem) unangewendet zu lassen, läßt sich aus dem Grundsatz der richtlinienkonformen Auslegung nicht ableiten. Eine derartige Pflicht würde dem Grundsatz der nur mittelbaren Wirkung von Richtlinien widersprechen[678].

(2) Unvereinbarkeit mit nationalem Umsetzungsrecht

Wird eine Richtlinie umgesetzt, deren sach- oder kollisionsrechtlicher Inhalt mit einer bestehenden Eingriffsnorm nicht vereinbar ist, ergibt sich die Verdrängung der Eingriffsnorm nicht aus dem Vorrang des Europarechts. Das nationale Gesetz, durch das die Umsetzung erfolgt, stellt nationales Recht dar, kein Europarecht[679]. Auch Art. 3 Abs. 2 S. 2 EGBGB greift somit nicht, da das harmonisierte Recht kein „Rechtsakt der europäischen Gemeinschaft" ist[680]. Das Verhältnis der Normen ergibt sich vielmehr aus den allgemeinen Grundsätzen für die Kollision nationalen Rechts. Bestehende Eingriffsnormen werden daher gegebenenfalls durch später erlassene „Umsetzungsgesetze" nach der Regel „lex posterior derogat lege anteriori" verdrängt[681]. Auch durch die Umsetzung von Richtlinien können die Mitgliedsstaaten somit in ihrer Freiheit, bestimmte Normen mit einem kollisionsrechtlichen Eingriffsbefehl auszustatten, beschränkt werden. Sieht man hierin einen Eingriff in Art. 34 EGBGB bzw. Art 7 Abs. 2 EVÜ, ergibt sich der Vorrang des „Umsetzungsgesetzes" gegenüber Art. 34 EGBGB auch aus Art. 20 EVÜ. Nach Art. 20 EVÜ berührt das EVÜ auch nicht

---

678 Der EuGH geht in der *Marleasing*-Entscheidung (EuGH, Urteil vom 13.11.1990, Rs. C-106/89 (Marleasing SA), Slg. 1990, I-4135, 4159) anscheinend von einer Verpflichtung nationaler Gerichte und Behörden aus, richtlinienwidriges nationales Recht nicht mehr anzuwenden. Ob diese Entscheidung verallgemeinerungsfähig ist, läßt sich nicht ohne weiteres abschätzen, vgl. hierzu z.B. *Krebber*, ZVglRWiss 97 (1998), 131; *Stuyck/Wytink*, 28 C. M. L. Rev. 1991, 210. Eine weitgehende Korrektur inländischen Rechts durch eine richtlinienkonforme Auslegung würde im Ergebnis zu einer unmittelbaren horizontalen Direktwirkung von Richtlinien führen (vgl. hierzu auch *Steindorff*, Privatrecht 450 f., *Streinz* Rn. 405 und *Jarass*, EuR 1991, 222), diese wird vom EuGH aber eigentlich abgelehnt, so auch in der *Marleasing*-Entscheidung selbst, vgl. EuGH, Urteil vom 13.11.1990, Rs. C-106/89 (Marleasing SA), Slg. 1990, I-4135, 4158.

679 *Bleckmann* Rn. 1204.

680 MünchKomm-*Sonnenberger* Art. 3 Rn. 16; *derselbe*, ZVglRWiss 95 (1996), 31.

681 Staudinger-*Hausmann* Art. 3 EGBGB Rn. 36.

die Anwendung von Kollisionsnormen, die in „harmonisierten innerstaatlichen Recht enthalten sind oder enthalten sein werden"[682].

bb) Die Entsenderichtlinie

Für den Bereich des Arbeitsrechts könnte fraglich sein, ob durch die Entsenderichtlinie (ERL) eine Einschränkung der Möglichkeit der Mitgliedsstaaten, inländische Normen als Eingriffsnormen auszugestalten, stattgefunden hat. Hiergegen spricht, daß in Art. 3 Abs. 10 der Richtlinie ausdrücklich erwähnt wird, daß der Katalog der „Arbeits- und Beschäftigungsbedingungen", die gemäß Art. 3 Abs. 1 ERL auf entsandte Arbeitnehmer unabhängig vom Vertragsstatut anzuwenden sind, nicht abschließend regelt, welche Vorschriften von den Mitgliedsstaaten mit international zwingender Wirkung versehen werden können[683]. Art. 3 Abs. 10 lautet wie folgt:

„Diese Richtlinie berührt nicht das Recht der Mitgliedsstaaten, unter Einhaltung des Vertrages für inländische und ausländische Unternehmen in gleicher Weise
- Arbeits- und Beschäftigungsbedingungen für andere als die in Absatz 1 Unterabsatz 1 aufgeführten Aspekte, soweit es sich um Vorschriften im Bereich der öffentlichen Ordnung handelt,
- Arbeits- und Beschäftigungsbedingungen, die in Tarifverträgen oder Schiedssprüchen nach Absatz 8 festgelegt sind und andere als im Anhang genannte Tätigkeiten betreffen,
vorzuschreiben."

Betrachtet man den Wortlaut des Art. 3 Abs. 10 lit. 1 ERL könnte man aber zu folgendem Umkehrschluß gelangen: Da ausdrücklich das Recht der Anwendung von „Arbeits- und Beschäftigungsbedingungen" nicht berührt wird, „soweit es sich um Vorschriften im Bereich der öffentlichen Ordnung handelt", müsse man davon ausgehen, daß Vorschriften außerhalb des Bereichs der öffentlichen Ordnung nicht unabhängig vom Vertragsstatut angewendet werden können, zumindest soweit die von der Entsenderichtlinie erfaßten Konstellationen

---

682 Vgl. auch *Kaye* 365 und *Giuliano-Lagarde* 71. Bedenklich ist aber die von *Giuliano-Lagarde* vertretene (und von *Kaye* geteilte) Begründung: „Die von einem Staat zur Umsetzung einer Gemeinschaftsrichtlinie erlassene Rechts- oder Verwaltungsvorschrift hat gewissermaßen Gemeinschaftsrechtscharakter, was ihren Vorrang über das vorliegende Übereinkommen begründet." Die entsprechenden nationalen Vorschriften sind zwar auf Gemeinschaftsrecht zurückzuführen, „Gemeinschaftsrechtscharakter" haben sie jedoch nicht.

683 Vgl. *A. Müller* 155 f.

betroffen sind[684]. Würde man den Begriff der „öffentlichen Ordnung“ so auslegen, daß nur Vorschriften mit grundsätzlicher Bedeutung („ordre public“ im Sinne des Art. 6 EGBGB) erfaßt werden oder nur Normen, die nicht vorwiegend dem Ausgleich privater Interessen dienen, hätte Art. 3 Abs. 10 lit. 1 ERL somit eine beschränkende Funktion.

Diese Auslegung würde jedoch vollkommen der Zwecksetzung des Art. 3 Abs. 10 ERL widersprechen. Art. 3 Abs. 10 ERL soll gerade klarstellen, daß die Entsenderichtlinie nicht abschließend ist und es den Mitgliedsstaaten offensteht, weitere Normen ihres Arbeitsrechts mit international zwingender Wirkung auszustatten[685]. Die Zwecksetzung würde in ihr Gegenteil verkehrt, wollte man Art. 3 Abs. 10 ERL eine Beschränkung der entsprechenden Befugnis entnehmen. In der Formulierung „Bereich der öffentlichen Ordnung” spiegelt sich zwar die Vorstellung von der Natur der Eingriffsrechts als positiver ordre public wider[686]. Daß dieser positive ordre public auf bestimmte Normen (z.B. „wesentliche Grundsätze“) beschränkt sein soll, wird aber nicht erwähnt. Es kann also nicht argumentiert werden, Art. 3 Abs. 10 ERL beschränke die Befugnis der Mitgliedsstaaten, Normen des Arbeitsrecht mit internationalem Geltungswillen auszustatten, auf solche Bestimmungen, die zu den „wesentlichen Grundsätzen” (vgl. Art. 6 EGBGB) ihrer Rechtsordnungen gehören oder dem Schutz öffentlicher Interessen dienen. Art. 3 Abs. 10 ERL zielt nicht auf eine Begrenzung der - in Art. 7 Abs. 2 EVÜ bzw. Art. 34 EGBGB klargestellten - Freiheit, Eingriffsnormen zu bilden, ab. Mit dem Begriff „Bereich der öffentlichen Ordnung” sind alle international zwingenden Normen gemeint – die Formulierung ist als Synonym für „Eingriffsnormen“ zu verstehen -, weitere Anforderungen an die betreffenden Normen sind dem Begriff nicht zu entnehmen. Die Aussage, die zwingenden Bestimmungen müßten dem Bereich der öffentlichen Ordnung zugehören, grenzt den möglichen Umfang des Eingriffsrechts also nicht ein, weil die Mitgliedsstaaten selbst darüber entscheiden können, welche Normen zu

---

[684] Vgl. *Rebhahn*, DRdA 1999, 177 f. So wohl auch *A. Müller* (155 f.), der aber gleichzeitig ausführt: „Das originäre Recht der Mitgliedsstaaten zu bestimmen, welche Sachverhalte unter den ordre public des nationalen Rechts fallen bleibt unberührt.”

[685] So wohl auch *Biagi*, in: Blanpain 178. Anders *Rebhahn* (DRdA 1999, 177 f.), der vorbringt, die Funktion der Entsenderichtlinie – die Erleichterung von Entsendungen und Koordinierung nationaler Regelungen – spräche für eine „Sperrwirkung“. Betrachtet man die Erwägungsgründe zur Entsenderichtlinie (ABl. EG Nr. L 18 v. 21.1.1997, S. 1 ff.) ergibt sich ein anderes Bild: Die Koordination wird mit der Sicherstellung eines Mindestmaßes an Schutz begründet (Erwägungsgrund Nr. 13); dies spricht dagegen, die Vereinheitlichung solle dahingehend abschließend sein, daß andere Bestimmungen nicht auf entsandte Arbeitnehmer angewendet werden können.

[686] Siehe dazu oben § 3 II. 2. a).

diesem Bereich gehören[687]. Die Frage nach der Umsetzung des Art. 3 Abs. 10 lit. 1 ERL in deutsches Recht stellt sich daher nicht.

IV. Der Vorgang der „Anwendung“

Nach Art. 34 EGBGB „berührt” der maßgebliche Unterabschnitt („Vertragliche Schuldverhältnisse”) nicht die „Anwendung” international zwingender Bestimmungen des deutschen Rechts. Auch insoweit hat Art. 34 EGBGB aber nur klarstellende Funktion. Bei Erfüllung der oben dargestellten Bedingungen - also Vorliegen der materiellen Voraussetzungen der betreffenden Norm, Bestehen eines hinreichenden Inlandsbezugs und europarechtlicher Unbedenklichkeit - ergibt sich die Anwendbarkeit einer Eingriffsnorm unmittelbar aus dem in ihr enthaltenen Anwendungsbefehl.

Der deutsche Richter hat diesem kollisionsrechtlichen Anwendungsbefehl zu folgen, die Anwendung der Norm als solche steht nicht in seinem Ermessen[688]. Die Art der Anwendung von Eingriffsnormen unterscheidet sich grundsätzlich nicht von der Anwendung durch allseitige Kollisionsnormen berufener Sachnormen. Dies kann zur Folge haben, daß sich die Identifizierung einer Eingriffsnorm als solche erübrigt, weil ohnehin deutsches Recht anwendbar ist. Ist also z.B. keine Rechtswahl erfolgt und das deutsche Recht nach Art. 30 Abs. 2 EGBGB als objektives Arbeitsstatut berufen, entfällt regelmäßig[689] die Notwendigkeit, Vorschriften auf ihren Eingriffscharakter zu untersuchen. Gleiches gilt, wenn ausländisches Recht gewählt wurde, deutsches Recht das objektive Arbeitsstatut bildet und eine inländische, zwingende Bestimmung für den Arbeitnehmer günstiger ist als die Vorschrift des subjektiven Vertragsstatuts. Zwar würde auch in diesem Fall die Anwendung einer deutschen Vorschrift auf ihrem kollisionsrechtlichen Eingriffsbefehl beruhen, wenn sie eine Eingriffsnorm darstellt und nicht auf Art. 30 Abs. 1 EGBGB. Die Ermittlung der international zwingenden Wirkung kann aber unterbleiben, da die Norm auch gemäß Art. 30 Abs. 1 EGBGB anzuwenden ist, wenn sie „nur” national zwingend ist[690].

---

[687] So wohl im Ergebnis auch *Biagi*, in: Blanpain 178 und *A. Müller* 155 f. Anders *Rebhahn* (DRdA 1999, 176 ff.), der von einer echten Begrenzung ausgeht.

[688] Vgl. *Radtke*, ZVglRWiss 84 (1985), 329; Staudinger-*Magnus* Art. 34 EGBGB Rn. 82.

[689] Die Frage, ob eine inländische Vorschrift eine Eingriffsnorm darstellt, kann allenfalls relevant werden, wenn eine ausländische Eingriffsnormen mit der inländische Norm kollidiert. Hier kommt ein Zurücktreten der inländischen Bestimmung nur in Betracht, wenn die Bestimmung keine Eingriffsnorm ist, vgl. hierzu § 13 III. 3.

[690] Vgl. hierzu *E. Lorenz*, RIW 1987, 579 f.

Die Sonderanknüpfung inländischen Eingriffsrechts hat also zum einen zur Folge, daß die nationale, zwingende Bestimmung anzuwenden ist. Im Unterschied zur ordre-public-Klausel des Art. 6 EGBGB besteht die primäre Rechtsfolge also nicht in der Nichtanwendung fremden Rechts, sondern der Anwendung eigenen Rechts. Andererseits ist mit der Anwendung der Eingriffsnormen aber auch eine Verdrängung des ausländischen Rechts verbunden, das an sich - gemäß dem Vertragsstatut - zur Anwendung berufen wäre[691]. Anders als im Bereich des negativen ordre public des Art. 6 EGBGB tritt bei der Anwendung von Eingriffsnormen zwar nicht unmittelbar die Frage auf, ob die durch Nichtanwendung der ausländischen Norm entstehenden Lücke primär durch die lex fori oder die lex causae zu schließen ist[692]. Probleme bereitet aber die Tatsache, daß eine inländische Norm innerhalb eines fremden Vertragsstatuts anzuwenden ist, also in eine fremde Rechtsordnung integriert werden muß. Relativ einfach wird diese Integration sein, wenn die Eingriffsnorm selbst unmittelbar eine bestimmte Rechtsfolge anordnet und diese Rechtsfolge ohne weiteres in das System der lex causae eingefügt werden kann. Schwieriger sind Fälle zu beurteilen, in denen eine Eingriffsnorm beispielsweise nur ein Ge- oder Verbot enthält, aber keine abschließende Regelung der Rechtsfolgen[693].
So enthält z.B. die Vorschrift des § 3 ArbZG, die gemäß § 7 Abs. 1 Nr. 1 AEntG international zwingende Wirkung hat, keine Regelung über die privatrechtlichen Rechtsfolgen einer Nichtbeachtung der zulässigen Höchstarbeitszeiten. Hier stellt sich die Frage, inwieweit bei der Ermittlung der (mittelbaren) Folgen der Anwendung der Eingriffsnorm auf die lex fori oder die lex causae abzustellen ist.

Im Bereich des ordre-public-Vorbehalts des Art. 6 EGBGB wird - soweit die Anwendung der lex fori als Ersatzrecht überhaupt in Betracht gezogen wird - das „Prinzip des geringstmöglichen Eingriffs" herangezogen. Eine Anwendung der lex fori soll also nur insoweit erfolgen, als sie zwingend zur Auflösung des Widerspruchs zwischen ausländischem Recht und ordre public notwendig ist[694].

---

[691] Die Verdrängung erfolgt unabhängig davon, ob das Vertragsstatut aufgrund objektiver Anknüpfung oder Rechtswahl bestimmt wurde, vgl. MünchKomm-*Martiny* Art. 34 EGBGB Rn. 89. Zur Konkurrenz von in- und ausländischen Eingriffsnormen vgl. unten § 14 III. 3.

[692] Vgl. zu diesem Problem z.B. *Kropholler*, IPR § 36 V.; *Looschelders* 400 ff.; MünchKomm-*Sonnenberger* Art. 6 EGBGB Rn. 91 ff.; Staudinger-*Blumenwitz* Art. 6 EGBGB Rn. 129 ff. Neben der Anwendung der lex fori oder lex causae wird auch vorgeschlagen, entstehende Lücken durch die Bildung von Sachnormen im IPR zu schließen, vgl. Soergel-*Kegel* Art. 6 EGBGB Rn. 34; *Kegel/Schurig*, IPR § 16 IX.

[693] Vgl. MünchKomm-*Martiny* Art. 34 EGBGB Rn. 54 ff.

[694] Vgl. MünchKomm-*Sonnenberger* Art. 6 EGBGB Rn. 90, 94. Die Anwendung der lex fori soweit wie möglich zu begrenzen, entspricht dem im Rahmen des Art. 6 EGBGB allgemein geltenden Grundsatzes der „Schonung des fremden Rechts", vgl. zu diesem Grundsatz schon die Begründung des Regierungsentwurfs zur Neuregelung des IPR, BT-Drucks. 10/504, 44; vgl. auch Staudinger-*Blumenwitz* Art. 6 EGBGB Rn. 12, 137.

Eine Übertragung dieses Prinzips auf die Anwendung von Eingriffsnormen ist jedoch grundsätzlich nicht möglich. Die Ausgangslage ist bei der Anwendung von Eingriffsnormen eine andere: Ziel ist nicht die Beseitigung von Wertungswidersprüchen, sondern die Durchsetzung des nationalen Rechts[695]. Nationalen Gerichten steht es also nicht frei, eine Eingriffsnorm nur teilweise anzuwenden oder Modifikationen im Wege der Anpassung vorzunehmen, um eine problemlose Einfügung der Eingriffsnorm in die fremde Rechtsordnung zu ermöglichen[696].

Auch die Einsichten der Zweistufentheorie sind insoweit nur von begrenztem Nutzen. Zwar bestehen gegen die Berücksichtigung der Zweistufentheorie auch im Bereich des Eingriffsrechts keine grundsätzlichen Bedenken[697]. Die Aussage der Theorie, Kollisionsnormen meinten nur eine „entsprechende" Anwendung des berufenenen Sachrechts, läßt sich für den kollisionsrechtlichen Eingriffsbefehl international zwingender Normen aber kaum aufrecht erhalten. Für Eingriffsnormen wird man regelmäßig nicht zu dem Ergebnis gelangen, daß der kollisionsrechtliche Regelungsteil der Norm nur auf eine „entsprechende" Anwendung der sachrechtlichen Regelung abzielt. Dem in der Ausgestaltung als Eingriffsnorm zum Ausdruck kommenden Willen zur unbedingten Durchsetzung der sachrechtlichen Regelung wird zumeist dadurch Rechnung zu tragen sein, daß die sachrechtliche Regelung in der gleichen Weise wie bei rein nationalen Sachverhalten angewendet wird und nicht nur „entsprechend"[698].

Die Frage, wie eine Integration der Eingriffsnorm in die lex causae erfolgt, ob also nicht unmittelbar in der Eingriffsnorm geregelte Rechtsfolgen der lex fori oder der lex causae zu entnehmen sind, läßt sich nur durch eine Berücksichtigung des Zweckes der Norm und der mit dem kollisionsrechtlichen Eingriffsbefehl verfolgten Ziele beantworten. Würde die Regelung der (mittelbaren) Rechtsfolgen durch die lex causae dazu führen, daß die mit der international zwingenden Anwendung der Eingriffsnorm verfolgten Zwecksetzungen nicht mehr erreicht werden, muß auch hinsichtlich der in der Eingriffsnormen nicht geregelten Rechtsfolgen die lex fori herangezogen werden. Gebietet die Zwecksetzung keine Anwendung der lex fori, ist der Grundsatz heranzuziehen, daß Eingriffe in das Vertragsstatut möglichst zu begrenzen sind, das Vertragsstatut also nur soweit verdrängt werden sollte, als dies unbedingt notwendig ist[699]. Sofern die

---

[695] Ähnlich Staudinger-*Blumenwitz* Art. 6 EGBGB Rn. 138.

[696] Vgl. Staudinger-*Magnus* Art. 34 EGBGB Rn. 82. Für eine Anpassung des lückenfüllenden Sachrechts im Bereich des Art. 6 EGBGB, MünchKomm-*Sonnenberger* Art. 6 EGBGB Rn. 94.

[697] Vgl. schon oben § 6 II. 1.

[698] *E. Lorenz*, FamRZ 1987, 648.

[699] Vgl. MünchKomm-*Martiny* Art. 34 EGBGB Rn. 58.

Anwendung der lex fori nicht zwingend erforderlich ist, sollte also das Vertragsstatut über die weitergehenden Folgen bestimmen, die mit der Anwendung der Eingriffsnormen verbunden sind[700].

Als Beispiel können wiederum die §§ 3 ArbZG, 7 Abs. 1 Nr. 1 AEntG herangezogen werden. Sieht der Arbeitsvertrag eines entsandten Arbeitnehmers eine Arbeitszeit vor, die die Grenze des § 3 ArbZG überschreitet, liegt für die Inlandstätigkeit des Arbeitnehmers ein Verstoß gegen ein gesetzliches Verbot vor. Welche Folgen dieser Verstoß für den Bestand des Arbeitsverhältnisses hat, wird in § 3 ArbZG nicht geregelt. Auch wenn die Rechtsfolgen einer Nichtbeachtung des ArbZG im einzelnen strittig sind, dürfte darüber Einigkeit bestehen, daß der Arbeitsvertrag - nach deutschem Recht - zumindest nicht rückwirkend nichtig ist[701]. Eine rückwirkende Nichtigkeit wäre mit den Zielsetzungen des ArbZG nicht zu vereinbaren[702]: Ein Schutz vor übermäßiger Belastung ist hinsichtlich der bereits geleisteten Arbeit nicht mehr möglich. Auch widerspräche es dem primären Zweck des ArbZG - dem Schutz des Arbeitnehmers -, würde man von einer rückwirkenden Nichtigkeit ausgehen und dem Arbeitnehmer z.B. einen Lohnanspruch für die erbrachte Arbeit versagen[703]. Die Ausstattung mit internationalem Geltungswillen nach § 7 Abs. 1 Nr. 1 AEntG zielt u.a. auf die Herstellung gleicher Wettbewerbsbedingungen für in- und

---

[700] Grundsätzlich für eine Anwendung des Vertragsstatuts MünchKomm-*Martiny* Art. 34 EGBGB Rn. 57 f.; so auch schon *Zweigert*, RabelsZ 14 (1942), 300 f. Nach Staudinger-*Magnus* Art. 34 Rn. 82 und Reithmann-Martiny-*Limmer* Rn. 399 sind die Rechtsfolgen der Eingriffsnormen zu entnehmen. Dies entspricht durchaus der hier vertretenen Ansicht: Soweit die Eingriffsnorm die Rechtsfolgen selbst regelt, sind diese ohne weiteres anzuwenden. Zu den Rechtsfolgen bei Anwendung einer ausländischen Eingriffsnorm vgl. *Kreuzer*, Ausländisches Wirtschaftsrecht 95; *Kropholler*, IPR § 52 IX. 4. und unten § 11 III. 2. c).

[701] Vgl. BAG, Urteil vom 16.6.1959, BAGE 8, 47, 50; BGH, Urteil vom 28.1.1986, NJW 1986, 1486, 1487; aus der Literatur z.B. Staudinger-*Sack* § 134 BGB Rn. 205. Nach h.M. tritt Nichtigkeit ex nunc ein; vgl. die vorhergehenden Hinweise (a.A. wohl BAG, Urteil vom 14.12.1967, AP Nr. 2 zu § 1 AZO: keine Nichtigkeit, sondern nur Beschäftigungsverbot und Leistungsverweigerungsrecht). Diese soll jedoch nur die ArbZG-widrige Arbeitszeitvereinbarung erfassen und den Arbeitsvertrag im übrigen unberührt lassen, vgl. Palandt-*Heinrichs* § 134 BGB Rn. 15; Staudinger-*Sack* § 134 BGB Rn. 205; offengelassen vom BGH, NJW 1986, 1486, 1487.

[702] Vgl. zum Zweck des Gesetzes § 1 ArbZG.

[703] Das ArbZG schützt zwar auch Allgemeininteressen, wie den Erhalt des Arbeitsfriedens oder die Sicherung der sozialen Ordnung, vgl. BGH, Urteil vom 28.1.1986, NJW 1986, 1486, 1487. Im Vordergrund steht aber der Schutz der Arbeitnehmer, so daß sich eine rückwirkende Nichtigkeit und damit eine Versagung des Lohnanspruches auch nicht mit Präventionsüberlegungen rechtfertigen läßt, vgl. Staudinger-*Sack* § 134 BGB Rn. 205. Zumal die rückwirkende Nichtigkeit auch eine Anreiz für den Arbeitgeber zur Überschreitung darstellen könnte.

ausländische Unternehmen ab (sowie ebenfalls auf den Arbeitnehmerschutz)[704]. Eine rückwirkende Nichtigkeit wäre auch mit dieser Zielsetzung nicht in Einklang zu bringen, da die Abweichung von der deutschen Regelung für ausländische Unternehmen einen Wettbewerbsvorteil darstellen würde.

Mit dem Zweck der international zwingenden Regelung wäre es also unvereinbar, würde man die Rechtsfolge eines Verstoßes gegen § 3 ArbZG einer Norm des Vertragsstatuts entnehmen, die eine rückwirkende Nichtigkeit des Vertrages anordnet. Würde die lex causae also z.B. bestimmen, daß der Verstoß gegen ein gesetzliches Verbot stets die Nichtigkeit ex tunc zur Folge hat, wäre eine Anwendung des Vertragsstatuts insoweit ausgeschlossen. Auch die - nicht unmittelbar in der Eingriffsnorm selbst geregelte - Rechtsfolge eines Verstoßes gegen die international zwingende Bestimmung wäre dann der lex fori zu entnehmen, da die Anwendung der lex causae der Zwecksetzung des Eingriffsrechts widersprechen würde.

---

[704] Vgl. oben § 6 III. 1. b) ee) (3) (b). Vgl. auch die Erwägungsgründe Nr. (5) und (13), (14) der Entsenderichtlinie, ABl. EG Nr. L 18/1 vom 21.1.1997, S. 1 f. In Erwägungsgrund Nr. 5 werden ausdrücklich die Gewährleistung eines „fairen Wettbewerbs" und die „Wahrung der Rechte der Arbeitnehmer" genannt. Zwar erscheint es problematisch, den Schutz der (europäischen) entsandten Arbeitnehmer als rechtfertigendes Allgemeininteresse anzusehen. Damit ist aber natürlich nicht ausgeschlossen, daß diese Zwecksetzung der Entsenderichtlinie bzw. dem AEntG zugrundeliegt.

§ 7: Quellen des Eingriffsrechts, insbesondere im Arbeitsrecht

Auch Eingriffsnormen des Arbeitsrechts beruhen grundsätzlich auf (formellen) deutschen Gesetzen, auf diesen „Normalfall" ist hier nicht näher einzugehen, soweit die Vorschriften auf autonomer deutscher Rechtsgebung beruhen. Aufgrund der steigenden Bedeutung europarechtlicher Rechtssetzung tritt aber gerade bei Eingriffsnormen die Frage nach der Bedeutung europäischer Rechtsakte für das Eingriffsrecht der Mitgliedsstaaten in den Vordergrund. Als Grundlage für deutsche Eingriffsnormen kommt daneben auch das Richterrecht in Betracht, dies gilt insbesondere für das richterrechtlich geprägte Arbeitsrecht[705]. Schließlich ist auf eine Quelle deutschen Eingriffsrechts einzugehen, die ausschließlich für das Arbeitsrecht von Bedeutung ist: Tarifverträge und Betriebsvereinbarungen.

I. Europarecht als Grundlage deutschen Eingriffsrechts

1. Allgemeines

Das Gemeinschaftsrecht kann nicht nur Schranke für die Anwendung inländischer Eingriffsnormen sein, es kann auch selbst Quelle für Eingriffsrecht sein[706]. Für unmittelbar geltendes Recht der EU (insbesondere Verordnungen und den EGV) gelten die für inländische Eingriffsnormen maßgeblichen Grundsätze entsprechend[707]. In Gemeinschaftsrecht enthaltenes Eingriffsrecht stellt also hinsichtlich der kollisionsrechtlichen Einordnung „inländisches Eingriffsrecht" dar; zu beachten ist aber, daß es nationalem Recht vorgeht, gegebenenfalls also andere deutsche Eingriffsnormen verdrängt. Relevant wird der Eingriffscharakter unmittelbar geltenden europäischen Rechts nur dann, wenn die Rechtsordnung eines Staates Vertragsstatut ist, der nicht zu den Mitgliedsstaaten zählt. Ist der Vertragsstatutsstaat selbst Mitgliedsstaat, stellen die betreffenden (europäischen) Eingriffsnormen auch in dieser Rechtsordnung unmittelbar geltendes Recht dar[708].

---

[705] Vgl. zur Bedeutung des Richterrechts im Arbeitsrecht z.B. *G. Müller*, JuS 1980, 627 ff. und *Schaub* 209 f. mit zahlreichen weiteren Nachweisen.

[706] Vgl. zu dieser Fragestellung: MünchKomm-*Martiny* Art. 34 EGBGB Rn. 21 f.; *derselbe*, in: von Bar 219 und 234; *Siehr*, RabelsZ 52 (1988), 63 f.; *Brödermann/Iversen* Rn. 728 ff. sowie *Baumert*, Sonderanknüpfung 185 ff.

[707] MünchKomm-*Martiny* Art. 34 EGBGB Rn. 21 f.; *Brödermann/Iversen* Rn. 729.

[708] Vgl. auch *Brödermann/Iversen* Rn. 729; *Siehr*, RabelsZ 52 (1988), 63 f.

Im Mittelpunkt der wissenschaftlichen Diskussion stehen jedoch nicht die unmittelbar geltenden Rechtsakte, sondern die Richtlinien der Gemeinschaft. Hinsichtlich der Frage nach der Bedeutung von Richtlinien läßt sich danach differenzieren, ob die betreffende Richtlinie im Inland bereits umgesetzt wurde oder die Umsetzungsfrist versäumt wurde und bisher keine Transformation erfolgte. Wurde die Richtlinie im Inland nicht (fristgemäß) umgesetzt, dürfte unstrittig sein, daß die Richtlinie selbst keine (in- oder ausländische) Eingriffsnorm darstellen kann[709]. Einer Anwendung der Richtlinie durch die Gerichte des Forumstaates als international zwingendes Recht steht der Grundsatz des Ausschlusses der unmittelbaren horizontalen Wirkung entgegen: Richtlinien entwickeln für Verhältnisse zwischen Privatpersonen auch nach Ablauf der Umsetzungsfrist keine unmittelbare Wirkung[710]. Hat der (europäische) Vertragsstatutsstaat die Richtlinie bereits umgesetzt, erlangt der Richtlinieninhalt aber schon Wirkung, weil die betreffende Umsetzungsnorm Teil des Vertragsstatuts ist[711].

Ist eine Richtlinie bereits in deutsches Recht umgesetzt worden, stellt sich die Frage, welche Bedeutung das Beruhen auf einer Richtlinie für den Eingriffscharakter der inländischen Umsetzungsnormen hat. Unproblematisch ist insoweit, daß bei der Ermittlung des internationalen Geltungswillens der deutschen Vorschrift der Grundsatz der richtlinienkonformen Auslegung gilt[712]. Ob die Vorschrift eine Eingriffsnorm darstellt, hängt also davon ab, ob in der Richtlinie ausdrücklich der entsprechende Anwendungswille erwähnt ist oder zumindest Sinn und Zweck der Richtlinie auf einen derartigen Willen schließen lassen.

Daneben werden dem Beruhen einer nationalen Vorschrift auf einer Richtlinie aber auch weitergehende Wirkungen zugemessen. Nach *Iversen* begründet der

---

[709] Vgl. z.B. *Deinert*, JbJgZivWiss 1997, 261 und MünchKomm-*Martiny* Art. 34 EGBGB Rn. 21 a. Vgl. auch BGH, Urteil vom 19.3.1997, NJW 1997, 1697, 1700.

[710] Ständige Rechtsprechung des EuGH seit EuGH, Urteil vom 26.2.1986, Rs. 152/84 (Marshall), Slg. 1986, 723, 725. Vgl. auch EuGH, Urteil vom 14.7.1994, Rs. C-91/92 (Dori), Slg. 1994, 3325, 3354. Vgl. aus der Literatur z.B. *Gassner*, JuS 1996, 303 ff.

[711] Auch wenn der Inhalt der Richtlinie nicht Bestandteil des Vertragsstatuts ist, besteht grundsätzlich noch eine Möglichkeit, wie der Regelungsgehalt der Richtlinie Wirkung erlangen könnte: Das Umsetzungsrecht eines anderen Mitgliedsstaates wird als ausländisches Eingriffsrecht beachtet. Dies setzt aber u.a. voraus, daß dieser Mitgliedsstaat eine enge Verbindung zu dem Sachverhalt aufweist und das Umsetzungsrecht international zwingend ist. Vgl. auch *Deinert*, JbJgZivWiss 1997, 261.

[712] Vgl. z.B. *Krebber*, ZVglRWiss 97 (1998), 156; *Sonnenberger*, ZVglRWiss 95 (1996), 34. Auch die Vertreter der „Lehre von der mittelbaren horizontalen Direktwirkung“ stellen auf eine richtlinienkonforme Auslegung ab, vgl. z.B. *Jayme*, IPRax 1990, 221 f. und sogleich im Text.

Ursprung einer nationalen Norm in einer Richtlinie ein Indiz für den Eingriffscharakter der betreffenden Norm[713]. Hierfür spreche, daß der Regelungsbereich von Richtlinien stets (zumindest auch) öffentliche Interessen berühre und nicht ausschließlich den gerechten Ausgleich privater Interessen. Auch werde mit Richtlinien „international anerkanntes Recht" angestrebt, Umsetzungsnormen seien also nie nationale Sondernormen. Darüber hinaus wandle sich das Erfordernis des Inlandsbezugs bei Transformationsnormen zum Erfordernis der „Gemeinschaftsbeziehung". Die Anwendung einer inländischen Eingriffsnorm setze hier also nur eine Beziehung zur Union und nicht zwingend zum Erlaßstaat voraus[714].

Beiden Thesen kann nicht gefolgt werden. Die Verfolgung öffentlicher Interessen kann kein Indiz für den internationalen Anwendungswillen einer Norm sein. Gleiches gilt für die Tatsache, daß mit auf Richtlinien beruhenden Normen kein nationaler Sonderweg beschritten wird. Auch nach der herrschenden Auffassung stellt die Verfolgung öffentlicher Interessen zwar eine Bedingung für das Vorliegen einer Eingriffsnorm dar[715], läßt aber nicht ohne weiteres auf den Eingriffscharakter einer Norm schließen. Und das Abzielen auf international anerkannte Interessen mag für die Berücksichtigungsfähigkeit ausländischen Eingriffsrechts von Bedeutung sein[716], für die Qualifikation einer Vorschrift als Eingriffsnorm ist es dagegen ohne Bedeutung. Es ist auch nicht einzusehen, warum bei Transformationsnormen ein „Gemeinschaftsbezug" ausreichen sollte. Ist der Erlaßstaat selbst nicht betroffen, besteht auch dann kein Grund zur Anwendung des Eingriffsrechts, wenn die Norm auf einer Richtlinie beruht. Gegebenenfalls ist das Transformationsrecht eines anderen Mitgliedsstaates zu berücksichtigen, der seinerseits eine enge Beziehung zu dem Sachverhalt aufweist.

---

713 *Brödermann/Iversen* Rn. 733 ff.

714 *Brödermann/Iversen* Rn. 733 ff.

715 Vgl. oben § 3 II. 2. a).

716 Vgl. unten § 13 III. 5. a).

2. *Deutsches Umsetzungsrecht als Eingriffsrecht bei „Säumnis" des Vertragsstatutsstaates*

a) Die Lehre von der „mittelbaren horizontalen Direktwirkung"

Umstritten ist auch nicht in erster Linie die Beantwortung der Frage, ob das Beruhen auf einer Richtlinie allgemein als Indiz für das Vorliegen einer Eingriffsnorm gewertet werden kann. Diskutiert wird vor allem eine spezielle Konstellation: Die Durchsetzung inländischer Umsetzungsnormen als Eingriffsrecht, wenn der Vertragsstatutsstaat seiner Umsetzungspflicht nicht nachgekommen ist[717]. Setzt ein anderer Mitgliedsstaat eine Richtlinie nicht rechtzeitig um, müßten deutsche Gerichte aufgrund der fehlenden unmittelbaren Wirkung der Richtlinie gegebenenfalls richtlinienwidriges Recht anwenden, wenn die Rechtsordnung des betreffenden Staates Vertragsstatut ist. Hat Deutschland die betreffende Richtlinie bereits umgesetzt, bietet es sich nach einer auf *Jayme* zurückgehenden Ansicht aber an, dem Richtlinieninhalt doch noch zur Geltung zu verhelfen, indem die deutsche Umsetzungsnorm als Eingriffsnorm angewendet und das Vertragsstatut damit verdrängt wird (die Auffassung wird auch als „Lehre von der mittelbaren horizontalen Direktwirkung" bezeichnet)[718]. Zur Begründung wird angeführt, Richtlinien zielten – aufgrund des Binnenmarktbezugs - darauf ab, EU-weit zwingende Regelungen zu schaffen. Aus der mit der Richtlinie bezweckten Rechtsvereinheitlichung könne auf den Eingriffs-charakter des Transformationsrechts geschlossen werden[719]. Staaten, die ihrer Umsetzungsverpflichtung nicht nachkommen, könnten nicht erwarten, daß ihrem gemeinschaftswidrigen Recht über das Internationale Privatrecht eines anderen Mitgliedsstaates zur Durchsetzung verholfen wird. Unerheblich sei, ob die deutsche Transformationsnorm einen (ausdrücklichen) Eingriffsbefehl

---

[717] Ausgelöst wurde die Diskussion durch die sog. „Gran-Canaria-Fälle" (z.B. OLG Hamm, Urteil vom 1.12.1988, IPRax 1990, 242; LG Hildesheim, Urteil vom 11.12.1991, IPRax 1993, 173): Hier ging es um die Nichtumsetzung der Haustürwiderrufsrichtlinie durch Spanien. Zum Schutz deutscher Verbraucher, die in Spanien Verträge abgeschlossen hatten, wurde die Anwendung des deutschen HausTWG (das die betreffende Richtlinie umgesetzt hat) über Art. 34 EGBGB in Betracht gezogen. Mittlerweile hat Spanien die Richtlinie umgesetzt (vgl. *Firsching-von Hoffmann* § 1 Rn. 121, Fn. 156), so daß sich die konkrete Konstellation erledigt hat.

[718] *Jayme*, IPRax 1990, 220 ff.; *derselbe*, RabelsZ 55 (1991), 325; *derselbe*, in: Jayme 32 und 36; *Jayme-Kohler*, IPRax 1992, 347; *dieselben*, IPRax 1994, 407. Grundsätzlich zustimmend: *B. Böhm* 196 f.; *Deinert*, JbJgZivWiss 1997, 267 ff.; *Ebke*, in: von Bar 101 f.; *Klingborn*, WM 1993, 1098; *Langenfeld*, IPRax 1993, 157; *Pfeiffer*, NJW 1999, 3684; Reithmann-Martiny-*Limmer* Rn. 402. Wohl auch *Reich*, RabelsZ 56 (1992), 498.

[719] So z.B. *Jayme*, RabelsZ 55 (1991), 325.

enthalte[720]. Der internationale Geltungswille ergebe sich aus der richtlinienkonformen Auslegung[721]. Auch unterbleibe eine (ausdrückliche) Anordnung des Eingriffscharakters nur deshalb, weil der deutsche Gesetzgeber auf gemeinschaftstreues Verhalten, mit anderen Worten der Umsetzung der Richtlinie, vertraue[722].
Nach der Ansicht *Baumerts* ist ein anderer Gesichtspunkt entscheidend: Die Parteien sollten sich nicht durch Rechtswahl dem Regelungsgehalt der Richtlinie entziehen dürfen. Transformationsrecht könne daher zwar nicht ohne weiteres als Eingriffsrecht angesehen werden, es sei aber rechtswahlfest. Werde das gemeinschaftswidrige Recht dagegen als objektives Statut berufen, bleibe es bei der Geltung des Vertragsstatuts[723].

b) Kritik

Der Schluß von der Grundlage einer inländischen Vorschrift in einer Richtlinie auf den Eingriffscharakter bzw. die Rechtswahlfestigkeit dieser Norm ist nicht ohne Widerspruch geblieben[724]. Eingewendet wird z.B., ein entsprechendes Vorgehen widerspreche dem Grundsatz der fehlenden horizontalen Direktwirkung von Richtlinien. Die Anwendung der Umsetzungsnorm ohne Rücksicht auf das Vertragsstatut bedeute letztlich, der Richtlinie Direktwirkung zu Lasten Privater zu verleihen[725]. Darüber hinaus werde von einem grundsätzlichen Merkmal des Eingriffsrechts abgewichen: Die auf Richtlinien beruhenden Eingriffsnormen würden nicht mehr stets unabhängig vom Vertragsstatut Anwendung verlangen, sondern nur noch für die Fälle, in denen die Rechtsordnung eines Mitgliedsstaates anwendbar wäre, der seiner

---

[720] *Langenfeld*, IPRax 1993, 157.

[721] Vgl. z.B. *Jayme*, IPRax 1990, 222.

[722] Mit dieser Tendenz *Langenfeld*, IPRax 1993, 157. Kritisch *Deinert*, JbJgZivWiss 1997, 264.

[723] *Baumert*, Sonderanknüpfung 213 ff.; *derselbe*, EWS 1995, 64.

[724] Kritisch z.B. *Brödermann/Iversen* Rn. 1009 ff.; *Gounalakis/Radke*, ZVglRWiss 98 (1999), 24; *Kindler*, Jahrbuch für italienisches Recht 4 (1991), 32; *Kropholler*, RabelsZ 56 (1992), 331; *Leible*, JbJgZivWiss 1995, 264 f.; *Mankowski*, RIW 1993, 462; *derselbe*, RIW 1995, 368; *Mäsch* 129; *Michaels/Kamann*, JZ 1997, 606 f.; MünchKomm-*Martiny* Art. 34 EGBGB Rn. 21 b; MünchKomm-*Sonnenberger*, Einl. IPR Rn. 176 f.; *derselbe*, ZVglRWiss 95 (1996), 34 ff.; *Paefgen*, WRP 1991, 449; Soergel-*von Hoffmann* Art. 29 EGBGB Rn. 36.

[725] *Gounalakis/Radke*, ZVglRWiss 98 (1999), 24; *Kindler*, Jahrbuch für italienisches Recht 4 (1991), 32; *Mäsch* 129; *Mankowski*, RIW 1993, 462; MünchKomm-*Martiny* Art. 34 EGBGB Rn. 21 b; Soergel-*von Hoffmann* Art. 29 EGBGB Rn. 36.

Umsetzungsverpflichtung nicht nachgekommen ist[726]. Auch sei es nicht Sache der Mitgliedsstaaten, die Versäumnisse anderer Mitgliedsstaaten bei der Umsetzung einer Richtlinie zu korrigieren[727]. Weiterhin wird darauf hingewiesen, daß der Eingriffscharakter einer Norm nicht schon aus deren (europarechtlichen) Ursprung folgen könne, sondern nur aus einer entsprechenden Entscheidung des Gesetzgebers[728].

Auf die einzelnen Argumente der verschiedenen Ansichten soll hier nicht näher eingegangen werden. Die Lehre von der mittelbaren Direktwirkung von Richtlinien basiert auf der Annahme, aus dem Binnenmarktbezug der Richtlinien bzw. der angestrebten Rechtsvereinheitlichung ergebe sich der internationale Geltungswille des Umsetzungsrechts. Wäre diese Aussage zutreffend, so müßte tatsächlich davon ausgegangen werden, daß richtlinienumsetzende deutsche Vorschriften grundsätzlich (beschränkten) Eingriffscharakter haben. Eine ausdrückliche Anordnung durch den deutschen Gesetzgeber wäre aufgrund des Vorranges des Europarechts und der Verpflichtung zur richtlinienkonformen Auslegung nicht erforderlich[729].

Gegen die genannte Prämisse bestehen aber Bedenken. Richtig ist zwar, daß mit dem Erlaß von Richtlinien im Hinblick auf die Binnenmarktzielsetzung eine Vereinheitlichung der Rechtsordnungen der Mitgliedsstaaten angestrebt wird. Insoweit kann also durchaus gesagt werden, die Richtlinie habe einen Geltungswillen dahingehend, daß ihr Regelungsgehalt für das gesamte Gebiet der EU gelten solle. Aus Art. 249 EGV kann aber auch abgeleitet werden, wie dieser Geltungsanspruch verwirklicht werden soll: nämlich durch Umsetzung der Richtlinie in den einzelnen Mitgliedsstaaten. Der Geltungswille der Richtlinie geht gerade nicht dahin, in einem bestimmten Mitgliedsstaat schon vor Umsetzung direkte Bedeutung zu erlangen (zumindest für Rechtsverhältnisse zwischen Privaten). Nach der Rechtsprechung des EuGH ermöglicht es das Gemeinschaftsrecht nicht, der Richtlinie nach Ablauf der Umsetzungsfrist horizontale Direktwirkung beizumessen. Die Durchsetzung des Regelungsgehalts einer Richtlinie steht also unter der Bedingung der Umsetzung der Richtlinie in dem betreffenden Mitgliedsstaat; der Geltungsanspruch der Richtlinie ist insoweit

---

[726] Vgl. z.B. *Kropholler*, RabelsZ 56 (1992), 331; *Leible*, JbJgZivWiss 1995, 264 f.; *Mankowski*, RIW 1993, 462; *derselbe*, RIW 1995, 368; MünchKomm-*Martiny* Art. 34 EGBGB Rn. 21 b.

[727] Vgl. *Sonnenberger*, ZVglRWiss 95 (1996), 36: Mitgliedsstaaten stehe es nicht zu, als „Schulmeister" gegenüber anderen Staaten aufzutreten.

[728] *Kropholler*, RabelsZ 56 (1992), 331; *Mankowski*, RIW 1993, 462.

[729] Das Argument, der internationale Geltungswille könne sich nicht aus dem Ursprung der Vorschrift ergeben, ist insoweit also verfehlt, vgl. auch *Deinert*, JbJgZivWiss 1997, 264.

beschränkt[730]. Die Lehre von der mittelbaren horizontalen Direktwirkung schreibt Richtlinien also einen Geltungswillen zu, den diese tatsächlich nicht haben.

Es leuchtet auch nicht ein, warum andere Mitgliedsstaaten in den Fällen, in denen ihre Gerichte angerufen werden, über ihr IPR eine (mittelbare) Direktwirkung von Richtlinien herbeiführen sollten, während durch die Gerichte in dem säumigen Staat der Regelungsgehalt der Richtlinie nicht durchgesetzt wird. Die Durchsetzung von Richtlinien durch die Annahme des Eingriffscharakters von Umsetzungsnormen erscheint inkonsequent: Entweder geht man davon aus, daß Richtlinien keine horizontale Direktwirkung zukommen soll; dann ist die Konstruktion einer mittelbaren Direktwirkung weder begründbar noch zulässig. Nimmt man dagegen an, daß die Entfaltung von Wirkungen zwischen Privaten auch vor der Umsetzung möglich sein soll[731], ist der Weg über das Eingriffsrecht unzureichend. Wäre eine horizontale Direktwirkung von Richtlinien gewünscht, wäre es kaum erklärbar, warum diese Direktwirkung auf die Fälle beschränkt bleiben sollte, in denen Gerichte der Mitgliedsstaaten entscheiden, die ihre Umsetzungverpflichtung erfüllt haben. Sinnvoll erschiene eine horizontale Direktwirkung nur, wenn sie generell beim Vorliegen bestimmter Voraussetzungen eintreten würde, eine derartige allgemeine Direktwirkung wurde vom EuGH aber bisher abgelehnt.

Die Lehre von der mittelbaren horizontalen Direktwirkung ist daher abzulehnen. Deutsche Umsetzungsvorschriften haben also auch dann nicht stets Eingriffscharakter, wenn der Vertragsstatutsstaat seiner Umsetzungverpflichtung nicht nachgekommen ist.

II. Richterrecht als Grundlage für inländische Eingriffsnormen

Betrachtet man die Frage, welche Bedeutung das Richterrecht für das inländische Eingriffsrecht hat, lassen sich zwei Aspekte unterscheiden: Zunächst ist danach zu fragen, ob gesetzlichen Vorschriften durch Richterrecht Eingriffscharakter verliehen werden kann. Hierauf wurde in einem anderen Zusammenhang bereits eingegangen[732]. Ob eine Vorschrift eine Eingriffsnorm darstellt, ist durch Auslegung dieser Norm zu ermitteln. Maßgeblich ist also der Wille des

---

[730] Ähnlich auch *Deinert* (JbJgZivWiss 1997, 261), der aber dennoch zu dem Ergebnis gelangt, es müsse grundsätzlich von einer mittelbaren horizontalen Direktwirkung ausgegangen werden.

[731] Was nur schwierig mit der Rechtsprechung des EuGH vereinbar erscheint, vgl. die Hinweise in Fn. 710.

[732] Siehe oben § 3 III. 1.

Gesetzgebers, läßt dieser nicht auf einen kollisionsrechtlichen Eingriffsbefehl schließen, steht es den Gerichten nicht ohne weiteres offen, der Vorschrift durch - die Auslegung überschreitende[733] - richterliche Rechtsfortbildung international zwingende Wirkung zu verleihen. Dem läßt sich nicht entgegenhalten, auch im Bereich des Eingriffsrechts müßten die allgemeine Grundsätze des Richterrechts gelten[734], nach denen es durchaus möglich erschiene, daß Normen durch Rechtsfortbildung Eingriffscharakter verliehen wird. Durch die Schaffung international zwingender Normen wird von den Verweisungsnormen des internationalen Schuldrechts abgewichen, diese Abweichung von den allgemeinen Regeln hat Ausnahmecharakter. Oben wurde bereits dargelegt, daß im Zweifel gegen die Eingriffsnorm zu entscheiden ist[735]. Bestehen keine Anzeichen für den Willen des Gesetzgebers, eine Norm unabhängig vom Vertragsstatut anzuwenden, ist in der Regel also nicht von einer „Gleichgültigkeit" des Gesetzgebers auszugehen. Vielmehr ist zu unterstellen, daß der Gesetzgeber eine Abweichung von den Verweisungsnormen nicht wünscht, weil eine Aushöhlung der Verweisungsnormen durch die Schaffung von Eingriffsrecht grundsätzlich vermieden werden soll. Soll einer Norm im Rahmen richterlicher Rechtsfortbildung Eingriffscharakter verliehen werden, so ist dies also nur dann möglich, wenn begründet werden kann, daß der Wille des Gesetzgeber – ausnahmsweise – einer international zwingenden Wirkung nicht entgegensteht.

Von der eben behandelten Konstellation sind die Fälle zu unterscheiden, in denen auch das materielle Recht Richterrecht ist. Die Frage lautet hier, ob durch richterliche Rechtsfortbildung geschaffenes Recht Eingriffsrecht sein kann, ob Gerichte also dem von ihnen geschaffenen Recht international zwingende Wirkung beimessen können. Dieser Aspekt ist für das Arbeitsrecht von besonderer Bedeutung, da das Richterrecht hier eine verhältnismäßig wichtige Rolle spielt. Die Möglichkeit, Richterrecht als inländisches Eingriffsrecht auszugestalten, wird von *Hönsch* mit der Begründung abgelehnt, Art. 34 EGBGB spreche nur von „Bestimmungen", d.h. von Normen, damit würde Richterrecht nicht erfaßt[736]. Dem wird entgegengehalten, die Auslegung des Art. 34 EGBGB dürfe nicht auf den Wortlaut beschränkt sein. Nach Sinn und Zweck des Art. 34 EGBGB müsse auch Richterrecht einbezogen werden[737]. Ferner wird auf den Grundsatz der einheitlichen Auslegung nach Art. 36 EGBGB verwiesen. Im Vereinigten Königreich müsse wegen seiner wichtigen Bedeutung auch

---

[733] Vgl. zum Verhältnis von Auslegung und Rechtsfortbildung *Larenz*, Methodenlehre 366 ff.

[734] Vgl. zu diesen Grundsätzen: *Larenz*, Methodenlehre 366 ff.

[735] Vgl. oben § 3 III. 3.

[736] *Hönsch*, NZA 1988, 117.

[737] *Heilmann* 139.

Richterrecht zum Eingriffsrecht gehören[738], auch spreche der englische Wortlaut des Art. 7 Abs. 2 EVÜ nicht von „statutes“, sondern ganz allgemein von „rules of law“[739].

Der Kritik an der Ansicht *Hönschs* ist zumindest im Ergebnis zuzustimmen: Aus dem Wortlaut des Art. 34 EGBGB läßt sich keine Beschränkung auf „Normen“ ableiten[740]. Ob die Tatsache, daß im Vereinigten Königreich auch Richterrecht als Eingriffsrecht anzusehen ist, insoweit entscheidende Bedeutung hat, erscheint aber fraglich. „Einheitliche Auslegung“ im Sinne des Art. 36 EGBGB heißt nicht zwingend, daß für jeden Unterzeichnerstaat die gleichen Rechtsinstitute unter einen im EVÜ verwendeten Begriff subsumiert werden. Haben die Rechtsinstitute unterschiedliche Bedeutungen, sind durchaus Abweichungen möglich. So ließe sich argumentieren, Richterrecht müsse nur für die Rechtsordnungen unter Art. 7 Abs. 2 EVÜ subsumiert werden, in denen dem Richterrecht eine wichtige, „gesetzesähnliche“ Bedeutung zukommt. Entscheidend ist letztlich jedoch nicht der Wortlaut, sondern der Zweck des Art. 7 Abs. 2 EVÜ[741]. Die Vorschrift hat in erster Linie klarstellende Bedeutung und soll den Kreis der möglichen Rechtsakte, die als Eingriffsnormen angesehen werden können, nicht begrenzen[742]. Es reicht also aus, wenn ein Vorgang nach nationalem Recht als Setzung zwingenden materiellen Rechts betrachtet werden kann. In diesem Fall kann dieser Rechtsakt grundsätzlich auch als „zwingende Bestimmung“ gemäß Art. 7 Abs. 2 EVÜ angesehen werden. Da auch durch Richterrecht zwingendes Recht geschaffen werden kann[743], wäre es auch geeignet „zwingende Bestimmungen“ im Sinne des Art. 7 Abs. 2 EVÜ zu schaffen.

Fraglich könnte aber sein, ob auch bei der Ausstattung materiellen Richterrechts mit einem kollisionsrechtlichen Eingriffbefehl zu beachten ist, daß hierdurch von den allgemeinen Verweisungsnormen abgewichen wird. Dieser Gedanke und der Aspekt des Ausnahmecharakters spielen zwar auch hier eine Rolle, dennoch

---

[738] Vgl. hierzu auch *Giuliano/Lagarde* 59 (für Art. 7 Abs. 1 EVÜ).

[739] *Junker*, RabelsZ 55 (1991), 680 (Fn. 28).

[740] Vgl. hinsichtlich der Regelung in Art. 7 Abs. 1 EVÜ auch *Giuliano/Lagarde* 59: Im französischen Text habe man das Wort „loi“ durch „droit“ ersetzt, „um jeden Zweifel an der Tragweite der Vorschrift auszuschließen, die nicht nur für die ‚gesetzlichen Vorschriften' aller anderen Staaten, sondern auch für die Bestimmungen des Common Law Geltung haben soll.“ Da Art. 7 Abs. 1 EVÜ und Abs. 2 die gleiche Art von Vorschriften erfassen, muß diese Aussage auch für Art. 7 Abs. 2 EVÜ gelten.

[741] Für einen Vorrang der teleologischen Auslegung im Rahmen des Art. 36 EVÜ z.B. auch MünchKomm-*Martiny* Art. 36 EGBGB Rn. 19; Soergel-*von Hoffmann* Art. 36 EGBGB Rn. 12.

[742] Vgl. oben § 5 II.

[743] Zur Situation im Arbeitsrecht vgl. auch *Schaub* 209 f.

bestehen Unterschiede zur Situation bei gesetzlichen Vorschriften. Stellt das materielle Recht selbst Richterrecht dar, kann kein mutmaßlich entgegenstehender Wille des Gesetzgebers bestehen. Die Gerichte sind für das von ihnen geschaffene Recht auch für die Ausgestaltung als Eingriffsrecht „zuständig". Daß damit von den allgemeinen Verweisungsnormen abgewichen wird, schließt die Schaffung von international zwingendem Recht nicht grundsätzlich aus. Wie soeben dargestellt wurde, gilt die durch Art. 34 EGBGB klargestellte Möglichkeit, Eingriffsrecht zu schaffen, auch für Richterrecht.

Gerichte können das von ihnen geschaffene Recht also auch mit einem kollisionsrechtlichen Eingriffsbefehl ausstatten. Soweit ersichtlich haben deutsche Gerichte diese Möglichkeit aber bisher weder im Arbeitsrecht noch in anderen Rechtsbereichen in Betracht gezogen[744].

III. Kollektive Normenverträge als Grundlage für Eingriffsnormen

Im Arbeitsrecht stellt sich die Frage, ob auch kollektive Normenverträge - Betriebsvereinbarungen und Tarifverträge - Grundlage für Eingriffsrecht sein können.

1. Betriebsvereinbarungen

a) Die Bedeutung der Fragestellung

Betrachtet man das Problem, ob die Betriebspartner durch den Erlaß von Betriebsvereinbarungen international zwingendes Recht schaffen können[745], ist zunächst zu untersuchen, in welchen Konstellationen ein kollisionsrechtlicher Anwendungsbefehl einer Betriebsvereinbarung relevant werden könnte. Allgemein läßt sich hierzu sagen: Der Eingriffscharakter ist von Bedeutung, wenn das Vertragsstatut eine ausländische Rechtsordnung beruft, die eine von einer anwendungswilligen Betriebsvereinbarung abweichende Regelung enthält. Auf den ersten Blick scheinen derartige Fälle ohne weiteres denkbar: Ein Unternehmen entsendet einen Arbeitnehmer aus einem ausländischen Betrieb

[744] Vgl. für das Arbeitsrecht auch *Heilmann* 139.

[745] Von dieser Frage zu unterscheiden ist das Problem, ob und inwieweit das BetrVG selbst als Eingriffsrecht anzusehen ist. Hierauf kann an dieser Stelle nicht näher eingegangen werden. Vgl. zu diesem Aspekt z.B. *Wimmer*, Gestaltung 190 f.

vorübergehend (Arbeitsstatut bleibt das „Heimatrecht") in eine deutsche Niederlassung. In der betreffenden Niederlassung besteht z.B. eine Betriebsvereinbarung über die Verhängung von Betriebsbußen; nach dem ausländischen Recht ist die Einführungen derartiger Bußen unzulässig. Hier könnte entscheidend sein, ob die Betriebsvereinbarung international zwingend ist.

Bei näherer Betrachtung ergibt sich aber ein anderes Bild: Zunächst ist zu beachten, daß Betriebe dem Betriebsverfassungrecht des Staates unterliegen, in dem sie sich befinden[746]. Das deutsche BetrVG gilt nach ganz h.M. also nur für Betriebe im Inland[747]. Zu berücksichtigen ist weiterhin, daß die „Normsetzungskompetenz" der Betriebspartner begrenzt ist. Betriebsvereinbarungen entwickeln zum einen nur unmittelbare und zwingende Geltung hinsichtlich der Arbeitsverhältnisse, die mit dem Arbeitgeber bestehen, der selbst Partei der Vereinbarung ist[748]. Arbeitnehmer von Fremdfirmen werden also auch dann nicht von der unmittelbaren Wirkung erfaßt, wenn sie in den betreffenden Betrieb eingegliedert sind[749]. Zum anderen gelten Betriebsvereinbarungen nur für die Arbeitsverhältnisse im Bereich des Betriebes, mit dessen Betriebsrat sie abgeschlossen wurde[750]. Voraussetzung für die unmittelbare Wirkung auf ein Arbeitsverhältnis ist also, daß der Arbeitnehmer Betriebsangehöriger ist[751]. Die schwierige und umstrittene Frage der Voraussetzungen der Betriebszugehörigkeit kann an dieser Stelle nicht abschließend erörtert werden. Es ist aber folgendes festzuhalten: Nach h.M.

---

[746] Vgl. *E. Lorenz*, FS W. Lorenz 452. Zumeist wird der entsprechende Grundsatz aber nicht allseitig formuliert, sondern nur auf die Anwendbarkeit des deutschen BetrVG abgestellt.

[747] Vgl. z.B. BAG, Urteil vom 30.4.1987, SAE 1989, 326, 327; Urteil vom 7.12.1989, SAE 1990, 248, 250. *Birk*, RdA 1984, 137; *Fitting* § 1 BetrVG Rn. 4 a; GK-BetrVG-*Kreutz* § 77 BetrVG Rn. 147; MünchKomm-*Martiny* Art. 34 EGBGB Rn. 76, 80, 82; Staudinger-*Magnus* Art. 30 EGBGB Rn. 265. Vor allem die Rechtsprechung spricht insoweit auch von „Territorialität" (kritisch zu diesem Begriff z.B. *E. Lorenz*, SAE 1979, 224). Vgl. zum Meinungsstand eingehend und mit zahlreichen weiteren Nachweisen *Junker*, Konzern 352 ff.

[748] Vgl. z.B. GK-BetrVG-*Kreutz* § 77 BetrVG Rn. 147.

[749] Bei einer Eingliederung in den Betrieb wird grundsätzlich von einer Arbeitnehmerüberlassung auszugehen sein. Insoweit wird durch § 14 Abs. 1 AÜG ausdrücklich klargestellt, daß die Leiharbeitnehmer Angehörige des entsendenden Betriebs bleiben. Regelmäßig werden die betreffenden Arbeitnehmer zwar Betriebsvereinbarung z.B. hinsichtlich der Betriebsordnung (§ 87 Abs. 1 Nr. 1 BetrVG) zu beachten haben, diese Pflicht ergibt sich aber (nur) aus den vertraglichen Beziehungen zwischen aufnehmenden Unternehmen und Fremdfirma bzw. Fremdfirma und deren Arbeitnehmern.

[750] GK-BetrVG-*Kreutz* § 77 BetrVG Rn. 161.

[751] GK-BetrVG-*Kreutz* § 7 BetrVG Rn. 17. Das Erfordernis der Betriebszugehörigkeit ist auch für viele Vorschriften des BetrVG selbst (implizite) Anwendungsvoraussetzung, vgl. z.B. *Reiff*, SAE 1990, 252.

erfordert die Zugehörigkeit zu einem Betrieb sowohl eine rechtliche Beziehung zu dem Arbeitgeber (Arbeitsverhältnis) als auch eine tatsächliche Beziehung zu dem Betrieb[752]. Entscheidend für das hier behandelte Problem ist dabei, daß die h.M. davon ausgeht, die Betriebszugehörigkeit entfalle nicht schon dann, wenn der Arbeitnehmer vorübergehend an einem anderen (ausländischen) Arbeitsort tätig ist. Teilweise wird insoweit von einer „Ausstrahlung des Heimatbetriebs" gesprochen[753]. Die Begründungen für diese Annahme variieren und sind von der Definition der notwendigen tatsächlichen Beziehung zu dem Betrieb abhängig. Sie sollen hier nicht im einzelnen dargestellt werden, da die unterschiedlichen Ansichten regelmäßig zu den gleichen Ergebnisse führen werden. Will man die Grundsätze der h.M. in einer Norm festhalten, spricht vieles für ein von *E. Lorenz* vorgeschlagenes Verfahren: eine Orientierung an Art. 30 Abs. 2 EGBGB[754]. Dieses Vorgehen erscheint schon deshalb überzeugend, weil der Ausgangspunkt bei der Bestimmung des objektiven Arbeitsstatuts und der Betriebszugehörigkeit der gleiche ist: Es ist danach zu fragen, wo der Schwerpunkt des Arbeitsverhältnisses liegt. Damit würde ein Arbeitnehmer grundsätzlich dem Betrieb angehören, „in dem er in Erfüllung seines Vertrages gewöhnlich seine Arbeit verrichtet, selbst wenn er vorübergehend an einem anderen Arbeitsort entsandt ist."[755]

Nach diesen Feststellungen verliert das Ausgangsproblem – die Kollision zwischen ausländischem Arbeitsrecht und inländischen Betriebsvereinbarungen – an Bedeutung: Regelmäßig werden deutsche Betriebsvereinbarungen nur dann unmittelbar gelten, wenn objektives Vertragsstatut deutsches Recht ist. Bei vorübergehenden Entsendungen in einen deutschen Betrieb wird ein Arbeitnehmer nicht Betriebsangehöriger, Betriebsvereinbarungen können schon aus diesem Grund keine unmittelbare Anwendung verlangen. Eine Kollision mit dem ausländischen Arbeitsstatut tritt also nicht ein. Wird ein deutscher Arbeitnehmer vorübergehend in das Ausland entsandt, bleibt er Angehöriger

---

[752] Vgl. z.B. BAG, Urteil vom 18.1.1989, EzA § 9 BetrVG 1972 Nr. 4; Urteil vom 25.11.1992, EzA § 9 BetrVG 1972 Nr. 5. *Birk*, FS für K. Molitor 23 f.; *Dietz/Richardi* § 7 BetrVG Rn. 3; GK-BetrVG-*Kreutz* § 7 BetrVG Rn. 19; *Reiff*, SAE 1990, 252.

[753] Vgl. z.B. BAG, Urteil vom 30.4.1987, SAE 1989, 326, 327. Aus der Literatur *Dietz/Richardi* § 7 BetrVG Rn. 3; *Galperin/Löwisch* § 7 BetrVG Rn. 14; MünchKomm-*Martiny* Art. 30 EGBGB Rn. 76. Die wohl überwiegende Ansicht in der Literatur steht dem Begriff der „Ausstrahlung" kritisch gegenüber, vgl. z.B. MünchArbR-*Joost* § 296 Rn. 53; GK-BetrVG-*Kreutz* § 7 BetrVG Rn. 19; *E. Lorenz*, FS W. Lorenz 444; *Reiff*, SAE 1990, 253; *Oetker*, ArbuR 1991, 365 f. Im Ergebnis – kein Verlust der Betriebszugehörigkeit bei nur vorübergehender Entsendung – dürfte aber weitestgehend Einigkeit bestehen. Vgl. für Leiharbeitnehmer auch § 14 Abs. 1 AÜG.

[754] *E. Lorenz*, FS W. Lorenz 451 ff.

[755] *E. Lorenz*, FS W. Lorenz 452 f.

seines Heimatbetriebs, das deutsche Arbeitsrecht bleibt aber auch Vertragsstatut. Auch im Falle der Rechtswahl werden echte Konflikte zwischen Betriebsvereinbarungen und ausländischem Arbeitsrecht selten sein. Wie oben beschrieben, wird die Anwendbarkeit von Betriebsvereinbarungen in der Regel nur bei deutschem objektiven Statut in Frage kommen, dann setzen sich die günstigeren Betriebsvereinbarungen aber schon über Art. 30 Abs. 1 EGBGB durch[756].

---

[756] Auch Betriebsvereinbarungen gehören zu den „zwingenden Bestimmungen" im Sinne des Art. 30 Abs. 1 EGBGB, dies ergibt sich aus Art. 27 Abs. 1 EGBGB in Verbindung mit § 77 Abs. 4 BetrVG, vgl. auch *Wimmer*, Gestaltung 194.

b) Betriebsvereinbarungen als Eingriffsnormen

Aufgrund des grundsätzlichen Gleichklangs zwischen objektivem Arbeitsstatut und Betriebszugehörigkeit wird der Eingriffscharakter von Betriebsvereinbarungen also nur selten relevant werden. Bedeutung kann er z.B. dann erlangen, wenn man annimmt, daß – in Ausnahmefällen – die Zugehörigkeit zu einem deutschen Betrieb auch bei ausländischem objektiven Vertragsstatut möglich ist, die Betriebszugehörigkeit also nicht vollkommen mit dem objektiven Arbeitsstatut gleichläuft[757]. In der „Reiseleiter-Entscheidung" scheint das BAG hiervon ausgehen: Trotz andauernder Ausländstätigkeit wurde eine Arbeitnehmerin hier einem Inlandsbetrieb zugeordnet[758]. Zwar macht der 2. Senat in dieser Entscheidung keine Ausführungen zu dem objektiven Arbeitsstatut, nach den mitgeteilten Fakten muß man aber wohl von einem ausländischen Statut ausgehen. Nur in diesen Fällen wird die Frage relevant, ob Betriebsvereinbarungen Eingriffsnormen sein können, also die Durchsetzung unabhängig vom Vertragsstatut möglich ist. Dies ist gemäß den oben aufgestellten Grundsätzen zu bejahen[759].

Auch durch Betriebsvereinbarungen kann zwingendes materielles Recht geschaffen werden. Sie sind daher geeignet „zwingende Bestimmungen" im Sinne des Art. 34 EGBGB darzustellen. Zwar spricht Art. 7 Abs. 2 EVÜ nur vom „Recht des Staates". Zum einen hat Art. 7 Abs. 2 EVÜ aber nur klarstellende Bedeutung, zum anderen können unter „Recht des Staates" auch alle Vorschriften verstanden werden, denen in dem betreffenden Staat normative Wirkung beigemessen wird[760]. Weder Art. 34 EGBGB noch Art. 7 Abs. 2 EVÜ schließen es also aus, auch „private Normen" als Eingriffsnormen anzusehen.

Betriebsvereinbarungen könnten nur dann keinen Eingriffscharakter haben, wenn ein Wille des Gesetzgebers erkennbar wäre, den Betriebsparteien nicht die Möglichkeit zu geben, international zwingende „Normen" zu schaffen, die „Normsetzungsbefugnis" also entsprechend beschränkt wäre. Für einen derartigen Willen bestehen aber keine Anzeichen. Es ist vielmehr davon auszugehen, daß es den Betriebspartner möglich sein soll, einheitliche Regelungen – im Rahmen ihrer „Normsetzungskompetenz" - für alle Betriebsangehörige zu schaffen; auch ohne Rücksicht auf das auf ein bestimmtes

---

[757] Vgl. hierzu auch *Wimmer*, Gestaltung 195.

[758] BAG, Urteil vom 7.12.1989, SAE 1989, 248 ff.

[759] Vgl. die Ausführungen zum Richterrecht oben § 7 II. Im Ergebnis auch z.B. *Wimmer*, Gestaltung 191 ff.

[760] Allgemein hierzu *Junker*, Konzern 431. Vgl. auch *Wimmer*, Gestaltung 188.

Arbeitsverhältnis anwendbare Recht[761]. Eine andere Frage ist, ob Betriebsvereinbarungen stets als international zwingend anzusehen sind. Auch bei Betriebsvereinbarungen muß insoweit der Wille des „Normgebers" – also hier der Betriebspartner (Arbeitgeber und Betriebsrat) – entscheidend sein. Regelmäßig wird man davon ausgehen können, daß der entsprechende Wille auf eine Anwendung der Betriebsvereinbarung auch gegen ein ausländisches Vertragsstatut gerichtet ist. Zwar werden sich die Parteien kaum jemals Gedanken über die Verdrängung eines ausländischen Rechts machen, sie werden jedoch grundsätzlich darauf abzielen, einheitliche Regelungen für den gesamten Betrieb zu schaffen. Aus diesem Grund kann in der Regel unterstellt werden, daß die Vereinbarung Wirkung für die Arbeitsverhältnisse aller Betriebsangehörigen entfalten soll, unabhängig von dem konkreten Vertragsstatut[762].

2. *Tarifverträge*

Betrachtet man, inwieweit aus Tarifverträgen international zwingendes Recht entstehen kann, ist danach zu differenzieren, worauf in einem Arbeitsverhältnis die Bindung an die Regelungen eines Tarifvertrages beruht[763]. Gelten Bestimmungen eines Tarifvertrages nur aufgrund individualvertraglicher Einbeziehung, stellt sich das hier behandelte Problem nicht; es ist schon kein zwingendes Recht vorhanden, das unabhängig von Vertragsstatut durchgesetzt werden könnte. Nur wenn der normative Teil eines Tarifvertrages für die Parteien eines Arbeitsverhältnisses zwingend ist, kann auch Eingriffsrecht im kollisionsrechtlichen Sinne vorliegen. Dies ergibt sich schon aus der Definition des Art. 27 Abs. 3 EGBGB, die auch für die Eingriffsnormen gilt[764]. In Frage kommen damit zwei Konstellationen: die Geltung eines Tarifvertrages aufgrund beidseitiger Tarifbindung der Arbeitsvertragsparteien und die Geltung aufgrund einer Allgemeinverbindlichkeitserklärung.

a) Allgemeinverbindliche Tarifverträge

Zunächst zu der zweiten Alternative. Auch hier soll zunächst kurz untersucht werden, in welchen Fällen der Eingriffscharakter tariflicher Regelungen

---

[761] Ähnlich *Wimmer*, Gestaltung 192.

[762] Im Ergebnis ähnlich *Wimmer*, Gestaltung 193.

[763] Vgl. zu dieser Frage im allgemeinen z.B. *Hanau/Adomeit* 67 ff.

[764] Siehe hierzu oben § 3 I. 1.

überhaupt relevant wird. Erste Voraussetzung ist, daß ein ausländisches Recht das Arbeitsvertragsstatut bildet. Wurde das ausländische Recht gewählt, werden sich kaum Probleme hinsichtlich der international zwingenden Wirkung allgemeinverbindlicher deutscher Tarifverträge ergeben, wenn das deutsche Recht objektives Statut ist. In diesem Fall ergibt sich sie Beachtung der günstigeren tariflichen Regelungen schon aus Art. 30 Abs. 1 EGBGB[765]. Da auch die Bestimmungen eines allgemeinverbindlichen Tarifvertrages nur einseitig zwingend sind, fehlt es bei ungünstigeren Regelungen ohne weiteres am Anwendungswillen. Ist das deutsche Recht nicht objektives Statut, wird die Anwendung deutscher allgemeinverbindlicher Tarifverträge als Eingriffsnormen dagegen relevant. Von praktischer Bedeutung werden aber vor allem die Fälle sein, in denen eine Rechtswahl nicht stattgefunden hat und ausländisches Recht objektives Vertragsstatut ist, aber eine Verbindung zum Inland besteht, z.B. weil der betreffende Arbeitnehmer vorübergehend nach Deutschland entsandt wurde.

In diesen Fällen stellt sich wiederum die Frage, ob die Normen eines allgemeinverbindlichen Tarifvertrages Eingriffsnormen sein können. Sie ist ohne weiteres zu bejahen[766]. Die Normen eines Tarifvertrages, die aufgrund einer Allgemeinverbindlichkeitserklärung anzuwenden sind, gelten für die ansonsten nicht tarifvertragsgebundenen Parteien aufgrund eines staatlichen Rechtssetzungsaktes[767]. Auch die Ausstattung mit einem kollisionsrechtlichen Eingriffsbefehl beruht daher gegebenenfalls auf einem staatlichen Akt. Bei allgemeinverbindlichen Tarifverträgen spielt das Problem, ob auch nichtstaatliche Stellen aufgrund abgeleiteter Normsetzungskompetenz international zwingende Regelungen schaffen können, also keine Rolle. Hinsichtlich der Fähigkeit allgemeinverbindlicher tariflicher Normen, Eingriffsrecht darzustellen, bestehen also keine Besonderheiten gegenüber formellen Gesetzen. Grundsätzlich

---

[765] Daß auch verbindliche Regelungen in Tarifverträgen zu den „zwingenden Bestimmungen" im Sinne des Art. 30 Abs. 1 EGBGB gehören, entspricht der ganz h.M., vgl. schon *Giuliano/Lagarde* 57 und Begründung BT-Drucks. 10/504, 81; daneben z.B. *Gamillscheg*, ZfA 14 (1983), 336; *derselbe*, Rec. des Cours 181 (1983-III), 334; *Kronke*, DB 1984, 405; Erman-*Hohloch* Art. 30 EGBGB Rn. 10; MünchKomm-*Martiny* Art. 30 EGBGB Rn. 21; Staudinger-*Magnus* Art. 30 EGBGB Rn. 78; Soergel-*von Hoffmann* Art. 34 EGBGB Rn. 24; *von Bar*, IPR II Rn. 448.

[766] Dies wird regelmäßig nicht bestritten, vgl. z.B. *Junker*, Konzern 430 ff. (als Vertreter der Ansicht, tarifliche Normen enthielten regelmäßig kein Eingriffsrecht) und *Wimmer*, Gestaltung 208 f. (als Vertreter der Gegenansicht); daneben z.B. *Däubler*, Tarifvertragsrecht 697 f. (Textziffer 1698); *Deinert*, RdA 1996, 345; *Hanau*, FS Everling 426; *Hönsch*, NZA 1988, 117; *Hoppe* 255; *Hagemeier/Kempen/Zachert/Zilius* § 4 TVG Rn. 65. Anders wohl nur *Borgmann*, IPRax 1996, 317; *Eichenhofer*, ZIAS 1996, 70. Umstritten ist in erster Linie die Frage, ob allgemeinverbindliche tarifliche Normen stets Eingriffsnormen sind, vgl. hierzu sogleich im Text.

[767] Vgl. z.B. *Löwisch/Rieble* § 5 TVG Rn. 5.

ist für das Vorliegen eines kollisionsrechtlichen Eingriffsbefehls wiederum der Wille des Normgebers entscheidend. Als Normgeber sind hier aber nicht die Tarifvertragsparteien zu verstehen, sondern die Stellen auf deren Entschluß die Geltung der Regelungen für Außenseiter beruht, also der Bundesminister für Arbeit und Soziales sowie der Ausschuß aus den Vertretern der Arbeitgeber und Arbeitnehmer (vgl. § 5 Abs. 1 TVG). Das AEntG zeigt, daß daneben auch ein anderer Weg beschritten werden kann: eine Regelung der international zwingenden Wirkung allgemeinverbindlicher Tarifverträge in einem formellen Gesetz[768].

Durch allgemeinverbindliche Tarifverträge kann also Eingriffsrecht geschaffen werden. Fraglich ist aber, ob bei einer Allgemeinverbindlichkeitserklärung stets davon auszugehen ist, daß die betreffenden Vorschriften unabhängig vom Vertragsstatut gelten sollen. Die Frage ist in der Literatur umstritten[769]. Das BAG hat in einer Entscheidung aus dem Jahre 1977 die Anwendung eines allgemeinverbindlichen Tarifvertrages auf nach Deutschland vorübergehend entsandte jugoslawische Arbeitnehmer – für deren Arbeitsverhältnisse jugoslawisches Recht maßgeblich war – abgelehnt. Das BAG hat die Möglichkeit einer international zwingenden Wirkung des Tarifvertrags aber nicht erwähnt, das Urteil ist für die hier untersuchte Problemstellung daher nicht besonders aufschlußreich[770].

Für einen generellen Eingriffscharakter ließe sich der Zweck der Allgemeinverbindlichkeitserklärung anführen: für einen bestimmten Bereich sollen die Normen des Tarifvertrags unabhängig von der Tarifbindung der Arbeitsvertragsparteien gelten. Da alle Arbeitsverhältnisse erfaßt werden sollen, müsse das konkrete Vertragsstatut unerheblich sein[771]. Verwiesen wird weiterhin auf die Voraussetzung des § 5 Abs. 1 Nr. 2 TVG: Eine Allgemeinverbindlichkeitserklärung ist nur

---

[768] Näher hierzu unten § 8 I.

[769] Für den Eingriffscharakter: *Däubler*, ArbuR 1990, 10; *Deinert*, RdA 1996, 344 f.; *Hagemeier/Kempen/Zachert/Zilius* § 4 TVG Rn. 65; *Walz* 154; *Wimmer*, Gestaltung 208 f. Dagegen: *Heilmann* 138 f.; *Junker*, Konzern 432 und wohl auch *Gamillscheg*, JbArbR 2 (1965), 38; *derselbe*, Rec. des Cours 181 (1983-III), 333 sowie *Hickl*, NZA Beil. 1/1987, 15.

[770] Vgl. BAG, Urteil vom 4.5.1977, AP Nr. 30 zu § 1 TVG Tarifverträge: Bau (mit Verweis auf *Gamillscheg*, Internationales Arbeitsrecht 363). Das BAG prüft in dieser Entscheidung (a.a.O., Bl. 4 - in Anlehnung an *Gamillscheg* a.a.O.), ob eine Anwendung des deutschen Tarifvertrags in Betracht kommt, weil das ausländische Recht gegen den deutschen ordre public verstößt und verneint dies im Ergebnis. Ein Eingriffscharakter der allgemeinverbindlichen tariflichen Bestimmungen wird nicht in Betracht gezogen, vgl. hierzu auch *Hanau*, FS Everling 426; *Deinert*, RdA 1996, 345; *Hoppe* 255 sowie *E. Lorenz*, Anm. zu BAG AP Nr. 30 zu § 1 TVG Tarifverträge: Bau, Bl. 7.

[771] Mit dieser Tendenz *Hagemeier/Kempen/Zachert/Zilius* § 4 TVG Rn. 65.

zulässig, wenn sie im „öffentlichen Interesse geboten erscheint." Aus diesem Gemeininteresse an der Durchsetzung der Normen soll sich der international zwingende Charakter allgemeinverbindlicher Tarifverträge ergeben[772]. Gegen die Ansicht, Regelungen in allgemeinverbindlichen Tarifverträgen seien stets als Eingriffsnormen zu behandeln, wird eingewendet, Tarifnormen müßten kollisionsrechtlich wie Arbeitsgesetze behandelt werden. Dies gelte insbesondere für allgemeinverbindliche Bestimmungen, die – aufgrund des Wegfalls des Erfordernisses der Tarifbindung - eine noch größere Nähe zum Gesetzesrecht aufweisen würden. Tarifliche Normen würden also von den Verweisungsnormen erfaßt, seien Teil des Arbeitsstatuts und damit grundsätzlich nicht international zwingend[773].

Das internationale Tarifvertragsrecht kann an dieser Stelle nicht im einzelnen behandelt werden. Der angesprochene Meinungsstreit läßt sich aber schon durch einige allgemeine Erwägungen entschärfen. Auch wenn man davon ausgehen wollte, daß tarifliche Normen grundsätzlich in den Anwendungsbereich der allgemeinen Verweisungsnormen fallen[774], ist damit nicht ausgeschlossen, daß durch eine Allgemeinverbindlichkeitserklärung international zwingendes Recht geschaffen wird. Entscheidend muß der Wille des „Normgebers" sein. Es ist also danach zu fragen, ob eine Allgemeinverbindlichkeitserklärung darauf abzielt, alle Arbeitsverhältnisse ohne Rücksicht auf das Vertragsstatut den betreffenden tariflichen Bestimmungen zu unterwerfen. Im Grundsatz ist hiervon auszugehen[775]. Durch die Allgemeinverbindlichkeitserklärung soll die Einhaltung bestimmter Mindestbedingungen gewährleistet werden. Neben der sozialen Funktion kommt ihr auch eine Ordnungs- sowie eine Wettbewerbsfunktion zu[776]. Diese Funktionen sprechen für eine Anwendung der betreffenden Bestimmungen ohne Rücksicht auf das Vertragsstatut; so würde der Schutz der tarifgebundenen Unternehmen vor „billigerer" Konkurrenz geschwächt, wenn die allgemeinverbindlichen Regelungen nur bei deutschem Arbeitsvertragsstatut gelten würden.

Allerdings muß beachtet werden, daß die Allgemeinverbindlichkeitserklärung nicht dazu führen soll, daß die betreffenden Arbeitsbedingungen für jedes Arbeitsverhältnis gelten, das irgendeine Beziehung zu dem Geltungsbereich des

---

[772] *Wimmer*, Gestaltung 209. Ähnlich *Deinert*, RdA 1996, 344 f. Kritisch *Heilmann* 138.

[773] *Junker*, Konzern 432 f.

[774] So z.B. *Junker*, Konzern 430 ff. Vgl. aber auch unten § 7 III. 2. b).

[775] Folgt man der Kumulationstheorie (siehe hierzu unten § 14 I. 2.) ist mit dieser Annahme nicht ausgeschlossen, daß die Tarifnormen auch von den Verweisungsnormen erfaßt werden.

[776] *Löwisch/Rieble* § 5 TVG Rn. 1 ff.

Tarifvertrages hat. Die internationale Eingriffswirkung kann nicht weitergehen als die nationale Reichweite der Allgemeinverbindlichkeitserklärung. Die Allgemeinverbindlichkeitserklärung führt dazu, daß Nichtorganisierte im räumlichen, fachlichen und persönlichen Geltungsbereich des Tarifvertrags von dessen Normen erfaßt werden. Der „Anknüpfungspunkt“ für den räumlichen Geltungsbereich wird durch die Tarifvertragsparteien festgelegt. In Frage kommen insoweit vor allem der Unternehmens- bzw. Betriebssitz[777]. Auch bei Sachverhalten mit Auslandsberührung sind diese „Anknüpfungspunkte“ zu beachten. Es reicht also z.B. nicht aus, wenn ein Arbeitnehmer nur ganz kurzfristig in den betreffenden Tarifvertragsbezirk entsandt wird; nötig ist beispielsweise, daß der Betrieb, dem der Arbeitnehmer angehört[778], seinen Sitz in dem betreffenden Bezirk hat[779]. Aus kollisionsrechtlicher Perspektive läßt sich sagen: Die im Tarifvertrag geforderte räumliche Beziehung bestimmt die Art der Inlandsbeziehung, die Voraussetzung für die Anwendung der in allgemeinverbindlichen Tarifverträgen enthaltenen Eingriffsnormen ist. Ist ein ausländisches Recht objektives Vertragsstatut werden deutsche allgemeinverbindliche Tarifvertragsnormen in vielen Fällen also – trotz ihres Eingriffscharakters - nicht anwendbar sein, weil die notwendige Inlandsbeziehung fehlt[780]. Ein umfassender Gleichklang der Inlandsbeziehung mit der objektiven Anknüpfung nach Art. 30 Abs. 2 EGBGB besteht aber nicht. So kann auch bei einer vorübergehenden Entsendung der Betriebssitz in dem aufnehmenden Staat liegen.

Im Schrifttum findet sich dagegen der Hinweis, eine Allgemeinverbindlichkeitserklärung erfasse nur Arbeitsverhältnisse, die im Geltungsbereich des Tarifvertrags ihren Schwerpunkt haben[781]. Dem kann in dieser Form nicht gefolgt werden. Die Allgemeinverbindlichkeitserklärung erfaßt alle Arbeitsverhältnisse in ihrem Geltungsbereich, die Voraussetzungen der Geltung sind dem Tarifvertrag zu entnehmen, daß ein Arbeitsverhältnis seinen (kollisionsrechtlichen) Schwerpunkt in dem Geltungsbereich hat, ist nicht zwingend.

---

[777] Vgl. *Löwisch/Rieble* § 4 TVG Rn. 28.

[778] Zur Betriebszugehörigkeit vgl. oben § 7 III. 1. a).

[779] Vgl. auch *Deinert*, RdA 1996, 345.

[780] Auch nach der hier vertretenen Ansicht könnte also das Ergebnis des BAG in seiner Entscheidung vom 4.5.1977 (AP Nr. 30 zu § 1 TVG Tarifverträge: Bau) erzielt werden. Vgl. auch *E. Lorenz* (Anm. zu BAG AP Nr. 30 zu § 1 TVG Tarifverträge: Bau, Bl. 5), der zur Unterstützung des Urteils auf den vorübergehenden Charakter der Entsendung der betroffenen Arbeitnehmer verweist.

[781] *Birk*, FS Beitzke 861 f.; MünchKomm-*Martiny* Art. 30 EGBGB Rn. 83 e.

b) Geltung des Tarifvertrages aufgrund beidseitiger Tarifbindung

Gelten die tariflichen Normen aufgrund beidseitiger Tarifbindung der Arbeitsvertragsparteien, ergibt sich ein etwas anderes Bild. Zunächst unterscheiden sich die Sachverhalte, in denen der Eingriffscharakter der tariflichen Normen relevant werden könnte. Grundvoraussetzung ist zwar wieder, daß ein ausländisches Recht Vertragsstatut ist und von der tariflichen Regelung abweicht. Zu beachten ist weiterhin, daß auch tarifliche Normen, die aufgrund der Normsetzungskompetenz der Tarifvertragsparteien gelten, „zwingende Bestimmungen" im Sinne des Art. 30 Abs. 1 EGBGB sind, sich also gegebenenfalls über das Günstigkeitsprinzip durchsetzen[782]. Der Geltungsbereich der „einfachen" Tarifnormen ist aber insoweit begrenzter als der allgemeinverbindlicher Normen, als die Arbeitsvertragsparteien Gewerkschaftsmitglieder bzw. Mitglied der Arbeitgeberverbände (bei Firmentarifverträgen selbst Tarifvertragspartei) sein müssen. Bei ausländischem Vertragsstatut wird diese Voraussetzung nicht allzu häufig vorliegen. Relevant wird der Eingriffscharakter tariflicher Normen aber z.B. in den Fällen, in denen deutsche Gewerkschaften mit deutschen Arbeitgebern Regelungen für Arbeitnehmer (Gewerkschaftsmitglieder) treffen, die nicht nur vorübergehend im Ausland tätig sind (und eine ausländische Rechtsordnung objektives Arbeitsvertragsstatut ist)[783]. Vorübergehende Entsendungen von Arbeitnehmern aus dem Ausland werden dagegen kaum zu den relevanten Fällen gehören, da die Tarifverträge mangels Tarifbindung nicht auf die betreffenden Arbeitnehmer anwendbar sein werden.

Grundsätzlich steht der Ausstattung von Tarifnormen mit einem internationalen Eingriffsbefehl auch nichts entgegen. Insoweit kann auf die Ausführungen zum Betriebsverfassungsrecht verwiesen werden[784]. Auch „einfache" Tarifnormen können daher Eingriffsnormen sein[785]. Die in der Literatur vertretene Gegenauffassung, tarifliche Normen könnten keine Eingriffsnormen sein, weil sie nur dem Ausgleich privater Interessen dienten und keine öffentlichen Interessen

---

[782] H. M.; vgl. nur MünchKomm-*Martiny* Art. 30 EGBGB Rn. 21 und *E. Lorenz*, RIW 1987, 577.

[783] Vgl. z.B. BAG, Urteil vom 11.9.1991, AP Nr. 29 zu IPR Arbeitsrecht („Goethe-Institut"). Zu dieser Entscheidung *Junker*, IPRax 1994, 21 ff. Allgemein *Löwisch/Rieble* § 4 TVG Rn. 27.

[784] Oben § 7 III. 1. b); vgl. *Wimmer*, Gestaltung 198 ff.; *derselbe*, IPRax 1995, 213. Vgl. auch *Deinert*, RdA 1996, 344: Tarifverträge seien als materielle Gesetze „taugliche Objekte" für eine Anwendung des Art. 34 EGBGB (im Ergebnis spricht sich *Deinert* aber grundsätzlich gegen den Eingriffscharakter aus, vgl. sogleich im Text).

[785] Vgl. z.B. *Junker* (Konzern 461), nach dem aber nur „einzelne Vorschriften" international zwingend sein können.

des Gemeinwohls verfolgten[786], überzeugt nicht. Sie basiert auf der unzutreffenden Prämisse, Eingriffsnormen dürften nicht vorrangig dem privaten Interessenausgleich dienen[787]. Es erscheint darüber hinaus auch zweifelhaft, ob durch tarifliche Normen nicht auch Gemeinwohlinteressen (zumindest mittelbar) gesichert werden.

Fraglich ist aber, ob hier ebenfalls anzunehmen ist, daß der Wille der „Normgeber" (der Tarifvertragsparteien) regelmäßig auf eine international zwingende Wirkung gerichtet ist. Dafür könnte sprechen, daß die Tarifvertragsparteien alle Arbeitsverhältnisse – ohne Rücksicht auf das Vertragsstatut – im Geltungsbereich des Tarifvertrages erfassen wollen[788]. Diesem Argument wird von *Junker* entgegengehalten, daß allenfalls die Arbeitnehmerseite ein derartiges Interesse haben könnte, für die Arbeitgeberseite der entsprechende Wille aber kaum unterstellt werden könne[789]. *Wimmer* will den Eingriffscharakter darüber hinaus mit dem Gleichbehandlungsgrundsatz begründen: Eine Ungleichbehandlung von Arbeitnehmern, für die das deutsche Recht Vertragsstatut ist, gegenüber Arbeitnehmern mit ausländischem Vertragsstatut ließe sich sachlich nur selten begründen. Tarifnormen müßten daher gleichermaßen für beide Fälle gelten[790].

Dem letztgenannten Argument ist entgegenzuhalten, daß - zumindest in Fällen ohne Rechtswahl - durchaus sachliche Unterschiede zwischen Arbeitsverhältnissen mit deutschem bzw. ausländischem Arbeitsvertragsstatut bestehen. Vergleicht man die bei Tarifverträgen bestehende Situation mit der Sachlage bei Betriebsvereinbarungen, zeigen sich auch Unterschiede: Betriebsvereinbarungen werden für inländische Betriebe getroffen, die Verdrängung ausländischen Arbeitsrechts liegt schon deshalb nahe, weil eine starke räumliche Beziehung zum Inland besteht. Daß in inländischen Betrieben kein von Betriebsvereinbarungen abweichendes ausländisches Recht gelten soll, kann regelmäßig unterstellt werden. Dieser „Betriebsbezug" fehlt bei tariflichen Normen. Dennoch wird auch bei Tarifverträgen regelmäßig der Wille unterstellt werden können, die tariflichen Regelungen ohne Rücksicht auf das Vertragsstatut anzuwenden. Das Argument, die Parteien wollten alle in den Geltungsbereich des

[786] *Deinert*, RdA 1996, 344 mit Verweis auf BAG, Urteil vom 24.08.1989, AP Internationales Privatrecht, Arbeitsrecht Nr. 30. Das BAG nimmt in der betreffenden Entscheidung aber zu der Frage des Eingriffscharakters tariflicher Bestimmungen keine Stellung, es führt nur aus, daß Eingriffsnormen regelmäßig auch öffentlichen Interessen dienen müssen. Ähnlich wie *Deinert* auch *Franzen*, DZWir 1996, 91; *Heilmann* 137 und *Hoppe* 254 f.

[787] Siehe oben § 3 II. 2. b).

[788] Vgl. *Hagemeier/Kempen/Zachert/Zilius* § 4 TVG Rn. 65; *Wimmer*, Gestaltung 203.

[789] *Junker*, Konzern 433. Kritisch auch schon *derselbe*, IPRax 1989, 73.

[790] *Wimmer*, Gestaltung 203.

Tarifvertrags fallenden Arbeitsverhältnisse erfassen, läßt sich nicht mit der Erwägung entkräften, dies entspräche nicht dem Willen der Arbeitgeberseite. Auch die Arbeitgeberseite wird regelmäßig davon ausgehen, daß die Normen des Tarifvertrages in seinem Geltungsbereich stets angewendet werden sollen, unabhängig von dem konkreten Arbeitsvertragsstatut. Die Tarifvertragsparteien schaffen zwingendes Recht, sie bestimmen (im Rahmen ihrer Tarifzuständigkeit) auch selbst über den Geltungsbereich des Tarifvertrages[791]; sie werden daher in dem Bewußtsein handeln, den Anwendungsbereich abschließend und verbindlich zu regeln. Damit kann der Wille unterstellt werden, die Normen des Vertrages immer dann anzuwenden, wenn ein Arbeitsverhältnis in den Geltungsbereich fällt. Aus der Tatsache, daß die Tarifvertragsparteien den Geltungsbereich selbst – und abschließend – bestimmen, folgt also, daß die Normen regelmäßig ohne Rücksicht auf das Vertragsstatut angewendet werden sollen[792]. Auch tarifliche Normen haben damit grundsätzlich Eingriffscharakter. Es ist aber stets zu beachten, daß die tariflichen Normen nur dann anzuwenden sind, wenn ein Arbeitsverhältnis in den Geltungsbereich des Tarifvertrages fällt. Wollten die Tarifvertragsparteien also z.B. nur Betriebe mit Sitz in ihrem Tarifbezirk erfassen, gelten die betreffenden Normen nicht für Arbeitnehmer, die einem ausländischen Betrieb angehören.

Demgegenüber vertritt *Junker* die Ansicht, die Bestimmung des Geltungsbereichs habe lediglich materiellrechtliche Bedeutung. Da das Kollisionsrecht dem materiellen Recht stets vorgelagert sei, werde die Bestimmung des Geltungsbereichs durch die Tarifvertragsparteien erst dann relevant, wenn feststehe, daß der Tarifvertrag kollisionsrechtlich anwendbar sei[793]. Diese Überlegungen basieren jedoch auf der Prämisse, daß die tariflichen Bestimmungen nicht international zwingend sein sollen. Geht man dagegen davon aus, daß die Tarifvertragsparteien grundsätzlich eine Anwendung unabhängig vom Vertragsstatut anstreben, entscheiden sie mit der Abgrenzung des Geltungsbereichs auch über die kollisionsrechtliche Anwendbarkeit.

---

[791] *Löwisch/Rieble* § 4 TVG Rn. 22.

[792] Vgl. auch *Hagemeier/Kempen/Zachert/Zilius* § 4 TVG Rn. 65.

[793] *Junker*, IPRax 1994, 24; *derselbe*, RdA 1992, 265 ff. *Junker* verweist insoweit auf das Urteil des BAG vom 11.9.1991 (AP Nr. 29 zu IPR Arbeitsrecht). Nach II. 3. a) der Entscheidungsgründe sei hier der deutsche Tarifvertrag kollisionsrechtlich nicht zur Anwendung gekommen, weil die Arbeitsverhältnisse nicht dem deutschen Recht unterfielen. An der angegebenen Stelle führt das BAG jedoch nur aus, daß der Tarifvertrag nicht anwendbar ist, da er eine Beschäftigung bei der Beklagten voraussetzt und dies für die betroffenen Arbeitnehmer nicht der Fall ist. Das BAG scheint hinsichtlich der Anwendbarkeit also gerade auf den vereinbarten Geltungsbereich abzustellen.

§ 8: Eingriffsnormen im deutschen Arbeitsrecht

Eingriffsnormen lassen sich nicht durch allgemeine materiellrechtliche Kriterien beschreiben. Der Eingriffscharakter ist jeweils durch Auslegung der einzelnen Norm zu ermitteln[794]. Das gesamte Arbeitsrecht auf seine international zwingende Wirkung zu untersuchen, würde den Rahmen dieser Arbeit sprengen[795]. Eine eingehende Untersuchung einer Vielzahl arbeitsrechtlicher Normen wäre aber auch wenig ertragreich, da es prinzipiell stets um die Anwendung der oben beschriebenen allgemeinen Grundsätze geht. Im folgenden soll daher nur zum einen der kollisionsrechtliche Gehalt des AEntG dargestellt werden, in dem erstmals für weite Bereiche des Arbeitsrechts der Eingriffscharakter ausdrücklich normiert wurde. Zum anderen werden zwei Regelungen betrachtet – der allgemeine Kündigungsschutz des KSchG sowie § 613 a BGB –, die nicht ausdrücklich mit einem kollisionsrechtlichen Eingriffsbefehl ausgestattet sind und bei denen besonders umstritten ist, ob sie international zwingende Wirkung haben. Anhand der im Zusammenhang mit diesen Vorschriften geführten Diskussion läßt sich exemplarisch zeigen, welche Aspekte bei der Ermittlung des Eingriffscharakters von Bedeutung sind.

I. Die Regelungen im AEntG

Betrachtet man die kollisionsrechtlichen Regelungen im AEntG, sind zwei Bereiche zu unterscheiden, in denen Normen mit international zwingender Wirkung ausgestattet werden. Zunächst ist § 1 in Verbindung mit § 7 Abs. 2 AEntG zu nennen. Daneben enthält § 7 Abs. 1 AEntG nunmehr eine Bestimmung, die für alle Arbeitsverhältnisse bestimmte Normgruppen mit einem kollisionsrechtlichen Eingriffsbefehl ausstattet[796]. Auf die grundsätzliche Regelungsstruktur wurde bereits kurz im Rahmen der Untersuchung der Vereinbarkeit des AEntG mit dem Europarecht eingegangen[797]. An dieser Stelle sollen nur die aus kollisionsrechtlicher Sicht bedeutsamsten Aspekte näher beleuchtet werden. Vorwiegend materiellrechtliche Probleme – wie die

---

[794] Vgl. oben § 3 III. 1.

[795] Ausführungen zu dem Eingriffscharakter verschiedener arbeitsrechtlicher Normen lassen sich finden bei: *Heilmann* 121 ff.; Reithmann-Martiny-*Martiny* Rn. 1370 ff. Vgl. auch *Junker*, Konzern 317 ff. (u.a. zum Insolvenzschutz der Altersversorgung).

[796] Vgl. z.B. *Däubler*, RIW 2000, 257 f.

[797] Vgl. oben § 6 III. 1. b) ee).

Zulässigkeit der „Ermächtigungsnorm" des § 1 Abs. 3a AEntG[798] – werden nicht erörtert.

Betrachtet man zunächst die §§ 1, 7 Abs. 2 AEntG, fällt auf, daß die international zwingende Anwendung allgemeinverbindlicher tariflicher Normen nur für einen eng begrenzten Bereich geregelt wird. So werden ausschließlich Tarifverträge des Baugewerbes erfaßt[799]. Weiterhin wird vorausgesetzt, daß der maßgebliche Betrieb überwiegend Bauleistungen erbringt[800]. Nach § 1 Abs. 1 S. 1 AEntG erfolgt eine Anwendung der tariflichen Normen auf Arbeitsverhältnisse „zwischen einem Arbeitgeber mit Sitz im Ausland und seinem im räumlichen Geltungsbereich des Tarifvertrags beschäftigten Arbeitnehmer"[801]. An dieser Stelle wird die für die Anwendung des Eingriffsrechts erforderliche Inlandsbeziehung geregelt: der Arbeitnehmer muß im räumlichen Geltungsbereich des Tarifvertrags „beschäftigt" werden. Damit wird die „klassische" Konstellation geregelt, in der die international zwingende Wirkung arbeitsrechtlicher Normen von Bedeutung ist: die vorübergehende Entsendung von Arbeitnehmern. Zwar werden auch Fälle erfaßt, in denen der Arbeitnehmer nicht nach Deutschland entsandt wird, sondern dauernd im Inland beschäftigt ist, hier erlangt die Regelung aber kaum Bedeutung, da objektives Arbeitsvertragsstatut zumeist deutsches Recht sein wird[802]. In den Entsendungsfällen ist die Anwendung deutscher Normen aber zumindest nicht selbstverständlich, da grundsätzlich ausländisches Recht objektives Statut ist.

Nach der hier vertretenen Ansicht zum grundsätzlichen Eingriffscharakter tariflicher Normen könnte aber in Betracht gezogen werden, das AEntG insoweit als überflüssig anzusehen, da die betreffenden Rechtsnormen ohnehin als

---

798 Gegen diese Regelung wurden verfassungsrechtliche Bedenken erhoben, vgl. *Löwisch*, BB 1999, 107; *W. Böhm*, NZA 1999, 128; *Strohmeier*, RdA 1998, 339 ff. und auch: Beschlußempfehlung und Bericht des Ausschusses für Arbeit und Soziales, BT-Drucks. 14/151, 36 f. (zum Gesetzesentwurf). Der Gesetzesentwurf der Regierungsfraktionen wurde aufgrund entsprechender Bedenken auch abgeändert. Vgl. zum Gesetzgebungsverfahren *Meyer*, NZA 1999, 127. Für die Zulässigkeit der endgültigen Fassung z.B. *Meyer*, AuA 1999, 114. Das BVerfG hat eine Verfassungsbeschwerde gegen die Erstreckung des Mindestlohn-Tarifvertrags im Baugewerbe auch auf nichttarifgebundene Unternehmen durch die Verordnung über zwingende Arbeitsbedingungen im Baugewerbe (BauArbbV) mangels Erfolgsaussichten nicht angenommen, vgl. BVerfG, Beschluß vom 18.7.2000, Az. 1 BvR 948/00 (bisher nicht veröffentlicht). Damit dürfte die entsprechende Diskussion einen Schlußpunkt gefunden haben.

799 Näher hierzu z.B. ErfK/*Hanau* § 1 AEntG Rn. 4, 9.

800 Eingehend hierzu *Koberski/Sahl/Hold* § 1 AEntG Rn. 28 ff.

801 Für Arbeitgeber mit Sitz im Inland ist § 1 Abs. 1 S. 3 AEntG zu beachten. Vgl. zu dieser Regelung z.B. *Meyer*, NZA 1999, 127.

802 Vgl. *Däubler*, RIW 2000, 257.

Eingriffsnormen anzusehen sind[803]. Dabei würde aber übersehen, daß die im AEntG geregelten Fälle nicht ohne weiteres von allgemeinverbindlichen Tarifverträgen erfaßt würden, auch wenn man von deren international zwingender Wirkung ausgeht. § 1 Abs. 1 AEntG hat also auch nach der oben dargestellten Auffassung mehr als nur klarstellende Wirkung. Gemäß den hier entwickelten allgemeinen Grundsätzen wird eine Anwendung allgemeinverbindlicher tariflicher Normen auf entsandte Arbeitnehmer oft daran scheitern, daß die betreffenden Arbeitnehmer keinem Betrieb angehören, der vom Geltungsbereich des Tarifvertrages erfaßt wird bzw. der beschäftigende Betrieb seinen Sitz nicht in diesem Geltungsbereich hat. Anders im Bereich des § 1 Abs. 1 AEntG: Hier reicht es für die Anwendung der tariflichen Normen aus, wenn die Arbeitnehmer im räumlichen Geltungsbereich des Tarifvertrages beschäftigt werden, sie müssen also keinem Betrieb mit Sitz in dem betreffenden Geltungsbereich angehören[804].

Die §§ 1 Abs. 1, 7 Abs. 2 AEntG weisen gegenüber der „üblichen" Struktur von Eingriffsnormen eine Besonderheit auf. Die kollisionsrechtliche Regelung wurde von einem anderen Normgeber erlassen als die materiellrechtlichen Vorschriften, auf die sie sich beziehen. Dieses Vorgehen war aufgrund der fehlenden gesetzlichen Festlegung von Mindestentgeltsätzen notwendig, es führt aber dazu, daß die Wirkungen der (kollisionsrechtlichen) gesetzlichen Regelungen von dem Verhalten der Tarifvertragsparteien abhängig sind[805].
Der Vollständigkeit halber sind im Rahmen einer kollisionsrechtlichen Betrachtung des § 1 AEntG noch die Absätze 2, 2 a, 3, und 5 zu nennen[806]. § 1 Abs. 2 AEntG erstreckt die Regelung des Absatzes 1 auch auf Tarifverträge im Bereich der Seeschiffahrtsassistenz. Absatz 2a bestimmt, daß auch Leiharbeitnehmer in den Anwendungsbereich des § 1 Abs. 1, 2, 3a AEntG einbezogen werden, wodurch ausgeschlossen werden soll, daß die Einschaltung von Leiharbeitsunternehmen die Verwirklichung der mit dem AEntG verfolgten Ziele aushöhlt[807]. In Absatz 3 wird eine Regelung für bestimmte „gemeinsame

---

[803] Mit dieser Tendenz *Deinert*, RdA 1996, 348; *Däubler*, in: Wiesehügel/Sahl 104 und *Blanke*, ArbuR 1999, 418 (Fn. 13), die insoweit von einer „klarstellenden" Wirkung des AEntG sprechen.

[804] So wohl auch *Hanau*, FS Everling 430. Eine Regelung „für die Zuordnung zum betrieblichen Geltungsbereich eines Tarifvertrags" enthält § 1 Abs. 4 AEntG, hiernach gelten die entsandten Arbeitnehmer „in ihrer Gesamtheit als Betrieb". Die Vorschrift betrifft aber den fachlichen - nicht den räumlichen - Geltungsbereich, also die Frage, ob ein Betrieb „überwiegend Bauleistungen" erbringt. Vgl. insoweit Begründung des Regierungsentwurfs BT-Drucks. 13/2414, 9 und *Schwab*, AR-Blattei SD 370.3, Rn. 14.

[805] Vgl. auch *Schwab* (AR-Blattei SD 370.3, Rn. 4), der von einer „Rahmenregelung" spricht, die der Ausfüllung durch die Tarifvertragsparteien bedürfe.

[806] Zu Absatz 3a siehe Fn. 798, zu Absatz 4 siehe Fn. 804.

[807] Vgl. *Schwab*, AR-Blattei SD 370.3, Rn. 8.

Einrichtungen“ der Tarifvertragsparteien getroffen. Gemeint sind die Sozialkassen, die im Baugewerbe von besonderer Bedeutung sind[808]. Auch hier wird international zwingendes Recht geschaffen, indem entsendende Arbeitgeber sowie deren Arbeitnehmer in die tariflichen Regelungen einbezogen werden, soweit hierdurch keine Doppelbelastung entsteht. Absatz 5 enthält eine Ausnahmevorschrift für die Beitragspflicht hinsichtlich „gemeinsamer Einrichtungen“ bei geringem Umfang der zu leistenden Zahlungen.

Die Regelungsstruktur des § 7 Abs. 1 AEntG ist wesentlich einfacher als die des § 1 Abs. 1 AEntG. Nach § 7 Abs. 1 AEntG finden bestimmte - „in Rechts- und Verwaltungsvorschriften“ enthaltene - arbeitsrechtliche Regelungen „auch auf einem im Ausland ansässigen Arbeitgeber und seinem im Inland beschäftigten Arbeitnehmer zwingend Anwendung.“ Von § 7 Abs. 1 AEntG werden also nur staatliche Normen erfaßt, eine Beschränkung auf bestimmte Arbeitnehmergruppen erfolgt nicht. Auch § 7 Abs. 1 AEntG trifft eine ausdrückliche Entscheidung über die notwendige Inlandsbeziehung: der Arbeitnehmer muß im Inland beschäftigt sein[809]. In den Ziffern des § 7 Abs. 1 AEntG werden jeweils bestimmte Gruppen von arbeitsrechtlichen Normen aufgeführt. Die (zur Umsetzung der Entsenderichtlinie erfolgte) kollisionsrechtliche Regelung wurde also zusammenfassend im AEntG geregelt und nicht in die einzelnen materiellrechtlichen Normen aufgenommen oder in das EGBGB einbezogen[810].
Der Katalog der Bestimmungen, die von § 7 Abs. 2 AEntG aufgezählt werden, war durch Art. 3 Abs. 1 Entsenderichtlinie vorgegeben. Durch den Verweis in § 7 Abs. 2 AEntG auf die Nr. 1, 4 – 7 des ersten Absatzes bestehen hinsichtlich der Bereiche des zwingenden Rechts kaum noch Unterschiede zwischen § 7 Abs. 1 AEntG und §§ 1, 7 Abs. 2 AEntG.

Schon vor der Regelung in der Entsenderichtlinie und dem AEntG wurden viele der nunmehr ausdrücklich genannten Bereiche als Eingriffsrecht angesehen[811]. Allerdings wirft das AEntG aus Sicht der h.M. (die Normen, die vorwiegend dem

---

[808] Vgl. hierzu ErfK/*Hanau* § 1 AEntG Rn. 6 f. und *Koberski/Sahl/Hold* § 1 AEntG Rn. 154 ff.

[809] § 7 Abs. 1 AEntG setzt weiterhin voraus, daß der Arbeitgeber im Ausland ansässig ist. Hat der Arbeitgeber seinen Sitz im Inland greift § 7 Abs. 1 AEntG nach seinem Wortlaut nicht. Allerdings wird hier oft deutsches Recht objektives Arbeitsstatut sein. Ist eine ausländische Rechtsordnung objektives Statut, ist danach zu fragen, ob bei den inländischen Vorschriften auch ohne die Anwendbarkeit des § 7 Abs. 1 AEntG von einer international zwingenden Wirkung auszugehen ist, vgl. *Däubler*, RIW 2000, 257.

[810] Vgl. zu den Möglichkeiten, durch die die Entsenderichtlinie hätte umgesetzt werden können eingehend *A. Müller* 215 ff.

[811] *Blanke*, ArbuR 1999, 421; *Däubler*, EuZW 1993, 373; *derselbe*, in: Wiesehügel/Sahl 104; *Franzen*, ZEuP 1997, 1072. Anders wohl *Hoppe* 252 ff.

Ausgleich von Privatinteressen dienen, nicht als Eingriffsrecht ansieht) auch Probleme auf[812]. So läßt sich kaum vertreten, die Vorschriften über den Mindestjahresurlaub dienten in erster Linie öffentlichen Interessen[813]. Das AEntG macht diese Vorschriften jedoch zu Eingriffsnormen im Sinne des Art. 34 EGBGB. Die h.M. müßte also eigentlich davon ausgehen, daß das AEntG mit allgemeinen kollisionsrechtlichen Grundsätzen bricht. Nach der hier vertretenen Ansicht läßt sich das AEntG dagegen ohne weiteres mit den generellen Regeln vereinbaren.

Schließlich ist noch auf § 8 AEntG hinzuweisen, der die Beziehungen zwischen Prozeßrecht und Kollisionsrecht deutlich macht[814]. Die Ausstattung deutscher arbeitsrechtlicher Normen mit einem kollisionsrechtlichen Eingriffsbefehl würde oft leerlaufen, wenn die betroffenen Arbeitnehmer nur von den Gerichten ihres Heimatstaates klagen könnten. Die ausländischen Gerichte sind an den Eingriffsbefehl des deutschen Rechts nicht gebunden und würden daher gegebenenfalls die deutschen Normen nicht anwenden. Aus diesem Grund ermöglicht § 8 AEntG die Klage vor deutschen Arbeitsgerichten.

II. Eingriffsnormen im Arbeitsrecht außerhalb des AEntG

Das AEntG enthält nur eine Teilregelung für das inländische Eingriffsrecht im Bereich des Arbeitsrechts. Auch Vorschriften, die im AEntG nicht genannt sind, können international zwingende Wirkung haben[815]. Darüber hinaus sind auch Fälle denkbar, in denen zwar eine Norm aus dem Katalog des § 7 Abs. 1 AEntG einschlägig ist, der kollisionsrechtliche Eingriffsbefehl des § 7 Abs. 1 AEntG aber nicht greift, weil der Arbeitgeber seinen Sitz im Inland hat. Ist das Vertragsstatut hier (ausnahmsweise) ausländisches Recht, ist zu prüfen, ob die deutsche Norm auch ohne die Anwendbarkeit des § 7 Abs. 1 AEntG Eingriffscharakter hat[816].
Ist die international zwingende Wirkung einer Norm nicht ausdrücklich angeordnet, entsteht das schwierige Problem der Ermittlung des internationalen Geltungswillens. Die Vorgehensweise wurde im allgemeinen bereits

---

812 Vgl. z.B. *Däubler*, EuZW 1993, 373; *Franzen*, ZEuP 1997, 1072 und *Hoppe* 252 ff.

813 Vgl. z.B. *Hoppe* 252; *Däubler*, RIW 2000, 258.

814 Vgl. zur Regelung des § 8 AEntG eingehend *Birk*, in: Wiesehügel/Sahl 111 ff.

815 Vgl. die Ausführungen zur Entsenderichtlinie (oben § 6 III. 2. b) bb)) und z.B. *Hoppe* 256 und *Hanau*, in: Blanpain/Weiß 210.

816 Vgl. hierzu auch *Däubler*, RIW 2000, 257.

beschrieben[817]. Zwei Beispiele sollen zeigen, zu welchen Ergebnisse diese generellen Grundsätze im Einzelfall führen.

1. Der allgemeine Kündigungsschutz des KSchG

Der allgemeine Kündigungsschutz eignet sich nicht nur deshalb in besonderer Weise zur Darstellung der relevanten Probleme bei der Ermittlung des internationalen Anwendungswillens, weil seine kollisionsrechtliche Behandlung seit langem kontrovers diskutiert wird. Der allgemeine Kündigungsschutz stellt auch einen besonders wichtigen Bestandteil des deutschen Arbeitsrechts dar. Auch sind die Unterschiede in der Ausgestaltung des Kündigungsschutzes zwischen verschiedenen Rechtsordnungen oft gravierend[818], so daß die Frage nach dem anwendbaren Recht von besonderer Bedeutung ist.

---

[817] Vgl. oben § 3 III. 1.

[818] Vgl. z.B. zum deutschen, französischen und US-amerikanischen Kündigungsschutzrecht eingehend *Krebber*, Kündigungsschutz 31 ff. Zu deutschsprachigen Untersuchungen zum Kündigungsschutz im Ausland vgl. *Hueck/v. Hoyningen-Huene* Einl. Rn. 88 f.

a) Der Meinungsstand

Nach Ansicht des BAG[819] und der überwiegenden Auffassung im Schrifttum[820] handelt es sich bei dem allgemeinen Kündigungsschutz nicht um international zwingendes Recht. Das BAG führt zur Begründung an, daß Normen, die überwiegend dem Ausgleich privater Interessen dienen, grundsätzlich keine international zwingende Wirkung hätten. Der in den §§ 1 bis 14 geregelte Kündigungsschutz diene „in erster Linie dem Ausgleich zwischen Bestandsschutzinteressen des Arbeitnehmers und der Vertragsfreiheit des Arbeitgebers." Auch die Durchsetzung des Schutzes bleibe allein den Arbeitnehmer vorbehalten. Gemeininteressen würden demgegenüber mit den Vorschriften über Massenentlassungen oder dem Kündigungsschutz für Betriebsratsmitglieder geschützt, in deren Rahmen auch staatliche Stellen, Betriebsverfassungsorgane und Gerichte einbezogen würden[821]. Soweit das Schrifttum im Grundsatz die Ansicht des BAG teilt, entsprechen auch die Begründungen im wesentlichen den Ausführungen des BAG. Verwiesen wird also darauf, daß die betreffenden Vorschriften des KSchG nicht (vorwiegend) dem Schutz öffentlicher Interessen dienen. Dabei wird zwar teilweise eingeräumt, daß auch der allgemeine Kündigungsschutz Gemeininteressen berührt. Der Schutz von Allgemeininteressen stehe aber eindeutig im Hintergrund, vorrangig sei eindeutig der Ausgleich der Interessen von Arbeitgeber und Arbeitnehmer[822].

Entgegen der h.M. wird von einigen Stimmen in der Literatur die Auffassung vertreten, auch der allgemeine Kündigungsschutz sei international zwingend[823]. Die Begründungen, die für die abweichende Ansicht angeführt werden, stellen auf verschiedene Aspekte ab. So weist *Krebber* auf die „Betriebsbezogenheit" des

---

[819] BAG, Urteil vom 24.8.1989, SAE 1990, 317, 320 f. (mit Anmerkung *Junker*) = NZA 1990, 841, 845 = IPRax 1991, 407, 411 (mit Aufsatz *Magnus*, IPRax 1991, 382) = IPRspr. 1989 Nr. 72; ebenso LAG Frankfurt a. M., Urteil vom 3.11.1992, IPRspr. 1992 Nr. 71.

[820] *Anderegg*, Eingriffsnormen 94; *Droste* 180 ff.; *Franzen*, AR-Blattei SD 920, Rn. 119 und 167; *Gamillscheg*, ZfA 14 (1983), 362 f.; *Ganzert* 105; *Heilmann* 121 ff.; *Hueck/v. Hoyningen-Huene* Einl. Rn. 82 a; *Kegel/Schurig*, IPR § 18 I. 2.; KR-*Weigand* Internationales Arbeitsrecht Rn. 85; *Lüderitz*, IPR Rn. 276; Palandt-*Heldrich* Art. 34 EGBGB Rn. 3; Reithmann-Martiny-*Martiny* Rn. 1380; MünchKomm-*Martiny* Art. 30 EGBGB Rn. 60; Staudinger-*Magnus* Art. 30 EGBGB Rn. 237; *derselbe*, IPRax 1990, 145; *derselbe*, IPRax 1991, 385; *Reiserer*, NZA 1994, 677 f.

[821] BAG, Urteil vom 24.8.1989, SAE 1990, 317, 320 f.

[822] Vgl. z.B. *Heilmann* 122; MünchKomm-*Martiny* Art. 30 EGBGB Rn. 60. Ähnlich auch *Droste* 181.

[823] MünchArbR-*Birk* § 19 Rn. 194; *derselbe*; RdA 1989, 207; *derselbe*, FS Heini 28 und 30; *Krebber*, Kündigungsschutz 305 ff. Wohl auch *Däubler*, RIW 1987, 255 und *Hohloch*, FS Heiermann 154.

KSchG und die starke Verknüpfung mit dem BetrVG hin. Beispielsweise müsse bei einer betriebsbedingten Kündigung ein Vergleich der Sozialdaten aller Arbeitnehmer eines Betriebs erfolgen. Aus diesem Grund müsse für alle Arbeitsverhältnisse eines Betriebs das gleiche Recht gelten; insbesondere betriebsbedingte Kündigungen seien daher stets nach deutschem Recht zu beurteilen, wenn es um einen Arbeitsvertrag innerhalb eines in Deutschland belegenen Betriebs geht. Darüber hinaus sei das KSchG z.B. auch im Rahmen des Weiterbeschäftigungsanspruchs nach § 102 Abs. 5 BetrVG oder des Kündigungsschutzgrundes des § 1 Abs. 2 S. 2 Nr. 1. a) KSchG mit dem BetrVG eng verbunden. Ein Auseinanderfallen der Regelungen des BetrVG und des KSchG in Sachverhalten mit Auslandsberührung müsse daher vermieden werden[824]. Weiterhin weist *Krebber* auf die Verknüpfung des allgemeinen KSchG mit dem Prozeß- und Sozialrecht hin. Vor allem die enge rechtliche Abstimmung zwischen dem Arbeitsförderungsrecht und dem Kündigungsschutz würde einen kollisionsrechtlichen Gleichklang des KSchG mit dem Sozialrecht erforderlich machen, der bei einer Anknüpfung des Kündigungsschutzes nach Art. 30 EGBGB nicht gewährleistet sei[825].
Auch *Birk* führt die „starke Betriebsbezogenheit“ des KSchG für dessen international zwingende Wirkung an. Weiterhin sprächen die „vielfachen kollektiven Elemente“ (soziale Auswahl, Kündigungsschutz nach § 1 Abs. 2 S. 2 KSchG) sowie die „generellen sozialpolitischen Zielsetzungen“ des KSchG für den Eingriffscharakter[826]. Daneben lasse sich für die Durchsetzung des allgemeinen Kündigungsschutzes als Eingriffsnorm im Sinne des Art. 34 EGBGB anführen, daß der „Bestandsschutz des KSchG einen der tragenden Pfeiler des deutschen Individualarbeitsrechts“ darstelle[827].
Däubler äußert ebenfalls Zweifel an der Argumentation der h.M. Auch beim allgemeinen Kündigungsschutz gehe es nicht nur um die „Individualbeziehung“ zwischen Arbeitnehmer und Arbeitgeber, was z.B. die soziale Auswahl in § 1 Abs. 3 KSchG belege. Schon wegen ihrer Auswirkungen auf den Arbeitsmarkt (und die Sozialversicherungen) könne jede Entlassung Allgemeininteressen „aufs schwerste beeinträchtigen“[828].

---

[824] *Krebber*, Kündigungsschutz 306 ff.

[825] *Krebber*, Kündigungsschutz 310 f.

[826] MünchArbR-*Birk* § 19 Rn. 194.

[827] *Birk*, RdA 1989, 207.

[828] *Däubler*, RIW 1987, 255.

b) Stellungnahme

Die Diskussion um die international zwingende Wirkung des KSchG offenbart nochmals eine Schwäche der h.M. zur Qualifikation einer Norm als Eingriffsnorm: Auch im Bereich des allgemeinen Kündigungsschutzes verschwimmt die Grenzziehung zwischen öffentlichen und privaten Interessen; die Normen des KSchG schützen Interessen beider Art. Wie oben gezeigt wurde, kann für die Qualifizierung als Eingriffsnorm außerdem nicht entscheidend sein, ob die Vorschriften vorwiegend öffentliche Interessen schützen[829]. Für den Eingriffscharakter ist vielmehr entscheidend, ob Sinn und Zweck der Norm den Schluß auf die international zwingende Wirkung zulassen. Ist keine eindeutige Entscheidung möglich, greift die Zweifelsregel und es ist gegen die Eingriffsnorm zu entscheiden[830]. Im Rahmen des allgemeinen Kündigungsschutzes bestehen jedoch erhebliche Anzeichen für eine international zwingende Wirkung. Lehnt man die h.M. hinsichtlich der Beachtlichkeit der Art der verfolgten Interessen ab, lassen sich die Argumente der Mindermeinung für eine international zwingende Wirkung kaum entkräften. Insbesondere die Betriebsbezogenheit des KSchG spricht dafür, den allgemeinen Kündigungsschutz – ohne Rücksicht auf das Arbeitsvertragsstatut – immer dann anzuwenden, wenn ein Arbeitnehmer betroffen ist, der einem inländischen Betrieb angehört[831]. Bezugspunkt für zentrale Regelungen des KSchG ist der Betrieb; es muß daher davon ausgegangen werden, daß das KSchG einheitliche Regelungen für alle Arbeitsverhältnisse eines Betriebs schaffen will. Auch die Verbindungen zum BetrVG legen diesen Schluß nahe[832]. Es kann beispielsweise kaum gewollt sein, daß der Betriebsrat zwar einheitliche Auswahlrichtlinien nach § 95 BetrVG für einen Betrieb aufstellt, einzelne Arbeitnehmer sich aber nicht über § 1 Abs. 2 S. 2 Nr. 1 a) KSchG auf diese Richtlinien berufen können, weil für sie ein ausländisches (objektives) Arbeitsvertragsstatut gilt.

Aufgrund der Betriebsbezogenheit des KSchG könnte es bei der Geltung mehrerer Rechtsordnungen in einem Betrieb auch zu erheblichen Normwidersprüchen kommen. Denkbar wäre z.B. folgender Fall: Der Arbeitgeber will einen bestimmten Anteil der Belegschaft aus betrieblichen Gründen kündigen.

---

[829] Vgl. oben § 3 II. 2. b).

[830] Siehe hierzu oben § 3 III. 3.

[831] So vor allem MünchArbR-*Birk* § 19 Rn. 193 und *Krebber*, Kündigungsschutz 312 ff.

[832] Nach h.M. sind nur der zweite und dritte Abschnitt des KSchG aufgrund ihrer Beziehungen zum BetrVG zwingend auf inländische Betrieb anzuwenden, vgl. z.B. *Hueck/v. Hoyningen-Huene* Einleitung Rn. 78.

Nach der Regelung in § 1 Abs. 3 KSchG würde die Sozialauswahl[833] dazu führen, daß einem Arbeitnehmer gekündigt würde, für den ein ausländisches Recht gilt. Besteht für diesen Arbeitnehmer nach der fremden Rechtsordnung ein Kündigungsverbot[834], entstehen Probleme: Kann der Arbeitgeber nun demjenigen Arbeitgeber kündigen, der nach den Grundsätzen des § 1 Abs. 3 KSchG als nächster „an der Reihe" wäre? Könnte der Arbeitgeber also auch durch Rechtswahl bestimmte Arbeitnehmer schützen und so die Vorschrift des § 1 Abs. 3 KSchG umgehen? Oder muß der Arbeitgeber „ersatzlos" auf die Kündigung des nach fremden Recht geschützten Arbeitnehmers verzichten?

Auch der allgemeine Kündigungsschutz des KSchG ist also international zwingend. Die betreffenden Vorschriften sind stets anzuwenden, wenn ein Arbeitsverhältnis eines Arbeitnehmer betroffen ist, der einem Betrieb mit Sitz im Inland angehört[835]. Auch die Frage nach der notwendigen Inlandsbeziehung ist damit beantwortet: Die Zugehörigkeit zu einem inländischen Betrieb. Die Ergebnisse, die nach der hier vertretenen Ansicht erzielt werden, dürften sich aber regelmäßig nicht von den Resultaten der h.M. unterscheiden. In aller Regel wird bei der Zugehörigkeit zu einem inländischen Betrieb auch das objektive Arbeitsvertragsstatut deutsches Recht sein, so daß die Vorschriften des KSchG zumindest über Art. 30 Abs. 1 EGBGB anzuwenden sind[836].

---

[833] Vgl. zu den maßgeblichen Kriterien im Rahmen der Sozialauswahl z.B. *Schaub* 1426 ff. und KR-*Etzel* § 1 KSchG Rn. 684 ff.

[834] Auch wenn das deutsche Recht im allgemeinen oft einen weitergehenden Kündigungsschutz als das ausländische Recht gewähren wird, sind solche Fälle durchaus denkbar. So weist *Krebber* (Kündigungsschutz 189) darauf hin, daß der Kündigungsschutz des US-amerikanischen ADA (Americans with Disabilities Act) teilweise weitergehend als der des SchwbG ist, da die Definition des Behinderten weiter ist. Selbst das grundsätzlich schwächere US-amerikanische Kündigungsschutzrecht kann also die im Text beschriebene Folge auslösen.

[835] Nach den im Text gemachten Ausführungen muß ebenfalls davon ausgegangen werden, daß das KSchG bei Zugehörigkeit zu einem ausländischen Betrieb nicht angewendet werden will, insoweit also „selbstbeschränkend" ist, vgl. *Krebber*, Kündigungsschutz 315. Mit dieser Tendenz auch *Birk*, FS Heini 15 und 32. Es wäre also z.B. in den (seltenen) Fällen nicht anzuwenden, in denen das Vertragsstatut zwar deutsch ist, der Arbeitnehmer aber keinem deutschen Betrieb angehört. Auch wenn man von der Kumulationstheorie ausgeht, ist dieses Ergebnis vertretbar, vgl. unten § 14 I. 3. b) dd).

[836] Vgl. auch *Krebber*, Kündigungsschutz 315.

2. *Die Regelungen des § 613 a BGB*

a) Die Ansicht des BAG und die Kritik im Schrifttum

Auch die kollisionsrechtliche Einordnung des § 613 a BGB ist heftig umstritten. Die entsprechende Fragestellung wurde hier als Beispiel ausgewählt, weil sie einen wichtigen Aspekt bei der Ermittlung der international zwingenden Wirkung betont: die Bedeutung des Europarechts.
Die Diskussion um den Eingriffscharakter des § 613 a BGB ähnelt dem Meinungsstreit um die international zwingende Wirkung des allgemeinen Kündigungsschutzes. Auch für § 613 a BGB zieht das BAG in einer Entscheidung vom 29.10.1992[837] den von ihm vertretenen allgemeinen Grundsatz heran, wonach Normen „die vor allem dem Ausgleich widerstreitender Interessen der Vertragsparteien und damit Individualbelangen dienen" grundsätzlich keine Eingriffsnormen darstellen. In dem betreffenden Urteil begründet das BAG dann recht eingehend, warum § 613 a BGB nach diesem Grundsatz nicht als Eingriffsnorm zu qualifizieren sei. So sei zentraler Zweck der Vorschrift „der Schutz der Arbeitnehmer durch Erhaltung der Arbeitsplätze". Zwar habe § 613 a BGB auch andere Zwecke wie „die Auswirkungen des Betriebsübergangs auf Tarifverträge und Betriebsvereinbarungen zu ordnen." Betriebsverfassungsrechtliche Elemente träten aber gegenüber dem Bestandsschutz der Arbeitsverhältnisse zurück[838]. Weite Teile des Schrifttums folgen dem BAG sowohl hinsichtlich des Ergebnisses als auch der Begründung[839].

Das Urteil des BAG ist in der Literatur aber auch auf Kritik gestoßen. Nach einer Ansicht ist im Rahmen des § 613 a BGB nicht das Recht des Arbeitsvertragsstatuts entscheidend, sondern das Recht des Betriebsortes[840]. Andere Stimmen gehen davon aus, daß § 613 a BGB als Eingriffsnorm zu qualifizieren ist und aus diesem Grund nicht von den allgemeinen

---

[837] IPRax 1994, 123 (mit Aufsatz *Mankowski*, IPRax 1994, 88) = SAE 1994, 28 (mit Anmerkung *Junker*) = AR-Blattei ES 920, Nr. 3 (mit Anm. *Franzen*).

[838] BAG, Urteil vom 29.10.1992, SAE 1994, 28, 35 f.

[839] *Firsching/von Hoffmann* § 10 Rn. 78; *Mankowski*, IPRax 1994, 98; Reithmann-Martiny-*Martiny* Rn. 1381; MünchKomm-*Martiny* Art. 34 EGBGB Rn. 50 a; *Kegel/Schurig*, IPR § 18 I 1 f.; *Picot/Land*, DB 1998, 1605; Staudinger-*Magnus* Art. 30 EGBGB Rn. 218; Staudinger-*Richardi/Annuß* § 613 a BGB Rn. 39. Im Ergebnis auch *Däubler*, DB 1988, 1851; *Franzen*, Betriebsinhaberwechsel 74 ff. und *Kronke*, NILR 1989, 9 f.; wohl auch *Feudner*, NZA 1999, 1186. Vgl. auch schon *Gamillscheg*, Internationales Arbeitsrecht 237.

[840] MünchArbR-*Birk* § 19 Rn. 178; *derselbe*, BerGesVR 18 (1978), 292; *derselbe*, RabelsZ 46 (1982), 396; *Junker*, Konzern 234 f.; *derselbe*, SAE 1994, 41.

Verweisungsnormen erfaßt wird[841]. Letztlich dürften sich die beiden Auffassungen nicht unterscheiden: Die Anwendung unabhängig vom Arbeitsvertragsstatut bedeutet, daß die Vorschrift mit einem kollisionsrechtlichen Eingriffsbefehl ausgestattet wird. Der Anknüpfung an den Betriebssitz entspricht es, den Sitz des Betriebes in Deutschland als notwendige Inlandsbeziehung für die Anwendung der Eingriffsnorm anzusehen[842].

Jayme und *Kohler* weisen zur Begründung ihrer Ansicht (§ 613 a BGB als Eingriffsnorm im Sinne des Art. 34 EGBGB) darauf hin, daß § 613 a BGB auch eine überindividuelle Komponente habe. Die Vorschrift gehe auf die EG-Richtlinie 77/187[843] zurück, deren Zielsetzung sozialpolitischer Art sei[844]. Dieser Begründung soll hier nicht näher nachgegangen werden, soweit sie auf der mehrfach erwähnten (abzulehnenden) Differenzierung zwischen öffentlichen und privaten Interessen beruht. Dem BAG wird aber auch vorgeworfen, es hätte die kollektivrechtlichen Elemente bzw. „Betriebsbezogenheit“ des § 613 a BGB übersehen[845]. Zentraler Bezugspunkt der Vorschrift sei der „Betrieb oder Betriebsteil“. Alle Arbeitsverhältnisse innerhalb eines Betriebes müßten daher einheitlich beurteilt werden. Auch werde mit einer Anknüpfung an den Ort des Betriebssitzes der Gleichklang mit dem Betriebsverfassungsrecht gewährleistet. Es erscheint tatsächlich fraglich, ob die Auffassung des BAG nicht schon aus diesen Gründen abzulehnen ist.

b) Die Bedeutung der europarechtlichen Grundlage

Letztlich bedarf die Bedeutung der Betriebsbezogenheit aber keiner näheren Erörterung, wenn die Anwendung des § 613 a BGB bei inländischem Betriebssitz schon aus einem anderen Grund zwingend vorgegeben ist: der europarechtlichen Grundlage des § 613 a BGB. Das BAG hat in seiner oben erwähnten

---

[841] *Jayme/Kohler*, IPRax 1993, 369 f.; *Krebber*, Kündigungsschutz 322 f.; *derselbe*, ZVglRWiss 97 (1998), 139 ff. Der Tendenz nach auch *Kronke*, IPRax 1981, 159 f.

[842] Vgl. allgemein *Krebber*, Kündigungsschutz 286: Eine Norm sei immer dann als international zwingend zu betrachten, wenn die Anwendbarkeit von einem anderen Kriterium als dem Vertragsstatut abhängt.

[843] Richtlinie über die Rechte der Arbeitnehmer bei Betriebsübergang vom 14.2.1977, ABl. EG 1977 Nr. L 61, S. 26.

[844] *Jayme/Kohler*, IPRax 1993, 370. Ähnlich auch *Birk* (RabelsZ 46 (1982), 396), der darauf verweist, es gehe bei § 613 a BGB auch um „arbeitsmarktpolitische Erwägungen“.

[845] *Junker*, SAE 1994, 41 und *Krebber*, ZVglRWiss 97 (1998), 141 (Fn. 88). Mit gleicher Argumentation schon vor der betreffenden Entscheidung des BAG: *Birk*, BerGesVR Bd. 18 (1978), 292; *derselbe*, RabelsZ 46 (1982), 396; *Junker*, Konzern 234 f.

Entscheidung wohl schlicht übersehen, daß im Rahmen der Prüfung, ob § 613 a BGB eine Eingriffsnorm darstellt, die Grundlage der Vorschrift im Europarecht berücksichtigt werden muß. Im Schrifttum wird dagegen die Frage diskutiert, ob aus der Richtlinie 77/187[846] auf die international zwingende Wirkung des § 613 a BGB geschlossen werden kann[847]. Für die Beantwortung dieser Frage ist Art. 1 Abs. 2 der Richtlinie 77/187 maßgeblich. Er lautet wie folgt:

„Diese Richtlinie ist anwendbar, wenn und soweit sich das Unternehmen, der Betrieb oder der Betriebsteil das bzw. der übergeht, innerhalb des territorialen Geltungsbereichs des Vertrages befinden.“

Untersucht man die Bedeutung dieser Vorschrift für die kollisionsrechtliche Einordnung des § 613 a BGB, ist zunächst anzumerken, daß das Recht des Betriebsübergangs schon vor Erlaß der Richtlinie 77/187 in § 613 a BGB geregelt war und durch das entsprechende Umsetzungsgesetz[848] nur Absatz 1 S. 2 – 4 und Absatz 4 in § 613 a BGB eingefügt wurden[849]. Aber auch die bereits bestehenden Regelungen in § 613 a BGB wurden durch die Richtlinie europarechtlich untermauert, so daß sich die Regelung in Art. 1 Abs. 2 der Richtlinie auf § 613 a BGB als Ganzes auswirkt[850].
Welche Bedeutung Art. 1 Abs. 2 der Richtlinie für die kollisionsrechtliche Behandlung des § 613 a BGB hat, ist jedoch umstritten. Die Vorschrift enthält zumindest keine ausdrücklichen kollisionsrechtlichen Vorgaben. In der Literatur wird daher vertreten, die Richtlinie enthalte keine kollisionsrechtlich relevanten Regelungen[851]. Zur Stützung dieser These wird auf den Vorschlag der Kommission für die Richtlinie[852] verwiesen: In Art. 10 des Vorschlags wurde bestimmt, daß die auf das Arbeitsverhältnis anwendbare Rechtsordnung grundsätzlich auch nach Vollzug des Betriebsinhaberwechsels maßgeblich bleiben solle. Von einer umfassenden kollisionsrechtlichen Regelung sei aber abgesehen worden, insbesondere sei die Frage, welche Rechtsordnung über die

---

[846] Richtlinie über die Rechte der Arbeitnehmer bei Betriebsübergang vom 14.2.1977, ABl. EG 1977 Nr. L 61, S. 26.

[847] Vgl. z.B. *Krebber*, Kündigungsschutz 320 ff.; *derselbe*, ZVglRWiss 97 (1998), 139 ff.; *Wimmer*, IPRax 1995, 208 f.

[848] Gesetz über die Gleichbehandlung von Männern und Frauen am Arbeitsplatz und über die Erhaltung von Ansprüchen bei Betriebsübergang, EG-Anpassungsgesetz vom 13.8.1980, BGBl. I, S. 1308.

[849] Vgl. zur Gesetzgebungsgeschichte des § 613 a BGB: *Franzen*, Betriebsinhaberwechsel 60 f. und Staudinger-*Richardi/Annuß* § 613 a BGB Rn. 1 ff.

[850] Vgl. *Wimmer*, IPRax 1995, 208 (Fn. 16).

[851] Vgl. *Franzen*, Betriebsinhaberwechsel 59 f.

[852] ABl. EG Nr. C 104 vom 13.9.1974, S. 1.

arbeitsrechtlichen Folgen eines Betriebsübergangs zu entscheiden hat, nicht geregelt worden. Dieses Vorgehen zeige, daß auch der endgültigen Fassung der Richtlinie keine Antwort auf die betreffende Fragestellung entnommen werden könne[853].

Dem ist nur insoweit zuzustimmen, als Art. 1 Abs. 2 der Richtlinie nicht ausdrücklich sagt, welche Rechtsordnung den Betriebsübergang in arbeitsrechtlicher Hinsicht erfassen soll. Geregelt wird aber, daß die Richtlinie anwendbar ist, wenn der Betrieb (der Betriebsteil, das Unternehmen) innerhalb eines Mitgliedsstaates liegt. Hierdurch wird nicht der sachliche Geltungsbereich bestimmt, dies erfolgt bereits in Art. 1 Abs. 1[854]. Vielmehr wird in räumlicher Hinsicht festgelegt, daß die Richtlinie immer dann Geltung beansprucht, wenn ein Betrieb mit Sitz innerhalb der Gemeinschaft betroffen ist[855]. Auch wenn die Richtlinie keine ausdrückliche Aussage über das anwendbare Recht trifft, folgt aus ihr also doch, daß die Mitgliedsstaaten sicherstellen müssen, daß der Richtlinieninhalt stets zur Geltung kommt, wenn der Betriebssitz innerhalb der Gemeinschaft liegt. Auf Betriebe mit Sitz in der Gemeinschaft muß also der Regelungsgehalt der Richtlinie zwingend Anwendung finden; das Arbeitsvertragsstatut der Betriebsangehörigen darf insoweit nicht von Bedeutung sein[856].

Dieses Ergebnis ist auf der Ebene des Kollisionsrechts der Mitgliedsstaaten dadurch zu erreichen, daß das Umsetzungsrecht als Eingriffsrecht angesehen wird, das unabhängig vom Vertragsstatut immer dann angewendet werden muß, wenn das Arbeitsverhältnis eines Arbeitnehmers betroffen ist, der einem Betrieb mit Sitz in dem betreffenden Staat angehört. Aus europarechtlichen Gründen ist § 613 a BGB daher als Eingriffsnorm anzusehen. Die notwendige Inlandsbeziehung besteht in der Zugehörigkeit zu einem Betrieb mit Sitz im Inland.

---

[853] Vgl. *Franzen*, Betriebsinhaberwechsel 59 f. Mit ähnlicher Tendenz auch *Drobnig/Puttfarken* 94 und *Kronke*, NILR 1989, 3 f.

[854] *Krebber*, Kündigungsschutz 320; *derselbe*, ZVglRWiss 97 (1998), 139.

[855] *Krebber*, Kündigungsschutz 320; *derselbe*, ZVglRWiss 97 (1998), 139; *von Hoffmann*, ZfRV 1995, 47 f.; *Wimmer*, IPRax 1995, 208 f.

[856] So im Ergebnis z.B. MünchArbR-*Birk* § 19 Rn. 178; *derselbe*, BerGesVR 18 (1978) 292; *derselbe*, RabelsZ 46 (1982), 396; *Jayme/Kohler*, IPRax 1993, 370; *Junker*, Konzern 234 f.; *derselbe*, SAE 1994, 41; *Krebber*, Kündigungsschutz 320 ff.; *derselbe*, ZVglRWiss 97 (1998), 139 ff.

§ 9: Das Verhältnis zwischen Art. 34 EGBGB und Art. 30 Abs. 1 EGBGB

Für arbeitsrechtliche Eingriffsnormen stellt sich wegen der kollisionsrechtlichen „Arbeitnehmerschutznorm“ des Art. 30 Abs. 1 EGBGB ein besonderes Problem: das Verhältnis zwischen Art. 34 EGBGB und Art. 30 Abs. 1 EGBGB[857]. Vergleicht man die von Art. 34 EGBGB und Art. 30 Abs. 1 EGBGB geregelten Bereiche, sind zunächst die Unterschiede zwischen den beiden Regelungen zu beachten. Eingriffsnormen sind ohne Rücksicht auf das - subjektiv oder objektiv bestimmte - Vertragsstatut anzuwenden; sie müssen nicht dem Schwerpunktrecht entstammen; die mit der Anwendung von Eingriffsnormen verfolgten Interessen können unterschiedlichster Natur sein; Günstigkeitserwägungen spielen grundsätzlich keine Rolle. Bei Art. 30 Abs. 1 EGBGB geht es dagegen ausschließlich um den Arbeitnehmerschutz. Erfaßt werden nur die Fälle der Rechtswahl (das objektive Statut wird nicht eingeschränkt), die über Art. 30 Abs. 1 EGBGB anwendbaren Normen sind Bestandteil des Schwerpunktrechts (des objektiven Arbeitsvertragsstatuts) und müssen zudem für den Arbeitnehmer günstiger sein als das „an sich” gemäß Rechtswahl berufene Sachrecht. Schließlich erfaßt Art. 34 EGBGB nur inländische Eingriffsnormen, während Art. 30 Abs. 1 EGBGB sich auch auf Normen dritter Staaten bezieht[858].

Trotz dieser Unterschiede weisen die Regelung des Art. 30 Abs. 1 EGBGB und das international zwingende Eingriffsrecht hinsichtlich ihrer Rechtsfolge eine Gemeinsamkeit auf: Das eigentlich anwendbare (Arbeits-) Statut wird durch Normen einer anderen Rechtsordnung verdrängt. Für den Fall der Rechtswahl muß das angerufene Gericht also einmal prüfen, ob das Vertragsstatut unanwendbar bleiben muß, weil das objektive Arbeitsstatut eine für den Arbeitnehmer günstigere Regelung enthält (Art. 30 Abs. 1 EGBGB). Außerdem hat es zu untersuchen, ob das Vertragsstatut (teilweise) verdrängt wird, weil die lex fori eine international zwingende Norm enthält, die unabhängig vom Vertragsstatut angewendet werden will[859].

Damit stellt sich die Frage, ob Überschneidungen zwischen den Anwendungsbereichen der Art. 30 Abs. 1 EGBGB und Art. 34 EGBGB denkbar sind.

---

[857] Da Art. 34 EGBGB vorwiegend klarstellende Bedeutung hat, wäre es wohl genauer, von dem Verhältnis zwischen inländischen Eingriffsnormen (des Arbeitsrechts) und Art. 30 Abs. 1 EGBGB zu sprechen. Im Schrifttum wird aber wohl durchweg das Verhältnis des Art. 30 Abs. 1 EGBGB „zu Art. 34 EGBGB“ untersucht, der Übersichtlichkeit halber soll diese Terminologie hier übernommen werden.

[858] Vgl. z.B. MünchKomm-*Martiny* Art. 30 EGBGB Rn. 28.

[859] Zum „Einfluß” des zwingenden Rechts auf das Vertragsstatut vgl. die allgemeinen Überblicke bei MünchKomm-*Martiny* Art. 30 EGBGB Rn. 64 ff. und Staudinger-*Magnus* Art. 30 EGBGB Rn. 187 ff.

Bejaht man diese Frage, wird das Problem relevant, welche Vorschrift den Vorrang haben soll.

I. Problemstellung

Ob und welche Berührungspunkte zwischen Art. 34 EGBGB und Art. 30 Abs. 1 EGBGB bestehen, wird in der Literatur unter verschiedenen Gesichtspunkten diskutiert. Oft wird dabei nicht ganz klar, was unter einer „Überschneidung" zu verstehen ist.

Grundsätzlich lassen sich zwei verschiedene Ansätze unterscheiden: Zum einen wird bei der Untersuchung des Verhältnisses der Art. 30 Abs. 1 EGBGB und Art. 34 EGBGB darauf abgestellt, ob eine (deutsche)[860] Norm von beiden Vorschriften erfaßt werden kann bzw. Art. 30 Abs. 1 EGBGB und Art. 34 EGBGB unterschiedliche Arten von Normen (Normgruppen) erfassen[861]. Die Einteilung erfolgt dabei nach den geschützten Interessen; es wird zwischen Normen unterschieden, die vorrangig dem Ausgleich von Individualinteressen dienen und solchen die in erster Linie auf Belange des Gemeininteresses gerichtet sind. „Überschneidungen" sollen ausgeschlossen sein, weil eine deutsche Norm nicht gleichzeitig von Art. 30 Abs. 1 EGBGB und Art. 34 EGBGB erfaßt werden kann.

Demgegenüber wird von Teilen des Schrifttums bei der Untersuchung des Verhältnisses der beiden kollisionrechtlichen Vorschriften vorrangig auf Fälle abgestellt, in denen durch Art. 34 EGBGB und Art. 30 Abs. 1 EGBGB für den gleichen Regelungsgegenstand unterschiedliche Normen verschiedener Rechtsordnungen berufen werden, das objektive Arbeitsvertragsstatut also eine fremde Rechtsordnung ist[862]. Grundsätzlich stellt sich nur für diese Fälle die Frage nach dem Rangverhältnis von Art. 30 Abs. 1 und Art 34 EGBGB, da

---

[860] Da Art. 34 EGBGB nur deutsche Eingriffsnormen betrifft, wird das Problem, ob Art. 34 EGBGB und Art. 30 Abs. 1 EGBGB „ein und dieselbe Norm" (*Hoppe* 239) erfassen können, nur für deutsche Vorschriften relevant.

[861] Vgl. z.B. *Hoppe* 239; *Mankowski*, IPRax 1994, 94; *derselbe*, DZWir 1996, 278 und 280; *derselbe* RIW 1998, 289 (zur Parallelproblematik bei Art. 29 EGBGB); Soergel-*von Hoffmann* Art. 30 EGBGB Rn. 18; *Firsching-von Hoffmann* § 10 Rn. 78; wohl auch *Kropholler*, IPR § 52 V. 2. a).

[862] Vgl. z.B. *Junker*, Konzern 293; allgemein *E. Lorenz*, RIW 1987, 580.

entschieden werden muß, ob sich die durch Art. 30 Abs. 1 EGBGB berufene ausländische Vorschrift oder die deutsche Eingriffsnorm durchsetzt. Ist deutsches Recht objektives Statut, kann grundsätzlich offen bleiben, welche „Kollisionsnorm" vorrangig ist: Ist das deutsche Recht günstiger als das gewählte, ist die betreffende Norm anzuwenden, unabhängig davon, ob sie nur in den Anwendungsbereich des Art. 34 EGBGB fällt oder auch in den des Art. 30 Abs. 1 EGBGB. Über einen Vorrang des Art. 34 EGBGB oder Art. 30 Abs. 1 EGBGB braucht hier nicht zu entschieden werden, da beide Regelungen zum gleichen Ergebnis führen und somit keine „Konkurrenzsituation" vorliegt. Ist die deutsche Norm ungünstiger, greift Art. 30 Abs. 1 EGBGB nicht, so daß wiederum nicht geklärt werden muß, ob Eingriffsnormen auch von den allgemeinen Anknüpfungen erfaßt werden[863].

Betrachtet man die beiden Vorgehensweisen stellt sich zunächst die Frage nach ihrer Beziehung: Ist der erste Ansatz logisch vorrangig, weil sich die Frage nach dem Rangverhältnis nicht stellt, wenn Art. 30 Abs. 1 EGBGB und Art. 34 EGBGB unterschiedliche Normgruppen erfassen und damit (bestimmte) „Überschneidungen" ausgeschlossen sind?

Hiervon könnte nur ausgegangen werden, falls aus den (vermeintlich) unterschiedlichen Regelungsbereichen auch folgt, daß das durch Art. 30 Abs. 1 EGBGB berufene ausländische Recht nie den gleichen Regelungsgegenstand wie inländische Eingriffsnormen betreffen kann.
Die Einordnung nach Gemein- und Individualinteressen müßte dann nicht nur auf Vorschriften der deutsche Rechtsordnung bezogen werden, sondern – international - auf bestimmte Regelungsbereiche wie z.B. den Kündigungsschutz. In diesem Fall könnte ein Gegenstand entweder nur durch Eingriffsnormen oder durch nicht-international-zwingendes Recht geregelt werden, weil der betreffende Bereich entweder vorrangig durch Gemein- oder Individualinteressen bestimmt wird. Diese Frage wird im einschlägigen Schrifttum nicht explizit diskutiert. Es wird aber die Auffassung vertreten, die Anwendungsbereiche der Art. 30 Abs. 1 EGBGB und Art. 34 EGBGB würden sich „nicht überschneiden" bzw. Überschneidungen könnten „vermieden" werden, weil Art. 30 Abs. 1 EGBGB ausschließlich Arbeitnehmerschutzvorschriften und damit gerade die Normen, die dem Ausgleich von Privatinteressen dienen und damit nicht von Art. 34 EGBGB erfaßt werden[864]. Die Auffassung, Überschneidungen seien vollkommen

---

[863] Vgl. auch *E. Lorenz*, RIW 1987, 581. Ist die deutsche Norm ungünstiger, ließe sich allenfalls argumentieren, Art. 30 Abs. 1 EGBGB regele abschließend, daß nur günstigere deutsche Vorschriften gegen das Vertragsstatut durchgesetzt werden, vgl. hierzu unten § 9 I. 2.

[864] So *Mankowski*, IPRax 1994, 94; *derselbe*, DZWir 1996, 278 und 280; *derselbe*, RIW 1998, 289 (zu Art. 29 EGBGB); Soergel-*von Hoffmann* Art. 30 EGBGB Rn. 18.

ausgeschlossen, läßt sich aber nur vertreten, wenn man davon ausgeht, daß sich auch die Regelungsbereiche inländischer Eingriffsnormen und nach Art. 30 Abs. 1 EGBGB berufenen ausländischen Rechts nicht überschneiden.
Im folgenden soll zunächst die Frage untersucht werden, ob Art. 30 Abs. 1 EGBGB und Art. 34 EGBGB (deutsche) Normen gleicher Art erfassen können. Jedenfalls bei Bejahung dieser Frage stellt sich dann das Problem des Rangverhältnisses bei Berufung einer ausländischen Norm durch Art. 30 Abs. 1 EGBGB.

1. Erfassung unterschiedlicher Normgruppen

Vor allem *Mankowski* vertritt die Ansicht, Überschneidungen zwischen Art. 34 und Art. 30 Abs. 1 EGBGB seien ausgeschlossen, weil Regelungsgegenstand des Art. 34 EGBGB eine andere Art von Normen sei als die Schutzvorschriften des Art. 30 Abs. 1 EGBGB[865]. Art. 30 Abs. 1 EGBGB erfasse ausschließlich arbeitnehmerschützende - d.h. dem Ausgleich der Parteiinteressen dienende – Normen. Diese wären aus dem Anwendungsbereich des Art. 34 EGBGB, der ausschließlich Normen betreffe, die „überindividuellen, öffentlichen Interessen" dienen, aber gerade ausgeklammert.

Mankowski führt zur Begründung seiner Ansicht eine Reihe von Argumenten an. So sollen Regelanknüpfung und Sonderanknüpfung unterschiedliche, inkompatible Interessen verfolgen. Mit Hilfe der Sonderanknüpfung sollten besondere öffentliche Interessen durchgesetzt werden; dagegen diene die „normale Anknüpfung" dazu, einen Regelungsrahmen für einen fairen Interessenausgleich der privaten Interessen der Vertragsparteien zu schaffen. Regel- und Sonderanknüpfung stellten zwei verschiedene Anknüpfungssysteme dar, wobei „dieselben Normen" (also die Sachnormen) nicht von beiden Systemen erfaßt werden könnten. Damit bestätige ein fundamentales Argument – das im Rahmen der allgemeinen Diskussion international zwingenden Rechts

---

[865] *Mankowski*, IPRax 1994, 94 ff.; *derselbe*, Seerechtliche Vertragsverhältnisse 508 f. Zum Verbraucherschutzrecht, aber mit gleicher Argumentation: *derselbe*, DZWir 1996, 273 ff.; *derselbe*, RIW 1998, 289 ff. Ähnlich auch Soergel-*von Hoffmann* Art. 30 EGBGB Rn. 18, der über eine „Abgrenzung der Anwendungsbereiche" der beiden Vorschriften Überschneidungen vermeiden will. Nach *von Hoffmann* soll Art. 30 Abs. 1 EGBGB individualschützende Bestimmungen abschließend regeln, womit für Art. 34 EGBGB nur noch Normen zum Schutz des Allgemeininteresses blieben. Der Tendenz nach auch *Kärcher* 178: Zwingendes, privates Arbeitsrecht wäre ausschließlich nach Art. 30 EGBGB anzuknüpfen.

auch gegen die Kumulationstheorie[866] eingewendet wird – auch die These, daß Normen zum Schutz der schwächeren Vertragspartei nicht zum Kreis der Eingriffsnormen gehören könnten[867].
Weiterhin seien der Arbeitnehmer- und Verbraucherschutz bewußt in eigenständigen Regelungen (Artt. 5 und 6 EVÜ) abschließend geregelt worden, sollten also von der allgemeinen Sonderanknüpfung nach Art. 34 EGBGB (Art. 7 Abs. 2 EVÜ) ausgenommen sein. Auch trete bei der Anknüpfung von Arbeitnehmerschutznormen über Art. 34 EGBGB ein systemwidriges Ergebnis ein: Durch die Anwendung von Eingriffsnormen könnte ein höheres Maß an Arbeitnehmerschutz erreicht werden als über die Regelung des Art. 30 Abs. 1 EGBGB, da Art. 30 Abs. 1 EGBGB nur Normen des objektiven Statuts berufe, die Anwendung von international zwingenden Normen aber nur einen demgegenüber geringeren Inlandsbezug voraussetze[868].

Überzeugend ist keines dieser Argumente. Wie bereits erläutert wurde, ist es wenig sinnvoll, danach unterscheiden zu wollen, ob eine Sachnorm vorwiegend oder ausschließlich öffentliche oder private Interessen verfolgt. Gleiches gilt für den Versuch, die Ausklammerung von Normen zum Schutz der schwächeren Vertragspartei aus dem Anwendungsbereich des Art. 34 EGBGB mit der Erwägung zu begründen, es bestünden unterschiedliche Anknüpfungssysteme, die unterschiedliche kollisionsrechtliche Interessen verfolgten und denen daher

---

[866] Die Kumulationstheorie geht davon aus, daß Eingriffsnormen auch durch die allgemeinen, allseitigen Kollisionsnormen berufen werden (Sonderanknüpfung und Regelanknüpfung werden also „kumuliert"). Nach wohl h.M. (vgl. z.B. *Wimmer*, IPRax 95, 211 m.w.N.) ist die Kumulationstheorie Grundlage für das EVÜ geworden. Für die Kumulationstheorie z.B. *Kreuzer*, Ausländisches Wirtschaftsrecht 97; *derselbe*, in: Schlechtriem-Leser 104; *Roth*, Internationales Verbraucherschutzrecht 35 und 43 (Fn. 33); *Wimmer*, IPRax 95, 211. Im Ergebnis auch *Krebber*, Kündigungsschutz 247 ff. Dagegen *Mankowski*, DZWir 1996, 274; *derselbe*, IPRax 1994, 94 ff.; MünchKomm-*Martiny* Art. 34 EGBGB Rn. 40 f.; *Radtke*, ZVglRWiss 84 (1985), 349 ff.; *Schurig*, RabelsZ 54 (1990), 244 ff.

[867] *Mankowski*, IPRax 1994, 95.

[868] Vgl. (für das Arbeits- und Verbraucherschutzrecht) *Mankowski*, IPRax 1994, 94 ff.; *derselbe*, Seerechtliche Vertragsverhältnisse 508 f.; *derselbe*, DZWir 1996, 273 ff.; *derselbe*, RIW 1998, 289 ff. Der Tendenz nach für das Verbraucherschutzrecht auch der BGH in der Entscheidung vom 19.3.1997; NJW, 1997, 1697, 1699. Der BGH führt hier aus, bei Verbraucherschutznormen müsse bei einer Anwendung über Art. 34 EGBGB eine Inlandsbeziehung vorhanden sein, die den Anforderungen des Art. 29 Abs. 1 Nr. 1 - 3 EGBGB entspricht, da ansonsten durch Anwendung des Art. 34 EGBGB ein „weitergehender Verbraucherschutz" erreicht würde als „bei unmittel-barer Anwendung des Art. 29 Abs. 1 EGBGB". Der BGH beruft sich in der Entscheidung auch ausdrücklich auf *Mankowski*, DZWir 1996, 278.

bestimmte Gruppen von Sachnormen eindeutig zugeordnet werden könnten[869]. Dem Hinweis, die entsprechende Argumentation werde auch gegen die Kumulationslösung eingewendet, kann entgegengehalten werden, daß auch im Rahmen der allgemeinen Diskussion keine Einigkeit über das Verhältnis von Sonderanknüpfung und Regelanknüpfung besteht[870]. Es erscheint auch zweifelhaft, ob aus einer Ablehnung der Kumulationstheorie zwingend zu folgern wäre, Überschneidungen zwischen Art 34 EGBGB und Art. 30 Abs. 1 EGBGB seien ausgeschlossen[871]. Auf die Kumulationstheorie soll daher erst bei der Untersuchung ihres eigentlichen Anwendungsbereichs – der Behandlung der Eingriffsnormen des Vertragsstatuts – näher eingegangen werden[872].

Auch Normen, die dem Schutz der Arbeitnehmer dienen, können also Eingriffsnormen sein. Hiergegen spricht auch nicht, daß mit Art. 30 Abs. 1 EGBGB (Art. 6 Abs. 1 EVÜ) eine spezielle Regelung des Arbeitnehmerschutzes geschaffen wurde. Die Annahme, mit Art. 30 Abs. 1 EGBGB sei eine abschließende Regelung des Arbeitnehmerschutzes im Internationalen Privatrecht geschaffen worden und es dürfe kein weitergehender Schutz über Art. 34 EGBGB verwirklicht werden, übersieht gerade die Unterschiede zwischen den Regelungsbereichen der beiden Vorschriften[873]. Durch Art. 30 Abs. 1 EGBGB wird gewährleistet, daß Arbeitnehmern durch eine Rechtswahl nicht der Schutz der zwingenden Bestimmungen des objektiven Statuts entzogen wird. Die durch Art. 34 EGBGB klargestellte Option, inländische Normen unabhängig vom Vertragsstatut anzuwenden, soll dagegen den einzelnen Staaten die Möglichkeit geben, bestimmte Interessen ohne Rücksicht auf kollisionsrechtliche Vorgaben durchzusetzen. Diese Regelungen bestehen aufgrund ihrer unterschiedlichen Zielsetzungen unabhängig nebeneinander. Es leuchtet daher nicht ein, warum die Regelung des Art. 30 Abs. 1 EGBGB den Anwendungsbereich des Art. 34 EGBGB einschränken sollte[874].

---

[869] Siehe hierzu oben § 3 II. 2. b). Gegen ein Entweder/Oder hinsichtlich der Regelungsbereiche der Art. 34 EGBGB und Art. 30 Abs. 1 EGBGB auch z.B. *Krebber*, Kündigungsschutz 247 ff.

[870] Vgl. die Hinweise in Fn. 866.

[871] Kritisch auch *Wimmer*, IPRax 1995, 221: „Schließlich erscheint es auch müßig, in diesem Zusammenhang die Debatte um Einheitsanknüpfung (Schuldstatutstheorie), reine Sonderanknüpfung oder Kumulationstheorie neu zu eröffnen."

[872] Unten § 14 I. 2.

[873] Ähnlich *Jayme/Kohler*, IPRax 1997, 400.

[874] Kritisch auch Staudinger-*Magnus* Art. 30 EGBGB Rn. 74, Art. 34 EGBGB Rn. 37 und *Krebber*, Kündigungsschutz 247 ff. Gegen eine abschließende Regelung des Verbraucherschutzrechtes durch Art. 29 EGBGB z.B. *Fischer*, JZ 1994, 370; *Roth*, RIW 1994, 277 f.

Es mag zutreffend sein, daß die Sonderanknüpfung von Eingriffsnormen nicht als „passendes Instrument" zur Sicherung des kollisionsrechtlichen Arbeitnehmer- und Verbraucherschutzes angesehen wurde[875]. „Unpassend" kann sie schon deshalb sein, weil die Tendenz besteht, nur die Eingriffsnormen der lex fori ohne weiteres anzuwenden und diese Normen nicht dem Schwerpunktrecht entstammen müssen. Hieraus kann aber nicht abgeleitet werden, Vorschriften zum Schutz des Arbeitnehmers oder Verbrauchers könnten keine international zwingenden Bestimmungen sein. Wollte man der Ansicht *Mankowskis* folgen, würde den Mitgliedsstaaten des EVÜ die Möglichkeit genommen, in den Bereichen des Arbeitnehmer- und Verbraucherschutzes eigene Vorstellungen und Interessen durch Ausstattung zwingender Normen mit einem kollisionsrechtlichen Eingriffsbefehl durchzusetzen. Es spricht aber nichts dafür, daß die Staaten gerade in diesen sensiblen - durch nationale Ansichten geprägten - Gebieten auf diese Möglichkeit verzichten wollten[876]. Die Auffassung *Mankowskis* hätte z.B. zur Folge, daß es den EVÜ-Staaten regelmäßig verwehrt wäre, eigenes Arbeitnehmerschutzrecht auf Arbeitnehmer anzuwenden, die nur vorübergehend im Inland tätig sind. Ein derartiges Ergebnis sollte mit der Regelung des kollisionsrechtlichen Arbeitnehmerschutzes gemäß Art. 30 Abs. 1 EGBGB aber sicherlich nicht (mittelbar) verbunden sein.

Daß der Arbeitnehmerschutz im Rahmen einer allseitigen Kollisionsnorm Niederschlag gefunden hat, heißt nicht, der Schutz der Arbeitnehmer sei für das gesamte Kollisionsrecht abschließend geregelt worden. Der Schutz der typisch schwächeren Vertragspartei kann auch ein im Rahmen des Art. 34 EGBGB maßgebliches Interesse sein; gegebenenfalls kann der Schutz auch über das durch Art. 30 Abs. 1 oder Art. 29 EGBGB gewährte Niveau hinausgehen. Aufgrund der unterschiedlichen Zwecksetzungen ist dieses Ergebnis auch nicht systemwidrig[877]: Über Art. 30 Abs. 1 EGBGB wird dem günstigeren Schwerpunktrecht zur Anwendung verholfen, über Art. 34 EGBGB werden Vorstellungen des Forumstaates ohne Rücksicht auf Günstigkeitserwägungen verwirklicht. Aufgrund der Unabhängigkeit der Art. 30 Abs. 1 und Art. 34 EGBGB bzw. des Nebeneinanders der Regelungen kann es im Einzelfall - durchaus systemimmanent - dazu kommen, daß über Art. 34 EGBGB ein weitergehender Schutz verwirklicht wird[878]. Überschneidung zwischen Art. 30

[875] So *Mankowski*, DZWir 1996, 277.

[876] Vgl. auch *Giuliano-Lagarde* S. 60. In dem Bericht wird ausdrücklich das Verbraucherschutzrecht als Beispiel für ein Gebiet aufgeführt, in dem international zwingende Bestimmungen relevant sein können.

[877] *Jayme/Kohler*, IPRax 1997, 400 (Fn. 151). Im Ergebnis auch *Krebber*, Kündigungsschutz 247 ff.

[878] So auch *Jayme/Kohler*, IPRax 1997, 400 (Fn. 151).

Abs. 1 EGBGB und Art. 34 EGBGB sind also nicht deshalb ausgeschlossen, weil die beiden Vorschriften „unterschiedliche Gruppen" von Sachnormen erfassen[879].

2. *Die möglichen Konfliktfälle*

Zu klären ist damit zunächst, inwieweit Konstellationen entstehen können, in denen durch Art. 34 EGBGB und Art. 30 Abs. 1 EGBGB für den gleichen Regelungsgegenstand *unterschiedliche* Normen verschiedener Rechtsordnungen berufen werden[880]. In diesen Fällen wäre dann zu entscheiden, welcher „Kollisionsnorm" der Vorrang gebührt: dem kollisionsrechtlichen Anwendungsbefehl der Eingriffsnorm oder der Anknüpfung des günstigeren Rechts nach Art. 30 Abs. 1 EGBGB.

Die Konstellationen, bei denen derartige Überschneidungen auftreten können, lassen sich wie folgt eingrenzen: Zunächst ist eine Rechtswahl nötig, die eine andere als die objektiv maßgebliche Rechtsordnung beruft, da Art. 30 Abs. 1 EGBGB ansonsten nicht einschlägig ist. Weiterhin erfaßt Art. 34 EGBGB nur inländische Eingriffsnormen[881]. Damit kommt eine Überschneidung z.B. in folgender Fallgestaltung in Betracht: Objektives und subjektives Arbeitsstatut sind jeweils ausländische Rechtsordnungen, eine deutsche Eingriffsnorm - die ungünstiger als die entsprechende Norm des objektiven Statuts (die günstiger ist als die des gewählten Rechts) ist - verlangt Anwendung. Konkret könnte ein derartiger Sachverhalt wie folgt aussehen: Für einen Arbeitsvertrag wurde belgisches Recht gewählt, der Arbeitnehmer verrichtet seine Arbeit gewöhnlich in Frankreich, wird hin und wieder aber nach Deutschland entsandt. Das hier untersuchte Problem entsteht für die Perioden der Entsendung, wenn eine deutsche Eingriffsnorm ungünstiger ist als die korrespondierende französische

---

[879] Im Ergebnis auch z.B. *Busse*, ZVglRWiss 95 (1996), 392 f. (Fn. 22); Staudinger-*Magnus* Art. 30 EGBGB Rn. 74, 204; MünchKomm-*Martiny* Art. 30 EGBGB Rn. 28; Reithmann-Martiny-*Martiny* Rn. 1365; *Roth*, RIW 1994, 277 f. Letztlich gehen alle Stimmen, die den Vorrang einer der Vorschriften prüfen, von der Möglichkeit einer Überschneidung aus. Auch das BAG prüft in den Entscheidungen vom 24.8.1989 (SAE 1990, 317, 320 ff.) und 29.10.1992 (SAE 1994, 28, 32 ff.) sowohl die Anwendbarkeit von Art. 30 Abs. 1 EGBGB als auch Art. 34 EGBGB, geht also ersichtlich auch von Überschneidungsmöglichkeiten aus.

[880] Zu den Gruppen der möglichen Konfliktfälle siehe auch Staudinger-*Magnus* Art. 30 EGBGB Rn. 205 ff. Vgl. zu den möglichen Konstellationen allgemein *E. Lorenz*, RIW 1987, 580.

[881] Vgl. auch *Junker*, Konzern 293. Zum Teil werden Überschneidungen nur angenommen, wenn deutsches Recht objektives Arbeitsstatut ist, vgl. z.B. *Birk*, RdA 1989, 207; *Franzen*, AR-Blattei SD 920, Rn. 109. Insoweit wird aber nur die zweite Fallgruppe (vgl. sogleich im Text) erfaßt.

Vorschrift (die günstiger ist als das belgische Recht). Nach Art. 30 Abs. 1 EGBGB wäre die günstigere französische Vorschrift anzuwenden, der kollisionsrechtliche Teil der Eingriffsnorm verlangt jedoch die Anwendung deutschen Rechts (des sachrechtlichen Regelungsgehalts der Eingriffsnorm).

Aber auch wenn nur zwei Rechtsordnungen beteiligt sind, können Überschneidungen auftreten. Ist deutsches Recht gewählt und ausländisches Recht objektives Arbeitsvertragsstatut, entstehen wiederum Konflikte, wenn eine ungünstigere deutsche Eingriffsnorm angewendet werden will. So wäre für einen Arbeitnehmer, dessen ständiger Arbeitsort in Frankreich liegt und für dessen Arbeitsvertrag deutsches Recht gewählt wurde, grundsätzlich günstigeres französisches Recht anwendbar. Fraglich ist aber, ob sich an dieser Rechtslage etwas ändert, wenn der Arbeitnehmer nach Deutschland entsandt wird und eine - ungünstigere - deutsche Eingriffsnormen relevant wird. In derartigen Fällen ist zu klären, welche „Kollisionsnorm" Vorrang hat.

Im Schrifttum wird noch eine weitere Form von Überschneidungen diskutiert[882]: Deutsches Recht ist objektives Arbeitsstatut, eine fremde Rechtsordnung wurde durch Rechtswahl bestimmt. In diesem Fall wird problematisiert, ob Art. 34 EGBGB auch gegenüber dem gewählten Recht ungünstigere Normen des deutschen Rechts - das gleichzeitig objektives Arbeitsstatut ist - berufen kann oder ob Art. 30 Abs. 1 EGBGB insoweit abschließend regelt, daß nur günstigere Normen der deutschen Rechtsordnung (als objektives Arbeitsstatut) gegen das gewählte Vertragsstatut anzuwenden sind. In diesen Fällen geht es also nicht um die Berufung unterschiedlicher Rechtsordnungen, sondern um Spezialitätserwägungen zwischen den Art. 30 Abs. 1 EGBGB und Art. 34 EGBGB. Die Fragestellung bei den beiden Überschneidungskonstellationen unterscheidet sich im Kern jedoch nicht, letztlich geht es um den Vorrang zwischen den maßgeblichen „Kollisionsnormen"[883].

II. Die Frage des Vorrangs

Die Frage, welche „Vorschrift" bei einem Zusammentreffen der Art. 30 Abs. 1 EGBGB und Art. 34 EGBGB den Vorrang haben soll, ist in der Literatur heftig umstritten; in der Rechtsprechung wurde zu ihr bisher nicht explizit Stellung genommen. Denkbar sind zunächst zwei Grundpositionen: ein absoluter Vorrang

---

[882] Vgl. *Birk*, RdA 1989, 207; *Franzen*, AR-Blattei SD 920, Rn. 109; Staudinger-*Magnus* Art. 30 EGBGB Rn. 210.

[883] Anders wohl Staudinger-*Magnus* Art. 30 EGBGB Rn. 205 ff., der auch bei der Lösung zwischen den beiden Gruppen der Überschneidungsfälle differenziert.

des Art. 34 EGBGB oder ein absoluter Vorrang des Art. 30 Abs. 1 EGBGB. Diese Lösungen werden im Schrifttum jedoch selten vertreten. Häufiger sind „vermittelnde" Ansätze, die entweder von einem eingeschränkten bzw. relativen Vorrang des Art. 34 EGBGB oder Art. 30 Abs. 1 EGBGB ausgehen[884].

1. Vorrang des Art. 30 Abs. 1 EGBGB

Ein grundsätzlicher Vorrang des Art. 30 Abs. 1 EGBGB wird regelmäßig auf folgendes Argument gestützt: Art. 30 Abs. 1 EGBGB sei gegenüber Art. 34 EGBGB lex specialis[885]. Nach einer ähnlichen Ansicht ist Art. 30 Abs. 1 EGBGB zwar nicht unbedingt als lex specialis anzusehen, ein Rückgriff auf Art. 34 EGBGB sei im Bereich des Arbeitnehmerschutzrechtes aber regelmäßig nicht notwendig. Art. 34 EGBGB würde hier „leerlaufen", da der Arbeitnehmerschutz schon durch Art. 30 Abs. 1 EGBGB gewährleistet werde[886]. Auch in der Begründung zum Regierungsentwurf wird insoweit ausgeführt: „Zwingende Vorschriften können jedoch nur angewendet werden, soweit in den Artikeln 29 und 30 nicht schon speziellere Regelungen getroffen sind."[887] Weiterhin wird im Schrifttum vorgebracht, der Schutz, den Art. 30 Abs. 1 EGBGB gewährt, dürfe nicht dadurch wieder unterlaufen werden, daß ungünstigeres Recht über Art. 34 EGBGB angewendet wird[888].

Die Argumentation, Art. 30 Abs. 1 EGBGB sei gegenüber Art. 34 EGBGB die speziellere Regelung, weist Ähnlichkeiten zu der These *Mankowskis* auf, Art. 34

---

[884] Die Auffassungen lassen sich nicht immer eindeutig zuordnen. Der Tendenz nach für einen Vorrang des Art. 30 Abs. 1 EGBGB: *Birk*, RdA 1989, 207; MünchArbR-*Birk* § 19 Rn. 85; *Franzen*, AR-Blattei SD 920, Rn. 111 f.; *Hickl*, NZA Beil. 1/1987, 14; *Hönsch*, NZA 1988, 117; *Hohloch*, FS Heiermann 147; Ermann-*Hohloch* Art. 30 EGBGB Rn. 13; *Kärcher* 181; *Kropholler*, IPR § 52 V. 2. a); *Magnus*, IPRax 1990, 145; Staudinger-*Magnus* Art. 30 EGBGB Rn. 210 (nur für bestimmte Konfliktfälle); *Pulte*, ArbuR 1990, 288; wohl auch *von Bar*, IPR II Rn. 448. Für einen Vorrang des Art. 34 EGBGB: *Droste* 218 f.; *Heilmann* 119 ff.; *Hoppe* 241 f.; *Junker*, Konzern 293 f.; Reithmann-Martiny-*Martiny* Rn. 1365; MünchKomm-*Martiny* Art. 30 EGBGB Rn. 29; *E. Lorenz*, RIW 1987, 580; *Lüderitz*, IPR Rn. 276; Palandt-*Heldrich* Art. 34 EGBGB Rn. 3.

[885] *Birk*, RdA 1989, 207; MünchArbR-*Birk* § 19 Rn. 85; *Franzen*, AR-Blattei SD 920, Rn. 111 f.; *Hönsch*, NZA 1988, 117; *Hohloch*, FS Heiermann 147; Ermann-*Hohloch* Art. 30 EGBGB Rn. 13.

[886] So z.B. *Hickl*, NZA Beil. 1/1987, 14; *Pulte*, ArbuR 1990, 288. Ähnlich auch Reithmann-Martiny-*Martiny* Rn. 1365; MünchKomm-*Martiny* Art. 30 EGBGB Rn. 29 (obwohl grundsätzlich von einem Vorrang des Art. 34 EGBGB ausgehend).

[887] BT-Drucks. 10/504, 83

[888] *Birk*, RdA 1989, 207; *Franzen*, AR-Blattei SD 920, Rn. 111 f.

EGBGB erfasse keine Normen, die dem Arbeitnehmerschutz dienen. Zwar wird von den Vertretern eines Vorrangs des Art. 30 Abs. 1 EGBGB nicht gesagt, Art. 34 EGBGB könne prinzipiell keine Normen erfassen, die dem Ausgleich von Privatinteressen dienen. Zumindest für den Arbeitnehmerschutz gelte aber, daß Art. 34 EGBGB durch Art. 30 Abs. 1 EGBGB verdrängt werde. Im Ergebnis werden also auch nach dieser Ansicht arbeitnehmerschützende Normen aus dem Anwendungsbereich des Art. 34 EGBGB ausgenommen. Aus diesem Grund soll Art. 34 EGBGB auch in der oben geschilderten zweiten Gruppe der Überschneidungsfälle (deutsches Recht als objektives Vertragsstatut, Wahl einer ausländischen Rechtsordnung, ungünstigere deutsche Eingriffsnorm) nicht greifen. Art. 34 EGBGB könne also bei inländischem objektiven Arbeitsstatut keine ungünstigeren Normen berufen, weil Art. 30 Abs. 1 EGBGB hier als speziellere Regelung lediglich die Anwendung günstigerer deutscher Normen vorsehe[889].

Gegen die Argumente für einen Vorrang des Art. 30 Abs. 1 EGBGB sprechen schon die bereits oben vorgebrachten Einwände gegen eine Ausklammerung arbeitnehmerschützender Vorschriften aus dem Bereich der Eingriffsnormen. Unzutreffend ist auch, Art. 30 Abs. 1 EGBGB sei lex specialis gegenüber Art. 34 EGBGB[890]. Der internationale Geltungswille zwingender Bestimmungen ergibt sich nicht aus Art. 34 EGBGB, sondern aus den einzelnen Vorschriften selbst[891]. Gegenüber den allgemeinen Anknüpfungen - wie Art. 30 Abs. 1 EGBGB - ist der kollisionsrechtliche Anwendungsbefehl einer Eingriffsnorm stets lex specialis[892]. Es ist also verfehlt, Art. 34 EGBGB als allgemeine Norm zu betrachten, gegenüber der Art. 30 Abs. 1 EGBGB die speziellere Regelung ist. Eingriffsnormen zeichnen sich gerade dadurch aus, daß sie ohne Rücksicht auf die allgemeinen Kollisionsnormen Anwendung verlangen. Es spricht nichts dafür, warum dieser Grundsatz im Bereich des Art. 30 Abs. 1 EGBGB aufgegeben werden sollte. Es wäre also systemwidrig, wollte man einen Vorrang des Art. 30 Abs. 1 EGBGB vor Art. 34 EGBGB bzw. dem Anwendungswillen der Eingriffsnormen annehmen. Eine Abweichung von dem allgemeinen Grundsatz, daß es den einzelnen Staaten freisteht, bestimmte Normen von den Regelanknüpfungen auszunehmen, hätte im EVÜ ausdrücklich erwähnt werden müssen. Nach Art. 7 Abs. 2 EVÜ (Art. 34 EGBGB) berührt „das Übereinkommen" aber nicht die Anwendung von Bestimmungen, „die ohne Rücksicht auf das auf den Vertrag anzuwendende Recht den Sachverhalt

---

[889] Birk, RdA 1989, 207; *Franzen*, AR-Blattei SD 920, Rn. 111 f.

[890] So im Ergebnis auch z.B. *Droste* 219; *Mankowski*, RabelsZ 53 (1989), 512 f. (mit abweichender Begründung).

[891] Siehe oben § 5 II.

[892] Vgl. auch Palandt-*Heldrich* Art. 34 EGBGB Rn. 3: „vorrangige Sonderregelungen".

zwingend regeln."[893] Auch Art. 6 Abs. 1 EVÜ (Art. 30 Abs. 1 EGBGB) berührt also nicht die Anwendung von Eingriffsnormen. Aufgrund ihres kollisionsrechtlichen Anwendungsbefehls gehen inländische Eingriffsnormen auch der Anknüpfung nach Art. 30 Abs. 1 EGBGB vor[894]. Aufgrund der Unterschiede der Regelungen in Art. 30 Abs. 1 EGBGB und Art. 34 EGBGB ist es auch verfehlt zu argumentieren, die Anwendung des Art. 34 EGBGB sei im Bereich des Arbeitnehmerschutzrechtes „unnötig" oder „überflüssig". Eingriffsnormen verlangen unabhängig von der Regelung des Art. 30 Abs. 1 EGBGB Anwendung; die Ergebnisse, die durch die Anknüpfung nach Art. 30 Abs. 1 EGBGB erzielt werden, können für die Sonderanknüpfung nach Art. 34 EGBGB also nicht relevant sein.

2. *Vorrang des Art. 34 EGBGB*

Auch wenn Teile des Schrifttums dementsprechend von einem Vorrang des Art. 34 EGBGB ausgehen (d.h. von einem Vorrang des internationalen Geltungswillens der Eingriffsnormen), werden regelmäßig Einschränkungen gemacht. Der Vorrang des Art. 34 EGBGB könne nicht „absolut" sein, in bestimmten Fällen müßten Ausnahmen gemacht werden, um unvertretbare Ergebnisse zu vermeiden[895]. Auch wenn die Begründungen im einzelnen divergieren, läßt sich doch eine gemeinsame Grundlage feststellen: Es wird als unvertretbar angesehen, durch eine inländische Eingriffsnorm günstigeres ausländisches Recht verdrängen zu lassen, wenn die Eingriffsnorm lediglich den Schutz des Arbeitnehmers bezweckt. Ziele die deutsche Eingriffsnorm allein darauf ab, den Arbeitnehmer zu schützen, widerspreche es dem Zweck der Regelung, wolle man günstigeres, ausländisches Recht nicht anwenden. Es müsse also untersucht werden, ob die betreffende Eingriffsnorm allein bzw. überwiegend dem Schutz des Arbeitnehmers dient oder ob sie noch andere Interessen staats-, wirtschafts- oder sozialpolitischer Art verfolgt, die durch die Anwendung ausländischen Rechts beeinträchtigt werden könnten. Zumindest bei Normen, die überwiegend dem Arbeitnehmerschutz dienen, müsse daher von einem Vorrang des Art. 30 Abs. 1 EGBGB ausgegangen werden.

---

[893] Vgl. *Droste* 218 f; *Junker*, Konzern 293 f. (mit entsprechenden Hinweisen auf den Wortlaut des Art. 34 EGBGB).

[894] So auch *Droste* 218 ff.; *Hoppe* 241; Reithmann-Martiny-*Martiny* Rn. 1365; MünchKomm-*Martiny* Art. 30 EGBGB Rn. 29; *E. Lorenz*, RIW 1987, 580.

[895] *Heilmann* 119 ff.; *Hoppe* 241; Reithmann-Martiny-*Martiny* Rn. 1365; MünchKomm-*Martiny* Art. 30 EGBGB Rn. 29; Staudinger-*Magnus* Art. 34 EGBGB Rn. 36 ff.; im Ergebnis auch *E. Lorenz*, RIW 1987, 580.

Die Begründung für einen „relativen Vorrang" des Art. 34 EGBGB läßt sich nicht ohne weiteres von der Hand weisen. Es erscheint tatsächlich bedenklich, ob eine Eingriffsnorm, die vorrangig dem Schutz des Arbeitnehmers dient, auch dann durchgesetzt werden soll, wenn über Art. 30 Abs. 1 EGBGB eine Norm berufen würde, die ein höheres Schutzniveau gewährt und die Anwendung des ausländischen Rechts auch sonst nicht mit der Zwecksetzung der Eingriffsnormen kollidiert.
Dennoch birgt die betreffende Auffassung Probleme: So müßte jeweils entschieden werden, ob eine Eingriffsnorm überwiegend dem Arbeitnehmerschutz dient oder auch andere Interessen eine wichtige Rolle spielen. Wie oben gezeigt wurde, wird die Beurteilung, ob eine Norm überwiegend oder vorrangig auf den Schutz des Arbeitnehmers abzielt, oft sehr schwierig sein[896]. Von einem eingeschränkten Vorrang des Art. 34 EGBGB auszugehen, läuft letztlich auch auf eine fallbezogene Ermittlung des internationalen Geltungswillens inländischer Eingriffsnormen hinaus. Die Ausgestaltung des ausländischen Sachrechts wäre für den internationalen Geltungswillen des inländischen Rechts entscheidend. Wenn die von der Eingriffsnorm verfolgten Ziele in gleichem Umfang (oder besser) durch das ausländische Recht gewährleistet werden, wäre die „Eingriffsnorm" nicht mehr international zwingend und ohne Rücksicht auf das Vertragsstatut anzuwenden. Die Argumente gegen eine fallbezogene Bestimmung des internationalen Geltungswillens wurden bereits oben dargestellt[897].

Darüber hinaus ist ein einschränkendes Verständnis des Vorrangs des Art. 34 EGBGB auch nicht notwendig, um widersprüchliche Ergebnisse zu vermeiden. Dient eine Norm ausschließlich dem Schutz des Arbeitnehmers, kann davon ausgegangen werden, daß sie nur einseitig zwingend ist. Es ist kaum denkbar, daß eine Norm, die allein auf den Schutz des Arbeitnehmers abzielt, auch eine „Begrenzung nach oben" enthält, also beidseitig zwingend ist. Bei einseitig zwingenden Bestimmungen liegen aber die materiellrechtlichen Voraussetzungen nicht vor, wenn durch eine Kollisionsnorm - wie z.B. Art. 30 Abs. 1 EGBGB - für den Arbeitnehmer günstigeres Recht berufen wird[898]. Es kommt also schon nach den allgemeinen Grundsätzen zu keiner zweckwidrigen Durchsetzung „reiner" Arbeitnehmerschutznormen entgegen günstigeres ausländisches Recht. Ist eine Eingriffsnorm dagegen beidseitig zwingend, verdrängt sie günstigeres Recht - auch wenn es gemäß Art. 30 Abs. 1 EGBGB anwendbar wäre. In Fällen beidseitig zwingender Normen will der Gesetzgeber ein bestimmtes Schutzniveau festsetzen, bei beidseitig zwingenden Eingriffsnormen will er dieses Schutzniveau auch gegenüber dem Kollisionsrecht festschreiben. Auch eine Überschreitung durch ausländisches Recht soll daher ausgeschlossen sein.

---

[896] Siehe oben § 3 III. 2. b).

[897] Oben § 3 III. 2.

[898] Vgl. oben § 3 III. 2.

Der Vorrang des Art. 34 EGBGB gilt also uneingeschränkt[899]. Zu beachten ist aber, daß er bei einseitig zwingenden Normen nicht relevant wird. Einen uneingeschränkten Vorrang des Art. 34 EGBGB anzunehmen, ist nur schwer mit der amtlichen Begründung des Regierungsentwurfs in Einklang zu bringen, nach der „speziellere Regelungen" in Artt. 29, 30 EGBGB vorrangig sein sollen[900]. Es muß aber berücksichtigt werden, daß durch die Regelungen in Artt. 29, 30 und 34 EGBGB die entsprechenden Vorschriften des EVÜ umgesetzt wurden. Die amtliche Begründung kann also nicht darauf abzielen, eine Auslegung vorzugeben, die der Systematik des EVÜ widerspricht. Die Begründung des Regierungsentwurfs beruht offensichtlich auf einem Mißverständnis, das sich auch in der Aussage offenbart, unter „zwingenden Bestimmungen" im Sinne des Art. 34 EGBGB seien ebenso wie in Art. 27 Abs. 3 EGBGB Vorschriften zu verstehen, von denen durch Vertrag nicht abgewichen werden kann[901]. Die von Art. 34 EGBGB erfaßten Vorschriften sind nicht nur zwingend im Sinne des Art 27 Abs. 3 EGBGB; in Artt. 29, 30 EGBGB wurden daher keine spezielleren Regelungen gegenüber Art. 34 EGBGB getroffen. Der amtlichen Begründung, nach der zwingenden Vorschriften (im Sinne des Art. 34 EGBGB) nur angewendet werden, soweit in Artt. 29, 30 EGBGB keine spezielleren Regelungen getroffen sind, ist also entgegenzuhalten, daß die Artt. 29, 30 EGBGB keine spezielleren Regelungen enthalten.

---

[899] So im Ergebnis auch *Junker*, Konzern 293 f.; Palandt-*Heldrich* Art. 34 EGBGB Rn. 3.

[900] BT-Drucks. 10/504, 83.

[901] BT-Drucks. 10/504, 83. Siehe hierzu auch oben § 3 I. 2.

3. Kapitel
Ausländische Eingriffsnormen

§ 10: Grundlagen

I. Allgemeines

Bei der Ermittlung des anwendbaren Rechts für Sachverhalte mit Auslandsberührung kommt nicht nur die Berücksichtigung inländischer, sondern auch ausländischer Eingriffsnormen in Betracht[902]. Bildet die Entsendung von Arbeitnehmern nach Deutschland den praktisch bedeutsamsten Fall für die Anwendung inländischer Eingriffsnormen des Arbeitsrechts, verdeutlicht der Fall der vorübergehenden Entsendung von Arbeitnehmern in das Ausland am deutlichsten die Bedeutung ausländischen Eingriffsrechts. Verrichtet ein Arbeitnehmer seine Arbeit gewöhnlich in Deutschland und wird nur vorübergehend in einen anderen Staat entsandt, so bleibt gemäß Art. 30 Abs. 2 Nr. 1 EGBGB für den Regelfall deutsches Recht objektives Arbeitsvertragsstatut. Regelmäßig wird aber eine Vielzahl von arbeitsrechtlichen Normen des aufnehmenden Staates Anwendung auf den betreffenden Sachverhalt verlangen. So wird der Zielstaat z.B. oft fordern, daß seine Vorschriften über Arbeitszeit und -sicherheit stets angewendet werden, wenn der Arbeitsort im Inland liegt[903]. Die Arbeitsvertragsparteien können sich dem Anwendungsanspruch des fremden Rechts schon deshalb nicht entziehen, weil bei Zuwiderhandlungen Sanktionen zu

---

[902] Im folgenden soll nur die Beachtung ausländischer Eingriffsnormen untersucht werden. Auf die Frage fremder selbstbeschränkender Normen wird nur insoweit eingegangen als die Problemstellung auch bei Eingriffsnormen relevant ist, vgl. unten § 14 I. 3. b) dd). Die betreffenden Vorschriften beschränken ihren Anwendungsbereich selbst, wollen also z.B. nur bei inländischem Arbeitsort angewendet werden. Sie sind aber nicht immer zugleich Eingriffsnormen, da sie nicht unbedingt Anwendung ohne Rücksicht auf das Vertragsstatut verlangen. In diesen Fällen enthalten die Normen nur eine „negative“ kollisionsrechtliche Regelung: Die Anwendung soll z.B. bei ausländischem Arbeitsort ausgeschlossen, bei Arbeit im Inland aber nicht zwingend sein. Die Frage, inwieweit Selbstbeschränkungen fremder Normen durch das deutsche Internationale Privatrecht zu beachten sind, wäre z.B. in dem vom BAG am 24.8.1989 entschiedenen Fall (SAE 1990, 317) relevant gewesen, wurde von dem Gericht jedoch übersehen. Vgl. zu der betreffenden Problemstellung z.B. *Krebber*, Kündigungsschutz 260 ff.; *Junker*, Konzern 130 ff.

[903] Vgl. z.B. *Däubler*, RIW 1987, 251; *Junker*, Konzern 297 f.; *E. Lorenz*, RdA 1989, 223.

befürchten sind und der Drittstaat bei Auslandsarbeit auch eine Zugriffsmöglichkeit hat, die Sanktionen also gegebenenfalls durchsetzen kann[904].

Hieraus folgt aber nicht, daß deutsche Gerichte - zumindest in der geschilderten Situation - dem Anwendungsanspruch ausländischen Rechts entsprechen müssen. Auch wenn der Arbeitgeber z.B. aufgrund einer strafbewehrten ausländischen Rechtsnorm gezwungen war, einen bestimmten Überstundenzuschlag für die Auslandsarbeit zu leisten[905], kann ein deutsches Gericht weiterhin von der Geltung des deutschen Arbeitsvertragsstatuts für die betreffende Frage ausgehen. Schuldete der Arbeitgeber nach deutschem Recht nur eine geringere Vergütung, könnte ein deutsches Gericht die ausländische Vorschrift also „ignorieren" und davon ausgehen, daß der Arbeitgeber die Zuschläge ohne Rechtsgrund geleistet hat und somit von dem Arbeitnehmer zurückfordern kann[906]. Die Tatsache, daß eine Norm tatsächliche Auswirkungen auf die Beziehungen zwischen den Parteien hat bzw. hatte, ist also von der Frage einer normativen Heranziehung ausländischen Eingriffsrechts zu trennen[907].

Der soeben dargestellte Fall zeigt, daß sich die Behandlung ausländischer Eingriffsnormen hinsichtlich eines wesentlichen Gesichtspunktes von der inländischen Eingriffsrechts unterscheidet: Inländische Eingriffsnormen müssen von deutschen Gerichten angewendet werden, wenn ihre Voraussetzungen vorliegen. Der inländische kollisionsrechtliche Anwendungsbefehl bindet deutsche Gerichte, hinsichtlich der Anwendung des Eingriffsrechts besteht kein Ermessensspielraum. Aus dem Anwendungsbefehl einer Norm folgt unmittelbar die Verpflichtung zur Stattgabe dieses Befehls, da er auf deutschem Recht beruht und daher ohne weiteres für die Gerichte bindend ist[908].

---

[904] Vgl. MünchArbR-*Birk* § 19 Rn. 81. Die „Durchsetzungsmacht" ist also zumindest für die Parteien von praktischer Bedeutung. Hiervon ist aber die Frage zu trennen, ob die Durchsetzungsmöglichkeit auch für die rechtliche Beurteilung eine Rolle spielen soll (Machttheorie), vgl. hierzu *Zimmer*, IPRax 1993, 68 f. und unten § 13 III. 3.

[905] Eine derartige Regelung sieht z.B. das saudi-arabische Recht vor, vgl. *Hickl*, NZA Beil. 1/1987, 18.

[906] Vgl. *Junker*, Konzern 302 und 306. Zu der Frage inwieweit eine Rückforderung durch einen inländischen "Zweitprozeß" nach einem Prozeß vor einem ausländischen Gericht möglich ist *Hickl*, NZA Beil. 1/1987, 18.

[907] Vgl. *Zimmer*, IPRax 1993, 68. Näher hierzu unten § 13 II. 1. a).

[908] Vgl. oben § 6 IV.

Anders dagegen im Falle ausländischer Eingriffsnormen: Der Anwendungsbefehl, d.h. der Wille zur Anwendung ohne Rücksicht auf das Vertragsstatut, beruht auf ausländischem Recht. Nur der jeweilige Erlaßstaat trifft die Entscheidung darüber, ob eine Norm international zwingend sein soll[909]. Über die Frage, ob diesem Anwendungsanspruch stattgegeben wird, entscheidet aber das Kollisionsrecht der lex fori, also die deutsche Rechtsordnung. Im Gegensatz zu den inländischen Eingriffsnormen steht mit der Ermittlung des internationalen Geltungswillens der Vorschrift die Anwendung also noch nicht fest. Die Ermittlung des Eingriffscharakters der ausländischen Norm stellt nur die erste Stufe der Prüfung der Anwendbarkeit dar. Auf der zweiten Stufe ist zu prüfen, ob und inwieweit das Recht der lex fori dem Anwendungswillen nachgibt[910].
In- und ausländische Eingriffsnormen unterscheiden sich ihrer Natur nach nicht. In beiden Fällen ist also zunächst zu untersuchen, ob eine Vorschrift internationalen Geltungswillen aufweist. Die Anwendung ausländischer Eingriffsnormen kann aber - im Gegensatz zu den inländischen international zwingenden Bestimmungen - nicht unmittelbar auf dem (ausländischen) Eingriffsbefehl beruhen. Die Entscheidung über das anwendbare Recht muß auch hinsichtlich des ausländischen Eingriffsrechts durch das inländische Kollisionsrecht getroffen werden[911]. Es ist also auf der zweiten Stufe zu untersuchen, ob im deutschen Kollisionsrecht Vorschriften gefunden werden können, die eine Aussage über die Anwendung ausländischen Eingriffsrechts enthalten[912].

Auch wenn das drittstaatliche Eingriffsrecht oft öffentliches Recht sein wird, ist die Fragestellung wiederum eine international-privatrechtliche. Zu entscheiden ist nicht über die Beachtung der öffentlich-rechtlichen Rechtsfolgen ausländischer Eingriffsnormen. Es geht also nicht um die hoheitliche Durchsetzung ausländischen Rechts durch deutsche Gerichte, sondern um die Berücksichtigung zivilrechtlicher Wirkungen drittstaatlichen Eingriffsrechts.

---

[909] *Dicey-Morris* II Rn. 1307; *E. Lorenz*, RIW 1987, 581; MünchKomm-*Martiny* Art. 34 EGBGB Rn. 9; Staudinger-*Magnus* EGBGB Art. 34 Rn. 11.

[910] *Junker*, Konzern 294 (der allerdings noch zwischen „Ob" und „Wie" der Anwendung differenziert und somit von drei Stufen ausgeht); *E. Lorenz*, RIW 1987, 578; *Sandrock*, RIW 1986, 852. Ähnlich auch MünchKomm-*Sonnenberger* Einl. IPR Rn. 59 und *Kegel/Schurig*, IPR § 2 IV. 2.

[911] Vgl. z.B. *Gamillscheg*, Internationales Arbeitsrecht 195; MünchKomm-*Martiny* Art. 34 EGBGB Rn. 99; MünchKomm-*Sonnenberger* Einl. IPR Rn. 58 f. und die Nachweise in Fn. 267.

[912] *Junker*, Konzern 295.

II. Die Regelung in Art. 7 Abs. 1 EVÜ

Die Anwendung drittstaatlicher Eingriffsnormen gehört seit langem zu den umstrittensten Fragestellungen im Internationalen Privatrecht. Das deutsche Kollisionsrecht weist bisher keine Vorschrift auf, die eine allgemeine Regelung für die Behandlung ausländischer Eingriffsnormen enthält. Eine solche Vorschrift läßt sich jedoch in Art. 7 Abs. 1 EVÜ finden. Die deutsche Fassung des Art. 7 Abs. 1 EVÜ lautet wie folgt:

"Bei Anwendung des zwingenden Rechts eines bestimmten Staates auf Grund dieses Übereinkommens kann den zwingenden Bestimmungen des Rechts eines anderen Staates, mit dem der Sachverhalt eine enge Verbindung aufweist, Wirkung verliehen werden, soweit diese Bestimmung nach dem Recht des letztgenannten Staates ohne Rücksicht darauf anzuwenden ist, welchem Recht der Vertrag unterliegt. Bei der Entscheidung, ob diesen zwingenden Bestimmungen Wirkung zu verleihen ist, sind ihre Natur und ihr Gegenstand sowie die Folgen zu berücksichtigen, die sich aus ihrer Anwendung oder Nichtanwendung ergeben würden."

Schon die Entstehungsgeschichte des Art. 7 Abs. 1 EVÜ zeigt, daß es mit erheblichen Schwierigkeiten verbunden war, eine Norm zu schaffen, welche die Berücksichtigung drittstaatlicher Eingriffsnormen regelt. So wurden an dem Wortlaut der betreffenden Vorschrift im Vorentwurf aus dem Jahre 1972[913] noch wesentliche Veränderungen vorgenommen, um schließlich zu der jetzt vorliegenden Endfassung zu gelangen[914]. Auch die jetzige Version des Art. 7 Abs. 1 EVÜ war (und ist) Gegenstand heftiger wissenschaftlicher Diskussion. Auch von den Stimmen in der Literatur, die grundsätzlich eine Sonderanknüpfung fremden Eingriffsrechts befürworten, wurden Einwände gegen den Wortlaut des Art. 7 Abs. 1 EVÜ vorgebracht. Die Kritik richtete sich vor allem gegen die Unbestimmtheit des Art. 7 Abs. 1 EVÜ. Die Vorschrift sei so unbestimmt, daß erhebliche Rechtsunsicherheit zu befürchten sei. Letztlich enthalte Art. 7 Abs. 1 EVÜ keine inhaltlichen Kriterien für die Anwendung ausländischer

---

[913] Vorentwurf eines Übereinkommens über das auf vertragliche und außervertragliche Schuldverhältnisse anwendbare Recht. Abgedruckt in RabelsZ 38 (1974), 211 ff.

[914] Zur Entstehungsgeschichte des Art. 7 Abs. 1 EVÜ vgl. z.B. *Lehmann*, Vertragsrecht 170 ff.; *Mentzel* 116 ff. Zur Entstehung des EVÜ allgemein *Giuliano/Lagarde* 36 ff.

Eingriffsnormen, die Beachtung dieser Vorschriften liege damit (weiterhin) im Ermessen der Gerichte[915].

Daß Art. 7 Abs. 1 EVÜ auch zwischen den Unterzeichnerstaaten des EVÜ umstritten war, zeigt die Vorbehaltsklausel des Art. 22 Abs. 1 a) EVÜ. Nach Art. 22 Abs. 1 a) EVÜ besteht für die Mitgliedsstaaten die Möglichkeit, gegen Art 7 Abs. 1 EVÜ einen Vorbehalt einzulegen. Diese Möglichkeit wurde geschaffen, da es sich bei Art. 7 Abs. 1 EVÜ „um eine neue Bestimmung handelt, die zu einer gewissen Rechtsunsicherheit führen könnte"[916].
Der Regierungsentwurf eines Gesetzes zur Neuregelung des Internationalen Privatrechts hatte eine Übernahme des Art. 7 Abs. 1 EVÜ in Art. 34 Abs. 1 EGBGB noch vorgesehen[917]. In seiner Stellungnahme wandte sich der Bundesrat aber gegen eine Übernahme. Zur Begründung wurde unter anderem angeführt, Art. 7 Abs. 1 EVÜ wäre aufgrund der großen Ermessensspielräume mit einer „nicht vertretbaren Rechtsunsicherheit" verbunden[918]. Nachdem sich Bundesregierung[919] und der Rechtsausschuß des Deutschen Bundestages[920] der Ansicht des Bundesrates anschlossen, wurde der Vorbehalt gemäß Art. 22 Abs. 1 a) EVÜ eingelegt und Art. 7 Abs. 1 EVÜ nicht in das EGBGB übernommen[921]. Damit blieb die Frage der Behandlung ausländischer Eingriffsnormen im EGBGB grundsätzlich ungeregelt.

Welche Schlußfolgerungen aus der Nichtübernahme des Art. 7 Abs. 1 EVÜ für das deutsche Kollisionsrecht geschlossen werden können, ist im einzelnen umstritten[922]. Es dürfte aber Einigkeit darüber bestehen, daß die Nichtübernahme des Art. 7 Abs. 1 EVÜ nicht bedeutet, der deutsche Gesetzgeber habe sich

---

[915] Kritisch z.B. *Coester*, ZVglRWiss 82 (1983), 29 f.; *Coing*, WM 1981, 812 f.; *Kegel*, DRpflZ 1987, 2 („gefährliche Qualle"); *derselbe*, GS Ehrenzweig 84 („non rule"); *Mann*, FS Beitzke 623; *Radtke*, ZVglRWiss 84 (1985), 353 f.; *Schultsz*, RabelsZ 47 (1983), 267; *Schurig*, RabelsZ 54 (1990), 235; *Stoll*, IPRax 1984, 2 („monströse Vorschrift"). Aus dem britischen Schrifttum vgl. z.B. *Kaye* 249; *North*, in North 19 f.; *derselbe*, J. B. L. 1980, 382, 387; auch hier wird auf die mit Art. 7 Abs. 1 EVÜ verbundene Unsicherheit verwiesen.

[916] *Giuliano/Lagarde* 60.

[917] BT-Drucks. 10/504, 34 und 83.

[918] BT-Drucks. 10/504, 100.

[919] BT-Drucks. 10/504, 106.

[920] BT-Drucks. 10/5632, 20 und 45.

[921] Vgl. zur Nichtübernahme des Art. 7 Abs. 1 EVÜ auch *Lehmann*, ZRP 1987, 319 ff.; *Mentzel* 137 ff. Auch Irland, Luxemburg und das Vereinigte Königreich haben den Vorbehalt gegen Art. 7 Abs. 1 EVÜ eingelegt, vgl. MünchKomm-*Martiny* Art. 34 EGBGB Rn. 5.

[922] Siehe dazu unten § 14 I. 3. b) cc).

grundsätzlich gegen die Anwendung drittstaatlicher Eingriffsnormen ausgesprochen. Der Vorbehalt gegen Art. 7 Abs. 1 EVÜ beruhte auf der unbestimmten Formulierung und der hiermit verbundenen Rechtsunsicherheit, nicht auf grundsätzlichen Bedenken gegen die Berücksichtigung ausländischen Eingriffsrechts[923].

Auch wenn eine allgemeine Vorschrift fehlt, könnte das EGBGB mit Art. 32 Abs. 2 EGBGB aber eine Bestimmung enthalten, die zumindest für einen Teilbereich des ausländischen Eingriffsrechts eine Regelung trifft.

---

[923] Vgl. z.B. *Baum*, RabelsZ 53 (1989), 154; *Däubler*, RIW 1987, 256; *Hentzen*, RIW 1988, 509; *Junker*, Konzern 304; *Martiny*, IPRax 1987, 279; *Sandrock*, RIW 1986, 853; *Schurig*, RabelsZ 54 (1990), 235; *Sonnenberger*, FS Rebmann 826; MünchKomm-*Sonnenberger* Einl. IPR Rn. 60; Soergel-*von Hoffmann* Art. 34 EGBGB Rn. 2. Anders wohl nur *Piehl*, RIW 1988, 843. Nach *Sturm* bedeutet die Nichtübernahme des Art 7 Abs. 1 EVÜ zumindest eine Entscheidung gegen eine Sonderanknüpfung, Staudinger-*Sturm* Einl. IPR Rn. 49 ff.

§ 11: Art. 32 Abs. 2 EGBGB – Art und Weise der Erfüllung

I. Allgemeines

Die Anwendung fremder Eingriffsnormen wird in Art. 32 Abs. 2 EGBGB nicht ausdrücklich geregelt. Art. 32 Abs. 2 EGBGB lautet wie folgt:

„*In bezug auf die Art und Weise der Erfüllung und die vom Gläubiger im Fall mangelhafter Erfüllung zu treffenden Maßnahmen ist das Recht des Staates, in dem die Erfüllung erfolgt, zu berücksichtigen.*"

Der Wortlaut des Art. 32 Abs. 2 EGBGB nimmt nicht unmittelbar auf international zwingendes Recht Bezug. Es könnte also schon fraglich sein, ob Art. 32 Abs. 2 EGBGB überhaupt eine Regelung trifft, die im Zusammenhang mit der Anwendung ausländischen Eingriffsrechts steht. Berücksichtigt man die Zwecksetzung des Art. 32 Abs. 2 EGBGB, wird aber deutlich, daß eine Verbindung zur Frage der Beachtung ausländischer Eingriffsnormen besteht[924].

1. *Art. 32 Abs. 2 EGBGB als gesetzliche Regelung der Beachtung ausländischen Eingriffsrechts*

Nach Art. 32 Abs. 2 EGBGB ist hinsichtlich der Art und Weise der Erfüllung das Recht des Erfüllungsortes zu berücksichtigen. Relevant wird die Vorschrift, wenn die Rechtsordnung des – tatsächlichen[925] - Erfüllungsortes für den Ablauf der Erfüllung andere Regeln vorsieht als das Vertragsstatut[926]. Die Berücksichtigung des Rechtes des Erfüllungsortes erscheint in diesen Fällen schon deshalb angebracht, weil die Parteien oft gezwungen sein werden, das zwingende Recht des Staates, in dem der Vertrag erfüllt wird, einzuhalten[927]; eine Ausführung der Leistung zu den vom Vertragsstatut vorgesehenen Bedingungen also nicht möglich ist[928]. In der Literatur findet sich insoweit der Hinweis, Art. 32 Abs. 2 EGBGB ermögliche die Berücksichtigung des Rechts des tatsächlichen

[924] Ähnlich auch *Krings* 155 ff.

[925] Daß Art. 32 Abs. 2 EGBGB nur den tatsächlichen und nicht den rechtlichen Erfüllungsort meint, dürfte unstrittig sein, vgl. nur Staudinger-*Magnus* Art. 32 EGBGB Rn. 82 m.w.N.

[926] Staudinger-*Magnus* Art. 32 EGBGB Rn. 79.

[927] Ähnlich *Junker*, IPR Rn. 115.

[928] MünchKomm-*Spellenberg* Art. 32 EGBGB Rn. 126. Art. 32 Abs. 2 EGBGB bringt damit auch zum Ausdruck, daß es kein Vertragsstatut gibt, das den Vertrag in jeder Hinsicht regelt.

Erfüllungsortes und damit der Vorschriften „denen sich die Erfüllung gewöhnlich zu unterwerfen hat."[929] Zweck des Art. 32 Abs. 2 EGBGB ist also in erster Linie, der Tatsache Rechnung zu tragen, daß bei der Erfüllung eines Vertrages oft die Notwendigkeit entsteht, das Recht des Erfüllungsortes zu berücksichtigen, weil der „Erfüllungsstaat" auf der Einhaltung seiner Rechtsordnung besteht[930].

Die Kollisionsnorm des Art. 32 Abs. 2 EGBGB zielt also gerade auf die Fälle ab, in denen das Recht des Erfüllungsortes unabhängig vom Vertragsstatut Geltung verlangt. Notwendig ist eine Berücksichtigung dieses Rechtes vor allem dann, wenn es international zwingend sein soll. Eine Berücksichtigung der lex loci solutionis gemäß Art. 32 Abs. 2 EGBGB ist also regelmäßig dann geboten, wenn Normen einer fremden[931] Rechtsordnung, die nicht Vertragsstatut ist, Anwendung verlangen; wenn also drittstaatliche Eingriffsnormen Geltung beanspruchen[932].

Zwar kann auch eine Berücksichtigung des Rechts des Erfüllungsortes, das nicht international zwingend ist, angebracht sein. Dies ergibt sich schon aus der Einsicht der Zweistufentheorie, daß auch bei der Anwendung des nach dem Kollisionsrecht berufenen Sachrecht der Verknüpfung des Sachverhalts mit anderen Staaten Rechnung zu tragen ist[933]. Eine Berücksichtigung des nicht international zwingenden Rechts kommt insbesondere dann in Betracht, wenn eine Erfüllungshandlung nicht so wie durch das Vertragsstatut vorgesehen ausgeführt werden kann, weil das Recht des Erfüllungsortes bestimmte Einrichtungen oder Institute nicht kennt, deren Existenz vom Vertragsstatut vorausgesetzt wird[934].
Auch der Wortlaut des Art. 32 Abs. 2 EGBGB läßt keine Beschränkung auf Eingriffsnormen erkennen. Eine pauschale Ausklammerung aller nicht international zwingender Normen könnte auch insoweit mit dem Wortlaut

---

[929] Staudinger-*Magnus* Art. 32 EGBGB Rn. 79.

[930] Ähnlich *Krings* 157 f. und *Junker*, Konzern 300. Nach Reithmann-Martiny-*Martiny* Rn. 277 und MünchKomm-*Spellenberg* Art. 32 EGBGB Rn. 3 liegt der Sinn der Vorschrift in der Vermeidung von Konflikten zwischen der lex causae und dem davon abweichendem Recht des Erfüllungsortes. Derartige Konflikte entstehen vor allem, wenn das Recht des Erfüllungsortes unabhängig vom Vertragsstatut angewendet werden will.

[931] Die Berücksichtigung der Eingriffsnormen der lex fori erfolgt nach den in Art. 34 EGBGB klargestellten Grundsätzen, ein Rückgriff auf Art. 32 Abs. 2 EGBGB ist insoweit nicht notwendig, vgl. unten § 11 IV.

[932] Vgl. z.B. *Junker* (Konzern 295 ff.), der aber davon auszugehen scheint, daß Art. 32 Abs. 2 EGBGB ausschließlich die Anwendbarkeit fremder Eingriffsnormen betrifft.

[933] Vgl. *E. Lorenz*, RdA 1989, 224. Kritisch zur Zweistufentheorie allgemein, wenn auch für eine Zweistufigkeit der Prüfung im Rahmen des Art. 32 Abs. 2 EGBGB: *Junker*, Konzern 299 f. (Fn. 78).

[934] Vgl. *Krings* 157 f.; ähnlich Soergel-*von Hoffmann* Art. 32 EGBGB Rn. 69.

unvereinbar sein, als nach Art. 32 Abs. 2 EGBGB das Recht des Erfüllungsortes zu berücksichtigen „ist". Diese Formulierung scheint darauf hinzudeuten, daß die Berücksichtigung „des Rechts" zwingend ist und somit nicht auf Eingriffsnormen beschränkt werden kann. Auch wenn die Vorschriften, die über Art. 32 Abs. 2 EGBGB zu berücksichtigen sind, nicht unbedingt international zwingend sein müssen[935], ist aber festzuhalten, daß eine „Berücksichtigung" in erster Linie bei Eingriffsnormen in Betracht zu ziehen ist. Akzeptiert die fremde Rechtsordnung die Geltung des Vertragsstatuts - und damit auch die Verdrängung ihrer Normen - besteht ein weitaus geringeres Bedürfnis, Normen des Erfüllungsortes zu berücksichtigen.

2. *Die kollisionsrechtliche Einordnung des Art. 32 Abs. 2 EGBGB*

Die Frage, welche Normen von Art. 32 Abs. 2 EGBGB erfaßt werden, führt zu dem Problem der kollisionsrechtlichen Einordnung des Art. 32 Abs. 2 EGBGB. Insoweit ist umstritten, ob Art. 32 Abs. 2 EGBGB eine objektive Teilrechtsverweisung auf das Recht des Erfüllungsortes eröffnet (auf den Teil, der die „Art und Weise der Erfüllung" betrifft)[936] oder eine Sonderanknüpfung der „unbedingt zwingenden Normen", die die Art und Weise der Erfüllung regeln, erlaubt[937]. Nach einer dritten Ansicht unterliegen die „Erfüllungsmodalitäten" nur dem Ergebnis nach – nicht aber formal – einer Sonderanknüpfung, da die betreffenden Vorschriften nur „zu berücksichtigen", nicht aber unmittelbar anzuwenden sind[938].

Der letztgenannten Ansicht ist zumindest insoweit zuzustimmen, als Art. 32 Abs. 2 EGBGB nur von einer „Berücksichtigung" des Rechts des Erfüllungsortes und nicht einer „Anwendung" (wie Art. 34 EGBGB) spricht, der Wortlaut also darauf hindeutet, daß das Vertragsstatut nicht unbedingt von dem Recht des Erfüllungsortes im Sinne einer „echten" Sonderanknüpfung zwingend verdrängt

---

935 Gegen eine Beschränkung auf international zwingende Normen ausdrücklich auch *Hoppe* 233 (Fn. 759).

936 *E. Lorenz*, RdA 1989, 224.

937 Begründung des Regierungsentwurfs, BT-Drucks. 10/504, 82; *Junker*, Konzern 296; MünchKomm-*Martiny* Art. 30 EGBGB Rn. 69.

938 MünchArbR-*Birk* § 19 Rn. 67 unter Berufung auf *Giuliano/Lagarde* 66 (*Giuliano/Lagarde* gehen davon aus, daß Art. 32 Abs. 2 EGBGB den nationalen Gerichten die Berücksichtigung des Rechts des Erfüllungsortes in ihr Ermessen stellt). Wie *Birk* auch *Hoppe* 232. Wohl auch MünchKomm-*Spellenberg* Art. 32 EGBGB Rn. 3.

werden soll[939]. In Art. 32 Abs. 2 EGBGB wird auch nicht der Begriff des „Unterliegens" benutzt, der in den Verweisungsnormen des internationalen Schuldvertragsrechts üblicherweise verwendet wird. Auch eine „echte" (Teilrechts-) Verweisung, die zu einer direkten Anwendung der fremden Rechtsnormen führen würde, liegt also anscheinend nicht vor. Hieraus folgt aber nur, daß Art. 32 Abs. 2 EGBGB eine Rechtsfolge enthalten könnte, die von der im Kollisionsrecht grundsätzlich vorgesehenen – eine bestimmte Rechtsordnung wird für anwendbar erklärt[940] – abweicht. Eine Einordnung des Art. 32 Abs. 2 EGBGB als Möglichkeit zur Sonderanknüpfung oder Teilrechtsverweisung läßt sich aus der Rechtsfolge kaum ableiten. Die Unterscheidung zwischen Sonderanknüpfung und Teilrechtsverweisung ist insbesondere dann von Bedeutung, wenn man die Auffassung teilt, die Beachtung ausländischer Eingriffsnormen werde zwar durch inländisches Kollisionsrecht, nicht aber durch inländisches Verweisungsrecht geregelt[941].

Geht man mit der hier vertretenen Ansicht davon aus, daß Art. 32 Abs. 2 EGBGB auch nicht international zwingende Normen erfaßt, kann Art. 32 Abs. 2 EGBGB nicht ausschließlich als Eröffnung einer Sonderanknüpfung international zwingender Vorschriften angesehen werden[942]. Art. 32 Abs. 2 EGBGB muß hinsichtlich der erstgenannten Normen eine Verweisungsnorm sein, da diese Vorschriften keinen kollisionsrechtlichen Inhalt aufweisen und somit nur aufgrund einer Verweisungsnorm berufen werden können. Dies schließt aber nicht aus, daß Art. 32 Abs. 2 EGBGB auch eine Sonderanknüpfung drittstaatlicher Eingriffsnormen ermöglicht. Wie noch genauer dargestellt werden wird, ist ein entscheidendes Kriterium für die „Berücksichtigung" einer Norm nach Art. 32 Abs. 2 EGBGB, ob diese Norm angewendet werden will, also internationalen Geltungswillen aufweist[943]. Die Funktion des Art. 32 Abs. 2 EGBGB erschöpft sich also nicht in einer Verweisung auf eine bestimmte Rechtsordnung - unabhängig vom Geltungswillen der betreffenden Normen. Im Vordergrund steht vielmehr die Eröffnung der Möglichkeit, dem Anwendungsanspruch fremden Rechts nachzugeben. Da der „Anstoß" zur Anwendung aus dem Recht des Erfüllungsortes folgt, liegt insoweit keine Verweisung vor. Art. 32 Abs. 2

---

[939] *Hoppe* 232. Vgl. auch *Junker*, Konzern 299 ff.; MünchKomm-*Spellenberg* Art. 32 EGBGB Rn. 123. Fraglich ist insoweit aber auch schon, ob eine Sonderanknüpfung eine bestimmte Rechtsfolge – eine „echte" Anwendung der Norm und die Verdrängung des Vertragsstatuts – zwingend zur Folge hat. Dagegen *Siehr*, RabelsZ 52 (1988), 72 f.; anders *Mülbert*, IPRax 1986, 140 f. Näher zum Begriff der „Anwendung" unten § 11 III. 2. c).

[940] *Junker*, IPR Rn. 104.

[941] Für diese Auffassung z.B. *Junker*, Konzern 288 f.; dagegen z.B. *Schurig*, RabelsZ 54 (1990), 234 ff.

[942] Anders wohl *Junker*, Konzern 295 ff.

[943] Siehe unten § 11 III. 2. e) aa).

EGBGB betrifft also (auch) die Frage, ob und in welcher Form dem Anwendungswillen drittstaatlicher Eingriffsnormen stattgegeben werden kann, ermöglicht also eine Sonderanknüpfung dieser Vorschriften. Die Norm enthält daher sowohl die Möglichkeit einer Teilrechtsverweisung als auch einer Sonderanknüpfung[944], im Vordergrund steht dabei aber letztere Funktion.

Festzuhalten ist also, daß mit Art. 32 Abs. 2 EGBGB eine gesetzliche Regelung besteht, in der die Beachtung drittstattlicher Eingriffsnormen zumindest für einen Teilbereich – für die „Berücksichtigung" der Normen, welche die „Art und Weise der Erfüllung" oder die „vom Gläubiger im Fall mangelhafter Erfüllung zu treffenden Maßnahmen" betreffen – geregelt wird[945].

II. Die „Art und Weise der Erfüllung"

Geht man davon aus, daß mit Art. 32 Abs. 2 EGBGB eine Regelung geschaffen wurde, die (nicht nur, aber auch) ausländische Eingriffsnormen betrifft, tritt die Frage nach der Reichweite des Tatbestands des Art. 32 Abs. 2 EGBGB in den Vordergrund. Zu klären ist also, welche Eingriffsnormen von Art. 32 Abs. 2 EGBGB erfaßt werden. Art. 32 Abs. 2 EGBGB erwähnt zwei Bereiche, in denen das Recht des Erfüllungsortes zu berücksichtigen ist: die „Art und Weise der Erfüllung" und „die vom Gläubiger im Fall mangelhafter Erfüllung zu treffenden Maßnahmen". Die zweite Alternative ist ersichtlich auf kaufmännische Untersuchungs- und Rügepflichten im Rahmen von Kaufverträgen zugeschnitten[946]. Der Anwendungsbereich dieser Alternative ist sehr begrenzt, die Bestimmung ihrer Reichweite wird auch keine größeren Probleme bereiten. Auf sie soll daher im folgenden nicht näher eingegangen werden. Auch wenn der zweite von Art. 32 Abs. 2 EGBGB erfaßte Bereich im Arbeitsrecht keine Bedeutung haben wird, folgt hieraus natürlich nicht, daß Art. 32 Abs. 2 EGBGB

---

[944] Der Tendenz nach so auch *Krings* 155 ff.

[945] Vgl. z.B. *Hoppe*, 232; *Junker*, Konzern 295 ff.; MünchKomm-*Martiny* Art. 30 EGBGB Rn. 69, 71; Staudinger-*Magnus* Art 34 EGBGB Rn. 211; wohl auch *Roth*, IPRax 1994, 168. Nach *Krings* (166) ist Art. 10 Abs. 2 EVÜ (Art. 32 Abs. 2 EGBGB) daher als lex specialis gegenüber Art. 7 Abs. 1 EVÜ anzusehen.

[946] *Giuliano/Lagarde* 65 (Prüfung und Zurückweisung der Ware); Begründung des Regierungsentwurfs, BT-Drucks. 10/504, 82; *Junker*, Konzern 295 f.; *von Bar*, IPR II Rn. 540.

im Arbeitsvertragsrecht als ganzes unanwendbar ist. Art. 32 Abs. 2 EGBGB gilt für alle Vertragstypen, also auch für Arbeitsverträge[947].

Was mit „Art und Weise der Erfüllung" gemeint ist, läßt Art. 32 Abs. 2 EGBGB (wie auch der entsprechende Art. 10 Abs. 2 EVÜ) offen. Nach dem Bericht von *Giuliano/Lagarde* wurde von einer Definition bewußt abgesehen, die Abgrenzung des Begriffes solle nach der lex fori erfolgen[948]. Ein derartiges Vorgehen würde jedoch eine Ausnahme von dem in Art. 36 EGBGB (Art. 18 EVÜ) enthaltenen Grundsatz der einheitlichen Auslegung darstellen, die nur dann gerechtfertigt wäre, wenn sich aus Art. 32 Abs. 2 EGBGB besondere Gründe für eine derartige Abweichung ableiten ließen. Dies ist nicht der Fall; auch hinsichtlich der „Art und Weise der Erfüllung" ist daher von einer einheitlichen Auslegung auszugehen[949].

1. Der Meinungsstand

Eine allgemeine Definition des Begriffs „Art und Weise der Erfüllung" ist nur schwer möglich. Im Schrifttum wird üblicherweise darauf abgestellt, mit „Art und Weise" seien nicht die Regeln über Inhalt, Umfang bzw. Substanz der vertraglichen Verpflichtungen gemeint, sondern über die äußere bzw. tatsächliche Abwicklung, das „Wie" der Erfüllung[950]. Einen anderen Ansatz wählt *Kaye*: Ausgangspunkt der Abgrenzung dürfe nicht die Frage sein, ob ein bestimmter

---

947 *Franzen*, AR-Blattei SD 920, Rn. 131; *Junker*, Konzern 296 Nach *Däubler* (RIW 1987, 251) und *E. Lorenz* (RdA 1989, 223) ist Art. 32 Abs. 2 EGBGB nur entsprechend anzuwenden, da er auf das Kaufvertragsrecht zugeschnitten sei (vgl. auch *Gamillscheg*, ZfA 14 (1983), 352). Wie gezeigt wurde, gilt dies jedoch nur für die zweite Alternative; eine direkte Anwendung hinsichtlich der „Art und Weise der Erfüllung" ist daher wohl möglich.

948 *Giuliano/Lagarde* 65; ebenso schon *Lando*, RabelsZ 38 (1974), 46.

949 *Dicey-Morris* II 1261 f.; *Junker*, Konzern 296; *E. Lorenz*, RdA 1989, 224; Staudinger-*Magnus* Art. 32 EGBGB Rn. 80; MünchKomm-*Martiny* Art. 32 EGBGB Rn. 19; Reithmann-Martiny-*Martiny* Rn. 277; Soergel-*von Hoffmann* Art. 32 EGBGB Rn. 68. A.A. *Firsching*, IPRax 1981, 42; *Fletcher* 174; *Plender* 173 und wohl auch *Junker*, RabelsZ 55 (1991), 681.

950 *Audit* Rn. 830; *Dicey-Morris* II 1261 f.; *Junker*, Konzern 298; Reithmann-Martiny-*Martiny* Rn. 277; Staudinger-*Magnus* Art. 32 EGBGB Rn. 81; MünchKomm-*Spellenberg* Art. 32 EGBGB Rn. 120. Zum Teil wird auch darauf abgestellt, unter „Art und Weise der Erfüllung" seien nur weniger bedeutsame Fragen der Erfüllung zu verstehen, *Lagarde*, Rev. crit. dr. i. p. 79 (1991), 333 („des details mineurs"). Auch im IPR des Vereinigten Königreichs wurde die „minor details" zur Art und Weise der Erfüllung („mode of performance") gezählt (*Kaye* 301 f.), gegen eine Übertragung auf Art. 10 Abs. 2 EVÜ aber *Kaye* a.a.O.

Aspekt des Vertrages – der im engen Zusammenhang mit der physischen Ausführung des Vertrages steht - unter „Art und Weise der Erfüllung" subsumiert werden kann. Es müsse vielmehr gefragt werden, ob es sachgerecht erscheint, den betreffenden Aspekt durch das Recht des Erfüllungsortes regeln zu lassen und nicht durch eine andere Rechtsordnung. Sei eine Anwendung der lex loci solutionis angemessen, könne der Aspekt als Erfüllungsmodalität klassifiziert werden[951]. Auch *Krings* lehnt eine allgemeine Definition der Erfüllungsmodalitäten ab. Nach *Krings* ist entscheidend, daß Art. 32 Abs. 2 EGBGB der Tatsache Rechnung tragen soll, daß Erfüllungshandlungen am Ort der Erfüllung nicht immer so ausgeführt werden können, wie das Vertragsstatut es eigentlich vorsieht. Art. 32 Abs. 2 EGBGB sei daher immer dann anwendbar, wenn sich die Art und Weise einer Erfüllungshandlung aufgrund der Ausgestaltung der Rechtsordnung des Erfüllungsortes nicht in der vom Vertragsstatut vorgesehenen Weise durchführen läßt[952].

2. *Stellungnahme*

Der Auffassung *Kayes* ist entgegenzuhalten, daß sie bei einer Abgrenzung der Erfüllungsmodalitäten kaum hilfreich ist. Sie läuft auf einen „better law approach"[953] im Anwendungsbereich des Art. 32 Abs. 2 EGBGB hinaus: Das Recht des Erfüllungsortes ist anzuwenden, wenn es das „bessere" Recht darstellt. Offen bleibt, nach welchen Kriterien zu beurteilen ist, welche Rechtsordnung das „bessere" oder „angemessenere" Recht darstellt[954]. *Kayes* Überlegungen haben allenfalls bei der Untersuchung der vage formulierten Rechtsfolge „ist zu berücksichtigen" Raum. Im Rahmen des Merkmals „Art und Weise der Erfüllung" würde eine derartige, „ergebnisorientierte" Betrachtungsweise nur die Unsicherheiten verstärken, die mit der Auslegung des Begriffes verbunden sind.
Auch die Ansicht *Krings* ist nicht durchweg überzeugend. Nach *Krings* ist Art. 32 Abs. 2 EGBGB einschlägig, wenn die Erfüllungshandlung nicht in „der vom Vertragsstatut vorgesehenen Art und Weise" durchführbar ist[955]. Zwar wird hierdurch der Zwecksetzung des Art. 32 Abs. 2 EGBGB Rechnung getragen, im Ergebnis fehlt es aber an einer wirklichen Abgrenzung des Anwendungsbereichs. Auch bei der von *Krings* gewählten Vorgehensweise muß wiederum eine

---

[951] *Kaye* 302.

[952] *Krings* 166.

[953] Ein Überblick zum „better law approach" findet sich z.B. *Junker*, IPR Rn. 74 f.

[954] Diese Frage stellt ein allgemeines Problem des „better law approach" dar, vgl. hierzu eingehend *E. Lorenz*, Struktur 99 ff.

[955] *Krings* 166.

Aussage darüber getroffen werden, was unter der „vom Vertragsstatut vorgesehenen Art und Weise“ der Erfüllungshandlung zu verstehen ist. Offensichtlich will auch *Krings* Art. 32 Abs. 2 EGBGB nur hinsichtlich der „Art und Weise der Erfüllung“ anwenden, eine Abgrenzung ist damit auch nach dieser Ansicht notwendig. Daß eine Anwendung des Art. 32 Abs. 2 EGBGB dann in Betracht kommt, wenn die Rechtsordnung des Erfüllungsortes ein „Handeln“ nach den Regeln des Vertragsstatuts nicht zuläßt (also vor allem bei Eingriffsnormen), ist zutreffend. Dies macht eine Abgrenzung des Begriffes „Art und Weise der Erfüllung“ jedoch nicht entbehrlich.

Zwar ist auch der Aussagegehalt der von der h.M. verwendeten Formeln begrenzt. Grundsätzlich sind sie aber zutreffend; einen genauere, allgemeine Definition wird auch kaum möglich sein. Bei einem Versuch den Anwendungsbereich des Art. 32 Abs. 2 EGBGB abzugrenzen, ist der Zusammenhang mit Art. 32 Abs. 1 Nr. 2 EGBGB zu beachten[956]. Nach Art. 32 Abs. 1 Nr. 2 EGBGB unterliegt „die Erfüllung“ der durch den Vertrag begründeten Verpflichtungen dem Vertragsstatut. Die unterschiedlichen Formulierungen in Art. 32 Abs. 2 und Art. 32 Abs. 1 Nr. 2 EGBGB lassen damit den Schluß zu, daß die „Erfüllung“ als solche von der „Art und Weise der Erfüllung“ zu unterscheiden ist. Mit der h.M. ist davon auszugehen, daß unter „Erfüllung“ Inhalt bzw. Substanz der vertraglichen Pflichten fallen, unter „Art und Weise der Erfüllung“ dagegen die Regeln über die äußere Abwicklung, d.h. den Rahmen in dem die Erfüllung erfolgt. Die „Erfüllung“ betrifft also eher den Kern bzw. den Inhalt oder Umfang der vertraglichen Verpflichtungen, während mit „Art und Weise“ die Rahmenbedingungen für die Ausführung gemeint sind. Ein derartige Auslegung entspricht auch der primären Zwecksetzung des Art. 32 Abs. 2 EGBGB, bei der Ermittlung des anwendbaren Rechts zu berücksichtigen, daß es den Parteien nicht möglich sein wird, sich den durch das Recht des Erfüllungsortes zwingend vorgeschriebenen Regeln – die oft die Rahmenbedingungen und nicht den unmittelbaren Inhalt der vertraglichen Pflichten betreffen werden – zu entziehen[957]. Eine exakte Grenzziehung wird jedoch in vielen Fällen schwierig sein[958]. Relativ unproblematisch ist aber z.B. der Ausschluß von Teilgebieten wie der Begründung oder der Beendigung von Verträgen. Daß diese Aspekte nicht zur „Art und Weise der Erfüllung“ gehören, leuchtet unmittelbar ein[959].

---

[956] *Dicey-Morris* II 1261; *Plender* 173. Vgl. auch *Krings* 124 ff. und 144.

[957] *Krings* (165 f.) ist also insoweit zuzustimmen, als die Zwecksetzung des Art. 32 Abs. 2 EGBGB bei der Auslegung des Begriffes „Art und Weise der Erfüllung“ durchaus von Bedeutung ist.

[958] Sehr skeptisch MünchArbR-*Birk* § 19 Rn. 70: „... zumal die Art und Weise der Erfüllung sich bei den arbeitsvertraglichen Pflichten nicht überzeugend abspalten läßt.“

[959] *Junker*, Konzern 297.

Fraglich erscheint auch, ob andere Kollisionsnormen zu einer negativen Abgrenzung des Anwendungsbereichs des Art. 32 Abs. 2 EGBGB herangezogen werden können. Schon nach dem Wortlaut „Art und Weise der Erfüllung" können Fragen des Zustandekommens und der Wirksamkeit des (Arbeits-)Vertrages nicht unter Art. 32 Abs. 2 EGBGB fallen, mit Art. 31 EGBGB können daher keine Überschneidungen auftreten[960].

Schwieriger einzuordnen ist das Verhältnis zwischen Art. 32 Abs. 2 EGBGB und Art. 32 Abs. 1 EGBGB. Aus dem Wortlaut der beiden Absätze kann nicht geschlossen werden, daß zwischen den Regelungsbereichen ein Ausschließlichkeitsverhältnis bestehen soll, daß also z.B. Fragen der „Folgen der vollständigen oder teilweise Nichterfüllung" (Art. 32 Abs. 1 Nr. 3 EGBGB) niemals die „Art und Weise der Erfüllung" betreffen können. Systematisch schließt die Anwendung des Art. 32 Abs. 1 EGBGB die Anwendung des Art. 32 Abs. 2 EGBGB nicht aus[961]. Dies folgt schon aus den unterschiedlichen Rechtsfolgen der beiden Absätze: Die Berücksichtigung des Rechtes des Erfüllungsortes ist ja gerade dann relevant, wenn eine andere Rechtsordnung „maßgebend" ist. Die Absätze haben auch unterschiedliche Funktionen, Abs. 1 stellt nur die Reichweite des – durch andere Kollisionsnormen bestimmten – Vertragsstatuts klar, während Abs. 2 eine „echte" kollisionsrechtliche Regelung enthält[962]. Eine strikte Grenzziehung zwischen den Regelungsbereichen der beiden Absätze im Sinne einer Ausschließlichkeit ist daher nicht möglich[963].

Dennoch spricht vieles dafür, daß Überschneidungen grundsätzlich ausgeschlossen sein werden. Es läßt sich kaum ignorieren, daß Art. 32 EGBGB zunächst ausdrücklich einige Materien dem Vertragsstatut unterstellt und dann im folgenden Absatz eine Einschränkung des Vertragsstatuts für einen anderen Teil-Bereich – die Art und Weise der Erfüllung – erfolgt. Es kann davon ausgegangen werden, daß die Gegenüberstellung der in Abs. 1 geregelten Bereiche zu der „Art und Weise der Erfüllung" nicht zufällig erfolgte. Grundsätzlich ist daher anzunehmen, daß in Abs. 1 und Abs. 2 unterschiedliche Materien geregelt werden sollten, auch wenn Überschneidungen nicht durchweg ausgeschlossen werden können. Art. 32 Abs. 1 EGBGB kann daher zumindest im Rahmen der Auslegung des Art. 32 Abs. 2 EGBGB ergänzend herangezogen werden[964]. In Art. 32 Abs. 1 EGBGB erwähnte Aspekte werden regelmäßig nicht zur „Art und Weise der Erfüllung" zählen. Wie oben gezeigt wurde, kann z.B. aus Art. 32 Abs. 1 Nr. 2

---

[960] Vgl. *Krings* 144.

[961] *Krings* 124 f.

[962] Staudinger-*Magnus* Art. 32 EGBGB Rn. 1.

[963] So auch *Krings* 124 f.

[964] Vgl. *Krings* 144.

EGBGB abgeleitet werden, daß die „Art und Weise“ von der Erfüllung als solcher zu unterscheiden ist[965]. Auch die Folgen einer Nichterfüllung (Art. 32 Abs. 1 Nr. 3 EGBGB) werden grundsätzlich nicht zu dem Bereich der „Art und Weise“ gehören. Gleiches gilt für die in Art. 32 Abs. 1 Nr. 1, 4 und 5 EGBGB geregelten Materien.

Letztlich wird eine genauere Abgrenzung der Regeln, die die „Art und Weise der Erfüllung“ betreffen, nur für den konkreten Vertragstyp möglich sein[966]. Für Arbeitsverträge lassen sich folgende Feststellungen machen: Feiertagsregelungen fallen schon nach dem Bericht von *Giuliano/Lagarde*[967] und der amtlichen Begründung des Regierungsentwurfs[968] in den Anwendungsbereich des Art. 32 Abs. 2 EGBGB, auch das Schrifttum vertritt wohl ohne Ausnahme diese Auffassung[969]. Allgemein werden Regelungen der Arbeitszeit, insbesondere Vorschriften über die zulässige Höchstarbeitszeit, zu den Erfüllungsmodalitäten gerechnet[970]. Die „Art und Weise der Erfüllung“ wird z.B. auch durch Sicherheitsvorschriften und Normen über Anforderungen an den Arbeitsplatz geregelt[971]. Dem ist zuzustimmen, diese Aspekte gehören zu den Rahmenbedingungen bzw. äußeren Umständen der Arbeit. *Franzen* will darüber hinaus die im deutschen Betriebsverfassungsrecht vorgenommene Unterscheidung zwischen formellen und materiellen Arbeitsbedingungen als Entscheidungshilfe heranziehen: unter Art. 32 Abs. 2 EGBGB sollen vorrangig die Vorschriften über formelle Bedingungen fallen[972]. Gegen ein derartiges Vorgehen spricht aber wohl schon, daß insoweit von einer rein nationalen Perspektive ausgegangen würde, was nur schwer mit Art. 36 EGBGB vereinbar wäre.

---

[965] *Dicey-Morris* II 1261; *Plender* 173. Vgl. auch *Krings* 124 ff. und 144.

[966] *Junker*, Konzern 297; MünchKomm-*Spellenberg* Art. 32 EGBGB Rn. 121; *Wichmann* 35.

[967] *Giuliano/Lagarde* 66.

[968] BT-Drucks. 10/504, 82.

[969] *Audit* Rn. 830; *Däubler*, RIW 1987, 251; *Dicey-Morris* II 1262; Erman-*Hohloch* Art. 32 EGBGB Rn. 8; *Junker*, Konzern 297; *Kegel/Schurig* IPR, § 17 V 1 a; *Kropholler*, IPR § 52 I. 3. b) [2]; *E. Lorenz*, RdA 1989, 223; Staudinger-*Magnus* Art. 32 EGBGB Rn. 84; MünchKomm-*Martiny* Art. 32 EGBGB Rn. 122; Reithmann-Martiny-*Martiny* Rn. 278; Soergel-*von Hoffmann* Art. 32 EGBGB Rn. 74.

[970] *Däubler*, RIW 1987, 251; *Franzen*, AR-Blattei SD 920, Rn. 134; *Hoppe* 233; *Junker*, Konzern 297; MünchKomm-*Martiny* Art. 30 EGBGB Rn. 74; Palandt-*Heldrich* Art. 30 EGBGB Rn. 7; Staudinger-*Magnus* Art. 30 EGBGB Rn. 211.

[971] Vgl. *E. Lorenz*, RdA 1989, 223 und die Nachweise in der vorhergehenden Fußnote.

[972] *Franzen*, AR-Blattei SD 920, Rn. 134. Wohl auch *Wichmann* 35.

III. Die „Berücksichtigung“ des Rechts des Erfüllungsortes

Im folgenden soll untersucht werden, welche Regelung Art. 32 Abs. 2 EGBGB hinsichtlich der Beachtung der von ihm erfaßten Eingriffsnormen trifft. Bereitet schon die Abgrenzung des Tatbestandsmerkmals „Art und Weise der Erfüllung“ Schwierigkeiten, so werden die Probleme bei der Ermittlung der Bedeutung der von Art. 32 Abs. 2 EGBGB vorgesehenen Rechtsfolge, nach der das Recht des Erfüllungsortes „zu berücksichtigen ist“, noch gravierender[973]. Wie oben bereits erwähnt, sieht der Wortlaut des Art. 32 Abs. 2 EGBGB eine Rechtsfolge vor, die von der üblichen Rechtsfolge – der Anwendung eines bestimmten Rechts – abzuweichen scheint. Weder dem EGBGB noch dem EVÜ kann unmittelbar entnommen werden, was unter „Berücksichtigung“ zu verstehen ist. Art. 32 Abs. 2 EGBGB wird auch als „Beachtungsklausel“ bezeichnet, da der Gesetzgeber von einer genaueren Definition der Rechtsfolge abgesehen und nur festgelegt hat, die betreffende Rechtsordnung müsse – wie auch immer – beachtet werden[974]. *Kegel* wendet sich gegen derartige „Beachtungsklauseln“. Diese Klauseln seien so unbestimmt, daß sie keinen Normcharakter hätten, sondern bloßes Rechtsanzeichen wären. Der Gesetzgeber wolle hier nicht selbst eine Entscheidung treffen, sondern diese auf den Richter abwälzen[975].

Ein „echter“ Inhalt des Art. 32 Abs. 2 EGBGB steht jedoch fest, ohne daß genauer definiert werden müßte, was unter „ist zu berücksichtigen“ zu verstehen ist: Art. 32 Abs. 2 EGBGB stellt klar, daß das Vertragsstatut – zumindest für die „Art und Weise der Erfüllung“ – nicht allein und ausschließlich das auf den Vertrag anwendbare Recht bestimmt. Den Gerichten wird die „Berücksichtigung“ einer Rechtsordnung eröffnet, die weder Vertragsstatut noch lex fori ist. Art. 32 Abs. 2 EGBGB hat also wenigstens insoweit Normcharakter, als er eine

---

[973] Eine „Berücksichtigung“ einer anderen Rechtsordnung als der lex causae war auch in der alten Fassung des § 12 AGBG vorgesehen. Nach § 12 AGBG a.F. waren die Vorschriften des deutschen AGBG unter bestimmten Voraussetzungen auch dann „zu berücksichtigen“, wenn der Vertrag einem anderen Recht unterliegt. Die Formulierung wurde durch Gesetz vom 19.7.1996 (BGBl. I 1013) zur Umsetzung der Richtlinie des Rates vom 5.4.1993 über mißbräuchliche Klauseln in Verbraucherverträgen geändert; der mittlerweile weggefallene § 12 AGBG n. F. sah eine „Anwendung“ des deutschen Rechts vor. Die Diskussion über die Bedeutung des Begriffes „zu berücksichtigen“ in § 12 AGBG a.F. ist aber auch auf Art. 32 Abs. 2 EGBGB nicht übertragbar, da § 12 AGBG a.F. ausschließlich den Fall der Berücksichtigung deutschen Rechts aus Gründen des Verbraucherschutzes regelte und somit kaum mit Art. 32 Abs. 2 EGBGB vergleichbar ist.

[974] *Junker*, IPR Rn. 115.

[975] *Kegel/Schurig*, IPR § 6 I. 4. a. Kritisch zu Art. 10 Abs. 2 EVÜ auch *Fletcher* 173 („vagueness and lack of precision“).

Möglichkeit einräumt, deren Bestehen (aufgrund der Bindung der Gerichte an die Verweisungsnormen) ansonsten zumindest nicht selbstverständlich wäre[976].

Untersucht man den Regelungsgehalt des Art. 32 Abs. 2 EGBGB näher, können zwei Gesichtspunkte unterschieden werden: Zum einen ist zu klären, ob Art. 32 Abs. 2 EGBGB die „Berücksichtigung" in das Ermessen des Gerichts stellt oder sie zwingend vorschreibt. Zum anderen muß Klarheit darüber gewonnen werden, was unter „berücksichtigen" zu verstehen ist. Anders formuliert, ist sowohl nach dem „Ob" als auch dem „Wie" der Berücksichtigung des fremden Rechts zu fragen[977].

1. Das „Ob" der Berücksichtigung

Der Bericht von *Giuliano/Lagarde* scheint davon auszugehen, daß die Berücksichtigung des Rechts des Erfüllungsortes im Ermessen der Gerichte steht: Das Gericht „könne" prüfen, ob das Recht des Erfüllungsortes für die Art und Weise der Erfüllung maßgeblich ist[978]. Das Schrifttum steht dieser Auffassung fast einhellig kritisch gegenüber[979]. Für eine Verpflichtung zur Berücksichtigung spreche schon der Wortlaut des Art. 32 Abs. 2 EGBGB, nach dem das Recht des Erfüllungsortes zu berücksichtigen „ist"[980]. Der herrschenden Auffassung ist zuzustimmen, auch der Wortlaut des Art. 10 Abs. 2 EVÜ in anderen Sprachen – „shall have regard", „on aura régard" - spricht dafür, daß die Berücksichtigung zwingend vorgeschrieben ist[981]. Würde die Berücksichtigung als solche (also das „Ob") im Ermessen des Gerichts stehen, hätte dies auch erhebliche Unsicherheiten zu Folge. Für die Vertragsparteien wäre völlig offen, ob das entscheidende Gericht die „Berücksichtigung" des Rechts des Erfüllungsortes in Betracht zieht. Unabhängig von der Bedeutung des Begriffs „berücksichtigen" kann also zunächst festgestellt werden, daß Art. 32 Abs. 2 EGBGB einen

---

[976] Vgl. auch Staudinger-*Magnus* Art. 32 EGBGB Rn. 83

[977] Ähnlich *Junker*, Konzern 294 f. und *Kaye* 303 f.

[978] *Giuliano/Lagarde* 66.

[979] Vgl. z.B. *Junker*, Konzern 298 (insbesondere Fn. 73); *Kaye* 303; Staudinger-*Magnus* Art. 32 EGBGB Rn. 84; MünchKomm-*Spellenberg* Art. 32 EGBGB Rn. 123; *Morse*, Yb. Europ. L. 2 (1982), 153: Reithmann-Martiny-*Martiny* Rn. 279; Soergel-*von Hoffmann* Art. 32 EGBGB Rn. 71; wohl auch *Kegel/Schurig*, IPR § 17 V 1 a. Dem Report von *Giuliano/Lagarde* folgen wohl *Dicey-Morris* II 1261 und *Plender* 173.

[980] Vgl. die Hinweise aus der deutschsprachigen Literatur in der vorhergehenden Fußnote.

[981] Für den englischen Wortlaut *Kaye* 303.

Regelungsgehalt dahingehend besitzt, daß das zuständige Gericht das Recht des Erfüllungsortes nicht einfach ignorieren kann[982].

2. *Die Bedeutung des Begriffes „berücksichtigen"*

Schwieriger zu beantworten ist die Frage, wie das Recht des Erfüllungsortes „zu berücksichtigen" ist. Die Formulierung „zu berücksichtigen" ist vage und läßt verschiedene Interpretationen zu[983].

a) Der Meinungsstand

Im Schrifttum werden verschiedene Ansätze herangezogen, um klarzustellen, was unter einer „Berücksichtigung" des Rechts des Erfüllungsortes zu verstehen ist.

Hinsichtlich eines grundsätzlichen Aspektes besteht dabei aber weitestgehend Einigkeit: Die in Art. 32 Abs. 2 EGBGB geregelte Rechtsfolge der „Berücksichtigung" unterscheide sich von der Rechtsfolge, die üblicherweise in Kollisionsnormen angeordnet wird: einer strikten, unbedingten Anwendung des berufenen Rechts[984]. Mit „berücksichtigen" müsse etwas anderes - ein „Weniger"[985] - als die strikte Anwendung gemeint sein. Das Recht des Erfüllungsortes verdränge das Vertragsstatut nicht, sondern solle es „ergänzen"[986], „modifizieren"[987] bzw. „überlagern"[988]. Nach *Fletcher* bietet Art. 32 Abs. 2 EGBGB die Grundlage für eine Vermischung - „melding and blending" – zweier Rechtsordnungen (des Vertragsstatuts und des Rechts des Erfüllungsortes)[989]. *E. Lorenz* weist daraufhin, daß Art. 32 Abs. 2 EGBGB zu

---

[982] Vgl. insbesondere *Junker*, Konzern 298 (Fn. 73).

[983] Vgl. z.B. *Fletcher* 173.

[984] So im Ergebnis: *Däubler*, RIW 1987, 251; *Dicey-Morris* II 1261; Erman-*Hohloch* Art. 32 EGBGB Rn. 8; *Fletcher* 174; *Junker*, Konzern 296 ff.; *Kegel/Schurig*, IPR § 17 V. 1. a); *Kropholler*, IPR § 52 I. 3. b) [2]; *E. Lorenz*, RdA 1989, 224; Staudinger-*Magnus* Art. 32 EGBGB Rn. 84; MünchKomm-*Spellenberg* Art. 32 EGBGB Rn. 123; Reithmann-Martiny-*Martiny* Rn. 279; Soergel-*von Hoffmann* Art. 32 EGBGB Rn. 69 f.; *Wichmann* 36.

[985] *Junker*, Konzern 299.

[986] *E. Lorenz*, RdA 1989, 224; Palandt-*Heldrich* Art. 32 EGBGB Rn. 4.

[987] MünchKomm-*Spellenberg* Art. 32 EGBGB Rn. 123; Reithmann-Martiny-*Martiny* Rn. 279.

[988] MünchArbR-*Birk* § 19 Rn. 67; *Hoppe* 233.

[989] *Fletcher* 174.

Ergebnissen führt, die einer Anwendung der Zweistufentheorie des IPR entsprechen. Nach Art. 32 Abs. 2 EGBGB werde bei der Anwendung des Sachrechts des Vertragsstatuts berücksichtigt, daß der Vertrag auch zu einer anderen Rechtsordnung – dem Recht des Erfüllungsortes – eine enge Verbindung aufweist. Eine „Berücksichtigung" nach Art. 32 Abs. 2 EGBGB entspreche daher im Ergebnis einer Heranziehung der Zweistufentheorie, nach der auch bei der Anwendung des berufenen Sachrechts die Auslandsberührung des Sachverhalts zu beachten ist[990].
Ähnlich argumentiert auch *Junker*, der die Ansicht vertritt, „berücksichtigen" bedeute eine Norm des Erfüllungsortes „in den Tatbestand einer Sachnorm aus einem anderen Recht ‚einzubauen'". Parallelen bestünden insoweit zur Datumtheorie[991], nach der ausländischen Eingriffsnormen als „local data" - neben anderen Tatsachen - bei der Anwendung der Sachnormen des Vertragsstatuts Rechnung getragen werden kann[992]. *Krings* will ebenfalls eine „Berücksichtigung" des Rechtes des Erfüllungsortes „auf der materiellrechtlichen Ebene des Vertragsstatuts" vornehmen[993].
Auch auf die Rechtsfigur der Anpassung bzw. Angleichung wird im Zusammenhang mit Art. 32 Abs. 2 EGBGB abgestellt. Nach Art. 32 Abs. 2 EGBGB könne das Sachrecht des Vertragsstatuts an das Recht des Erfüllungsortes angepaßt werden, was zu einer modifizierten Anwendung des Vertragsstatutes, aber gegebenenfalls auch zu einer Anwendung der lex loci solutionis führen könne[994].

Eine hiervon grundlegend abweichende Ansicht vertritt *Magnus*[995]: Das Recht des Erfüllungsortes müsse zwingend angewendet werden, wenn es für die „Art und Weise der Erfüllung" andere Regelungen als das Vertragsstatut vorsieht. Art. 32 Abs. 2 EGBGB räume also bezüglich der Rechtsfolge keinerlei Ermessen ein, sondern führe „zur strikten Geltung" des Rechts des Erfüllungsortes. Begründet wird diese Ansicht mit dem Argument der Rechtssicherheit. Eine bloße „Berücksichtigung" wäre für die Parteien mit einem erheblichen Maß an Unsicherheit verbunden. Die Parteien müßten Gewißheit darüber haben, wie die

---

990 *E. Lorenz*, RdA 1989, 224. Im Ergebnis ähnlich, aber kritisch gegenüber der Herleitung einer allgemeinen Zweistufentheorie, *Junker*, Konzern 299 f. (Fn. 78).

991 Vgl. zur Datumtheorie *Jayme*, GS Ehrenzweig 35 ff.; *derselbe*, BerGesVR 25 (1984), 90 ff. und unten § 12 II.

992 *Junker*, Konzern 299 f.

993 *Krings* 161.

994 *Däubler*, RIW 1987, 251; *E. Lorenz*, RdA 1989, 224; *Junker*, Konzern 300.

995 Staudinger-*Magnus* Art. 32 EGBGB Rn. 93. Auch *Kaye* (303 f.) befürwortet grundsätzlich eine strikte Anwendung, um Unsicherheit zu vermeiden; will den Gerichten letztlich aber doch ein gewisses Maß an Ermessen einräumen.

vertraglichen Pflichten zu erfüllen sind; eine derartige Sicherheit sei aber nur durch strikte Anwendung des Rechts des Erfüllungsortes zu erreichen[996].

b) Keine Verpflichtung zur Anwendung

Die Ansicht, Art. 32 Abs. 2 EGBGB fordere eine strikte Anwendung des Rechtes des Erfüllungsortes, ist abzulehnen. Zwar ist zutreffend, daß mit der gegenteiligen Auffassung ein gewisses Maß an Rechtsunsicherheit verbunden ist. Art. 32 Abs. 2 EGBGB zielt aber nach Wortlaut und Zwecksetzung erkennbar nicht auf eine strikte Anwendung ab[997]. Es kann davon ausgegangen werden, daß die Formulierung in Art. 32 Abs. 2 EGBGB – „ist zu berücksichtigen", „shall have regard", „on aura régard" – bewußt gewählt wurde und bewußt von den anderen Normen im internationalen Schuldvertragsrecht abgewichen wurde[998]. So wird nach Art. 34 EGBGB die „Anwendung" inländischer Eingriffsnormen nicht ausgeschlossen. Auch sonst spricht das Internationale Schuldvertragsrecht vom „anzuwendenden" Recht oder davon, daß ein Vertrag einem Recht „unterliegt". Mit „berücksichtigen" ist also offensichtlich ein Ausdruck gewählt worden, der nicht eine bestimmte Rechtsfolge vorschreibt, sondern offen läßt, wie dem Recht des Erfüllungsortes Rechnung zu tragen ist. Wäre eine Verpflichtung zur Anwendung gewollt gewesen, so wäre eine andere Formulierung gewählt worden. Den Gerichten ist damit bewußt Ermessen hinsichtlich der Frage eingeräumt worden, wie sie die lex loci solutionis „berücksichtigen"[999]. Gegen eine strikte Verpflichtung zur Anwendung spricht auch die Zielsetzung des Art. 32 Abs. 2 EGBGB. Art. 32 Abs. 2 EGBGB soll der Tatsache Rechnung tragen, daß die Parteien eine Leistung am Erfüllungsort oft nicht so ausführen können, wie vom Vertragsstatut vorgesehen. Dieser Zweck wird auch ohne eine strikte Anwendung des betreffenden Rechtes erreicht. Über Art. 32 Abs. 2 EGBGB soll den Gerichten nur die Möglichkeit gegeben werden, von einer strikten Anwendung des Vertragsstatuts abzusehen. Eine Verpflichtung, vom Vertragsstatut abzuweichen und eine andere Rechtsordnung anzuwenden, sollte gerade nicht

---

[996] Staudinger-*Magnus* Art. 32 EGBGB Rn. 93. Im Arbeitsrecht soll aber eine Ausnahme gelten: Hier soll dem Günstigkeitsprinzip des Art. 30 Abs. 1 EGBGB Rechnung getragen werden, z.B. bei Höchstarbeitszeiten soll daher nur die günstigere Regelung (Vertragsstatut oder Recht des Erfüllungsortes) gelten, Staudinger-*Magnus* Art. 30 EGBGB Rn. 212.

[997] Vgl. die Hinweise in Fn. 984.

[998] Vgl. zu den unterschiedlichen Formulierungen auch *Junker*, Konzern 298 f.

[999] Im Ergebnis z.B. auch MünchKomm-*Martiny* Art. 32 EGBGB Rn. 123; Reithmann-Martiny-*Martiny* Rn. 279.

entstehen[1000]. Eine zwingende Anwendung aller Rechtsnormen des Erfüllungsortes, die die „Art und Weise der Erfüllung" betreffen - verbunden mit einer Verdrängung des Vertragsstatuts - widerspräche also sowohl Wortlaut als auch Zweck des Art. 32 Abs. 2 EGBGB[1001].

Die Gerichte müssen nach Art. 32 Abs. 2 EGBGB die betreffenden Vorschriften des Erfüllungsstatuts nicht anwenden. Dies schließt aber (entgegen der h.M.) nicht aus, daß sie diese Normen anwenden können[1002].
Die von der h.M. im Schrifttum vertretenen Auffassungen tendieren zu einer „Berücksichtigung" des Rechtes des Erfüllungsortes auf der Ebene des Sachrechts des Vertragsstatuts, eine Verdrängung des Vertragsstatuts soll grundsätzlich nicht stattfinden. Ausgangspunkt dieser Überlegungen scheint zu sein, daß stets ein Unterschied zwischen „Berücksichtigung" und „Anwendung" bestehen müsse[1003]. Die Vorschriften über die Erfüllungsmodalitäten seien nicht anzuwenden, sondern „nur" zu berücksichtigen[1004]. Die Form der „kollisionsrechtlichen Behandlung" müsse also von der „üblichen" Berufung durch Verweisungsnormen oder Anwendung aufgrund eines Anwendungsbefehls abweichen.

c) Die Unterscheidung zwischen „Anwendung" und „Berücksichtigung"

Daß unter dem Begriff der „Berücksichtigung" im Sinne des Art. 32 Abs. 2 EGBGB überwiegend die Beachtung auf sachrechtlicher Ebene verstanden wird, dürfte auf die allgemein für den Bereich des fremden Eingriffsrechts gemachten Unterscheidung zwischen „Berücksichtigung" und „Anwendung" zurückzuführen sein[1005]. Für die Behandlung ausländischer Eingriffsnormen werden zwei Vorgehensweisen unterschieden: Zum einen könne fremdes Recht „angewendet"

[1000] Vgl. *Martiny*, nach dem die Regeln des Vertragsstatuts „gegebenenfalls" zu modifizieren sind, MünchKomm-*Martiny* Art. 32 EGBGB Rn. 123; Reithmann-Martiny-*Martiny* Rn. 279.

[1001] So im Ergebnis die ganz h.M., vgl. Fn. 984.

[1002] Ähnlich wohl auch *Kegel/Schurig*, IPR § 17 V. 2. a): „Das Recht des Erfüllungs-ortes ist nach Art. 32 II nicht notwendig anzuwenden, aber jedenfalls ‚zu berücksichtigen'...".

[1003] So explizit *Junker*, Konzern 299. Siehe auch MünchArbR-*Birk* § 19 Rn. 81.

[1004] MünchKomm-*Martiny* Art. 32 EGBGB Rn. 123; Reithmann-Martiny-*Martiny* Rn. 279.

[1005] Die Unterscheidung zwischen „Anwendung" und „Berücksichtigung" ist vor allem für die Behandlung ausländischen Eingriffsrechts von Bedeutung, sie stellt aber grundsätzlich eine allgemeine Problemstellung des IPR dar, vgl. für die Frage der Anpassung z.B. *Looschelders* 108 f.

werden, zum anderen auf sachrechtlicher Ebene „berücksichtigt" werden[1006] (*Kreuzer* spricht insoweit auch von der „Anwendung im engeren und im weiteren Sinne"[1007]). Was hierunter zu verstehen ist, wird zwar nicht durchweg einheitlich definiert[1008], für den Bereich des ausländischen Eingriffsrechts dürfte hinsichtlich der grundlegenden Unterschiede zwischen den beiden Alternativen aber weitgehend Einigkeit bestehen:
Unter „Anwendung" sei die Beachtung auf kollisionsrechtlicher Ebene zu verstehen. Mit „Anwendung" werde die Rechtsfolge bezeichnet, die grundsätzlich aus einer Berufung durch die Kollisionsnormen des Internationalen Schuldvertragsrechts folge[1009]: Die betreffende Norm werde wie in ihrem ursprünglichen Geltungsbereich durchgesetzt[1010], Vorschriften anderer Rechtsordnungen würden verdrängt. Die betreffende Vorschrift werde „als Rechtsnorm" beachtet, ihrem „normativen Gehalt" werde Geltung verschafft, die in der Norm vorgesehenen Rechtsfolgen würden unmittelbar durchgesetzt[1011]. Ausländisches Recht werde „vollzogen", eine Entscheidung auf dieses Recht „gestützt"[1012]. Es werde also eine „echte" Sonderanknüpfung des ausländischen Rechts vorgenommen[1013].

[1006] Vgl. zu der betreffenden Unterscheidung z.B.: *Anderegg*, Eingriffsnormen 5 f.; *Busse*, ZVglRWiss 95 (1996), 390 ff.; *Junker*, Konzern 298 ff.; *E. Lorenz*, RIW 1987, 580 ff.; Staudinger-*Magnus* Art. 34 EGBGB Rn. 115 ff.; MünchKomm-*Sonnenberger* Einl. IPR Rn. 65 f. und 365; MünchKomm-*Martiny* Art. 34 EGBGB Rn. 49 und 55; *Zimmer*, IPRax 1993, 65 ff. Vgl. auch *Mann* (Rec. des Cours 132 (1971-I), 182), der zwischen „application" und „to take into account" unterscheidet; *Lalive* (SchJfiR 1971, 126) differenziert zwischen „exécution" und „application sans exécution".

[1007] *Kreuzer*, Wirtschaftsrecht 53 f.; ihm folgend MünchKomm-*Martiny* Art. 34 EGBGB Rn. 55.

[1008] Schon der Begriff der Anwendung ist mehrdeutig, vgl. z.B. *Krings* 138; MünchKomm-*Martiny* Art. 34 EGBGB Rn. 55; MünchKomm-*Sonnenberger* Einl. IPR Rn. 365; *von Bar*, JZ 1986, 488 f. („schillernder Begriff"). Nach *Looschelders* (108) unterscheidet sich das kollisionsrechtliche Verständnis der „Anwendung" von dem allgemeinen Verständnis des Begriffs außerhalb des Kollisionsrechts.

[1009] MünchKomm-*Martiny* Art. 34 EGBGB Rn. 55.

[1010] Vgl. *Junker*, Konzern 299.

[1011] Vgl. auch *von Bar*, IPR I Rn. 244: Anwendung sei das Phänomen, „daß eine ausländische Rechtsnorm *mit ihrer Rechtsfolge* Verhältnisse des Rechts auch für die inländische Rechtspflege verbindlich gestaltet." Nach *Looschelders* (108) setzt eine „Anwendung" voraus, daß die Rechtsfolge der betreffenden Norm „unmittelbar gilt".

[1012] Vgl. *Eichenhofer*, Sozialrecht 226 f. und *Junker*, Konzern 299. Die Unterscheidung zwischen „berücksichtigen" einer Norm und „stützen" einer Entscheidung auf eine Norm geht wohl auf *Jahr* zurück, vgl. z.B. *Jahr*, RabelsZ 54 (1990), 484.

[1013] Vgl. die Nachweise in Fn. 1006.

Mit „Berücksichtigung" auf sachrechtlicher Ebene sei dagegen der „Einbau" in das materielle Recht einer anderen Rechtsordnung gemeint. Das ausländische Recht werde nur im Rahmen sachrechtlicher Vorschriften der lex causae beachtet. Ausländisches Recht werde nicht vollzogen, sondern nur einzelne Tatbestandsmerkmale inländischer Sachnormen durch ausländisches (Eingriffs-)Recht ausgefüllt[1014]. Bei deutscher lex causae erfolge eine „Berücksichtigung" fremder Eingriffsnormen also beispielsweise über § 138 BGB, die Vorschriften über die Unmöglichkeit oder die Grundsätze über den Wegfall der Geschäftsgrundlage[1015]. Die Rechtsfolgen ergäben sich dementsprechend nicht aus der Eingriffsnorm, sondern grundsätzlich aus der lex causae. Zum Teil wird vertreten, ausländische Eingriffsnormen würden bei einer „Berücksichtigung" nicht als Rechtsnormen mit ihrem normativen Gehalt angewendet, sondern nur als Tatsachen beachtet; berücksichtigt würden nur die „faktischen Auswirkungen" der Eingriffsnormen[1016].

Die entsprechende Terminologie könnte auf den Wortlaut des Art. 32 Abs. 2 EGBGB übertragen werden: Mit dem Begriff „berücksichtigen" in Art. 32 Abs. 2 EGBGB sei die Beachtung des Rechtes des Erfüllungsortes auf sachrechtlicher Ebene – also eine Einbau in das Sachrecht des Vertragsstatuts – gemeint[1017]. Mit „berücksichtigen" werde also eine bestimmte Form der Einbeziehung der lex loci solutionis vorgeschrieben, der Terminus des „Berücksichtigens" beziehe sich also auf das „Wie" der Beachtung. Eine echte Anwendung des Rechts des Erfüllungsortes könne damit über Art. 32 Abs. 2 EGBGB grundsätzlich nicht erfolgen.

Hierzu ist zunächst anzumerken, daß die Ergebnisse, die über eine sachrechtliche „Berücksichtigung" gemäß Art. 32 Abs. 2 EGBGB erzielt werden, zum Teil einer Anwendung des Rechtes des Erfüllungsortes (und Verdrängung des

---

[1014] *Eichenhofer*, Sozialrecht 226 f.

[1015] So auch die deutsche Rechtsprechung, vgl. z.B. BGH, Urteil vom 21.12.1960, BGHZ 34, 169, 175 ff. (§ 138 BGB); RG, Urteil vom 28.6.1918, RGZ 93, 182, 184 (Unmöglichkeit); BGH, Urteil vom 8.2.1984, IPRax 1986, 154, 155 (Wegfall der Geschäftsgrundlage). Näher hierzu unten § 12 II. b).

[1016] Mit dieser Tendenz z.B. *Sonnenberger* (in: MünchKomm Einl. IPR Rn. 365), nach dessen Ansicht zwischen der Anwendung einer Norm und ihrer Beachtung als Faktum im Rahmen der Anwendung einer anderen Norm zu unterscheiden ist. Dem ist entgegenzuhalten, daß insoweit kollisionsrechtliche und tatsächliche Fragen zu trennen sind. Die „Berücksichtigung" im üblichen Sinne stellt ein kollisionsrechtliches Vorgehen dar, das von der reinen Beachtung faktischer Wirkungen zu trennen ist, vgl. z.B. *Schurig*, RabelsZ 54 (1990), 241 f.; näher hierzu unten § 13 II. 1. a).

[1017] So ausdrücklich z.B. *Junker*, Konzern 299 f. Ähnlich *Krings* 165.

Vertragsstatuts) entsprechen[1018]. So dürfte z.B. Einigkeit darüber bestehen, daß Feiertagsregelungen nicht kumuliert werden dürfen, die Feiertage am Erfüllungsort aber gemäß Art. 32 Abs. 2 EGBGB „berücksichtigt" werden müssen[1019]. Letztlich kann es also dazu kommen, daß nur die Regelungen des Erfüllungsortes über die Feiertage gelten und das Vertragsstatut insoweit verdrängt wird. Die Vorschriften des Erfüllungsortes werden somit „angewendet" [1020]. Daß die Folgen der Nichtarbeit an Feiertagen dem Vertragsstatut zu entnehmen sind, muß nicht darauf gestützt werden, die Regelung des Erfüllungsortes über Zahl und Lage der Feiertage werde „nur" in eine Sachnorm des Vertragsstatuts „eingebaut"[1021]. Die Folgen können sich schon deshalb aus dem Vertragsstatut ergeben, weil insoweit nicht mehr „die Art und Weise der Erfüllung" betroffen ist.

In einigen Fällen wird das Problem, ob ein „Einbau" oder eine „Anwendung" einer Norm erfolgt, nur eine Frage der Perspektive sein[1022]. Verlangt ein üblicherweise in Deutschland tätiger Arbeitnehmer Entgelt für einen Tag, der am ausländischen Erfüllungsort ein Feiertag war, so läßt sich argumentieren, die Feiertagsregelung werde in § 2 Entgeltfortzahlungsgesetz (bei deutschem Arbeitsvertragsstatut) eingebaut, da die streitentscheidende (privatrechtliche) Rechtsfolge – die Lohnzahlungspflicht - aus dem Vertragsstatut folge[1023]. Das ausländische Verbot werde also nur als Datum, Faktum bzw. Tatsache berücksichtigt. Mindestens ebenso plausibel erscheint es aber, von einer Anwendung der Feiertagsregel auszugehen: Die Regelung des Erfüllungsortes über Lage und Umfang der Feiertage wird regelmäßig insoweit das Vertragsstatut verdrängen, auch ihre unmittelbare Rechtsfolge – der Ausfall der Arbeitszeit – wird „durchgesetzt"[1024].

[1018] Vgl. allgemein auch MünchKomm-*Martiny* Art. 34 EGBGB Rn. 33; *Radtke*, ZVglRWiss 84 (1985), 357; Staudinger-*Magnus* Art. 34 EGBGB Rn. 138.

[1019] Vgl. z.B. *Däubler*, RIW 1987, 251; *E. Lorenz*, RdA 1989, 224. Im Ergebnis auch *Franzen*, AR-Blattei SD 920, Rn. 132.

[1020] Vgl. *E. Lorenz* (RdA 1989, 224), der auf die Anpassung abstellt, „die in der Regel zur alleinigen Anwendung der am vorübergehenden Arbeitsort geltenden Vorschriften führen muß."

[1021] So aber *Junker*, Konzern 300.

[1022] *Schiffer* (94 ff.) vertritt ganz allgemein die Ansicht, auch eine Berücksichtigung auf materiellrechtlicher Ebene sei letztlich nichts anderes als eine Anwendung, dagegen *Looschelders* 108 f.; näher hierzu unten § 13 II. 1. b).

[1023] So *Junker*, Konzern 300.

[1024] Vgl. allgemein auch *Kegel*, in: Holl/Klinke 12 f.; *derselbe*, in: Soergel, 11. Auflage, Vor Art 7 EGBGB Rn. 112, nach dessen Ansicht in bestimmten Fällen fraglich sein kann, ob ein Rechtssatz angewendet oder nur „als Tatsache in Rechnung gestellt" wird.

d) „Berücksichtigen“ als Ermessensbegriff

Letztlich ist die in der allgemeinen Diskussion gemachte Unterscheidung zwischen „Berücksichtigung“ und „Anwendung“ aber auf den Wortlaut des Art. 32 Abs. 2 EGBGB auch nicht übertragbar. Mit der Formulierung „berücksichtigen“ in Art. 32 Abs. 2 EGBGB ist keine „Berücksichtigung“ des Rechts des Erfüllungsortes in dem oben dargelegten Sinne - Beachtung auf sachrechtlicher Ebene - gemeint.

Die „Berücksichtigung“ gemäß Art. 32 Abs. 2 EGBGB ist nicht prinzipiell ein „Weniger“ gegenüber einer „Anwendung“, sie schließt die Anwendung einer Norm nicht aus. Mit dem Ausdruck „berücksichtigen“ wird keine bestimmte Form der Beachtung – z.B. auf sachrechtlicher Ebene – vorgeschrieben. Art. 32 Abs. 2 EGBGB gibt weder eine bestimmte Rechtsfolge vor noch schließt er sie aus. Über das „Wie“ der Beachtung des Rechtes des Erfüllungsortes wird also keine Aussage getroffen. Mit dem Begriff der „Berücksichtigung“ soll vielmehr verdeutlicht werden, daß den Gerichten ein Spielraum – d.h. ein Ermessen – bei der Beachtung des Rechtes des Erfüllungsortes eingeräumt wird[1025]. Die Form der Beachtung steht damit im Ermessen der Gerichte[1026]. Sie können eine Norm des Erfüllungsortes anwenden und eine Verdrängung des Vertragsstatutes vornehmen, die Vorschrift auf sachrechtlicher Ebene in eine Norm des Vertragsstatuts einbauen oder eine Anpassung vornehmen. Auch eine schlichte Nicht-Anwendung der Bestimmung - ohne Auswirkungen auf die Sachnormen des Vertragsstatuts - ist möglich, das Gericht muß dann nur klarstellen, daß es die Möglichkeit nach Art. 32 Abs. 2 EGBGB erkannt und das Recht des Erfüllungsortes nicht einfach ignoriert hat[1027].

Diese Lösung entspricht dem Wortlaut und dem Zweck des Art. 32 Abs. 2 EGBGB. Ginge man davon aus, daß mit „berücksichtigen“ die Beachtung auf sachrechtlicher Ebene gemeint ist, ergäben sich bei konsequenter Einhaltung dieser Annahme kaum vertretbare Ergebnisse: Nach ganz überwiegender Ansicht steht die „Berücksichtigung“ gemäß Art. 32 Abs. 2 EGBGB nicht im Ermessen

---

[1025] Ähnlich MünchKomm-*Spellenberg* Art. 32 EGBGB Rn. 123; Reithmann-Martiny-*Martiny* Rn. 279.

[1026] Insoweit dürften Ähnlichkeiten zu der in Art. 7 Abs. 1 EVÜ vorgesehenen Rechtsfolge „Wirkung verleihen“ bestehen, vgl. *Ebke*, Devisenrecht 332; *Siehr*, RabelsZ 52 (1988), 72 (Fn. 155); ähnlich auch *Krings* 140 und 143 (aber mit anderen Prämissen). Anders *Junker* (Konzern 306), nach dessen Ansicht der Begriff „Wirkung verleihen“ weiter ist als der Begriff des „Berücksichtigens“ gemäß Art. 32 Abs. 2 EGBGB.

[1027] Vgl. insoweit auch *Junker*, Konzern 298 (Fn. 73): „... die Berücksichtigung kann allerdings dazu führen, daß sich die Norm im Ergebnis nicht auswirkt.“

des Gerichts; das Recht des Erfüllungsortes muß „berücksichtigt“ werden[1028]. Verstünde man unter „Berücksichtigung“ die Beachtung auf materiellrechtlicher Ebene, würde hieraus eine Verpflichtung zum „Einbau“ aller Normen des Erfüllungsortes, die die „Art und Weise der Erfüllung“ betreffen, folgen. Eine Verpflichtung zur materiellrechtlichen Berücksichtigung aller einschlägigen Vorschriften erscheint aber ebensowenig mit Art. 32 Abs. 2 EGBGB vereinbar wie eine Verpflichtung zur Anwendung.

Auch systematische Gesichtspunkte sprechen dagegen, im Rahmen des Art. 32 Abs. 2 EGBGB nur eine sachrechtliche Beachtung vorzunehmen und die Möglichkeit einer Anwendung des Rechts des Erfüllungsortes auszuschließen. Die allgemeine Regelung für fremdes Eingriffsrecht in Art. 7 Abs. 1 EVÜ sieht vor, daß ausländischen Eingriffsnormen „Wirkung verliehen“ werden kann. Im Bereich des Art. 7 Abs. 1 EVÜ kann davon ausgegangen werden, daß mit der Formulierung „Wirkung verleihen“ klargestellt werden sollte, daß die Form der Beachtung des ausländischen Rechts im Ermessen der Gerichte steht[1029]. Nach Art. 7 Abs. 1 EVÜ soll daher auch eine Anwendung fremder Eingriffsnormen möglich sein. Die Ansicht, Art. 32 Abs. 2 EGBGB ermögliche nur eine materiellrechtliche Berücksichtigung auf der Ebene des Vertragsstatuts, würde also dazu führen, daß nur nach der allgemeinen Regelung (Art. 7 Abs. 1 EVÜ) eine Anwendung ausländischer Eingriffsnormen zulässig ist, nicht aber nach der spezielleren Regelung in Art. 10 Abs. 2 EVÜ (Art. 32 Abs. 2 EGBGB). Art. 32 Abs. 2 EGBGB würde also für den Bereich, in denen die Geltungsansprüche ausländischer Eingriffsnormen besonders relevant sind, nur eine „schwächere“ Form der Beachtung vorsehen. Ein derartiges Ergebnis kann bei Abfassung des EVÜ aber kaum beabsichtigt gewesen sein[1030].

Es kann unterstellt werden, daß die mit der hier vertretenen Lösung verbundene Rechtsunsicherheit beim Abschluß des EVÜ gesehen und bewußt hingenommen wurde[1031]. Auch die Ansätze, die eine Lösung über die Zweistufentheorie, Anpassung oder allgemein eine Berücksichtigung auf sachrechtlicher Ebene suchen, werden nicht zu einem höheren Maß an Sicherheit führen. Die

---

[1028] Vgl. die Hinweise in Fn. 979.

[1029] Vgl. z.B. *Coing*, WM 1981, 811; *Junker*, Konzern 306; *Kösters* 99 f.; *Lehmann*, Vertragsrecht 229 f.; aus französischer Sicht: *Holleaux/Foyer/La Pradelle* 328.

[1030] Anders *Junker*, Konzern 306. Gegen das hier vertretene Ergebnis spricht auch nicht, daß damit die Verwendung der unterschiedlichen Begriffe „Wirkung verleihen“ (Art. 7 Abs. 1 EVÜ) und „berücksichtigen“ (Art. 10 Abs. 2 EVÜ) sinnlos wäre, weil mit ihnen letztlich das gleiche gemeint ist. Die abweichende Wortwahl beruht auf dem abweichenden Grad der Verpflichtung zur Beachtung des ausländischen Rechts: Art 7 Abs. 1 EVÜ gewährt dem Richter einen größeren Ermessensspielraum als Art. 10 Abs. 1 EVÜ.

[1031] Vgl. *Fletcher* 173 f.

Unsicherheiten bei der Anwendung des Art. 32 Abs. 2 EGBGB werden sich in dem Maße legen, in dem Rechtsprechung und Lehre Leitlinien entwickeln, die für die Ermessensausübung im Rahmen des Art. 32 Abs. 2 EGBGB relevant sind. Im folgenden soll versucht werden, einige Kriterien aufzuzeigen, die für die Entscheidung der Gerichte von Bedeutung sein können.

e) Kriterien für die Ermessensausübung

Grundlage für die Ausübung des Ermessens muß wiederum der Zweck des Art. 32 Abs. 2 EGBGB sein. Die Gerichte müssen also beachten, daß über Art. 32 Abs. 2 EGBGB nicht allgemein das Recht des Erfüllungsortes Geltung erlangen, sondern nur berücksichtigt werden soll, daß die Parteien die Leistung nicht in der vom Vertragsstatut vorgesehenen Weise ausführen können, weil das Recht des Erfüllungsorts dies nicht zuläßt. Dabei sind zwei Konstellationen denkbar: Zum einen muß von den Regelungen des Vertragsstatuts abgewichen werden, wenn Normen des Erfüllungsortes unabhängig vom Vertragsstatut Anwendung verlangen, also international zwingend sind; zum anderen können Einrichtungen oder Institute des Vertragsstatuts in der lex loci solutionis fehlen, die vom Vertragsstatut vorausgesetzt werden[1032]. Nach Ziel und Zweck des Art. 32 Abs. 2 EGBGB wird eine Anwendung oder ein „Einbau" des Rechtes des Erfüllungsortes regelmäßig nur in diesen Fällen in Frage kommen. Weicht die lex loci solutionis von dem Vertragsstatut ab - müssen die Parteien aber nicht aus den genannten Gründen das Recht des Erfüllungsortes notwendigerweise beachten - wird sich die Berücksichtigung oft in einer „Kenntnisnahme" erschöpfen.

[1032] Vgl. *Krings* 155 ff.

aa) Der Geltungswille

Ein entscheidendes Kriterium bei der „Berücksichtigung“ muß also der Geltungswille der betreffenden Normen sein. Die Gerichte haben bei der Entscheidung, wie weitgehend eine Berücksichtigung einer Norm des Erfüllungsortes in Betracht kommt, also auf den jeweiligen Anwendungswillen abzustellen[1033]. Dieser Grundsatz ermöglicht auch eine sachgerechte Lösung für die Fälle, in denen das Recht des Erfüllungsortes nur einseitig zwingend ist, also z.B. bei Höchstarbeitszeiten. In diesen Fällen ist der nationale und internationale Geltungswille der betreffenden Norm nur dann auf eine Anwendung gerichtet, wenn ansonsten eine für den Arbeitnehmer ungünstigere Regelung gelten würde[1034]. Sieht das Vertragsstatut also z.B. eine tägliche Höchstarbeitszeit von zehn Stunden vor, das Recht des Erfüllungsortes aber von zwölf, so bleibt es bei der Geltung des Vertragsstatuts. Die Regelung des Erfüllungsortes wird nicht angewendet (oder eingebaut), weil sie nicht angewendet werden will[1035].

Will eine Vorschrift des Erfüllungsortes angewendet werden, so wird man aus Art. 32 Abs. 2 EGBGB schließen können, daß die ausdrückliche Normierung für die „Art und Weise der Erfüllung“ darauf hindeutet, daß das Internationale Schuldvertragsrecht für diesen Bereich dem Anwendungsanspruch gegenüber grundsätzlich aufgeschlossen ist. Auch der Aspekt der Rechtssicherheit wird oft für eine Anwendung oder einen Einbau der lex loci solutionis sprechen[1036]: Die Parteien werden regelmäßig davon ausgehen, daß das von ihnen zwingend (oder notwendigerweise) zu beachtende Recht des Erfüllungsortes auch von Gerichten anderer Staaten „angewendet“ wird. Die Beachtung fremden Eingriffsrechts läßt sich im Anwendungsbereich des Art. 32 Abs. 2 EGBGB also leichter begründen als in anderen Bereichen; sie stellt hier den „Regelfall“ dar[1037]. Entschließt sich ein Gericht von einer Anwendung oder einem Einbau in eine Sachnorm des Vertragsstatuts abzusehen, wird eine besondere Begründung für diese

---

[1033] So für die Behandlung ausländischer Eingriffsnormen allgemein auch z.B. *Zimmer*, IPRax 1993, 68 f.

[1034] Vgl. oben § 3 III. 2.

[1035] Im Ergebnis (mit anderer Begründung) ähnlich Staudinger-*Magnus* Art. 30 EGBGB Rn. 212.

[1036] So auch Staudinger-*Magnus* Art. 32 EGBGB Rn. 93 und *Kaye* 304; allerdings mit der weitergehenden Folgerung einer Pflicht zur Anwendung.

[1037] Dieser Aspekt und die Tatsache, daß die Berücksichtigung als solche nicht im Ermessen des Gerichts steht, dürften die entscheidenden Unterschiede zur allgemeinen Regelung der drittstaatlichen Eingriffsnormen in Art. 7 Abs. 1 EVÜ darstellen; anders *Junker* (Konzern 305 ff.), der Unterschiede vor allem in den Rechtsfolgen der Art 10 Abs. 2 (Art. 32 Abs. 2 EGBGB) und Art. 7 Abs. 1 EVÜ sieht.

Entscheidung notwendig sein[1038]. Besondere Gründe können sich dabei aus anderen bei der Ermessensausübung zu beachtenden Kriterien ergeben.

bb) Weitere Kriterien

Als derartige weitere Gesichtspunkte kommen vor allem die Interessen der Parteien und staatliche Interessen in Betracht[1039], wobei eine eindeutige Unterscheidung oft nicht möglich sein wird. Die Interessen können dabei sowohl sach- als auch kollisionsrechtlicher Art sein[1040].

(1) Die Interessen der Vertragsparteien

Eine Berücksichtigung insbesondere der sachrechtlichen Parteiinteressen birgt aber die Probleme, die im Zusammenhang mit dem „better law approach" angesprochen wurden. So führt die Überlegung, ob eine Anwendung des Rechts des Erfüllungsortes „interessengerecht" oder „unbillig" für eine Partei ist, zu der Frage, aus welcher Perspektive die Billigkeit zu beurteilen ist[1041]. Trotz dieser Schwierigkeiten kann ein Abstellen auf die Parteiinteressen auch hilfreich sein. So läßt sich z.B. die Ansicht, eine Kumulierung von Vorteilen für eine

---

[1038] Letztlich dürfte auch die h.M., die das „Ob" der Berücksichtigung nicht in das Ermessen der Gerichte stellen will (vgl. die Hinweise in Fn. 979), zu diesem Ergebnis gelangen.

[1039] *Kaye* 304; für eine Berücksichtigung der Parteiinteressen auch MünchKomm-*Spellenberg* Art. 32 EGBGB Rn. 127; vgl. für Art. 7 Abs. 1 EVÜ auch *Coing*, WM 1981, 811. Vgl. auch Art. 19 des IPRG der Schweiz, der die Berücksichtigung ausländischen Eingriffsrechts ausdrücklich von dem „überwiegenden Interesse einer Partei" abhängig macht, siehe hierzu *Vischer*, RabelsZ 53 (1989), 449 ff. Eine eindeutige Unterscheidung zwischen staatlichen und privaten Interessen wird nicht immer möglich sein, ist aber im Rahmen der Anwendung des Art. 32 Abs. 2 EGBGB auch kaum erforderlich.

[1040] Vgl. allgemein zu den verschiedenen relevanten Interessen im IPR: *Kegel/Schurig*, IPR § 2; kritisch zur Einteilung der Interessen durch *Kegel* z.B. MünchKomm-*Sonnenberger* Einl. IPR Rn. 84 ff. Auch zwischen sach- und kollisionsrechtlichen Interessen wird nicht immer eine klare Trennung möglich sein. Die Unterscheidung sollte daher nicht überbetont werden.

[1041] Vgl. allgemein *E. Lorenz*, Struktur 99 ff. und oben § 11 II. 2. Dem schweizerischen IPRG scheinen derartige Bedenken fremd zu sein: Nach Art. 19 IPRG sind drittstaatliche Eingriffsnormen zu berücksichtigen, „wenn nach schweizerischer Rechtsauffassung schützenswerte und offensichtlich überwiegende Interessen einer Partei es gebieten...". Auch im deutschen Recht wird bei der Beachtung ausländischen Eingriffsrechts aber auf eine nationale Perspektive abgestellt, dies zeigt schon das Kriterium des „Interessen- und Wertegleichklangs", vgl. hierzu sogleich im Text. Auch bei der Beurteilung der Parteiinteressen nach Art. 32 Abs. 2 EGBGB wird daher im Zweifel die lex fori Ausgangspunkt sein.

Arbeitsvertragspartei durch Anwendung des Vertragsstatuts und „Berücksichtigung" des Rechts des Erfüllungsortes müsse ausgeschlossen sein, auch durch die Heranziehung der Parteiinteressen stützen. Eine Kumulierung der bezahlten, arbeitsfreien Feiertage wäre von keiner der beteiligten Rechtsordnungen gewollt und kann daher unproblematisch als unbillig angesehen werden[1042]. Eine Beachtung der sachrechtlichen Parteiinteressen führt bei den Feiertagsregelungen also zu dem Ergebnis, „Berücksichtigung" im Sinne des Art. 32 Abs. 2 EGBGB als Anwendung (mit Verdrängung des Vertragsstatuts) zu verstehen.

Bei der Berücksichtigung der Parteiinteressen könnte auch in Betracht gezogen werden, darauf abzustellen, ob die Parteien das Vertragsstatut durch Rechtswahl bestimmt haben. Art. 32 Abs. 2 EGBGB greift grundsätzlich auch dann, wenn die Parteien durch Rechtswahl eine andere Rechtsordnung als die des Erfüllungsortes als Vertragsstatut bestimmt haben[1043]. *Magnus* geht jedoch davon aus, daß die Parteien durch ausdrückliche Vereinbarung auch Art. 32 Abs. 2 EGBGB ausschließen und damit die „Sonderanknüpfung" des Rechts des Erfüllungsortes abbedingen können[1044]. Dem ist im Ergebnis nicht zuzustimmen. Zwar können die Parteien auch speziell für die Art und Weise der Erfüllung ein bestimmtes Recht wählen[1045], ein Ausschluß der Berücksichtigung des Rechts des Erfüllungsortes nach Art. 32 Abs. 2 EGBGB ist aber zumindest hinsichtlich des fremden Eingriffsrechts nicht möglich[1046]. Art. 32 Abs. 2 EGBGB soll der Tatsache Rechnung tragen, daß sich die Parteien dem Eingriffsrecht des Erfüllungsortes nicht – auch nicht durch Rechtswahl – entziehen können. Dem Zweck des Art. 32 Abs. 2 EGBGB, eine Übereinstimmung zwischen tatsächlichen Gegebenheiten und rechtlicher Beurteilung zu ermöglichen, würde es widersprechen, wollte man einen Ausschluß des Art. 32 Abs. 2 EGBGB zulassen[1047]. Ganz allgemein erschiene eine Regelung international zwingender, ausländischer Normen durch nationales dispositives Kollisionsrecht wenig sinnvoll.
Dennoch könnte argumentiert werden, daß das Vorliegen einer Rechtswahl zumindest im Rahmen der Ermessensausübung berücksichtigt werden kann, weil

---

[1042] Dies entspricht dem Ergebnis, das über eine Anpassung erzielt wird, vgl. *Däubler*, RIW 1987, 251; *E. Lorenz*, RdA 1989, 224.

[1043] So auch Staudinger-*Magnus* Art. 32 EGBGB Rn. 98.

[1044] Staudinger-*Magnus* Art. 32 EGBGB Rn. 98.

[1045] So auch MünchKomm-*Spellenberg* Art. 32 EGBGB Rn. 124 und BGH, Urteil vom 7.7.1980, IPRax 1981, 93, 94. Weicht das insoweit gewählte Recht von dem Vertragsstatut ab, spricht man von einem „Nebenstatut".

[1046] So im Ergebnis auch *Krings* (159), nach der auch die Berücksichtigung des nicht-international-zwingenden Rechts nicht ausgeschlossen werden kann.

[1047] Mit abweichender Begründung auch *Krings* 159.

das (kollisionsrechtliche) Interesse der Parteien an einem Festhalten an dem Vertragsstatut in diesem Fall höher ist als bei Fehlen einer Rechtswahl[1048]. Daß sich allein aus dem Vorliegen einer Rechtswahl ein gesteigertes Interesse der Parteien an der Geltung des Vertragsstatuts ableiten läßt, wird in dieser Allgemeinheit aber kaum zutreffen. So werden die Parteien oft von einer Rechtswahl absehen, wenn das objektive Statut dem gewünschten Vertragsstatut entspricht; das Interesse an der Geltung des Vertragsstatuts wird sich also nicht immer in einer Rechtswahl ausdrücken.

Fraglich erscheint auch, ob berücksichtigt werden sollte, inwieweit die Parteien das Recht des Erfüllungsortes tatsächlich beachtet haben. Das Interesse der Parteien an einer Beachtung könnte geringer sein, wenn sich die Parteien tatsächlich nicht an die Anforderungen des Rechtes des Erfüllungsortes gehalten haben. Insoweit könnten Parallelen zur Machttheorie, die die Anwendung von ausländischen Eingriffsnormen von der Durchsetzungsmacht des Erlaßstaates abhängig machen will[1049], gezogen werden. Haben die Parteien das Recht des Erfüllungsortes nicht beachtet und fehlte bzw. fehlt dem betreffenden Staat die Durchsetzungsmacht, könnte es bei einer Geltung des Vertragsstatuts bleiben. Für diesen Fall könnte argumentiert werden, daß schon die Zwecksetzung des Art. 32 Abs. 2 EGBGB nicht greift, weil eine „Berücksichtigung" nicht notwendig erscheint, da sich die Parteien der lex loci solutionis „entziehen" konnten. Auch wenn diese Argumentation nicht ganz unbegründet erscheint, bestehen dennoch Bedenken, da sie z.B. zu einer Schlechterstellung des „rechtstreuen" Arbeitgebers führen kann, der die (strengeren) Vorschriften des Erfüllungsortes beachtet[1050].

(2) Die Interessen der beteiligten Staaten

Was die Interessen der beteiligten Staaten betrifft, so manifestieren sich die Interessen des „Erfüllungsstaates" regelmäßig in dem oben behandelten Geltungswillen. Gerichte haben im Rahmen des Art. 32 Abs. 2 EGBGB aber

---

1048 Dies gilt insbesondere dann, wenn man davon ausgeht, daß die Privatautonomie dem Parteiinteresse dient, so z.B. *Junker*, IPR Rn. 92.

1049 Vgl. *Kegel/Schurig*, IPR § 23 I.; Soergel-*Kegel*, 11. Auflage, Vor Art. 7 EGBGB Rn. 396 und unten § 12 III.

1050 Gegen eine Berücksichtigung der tatsächlichen Auswirkungen ausländischer Eingriffsnormen bei der normativen Heranziehung dieser Vorschriften: *Zimmer*, IPRax 1993, 68. Kritisch zu dem Ansatz der Machttheorie auch MünchKomm-*Martiny* Art. 34 EGBGB Rn. 37; Staudinger-*Magnus* Art. 34 EGBGB Rn. 133.

auch die Möglichkeit, die Interessen des Forumstaates zu berücksichtigen[1051]. So können sie beim Umfang der „Berücksichtigung" der lex loci solutionis dem „Interessen- und Wertegleichklang" mit der inländischen Rechtsordnung Rechnung tragen[1052]. Inwieweit das Vertragsstatut oder das Recht des Erfüllungsortes angewendet wird, kann also auch davon abhängig gemacht werden, welches Recht im höheren Ausmaß mit der lex fori im „Gleichklang" steht. Da Art. 32 Abs. 2 EGBGB keine strikte Anwendung des Rechtes des Erfüllungsortes fordert, erlaubt er grundsätzlich eine Berücksichtigung des Interessengleichklangs, die über einen „ordre-public-Vorbehalt" im Sinne des Art. 6 EGBGB hinausgeht[1053]. Dennoch sollte nicht übersehen werden, daß nach Art. 32 Abs. 2 EGBGB feststeht, daß das Internationale Schuldvertragsrecht gegenüber dem Anwendungsanspruch der Normen des Erfüllungsortes, die die „Art und Weise der Erfüllung" betreffen, offen ist. Dem würde eine rein nationale Perspektive bei der Ermittlung des Umfangs der „Berücksichtigung" widersprechen. Nur gravierende Unterschiede im „Interessen- und Wertegleichklang" sollten daher in die Abwägung zwischen Vertragsstatut und lex loci solutionis einfließen.

Der Aspekt des „Interessen- und Wertegleichklangs" zeigt auch, daß Kriterien, die im Rahmen der allgemeinen Diskussion über die Anwendbarkeit ausländischer Eingriffsnormen von Bedeutung sind, auch im Rahmen des Art. 32 Abs. 2 EGBGB herangezogen werden können[1054]. Daneben wird deutlich, daß sich „Parteiinteressen" nicht eindeutig von „staatlichen Interessen" unterscheiden lassen: „Interessen- und Wertegleichklang" besteht bei solchen Normen, die zu einem – aus Sicht der lex fori – „gerechten" Ausgleich der Parteiinteressen führen.

Die genannten Kriterien werden die Rechtssicherheit nicht übermäßig beeinträchtigen[1055]: Die Parteien werden in der Regel nicht damit rechnen, daß

[1051] Dabei darf aber nicht unterstellt werden, daß Staatsinteressen allgemein gegen die Berücksichtigung fremden Eingriffsrechts sprechen (so wohl *Kegel*, IPR § 2 IV.), dies stünde im Widerspruch zur Regelung des Art. 32 Abs. 2 EGBGB.

[1052] Der „Interessen- und Wertegleichklang" (auch „shared values approach") wird allgemein als Kriterium für die Berücksichtigung fremden Eingriffsrechts herangezogen, vgl. z.B. *Hentzen*, RIW 1988, 510 f.; Erman-*Hohloch* Art. 34 EGBGB Rn. 24; *Kreuzer*, Wirtschaftsrecht 92 ff.; MünchKomm-*Martiny* Art. 34 EGBGB Rn. 121 ff; Staudinger-*Magnus* Art. 34 EGBGB Rn. 117 und 144; näher hierzu unten § 13 III. 5.

[1053] Vgl. zum Umfang der inhaltlichen Überprüfung ausländischer Eingriffsnormen allgemein: MünchKomm-*Martiny* Art. 34 EGBGB Rn. 121 ff. m.w.N.

[1054] Näher hierzu unten § 11 IV.

[1055] Ähnlich *Kaye* 304.

Gerichte Vorteile für eine Vertragspartei kumulieren oder Normen anwenden, die mit der lex fori nur schwer zu vereinbaren sind.

IV. Die Bedeutung des Art. 32 Abs. 2 EGBGB für die Beachtung ausländischer Eingriffsnormen

Wie in den vorhergehenden Abschnitten gezeigt wurde, enthält Art. 32 Abs. 2 EGBGB eine Teilregelung für die Beachtung (auch) ausländischer Eingriffsnormen. Der Regelungsumfang des Art. 32 Abs. 2 EGBGB ist in zweierlei Hinsicht beschränkt: Zum einen werden nur solche Regelungen erfaßt, die die „Art und Weise der Erfüllung“ betreffen (oder die „vom Gläubiger im Fall mangelhafter Erfüllung zu treffenden Maßnahmen). Zum anderen werden nach Art. 32 Abs. 2 EGBGB nur Normen des Erfüllungsortes berücksichtigt[1056]. Nach einer in der Literatur vertretenen Auffassung ist der Anwendungsbereich des Art. 32 Abs. 2 EGBGB auch insoweit begrenzt, als nur eine „Berücksichtigung“ aber keine „Anwendung“ der ausländischen Eingriffsnormen ermöglicht werde. Da aber oft eine echte Anwendung geboten sei, könne Art. 32 Abs. 2 EGBGB in diesen Fällen nicht herangezogen werden, weil die Rechtsfolge nicht passe[1057]. Dieses Problem stellt sich nach der hier vertretenen Ansicht nicht, da die in Art. 32 Abs. 2 EGBGB vorgesehene Rechtsfolge der „Berücksichtigung“ auch eine Anwendung des Rechtes des Erfüllungsortes erlaubt.

Offen bleibt damit die Frage, wie ausländische Eingriffsnormen zu behandeln sind, die nicht in den Regelungsbereich des Art. 32 Abs. 2 EGBGB fallen. Dabei sollten die beiden Bereiche – von Art. 32 Abs. 2 EGBGB erfaßte Normen einerseits, nicht erfaßte Normen andererseits – nicht isoliert voneinander betrachtet werden. Die Rechtsfolge des Art. 32 Abs. 2 EGBGB ist offen formuliert und räumt den Gerichten Ermessensspielraum bei der Beachtung ausländischen Eingriffsrechts ein. Bei der Suche nach Richtlinien für die Ausübung dieses Ermessens kann auf die allgemeinen Grundsätze zurückgegriffen werden, die für die Behandlung fremdstaatlicher Eingriffsnormen entwickelt wurden[1058]. Das bedeutet aber nicht, daß die Regelung des Art. 32 Abs. 2 EGBGB praktisch bedeutungslos wäre, weil auch in seinem Anwendungsbereich die allgemeinen Erwägungen zu berücksichtigen sind. Art. 32 Abs. 2 EGBGB stellt zum einen klar, daß die erfaßten Eingriffsnormen des Erfüllungsortes nicht ignoriert werden können. Im Anwendungsbereich des Art. 32 Abs. 2 EGBGB ist auch davon auszugehen, daß grundsätzlich Offenheit

---

[1056] Vgl. z.B. *Junker*, Konzern 302.

[1057] So ausdrücklich *Junker*, Konzern 302. Vgl. auch MünchArbR-*Birk* § 19 Rn. 81.

[1058] Anders wohl *Junker*, Konzern 312.

gegenüber dem Anwendungsanspruch fremden Eingriffsrechts besteht. Eine schlichte Nicht-Anwendung wird einen höheren Begründungsaufwand erfordern als bei sonstigen Eingriffsnormen. Art. 32 Abs. 2 EGBGB bestätigt auch die oben gemachte Aussage zur notwendigen Inlandsbeziehung bei inländischen Eingriffsnormen[1059] für das ausländische Eingriffsrecht: Regelmäßig wird die Inlandsbeziehung durch den Arbeitsort – d.h. den Erfüllungsort – vermittelt.

Es sei noch darauf hingewiesen, daß Art. 32 Abs. 2 EGBGB auch inländische Normen erfaßt[1060]. Für inländische Eingriffsnormen ist Art. 32 Abs. 2 EGBGB aber ohne Bedeutung. Eingriffsnormen der lex fori sind von den Gerichten zwingend anzuwenden. Da sich die Verpflichtung zur Anwendung aus dem Anwendungsanspruch der Norm ergibt, ist ein Rückgriff auf Art. 32 Abs. 2 EGBGB nicht nötig. Er wäre aber auch nicht zulässig, weil die Anwendung der Norm zwingend ist und nicht im Ermessen des Gerichts steht[1061].

§ 12: Die Beachtung ausländischer Eingriffsnormen außerhalb des Anwendungsbereichs des Art. 32 Abs. 2 EGBGB – Der Meinungsstand

Der Bedeutung des Art. 32 Abs. 2 EGBGB für die Beachtung ausländischen Eingriffsrechts wurde bisher wenig Aufmerksamkeit geschenkt; im Vordergrund der wissenschaftlichen Diskussion standen die allgemeinen – ungeschriebenen – Grundsätze für die Berücksichtigung fremder Eingriffsnormen. Dies dürfte auf die Tatsache zurückzuführen sein, daß sich die Rechtsprechung bisher vor allem mit ausländischen, international zwingenden Leistungsverboten auseinandersetzen mußte[1062], die auch nach neuer Rechtslage[1063] nicht in den Anwendungsbereich des Art. 32 Abs. 2 EGBGB fallen würden. Die Frage nach der Beachtung ausländischen Eingriffsrechts außerhalb des Art. 32 Abs. 2 EGBGB ist also z.B.

[1059] Vgl. oben § 6 II. 4.

[1060] Vgl. schon die Begründung des Regierungsentwurfs, BT-Drucks. 10/504, 82 und z.B. *Junker*, Konzern 301; *Hoppe* 232.

[1061] Im Ergebnis wie hier MünchArbR-*Birk* § 19 Rn. 69; ähnlich auch *Krings* 139 f. Anders *Junker* (Konzern 301), der bei inländischen Eingriffsnormen eine Heranziehung des Art 34 EGBGB oder Art. 32 Abs. 2 EGBGB für möglich hält, abhängig davon, ob eine „Berücksichtigung" oder „Anwendung" der Vorschrift geboten ist. Nach der hier vertretenen Auffassung zur Bedeutung der „Berücksichtigung" im Sinne des Art. 32 Abs. 2 EGBGB ist die Ansicht *Junkers* abzulehnen.

[1062] Vgl. zur Rechtsprechung unten § 12 V. 2.

[1063] Die überwiegende Zahl der Entscheidungen zur Beachtung ausländischen Eingriffsrechts erging vor Inkrafttreten des (auf dem EVÜ beruhenden) neuen Internationalen Schuldvertragsrechts am 1.9.1986.

schon deshalb von großer Bedeutung, weil mit den Leistungsverboten eine Normgruppe nicht von Art. 32 Abs. 2 EGBGB erfaßt wird, die bei (international) zwingendem Recht von besonderer Relevanz ist.

Zwar werden im Arbeitsrecht auch oft Eingriffsnormen Anwendung verlangen, die die „Art und Weise der Erfüllung" betreffen. Auch werden am häufigsten Eingriffsnormen des Arbeitsortes – also des Erfüllungsortes – Geltung beanspruchen. Im internationalen Arbeitsrecht fallen also viele Fälle, in denen ausländisches Eingriffsrecht Geltung verlangt, in den Anwendungsbereich des Art. 32 Abs. 2 EGBGB. Dennoch erfaßt Art. 32 Abs. 2 EGBGB auch im Bereich des Arbeitsrechts nicht alle möglichen Konstellationen, in denen die Beachtung ausländischer Eingriffsnormen relevant werden kann. Darüber hinaus verlangen die allgemeinen Lösungsansätze auch für den Bereich des Arbeitsrechts eingehende Beachtung, weil sie letztlich Hinweise zur Ermessensausübung im Rahmen des Art. 32 Abs. 2 EGBGB geben.

Wie ausländische Eingriffsnormen allgemein zu behandeln sind, wird seit langem kontrovers diskutiert. Im folgenden sollen zunächst die verschiedenen Ansichten dargestellt werden. Die betreffenden Ansätze schließen sich nicht unbedingt gegenseitig aus; auch werden innerhalb der verschiedenen Lösungsmöglichkeiten hinsichtlich einzelner Fragen oft unterschiedliche Auffassungen vertreten, so daß die Gegensätze zum Teil verschwimmen; einige „Theorien" konzentrieren sich wiederum nur auf einzelne Aspekte der Fragestellung, stellen also kein umfassendes Konzept dar.

I. Die Schuldstatutstheorie

Auf die Schuldstatutstheorie wurde bereits an anderer Stelle eingegangen[1064]. Nach dieser Theorie verweisen die Kollisionsnormen des internationalen Vertragsrechts auf alle einschlägigen Vorschriften einer Rechtsordnung (sog. Einheitsanknüpfung). Auch die Eingriffsnormen des Vertragsstatuts werden somit durch die allgemeinen Verweisungen berufen und grundsätzlich angewendet, soweit sie nicht gegen den ordre public der lex fori verstoßen. Drittstaatliche Eingriffsnormen, die nicht dem Vertragsstatut entstammen, sollen dagegen grundsätzlich unanwendbar sein. Für diese Vorschriften soll nur eine Berücksichtigung ihrer faktischen Auswirkungen auf materiellrechtlicher Ebene in Betracht kommen[1065]. Das Vorgehen gemäß der Schuldstatutstheorie zielt vor allem darauf ab, die Einheitlichkeit des Rechtsverhältnisses zu wahren[1066]: Maßgeblich für die rechtliche Beurteilung eines Vertrages ist grundsätzlich allein das Vertragsstatut, da auch die Eingriffsnormen des Vertragsstatuts angewendet werden; während drittstaatliches Recht – auch wenn es international zwingend ist – unangewendet bleibt.

Damit enthält die Schuldstatutstheorie zwei grundlegende Aussagen: Eine Rechtsordnung wird durch die allgemeinen Verweisungsnormen als Ganzes, also einschließlich ihrer Eingriffsnormen, berufen. Hieraus soll folgen, daß das Schuldstatut grundsätzlich abschließend und ausschließlich über das anwendbare Recht entscheidet. Drittstaatliche – schuldstatutsfremde - Eingriffsnormen können zumindest nicht als Rechtssätze angewendet werden.

[1064] Vgl. oben § 5 III.

[1065] Für die Schuldstatutstheorie z.B. *Mann*, FS Wahl 147 ff.; *derselbe*, FS Beitzke 607 ff.; Palandt-*Heldrich* Art. 34 EGBGB Rn. 4; *Vischer*, FS Gerwick 170 ff.

[1066] Vgl. hierzu z.B. *Mentzel* 66.

II. Die Datumtheorie

Die auf *Ehrenzweig*[1067] zurückgehende und von *Jayme*[1068] in die deutsche Diskussion eingeführte Datumtheorie geht ebenfalls grundsätzlich von der Geltung des Vertragsstatuts aus, will aber bestimmte Regeln anderer Rechtsordnungen als „local data"[1069] bei der Anwendung des berufenen Sachrechts berücksichtigen. „Local data" seien dabei „ortsgebundene Regeln, die Teil eines zu beurteilenden Sachverhalts sind wie andere Fakten auch"[1070]. Auch nach der Datumtheorie können ausländische Eingriffsnormen also nur auf materiellrechtlicher Ebene eines anderen Sachrechts als „Faktum" berücksichtigt werden. Die betreffenden Regeln konkretisierten also die Tatbestandsmerkmale des anwendbaren Rechts, sollen selbst aber keine Rechtsfolgenanordnung treffen[1071]. Hieraus folge die Notwendigkeit zu prüfen, ob die anwendbare Sachnorm des Vertragsstatuts Rechtsfolgen auch dann anordnet, wenn ihre „Voraussetzungen" im Ausland erfüllt wurden. Nur in diesem Fall könne die ausländische Regel als Teil des Sachverhalts („data") Bestandteil des Subsumtionsvorgangs werden.

Dabei wird einerseits ausgeführt, Grundgedanke der Datumtheorie sei, daß die Beachtung bestimmter Regeln keiner theoretischen Überlegungen bedürfe. Während sich das Kollisionsrecht mit „rules of decision" befasse, stellten die „local datas" Fakten dar, deren Berücksichtigung - als Teil des Sachverhalts - sich von selbst verstehe[1072]. Andererseits wird die Datumtheorie aber als Konzeption verstanden, die zur theoretischen Untermauerung einer Beachtung ausländischer Eingriffsnormen auf sachrechtlicher Ebene dienen kann. So könne

---

[1067] *Ehrenzweig*, Buffalo Law Review 6 (1966), 55 ff.; *derselbe*, Diritto internazionale 21 (1967-I), 246 ff.; *derselbe*, Private International Law 83 ff. *Ehrenzweig* baut insoweit wohl auf die „Datum-Lehre" *Curries* auf, der die Unterscheidung zwischen der Beachtung ausländischen Rechts als „rule of decision" oder als „datum" in das amerikanische Kollisionsrecht einführte, vgl. *Currie* 67 ff. Näher hierzu *Jayme*, GS Ehrenzweig, 40 f.

[1068] *Jayme*, GS Ehrenzweig, 40 f.; *derselbe*, FS Bärmann 520; *derselbe*, BerGesVölkR 25 (1984), 90 ff. Die Frage der Beachtung ausländischer Normen als „Daten" wird vor allem auch im Deliktsrecht diskutiert. So sind nach *Stoll* (FS Lipstein 259 ff.) ausländische Verhaltensnormen, im Rahmen des deutschen Sachrechts als „Tatbestandsmoment" zu beachten, wenn trotz ausländischen Handlungsortes deutsches Recht Deliktsstatut ist.

[1069] Von den „local datas" seien die „moral datas" (z.B. Sitte, Brauch und Anstand) zu unterscheiden. Letztere könnten nur gemäß der lex fori bestimmt werden, vgl. *Jayme*, GS Ehrenzweig 39; *Mülbert*, IPRax 1986, 141 (Fn. 13).

[1070] *Jayme*, GS Ehrenzweig 39; *derselbe*, FS Bärmann 520; *derselbe*, BerGesVölkR 25 (1984), 91.

[1071] *Jayme*, GS Ehrenzweig 45; *derselbe*, FS Bärmann 520; *Mülbert*, IPRax 1986, 141.

[1072] *Jayme*, GS Ehrenzweig 39.

die Datumtheorie nach Ansicht *Mülberts* der deutschen Rechtsprechung, die bisher ausländische Eingriffsnormen auf sachrechtlicher Ebene „unreflektiert, ohne zugrunde liegendes theoretisches Konzept" berücksichtigt habe, eine theoretische Basis bieten[1073]. Die Datumtheorie zeige, daß es neben der Verweisung auf ausländisches Recht auch noch eine zweite Möglichkeit gebe, der Auslandsberührung eines Sachverhalts gerecht zu werden: die „Berücksichtigung" ausländischer Rechtsregeln. Dabei mache die Möglichkeit der Berücksichtigung die Beachtung ausländischen Rechts flexibler, auch könnten Normengruppen – wie das öffentliche Recht – erfaßt werden, die nicht von den Verweisungsregeln umfaßt würden[1074].

III. Die Machttheorie

Vor allem *Kegel* vertritt die sogenannte Machttheorie[1075]. Nach dieser Theorie soll die Anwendbarkeit bzw. Berücksichtigung ausländischer Eingriffsnormen von der Durchsetzungsmacht des Erlaßstaates abhängen. Drittstaatliches Eingriffsrecht soll demnach grundsätzlich nur dann anwendbar sein, wenn der Erlaßstaat die Macht hat, die betreffenden Vorschriften durchzusetzen, was regelmäßig der Fall sein wird, wenn der Schuldner Vermögen oder seinen Wohnsitz in dem Erlaßstaat hat. Eingriffe in private Rechtsverhältnisse sollen also anerkannt werden, „wenn und soweit der fremde Staat die Grenzen seiner Macht einhält."[1076] Fehlt es an der Durchsetzungsmacht, kann das ausländische Recht dennoch angewendet oder berücksichtigt werden, wenn „die ausländischen politischen oder wirtschaftlichen Ziele mit den deutschen übereinstimmen"[1077].

Im einzelnen differenziert *Kegel* wie folgt: Eingriffsnormen des Vertragsstatuts können angewendet werden, wenn der Staat sich durchsetzt oder die ausländischen mit den inländischen Interessen übereinstimmen (Interessengleichklang). Werden sie nicht angewandt, können sie zu einer Leistungsstörung (Unmöglichkeit) und gegebenenfalls zur Vertragsbeendigung führen. Ist dagegen deutsches Recht Vertragsstatut, so kann nur geprüft werden,

---

[1073] *Mülbert*, IPRax 1986, 141. Vgl. zu dem Versuch, der Rechtsprechung bzw. der „materiellrechtlichen Lösung" durch die Datumtheorie eine theoretische Konzeption zu bieten auch *Martiny*, IPRax 1987, 280 und *Vogel* 44.

[1074] Vgl. *Jayme*, GS Ehrenzweig 45; *derselbe*, BerGesVölkR 25 (1984), 91; *Mülbert*, IPRax 1986, 141.

[1075] Soergel-*Kegel*, 11. Auflage, Vor Art. 7 EGBGB Rn. 396 ff.; *Kegel/Seidl-Hohenveldern*, FS Ferid 242; *Kegel/Schurig*, IPR § 23 I. Die Machttheorie wird weiterhin von *Schulze* (177 ff.) vertreten. Auf die Durchsetzungsmacht stellt auch *van Hecke* (FS Mann 191) ab.

[1076] *Kegel/Seidl-Hohenveldern*, FS Ferid 242.

[1077] Soergel-*Kegel*, 11. Auflage, Vor Art. 7 EGBGB Rn. 396.

ob aufgrund der ausländischen Eingriffsnorm ein Verstoß gegen die guten Sitten gemäß § 138 BGB bejaht werden kann. Hiervon ist regelmäßig bei Durchsetzungsmacht oder Interessengleichklang auszugehen. Daneben kann die Eingriffsnorm für den Schuldner tatsächliche Unmöglichkeit, positive Forderungsverletzung oder einen Rechtsmangel begründen, sofern sie für den Erlaßstaat durchsetzbar ist[1078].

Der Gedanke, die Möglichkeit bzw. Macht des Erlaßstaates zur Durchsetzung seiner Eingriffsnormen als Kriterium für die Anwendbarkeit ausländischer Eingriffsnormen heranzuziehen, läßt sich z.B. auch bei *Drobnig* finden[1079]. Nach der Ansicht *Drobnigs* sind die zivilrechtlichen Wirkungen ausländischer Eingriffsnormen zu beachten, „welche der Eingriffsstaat in seinem Gebiet tatsächlich durchgesetzt hat oder mit Gewißheit durchsetzen wird." Dabei müsse der Eingriffsstaat das betreffende Rechtsverhältnis durch sein Eingriffsgesetz vollständig erfassen. In diesem Fall sei der Inhalt der Eingriffsnorm unbeachtlich, eine Überprüfung anhand des ordre public der lex fori finde nicht statt. Darüber hinaus seien Eingriffsgesetze aber auch dann zu beachten, wenn sie auch dem Interesse des Forums oder einem „allgemein zu beachtenden Interesse aller Völker" dienten[1080].

Nach anderer Ansicht kann das Kriterium der Macht oder Durchsetzungsmöglichkeit zwar nicht alleinige Grundlage für eine umfassende Konzeption der Behandlung ausländischen Eingriffsrechts sein, stellt aber einen Gesichtspunkt dar, der – neben anderen – für die Beachtung fremder Eingriffsnormen relevant sein kann[1081].

Auch in der Rechtsprechung des BGH lassen sich Hinweise darauf finden, daß die Durchsetzungsmacht des Erlaßstaates für die Beachtung ausländischen Eingriffsrechts von entscheidender Bedeutung ist. In einer Entscheidung vom 17.11.1994 führt der BGH ausdrücklich aus, daß ausländische Eingriffsnormen, die „allein der Verwirklichung wirtschaftlicher oder staatspolitischer Ziele des rechtssetzenden Staates selbst dienen", nur dann zu beachten sind, „wenn und soweit dieser die Möglichkeit besitzt, die Bestimmungen durchzusetzen, etwa, wenn sie auf seinem Territorium belegene Sachen oder Rechte oder Handlungen,

---

[1078] Soergel-*Kegel*, 11. Auflage, Vor Art. 7 EGBGB Rn. 397 f. Wohl aufgrund der Beschränkung der „echten" Anwendung auf Eingriffsnormen des Vertragsstatuts stuft *Magnus* (in: Staudinger Art 34 EGBGB Rn. 132) die Datumtheorie als Spielart der Schuldstatutstheorie ein.

[1079] *Drobnig*, FS Neumayer 159 ff.

[1080] *Drobnig*, FS Neumayer 178.

[1081] Vgl. z.B. Staudinger-*Magnus* Art. 34 EGBGB Rn. 133.

die dort zu vollziehen sind, betreffen."[1082] Auch das von der Rechtsprechung vertretene Territorialitätsprinzip[1083] kann letztlich auf das Kriterium der Macht zurückgeführt werden: Daß „öffentliches Recht" nicht über die Landesgrenzen hinauswirkt, beruht auf der Begrenzung der Hoheitsgewalt und damit der Durchsetzungsmacht auf das Staatsgebiet[1084].

IV. Das Territorialitätsprinzip und der Grundsatz der Nichtanwendung ausländischen öffentlichen Rechts

Auf das Territorialitätsprinzip wurde bereits an anderer Stelle eingegangen[1085]. Der Begriff der Territorialität ist vieldeutig, eine exakte Erfassung seiner Bedeutung erscheint nur schwer möglich. Das BAG und der BGH leiten aus dem Territorialitätsprinzip Begrenzungen für die Anwendbarkeit „öffentlichen Rechts" ab. So führt das BAG in einer Entscheidung vom 30.4.1987 aus: „Bestimmungen öffentlich-rechtlicher Natur beruhen auf der Regelungsgewalt des Staates auf seinem Gebiet, dem Gebietsstatut, sie können daher auf Rechtsverhältnisse, die im Ausland wurzeln, im Grundsatz keine Anwendung finden."[1086] Das BAG hat das Territorialitätsprinzip bisher nur zur Abgrenzung des Anwendungsbereiches deutscher Normen herangezogen. So sei die „Geltung der AZO" aufgrund des Territorialitätsprinzips auf das Gebiet der BRD beschränkt[1087]; der Kündigungsschutz des Schwerbehindertengesetzes gelte bei „Arbeitsverhältnissen im Ausland" auch dann nicht, wenn deutsches Recht Arbeitsstatut sei[1088].

Der BGH hat sich dagegen auf das Prinzip der Territorialität berufen, wenn die Beachtung ausländischen Rechts in Frage stand. Das Territorialitätsprinzip wurde insoweit zur Abwehr ausländischer Regelungsansprüche verwendet und mit dem Grundsatz der Nichtanwendung ausländischen öffentlichen Rechts verbunden.

[1082] BGHZ 128, 41, 52. Ganz ähnlich auch schon in den Urteilen vom 16.4.1975 (BGHZ 64, 183, 190) und 17.12.1959 (BGHZ 31, 367, 372). In dem Urteil aus dem Jahre 1959 verweist der BGH hinsichtlich des Gesichtspunktes der Durchsetzungsmacht auch ausdrücklich auf die Ansicht *Kegels*, vgl. BGHZ 31, 367, 372.

[1083] Vgl. z.B. BGH, Urteil vom 17.12.1959, BGHZ 31, 367, 372; näher hierzu sogleich im Text.

[1084] Vgl. *Kegel/Seidl-Hohenveldern*, FS Ferid 242.

[1085] Siehe oben § 3 II. 3. c).

[1086] BAG, Urteil vom 30.4.1987, NZA 1988, 135, 136.

[1087] BAG, Urteil vom 12.12.1990, NZA 1991, 386, 387.

[1088] BAG, Urteil vom 30.4.1987, NZA 1988, 135, 136.

Fremdes öffentliches Recht sei von inländischen Gerichten nicht anzuwenden, weil es nicht über die Landesgrenzen des rechtsetzenden Staates hinaus wirke[1089].

Durch die Verbindung des Grundsatzes der Nichtanwendung fremden öffentlichen Rechts mit dem Territorialitätsprinzip zieht der BGH eine Schlußfolgerung, die der Rechtsprechung des BAG nicht entnommen werden kann. Die Verbindung der beiden Aspekte verdeutlicht die Unschärfe, die mit dem Begriff „Territorialitätsprinzip" verbunden ist. Versteht man nämlich das Territorialitätsprinzip so, daß die Wirkungen öffentlichen Rechts auf Inlandssachverhalte[1090] beschränkt werden sollen (wovon wohl sowohl der BGH als auch das BAG ausgehen), so kann hieraus grundsätzlich nur gefolgert werden, daß ausländisches öffentliches Recht dann nicht angewendet werden kann, wenn der Vertrag nicht die notwendige Verbindung zum Erlaßstaat aufweist. Andererseits müßte aber davon ausgegangen werden, daß deutsche Gerichte dann ausländisches öffentliches Recht anwenden, wenn der Sachverhalt zu dem betreffenden ausländischen Staat die geforderte Beziehung aufweist[1091].

Aus dem Territorialitätsprinzip kann der Grundsatz der Nichtanwendung öffentlichen Rechts also nicht ohne weiteres abgeleitet werden, soweit man das Prinzip nur auf den räumlichen Geltungsbereich „öffentlichen Rechts" bezieht. Der Grundsatz der Nichtanwendung öffentlichen Rechts enthält damit eine Annahme, die über den eigentlichen Aussagegehalt des Territorialitätsprinzip hinausgeht[1092]. Dem entsprechenden Grundsatz könnten dabei verschiedene Prämissen zugrunde liegen[1093]:

Zum einen könnte mit dem Grundsatz der Nichtanwendung ausländischen öffentlichen Rechts gemeint sein, daß die Durchsetzung hoheitlicher Ansprüche

---

[1089] BGH, Urteil vom 17.12.1959, BGHZ 31, 367, 370 ff.; Urteil vom 16.4.1975, BGHZ 64, 183, 188 ff.

[1090] Dabei stellt sich natürlich das Problem, was unter einem „Inlandssachverhalt" zu verstehen ist, welche (räumliche) Beziehung also zu fordern ist, vgl. hierzu z.B. *Neuhaus* 183 f.; *Schiffer* 80; MünchKomm-*Sonnenberger* Einl. IPR Rn. 376.

[1091] Vgl. auch *Bydlinski*, ZfRV 2 (1961), 22 und 27 sowie MünchKomm-*Martiny* Art. 34 EGBGB Rn. 28, die insoweit von der „positiven Wirkung" des Territorialitätsprinzips sprechen.

[1092] Wie hier *Erne* 82; *Schütz* 34; *Vogel* 25. Man könnte insoweit auch von zwei unterschiedlichen Bedeutungen des Territorialitätsprinzips sprechen: Zum einen die Annahme, öffentliches Rechts könne nur auf Inlandssachverhalte angewendet werden; zum anderen die Nichtanwendung fremden öffentlichen Rechts durch deutsche Gerichte, vgl. z.B. MünchKomm-*Sonnenberger* Einl. IPR Rn. 376.

[1093] Vgl. zu der folgenden Unterscheidung auch *Mann*, FS Wahl 142 f.; *Schiffer* 80.

fremder Staaten durch deutsche Gerichte ausgeschlossen ist[1094]. Parallelen würden damit zu dem anglo-amerikanischen Grundsatz des „nonenforcement“ bestehen, nach dem ausländische Normen nicht anzuwenden sind, wenn sie der direkten oder indirekten Durchsetzung eines hoheitlichen Anspruchs dienen[1095]. In die gleiche Richtung geht die Annahme, ausländisches öffentliches Recht könne deshalb als unanwendbar angesehen werden, weil die unmittelbare Wirkung – die Durchsetzbarkeit mit staatlichem Zwang – auf das Hoheitsgebiet des betreffenden Staates beschränkt ist[1096]. Es wurde bereits an anderer Stelle ausgeführt, daß Hoheitsträger immer nur nach ihrem eigenen Recht tätig werden, insoweit wird das öffentliche Recht eines anderen Staates niemals angewandt[1097].

Die Rechtsprechung des BGH scheint aber über diese Annahmen hinauszugehen. Der BGH führt aus, die „Wirkungen“ öffentlich-rechtlicher Normen seien auf das Hoheitsgebiet des Erlaßstaates beschränkt (dies soll jedenfalls für Normen gelten, die „nicht dem Ausgleich schutzwürdiger privater Belange, sondern der Verwirklichung wirtschafts- oder staatspolitischer Ziele des rechtssetzenden Staates selbst“ dienen)[1098]. Damit könnte aus den betreffenden Urteilen gefolgert werden, Nichtanwendung bedeute, dem fremden Recht könnten bei der Beurteilung des Sachverhalts durch deutsche Gerichte keinerlei Wirkungen oder Folgen im Rahmen des Privatrechts beigemessen werden[1099]. Deutsche Gerichte könnten also auch die privatrechtlichen, vertragsbezogenen Rechtsfolgen bzw. „privatrechtliche Reflexwirkungen“ ausländischen öffentlichen Rechts nicht berücksichtigen. *Mann* weist insoweit darauf hin, daß ein derartiges Verständnis der Nichtanwendung dazu führen würde, daß ein nach ausländischem öffentlichen Recht unwirksamer Vertrag von inländischen Gerichten als wirksam angesehen werden müßte, da ansonsten ausländisches öffentliches Recht „angewendet“ würde[1100].

[1094] Vgl. *Frank*, RabelsZ 34 (1970), 59; *Gamillscheg*, Internationales Arbeitsrecht 194; *Schiffer* 80; *Vogel* 25.

[1095] Vgl. zu dem betreffenden Grundsatz *Schiffer* 78; *Erne* 48 ff.

[1096] Vgl. *Kropholler*, IPR § 22 II. 2. („relative Territorialität“); ähnlich *Vogel* 25.

[1097] Vgl. oben § 3 II. 3. b) und z.B. *Mann*, FS Wahl 142 und *Schiffer* 79.

[1098] BGH, Urteil vom 17.12.1959, BGHZ 31, 367, 371; Urteil vom 16.4.1975, BGHZ 64, 183, 189. Vgl. auch *Kegel/Seidl-Hohenveldern* (FS Ferid 241), die davon ausgehen, daß Eingriffe, „die der Durchsetzung privatrechtlicher Rechte und damit der Gerechtigkeit zwischen den Einzelnen dienen“, eher anzuerkennen seien, „als solche Staatseingriffe, die politische oder wirtschaftspolitische Zwecke verfolgen und damit auf das Staatswohl abzielen“.

[1099] Vgl. hierzu z.B. *Mann*, FS Wahl 142 f.; *Schiffer* 80. Vgl. auch *Busse*, ZVglRWiss 95 (1996), 395: Mit dem Territorialitätsprinzip sei nicht die Beschränkung der räumlichen Geltung, sondern der „gerichtsstandlichen Geltung“ gemeint.

[1100] *Mann*, FS Wahl 142 f.

Auch wenn die Urteile des BGH vom 17.12.1959[1101] und 16.4.1975[1102] ein derartiges Verständnis des Prinzips der Nichtanwendung ausländischen öffentlichen Rechts nahelegen, ergibt sich ein anderes Bild, wenn weitere Entscheidungen des Gerichtshofes herangezogen werden. *Kreuzer* hat gezeigt, daß der BGH den Grundsatz der Nichtanwendung nur auf die „Anwendung im engeren Sinne" bezieht, also auf eine Beachtung fremder Normen als solcher, d.h. des normativen Gehalts der Vorschrift, auf kollisionsrechtlichem Wege[1103]. Eine „Anwendung im weiteren Sinne" - also eine „Berücksichtigung" auf Ebene des deutschen Sachrechts - wurde dagegen stets für möglich gehalten[1104]. Offensichtlich geht also auch der BGH nicht davon aus, daß deutsche Gerichte ausländischem öffentlichen Recht keinerlei Wirkung beimessen können. Bemerkenswert ist insoweit auch die Entscheidung des BGH vom 28.1.1965[1105]. Hier spricht der BGH nicht mehr von der Beachtung und Vollziehung fremden öffentlichen Rechts als solchen, sondern dessen „zivilrechtlicher Folgen". Mit der Einsicht, daß es im Internationalen Privatrecht nicht um die hoheitliche Durchsetzung fremden öffentlichen Rechts geht, sondern um die Beachtung privatrechtlicher Folgen öffentlich-rechtlicher Eingriffsnormen, läßt sich die restriktive Behandlung fremden Eingriffsrechts im Sinne des Territorialitätsprinzips und des Grundsatzes der Nichtanwendung öffentlichen Recht eigentlich kaum vereinbaren[1106]. Der BGH hat jedoch keine entsprechenden Konsequenzen gezogen und ist in einer Entscheidung aus dem Jahre 1975 wieder dazu übergegangen, von der Anwendung des fremden (öffentlich-rechtlichen) Gesetzes als solchem zu sprechen[1107].
In einer neueren Entscheidung (vom 17.11.1994)[1108], die sich mit der Beachtung ausländischer Eingriffsnormen befaßt, verwendet der BGH die Begriffe „Territorialitätsprinzip" und „Grundsatz der Nichtanwendung ausländischen öffentlichen Rechts" allerdings nicht mehr. Insoweit könnte sich also eine Abkehr von der betreffenden Terminologie abzeichnen.

[1101] BGHZ 31, 367.

[1102] BGHZ 64, 183.

[1103] Vgl. *Kreuzer*, Wirtschaftsrecht 53 f.

[1104] Vgl. z.B. die Fälle, in denen das ausländische Recht über § 138 BGB berücksichtigt wurde, näher hierzu § 11 V. 2. b) aa).

[1105] IzRspr. 1964/65 (Nr. 68), 226, 232.

[1106] Ähnlich *Drobnig*, FS Neumayer 175.

[1107] Urteil vom 16.4.1975, BGHZ 64, 183, 190.

[1108] BGHZ 128, 41.

V. Die materiellrechtliche Berücksichtigung ausländischer Eingriffsnormen

1. Allgemeines

Auf die Unterscheidung zwischen kollisionsrechtlicher Sonderanknüpfung, die mit einer „Anwendung“ der Norm verbunden ist und sachrechtlicher „Berücksichtigung“ wurde bereits an anderer Stelle eingegangen[1109]. Das Konzept, ausländische Eingriffsnormen auf materiellrechtlicher Ebene zu berücksichtigen, beantwortet als solches nicht die Frage, wann fremdes Eingriffsrecht zu berücksichtigen ist. Die „materiellrechtliche Berücksichtigung“ stellt vielmehr eine Methode der Behandlung dar, betrifft also das „Wie“ der Beachtung und grundsätzlich nicht das „Ob“ bzw. „Wann“[1110]. Die Ansicht, ausländische Eingriffsnormen seien (ausschließlich) auf sachrechtlicher Ebene zu berücksichtigen, steht aber regelmäßig mit der Auffassung zu dem „Ob“ der Beachtung im Zusammenhang. Vereinfacht läßt sich sagen: Aus einer grundsätzlich ablehnenden Haltung gegenüber dem Geltungsanspruch ausländischen Eingriffsrechts ergibt sich die Schlußfolgerung, die betreffenden Normen könnten nur auf materiellrechtlicher Ebene des Vertragsstatuts berücksichtigt werden, nicht aber angewendet werden bzw. einer (kollisionsrechtlichen) Sonderanknüpfung unterliegen[1111].

Die Auffassung, fremde Eingriffsnormen könnten ausschließlich auf materiellrechtlicher Ebene zu berücksichtigen sein, werden daher oft zwei Prämissen zugrunde liegen: Zum einen, daß eine „echte“ Anwendung der betreffenden Vorschriften grundsätzlich ausgeschlossen ist. Zum anderen, daß eine andere Form der Beachtung notwendig ist, weil das fremde Recht nicht einfach ignoriert werden kann[1112].

[1109] Vgl. oben § 11 III. 2. c).

[1110] Daß das Problem, wann ausländische Eingriffsnormen zu beachten sind, mit der Wahl der materiellrechtlichen Berücksichtigung nicht gelöst ist, wird aber oft – vor allem in der Rechtsprechung – nicht deutlich.

[1111] Vgl. insbesondere die Rechtsprechung des BGH, in der zum einen der „Grundsatz der Nichtanwendung fremden öffentlichen Rechts“ herangezogen wird (Urteil vom 17.12.1959, BGHZ 31, 367, 371), zum anderen nur eine materiellrechtliche Berücksichtigung möglich sein soll (zuletzt: Urteil vom 17.11.1994, BGHZ 128, 41, 53). Vgl. auch Soergel-*Kegel*, 11. Auflage, Vor Art. 7 EGBGB Rn. 395 ff. und *Mann*, FS Beitzke 607 ff.

[1112] Mit dieser Tendenz z.B. *Kegel/Seidl-Hohenveldern*, FS Ferid 241 ff. und Soergel-*Kegel*, 11. Auflage, Vor Art. 7 EGBGB Rn. 395 ff.

Die Gründe, die gegen eine Anwendung des ausländischen Rechts aufgeführt werden, wurden teilweise bereits dargestellt. So spricht aus der Sicht der Schuldstatutstheorie die Einheitlichkeit der Beurteilung des Rechtsverhältnisses gegen eine Anwendung von Normen, die nicht der lex causae angehören[1113]. Die mit einer Sonderanknüpfung verbundene Anwendung mehrerer Rechtsordnungen soll zu erheblicher Rechtsunsicherheit führen. Das Vertrauen der Parteien auf die Maßgeblichkeit nur einer Rechtsordnung werde erschüttert[1114]. Vor allem die Rechtsprechung lehnt eine Anwendung fremder Eingriffsnormen aufgrund des Grundsatzes der Nichtanwendung öffentlichen Rechts bzw. des Territorialitätsprinzips ab[1115]. Weiterhin wird argumentiert, gegen eine Anwendung spreche grundsätzlich, daß Staaten nur ihr eigenes Wohl nicht aber die Interessen anderer Staaten verfolgten. Diene eine ausländische Eingriffsnorm also politischen oder wirtschaftspolitischen Zwecken, d.h. dem Wohl des fremden Staates, brauche die Norm im Inland nicht anerkannt zu werden[1116]. Gegen eine Anwendung soll weiterhin sprechen, daß eine „echte Sonderanknüpfung" dazu führen würde, daß nicht mehr das deutsche Recht über die anwendbaren Normen entscheide sondern letztlich eine fremde Rechtsordnung. Eine Anwendung würde bedeuten, daß der – auf einen fremden Gesetzgeber zurückzuführende – Geltungswille über die Beachtung der Eingriffsnorm entscheide. Durch das Abstellen auf den Geltungswillen würde die deutsche Rechtsordnung die (kollisionsrechtliche) Entscheidung über das anwendbare Recht „aus der Hand geben"[1117]. Mit der materiellrechtlichen Berücksichtigung werde dieses Ergebnis vermieden. Die Berücksichtigung auf sachrechtlicher Ebene ermögliche eine flexiblere Handhabung fremden Eingriffsrechts, da Umfang und Ausmaß der Beachtung der betreffenden ausländischen Normen nicht durch den Geltungswillen vorgeschrieben werden[1118].

Auch die Auffassungen, die eine Beachtung fremder Eingriffsnormen grundsätzlich oder für bestimmte Arten von Normen ablehnen, sehen sich aber mit dem Problem konfrontiert, daß die Vorschriften nicht einfach ignoriert werden können. Hierfür sprechen schon „tatsächliche Aspekte": Der Erlaßstaat

---

[1113] Vgl. oben § 12 I.

[1114] Vgl. *Mann*, FS Beitzke 617 und 623; *Serick*, RabelsZ 18 (1953), 649.

[1115] Vgl. oben § 12 IV.

[1116] *Kegel/Seidl-Hohenveldern*, FS Ferid 241.

[1117] So z.B. *Schurig*, RabelsZ 54 (1990), 236 f. (der allerdings auch keine materiellrechtliche Berücksichtigung vornehmen will).

[1118] Vgl. z.B. *Busse*, ZVglRWiss 95 (1996), 417; ähnlich auch *Mann*, FS Beitzke 616 ff. Auch nach *Magnus* (in: Staudinger Art. 34 EGBGB Rn. 140) hat die materiellrechtliche Berücksichtigung den „Vorteil größtmöglicher Flexibilität" (letztlich sei aber doch eine Sonderanknüpfung vorzuziehen).

hat die Vorschrift durchgesetzt oder wird sie durchsetzten; die Parteien waren oder sind gezwungen die entsprechenden Normen einzuhalten. Als „Ausweg“ soll sich insoweit die materiellrechtliche Berücksichtigung des fremden Rechts über das Sachrecht der lex causae anbieten[1119]. Nach einigen Stimmen in Literatur und Rechtsprechung werden mit einer Berücksichtigung auf der Ebene des Sachrechts der lex causae die ausländischen Eingriffsnormen nur als Tatsache, Faktum oder Datum beachtet, nicht aber als Rechtsnormen[1120]. Im Gegensatz zu einer Sonderanknüpfung würden nur die tatsächlichen Auswirkungen „berücksichtigt“, die fremde Norm aber nicht „angewendet“. Insbesondere die Rechtsfolgen würden nicht der ausländischen Eingriffsnorm entnommen, sondern dem Vertragsstatut[1121]. Mit einer „faktischen Berücksichtigung“ bzw. der Berücksichtigung der „Tatsachen- oder Tatbestandswirkung“ ausländischen Eingriffsrechts könnten die Probleme, die mit einer echten Anwendung verbunden sein sollen, vermieden werden. Eine Durchsetzung fremden öffentlichen Rechts unterbleibe, die Gefahr der Förderung fremder „öffentlicher Interessen“ sei ausgeschlossen. Nicht der Geltungswille der ausländischen Norm bestimme über die Beachtung, sondern das deutsche Recht[1122]. Unsicherheiten über das anwendbare Recht würden vermieden.

Die Lehre von der materiellrechtlichen Berücksichtigung ausländischen Eingriffsrechts stellt schon hinsichtlich des „Wie“ bzw. der Methode der Beachtung keine einheitliche Konzeption dar. Teilweise wird die Berücksichtigung auf sachrechtlicher Ebene des Vertragsstatuts als einzige Methode zur Beachtung des fremden Rechts angesehen, zum Teil wird die materiellrechtliche Berücksichtigung aber als Möglichkeit angesehen, die neben einer Sonderanknüpfung in Betracht kommt[1123].

[1119] Die Datumtheorie baut gerade auf der Tatsache auf, daß Fakten, die durch fremde Eingriffsnormen geschaffen wurden, nicht ignoriert werden können. Nach *Mülbert* (IPRax 1986, 141) entspräche das Vorgehen der Rechtsprechung (Berücksichtigung auf materiellrechtlicher Ebene) den Postulaten der Datumtheorie. Die Theorie sei geeignet, dem bisher „unreflektiertem“ Vorgehen der Rechtsprechung ein theoretisches Konzept zu liefern.

[1120] Vgl. insbesondere BGH, Urteil vom 17.11.1994, BGHZ 128, 41, 53: Drittstaatliche Eingriffsnormen könnten nur „als tatsächlicher Umstand materiell-rechtliche Berücksichtigung“ finden. Vgl. auch MünchKomm-*Sonnenberger* Einl. IPR Rn. 365.

[1121] Geht man davon aus, daß das ausländische Recht nur als Faktum berücksichtigt wird, ist die Rechtsfolge zwangsläufig dem Vertragsstatut zu entnehmen, vgl. MünchKomm-*Sonnenberger* Einl. IPR Rn. 365.

[1122] Vgl. z.B. *Kegel/Seidl-Hohenveldern*, FS Ferid 241 ff.

[1123] Für ein Nebeneinander von materiellrechtlicher Berücksichtigung und Sonderanknüpfung z.B.: *Drobnig*, FS Neumayer 176 f.; *Junker*, Konzern 305 ff.; *derselbe*, JZ 1991, 700 ff.; *Kropholler*, IPR § 52 IX. 4.; *E. Lorenz*, RIW 1987, 582 f.; *Siehr*, RabelsZ 52 (1988), 96 ff.; *derselbe*, in: Holl/Klinke 121 f.; MünchKomm-*Sonnenberger* Einl. IPR Rn. 66; *Zimmer*, IPRax 1993, 66 ff.

Auch über das „Wann“ (bzw. „Ob“) der Berücksichtigung, also die Frage in welchen Fällen ein „Einbau“ in die Generalklauseln der lex causae in Betracht kommt, besteht keine Einigkeit. Einige Gesichtspunkte, die insoweit herangezogen werden, wurden bereits oben dargestellt. So wird z.B. die Durchsetzungsmacht[1124] als maßgebliches Kriterium genannt. Da die Tendenz besteht, ausländische Eingriffsnormen regelmäßig nicht als Rechtsnormen, sondern nur als Fakten oder Daten zu berücksichtigen, wird oft auch hinsichtlich der Frage, ob eine Berücksichtigung in Betracht kommt, auf tatsächliche Aspekte – wie die Durchsetzungsmacht – abgestellt. Wurden „durch die Rechtsnorm“ bestimmte Tatsachen geschaffen, werden diese (als Teil des Sachverhalts) berücksichtigt. Eine Anwendung des normativen Gehalts der betreffenden Vorschrift könne (oder müsse) unterbleiben. Es ließe sich also argumentieren, daß die materiellrechtliche Berücksichtigung eine kollisionsrechtliche Entscheidung über die Frage, wann fremde Eingriffsnormen zu beachten sind, weitgehend entbehrlich macht: Eine Anwendung ist grundsätzlich ausgeschlossen; eine Berücksichtigung der Tatsachenwirkung erfolgt, sofern die betreffende Vorschrift Tatsachen geschaffen hat oder schaffen wird[1125]. Ausländische Eingriffsnormen werden also berücksichtigt, wenn sie aus tatsächlichen Gründen nicht ignoriert werden können.

Neben diesen faktischen Aspekten werden aber auch wertende Gesichtspunkte herangezogen, wie z.B. der Interessengleichklang oder die Forderung, die Beachtung der ausländischen Eingriffsnorm müsse allgemein anerkannten Interessen oder auch den Interessen des Forumstaates dienen[1126].

Auch die deutsche Rechtsprechung vertritt grundsätzlich die Ansicht, fremde Eingriffsnormen seien auf materiellrechtlicher Ebene zu berücksichtigen. Insoweit hat sich eine Kasuistik entwickelt, die im folgenden dargestellt werden soll. Dabei wird vor allem auf die Rechtsprechung des BGH abgestellt; das BAG hat sich bisher nur vereinzelt – und zumeist nicht ausdrücklich - mit der Anwendung ausländischen Eingriffsrechts befaßt.

[1124] Vgl. *Kegel/Seidl-Hohenveldern*, FS Ferid 241 ff.; Soergel-*Kegel*, 11. Auflage, Vor Art. 7 EGBGB Rn. 395 ff.. Zur Bedeutung der Durchsetzungsmacht in der Rechtsprechung vgl. oben § 12 III.

[1125] Mit dieser Tendenz die Vertreter der Datumtheorie, vgl. *Jayme*, GS Ehrenzweig 39 ff.; *Mülbert*, IPRax 1986, 140 ff. Vgl. auch *Kegel/Seidl-Hohenveldern*, FS Ferid 241 ff.; *Mann*, FS Beitzke 608 ff. In die gleiche Richtung auch die Rechtsprechung, soweit aufgrund der fremden Eingriffsnorm von Unmöglichkeit oder einem Wegfall der Geschäftsgrundlage ausgegangen wird, vgl. unten § 12 V. 2. b) bb) und cc).

[1126] Zu der betreffenden Rechtsprechung siehe unten insbesondere § 12 V. 2. b) aa).

2. Die Beachtung ausländischer Eingriffsnormen in der deutschen Rechtsprechung

In der neueren Rechtsprechung wurden nur Fälle entschieden, in denen deutsches Recht Vertragsstatut war. Die Entscheidungen betrafen also nur die Berücksichtigung fremden Rechts über deutsche sachrechtliche Generalklauseln[1127].

Zwar hat sich das Reichsgericht in zwei Entscheidungen mit Fällen befaßt, in denen ein fremdes Recht Vertragsstatut war[1128]. In den Urteilen ging es jedoch um die Beachtung von Eingriffsnormen, die dem Vertragsstatut entstammten. Es war also nicht darüber zu entscheiden, ob ausländische Eingriffsnormen über Generalklauseln einer dritten Rechtsordnung berücksichtigt werden können, sondern darüber, ob die Verweisungen auf eine Rechtsordnung auch deren Eingriffsnormen erfassten. Das Reichsgericht hat dies bejaht und sich insoweit für die Schuldstatutstheorie entschieden. Eingriffsnormen des Vertragsstatuts wurden vom RG also angewendet und nicht nur berücksichtigt.

[1127] Auch in anderen (westeuropäischen) Staaten scheinen die Gerichte dazu zu tendieren, ausländische Eingriffsnormen über Generalklauseln der eigenen Rechtsordnung zu beachten, vgl. hierzu die Rechtsprechungsübersicht bei *Vogel* 132 ff.

[1128] Urteil vom 1.7.1930, IPRspr. 1930, Nr. 15, 49, 50; Urteil vom 28.5.1936, RabelsZ 10 (1936), 385, 387.

a) Ausnahmen vom Grundsatz der Berücksichtigung auf materiellrechtlicher Ebene

Ob der BGH auch bei deutschem Vertragsstatut ausnahmsweise fremde Eingriffsnormen nicht nur berücksichtigen, sondern – unter besonderen Voraussetzungen – auch anwenden will, läßt sich nicht ohne weiteres beurteilen. In der Literatur wird vertreten, der BGH habe zwei Ausnahmen anerkannt, in denen auch eine Anwendung fremder Eingriffsnormen in Betracht kommt[1129]: Zum einen Fälle, in denen der Erlaßstaat die Möglichkeit besitzt, die betreffenden Normen durchzusetzen. Zum anderen soll der BGH eine Anwendung dann in Betracht ziehen, wenn die Normen dem „Ausgleich schutzwürdiger privater Belange“ und nicht „der Verwirklichung wirtschafts- oder staatspolitischer Ziele des rechtssetzenden Staates selbst“ dienen.
Der BGH hat die betreffenden Kriterien zwar zur Beurteilung der Frage der Beachtung fremden Eingriffsrechts herangezogen, den Entscheidungen läßt sich aber nicht immer eindeutig entnehmen, ob bei Durchsetzungsmacht oder Abzielen auf private Interessen ausnahmsweise eine Anwendung möglich, oder ob diese Aspekte nur für die Berücksichtigung der ausländischen Vorschriften von Bedeutung sein soll.

In einer Entscheidung vom 28.1.1965 hat der BGH zunächst geprüft, ob die zivilrechtlichen Folgen eines Eingriffs „zu beachten und vollziehen“ sind, weil der Erlaßstaat in der Lage ist, die entsprechende Norm durchzusetzen[1130]. Nach Verneinung dieser Frage führt er aus, es müsse weiterhin geprüft werden, ob die durch die fremde Norm verursachte Leistungsstörung „eine dauernde schuldbefreiende Unmöglichkeit im Sinne des § 275 BGB bewirkt hat.“ Der BGH prüft hier also anscheinend zuerst, ob eine (kollisionsrechtliche) Anwendung möglich ist, weil die Norm für den Erlaßstaat durchsetzbar ist, um dann eine materiellrechtliche Berücksichtigung über § 275 BGB in Betracht zu ziehen[1131]. Bei Durchsetzungsmacht scheint also eine Anwendung der Norm möglich zu sein. Anders dagegen in einer Entscheidung vom 17.11.1994[1132]. Hier prüft der BGH zunächst eine „Beachtung“ der ausländischen Eingriffsnorm anhand der Voraussetzungen „Durchsetzungsmöglichkeit“ und „Geltungs- bzw. Anwendungswille“. Da im vorliegenden Sachverhalt der Geltungswille fehlte, war die Norm nach Ansicht des BGH nicht zu beachten. Er führt dann aus: „Im übrigen hätte das Außenhandelsmonopol der DDR [die fremde Eingriffsnorm] nur

---

[1129] Vgl. *Busse*, ZVglRWiss 95 (1996), 396 ff. Ähnlich auch *Drobnig*, FS Neumayer 168 f. und MünchKomm-*Martiny* Art. 34 EGBGB Rn. 28.

[1130] IzRspr. 1964/65 Nr. 68, 226, 232.

[1131] Vgl. auch *Busse*, ZVglRWiss 95 (1996), 398.

[1132] BGHZ 128, 41.

als tatsächlicher Umstand materiell-rechtliche Berücksichtigung im Rahmen der Anwendung des Rechts der BRD finden können."[1133] Offensichtlich wäre bei Vorliegen der genannten Voraussetzungen also nur eine Berücksichtigung und keine Anwendung in Frage gekommen. Die Durchsetzungsmacht wäre also nur ein Kriterium für die Berücksichtigungsmöglichkeit. Auch die Ausführungen des BGH zu der Bedeutung der von der Eingriffsnorm verfolgten Interessen lassen kaum eindeutige Schlüsse zu. Insofern führt der BGH nur aus, daß es bei öffentlich-rechtlichen Normen, die „vorwiegend dem Schutz oder den Interessen des einzelnen dienen oder den Ausgleich zwischen ihnen bezwecken", nicht „undenkbar erscheint", daß diesen Normen „unter bestimmten Voraussetzungen nicht jeder Einfluß auf inländische Privatrechtsverhältnisse abzusprechen ist."[1134] In einem anderen Urteil heißt es, das Territorialitätsprinzip gelte „jedenfalls" für solche Normen, die „nicht dem Ausgleich schutzwürdiger privater Belange" dienen[1135]. Ob hieraus abgeleitet werden kann, der BGH erwäge bei den betreffenden Normen eine Anwendung und nicht nur Berücksichtigung, erscheint fraglich[1136].

Die Aspekte der Durchsetzungsmacht und Verfolgung privater Interessen waren in den geschilderten Entscheidungen nie entscheidungserheblich, auch aus diesem Grund läßt sich nicht eindeutig beurteilen, ob der BGH in diesen Fällen eine Anwendung in Betracht zieht. Auch wenn sich der dargestellten Rechtsprechung des BGH nicht eindeutig entnehmen läßt, inwieweit tatsächlich Ausnahmen von dem Grundsatz der Berücksichtigung auf materiellrechtlicher Ebene zugunsten einer kollisionsrechtlichen Anwendung gemacht werden, lassen sich aus den Entscheidungen doch folgende Schlußfolgerungen ziehen: Nach der Auffassung des BGH sind Durchsetzungsmacht und die Art der von der Eingriffsnorm verfolgten Interessen (zumindest) für die *Beachtung* der betreffenden Norm von Bedeutung. Nach der Entscheidung vom 17.11.1994[1137] hängt die Beachtung weiterhin vom Geltungs- bzw. Anwendungswillen der ausländischen Eingriffsnorm ab.

Die Rechtsprechung der Instanzgerichte ist nicht einheitlich. Das LG Düsseldorf hat trotz Durchsetzbarkeit einer fremden Verbotsnorm entschieden, die betroffene

---

[1133] BGH, Urteil vom 17.11.1994, BGHZ 128, 41, 53.

[1134] BGH, Urteil vom 17.12.1959, BGHZ 31, 367, 371.

[1135] BGH, Urteil vom 16.4.1975, BGHZ 64, 183, 189.

[1136] Anders z.B. *Busse* (ZVglRWiss 95 (1996), 396 f.), der davon ausgeht, bei öffentlich-rechtlichen Normen „in ausschließlich privatem Interesse" sei nach der Rechtsprechung des BGH eine Anwendung möglich. Nach *Busse* (a.a.O.) müßten dann „erst recht" privatrechtliche Eingriffsnormen angewendet werden.

[1137] Urteil vom 17.11.1994, BGHZ 128, 41.

Vertragspartei könne sich nicht auf das Verbot selbst berufen, sondern allenfalls auf einen Verstoß gegen Treu und Glauben[1138]. Das Gericht geht also nur von der Möglichkeit einer Berücksichtigung aus. Dagegen hat das LG Fulda ein Rechtsgeschäft wegen Verstoßes gegen eine „ostzonale" Devisenvorschrift gemäß § 134 BGB als nichtig angesehen[1139]. Die Beachtung im Rahmen des § 134 BGB stellt nach der üblichen Unterscheidung aber eine Anwendung dar, weil das entsprechende Vorgehen dazu führt, daß der Norm selbst bzw. ihrem normativen Gehalt unmittelbare Wirkung zukommt und nicht nur die faktischen Auswirkungen berücksichtigt werden[1140]. Für eine Sonderanknüpfung spricht sich im Ergebnis auch das OLG Frankfurt in einer Entscheidung vom 5.3.1971 aus[1141]. Zwar zieht auch das OLG nicht den Begriff „Sonderanknüpfung" heran, es wendet sich jedoch ausdrücklich gegen das vom BGH in der Entscheidung vom 17.12.1959[1142] herangezogene Territorialitätsprinzip und stellt auf die Auffassung *Zweigerts* ab, nach der eine „Anwendung" ausländischer Verbotsvorschriften möglich ist, soweit hiervon nicht die „international-typischen Interessen" des Forumstaates beeinträchtigt werden[1143].

Das BAG berücksichtigt regelmäßig nur die faktischen Auswirkungen ausländischer Eingriffsnormen[1144]. In einer Entscheidung vom 26.9.1963 führt es jedoch aus, die deutsche Rechtsprechung dürfe „keine Vertragsabsprache begünstigen oder dulden, die sich in einem fremden Rechtsbereich auswirken soll und sich dabei mit dem fremden Recht in Widerspruch setzt, sofern das fremde Recht nicht gegen den ordre public verstößt."[1145] Damit stellt das BAG auf den normativen Gehalt des fremden Rechts und nicht nur auf dessen faktische Auswirkungen ab[1146]. Das Gericht trifft auch Aussagen über die Anforderungen

---

[1138] LG Düsseldorf, Urteil vom 23.5.1952, IzRspr. 1945-1953, 1. Halbband, Nr. 54, 108, 112.

[1139] LG Fulda, Beschluß vom 14.8.1956, IzRspr. 1954-1957, 1. Halbband, Nr. 171, 451, 452. Vgl. z.B. auch OLG Celle, Urteil vom 18.12.1979, FamRZ 1981, 200, 202; auch das OLG Celle geht hier wohl von einer Anwendung des Devisenrecht der DDR aus, allerdings ohne Heranziehung des § 134 BGB.

[1140] So hat der BGH mehrfach ausgeführt, bei Verstößen gegen ausländische Verbotsgesetze greife § 134 BGB nicht, da die betreffenden Vorschriften im Inland nicht unmittelbar verbindlich seien, vgl. Urteil vom 22.6.1972, BGHZ 59, 82, 85; Urteil vom 29.9.1977, BGHZ 69, 295, 296; Urteil vom 17.11.1994, BGHZ 128, 41, 53.

[1141] NJW 1972, 398.

[1142] BGHZ 31, 371.

[1143] OLG Frankfurt, Urteil vom 5.3.1971, NJW 1972, 398, 400 f. Das OLG verweist in seiner Entscheidung auf *Zweigert*, RabelsZ 14 (1942), 295 und 305.

[1144] Siehe unten § 12 V. 2. b) cc).

[1145] DB 1963, 1682.

[1146] Ähnlich wohl auch *Schiffer* (135, Fn. 88), der in dem betreffenden Urteil aber darüber hinaus eine Tendenz zur Sonderanknüpfung erkennen will.

an eine Beachtung des fremden Rechts: Hinsichtlich des Inhalts der fremden Norm wird nur vorausgesetzt, es dürfe kein ordre-public-Verstoß vorliegen. Weiterhin sei ein fremdes Recht dann zu beachten, wenn sich die Vertragsabsprache in dem betreffenden Rechtsbereich auswirkt, insoweit wird also eine „enge Verbindung" zu dem Erlaßstaat gefordert. Eine Sonderanknüpfung wird in der betreffenden Entscheidung vom BAG aber nicht in Betracht gezogen. In dem Urteil wird das ausländische Recht vielmehr zur Auslegung des Begriffes „berechtigtes, geschäftliches Interesse" im Sinne des § 74 a Abs.1 S. 1 HGB herangezogen[1147]. Es wird also gerade eine Berücksichtigung auf materiellrechtlicher Ebene des deutschen Sachrechts vorgenommen.

Zu beachten ist in dem hier behandelten Zusammenhang auch eine Entscheidung des RAG vom 28.5.1932[1148]. Das Gericht hatte für das Arbeitsverhältnis eines in der Schweiz beschäftigten Reichsbahnarbeiters ausgeführt, es unterliege zwar „von der Vertragsseite" deutschem Tarifvertragsrecht, empfange „von der Gesetzesseite aus" seinen Inhalt aber aus dem Schweizer Recht. Zwingende Normen des Schweizer Rechts gingen dem „Vertragsrecht (einschließlich des Tarifvertragsrechts)" vor. Die Entscheidung könnte so verstanden werden, daß das RAG eine Sonderanknüpfung des gesamten zwingenden Rechts des Arbeitsortes vornehmen wollte[1149]. Nach *Schiffer* tritt das RAG daher mit der betreffenden Entscheidung noch vor den ersten wissenschaftlichen Veröffentlichungen für die Sonderanknüpfungslehre ein[1150]. Das betreffende Urteil des RAG enthält aber keinerlei dogmatische Untermauerung der geschilderten Aussagen. Das RAG geht ohne nähere Begründung von der Geltung des Schweizer Rechts aus, eine kollisionsrechtliche Einordnung erfolgt nicht. Die Bedeutung der Entscheidung sollte also nicht überbewertet werden.

Trotz vereinzelter Anzeichen für eine Annäherung an die Sonderanknüpfungslehre bleibt damit festzuhalten, daß die materiellrechtliche Berücksichtigung auf Ebene der Generalklauseln der lex fori (zumindest) den Regelfall in der deutschen Rechtsprechung darstellt. Der Rechtsprechung lassen sich hinsichtlich der sachrechtlichen Berücksichtigung bestimmte Fallgruppen entnehmen, die im folgenden dargestellt werden sollen[1151].

1147 BAG, Urteil vom 26.9.1963, DB 1963, 1682.

1148 RAGE 11, 100.

1149 Vgl. *Gamillscheg*, Internationales Arbeitsrecht 194 f.

1150 Vgl. *Schiffer* 135. Auch *Gamillscheg* (Internationales Arbeitsrecht 195) sieht Ähnlichkeiten zur „Theorie von Wengler". Vgl. auch *Garcke* 50 f.

1151 Überblicke zu der deutschen Rechtsprechung – zum Teil mit anderen Einteilungen – finden sich z.B. auch bei *Anderegg*, Eingriffsnormen 9 ff.; *Busse*, ZVglRWiss 95 (1996), 387 ff., *Lehmann*, Vertragsrecht 44 ff.; *Erne* 22 ff.; MünchKomm-*Martiny* Art. 34 EGBGB Rn. 51 ff.; Reithmann-Martiny-*Limmer* Rn. 461 ff.; *Vogel* 111 ff.

b) Fallgruppen der materiellrechtlichen Berücksichtigung

aa) Sittenwidrigkeit

Der BGH hat wiederholt bei einem Verstoß gegen ausländische Verbotsvorschriften Nichtigkeit des betreffenden Vertrages wegen Sittenwidrigkeit angenommen. Das fremde Recht wurde dabei über die Generalklausel des § 138 BGB berücksichtigt[1152]. Die Begründungen für die Annahme der Sittenwidrigkeit sind dabei unterschiedlich.

So hat der BGH bei Verstößen gegen US-amerikanische Embargovorschriften Nichtigkeit gemäß § 138 BGB bejaht, weil die betreffenden Vorschriften „nicht nur im amerikanischen Interesse, sondern im Interesse des gesamten freiheitlichen Westens und damit auch im Interesse der Bundesrepublik Deutschland" gelegen hätten[1153]. Dient also eine ausländische Eingriffsnorm auch deutschen Interessen, kann ihre Verletzung den Vertrag gemäß § 138 BGB sittenwidrig und damit nichtig machen.

In einer Entscheidung zu einem nigerianischen Ausfuhrverbot für Kulturgüter hat der BGH entschieden, daß Sittenwidrigkeit nicht nur dann vorliegen kann, wenn das ausländische Verbot (mittelbar) auch deutsche Interessen schützt. Ein Vertrag kann auch dann „als verwerflich betrachtet werden" und damit gemäß § 138 BGB nichtig sein, wenn die fremde Vorschrift ein „allgemein zu achtendes Interesse aller Völker" (hier an der Erhaltung von Kulturwerten) dient[1154].

Ein Urteil des BGH zu einem „Fluchthelfervertrag" bestätigt die beiden genannten Fallgruppen: Ein Verstoß gegen ausländisches Recht könne die Nichtigkeit gemäß § 138 BGB zur Folge haben, wenn „die verletzten ausländischen Bestimmungen mittelbar auch deutsche Interessen schützen oder ihre Umgehung allgemein zu achtenden Interessen aller Völker zuwiderhandelt."[1155]

[1152] Auch Gerichte anderer Staaten neigen (vor allem in älteren Urteilen) dazu, bei einem Verstoß gegen eine ausländische Eingriffsnorm von der Sittenwidrigkeit des betreffenden Vertrags auszugehen. Vgl. zur französischen Rechtsprechung: *Kösters* 73 ff. sowie *Vogel* 161 ff. Zur schweizerischen Rechtsprechung: *Vogel* 132 ff.

[1153] BGH, Urteil vom 21.12.1960 , BGHZ 34, 169, 177; Urteil vom 24.5.1962, NJW 1962, 1436, 1437 (Borax-Entscheidungen).

[1154] Urteil vom 22.6.1972, BGHZ 59, 82, 85.

[1155] Urteil vom 29.9.1977, BGHZ 69, 295, 298. Nach *Erne* werden damit in der betreffenden Entscheidung „nationale Maßstäbe" (deutsche Interessen) und „internationale Maßstäbe" (allgemein zu achtende Interessen) erstmals gemeinsam angewendet, *Erne* 80. Dies ist zwar grundsätzlich zutreffend. Die Rechtsprechung des BGH deutet aber darauf hin, daß die Frage, welche Interessen allgemein zu achten sind, aus nationaler Perspektive zu beantworten ist, letztlich also doch ein „nationaler Maßstab" angelegt wird.

Nach der Rechtsprechung des BGH kann Sittenwidrigkeit nach § 138 BGB auch dann vorliegen, wenn die ausländischen Vorschriften Anschauungen widerspiegeln, die in Deutschland geteilt werden. In einer Entscheidung vom 8.5.1985 zu einer Schmiergeldzahlung führt der BGH aus: „Die Verletzung ausländischer Rechtsnormen, die nach den in Deutschland herrschenden rechtlichen und sittlichen Anschauungen anzuerkennen sind, enthält gleichzeitig auch eine Verletzung allgemein gültiger sittlicher Grundsätze."[1156] Da maßgeblich sein soll, ob die „Rechtsnormen" nach den in Deutschland herrschenden „Anschauungen" anzuerkennen sind, kann davon ausgegangen werden, daß der BGH insoweit auf den „Interessen- und Wertegleichklang" abstellt[1157]. Der Verstoß gegen eine ausländische Norm kann ein Geschäft also dann sittenwidrig machen, wenn die Interessen und Werte, die der betreffenden Vorschrift zugrunde liegen, auch im Inland anerkannt sind.

Auch das RG hat Verträge, die gegen ausländische Verbotsnormen verstießen, als sittenwidrig gemäß § 138 BGB angesehen. Dabei bestehen deutliche Parallelen zu der Rechtsprechung des BGH. So soll nach Ansicht des RG keine Sittenwidrigkeit anzunehmen sein, wenn gegen ein fremdes Gesetz verstoßen wird, „das nicht durch allen Kulturstaaten gemeinsame rechtlich-sittliche Erwägungen gerechtfertigt wird, sondern nur durch die in den ausländischen Staaten herrschenden wirtschafts- und sozialpolitischen (hier staatssozialistischen) Rechtsgrundsätze, die den deutschen Rechtsanschauungen widersprechen."[1158] Dementsprechend könne ein Rechtsgeschäft bei deutschem Vertragsstatut dann als sittenwidrig angesehen werden, wenn es gegen ein ausländisches Importverbot verstößt, das keine rein handelspolitische Zielsetzung hat, sondern aus gesundheitspolitischen Gründen erlassen wurde (Importverbot für Kokain) und somit aus „volksgesundheitlichen Gründen" zu berücksichtigen sei[1159]. Auch die allgemeinen politischen Beziehungen zu dem Erlaßstaat scheinen von Bedeutung zu sein, so ist nach Ansicht des RG erheblich, ob ein „befreundeter Staat" betroffen ist[1160]. Das RG stellt weiterhin darauf ab, daß durch die Nichtbeachtung fremder Verbote eine „demoralisierenden Wirkung"[1161] oder „dem Gemeinwohl gefährliche Verwilderung und Verwirrung der Sitten"[1162] drohe. Das RG befürchtet also wohl einen negativen Beispielseffekt: Bei Verstoß gegen fremde Verbote entstehe die Gefahr, daß auch entsprechende inländische

---

[1156] Urteil vom 8.5.1985, BGHZ 94, 268, 271.

[1157] Vgl. hierzu auch *Sonnenberger*, FS Rebmann 836 f.

[1158] Urteil vom 3.10.1923, RGZ 108, 241, 244.

[1159] Urteil vom 24.6.1927, JW 1927, 2288.

[1160] Urteil vom 5.11.1898, RGZ 42, 295, 297.

[1161] Urteil vom 5.11.1898, RGZ 42, 295, 297.

[1162] Urteil vom 30.9.1919, RGZ 96, 282, 283.

Verbotsnormen nicht mehr beachtet würden. Damit würde bei „Interessen- und Wertegleichklang" die Berücksichtigung des ausländischen Rechts auch indirekt inländischen Interessen dienen, weil sie einer grundsätzlichen „Gleichgültigkeit" gegenüber dem mißbilligten Verhalten entgegenwirkt[1163].

Damit läßt sich zu der geschilderten Rechtsprechung folgendes festhalten: Ist deutsches Recht Vertragsstatut, kann der Vertrag zwar bei Verstoß gegen eine ausländische Vorschrift nicht gemäß § 134 BGB nichtig sein, weil die fremde Vorschrift nicht „verbindlich" – gemeint ist damit wohl auch „nicht anwendbar" - ist[1164]. In Betracht kommt aber eine Berücksichtigung über und damit Nichtigkeit gemäß § 138 BGB. Die Rechtsprechung will also offensichtlich vermeiden, daß das ausländische Recht die Entscheidung über die Nichtigkeit fällt und diese Entscheidung nur über § 134 BGB „vollstreckt" wird. Sie wendet daher ausschließlich § 138 BGB an; die Prüfung der Sittenwidrigkeit gewährleistet dann, daß aus deutscher Perspektive über die Nichtigkeit entschieden wird[1165]. Im Ergebnis wird von Nichtigkeit gemäß § 138 BGB ausgegangen, wenn das ausländische Verbot aus Sicht der deutschen Rechtsordnung „akzeptabel" erscheint. Dies ist der Fall, wenn das Verbot auch (mittelbar) deutschen Interessen dient, allgemein akzeptierte Interessen verfolgt werden oder zumindest die dem betreffenden Verbot zugrundeliegenden Anschauungen geteilt werden[1166]. Da ausschließlich Rechtsprechung zur Berücksichtigung ausländischer Vorschriften bei deutschem Vertragsstatut vorliegt, bleibt die Frage unbeantwortet, wie in Sachverhalten zu verfahren ist, in denen eine dritte Rechtsordnung Vertragsstatut ist. Ob die deutsche Rechtsprechung auch in diesen Fällen eine Berücksichtigung einer ausländischen Verbotsnorm über die Generalklauseln des (ausländischen) Vertragsstatuts vornehmen würde, läßt sich also nicht beurteilen.

Neben der Nichtigkeit nach § 138 BGB spielt die Sittenwidrigkeit bei Verstoß gegen ein fremdes Verbot noch in einer anderen Fallkonstellation eine Rolle. So hatte der BGH in zwei Fällen darüber zu entscheiden, ob Ansprüche aus § 826 BGB geltend gemacht werden können, wenn dem Kläger dadurch ein Schaden

---

[1163] Vgl. auch *Busse*, ZVglRWiss 95 (1996), 405.

[1164] Vgl. BGH, Urteil vom 22.6.1972, BGHZ 59, 82, 85; Urteil vom 29.9.1977, BGHZ 69, 295, 296; Urteil vom 17.11.1994, BGHZ 128, 41, 53.

[1165] Ähnlich auch *Lehmann*, Vertragsrecht 46.

[1166] Insoweit ließe sich – unter Heranziehung der Rechtsprechung des RG – argumentieren, daß auch bei „geteilten Anschauungen" stets ein Interesse des Inlands an der Berücksichtigung besteht, weil ein „negativer Beispielseffekt" vermieden werden soll. Vgl. auch *Sonnenberger* (in: MünchKomm Einl. IPR Rn. 61) nach dessen Auffassung das Interesse des Inlandes an der Anwendung der fremden Norm stets Ausgangspunkt der Untersuchung der Beachtungsmöglichkeit sein müsse.

entstanden ist, daß er durch den Beklagten in einen Embargoverstoß „einbezogen" wurde und nur der Beklagte von der Verbotswidrigkeit des Geschäftes wußte[1167]. Die entsprechenden Entscheidungen unterscheiden sich aber wesentlich von den Fällen, in denen eine Anwendung des § 138 BGB geprüft wurde[1168]. Bei der Prüfung der Sittenwidrigkeit nach § 826 BGB kam es in erster Linie nicht darauf an, ob der Verstoß gegen das ausländische Verbot als solcher (aus deutscher Perspektive) als sittenwidrig zu beurteilen war. Entscheidend war vielmehr, ob die bewußte Einbeziehung des Beklagten durch den Kläger in eine verbotene Handlung – verbunden mit dem entsprechenden Schadensrisiko – sittenwidrig war[1169]. Die ausländische Verbotsnorm war hier nur als Tatbestandsmerkmal (als Faktum) relevant, da ihre Verletzung letztlich den Schaden des Beklagten herbeigeführt hat. Es mußte also keine Entscheidung darüber getroffen werden, ob die Verbotsnorm aus deutscher Sicht „akzeptabel" erscheint und somit berücksichtigt werden kann[1170]. Der Schaden des Beklagten war vielmehr schon durch die Geltung der ausländischen Norm für die Parteien entstanden, die Verbotsnorm hatte ihre Wirkung also schon insoweit entfaltet, als sie eine Tatsache – den Schaden des Beklagten – herbeigeführt hatte.

[1167] Urteil vom 20.10.1992, NJW 1992, 194; Urteil vom 20.11.1990, NJW 1990, 634.

[1168] Der BGH beruft sich in der Entscheidung vom 20.11.1990 (NJW 1990, 634, 635) allerdings auf die Rechtsprechung zu § 138 BGB, sieht also offensichtlich Parallelen. Für die Vergleichbarkeit auch *von Hoffmann*, IPRax 1991, 346. Unentschieden Reithmann-Martiny-*Limmer* Rn. 466. Wie hier *Junker*, JZ 1991, 702 ähnlich auch *Busse*, ZVglRWiss 95 (1996), 404 (Fn. 83).

[1169] So auch *Junker*, JZ 1991, 702. Anders dagegen zunächst der BGH, der ausführt, die „Verletzung der Embargovorschriften" könne ein Verstoß gegen die guten Sitten begründen, Urteil vom 20.11.1990, NJW 1990, 634, 635. Die weiteren Ausführungen des BGH in der betreffenden Entscheidung zeigen aber, daß der Gerichtshof die Sittenwidrigkeit tatsächlich nicht auf die Verletzung der ausländischen Norm bezieht, sondern auf die „Bedenkenlosigkeit gegenüber fremden Vermögensinteressen". Nicht der Verstoß gegen die fremde Norm als solches kann also die Sittenwidrigkeit begründen, sondern die – bewußte – Gefährdung des Vermögens des Klägers. Mit dieser Tendenz auch BGH, Urteil vom 20.10.1992, NJW 1992, 194, 195.

[1170] Ähnlich *Busse* , ZVglRWiss 95 (1996), 404 (Fn. 83). Vgl. auch *Junker* (JZ 1991, 702), der von einer „Berücksichtigung ohne Wertungsmöglichkeit" spricht. Anders wohl *von Hoffmann* (IPRax 1991, 346) nach dem die „Benutzung" des Klägers nur aufgrund des „mißbilligten Zwecks" sittenwidrig wurde. Auf die Mißbilligung des Zwecks aus deutscher Perspektive – also der Einstellung gegenüber der fremden Verbotsnorm – kam es hier aber nicht an. Zweifelnd *Limmer* (in: Reithmann-Martiny Rn. 466) nach dessen Ansicht sich den beiden Entscheidungen nicht entnehmen läßt, ob maßgeblich ist, daß das deutsche Recht den „Wertungshintergrund" der ausländischen Norm billigt.

bb) Unmöglichkeit

Nach der Rechtsprechung des RG[1171] und des BGH[1172] kann eine ausländische Eingriffsnorm die Erfüllung eines Vertrages auch unmöglich machen. Es wird also davon ausgegangen, daß die fremde Vorschrift ein Leistungshindernis darstellt, das der Schuldner nicht überwinden kann[1173]. Der Gedanke erscheint naheliegend: Ist eine bestimme Handlung durch eine ausländische Norm verboten, ist dem Schuldner die Leistung zumindest dann unmöglich, wenn der Erlaßstaat die Möglichkeit besitzt, die betreffende Bestimmung durchzusetzen. Dabei stellt das RG auch auf die Zumutbarkeit der Leistungserbringung durch den Schuldner ab[1174]. Die Unzumutbarkeit der Leistung – und damit die Unmöglichkeit – soll z.B. davon abhängen, ob das ausländische Verbot mit „schweren Strafandrohungen" verbunden ist oder „scharfe Kontrollmaßnahmen" durch den Erlaßstaat getroffen werden (womit die Durchsetzungsmöglichkeit angesprochen wird).

In Betracht kommen sowohl anfängliche als auch nachträgliche Unmöglichkeit: Bestand das ausländische Verbot schon bei Vertragsschluß, kann der Vertrag nach § 306 BGB aufgrund anfänglicher Unmöglichkeit nichtig sein[1175]. Entstand das Leistungsverbot erst nach Abschluß des Vertrages, kann die Erfüllung gemäß § 275 BGB nachträglich unmöglich geworden sein[1176]. In den von der

---

[1171] Urteil vom 13.11.1917, RGZ 91, 260; 261 f.; Urteil vom 28.6.1918, RGZ 93, 182, 184; Urteil vom 17.6.1939, RGZ 161, 296, 300.

[1172] Urteil vom 28.1.1965, Warneyer 1965 Nr. 27; Urteil vom 17.11.1994, BGHZ 128, 41, 53. *Limmer* (in: Reithmann-Martiny Rn. 468) führt insoweit auch die Entscheidung des BGH vom 11.3.1982 (BGHZ 83, 197) an. In dem betreffenden Urteil beruhte die Unmöglichkeit allerdings nicht auf einer ausländischen Eingriffsnorm, sondern der Krisensituation des Staates, in dem die Leistung erfolgen sollte. Parallelen bestehen aber insoweit, als auch bei Entgegenstehen einer ausländischen Eingriffsnorm tatsächliche Unmöglichkeit aufgrund eines Faktums, das auf die Situation in dem „Empfangsstaat" zurückzuführen ist, angenommen wird.

[1173] Vgl. aus der Literatur z.B. *Anderegg*, Eingriffsnormen 179 ff.; Palandt-*Heldrich* Art. 34 EGBGB Rn. 5; Ermann-*Hohloch* Art. 34 EGBGB Rn. 23; *von Hoffmann*, IPRax 1981, 156 f.; *Lehmann*, Vertragsrecht 58 ff.; Reithmann-Martiny-*Limmer* Rn. 467 ff.; MünchKomm-*Martiny* Art. 34 EGBGB Rn. 53; *Schiffer* 86 ff.; *Zimmer*, IPRax 1993, 69; *Zweigert*, RabelsZ 14 (1942), 283 ff.

[1174] Urteil vom 28.6.1918, RGZ 93, 182, 184.

[1175] BGH, Urteil vom 17.11.1994, BGHZ 128, 41, 53.

[1176] RG, Urteil vom 13.11.1917, RGZ 91, 260; 261 f.; RG, Urteil vom 28.6.1918, RGZ 93, 182, 184. Vgl. auch Reithmann-Martiny-*Limmer* Rn. 468; MünchKomm-*Martiny* Art. 34 EGBGB Rn. 53. Regelmäßig werden sich die Folgen aus § 323 BGB ergeben, da von nicht zu vertretender Unmöglichkeit auszugehen sein wird. Vgl. näher hierzu *Anderegg*, Eingriffsnormen 187 ff.

Rechtsprechung entschiedenen Fällen wurde stets (stillschweigend) von objektiver Unmöglichkeit ausgegangen. Im Schrifttum wird jedoch darauf hingewiesen, daß durchaus auch subjektive Unmöglichkeit vorliegen könne. So z.B. wenn ein ausländisches Verbot unter Genehmigungsvorbehalt steht und der Schuldner keine Genehmigung erlangen kann, Dritte aber eine Genehmigung besitzen[1177].

Der BGH äußert sich zwar nicht explizit zu der Frage, ob bei Bestehen eines ausländischen Leistungsverbots gegebenenfalls rechtliche oder tatsächliche Unmöglichkeit besteht. Der Entscheidung des Gerichtshofs vom 17.11.1994 kann aber entnommen werden, daß von tatsächlicher und nicht rechtlicher Unmöglichkeit ausgegangen wird[1178]. So führt der BGH aus, eine fremde Eingriffsnorm könne „unter dem Gesichtspunkt eines tatsächlichen Leistungshindernisses“ zu Unmöglichkeit führen. Das RG spricht ausdrücklich von tatsächlicher Unmöglichkeit und betont, daß die ausländische Norm hierdurch nicht „angewendet“ wurde[1179].

In den „Unmöglichkeitsfällen“ soll also nur den faktischen Auswirkungen der ausländischen Eingriffsnormen Rechnung getragen werden[1180]. Der normative Gehalt – die in der Eingriffsnormen enthaltenen Wertungen – sind nicht von unmittelbarer Bedeutung. Es ist also auch nicht entscheidend, inwieweit der Inhalt der fremden Norm aus deutscher Perspektive „akzeptabel“ erscheint, ob also z.B. Interessen- und Wertegleichklang vorliegt. Es wird nur der Tatsache Rechnung getragen, daß der Schuldner eine Leistung nicht ausführen kann (ihm die Ausführung nicht zumutbar ist), weil er mit Ausführung gegen ein fremdes Verbot verstoßen würde und ihm die entsprechenden Sanktionen drohen. Es geht also nicht um die Entscheidung, ob dem Anwendungsanspruch der fremden Eingriffsnorm durch das deutsche Kollisionsrecht stattgegeben wird, sondern um die Frage, welche tatsächlichen Auswirkungen die Eingriffsnorm auf den Sachverhalt hat[1181].

[1177] Reithmann-Martiny-*Limmer* Rn. 468. Vgl. auch *Roth*, IPRax 1984, 78.

[1178] Urteil vom 17.11.1994, BGHZ 128, 41, 53.

[1179] Urteil vom 28.6.1918, RGZ 93, 182, 184. Vgl. auch *Mülbert*, IPRax 1986, 140 ff.: Nur bei einer Anwendung bzw. Sonderanknüpfung komme rechtliche Unmöglichkeit in Betracht, bei einer materiellrechtlichen Berücksichtigung der fremden Norm als Faktum dagegen nur tatsächliche Unmöglichkeit.

[1180] Vgl. z.B. *Busse*, ZVglRWiss 95 (1996), 402 f.; *Lehmann*, Vertragsrecht 58 ff.; *Mülbert*, IPRax 1986, 141; Reithmann-Martiny-*Limmer* Rn. 467; *Zimmer*, IPRax 1993, 67 f.

[1181] Ähnlich *Lehmann*, Vertragsrecht 59 und *Zimmer*, IPRax 1993, 67 f. Abgestellt wird also auf „Daten“ oder „Fakten“, die Nähe zur Datumtheorie ist unverkennbar, vgl. Reithmann-Martiny-*Limmer* Rn. 467; *Mülbert*, IPRax 1986, 141; *Zimmer* IPRax 1993, 67 f.

Der hier behandelten Gruppe der „Unmöglichkeitsfälle" dürfte auch die Entscheidung des BGH vom 11.7.1963 zuzurechnen sein, in der der Gerichtshof § 437 BGB anwendet[1182]. Der Gerichtshof geht in der betreffenden Entscheidung von einem Rechtsmangel aus, weil eine Forderung wegen Beschlagnahme durch einen fremden Staat nicht mehr realisierbar war. Obwohl der BGH von dem Fehlen der „rechtlichen Realisierbarkeit" und einem „rechtlichen Hindernis" spricht[1183], dürfte die fremde Norm bzw. der fremde Hoheitsakt auch hier nur als Tatsache berücksichtigt worden sein. So prüft der BGH z.B. nicht, inwieweit die ausländischen Wertungen von der deutschen Rechtsordnung geteilt werden. Auch wird die Frage, warum die fremden Normen trotz Geltung deutschen Rechts von Bedeutung sein könnten, nicht angesprochen[1184].

cc) Treu und Glauben

Auch der Grundsatz von Treu und Glauben (§ 242 BGB) wird in der Rechtsprechung im Rahmen der Beachtung fremden Eingriffsrechts herangezogen. So hat der BGH entschieden, daß der Erlaß eines iranischen Importverbots für Alkohol dazu führen kann, daß die Geschäftsgrundlage für einen Vergleich, der die Lieferung von Bier in den Iran betraf, wegfallen kann[1185]. Der BGH prüft hier wiederum nicht, ob die ausländische Verbotsnorm „berücksichtigungsfähig" ist, weil sie allgemein anerkannte Interessen schützt oder Anschauungen verfolgt werden, die von der deutschen Rechtsordnung geteilt werden. Er stellt nur auf die Tatsache ab, daß der Import von Bier in den Iran verboten ist. Beachtet werden also nur die Fakten oder Daten, die durch die ausländische Eingriffsnorm geschaffen wurden[1186].

An dieser Stelle ist auch die Rechtsprechung des BAG zu den arbeitsrechtlichen Folgen der Einziehung ausländischer Arbeitnehmer zum Wehrdienst anzuführen. Ausdrücklich auf den Grundsatz von Treu und Glauben stellt das Urteil des 7. Senats des BAG vom 7.9.1983[1187] ab. Das BAG hat in dieser Entscheidung dargelegt, daß ein in Deutschland beschäftigter, türkischer Arbeitnehmer unter

---

[1182] NJW 1963, 1971

[1183] Urteil vom 11.7.1963, NJW 1963, 1971, 1972.

[1184] So im Ergebnis auch *Busse*, ZVglRWiss 95 (1996), 408 f. und Reithmann-Martiny-*Limmer* Rn. 468 (wobei *Limmer* die betreffende Entscheidung ohne weitere Erläuterung bei der „Unmöglichkeitsrechtsprechung" aufführt).

[1185] Urteil vom 8.2.1984, IPRax 1986, 154.

[1186] Vgl. *Mülbert*, IPRax 1986, 141. Im Ergebnis auch *Baum*, RabelsZ 53 (1989), 158 ff.; *Busse*, ZVglRWiss 95 (1996), 408; Reithmann-Martiny-*Limmer* Rn. 469.

[1187] BAGE 43, 263.

Umständen nicht zur Erbringung der geschuldeten Leistung verpflichtet ist, wenn er den verkürzten Wehrdienst in seinem Heimatland antreten muß. Die Arbeitspflicht könne „suspendiert" sein und eine Kündigung durch den Arbeitgeber ausgeschlossen, die Entgeltansprüche des Arbeitnehmers entfielen[1188]. Der Sache nach ging es bei den betreffenden Entscheidungen um die zivilrechtlichen Auswirkungen ausländischer Eingriffsnormen[1189]. Das Gericht hatte darüber zu entscheiden, welchen Einfluß die türkische Norm auf das Arbeitsverhältnis zwischen den Parteien hat. Dabei wurden vom BAG jedoch keine kollisionsrechtlichen Erwägungen angestellt. Unerheblich war also offensichtlich, inwieweit das deutsche (Kollisions-) Recht gegenüber dem Geltungswillen der türkischen Normen offen war. Das BAG stellt nur auf die Tatsachen ab, die aus den türkischen Vorschriften folgen. Die Verpflichtung zum Wehrdienst stellt also einen Teil des zu beurteilenden Sachverhalts dar, diese Tatsache wird als gegeben hingenommen, das Problem einer Entscheidung über eine Berücksichtigung stellt sich insoweit nicht. In einer zweiten Stufe werden die entsprechenden Tatsachen dann rechtlich – allein nach deutschem Recht – beurteilt. Das BAG gelangt hierbei in dem Urteil vom 7.9.1983 zu dem Schluß, der Arbeitgeber verstoße gegen den Grundsatz von Treu und Glauben, wenn er die Erfüllung der Arbeitspflicht verlange, sofern eine Interessenabwägung keine überwiegenden betrieblichen Interessen erkennen lasse[1190].

Der 7. Senat hat in der betreffenden Entscheidung ausdrücklich darauf hingewiesen, daß er „in der dogmatischen Begründung" von der Rechtsprechung des 2. Senats abweiche[1191]. Der 2. Senat hatte in einer Entscheidung vom 22.12.1982 einem türkischen Arbeitnehmer ein Leistungsverweigerungsrecht für die Dauer seines verkürzten Wehrdiensts zugebilligt[1192]. Die Grenzen dieses Leistungsverweigerungsrechts ergäben sich aus einer objektiven Abwägung der „beiderseitigen schutzwürdigen Interessen". Die dogmatische Herleitung des Leistungsverweigerungsrechts wird nicht eindeutig dargelegt, zumindest wird auf den Rechtsgedanken der §§ 616 BGB; 72 HGB und §§ 228, 904 BGB verwiesen[1193]. Die Geltendmachung des Leistungsverweigerungsrechtes führe zur Suspendierung des Arbeitsverhältnisses. Der Wegfall des Entgeltanspruches folge aus der analogen Anwendung des § 323 BGB, da die Arbeitsverhinderung wegen

---

[1188] BAG, Urteil vom 7.9.1983, BAGE 43, 263, 268.

[1189] Vgl. z.B. *Busse*, ZVglRWiss 95 (1996), 407 f.; *Droste* 28; *Junker*, Konzern 302; MünchKomm-*Martiny* Art. 34 EGBGB Rn. 53; *derselbe*, IPRax 1987, 280.

[1190] BAGE 43, 263, 268.

[1191] Urteil vom 7.9.1983, BAGE 43, 263, 268.

[1192] BAG, SAE 1983, 265.

[1193] BAG, Urteil vom 22.12.1982, SAE 1983, 265, 269 f.

der drohenden Sanktionen bei Nichtbeachtung der Einberufung der subjektiven Unmöglichkeit gleichgestellt werden könne[1194].

In einer Entscheidung aus dem Jahr 1988 hat der 2. Senat dann klargestellt, daß das Leistungsverweigerungsrecht nur bei einem verkürzten Wehrdienst besteht, bei einem Wehrdienst, dessen Dauer zwei Monate übersteigt, sei es dagegen nicht mehr gegeben[1195]. Auch wenn der 7. Senat die Unterschiede in der dogmatischen Begründung betont, dürfte auch die Rechtsprechung des 2. Senats letztlich auf die Grundsätze von Treu und Glauben zurückzuführen sein[1196]. In der Art der Beachtung der ausländischen Eingriffsnorm unterscheiden sich die beiden Ansätze jedenfalls nicht. Auch der 2. Senat stellt nur auf die Tatsachen, die mit der ausländischen Vorschrift verbunden sind, ab[1197]. Der 2. Senat lehnt eine (analoge) Anwendung des für deutsche Wehrpflichtige geltenden Arbeitsplatzschutzgesetzes ausdrücklich ab[1198]. Insoweit hätte die Möglichkeit einer Berücksichtigung des normativen Gehalts der ausländischen Norm im Rahmen des deutschen Sachrechts bestanden. Das Tatbestandsmerkmal „Wehrdienst" in den Vorschriften des Arbeitsplatzschutzgesetzes hätte so ausgelegt werden können, daß es auch den ausländischen Wehrdienst erfaßt. Dies hätte jedoch eine wertende Entscheidung hinsichtlich des Anwendungsanspruchs der ausländischen Norm verlangt[1199]. Eine derartige (kollisionsrechtliche) Vorgehensweise wurde vom BAG jedoch nicht in Betracht gezogen.

dd) Fazit

Damit läßt sich zu der Rechtsprechung zunächst folgendes festhalten: Neben der Unterteilung in die Gruppen der Sittenwidrigkeit, Unmöglichkeit und Treu und

---

1194 BAG, Urteil vom 22.12.1982, SAE 1983, 265, 270.

1195 BAG, Urteil vom 20.5.1988, SAE 1990, 255, 258 f.

1196 Vgl. hierzu auch *Misera*, SAE 1983, 272. Entscheidend dürfte sein, daß es dem Arbeitnehmer nicht zumutbar war, seine Arbeitspflicht zu erfüllen. Ob die Suspendierung des Arbeitsverhältnisses bzw. das Leistungsverweigerungsrecht dann direkt auf Treu und Glauben, Unmöglichkeit (vgl. zum Aspekt der Unmöglichkeit auch *Winterfeld*, SAE 1990, 262 f.) oder andere Gründe gestützt wird, dürfte von untergeordneter Bedeutung sein, so auch *Ortlepp*, Anm. zu BAG AP Nr. 7 zu § 1 KSchG 1969 Verhaltensbedingte Kündigung, Bl. 4.

1197 Zu diesen Tatsachen gehören auch die Folgen, die mit einer Nichtbefolgung der Einberufung verbunden gewesen werden, diese gehen in der Türkei bis zur Todesstrafe hin, vgl. BAG, Urteil vom 22.12.1982, SAE 1983, 265, 269.

1198 BAG, Urteil vom 22.12.1982, SAE 1983, 265, 269; Urteil vom 20.5.1988, SAE 1990, 255, 258.

1199 Vgl. *Junker*, Konzern 307.

Glauben läßt sich eine grundlegende Unterscheidung zwischen zwei verschiedenen Ansätzen feststellen (die in der Rechtsprechung allerdings nicht aufgezeigt wird). Zum einen wird eine echte Entscheidung über die Berücksichtigung des normativen Gehalts einer Eingriffsnorm anhand von Kriterien wie „Verfolgung allgemein anerkannter Interessen" getroffen. Es erfolgt eine Bewertung der betreffenden Eingriffsnorm, von deren Ergebnis die Berücksichtigung abhängt. Dies sind die Fälle, in denen eine Anwendung des § 138 BGB in Betracht gezogen wird. Die andere Vorgehensweise besteht darin, allein die faktischen Wirkungen der ausländischen Eingriffsnorm zu beachten. Der normative Gehalt der Norm wird nicht bewertet. Die Auswirkungen der Eingriffsnorm bilden einen Teil des Sachverhalts, der dann gemäß der deutschen Rechtsordnung beurteilt wird[1200]. Hierzu sind wohl alle übrigen dargestellten Entscheidungen zu zählen[1201].

VI. Die Sonderanknüpfung ausländischer Eingriffsnormen

1. Allgemeines

Basierend auf den grundlegenden Arbeiten von *Wengler*[1202], *Zweigert*[1203] und *Neumayer*[1204] hat die „Sonderanknüpfungslehre" vor allem in der Literatur weite Verbreitung erlangt[1205]. Die betreffende Auffassung hat auch in einigen Kodifikationen ihren Niederschlag gefunden, zu nennen ist insoweit insbesondere

---

[1200] Für eine entsprechende Unterscheidung im Ergebnis auch *Droste* 27 ff.; *Junker*, JZ 1991, 701 f.; *Lehmann*, Vertragsrecht 59; Reithmann-Martiny-*Martiny* Rn. 465 ff. (insbesondere Rn. 467); *Schubert*, RIW 1987, 736 ff.; *Zimmer*, IPRax 1993, 66 f.

[1201] Fraglich könnte eine Einordnung der Fälle sein, in denen § 826 BGB oder § 437 BGB angewendet wurde.

[1202] ZVglRWiss 54 (1941), 168 ff.

[1203] RabelsZ 14 (1942), 283 ff.

[1204] BerGesVR 2 (1958), 35 ff. und RabelsZ 25 (1960), 649 ff.

[1205] Für eine Sonderanknüpfung ausländischer Eingriffsnormen die wohl herrschende Lehre, vgl. z.B.: Staudinger-*Magnus* Art. 34 EGBGB Rn. 138 ff.; Erman-*Hohloch* Art. 34 EGBGB Rn. 24; MünchKomm-*Martiny* Art. 34 EGBGB Rn. 48, 98 ff.; *Kropholler*, IPR § 52 IX. 3.; *Lando*, RabelsZ 38 (1974), 33 ff.; *Schiffer* 147 ff.; *Erne* 207 ff. (et passim); *Kreuzer*, Ausländisches Wirtschaftsrecht 81 ff.; *Knüppel* 217 ff.; *E. Lorenz*, RIW 1987, 580 ff.; Reithmann-Martiny-*Limmer* Rn. 458; *Mentzel* 224 ff.; *Sonnenberger*, FS Rebmann 827 ff.; *Drobnig*, FS Neumayer 178; *von Bar*, IPR I Rn. 263 ff.; *Hentzen*, RIW 1988, 511; Soergel-*von Hoffmann* Art. 34 EGBGB Rn. 89 ff.

Art. 7 Abs. 1 EVÜ[1206]. Innerhalb der EU ist die Sonderanknüpfung fremden Eingriffsrechts damit in den Unterzeichnerstaaten des EVÜ geltendes Recht, die keinen Vorbehalt gegen Art. 7 Abs. 1 EVÜ eingelegt haben (d.h. allen Staaten mit Ausnahme von Deutschland, Irland, Luxemburg und dem Vereinigten Königreich[1207]). Schon vor Inkrafttreten des EVÜ wurde eine Sonderanknüpfung vor allem von niederländischen Gerichten in Betracht gezogen[1208]. Die deutsche Rechtsprechung steht einer Sonderanknüpfung eher zögerlich gegenüber, vereinzelt lassen sich aber Anzeichen finden, die eine Öffnung gegenüber der entsprechenden „Lehre" erkennen lassen[1209]. Die einzelnen Auffassungen, die im Rahmen der „Sonderanknüpfungslehre" vertreten werden, weichen hinsichtlich einzelner Aspekte zum Teil deutlich voneinander ab. Die Klammer, durch die die verschiedenen Ansichten zusammengehalten werden, stellt die Anwendung einer bestimmten Methode zur Beachtung fremder Eingriffsnormen – die Sonderanknüpfung – dar.

Auch bei der Sonderanknüpfung handelt es sich grundsätzlich nur um eine Methode zur Beachtung ausländischen Eingriffsrechts[1210]. Mit der Aussage, für fremde Eingriffsnormen sei eine Sonderanknüpfung vorzunehmen, wird also zunächst nur die Frage nach dem „Wie" der Beachtung beantwortet. Sonderanknüpfung und materiellrechtliche Berücksichtigung werden dabei üblicherweise als Gegensätze verstanden[1211]. Anders als bei der materiellrechtlichen Berücksichtigung wird bei der Sonderanknüpfung ein

---

[1206] Eine Sonderanknüpfung fremder Eingriffsnormen ist z.B. auch vorgesehen in Art. 19 des Schweizer IPRG. Der Gedanke der Sonderanknüpfung findet sich weiterhin für das internationale Devisenrecht in Art. VIII Abschnitt 2 (b) des Abkommen von Bretton Woods vom 1./22.7.1944 (Zustimmungsgesetz vom 28.7.1952 - BGBl. 1952 II S. 637, 645; Neufassung des Abkommens 1976 – BGBl. 1976 II S. 13 und S. 838); für das Recht der Stellvertretung in dem von Deutschland bisher nicht ratifizierten (vgl. hierzu MünchKomm-*Spellenberg* Vor Art. 11 EGBGB Rn. 172) Art. 16 des Haager Stellvertretungsübereinkommen vom 14.3.1978 (abgedruckt bei *Kleinschmidt* 328). Näher zu den verschiedenen Kodifikationen der Sonderanknüpfungslehre z.B. *Erne* 159 ff.; *Schiffer* 137 ff.

[1207] Vgl. MünchKomm-*Martiny* Art. 34 EGBGB Rn. 5.

[1208] Zu nennen sind insoweit: „Alnati", Urteil des Hoge Raad der Niederlande vom 13.5.1966, N. J. 1967, 3; „Sewrajsingh", Entscheid des Hoge Raad der Niederlande vom 12.1.1979, Rev. crit. dr. i. p. 69 (1980), 68; „Sensor", Urteil des Präsidenten der Rechtsbank Den Haag vom 17.9.1982, RabelsZ 47 (1983), 141 (deutsche Übersetzung durch *Basedow*).

[1209] Siehe oben § 12 V. 2. a).

[1210] Vgl. z.B. auch *Anderegg* (RabelsZ 52 (1988), 266), die von einer „Technik" der Berücksichtigung spricht.

[1211] So ganz eindeutig *Schiffer* 147 (et passim). Im Ergebnis auch z.B. *Anderegg*, RabelsZ 52 (1988), 266; *Busse*, ZVglRWiss 95 (1996), 390 ff.; Staudinger-*Magnus* Art. 34 EGBGB Rn. 138 ff. Kritisch („überbewertete Unterscheidung") z.B. *Zimmer*, IPRax 1993, 66 f.

kollisionsrechtlicher Lösungsweg beschritten. Ob dieser kollisionsrechtliche Weg dabei die einzige und abschließende Methode zur Beachtung ausländischen Eingriffsrechts darstellt, wird nicht einheitlich beantwortet. Zum Teil wird die Auffassung vertreten, neben der Sonderanknüpfung komme eine andere Form der Beachtung regelmäßig nicht in Betracht[1212]. Andere Stimmen gehen dagegen davon aus, Sonderanknüpfung und materiellrechtliche Berücksichtigung schlössen sich grundsätzlich nicht aus, je nach Sachlage komme entweder eine Sonderanknüpfung oder (z.B. wenn eine Anwendung ausgeschlossen ist) eine materiellrechtliche Berücksichtigung ausländischer Eingriffsnormen in Frage[1213].

Die „Lehre von der Sonderanknüpfung" zielt darauf ab, eine (oder mehrere) Kollisionsnorm(en) für ausländisches Eingriffsrecht zu bilden[1214]. Im Gegensatz zu der materiellrechtlichen Berücksichtigung soll also das im Kollisionsrecht übliche Vorgehen beibehalten werden und die Entscheidung über eine Anwendung des ausländischen Rechts von einer Kollisionsnorm getroffen werden, die anhand allgemeiner Kriterien über die Anwendbarkeit der Eingriffsnormen entscheidet. Dabei wird zum einen versucht, Kollisionsnormen zu bilden, welche die Anwendung fremder Eingriffsnormen für alle Rechtsgebiete regeln[1215]. Zum anderen wird angestrebt, spezielle Kollisionsnormen für einzelne Rechtsgebiete zu entwerfen, um den Besonderheiten des jeweiligen Gebiets Rechnung zu tragen. Zumeist wird dabei darauf abgestellt, die notwendige „enge Verbindung" müsse für unterschiedliche Rechtsgebiete jeweils gesondert

---

[1212] So im Ergebnis wohl *Kreuzer*, Ausländisches Wirtschaftsrecht 86 ff.; *Schiffer* 147 ff.; *Mentzel* 224 ff.; Staudinger-*Magnus* Art. 34 EGBGB Rn. 38 ff. Nach *Lehmann*, (Vertragsrecht 201 ff.) sollte zumindest von einer Berücksichtigung über § 138 BGB Abstand genommen werden und ausschließlich ein kollisionsrechtlicher Lösungsweg beschritten werden.

[1213] Vgl. - im einzelnen mit unterschiedlichen Auffassungen zum Verhältnis zwischen Sonderanknüpfung und materiellrechtlicher Berücksichtigung - z.B. *Drobnig*, FS Neumayer 177; *Junker*, Konzern 302 ff.; *Kropholler*, IPR § 52 IX. 9.; Reithmann-Martiny-*Limmer* Rn. 476; *Siehr*, RabelsZ 1988 (52) 97 f.; *derselbe*, in: Holl/Klinke 121 f.; MünchKomm-*Sonnenberger* Einl. IPR Rn. 66. Auch Art. 7 Abs. 1 EVÜ scheint hiervon auszugehen: Der fremden Norm kann „Wirkung verliehen" werden. Hierunter fällt wohl sowohl eine Anwendung im Sinne einer Sonderanknüpfung als auch eine materiellrechtliche Berücksichtigung, vgl. oben § 11 III. 2. d).

[1214] Vgl. schon *Zweigert*, RabelsZ 14 (1942), 295 und im Anschluß hieran *Neumayer*, Rev. crit. dr. i. p. 47 (1958), 73. Weiterhin z.B. *Schiffer* 106; *Kreuzer*, Ausländisches Wirtschaftsrecht 89 ff.; MünchKomm-*Martiny* Art. 34 EGBGB Rn. 33; *Erne* 188 ff.

[1215] So z.B. in Art. 7 Abs. 1 EVÜ. Für eine Generalklausel daher wohl grundsätzlich die Befürworter des Art. 7 Abs. 1 EVÜ, vgl. z.B. *MPI*, RabelsZ 47 (1983), 670 f.; *Lehmann*, Vertragsrecht 207. Vgl. auch *Kreuzer* (Internationales Wirtschaftsrecht 89), der eine Generalklausel befürwortet, auf deren Grundlage „die Rechtsprechung sachgebietsbezogene Fallgruppen, d.h. konkrete Anknüpfungs- und Anerkennungsnormen entwickeln" könne.

bestimmt werden[1216]. So finden sich in der Literatur z.B. Entwürfe für Kollisionsnormen, die spezielle Regelungen für Eingriffsnormen des Kartell-[1217], oder Außenhandelsrechts[1218] oder für Eingriffsnormen, die Leistungsverbote darstellen[1219], enthalten. Für das Arbeitsrecht wird teilweise darauf verwiesen, mit Art. 30 Abs. 1 EGBGB (Art. 6 Abs. 1 EVÜ) gebe es schon eine „Sonderanknüpfungsnorm". Eine weitergehende Sonderanknüpfung fremder Eingriffsnormen sei nicht nötig, da dem Arbeitnehmerschutz schon über die betreffende Kollisionsnorm Rechnung getragen würde[1220].

Die Kollisionsnormen für die Sonderanknüpfung ausländischer Eingriffsnormen sollen sich auf alle ausländischen Rechtsordnungen beziehen und insoweit allseitig sein. Dabei wird teilweise auch die Auffassung vertreten, es sei eine „echte" Allseitigkeit anzustreben. Eine Kollisionsnorm für Eingriffsrecht müsse also auch inländische Eingriffsnormen erfassen[1221]. Damit würde es zu einer Gleichbehandlung in- und ausländischer Eingriffsnormen kommen.

Sind die Voraussetzungen einer Sonderanknüpfung erfüllt, soll es grundsätzlich zu einer Anwendung (und nicht nur Berücksichtigung) der Eingriffsnorm kommen. So wird zumeist die Auffassung vertreten, die von einer Kollisionsnorm für Eingriffsnormen angeordnete Rechtsfolge unterscheide sich nicht von der Rechtsfolge, die von den üblichen Kollisionsnormen (Verweisungsnormen) vorgesehen ist: Die fremde Eingriffsnorm werde wie in ihrem ursprünglichen Geltungsbereich angewendet. Es erfolge eine Subsumtion des Tatbestandes unter die betreffende Eingriffsnorm. Die Rechtsfolgen seien daher der Eingriffsnorm zu

---

[1216] Vgl. hierzu insbesondere MünchKomm-*Martiny* Art. 34 EGBGB Rn. 100 ff. Daneben auch *Erne* 153 ff.; *Schiffer* 128 ff.

[1217] *Bär* 226.

[1218] *Garcke* 42 ff.

[1219] *Zweigert*, RabelsZ 14 (1942), 295.

[1220] Vgl. z.B. *Schiffer* 126. Gegen diese Ansicht – die im Ergebnis darauf hinausläuft, Normen des Arbeits- und Verbraucherschutzrechts nicht als international zwingend anzusehen – wurde bereits mehrfach Stellung genommen, vgl. oben § 3 II. 2. b). Wie bereits erwähnt (§ 8), ist die „Sonderanknüpfung" nach Art. 30 Abs. 1 EGBGB auch nicht mit der Sonderanknüpfung von Eingriffsnormen vergleichbar.

[1221] Vgl. z.B. *Zweigert*, Fünfzig Jahre Institut 131 ff.; *Schubert*, RIW 1987, 745; *Kronke*, Rechtstatsachen 115; *Mentzel* 213 ff.; *Toubiana* 258 f. Mit dieser Tendenz auch *Schulte* 117 f.; MünchKomm-*Martiny* Art. 34 EGBGB Rn. 33; *von Bar*, IPR I Rn. 266. Vgl. auch *Schubert*, RIW 1987, 735 (der im Ergebnis eine Sonderanknüpfung ablehnt): Die Sonderanknüpfung sei nur konsistent zu vertreten, wenn keine zusätzlichen Erfordernisse (wie Interessengleichklang) aufgestellt würden. Ablehnend zur „Verallseitung" *E. Lorenz*, RIW 1987, 581. Auch *Kropholler* geht davon aus, daß hinsichtlich der Eingriffsnormen ein System einseitiger Kollisionsnormen „unvermeidlich" sei; *Kropholler*, RabelsZ 42 (1978), 659.

entnehmen. Anders als im Rahmen der materiellrechtlichen Berücksichtigung sei die fremde Norm nicht nur in eine Sachnorm des Vertragsstatuts „einzubauen“[1222].

[1222] Vgl. hierzu oben § 11 III. 2. c). Vgl. auch *Erne* 197 f.

2. *Die Argumente für eine Sonderanknüpfung*

Die Begründungen, die für eine Sonderanknüpfung und damit gegen eine (ausschließliche) materiellrechtliche Berücksichtigung oder Beachtung nur der faktischen Auswirkungen von Eingriffsnormen angeführt werden, sind unterschiedlich. Zumeist werden die folgenden Argumente vorgebracht: Grundlegend für die Auffassung, fremde Eingriffsnormen seien gesondert anzuknüpfen, ist die Einsicht, das Vertragsstatut regele einen Sachverhalt nicht abschließend[1223]. So weist *Wengler* darauf hin, daß auch innerhalb des Verweisungsrechts zahlreiche Teilfragen unterschiedlich angeknüpft würden, ein „einheitliches Schuldstatut" gäbe es also sowieso nicht[1224]. Daher sei es auch keinesfalls selbstverständlich, daß Eingriffsnormen (nur) dem Vertragsstatut zu entnehmen seien. Auch die weiteren Argumente, die bereits von *Wengler* für eine Sonderanknüpfung aufgeführt wurden, werden bis heute zur Untermauerung der entsprechenden Lehre herangezogen. So soll nach *Wenglers* Ansicht die Sonderanknüpfung von Eingriffsnormen insbesondere die „Gesetzesharmonie" fördern[1225]. Gemeint ist hiermit die internationale Entscheidungsharmonie: Nationale Gerichte wendeten eigenes „öffentliches Recht" (Eingriffsnormen) grundsätzlich ohne Rücksicht auf das Vertragsstatut an, während sie bei ausländischem Recht dagegen eine Anwendung ablehnten. Damit komme es bei der Beurteilung eines Sachverhaltes durch verschiedene Gerichte zu unterschiedlichen Ergebnissen, weil jeweils nur die eigenen Eingriffsnormen angewendet würden. Nur durch eine Sonderanknüpfung fremder Eingriffsnormen könne internationale Entscheidungsharmonie erreicht werden, eine materiellrechtliche Berücksichtigung sei insoweit nicht ausreichend[1226]. Mit der Entscheidungsharmonie werde letztlich ebenfalls den Parteiinteressen gedient, da auch die Urteilsanerkennung in anderen Staaten gefördert werde[1227]. Nach einigen Stimmen in der Literatur erfordert die Entscheidungsharmonie eine grundsätzliche Gleichbehandlung in- und ausländischer Eingriffsnormen, nur so werde gewährleistet, daß Gerichte verschiedener Staaten einheitliche Entscheidungen treffen[1228].

[1223] Vgl. schon *Wengler*, ZVglRWiss 54 (1941), 172. Vgl. weiterhin z.B. *E. Lorenz*, FS Kegel 334.

[1224] *Wengler*, ZVglRWiss 54 (1941), 172.

[1225] *Wengler*, ZVglRWiss 54 (1941), 181.

[1226] Zu dem Gesichtspunkt der Entscheidungsharmonie vgl. z.B. *Schiffer* 148 f.; *Knüppel* 222 f.; *Erne* 182 ff.; *Zweigert*, RabelsZ 14 (1942), 287; *Lando*, RabelsZ 38 (1974), 656; *Neumayer*, RabelsZ 25 (1960), 656; *MPI*, RabelsZ 47 (1983), 668; MünchKomm-*Martiny* Art. 34 EGBGB Rn. 33. Kritisch *Mann*, FS Wahl 158.

[1227] *Erne* 182.

[1228] Vgl. die Nachweise in Fn. 1221.

Ebenfalls auf *Wengler* geht das Argument der „Gegenseitigkeit" bzw. „internationalen Rechtshilfe" zurück: Kein Staat könne damit rechnen, daß seine eigene Gerichtsbarkeit ausreiche, um die eigenen zwingenden Bestimmungen in allen Fällen durchzusetzen, in denen eine Durchsetzung erwünscht ist. Der Erlaßstaat benötige daher die „Mithilfe" der Gerichte anderer Staaten („internationale Rechtshilfe"). Diese „Unterstützung" könne ein Staat nur erwarten, wenn er seinerseits bereit ist, den Anwendungsanspruch fremder zwingender Normen zu akzeptieren[1229]. Im Rahmen eines gegenseitigen Entgegenkommens wären fremde Eingriffsnormen daher unter bestimmten Voraussetzungen anzuwenden. Dabei liege die Sonderanknüpfung zum einen im eigenen Interesse des Forumstaates, weil er hiermit das gleiche Verhalten von anderen Staaten hinsichtlich seiner Normen fördere[1230]. Zum anderen spiele auch der Gedanke der „comitas" oder „comity" eine Rolle[1231]: Es entspräche dem Gebot der internationalen „Rücksichtnahme", dem Drittstaat die Regelung einer bestimmten Frage zu überlassen, wenn dieser ein unmittelbares - aus der Sicht des Forumstaates berechtigtes - Interesse hieran hat[1232]. Für eine Sonderanknüpfung spräche auch „ein Gebot international-privatrechtlicher Gerechtigkeit und Gleichbehandlung"[1233]: Ein Staat der seine eigenen Eingriffsnormen anwendet, sollte auch fremde Eingriffsnormen als solche, d.h. ihren normativen Regelungsgehalt beachten.

Weiterhin wird angeführt, mit der Sonderanknüpfung fremder Eingriffsnormen werde – im Gegensatz zur materiellrechtlichen Berücksichtigung – eine systemkonforme Lösung beschritten[1234]. Die materiellrechtliche Berücksichtigung

---

1229 *Wengler*, ZVglRWiss 54 (1941), 181 ff. Vgl. auch *Kratz* (108 f.), nach der er es „schizophren" wäre, eigene Eingriffsnormen durchzusetzen, ohne die Bereitschaft zu zeigen, auch „fremde Interessen im Inland zu berücksichtigen."

1230 Vgl. allgemein auch *Hübner* 25 f. („Im wohlverstandenen eigenen Interesse").

1231 Vgl. *Schiffer* (149 f.), der auf die im 17. Jahrhundert von holländischen Rechtsgelehrten begründete Lehre der „comitas gentium" verweist. Vgl. auch *Erne* 195 („comity"); *Lando*, RabelsZ 38 (1974), 37 („act of comity"); *Schulte* 115 f. („internationale Courtoisie"); Soergel-*von Hoffmann* Art. 34 EGBGB Rn. 89 („comitas"). *Neumayer* (RabelsZ 25 (1960), 656) spricht von „internationalen Anstandspflichten" bzw. „collaboration interétatique" und „moralité internationale"; *Martiny* (in: MünchKomm Art. 34 EGBGB Rn. 33) von „internationaler Zusammenarbeit" bzw. „internationalem Entgegenkommen".

1232 Als Voraussetzung für ein derartiges Interesse wird die „Betroffenheit" des Drittstaates (Erlaßstaates) gefordert. Notwendig soll also sein, daß sich der betreffende Aspekt auf den Drittstaat „auswirkt", vgl. *E. Lorenz*, RIW 1987, 582. Gefordert werden z.B. Auswirkungen des Vertrages auf die Wirtschaft des Erlaßstaates (*Lando*, RabelsZ 38 (1974), 37) oder die Regelung eines „Verhaltens auf dem Markt" des betreffenden Staates, Erne 195.

1233 *Schurig*, in: Holl/Klinke 71 f.. Vgl. auch *E. Lorenz*, RIW 1987, 581 und *Erne* 108 f.

1234 Eingehend hierzu *Schiffer* 158 ff.

bzw. Beachtung der faktischen Wirkungen stelle einen Fremdkörper innerhalb des Kollisionsrechts dar, nur mit der Sonderanknüpfung werde ein kollisionsrechtlicher Weg beschritten. Dem Kollisionsrecht sei ein „Einbau" einer Vorschrift in das Sachrecht einer anderen Rechtsordnung oder eine Beachtung allein der tatsächlichen Auswirkungen einer Norm fremd[1235]. Die Methode, fremde Eingriffsnormen auf materiellrechtlicher Ebene zu berücksichtigen, führe zu zufälligen Ergebnissen, weil keine allgemeine Aussage über die Beachtung der betreffenden Vorschriften in Form einer Kollisionsnorm gemacht werde. Bei Befürwortung einer Sonderanknüpfung könnten dagegen (allseitige) Kollisionsnormen gebildet werden, wodurch zum einen ein systemimmanentes Vorgehen gewählt und zum anderen die Rechtssicherheit erhöht werde[1236].

Darüber hinaus werde mit einer Sonderanknüpfung fremden Eingriffsrechts auch der veränderten Bedeutung des Privatrechts und insbesondere des Schuldrechts Rechnung getragen[1237]. Das Schuldrecht diene nicht mehr allein dem Ausgleich von Privatinteressen, sondern sei auch „Mittel bewußter Sozialgestaltung"[1238] und „Instrument gesamtwirtschaftlicher Steuerung"[1239]. Insbesondere bei transnationalen Schuldverträgen würden grundsätzlich zwei unterschiedliche Interessenbereiche berührt: zum einen die Parteiinteressen, zum anderen die staatlichen Regelungsinteressen. Das herkömmliche Internationale Privatrecht mit seinen an den Parteiinteressen orientierten Verweisungsnormen berücksichtige diese „Doppelfunktion" des Schuldrechts bzw. der internationalen Schuldverträge nur unzureichend. Die staatlichen Regelungsinteressen würden weitgehend

---

1235 Vgl. *Schiffer* 158 ff. Zu der Frage, inwieweit die Eingriffsnormen in das kollisionsrechtliche System eingeordnet werden können, vgl. oben § 4. Gegner der „herkömmlichen" Sonderanknüpfungslehre werfen dem entsprechenden Ansatz gerade vor, aufgrund des Ausgehens von der Norm (und nicht des Sachverhalts) bzw. dem Abstellen auf den Anwendungswillen systemfremd zu sein.

1236 Vgl. *Lehmann*, Vertragsrecht 205 ff.; *Schiffer* 158 ff. Auch die Förderung der Rechtssicherheit durch eine Sonderanknüpfung ist heftig umstritten. Vor allem im Hinblick auf die Regelung des Art. 7 Abs. 1 EVÜ wurde der Sonderan-knüpfungslehre vorgeworfen, ihr gelinge es nicht über unbestimmte Generalklauseln hinauszukommen, führe also gerade zu verstärkter Unsicherheit, siehe oben § 10 II.; vgl. auch *Mann*, FS Beitzke 617.

1237 Vgl. hierzu z.B. *Kreuzer*, Ausländisches Wirtschaftsrecht 81 ff.; *Kratz* 102 f.; *Mentzel* 38 ff.; *Schiffer* 151 ff.; *Rehbinder*, JZ 1973, 155; *Steindorff*, Sachnormen 48 f.

1238 *Rehbinder*, JZ 1973, 155.

1239 *Rittner*, Wirtschaftsrecht Rn. 57 f. Allgemein zu dem entsprechenden Strukturwandel auch z.B. *Coing*, Festschrift Dölle I 32 ff. Vgl. auch die Hinweise in Fn. 1237. *Kreuzer* (Ausländisches Wirtschaftsrecht 83) spricht insoweit von einer Mikro- (interindividueller Ausgleich) und Makrofunktion (gesamtwirtschaftliche Bedeutung).

vernachlässigt[1240]. Es sei aber allgemein anerkannt, daß Staaten berechtigt sind, durch zwingende Regelungen im Schuldrecht bzw. „Eingriffe in privatrechtliche Vorgänge“ ihre Interessen durchzusetzen. Daher sei es inkonsequent, würde man im Internationalen Privatrecht den (berechtigten) Regelungsansprüchen fremden Eingriffsrechts nicht durch eine Sonderanknüpfung Rechnung tragen. Neben dem an den Parteiinteressen orientierten System der „herkömmlichen“ Verweisungsnormen, werde mit der Sonderanknüpfung ein zweites – an staatlichen Interessen orientiertes – System geschaffen[1241].

3. Die Kriterien für eine Sonderanknüpfung fremder Eingriffsnormen

Mit der Aussage, fremde Eingriffsnormen seien gesondert anzuknüpfen, wird zunächst nur zum „Wie“ bzw. der Methode oder Technik der Beachtung ausländischen Eingriffsrechts Stellung genommen. Die Frage nach dem „Ob“ oder „Wann“ der Beachtung wird nicht beantwortet. Unter welchen Voraussetzungen eine Sonderanknüpfung erfolgen soll, wird innerhalb der betreffenden „Lehren“ im einzelnen nicht einheitlich beantwortet. Es lassen sich jedoch bestimmte Kriterien erkennen, die von nahezu allen Vertretern – wenn auch mit unterschiedlichen Ausgestaltungen – genannt werden. Die betreffenden Kriterien bilden dann gegebenenfalls die Bestandteile der Kollisionsnorm, die über die Anwendung des ausländischen Eingriffsrechts entscheiden soll.

[1240] Vgl. *Kreuzer*, Ausländisches Wirtschaftsrecht 82 ff.; *Rehbinder*, JZ 1973, 153 ff.; *Schulze* 37 f.; *Mentzel* 39; *Schiffer* 152; *Basedow*, RabelsZ 52 (1988), 9 ff.; *derselbe*, NJW 1989, 632.

[1241] Im Ergebnis z.B. *Kreuzer*, Ausländisches Wirtschaftsrecht 82 ff.; *Schiffer* 153 f.; *Mentzel* 40; *Basedow*, RabelsZ 52 (1988), 9 ff. Ähnlich auch *Sonnenberger*, FS Rebmann 833.

a) Der Anwendungswille

Zentrales Kriterium für die Sonderanknüpfung ausländischer Eingriffsnormen soll der Anwendungswille der betreffenden Vorschrift sein[1242]. Mit dem Abstellen auf den Anwendungswillen wird zunächst nicht vielmehr gesagt, als daß es sich bei der Vorschrift um eine Eingriffsnorm handeln muß[1243]. Die Bedeutung des Anwendungswillens scheint auch auf der Hand zu liegen: Nur wenn die Norm internationalen Geltungswillen aufweist und gerade auf den konkreten Sachverhalt angewendet werden will, kommt überhaupt eine Anwendung in Betracht, soweit die Eingriffsnorm nicht Bestandteil des Vertragsstatuts ist. Das Abstellen auf den Anwendungswillen der einzelnen Norm unterscheidet die Sonderanknüpfung der Eingriffsnormen gerade von der „herkömmlichen Sonderanknüpfung" bestimmter Teilfragen (wie z.B. der Sonderanknüpfung des für den Arbeitnehmer günstigeren Arbeitsrechtes des objektiven Arbeitsvertragsstatuts nach Art. 30 Abs. 1 EGBGB)[1244].

Das Abstellen auf den Anwendungswillen stellt aber auch einen zentralen Ansatzpunkt der Kritik an der Sonderanknüpfungslehre dar. Mit dem Ansetzen bei der Norm und nicht beim Sachverhalt werde das herkömmliche System des Internationalen Privatrechts verlassen, es erfolge ein „Rückfall" in die Statutenlehre[1245]. Auch werde kollisionsrechtlich das „Heft aus der Hand gegeben", da nicht mehr das deutsche Kollisionsrecht über das anwendbare Recht entscheide, sondern der Anwendungswille der fremden Eingriffsnorm[1246]. Diesen Einwänden wird z.B. mit der Argumentation begegnet, der Anwendungswille stelle nur eine unter vielen Voraussetzungen für eine Sonderanknüpfung dar. Er

---

[1242] Vgl. allgemein zum Anwendungs- bzw. Geltungswillen schon oben § 3 I. 2. Für die Bedeutung im Rahmen der Berücksichtigung ausländischen Eingriffsrechts z.B.: *Coester*, ZVglRWiss 82 (1983), 8 ff.; *E. Lorenz*, RIW 1987, 581 f.; *Mentzel* 56 ff.; MünchKomm-*Martiny* Art. 34 EGBGB Rn. 98 f.; *Schiffer* 159 ff.; *Schurig*, RabelsZ 54 (1990), 236 ff.; *Siehr*, RabelsZ 52 (1988), 92; Soergel-*von Hoffmann* Art. 34 EGBGB Rn. 89. Aus der Rechtsprechung: BGH, Urteil vom 17.11.1994, BGHZ 128, 51, 52.

[1243] Vgl. auch *E. Lorenz*, RIW 1987, 581 f.

[1244] Vgl. eingehend hierzu *Erne* 184 ff.

[1245] Vgl. hierzu die in § 3 IV. dargestellte Diskussion. Kritisch z.B. *Coester*, ZVglRWiss 82 (1983), 8 ff.; *Mäsch* 143 ff.; *Schubert*, RIW 1987, 735; *Schurig*, Kollisionsnorm 271 ff.; *derselbe*, RabelsZ 54 (1990), 234 ff. Eingehend zu den verschiedenen Einwänden gegen die Sonderanknüpfungslehre: *Schiffer* 162 ff.

[1246] Vgl. *Mentzel* 228 f. sowie *Schurig*, RabelsZ 54 (1990), 236 f. Mit dieser Tendenz auch MünchKomm-*Sonnenberger* Einl. IPR Rn. 59. Auch das Argument, mit der Berücksichtigung fremden Eingriffsrechts würde ein „ausländischer ordre public" anerkannt (vgl. insoweit die Stellungnahme des deutschen Bundesrates zu Art. 7 EVÜ, BT-Drucks. 10/504, 100) zielt in diese Richtung.

sei nur Ausgangspunkt für die Prüfung der Anwendbarkeit, die Entscheidung über die Beachtung werde nach wie vor durch das deutsche Kollisionsrecht gefällt[1247]. Nach *Sonnenberger* ist sogar vorrangig zu prüfen, ob eine Norm durch das deutsche Kollisionsrecht berufen wird. Erst danach könne untersucht werden, inwieweit die Norm tatsächlich angewendet werden will[1248].
Das Abstellen auf den Anwendungswillen „sprenge" auch nicht das „herkömmliche" kollisionsrechtliche System, sondern führe zu einer Ergänzung, die gerade dazu beitrage, das überkommene System zu erhalten[1249]. Es komme zu einem Methodenpluralismus, der unvermeidbar sei und für den im Internationalen Privatrecht durchaus „Platz sei"[1250].

b) Die „enge Verbindung"

Als weitere Voraussetzung für eine Sonderanknüpfung wird gefordert, es müsse eine „enge Beziehung bzw. Verbindung" zwischen dem Sachverhalt (bzw. dem Vertrag) und dem Erlaßstaat der Eingriffsnorm bestehen[1251]. Nach *E. Lorenz* ist danach zu fragen, ob sich der Vertrag erheblich auf den Erlaßstaat auswirkt. Die enge Verbindung bzw. erhebliche Auswirkung begründe die Berechtigung für den Eingriff durch den fremden Staat[1252]. Nur bei einer starken Auswirkung auf den Erlaßstaat könne ein anerkennenswertes Regelungsinteresse des betreffenden Staates bejaht werden. Fehle die - aus der Sicht der lex fori zu beurteilende - enge Verbindung könne dem Anwendungsanspruch nicht stattgegeben werden, weil

---

1247 Vgl. nur *Schiffer* 160 und *Erne* 187. Allgemein zur Maßgeblichkeit des inländischen Kollisionsrechts auch *E. Lorenz*, RIW 1987, 578 und *Sandrock*, RIW 1986, 852.

1248 MünchKomm-*Sonnenberger* Einl. IPR Rn. 59; *derselbe*, FS Rebmann 832 (Fn. 60).

1249 Vgl. z.B. *E. Lorenz*, RIW 1987, 579 und *Rehbinder*, JZ 1973, 156 („ergänzendes kollisionsrechtliches System"). Insoweit wird auch darauf hingewiesen, das Abstellen auf den Anwendungswillen sei dem „herkömmlichen IPR" nicht fremd, da es z.B. auch beim renvoi von Bedeutung sei, vgl. *Erne* 187; *Schiffer* 160.

1250 *Erne* 188. Vgl. auch *Schwander* 447 ff. Kritisch hierzu *Schurig*, Kollisionsnorm 336 ff. (dessen Kritik sich gegen das „systemwidrige" Vorgehen richtet) und *Mentzel* 60 (der die „Systemwidrigkeit" betont, sie aber letztlich für unvermeidlich hält).

1251 Vgl. hierzu schon *Wengler*, ZVglRWiss 55 (1941), 185; *Zweigert*, RabelsZ 14 (1942), 295. Aus dem neueren Schrifttum: Ermann-*Hohloch* Art. 34 EGBGB Rn. 24; *Kreuzer*, Wirtschaftsrecht 63 f.; *Mentzel* 32 ff.; MünchKomm-*Martiny* Art. 34 EGBGB Rn. 100 ff.; Reithmann-Martiny-*Limmer* Rn. 459; *Schiffer* 127 ff.; *Schnyder* Rn. 334 ff.; *Schulte* 123 und 127; Soergel-*von Hoffmann* Art. 34 EGBGB Rn. 95; Staudinger-*Magnus* Art. 34 EGBGB Rn. 143; *von Bar*, IPR I Rn. 266. Zur Notwendigkeit einer Inlandsbeziehung bei inländischen Eingriffsnormen oben § 6 II.

1252 Vgl. *E. Lorenz*, RIW 1987, 582. Kritisch hierzu *Mentzel* 33 f.

der Eingriff nicht dadurch gerechtfertigt werden könne, daß er zur Wahrung der Interessen des Erlaßstaates notwendig erscheine. Damit würden auch „übermäßige" Regelungsansprüche fremder Staaten zurückgedrängt[1253].

Welcher Art die Verbindung zum Erlaßstaat sein muß, wird nicht einheitlich definiert. Dabei stehen einerseits Versuche im Vordergrund, allgemeine Kriterien für die Natur der „engen Beziehung" aufzustellen. Daneben wird aber auch angestrebt, für einzelne Rechtsgebiete die notwendige „enge Beziehung" zu konkretisieren, um so zu speziellen Kollisionsnormen – die über eine Generalklausel für das international zwingende Recht hinausgehen - für unterschiedliche Gebiete zu gelangen[1254].

Schon *Wengler* forderte als Voraussetzung für eine Sonderanknüpfung eine „wirklich enge Beziehung", für die z.B. von Bedeutung sei, ob der Erlaßstaat (vermutlich) seine Eingriffsnormen durchsetzen kann[1255]. *Wengler* ging jedoch davon aus, daß die „enge Beziehung" jeweils im Einzelfall zu bestimmen sei. Ein allgemeines Kriterium für das Vorliegen einer engen Beziehung wurde erstmals von *Zweigert* vorgeschlagen: Zumindest für Leistungsverbote sei entscheidend, ob sich die in Frage stehende „Wertbewegung" auf dem Gebiet des Erlaßstaates abspiele[1256]. *Neumayer* fordert eine Verwirklichung des „Tatbestandes" in der Sozialsphäre („sphère sociale") des betreffenden Staates[1257]. Teilweise wird auch darauf abgestellt, der Erlaßstaat müsse die völkerrechtlichen Grenzen seiner Gesetzgebungsmacht bzw. –zuständigkeit eingehalten haben, damit eine „enge Beziehung" vorliege[1258]. Die Ansicht, nach der eine „enge Beziehung" eine erhebliche Auswirkung des Vertrages auf den Erlaßstaat erfordert, wurde bereits oben erwähnt. *Erne* will dagegen auf subjektive Kriterien abstellen: Maßgeblich sei, ob sich die Parteien „als korrekte Geschäftsleute nicht hätten darum kümmern müssen, ob diese Vertragsleistung im dritten Staat zulässig sei."[1259] Es sei also zu

---

[1253] *E. Lorenz*, RIW 1987, 582.

[1254] Vgl. hierzu z.B. *Kratz* 104 f.; *Mentzel* 32 ff.; MünchKomm-*Martiny* Art. 34 EGBGB Rn. 102 ff.; *Schiffer* 127 ff.; *Schnyder* Rn. 334 ff.

[1255] *Wengler*, ZVglRWiss 55 (1941), 185. Für ein Abstellen auf die „Durchsetzungsmöglichkeit" auch *Schulte* 127.

[1256] *Zweigert*, RabelsZ 14 (1942), 295.

[1257] *Neumayer*, BerGesVR 2 (1958), 54; *derselbe*, RabelsZ 25 (1960), 650; *derselbe*, Rev. crit. dr. i. p. 47 (1958), 73.

[1258] *Kreuzer*, Wirtschaftsrecht 91 ff. Kritisch hierzu MünchKomm-*Martiny* Art. 34 EGBGB Rn. 101. *Erne* (192 f.) will die Einhaltung der Gesetzgebungszuständigkeit im Rahmen der Schutzwürdigkeit, also im Rahmen des dritten, wertenden Kriteriums beachten.

[1259] *Erne* 191.

fragen, ob die Parteien mit dem Eingriff durch den betreffenden Staat gerechnet haben oder mit ihm rechnen mußten[1260].
Die Versuche, Konkretisierungen der „engen Beziehungen" für einzelne Rechtsgebiete aufzustellen, sollen hier nicht im einzelnen dargestellt werden[1261]. Sie bestehen im wesentlichen in einer Anwendung der oben dargestellten allgemeinen Aussagen auf spezifische Normgruppen oder Teilgebiete. Für das Arbeitsrecht wird üblicherweise davon ausgegangen, daß die „enge Beziehung" regelmäßig durch den Arbeitsort vermittelt werde [1262]. Dieses Ergebnis dürfte mit allen oben genannten allgemeinen Aussagen vereinbar sein. So verwirklicht sich z.B. bei Arbeit im Erlaßstaat der Eingriffsnorm der „Tatbestand" in der „Sozialsphäre" des betreffenden Staates, die Auswirkungen des Vertrages auf den Erlaßstaat werden regelmäßig erheblich sein, die Parteien müssen auch mit Eingriffen durch das Recht des Arbeitsortes rechnen.

c) Das wertende Kriterium

Nach der innerhalb der Sonderanknüpfungslehre herrschenden Meinung ist die Beachtung ausländischen Eingriffsrechts von einer weiteren Voraussetzung abhängig: Es müsse eine inhaltliche Überprüfung der fremden Eingriffsnorm erfolgen; innerhalb dieser Prüfung sei die „Schutzwürdigkeit" der Eingriffsnorm aus Sicht der lex fori zu beurteilen. Eine Kollisionsnorm für fremdes Eingriffsrecht müsse daher ein wertendes Kriterium enthalten[1263]. Der genaue Inhalt dieses dritten Kriteriums ist umstritten.
Die Ausgestaltung des wertenden Kriteriums spiegelt dabei die grundlegende „Einstellung" gegenüber den Geltungsansprüchen fremden Eingriffsrechts wider. So spricht die Ansicht, fremde Eingriffsnormen müßten lediglich einer „ordre-

---

[1260] *Erne* (191) spricht insoweit auch von einem Rückgriff auf das „Vertrauensprinzip". Das von *Erne* vorgeschlagene Vorgehen erscheint schon deshalb bedenklich, weil im Rahmen der engen Verbindung geprüft wird, ob der Erlaßstaat von dem Sachverhalt in einem Ausmaß betroffen wird, das ein Interesse an einem regelndem Eingriff nachvollziehbar erscheinen läßt. Das Vertrauen der Parteien muß insoweit unerheblich sein.

[1261] Eine Darstellung für verschiedene Rechtsbereiche findet sich bei MünchKomm-*Martiny* Art. 34 EGBGB Rn. 105 ff.

[1262] Für das inländische Eingriffsrecht: MünchKomm-*Martiny* Art. 34 EGBGB Rn. 112; Reithmann-Martiny-*Limmer* Rn. 393. Die für inländische Eingriffsnormen geltenden Kriterien sollen nach *Martiny* (in: MünchKomm Art. 34 EGBGB Rn. 100 ff.) aber wohl gleichermaßen für ausländisches Eingriffsrecht gelten. Vgl. auch *Schiffer* 131.

[1263] Vgl. zu diesem Aspekt: *Berger*, ZVglRWiss 96 (1997), 331; *Erne* 191 ff.; *Hentzen*, RIW 1988, 510 f.; *Kreuzer*, Wirtschaftsrecht 92 ff.; *E. Lorenz*, RIW 1987, 582 f.; MünchKomm-*Martiny* Art. 34 EGBGB Rn. 121 ff.; *Rehbinder*, AWD 1969, 352 ff.; *derselbe*, JZ 1973, 155 f.; Staudinger-*Magnus* Art. 34 EGBGB Rn. 144; *Vogel* 89 ff.

public-Prüfung“ im Sinne des Art. 6 EGBGB unterzogen werden[1264], für eine weitgehende Aufgeschlossenheit gegenüber dem Geltungswillen. Die Meinung, die Anwendung fremden Eingriffsrechts komme nur in Frage, wenn hierdurch auch Interessen des Forumstaates gefördert würden[1265], zeigt dagegen eine entgegengesetzte Auffassung: Hier wird das dritte Kriterium nicht als negative Beschränkung verstanden, es wird vielmehr eine positive Anforderung an das fremde Eingriffsrecht gestellt. Damit verliert der Anwendungswillen seine zentrale Bedeutung. Es wird nicht davon ausgegangen, daß fremde Anwendungsansprüche grundsätzlich beachtlich sind (z.B. wegen der zwischenstaatlichen comitas) und nur eine Eingrenzung der – aus Sicht des Forums - berechtigten bzw. akzeptablen Ansprüche anhand der Kriterien „enge Beziehung“ und (erweiterter) „ordre public“ erfolgt. Die Interessen des fremden Staates an einer Anwendung sind nur insoweit von Bedeutung, als eine Beachtung nicht anwendungswilliger Vorschriften nicht in Frage kommt. Für die Entscheidung über die Anwendung bleiben sie aber ansonsten außer Betracht, maßgeblich soll vielmehr das Interesse des Forumstaates an einer Anwendung der ausländischen Vorschrift sein[1266].

Das dritte, wertende Kriterium begründet damit innerhalb der Sonderanknüpfungslehre die größten inhaltlichen Unterschiede hinsichtlich der Beachtung fremder Eingriffsnormen. Es stellt eine Art „Auffangkriterium“ dar, durch das sich verschiedene Positionen zu dem Umfang der Beachtung ausländischen Eingriffsrecht manifestieren[1267]. Zumeist wird die dritte Voraussetzung als „ordre-public-Kriterium“ verstanden. Dabei stellt die oben dargestellte Ansicht, es wären auch im Rahmen einer Kollisionsnorm für Eingriffsnormen nur die Voraussetzungen des Art. 6 EGBGB anzusetzen, eine Mindermeinung dar. Regelmäßig wird davon ausgegangen, fremde Eingriffsnormen müßten in einem weiteren Umfang einer inhaltlichen Prüfung unterzogen werden (erweiterter ordre public)[1268]. So wird gefordert, fremde Eingriffsnormen seien „nicht nur an den

---

[1264] So *Wengler*, ZVglRWiss 55 (1941), 197 ff. und *Zweigert*, RabelsZ 14 (1942), 295. Auch im neueren Schrifttum wird diese Ansicht vertreten; sie ist regelmäßig mit dem Ziel verbunden, in- und ausländische Eingriffsnormen grundsätzlich gleich zu behandeln, vgl. aus französischer Sicht, *Toubiana* 258 ff. Ähnlich auch *Schlosser* 302 f.

[1265] *Kreuzer*, Wirtschaftsrecht 92 ff.; MünchKomm-*Sonnenberger* Einl. IPR Rn. 58 ff.; *derselbe*, FS Rebmann 833. Vgl. auch Soergel-*Kegel*, 11. Auflage, Vor Art. 7 EGBGB Rn. 396. Auch der BGH macht die Berücksichtigung fremder Eingriffsnormen - auf sachrechtlicher Ebene - von der (mittelbaren) Förderung eigener Interessen abhängig, vgl. z.B. Urteil vom 29.9.1977, BGHZ 69, 295, 298.

[1266] Vgl. MünchKomm-*Sonnenberger* Einl. IPR Rn. 58 ff.; *derselbe*, FS Rebmann 829 ff. Ähnlich auch *Knüppel* 231 f.

[1267] Vgl. *E. Lorenz*, RIW 1987, 582.

[1268] Vgl. zu der betreffenden Diskussion z.B. MünchKomm-*Martiny* Art. 34 EGBGB Rn. 121 ff. und *Zimmer*, IPRax 1993, 68 f.

rechtlichen Grundentscheidungen des Forumstaats zu messen, sondern auch an den in seiner Rechtsordnung erkennbaren sonstigen Interessen", der Inhalt der Eingriffsnorm müsse also mit der gesamten Rechtsordnung des Forumstaats vereinbar sein[1269]. In die gleiche Richtung gehen die Vorschläge, die ausländische Eingriffsnorm dürfe die Interessen des Forumstaates nicht verletzen; die Eingriffsnorm müsse aus Sicht des Forums „billigenswert"[1270] bzw. „anwendungswürdig"[1271] sein oder es müsse „Wertegleichklang" („shared values"[1272]) bestehen[1273]. Eine auf den ersten Blick andersartige Hürde für die Anwendung fremden Eingriffsrechts stellen die Stimmen auf, die fordern, die Eingriffsnorm müsse „allgemein zu achtende Interessen aller Völker" schützen[1274] oder dürfe nicht international-typische Interessen (des Forums[1275]) verletzen[1276]. Tatsächlich dürften die Unterschiede zu den zuvor genannten Ansichten aber nur gering sein, da die Frage, welche Interessen „international-typisch" sind, aus der Sicht des Forums beurteilt wird. Weitergehend ist dagegen die oben genannte Ansicht, die Eingriffsnorm müsse nicht nur mit den Interessen des Forumstaates vereinbar sein, sondern diese darüber hinaus fördern.

Teilweise wird das dritte Kriterium auch als Interessenabwägung zwischen den Interessen des Forums und des Erlaßstaats der Eingriffsnorm (an der Beachtung

---

1269 *E. Lorenz*, RIW 1987, 582.

1270 Vgl. *von Bar*, IPR I Rn. 267.

1271 Vgl. *Bär* 225 und 316.

1272 *Großfeld/Rogers*, Int. Comp. L. Q. 32 (1983), 931 ff.

1273 Vgl. *Hentzen*, RIW 1988, 510 f. und Ermann-*Hohloch* Art. 34 EGBGB Rn. 24.

1274 Mit dieser Tendenz z.B. *Drobnig*, FS Neumayer 177; *Lando*, RabelsZ 38 (1974), 37; MünchKomm-*Martiny* Art. 34 EGBGB Rn. 123; *von Hoffmann*, RabelsZ 38 (1974), 413 f. Vor allem in der Rechtsprechung spielen diese Erwägungen eine Rolle. Nach Ansicht des RG soll entscheidend sein, ob ein ausländisches Gesetz „allen Kulturstaaten gemeinsame rechtlich-sittliche Erwägungen" enthält, Urteil vom 3.10.1923, RGZ 108, 241, 243 f. Nach der Rechtsprechung des BGH kann auch beim Verstoß gegen eine ausländisches Gesetz, das keine deutschen Interessen schützt, Sittenwidrigkeit nach § 138 BGB bejaht werden, wenn die Norm „allgemein zu achtende Interessen aller Völker" dient, Urteil vom 22.6.1972, BGHZ 59, 83, 85 und Urteil vom 29.9.1977, BGHZ 69, 295, 298.

1275 Zu beachten ist, daß „international-typische Interessen" bei der Behandlung ausländischer Eingriffsnormen in zwei verschiedenen Zusammenhängen angeführt werden: Zum einen soll maßgeblich sein, ob eine fremde Norm international-typische Interessen des Forums verletzt (dann soll sie unangewendet bleiben). Zum anderen soll von Bedeutung sein, ob der Erlaßstaat mit der Norm international-typische Interessen verfolgt (was für die Anwendbarkeit sprechen soll). Näher hierzu *Coester*, ZVglRWiss 82 (1983), 24 (Fn. 120).

1276 Vgl. *Zweigert*, RabelsZ 14 (1942), 291 ff.; *Erne* 191 f. und *Schulte* 118.

der Eingriffsnorm) verstanden[1277]; auch die Interessen des Vertragsstatutsstaates (an der Anwendung seines Rechts) könnten berücksichtigt werden[1278]. Nach *Erne* müsse auch beachtet werden, ob der Forumstaat zur Förderung der Interessen des Erlaßstaates, z.B. aufgrund internationaler Verträge (wie den Verträgen über die Europäische Gemeinschaft), verpflichtet ist[1279]. Maßgeblich sollen ganz allgemein auch die „Folgen" einer Anwendung oder Nichtanwendung der Eingriffsnorm sein[1280].

Auch gegen das dritte Kriterium bestehen Einwände grundsätzlicher Art. Durch die inhaltliche Überprüfung der ausländischen Eingriffsnorm komme es zu einer „Politisierung" des Internationalen Privatrechts[1281]. Das auf *Savigny* zurückgehende „herkömmliche" Internationale Privatrecht der allseitigen Verweisungsnormen sei wertneutral. Die Anwendung bestimmter Normen von einer Inhaltskontrolle abhängig zu machen, würde daher einen Systembruch bedeuten[1282]. Dem wird von Anhängern der Sonderanknüpfungslehre entgegengehalten, auch dem „herkömmlichen" Internationalen Privatrecht sei eine wertende Betrachtung des Inhalts einer berufenen Norm nicht fremd; dies zeige schon die ordre-public-Grenze (z.B. in Art. 6 EGBGB)[1283].

[1277] Vgl. zu dem Gesichtspunkt der Interessenabwägung z.B. *Drobnig*, FS Neumayer 163 ff.; *Erne* 196 f.; *Schnyder* Rn. 159 ff. (insbesondere Rn. 165 f.) und *Vogel* 134 ff. Die Vornahme einer Abwägung der betroffenen staatlichen Interessen weist Bezüge zu der auf *Currie* (vgl. z.B. *Currie* 177 ff.) zurückgehenden „governmental interest analysis" auf. Vgl. zur Bedeutung dieses Konzepts eingehend *Schnyder* Rn. 168 ff. sowie kritisch *Drobnig*, FS Neumayer 163 ff.

[1278] Vgl. *Erne* 196 f.

[1279] *Erne* 195.

[1280] So z.B. in Art. 7 Abs. 1 EVÜ und Art. 19 Abs. 1 schweiz. IPRG.

[1281] Vgl. *Mann*, FS Wahl 158 f. Kritisch zur „Politisierung" allgemein z.B. *Rehbinder*, JZ 1973, 151 (insbesondere 155); gegen eine „Überpolitisierung" auch *E. Lorenz*, Struktur 107 f.

[1282] Vgl. hierzu z.B. *Lalive*, Rec. des Cours 155 (1977-II), 326 ff. Kritisch auch *Mann*, FS Beitzke 620: Das IPR sei „mit der Bestimmung des für den gegebenen Sachverhalt relevanten Rechtssystem, nicht mit seinem Inhalt befaßt."

[1283] *Erne* 187

§ 13: Ein Regelungsvorschlag für die Beachtung ausländischen Eingriffsrechts

I. Allgemeines

Die Fragen, inwieweit und in welcher Form ausländische Eingriffsnormen zu beachten sind, stellen nach wie vor offene Probleme des modernen Internationalen Privatrechts dar. Trotz gewisser Gemeinsamkeiten zwischen den einzelnen Auffassungen besteht hinsichtlich der Grundfragen der Behandlung ausländischer Eingriffsnormen keine Einigkeit. Selbst wenn sich in neuerer Zeit ein „Trend zur Sonderanknüpfung“ feststellen läßt, ist die entsprechende Lehre keineswegs unangefochten[1284]. Da auch innerhalb der Sonderanknüpfungslehre kein Konsens über die Beantwortung einzelner Fragestellung besteht, kann also nicht davon ausgegangen werden, es habe sich mittlerweile eine herrschende oder gar einheitliche Ansicht gebildet.

Die in Rechtsprechung und Literatur gemachten Aussagen scheinen teilweise dadurch beeinflußt, welcher Art die ausländischen Eingriffsnormen sind, mit denen eine Auseinandersetzung stattfindet[1285]. Dabei stehen oft Import- oder Leistungsverbote im Vordergrund der Diskussion, also Normen die dazu führen, daß eine Vertragspartei ihre Leistung vollständig nicht mehr erbringen kann (oder zumindest erbringen darf)[1286]. In diesen Fällen liegt es regelmäßig nahe, von einer Nichtigkeit des Vertrages auszugehen, soweit die fremde Eingriffsnorm beachtet wird. Ausländischen Eingriffsnormen des Arbeitsrechts wurde demgegenüber zumindest in dogmatischer Hinsicht weniger Beachtung geschenkt; was auch daran liegen dürfte, daß es zum Teil als selbstverständlich erachtet wird, daß bestimmte arbeitsrechtliche Regelungen des Erfüllungsortes beachtet werden müssen[1287]. Im Gegensatz zu Import- oder Leistungsverboten werden Eingriffsnormen des Arbeitsrechts in vielen Fällen nicht der Vertragsgültigkeit als

---

[1284] Dieser „Trend“ läßt sich vor allem im deutschen Schrifttum feststellen. Art. 7 Abs. 1 EVÜ zeigt aber, daß die Sonderanknüpfung auch auf europäischer Ebene die „bevorzugte Lösung“ darstellt, Staudinger-*Magnus* Art. 34 EGBGB Rn. 139. Der BGH betont dagegen in seinem Urteil vom 17.11.1994 (BGHZ 128, 41, 53) nach wie vor, daß ausländische Eingriffsnormen „nur als tatsächlicher Umstand materiell-rechtliche Berücksichtigung“ im Rahmen des deutschen Vertragsstatuts finden könnten. Bei den Kriterien für die Anwendung scheint in der betreffenden Entscheidung aber eine Annäherung an die Lehre von der Sonderanknüpfung zu erfolgen.

[1285] Vgl. auch *Vogel* 4 ff.

[1286] Zur Rechtsprechung vgl. oben § 12 V. 2. und die Übersichten bei *Busse*, ZVglRWiss 95 (1996), 386 ff. sowie *Kratz* Blatt 1 ff. (Anhang)

[1287] Vgl. z.B. MünchArbR-*Birk* § 19 Rn. 81.

solcher entgegenstehen, sondern „nur“ die Rahmenbedingungen (wie z.B. die höchstzulässige Arbeitszeit) für die Erbringung der Leistung festlegen[1288].

Dennoch wäre es verfehlt, die allgemeine Diskussion außer Acht zu lassen und zu versuchen, unabhängig hiervon ein spezielles Kollisionsrecht für ausländische Eingriffsnormen z.B. des Arbeitsrechts schaffen zu wollen. Die Grundfragen der Beachtung fremden Eingriffsrechts stellen sich für alle Rechtsgebiete in gleicher Weise[1289]. Sowohl das „Wann“ als auch das „Wie“ der Beachtung stellen allgemeine kollisionsrechtliche Probleme dar, die einer allgemeinen Lösung bedürfen. Es sind also zunächst allgemeingültige Grundsätze für die Behandlung ausländischer Eingriffsnormen zu entwickeln, bevor (aufbauend auf diesen Grundsätzen) gegebenenfalls speziellere Aussagen für bestimmte Rechtsgebiete gemacht werden können. Oft wird eine Konkretisierung für einen Bereich wie das Arbeitsrecht aber auch nicht sinnvoll sein, weil die allgemeinen Grundsätze nicht für ein bestimmtes Teilgebiet konkretisiert werden können bzw. die Entscheidung über die Beachtung nur von der Ausgestaltung der einzelnen Norm abhängt und nicht von der Frage, welchem Rechtsgebiet sie angehört.

Im folgenden soll nicht im einzelnen auf das Für und Wider jeder der oben dargestellten Theorien eingegangen werden. Die verschiedenen Konzeptionen stellen keine überschneidungsfreien, abschließenden Ansätze dar, die sich zwingend gegenseitig ausschließen. Es bietet sich daher an, nicht die Ansichten gesondert zu betrachten, sondern die Gegensätze im Rahmen einer Untersuchung der Form und Voraussetzungen der Beachtung ausländischer Eingriffsnormen zu behandeln. Innerhalb der Problemstellung „ausländisches Eingriffsrecht“ lassen sich zwei grundlegende Aspekte unterscheiden: Zum einen ist fraglich, wann die fremden Normen zu beachten sind, zum anderen wie sie zu beachten sind[1290]. Daß diese beiden Fragen zu trennen sind, heißt nicht, sie stünden vollkommen unabhängig nebeneinander. So tendieren die Ansichten, die dem Geltungsanspruch ausländischer Eingriffsnormen eher ablehnend

---

[1288] In diesen Fällen führt die von der Rechtsprechung (vgl. z.B. BGH, Urteil vom 29.9.1977, BGHZ 69, 295, 298 und oben § 12 V. 2. b) aa)) präferierte Lösung über § 138 BGB zu Problemen: Die in § 138 BGB vorgesehene Rechtsfolge – Nichtigkeit des Vertrages – „paßt“ nicht.

[1289] In der Literatur wird insoweit oft von einem Problem des „Wirtschaftkollisionsrechts“ gesprochen (vgl. nur *Siehr*, RabelsZ 52 (1988), 84 ff.). Der Begriff wird im folgenden nicht aufgenommen; für die Lösung der relevanten Probleme erscheint es ohne weitere Bedeutung, ob die Entwicklung eines „Wirtschaftskollisionsrechts“ als Ausgangspunkt angesehen wird.

[1290] Vgl. zu dieser Unterscheidung z.B. *Anderegg*, RabelsZ 52 (1988), 266 („Voraussetzungen“ gegenüber „Technik der Anwendung“); *Radtke*, ZVglRWiss 84 (1985), 357; *Siehr*, RabelsZ 52 (1988), 93 ff. (der zwischen „Maßstäben für die Beachtung“ und „Art der Beachtung“ unterscheidet).

gegenüberstehen dazu, die Normen „allenfalls" zu berücksichtigen, nicht aber anzuwenden[1291].

Auch wenn dabei eigentlich die Frage nach dem „Wann" der Beachtung an erster Stelle stehen müßte, soll hier zunächst auf das „Wie" eingegangen werden. Die Frage nach der Methode der Beachtung hat sich zum zentralen Streitpunkt entwickelt[1292]. Hier haben sich mit der Anwendung auf der einen und der materiellrechtlichen (faktischen) Berücksichtigung auf der anderen Seite zwei gegensätzliche Positionen entwickelt. Hinsichtlich der Kriterien, wann eine Anwendung in Betracht kommt, bestehen dabei zwischen den genannten Grundpositionen zum Teil Übereinstimmungen, so wird die Durchsetzungsmacht oder der Interessen- und Wertegleichklang sowohl von Vertretern einer Sonderanknüpfung als auch von Befürwortern einer materiellrechtlichen Berücksichtigung genannt[1293]. Die grundlegende Meinungsverschiedenheit scheint also darüber zu bestehen, wie ausländische Eingriffsnormen zu beachten sind.

II. Die Methode der Beachtung ausländischen Eingriffsrechts

Bei der Untersuchung der Methode – also dem „Wie" - der Beachtung fremder Eingriffsnormen verbietet es sich, vorschnell eine Entscheidung zwischen (kollisionsrechtlicher) Anwendung und (materiellrechtlicher) Berücksichtigung anzustreben. Die Begriffe „Anwendung" und „Berücksichtigung" sind keinesfalls eindeutig[1294]. Vor einer Beurteilung, welche Methode vorzuziehen ist, muß zunächst geklärt werden, welche Bedeutung den Begriffen zukommt und wo Unterschiede bzw. Gemeinsamkeiten zwischen den Vorgehensweisen bestehen.
Dabei soll zunächst auf einen Gesichtspunkt eingegangen werden, der oft im Unklaren bleibt: die Unterscheidung zwischen einer Berücksichtigung einer ausländischen Eingriffsnorm auf materiellrechtlicher Ebene und der Berücksichtigung der faktischen Auswirkungen ausländischen Eingriffsrechts.

[1291] Vgl. nur die Entscheidung des BGH vom 17.11.1994, BGHZ 128, 41, 53.

[1292] Vgl. z.B. *Schiffer* 147 und MünchKomm-*Martiny* Art. 34 EGBGB Rn. 33.

[1293] So will *Magnus* eine Sonderanknüpfung auch von der Durchsetzungsmacht abhängig machen (Staudinger-*Magnus* Art. 34 EGBGB Rn. 144). Nach Ansicht des BGH hängt die Berücksichtigung auf materiellrechtlicher Ebene ebenfalls von der Möglichkeit zur Durchsetzung der Norm ab, Urteil vom 17.11.1994, BGHZ 128, 41, 52.

[1294] Vgl. oben § 11 III. 2. c).

1. Materiellrechtliche Berücksichtigung und Berücksichtigung der faktischen Auswirkungen

a) Die Unterscheidung zwischen der Berücksichtigung des normativen Gehalts einer Bestimmung und der Beachtung von Fakten

Die Berücksichtigung auf materiellrechtlicher Ebene wird oft nicht (oder nur andeutungsweise) von der Berücksichtigung der faktischen Auswirkungen einer Eingriffsnorm unterschieden. Die Beachtung von Eingriffsrecht als Faktum, Datum oder Tatsache wird teilweise pauschal mit einer materiellrechtlichen Berücksichtigung gleichgesetzt[1295]. Die Berücksichtigung auf sachrechtlicher Ebene wird dabei der kollisionsrechtlichen Sonderanknüpfung entgegengesetzt. Bei der strikten Unterscheidung zwischen kollisionsrechtlicher Anwendung und materiellrechtlicher Berücksichtigung wird aber eine wesentliche Tatsache übersehen: Auch die Berücksichtigung des normativen Gehalts einer Eingriffsnorm auf materiellrechtlicher Ebene einer anderen Rechtsordnung stellt ein kollisionsrechtliches Vorgehen dar, das von der Berücksichtigung der faktischen Auswirkungen zu unterscheiden ist[1296]. Es besteht also ein Unterschied zwischen dem „Einbau“ einer Eingriffsnorm in das Sachrecht des Vertragsstatuts (in den Fällen der deutschen Rechtsprechung war dies stets die lex fori) und der Berücksichtigung als Faktum. Zwar wird in beiden Fällen das materielle Recht des Vertragsstatuts herangezogen; die Rechtsfolge ergibt sich aus diesem Sachrecht. Dennoch muß unterschieden werden, ob Vorschriften als solche – d.h. ihr normativer Gehalt – oder nur ihre faktischen Auswirkungen berücksichtigt werden[1297]. Im ersten Fall wird die kollisionsrechtliche Frage nach Beachtung der Eingriffsnorm positiv beantwortet, im zweiten Fall nicht.

[1295] Der Tendenz nach z.B. MünchKomm-*Sonnenberger* Einl. IPR Rn. 365; *Stoll*, FS Lipstein 259 ff. und *Schiffer* 94 ff. Auch der BGH scheint zwischen einer materiellrechtlichen Berücksichtigung und einer Beachtung der tatsächlichen Auswirkungen nicht zu unterscheiden, vgl. z.B. Urteil vom 17.11.1994, BGHZ 128, 41, 53.

[1296] In diese Richtung gehend: *Basedow*, RabelsZ 47 (1983), 156 f.; *Lehmann*, Vertragsrecht 59 f.; Reithmann-Martiny-*Limmer* Rn. 467; *Zimmer*, IPRax 1993, 66 ff. Im Ergebnis auch *Schurig* (RabelsZ 54 (1990), 241 f.), der allerdings nicht von einer kollisionsrechtlichen Beachtung spricht, sondern bei jeder Beachtung des normativen Gehalts von einer „Anwendung“ ausgeht. Vgl. auch *Kegel/Schurig*, IPR § 2 IV. 2. *Junker* (JZ 1991, 701 f.) differenziert zwischen der „Berücksichtigung mit Wertungsmöglichkeit“ und „Berücksichtigung ohne Wertungsmöglichkeit“ (Beachtung der faktischen Auswirkungen). Nach *Schubert* (RIW 1987, 736 ff.) gibt es eine „sachrechtliche Lösung“ und eine „sachrechtliche Lösung unter Ausschluß kollisionsrechtlicher Erwägungen“ (wobei letztere aber nicht wirklich ohne kollisionsrechtlichen Überlegungen auskommt).

[1297] Vgl. z.B. Reithmann-Martiny-*Limmer* Rn. 467: Die Berücksichtigung der faktischen Auswirkungen sei zu unterscheiden von der Berücksichtigung der Wertungen, die der ausländischen Eingriffsnorm zugrunde liegen.

Wie oben bereits angedeutet, besteht also z.B. ein erheblicher Unterschied zwischen der Berücksichtigung einer ausländischen Vorschrift (als solcher) im Rahmen des § 138 BGB und der Berücksichtigung der faktischen Auswirkungen über die Unmöglichkeitsvorschriften des deutschen Schuldvertragsrechts[1298]. Im ersten Fall hat eine wertende Betrachtung der ausländischen Vorschrift ergeben, daß ihr normativer Gehalt nach deutschem Kollisionsrecht zu berücksichtigen ist. Die „Einschaltung" des (materiellrechtlichen) § 138 BGB bedeutet nicht, daß keine kollisionsrechtliche Entscheidung getroffen würde. Über die Vorschrift des § 138 BGB wird die kollisionsrechtliche Frage beantwortet, ob die ausländische Norm zu beachten ist. § 138 BGB fungiert insoweit also als „versteckte Kollisionsnorm"[1299]. Die ausländische Eingriffsnorm wird in diesem Fall nicht nur als Datum oder Faktum berücksichtigt, sondern als normative Regelung.

Betrachtet man § 138 BGB als (versteckte) Kollisionsnorm, bietet sich ein Vergleich mit der bis zum Jahr 1986 bestehenden ordre-public-Vorschrift des Art. 30 EGBGB (a.F.) an, in der die Anwendung ausländischen Rechts bei einem Verstoß gegen die guten Sitten ausgeschlossen wurde: Sowohl über § 138 BGB als auch Art. 30 EGBGB (a.F.) scheint eine kollisionsrechtliche Entscheidung davon abhängig gemacht zu werden, ob ein Verstoß gegen die guten Sitten vorliegt, also von einer Wertung auf sachrechtlicher Ebene. Art. 30 EGBGB (a.F.) hatte jedoch eine negative Funktion (wie sie jetzt auch die ordre-public-Klausel in Art. 6 EGBGB hat[1300]), die Anwendung des an sich anwendbaren ausländischen Rechts wurde ausgeschlossen. Über § 138 BGB wird dagegen ausländisches Recht berücksichtigt, das eigentlich nicht anwendbar ist. Auch hat das Kriterium der „Sittenwidrigkeit" jeweils unterschiedliche Funktionen. Im Rahmen des Art. 30 EGBGB (a.F.) wurde mit den „guten Sitten" ein Teilbereich des deutschen ordre public beschrieben. Im Rahmen der Berücksichtigung ausländischer Verbotsnormen ist die Heranziehung des § 138 BGB (und damit die Annahme der Sittenwidrigkeit) dagegen ein Mittel, um Verstöße gegen ausländisches Recht zu sanktionieren, das nach deutschen Wertungen schützenswert ist oder - auch - deutsche Interessen schützt. Die Bewertung der ausländischen Norm erfolgt nicht anhand des Maßstabes der (deutschen) guten Sitten, sondern anhand von Kriterien wie Schutz eines „allgemein zu achtenden Interesses aller Völker"[1301] oder Schutz der „Interessen der Bundesrepublik

---

[1298] Vgl. oben § 12 V. 2. b) dd) sowie *Droste* 27 ff.; *Junker*, JZ 1991, 701 f.; *Lehmann*, Vertragsrecht 59 f.; Reithmann-Martiny-*Limmer* Rn. 465 ff.; *Zimmer*, IPRax 1993, 66 ff.

[1299] Vgl. *Schulte* 39; *Drobnig*, FS Neumayer 162 und 177; *Junker*, JZ 1991, 701; *Lehmann*, Vertragsrecht 47 und 59. Vgl. auch *E. Lorenz* (RIW 1987, 581), der von „nicht näher ausgeformten kollisionsrechtlichen Grundsätzen" spricht. *Schurig* (RabelsZ 54 (1990), 241 f.) wirft die Frage auf, ob „die kollisionsrechtlichen Probleme nur hinter einer sachrechtlichen Nebelwand verborgen" werden. Vgl. auch *Kegel/Schurig*, IPR § 2 IV. 2.

[1300] Vgl. hierzu auch oben § 3 II. 3. a).

[1301] BGH, Urteil vom 22.6.1972, BGHZ 59, 82, 85.

Deutschland“[1302]. Parallelen bestehen aber insoweit, als auch bei der Anwendung des § 138 BGB nicht kollisionsrechtliche, sondern materiellrechtliche Erwägungen entscheidend sind.

Bei der zweiten Konstellation, der Berücksichtigung der faktischen Auswirkungen über die Unmöglichkeitsvorschriften des deutschen Schuldvertragsrechts, liegt dagegen ein Vorgang auf rein materiellrechtlicher Ebene vor. Hier werden die auf die Eingriffsnormen zurückzuführenden Tatsachen als Teil des Sachverhalts unter die materiellrechtlichen Vorschriften der lex causae subsumiert[1303]. Auch hier wäre es zumindest ungenau, von einer Berücksichtigung „der Norm“ als Datum oder Tatsache zu sprechen. Normen als solche stellen keine tatsächlichen Gegebenheiten dar[1304]. Aus ihnen ergeben sich aber bestimmte Tatsachen bzw. sind tatsächliche Auswirkungen mit ihnen verbunden. Inwieweit und in welcher Form die entsprechenden Fakten berücksichtigt werden, ist kein kollisionsrechtliches, sondern ein rein materiellrechtliches Problem[1305]. Die Frage lautet also z.B. nicht mehr, ob es zu berücksichtigen ist, daß eine ausländischen Vorschrift das Ruhen eines Arbeitsverhältnisses bei Einziehung zum Wehrdienst vorsieht. Die Problemstellung liegt vielmehr darin, ob nach dem deutschen Sachrecht von einer Suspendierung des Arbeitsverhältnisses auszugehen ist, weil die Tatsachen – z.B. die Konsequenzen, die dem Arbeitnehmer drohen oder die Folgen der Suspendierung für den Betrieb des Arbeitgebers – unter eine (deutsche) Rechtsnorm subsumiert werden können, welche die betreffende Rechtsfolge vorsieht. Ob die betreffenden Tatsachen auf einer Eingriffsnorm einer ausländischen Rechtsordnung oder auf anderen Gründen beruhen, ist dabei unerheblich[1306]. In welcher Weise die faktischen Auswirkungen einer Eingriffsnorm berücksichtigt werden, ist also keine kollisionsrechtliche Entscheidung. Welche Fakten durch ausländisches Eingriffsrecht geschaffen werden, ist eine tatsächliche Frage; wie diese Fakten rechtlich zu beurteilen sind, eine sachrechtliche.

[1302] BGH, Urteil vom 21.12.1960 , BGHZ 34, 169, 177.

[1303] Siehe insoweit auch die Ausführungen zur Datumtheorie oben § 12 II. Vgl. *Eichenhofer*, Sozialrecht 226 f.

[1304] Vgl. auch *Zimmer*, IPRax 1993, 68. Anders wohl *Stoll* (FS Lipstein 260), der von „Rechtstatsachen“ spricht. Allgemein scheinen die Vertreter der Datumtheorie die Normen selbst als Tatsachen aufzufassen, vgl. oben § 12 II.

[1305] Mit dieser Tendenz Reithmann-Martiny-*Limmer* Rn. 467 und *Schurig*, RabelsZ 54 (1990), 241 f. Ähnlich – zum Teil aber mit anderen Prämissen - MünchKomm-*Sonnenberger* Einl. IPR Rn. 65.

[1306] Insoweit ist den Vertretern der Datumtheorie zuzustimmen, wenn sie die Wirkungen ausländischen Rechts mit „Naturereignissen“ gleichsetzen, vgl. z.B. *Jayme*, GS Ehrenzweig 39; *Mülbert*, IPRax 1986, 140 und auch *Kegel*, in: Holl/Klinke 12.

Ein Gericht muß also feststellen, welche faktischen Wirkungen mit dem ausländischen Eingriffsrecht verbunden sind. Eine rechtliche Beurteilung erfolgt hier zunächst nicht, es werden lediglich Fakten „gesammelt“. Diese Fakten können schlechthin nicht ignoriert werden[1307]. Das betreffende Gericht kann nicht darüber entscheiden, welche Fakten durch die Eingriffsnorm geschaffen werden, es kann sie nur zur Kenntnis nehmen. Zu den tatsächlichen Gegebenheiten gehört dabei auch die Durchsetzungsmacht; sie hat entscheidende Bedeutung für die Frage, welche (weiteren) faktischen Konsequenzen mit der Eingriffsnorm verbunden sind[1308]. Danach erfolgt eine rechtliche Beurteilung dieser Fakten. Zu entscheiden ist also beispielsweise darüber, ob die Eingriffsnorm die Leistungserbringung – wie ein Naturereignis – unmöglich macht (wofür z.B. die Durchsetzungsmacht sprechen wird).

b) Die Einwände gegen eine Unterscheidung

Schiffer hat sich gegen eine derartige Unterscheidung zwischen Beachtung der faktischen Wirkungen und kollisionsrechtlicher Beachtung gewandt. Gerichte müßten auch bei Prüfung der Tatsachen untersuchen, ob die Voraussetzungen einer fremden Eingriffsnorm vorliegen. Wären die Anwendungsvoraussetzungen einer Eingriffsnorm nicht erfüllt, schaffe diese auch keine entsprechenden Tatsachen. Greife z.B. eine ausländische Verbotsnorm nicht, könne auch keine tatsächliche Unmöglichkeit aus deutscher Perspektive vorliegen. Das berufene Gericht subsumiere also auch bei einer „faktischen Berücksichtigung“ den Sachverhalt unter die ausländische Vorschrift und wende die Eingriffsnorm damit an[1309].

Der Ansicht *Schiffers* ist entgegenzuhalten, daß sie auf unzutreffenden Prämissen beruht. Zum einen unterscheidet *Schiffer* nicht zwischen Berücksichtigung des normativen Gehalts auf Ebene des Sachrechts und Beachtung der faktischen Wirkungen. Darüber hinaus wird unterstellt, die Prüfung der Voraussetzungen der Eingriffsnorm bzw. die Subsumtion des Sachverhalts sei stets mit einer Anwendung verbunden. *Schiffer* übersieht insoweit, daß die Prüfung der Tatbestandsvoraussetzungen nicht zu einer Anwendung (noch nicht einmal zu einer Berücksichtigung) im kollisionsrechtlichen Sinne führt. Daß eine Eingriffsnorm nur dann faktische Auswirkungen haben kann, wenn ihre

---

[1307] Vgl. auch *Baum*, RabelsZ 53 (1989), 160 f. Die Einsicht, daß durch fremdes Eingriffsrecht Fakten geschaffen werden, die beachtet werden müssen, ist Ausgangspunkt der Datumtheorie, vgl. *Jayme*, GS Ehrenzweig 39. Die Datumtheorie verkennt aber, daß diese Einsicht von der kollisionsrechtlichen Fragestellung zu trennen ist.

[1308] Vgl. *Zimmer*, IPRax 1993, 68.

[1309] Vgl. *Schiffer* 94 ff.

Voraussetzungen vorliegen, bedeutet nicht, die Norm werde bei einer Beachtung der betreffenden Fakten angewendet. Eine Anwendung setzt eine Beachtung des normativen Gehalts der Vorschrift voraus; werden nur die faktischen Wirkungen berücksichtigt, bedeutet dies, den normativen Gehalt kollisionsrechtlich zu ignorieren[1310].

Die Ergebnisse einer kollisionsrechtlichen Anwendung oder Berücksichtigung müssen sich zwar nicht unbedingt wesentlich von einer Beachtung der tatsächlichen Auswirkungen unterscheiden[1311]. So wird in den „Wehrpflichtfällen"[1312] auch das ausländische Recht oft eine Rechtsfolge vorsehen, die einer „Suspendierung" des Arbeitsverhältnisses zumindest ähnlich ist. Regelmäßig wird aber ein Unterschied bestehen. Dies zeigt z.B. folgender Fall: Hat der Arbeitgeber nach dem Recht des Arbeitsortes einen bestimmten Überstundenzuschlag zu leisten, den er nach dem (deutschen) Vertragsstatut nicht schuldet, so hängt die Beurteilung des Falles von der kollisionsrechtlichen Entscheidung ab[1313]. Beachtet man ausschließlich die tatsächlichen Auswirkungen, so läßt sich z.B. nur feststellen, daß der Arbeitgeber (gezwungenermaßen) den Zuschlag gezahlt hat. Da aber nach dem Vertragsstatut keine Leistungspflicht bestand, könnte der Arbeitgeber den Betrag kondizieren. Nur wenn man der Vorschrift auf kollisionsrechtlichem Wege Wirkung (hier kommt wohl nur eine Anwendung in Betracht) verleiht, gelangt man zu dem Ergebnis, daß der Arbeitnehmer den Zuschlag behalten kann[1314]. Die Unterschiede zeigen sich auch in den Fällen der Berücksichtigung fremder Verbotsnormen über § 138 BGB. Wurde hier ein verbotswidriges Rechtsgeschäft abgewickelt und hat der Erlaßstaat keine Möglichkeit (mehr) seine Verbotsnorm durchzusetzen, bestehen auch keine Tatsachen, die dem Bestand des Geschäftes entgegenstehen könnten. Stellt man nur auf die (fehlenden) tatsächlichen Auswirkungen ab, wäre das Geschäft also wirksam. Das Rechtsgeschäft wäre aber nichtig, wenn man das ausländische Verbot im Rahmen des § 138 BGB berücksichtigte[1315].

[1310] Kritisch zur Ansicht *Schiffers* auch *Looschelders* 108 f.

[1311] Vgl. z.B. *Radtke*, ZVglRWiss 84 (1985), 357.

[1312] Vgl. oben § 12 V. 2. b) cc).

[1313] Vgl. zu diesem Sachverhalt auch *Däubler*, ArbuR 1990, 9; *Hickl*, NZA Beil. 1/1987, 18; *Hohloch*, RIW 1987, 354 f.; *Junker*, Konzern 302 ff. Als Beispiel dient das saudi-arabische Recht: In Saudi-Arabien wird für alle Arbeiten im Inland ein Überstundenzuschlag von 50 % geschuldet. Bei Nichtzahlung macht sich der Arbeitgeber strafbar.

[1314] Ähnlich schon *Junker*, Konzern 306 f.

[1315] Vgl. auch *Schurig*, RabelsZ 54 (1990), 242 f. (zu den „Schmiergeldfällen").

Berücksichtigt man nur die faktischen Auswirkungen einer fremden Eingriffsnorm wird damit grundsätzlich auch eine inzidente kollisionsrechtliche Aussage gemacht. Wird nur auf die (auf das Eingriffsrecht zurückzuführenden) Tatsachen abgestellt, bedeutet dies gleichzeitig, daß eine kollisionsrechtliche Beachtung – sei es in Gestalt einer Anwendung oder einer materiellrechtlichen Berücksichtigung (der Norm als solcher) – abgelehnt wird. Allenfalls für die Fälle, in denen eine Beachtung der Fakten zu dem selben Ergebnis wie ein kollisionsrechtliches Vorgehen führt, ließe sich argumentieren, es werde auch keine inzidente kollisionsrechtlichen Entscheidung getroffen, da hier offen bleiben kann, ob die Norm kollisionsrechtlich beachtet wird[1316]. Regelmäßig geht der Beachtung faktischer Auswirkungen aber eine – negative – kollisionsrechtliche Entscheidung voraus. Kollisionsrechtlich erfolgt eine Nicht-Beachtung einer Eingriffsnorm, wenn nur die faktischen Auswirkungen berücksichtigt werden[1317].

[1316] Letztlich erscheint es aber auch in den angesprochenen Fällen wenig sinnvoll, die Frage offenzulassen, ob eine kollisionsrechtliche Beachtung erfolgt oder nur Fakten berücksichtigt werden. Ein derartiges Vorgehen führt zu einer „Verschleierung“ des Vorgehens, bewirkt Unsicherheiten und steht der Entwicklung eines nachvollziehbaren Konzeptes entgegen. Vgl. insoweit die kritischen Stimmen zur Rechtsprechung in Fn. 1299 und sogleich im Text.

[1317] So wohl auch *Schurig*, RabelsZ 54 (1990), 241 f. und *Zimmer*, IPRax 1993, 68.

c) Die Prüfungsreihenfolge und ihre Offenlegung

Damit ergibt sich folgendes Stufenverhältnis[1318]: Zunächst ist auf kollisionsrechtlicher Ebene danach zu fragen, ob der normative Gehalt der Norm zu beachten ist. Verlangt eine ausländische Eingriffsnorm Anwendung, ist also zunächst zu prüfen, ob das deutsche Kollisionsrecht diesem Anwendungsanspruch stattgibt. Dabei bestehen zwei Möglichkeiten, wie dem Geltungsanspruch Rechnung getragen werden kann. Die Norm kann (im Wege einer Sonderanknüpfung) angewendet werden. Dem Anwendungsanspruch wird dann vollständig stattgegeben. Die ausländische Vorschrift kann aber auch auf materiellrechtlicher Ebene *berücksichtigt* werden. Das deutsche Kollisionsrecht folgt dem Geltungsanspruch dann regelmäßig nur teilweise[1319]. Nochmals hervorzuheben ist insoweit, daß auch die Berücksichtigung auf der Ebene des materiellen Rechts des Vertragsstatuts auf einer positiven kollisionsrechtlichen Entscheidung beruht
Die kollisionsrechtliche Prüfung endet also mit einem Urteil darüber, ob der normative Gehalt der Eingriffsnorm zu beachten oder nicht zu beachten ist (die Norm als solche also weder angewendet noch berücksichtigt wird). Die Untersuchung, inwieweit faktische Auswirkungen zu berücksichtigen sind, erfolgt dann allein auf sachrechtlicher Ebene. Zu der Frage, ob mit dem ausländischen Eingriffsrecht zusammenhängende Fakten beachtet werden, wird man regelmäßig nur dann gelangen, wenn der Norm nicht kollisionsrechtlich „Wirkung verliehen" wird: Wird der normative Gehalt der Norm beachtet, werden auch die faktischen Auswirkungen miterfaßt[1320].

Damit kann eine ausländische Eingriffsnorm in drei verschiedenen Formen Einfluß auf ein Rechtsverhältnis haben. Die Eingriffsnorm kann angewendet oder als Rechtsnorm im Rahmen des Sachrechts der lex causae berücksichtigt werden[1321]. Diese Alternativen setzen eine Entscheidung des inländischen

[1318] Vgl. *Siehr*, RabelsZ 52 (1988), 96 ff. Einige Stimmen in der Literatur scheinen nicht von einem Stufenverhältnis, sondern von zwei (echten) Alternativen auszugehen: Je nach Sachlage (Art der fremden Norm, Schaffung unumgehbarer Fakten) soll entweder eine kollisionsrechtliche Beachtung erfolgen oder eine Berücksichtigung der Fakten. Vgl. *Junker*, JZ 1991, 700 ff.; *derselbe*, Konzern 305 ff.; *Zimmer*, IPRax 1993, 68. Dem stehen die geschilderten systematischen Erwägungen entgegen: Die Frage der kollisionsrechtlichen Beachtung stellt sich bei jeder Norm und ist streng von der Berücksichtigung tatsächlicher Gegebenheiten zu trennen, vgl. auch *Schurig*, RabelsZ 54 (1990), 241 ff.

[1319] Zum Verhältnis zwischen Anwendung und Berücksichtigung näher unten § 13 II. 3. c).

[1320] Vgl. auch *Siehr*, RabelsZ 52 (1988), 97 f.

[1321] Für eine Dreiteilung auch *Junker*; JZ 1991, 700 ff.; *derselbe*, Konzern 305 ff. *Junker* unterscheidet allerdings folgende Möglichkeiten: Anwendung als Rechtsnorm, Berücksichtigung mit (kollisionsrechtlicher) Wertungsmöglichkeit, Berücksichtigung ohne (kollisionsrechtliche) Wertungsmöglichkeit.

Kollisionsrechts zugunsten einer „Öffnung" gegenüber dem ausländischen Eingriffsrecht voraus. Daneben können die faktischen Wirkungen der Norm das betreffende Rechtsverhältnis beeinflussen. Welche Auswirkungen eine Eingriffsnorm insoweit hat, ist aber keine Frage des Kollisionsrechts.

Wie bereits angesprochen wurde, bleibt der Unterschied zwischen – kollisionsrechtlicher – Berücksichtigung der Eingriffsnormen selbst (ihres normativen Gehalts) auf Ebene des Sachrechts und – sachrechtlicher – Berücksichtigung der faktischen Auswirkungen der Eingriffsnorm oft im Unklaren. Eine zusätzliche Schwierigkeit bei der Abgrenzung eines kollisionsrechtliches Vorgehens von einer Berücksichtigung tatsächlicher Gegebenheiten entsteht dadurch, daß nach verbreiteter Ansicht auch faktische Aspekte – vor allem die Durchsetzungsmacht – bei der Beantwortung der Frage nach der kollisionsrechtlichen Beachtung der Eingriffsnorm eine Rolle spielen sollen[1322]. Hier erfolgt die Berücksichtigung der Tatsache „Durchsetzungsmacht" aber auf einer anderen – eben kollisionsrechtlichen – Ebene.
Es wäre wünschenswert, daß – vor allem in der Rechtsprechung – eine Offenlegung des Vorgehens bei „Berücksichtigung" ausländisches Eingriffsrechts erfolgt. Viele Unklarheiten könnten beseitigt werden, wenn erkennbar wäre, ob der normative Gehalt einer Eingriffsnorm berücksichtigt wird, weil ein Gericht – z.B. aufgrund übereinstimmender Interessen – eine positive Entscheidung über die Beachtung der Norm getroffen hat. Oder ob nur – quasi als Automatismus – bestimmte (auf die Eingriffsnorm zurückzuführende) Tatsachen unter das anwendbare Sachrecht subsumiert werden, ohne daß eine wertende Entscheidung über die Eingriffsnorm und ihre Anwendbarkeit erfolgt[1323].

Was die Terminologie betrifft, sollte nur bei einer Beachtung der Eingriffsnorm als solcher (also ihres normativen Gehalts), d.h. bei einer kollisionsrechtlichen Beachtung auf der Ebene des Sachrechts des Vertragsstatuts, von einer „materiellrechtlichen Berücksichtigung der Eingriffsnorm" gesprochen werden. Wird nur den faktischen Auswirkungen Rechnung getragen, so wird die Eingriffsnorm kollisionsrechtlich nicht beachtet, also auch nicht (materiellrechtlich) „berücksichtigt". Es bietet sich an, hier von einer „Beachtung der faktischen Wirkungen" zu sprechen.

[1322] Vgl. z.B. Staudinger-*Magnus* Art. 34 EGBGB Rn. 144. Kritisch *Zimmer*, IPRax 1993, 67 ff. und MünchKomm-*Martiny* Art. 34 EGBGB Rn. 37.

[1323] Vgl. auch *Drobnig*, FS Neumayer 177; *Junker*, JZ 1991, 701; *Lehmann*, Vertragsrecht 47 und 59; *E. Lorenz*, RIW 1987, 581; *Schulte* 39; *Schurig*, RabelsZ 54 (1990), 241 f.

2. *Die Unterscheidung zwischen materiellrechtlicher Berücksichtigung und Anwendung*

Die Einsicht, daß auch bei der materiellrechtlichen Berücksichtigung eine kollisionsrechtliche Beachtung stattfindet und – wie bei einer Anwendung – der normative Gehalt der Eingriffsnorm beachtet wird (d.h. nicht nur Fakten oder Tatsachen Rechnung getragen wird), läßt die Unterschiede zwischen Anwendung und Berücksichtigung geringer erscheinen als üblicherweise angenommen. Dies führt zur Frage, ob die Unterscheidung zwischen Berücksichtigung und Anwendung überhaupt noch sinnvoll ist[1324].

Auf die übliche Definition von Anwendung und Berücksichtigung wurde bereits an anderer Stelle eingegangen[1325]. Löst man sich von der Vorstellung, die materiellrechtliche Berücksichtigung stelle nur auf die faktischen Auswirkungen ab, ergibt sich folgendes Bild: Anwendung bedeutet die Heranziehung der Norm wie in ihrem ursprünglichen Geltungsbereich. Der normative Gehalt der Norm erhält grundsätzlich vollumfänglich Wirkung, es erfolgt keine Modifikation des Regelungsgehalts der ausländischen Vorschrift durch sachrechtliche Vorschriften anderer Rechtsordnungen. Die Rechtsfolgenanordnung der Eingriffsnorm gilt unmittelbar für den betreffenden Sachverhalt[1326].
Bei der Berücksichtigung erfolgt dagegen ein „Einbau" in das Sachrecht einer anderen Rechtsordnung. Tatbestandsmerkmale des Sachrechts der lex causae werden durch die ausländische Eingriffsnorm ausgefüllt. Die Eingriffsnorm erlangt daher nur in beschränktem Ausmaß Geltung. Die Rechtsfolge ergibt sich nicht unmittelbar aus der Eingriffsnorm, sondern aus der (sachrechtlichen) Vorschrift der lex causae, in deren Rahmen die Eingriffsnorm berücksichtigt wurde[1327].

[1324] Dagegen z.B. *Schiffer* 94 ff. Vgl. auch den Diskussionsbericht von *Anderegg*, RabelsZ 52 (1988), 266: „Von manchen Diskussionsteilnehmern wurde schließlich die Auffassung vertreten, die Technik der Berücksichtigung sei gleichgültig."

[1325] Oben § 11 III. 2. c).

[1326] Vgl. z.B. *Eichenhofer*, Sozialrecht 226 f.; *Junker*, Konzern 299; *Looschelders* 108; *von Bar*, IPR I Rn. 244.

[1327] Vgl. aus der Rechtsprechung z.B. BGH, Urteil vom 17.11.1994, BGHZ 128, 41, 53: „Im übrigen hätte das Außenhandelsmonopol der DDR nur als tatsächlicher Umstand materiellrechtliche Berücksichtigung im Rahmen der Anwendung des Rechts der Bundesrepublik Deutschland als Vertragsstatut finden können." Aus der Literatur anstatt vieler: MünchKomm-*Martiny* Art. 34 EGBGB Rn. 49 ff. (insbesondere Rn. 55).

Die Unterscheidung zwischen Berücksichtigung und Anwendung kann unter Umständen schwierig bzw. wenig sinnvoll sein[1328]. Bei reinen Verbotsnormen, die selbst keine Rechtsfolge anordnen, verschwimmen die Unterschiede zwischen Berücksichtigung und Anwendung (vgl. das oben genannte Beispiel der Feiertagsregelung)[1329]. Berücksichtigung und Anwendung führen auch dann zu gleichen Ergebnissen, wenn die von der Eingriffsnorm vorgesehenen Rechtsfolgen den Folgen entsprechen, die von der „aufnehmenden" Vorschrift des Vertragsstatuts vorgesehen werden.

Dennoch verbietet sich eine Gleichsetzung von Berücksichtigung und Anwendung (auch wenn beide Vorgehensweisen kollisionsrechtlicher Natur sind und in beiden Fällen der normative Gehalt der ausländischen Eingriffsnorm beachtet wird)[1330]. Die oben dargestellte Definition zeigt die bestehenden Unterschiede. Bei einer Anwendung (einer Sonderanknüpfung) ergibt sich die Rechtsfolge unmittelbar aus der Eingriffsnorm, bei einer Berücksichtigung aus dem Sachrecht einer anderen Rechtsordnung[1331]. Weichen die Rechtsfolgen voneinander ab, gelangt man auch zu abweichenden Ergebnissen. Fraglich könnte insoweit sein, wie die von *E. Lorenz* dargestellte Lösungsmöglichkeit der Modifikation der Rechtsfolge einer ausländischen Eingriffsnorm einzuordnen ist. Nach *E. Lorenz* ist zu fragen, ob bei Eingriffsnormen, die nicht anzuwenden sind (weil sie z.B. eine Rechtsfolge vorsehen, die mit der Rechtsordnung des Forumstaates nicht vereinbar ist), die Rechtsfolgen der Norm zumindest in (modifizierter) abgeschwächter Form berücksichtigt werden können[1332]. Grundsätzlich wird man in diesen Fällen wohl von einer materiellrechtlichen Berücksichtigung in dem hier verstandenen Sinne ausgehen können. Die (modifizierte) Rechtsfolge wird dem Vertragsstatut zu entnehmen sein – schon um Spannungen mit dieser Rechtsordnung zu vermeiden. Eine Modifizierung der

---

[1328] Vgl. oben § 11 III. 2. c). Vgl. auch *Kropholler*, IPR § 52 XI. Nr. 4 („vergleichbare Ergebnisse") sowie MünchKomm-*Martiny* Art. 34 EGBGB Rn. 33; *Radtke*, ZVglRWiss 84 (1985), 357; Staudinger-*Magnus* Art. 34 EGBGB Rn. 138.

[1329] Ähnlich *Radtke*, ZVglRWiss 84 (1985), 357.

[1330] Vgl. *Anderegg*, RabelsZ 52 (1988), 266; *Looschelders* 108 und MünchKomm-*Martiny* Art. 34 EGBGB Rn. 33. Anders *Schiffer* 94 ff.

[1331] Wie bereits mehrfach erwähnt, ergibt sich nach h.M. bei einer Sonderanknüpfung die Rechtsfolge aus der Eingriffsnorm vgl. nur MünchKomm-*Martiny* Art. 34 EGBGB Rn. 55; Staudinger-*Magnus* Art. 34 EGBGB Rn.145. Anders *Kropholler* (IPR § 52 XI. Nr. 4), der „selbst" bei einer Sonderanknüpfung die Rechtsfolge grundsätzlich dem Vertragsstatut entnehmen will. Insoweit scheint jedoch nur ein terminologisches Problem vorzuliegen. Vertritt man die Ansicht, die Rechtsfolge solle grundsätzlich dem Vertragsstatut entnommen werden (so neben *Kropholler* a.a.O. auch z.B. *Kreuzer*, Wirtschaftsrecht 95), zieht man nach der hier verwendeten Terminologie die „Berücksichtigung" der „Anwendung" vor.

[1332] *E. Lorenz*, RIW 1987, 582.

Rechtsfolgen wird also regelmäßig durch einen Einbau der Eingriffsnorm in das Sachrecht der lex causae vollzogen werden.

Die Abgrenzungsschwierigkeiten im Einzelfall und die dargestellten Gemeinsamkeiten zeigen, daß die Unterscheidung nicht überbetont werden sollte. Die bisherige Konzentration auf den vermeintlichen Gegensatz Berücksichtigung/Anwendung erscheint verfehlt. In einigen Fällen wird es eher ein terminologisches Problem sein, ob man von einer Anwendung oder Berücksichtigung fremden Eingriffsrechts ausgeht. Von größerer Bedeutung ist die Frage, ob einer Norm kollisionsrechtlich „Wirkung verliehen" – sie also berücksichtigt oder angewendet wird – oder ob ausschließlich ihre faktischen Auswirkungen beachtet werden[1333].

3. Die Entscheidung für eine Methode der Beachtung ausländischer Eingriffsnormen

Wie dargestellt wurde, bestehen zwei kollisionsrechtliche Methoden zur Beachtung fremden Eingriffsrechts. Die dritte Methode – die Beachtung der faktischen Auswirkungen – bedeutet kollisionsrechtlich eine Nicht-Beachtung. Sie folgt damit dem Ausgangspunkt der Schuldstatutstheorie, ausländische Eingriffsnormen seien – soweit sie nicht dem Vertragsstatut angehören – grundsätzlich nicht zu berücksichtigen. Entsprechend der Datumtheorie wird nur den auf ausländische Eingriffsnormen zurückzuführenden Daten bzw. Tatsachen Rechnung getragen[1334].

[1333] So auch *Zimmer*, IPRax 1993, 67 f.

[1334] Oben § 12. II. Die Datumtheorie ist aus diesem Grund auch nicht geeignet, eine „theoretische Basis" für die deutsche Rechtsprechung zu bieten (so aber *Mülbert*, IPRax 1986, 141). Die Rechtsprechung berücksichtigt z.B. bei der Anwendung des § 138 BGB das fremde Recht auf einer (versteckten) kollisionsrechtlichen Basis und beachtet nicht nur die faktischen Wirkungen.

a) Die ausschließliche Beachtung der faktischen Auswirkungen

Vergegenwärtigt man sich die Einsicht, daß die Beachtung nur der faktischen Auswirkungen[1335] bedeutet, daß ausländische Eingriffsnormen auf kollisionsrechtlicher Eben unbeachtet bleiben, fällt es relativ leicht, Argumente gegen die entsprechende Vorgehensweise zu finden. Mit der Entscheidung für eine Berücksichtigung nur der Tatsachen ist eine grundlegende Aussage zu dem „Wann" der Beachtung ausländischer Eingriffsnormen verbunden: Ausländische Eingriffsnormen werden (als solche) nie beachtet. Alle Einwände, die gegen eine grundsätzlich Nicht-Beachtung (und damit auch gegen die Schuldstatutstheorie) vorgebracht werden, können also auch hier angeführt werden.

Die Gesichtspunkte, die gegen ein Ignorieren fremden Eingriffsrechts auf Ebene des Kollisionsrechts sprechen, wurden größtenteils schon bei der Behandlung der Sonderanknüpfunglehre wiedergegeben: Die Förderung des internationalen Entscheidungseinklangs, die „internationale Rechtshilfe", „comitas", Gegenseitigkeit bzw. die „international-privatrechtliche Gerechtigkeit und Gleichbehandlung"[1336]. Grundsätzliche Einwände können gegen diese Argumente nicht vorgebracht werden[1337]. Zwar kann argumentiert werden, die genannten Grundsätze und Ziele würden auch durch eine kollisionsrechtliche Beachtung nicht unbedingt vollständig verwirklicht. So wird ein umfassender internationaler Entscheidungseinklang nur erreicht, soweit eine Gleichbehandlung in- und ausländischer Eingriffsnormen erfolgt[1338], diese ist nach der hier vertretenen Auffassung aber weder anzustreben noch zu erreichen. Dennoch kommt eine kollisionsrechtliche Lösung den betreffenden Zielsetzungen zumindest näher als eine Beachtung der faktischen Wirkungen.

Die Ansicht, es seien nur die durch Eingriffsnormen geschaffenen Tatsachen zu beachten, verkennt die Gegebenheiten moderner Rechts- und

---

[1335] Werden nur die auf eine Eingriffsnorm zurückzuführenden Tatsachen berücksichtigt, wird auch von einem „Auslandssachverhalt" gesprochen (vgl. z.B. *Kegel*, in: Holl/Klinke 12). Der Begriff wird hier nicht verwendet, er könnte zu der Annahme führen, daß bei der ausschließlichen Beachtung von Fakten keine (negative) kollisionsrechtliche Entscheidung getroffen wird.

[1336] Vgl. oben § 12 VI. 2.

[1337] *Mann* (FS Beitzke 620) führt zwar z.B. aus, die „alte comitas-Idee" würde „bekanntlich nicht weiterführen", weil das Problem gerade sei, „inwieweit und an welchen Stellen solche Rücksichtnahme am Platz ist." Daß der Umfang der zwischenstaatlichen Rücksichtnahme nicht einfach zu bestimmen ist, spricht aber nicht gegen die grundsätzliche Bedeutung dieses Arguments. Gegen die im Text genannten Argumente auch *Coester*, ZVglRWiss 82 (1983), 28.

[1338] Kritisch z.B. *Baum*, RabelsZ 53 (1989), 159 f. und *Mülbert*, IPRax 1983, 140 f.

Wirtschaftsordnungen[1339]. Staaten sind – nicht zuletzt aufgrund der zunehmenden Globalisierung - zur Erhaltung ihrer Wirtschafts- und Sozialsysteme in vielen Fällen darauf angewiesen, Eingriffsrecht zu schaffen, also z.B. inländisches Arbeitsrecht auf alle im Inland tätigen Arbeitnehmer anzuwenden. Staaten, die versuchen, ihre eigenen Interessen in dieser Weise zu schützen, müssen auch entsprechende Regelungsinteressen anderer Staaten als berechtigt ansehen[1340]. Der kollisionsrechtlichen Beachtung fremden Eingriffsrechts wird insoweit vorgeworfen, sie honoriere Fehlentwicklungen. Ausländische Staaten, die in großem Umfang Eingriffsrecht schaffen, würden durch die Anerkennung dieser Geltungsansprüche in der betreffenden Tendenz bestärkt. Die Neigung zur zwingenden Anwendung des eigenen Rechts ohne Rücksicht auf das Vertragsstatut hätte dabei schwerwiegende Nachteile. Zum einen käme es zu Rückschritten in der Entwicklung des Internationalen Privatrechts. Zum anderen würden das entsprechende Vorgehen restriktive, protektionistische Entwicklungen widerspiegeln[1341]. Dem ist entgegenzuhalten, daß Staaten den Umfang der Bildung von Eingriffsrecht nicht davon abhängig machen werden, ob der Geltungswille von anderen Staaten anerkannt wird. Übermäßige Geltungsansprüche können aber auch bei grundsätzlicher Befürwortung einer Sonderanknüpfung durch entsprechende Ausgestaltung des Kollisionsrechts abgewehrt werden[1342].

Nur die auf ausländisches Eingriffsrecht zurückzuführenden Fakten zu beachten, erscheint darüber hinaus systemfremd, zufällig und damit auch ungerecht[1343]. Aus den entsprechenden Fakten folgt, daß fremde Eingriffsnormen nicht einfach ignoriert werden können. Müssen die Wirkungen ausländischen Eingriffsrechts aber sowieso irgendwie beachtet werden, so erscheint es konsequenter, die Eingriffsnormen selbst – bei Vorliegen bestimmter Voraussetzungen – auf kollisionsrechtlicher Ebene zu berücksichtigen. Es erscheint auch wenig überzeugend, der Beachtung fremder Eingriffsnormen den Einwand der Einheitlichkeit des Vertragsstatuts bzw. des Vertrauens der Parteien auf die

---

[1339] Vgl. auch *Erne* 182 ff.; MünchKomm-*Martiny* Art. 34 EGBGB Rn. 34 f. und Staudinger-*Magnus* Art. 34 EGBGB Rn. 131. Zweifelnd *Coing*, WM 1981, 813.

[1340] Vgl. *E. Lorenz*, RIW 1987, 581. Dies bedeutet aber nicht, daß in- und ausländisches Eingriffsrecht gleich zu behandeln ist (vgl. *E. Lorenz* a.a.O.).

[1341] Vgl. insbesondere *Coester*, ZVglRWiss 82 (1983), 12. Daneben auch *Mann*, FS Beitzke 620.

[1342] Die Notwendigkeit der „engen Beziehung" des Sachverhalts zum Erlaßstaat führt dazu, daß Geltungsansprüchen, die aus der Sicht des Forums unberechtigt erscheinen, nicht stattgegeben wird. Näher hierzu unten § 13 III. 4. a).

[1343] Vgl. auch *Schiffer* 156 f.

Maßgeblichkeit nur einer Rechtsordnung entgegenzuhalten[1344]. Daß das Vertragsstatut nicht alle Aspekte eines Rechtsverhältnisses erfaßt, zeigt schon die gesonderte Anknüpfung bestimmter Teilfragen durch spezielle Verweisungsnormen (wie z.B. Art. 11 EGBGB). Auch werden Parteien kaum darauf vertrauen, daß drittstaatliche Rechtsordnungen (insbesondere die des Erfüllungsortes) nicht bestimmte Regelungsansprüche durchsetzen wollen[1345].

Welche Tatsachen durch ausländisches Eingriffsrecht geschaffen wurden, hängt oft von Zufällen ab bzw. von Ereignissen, die für die rechtliche Beurteilung eines Vertragsverhältnisses unbeachtlich bleiben sollten. Dies zeigt schon folgender Fall: Ein in das Ausland entsandter Arbeitnehmer ist nach deutschem Vertragsstatut an einem bestimmten Tag zur Erbringung seiner Arbeitsleistung verpflichtet, eine Eingriffsnorm des Arbeitsortes verbietet jedoch die Arbeit an dem betreffenden Tag; der Arbeitnehmer verweigert daher seine Arbeitsleistung. Wollte man nur die faktischen Wirkungen beachten, so müßten man z.B. danach fragen, ob der aufnehmende Staat bei der Durchsetzung des Verbotes wachsam ist. Der Arbeitnehmer könnte sich also nur dann auf eine (tatsächliche) Unmöglichkeit berufen, wenn er mit einer Durchsetzung rechnen mußte. Bei weniger aufmerksamen Staaten wäre also generell davon auszugehen, daß die Parteien wirksam Leistungen vereinbaren können, die in diesem Staat verboten sind. Das Problem läßt sich auch nicht lösen, indem man vorbringt, das Bestehen des Verbotes selbst sei die zu beachtende Tatsache. Hier würde auf den normativen Gehalt der Norm abgestellt und eine kollisionsrechtliche Entscheidung zugunsten seiner Beachtung gefällt. Dies zeigt der entgegengesetzte Fall: Der Arbeitnehmer hat trotz des Verbotes gearbeitet. Das Verbot als solches kann bei dieser Konstellation keine Tatsache darstellen; auch bei Beachtung ist das Verbot also unmittelbar keine Tatsache.

Das Argument, Gerichte würden überfordert, müßten sie nicht nur das Vertragsstatut ermitteln, sondern daneben auch noch viele andere Rechtsordnungen nach Eingriffsnormen durchsuchen[1346], beruht auf falschen Vorstellungen. So sind die in Frage kommenden Rechtsordnungen dann äußerst begrenzt, wenn man als Voraussetzung für eine Beachtlichkeit eine „enge Beziehung" zu dem Erlaßstaat fordert[1347]. Auch die in Betracht kommenden

[1344] Mit dieser Tendenz aber z.B. *Mann*, FS Wahl 185 f.; *derselbe*, FS Beitzke 613 f. und 623 f. sowie *Serick*, RabelsZ 18 (1953), 649 (insbesondere für den Fall der Rechtswahl).

[1345] Vgl. z.B. *Erne* 142 ff. und *Schiffer* 162 f. Bei Arbeitsverträgen werden die Parteien vielmehr davon ausgehen, daß das Recht des Erfüllungsortes zumindest in gewissem Umfang zu berücksichtigen ist.

[1346] So z.B. der Bundesrat in seiner Stellungnahme zu Art. 7 Abs. 1 EVÜ, BT-Drucks. 10/504, 100. Vgl. auch *Coester*, ZVglRWiss 82 (1983), 29; *Firsching*, IPRax 1981, 40, *Kratz* 114.

[1347] Vgl. MünchKomm-*Martiny* Art. 34 EGBGB Rn. 45.

Normen werden regelmäßig ohne weiteres zu identifizieren sein: oft werden sie gerade Auslöser des Rechtsstreits sein. Selbst wenn man von einem höheren Aufwand ausginge, wäre dieser in Kauf zu nehmen, um eine sachgerechte Lösung zu erzielen[1348].

Schließlich würde eine Nicht-Beachtung auch zu einer echten Abweichung gegenüber der Rechtslage in den Unterzeichnerstaaten des EVÜ führen, die keinen Vorbehalt gegen Art. 7 Abs. 1 EVÜ eingelegt haben. Trotz der in Art. 22 Abs. 1 EVÜ vorgesehen Vorbehaltsmöglichkeit ist Einheitlichkeit hinsichtlich der Behandlung ausländischen Eingriffsrechts zumindest erstrebenswert, um die mit dem Abschluß des EVÜ verbundenen Ziele soweit wie möglich zu gewährleisten. Die grundsätzlichen, in Art. 7 Abs. 1 EVÜ getroffenen Entscheidungen sollten daher wohl auch bei einem Vorbehalt (der hauptsächlich auf die Unbestimmtheit gestützt wurde) beachtet werden[1349].

Eine kollisionsrechtliche Beachtung wird in vielen Fällen also zu angemesseneren Ergebnissen führen als eine Beachtung der faktischen Wirkungen. Auf die übrigen oben genannten Argumente soll hier nicht nochmals näher eingegangen werden. Sie erscheinen im Kern kaum angreifbar. Deckt man das Mißverständnis hinsichtlich der Gleichsetzung von materiellrechtlicher Berücksichtigung und Beachtung der Tatsachen auf, so dürfte die Ansicht, es seien ausschließlich faktische Auswirkungen zu beachten, auch kaum noch vertreten werden. Stimmen, die eine Sonderanknüpfung ablehnen, eine Berücksichtigung auf materiellrechtlicher Ebene aber befürworten, gehen im Ergebnis regelmäßig von einer kollisionsrechtlichen Beachtung (also einer Berücksichtigung der Norm selbst) aus. So beschreitet auch der BGH einen (versteckten) kollisionsrechtlichen Weg, wenn er fremdes Eingriffsrecht „über" § 138 BGB berücksichtigt[1350].

b) Die Sonderanknüpfung

Geht man davon aus, daß eine Beachtung der tatsächlichen Auswirkungen nicht ausreichend ist und auch die Berücksichtigung auf materiellrechtlicher Ebene eine kollisionsrechtliche Beachtung darstellt, entschärft sich zum einen der Konflikt zwischen Berücksichtigung und Anwendung. Auch verlieren die Argumente, die

---

[1348] Vgl. *Lehmann*, Vertragsrecht 212 und *Schiffer* 166 („unzulässige Rechtsverweigerung").

[1349] Nach *Wimmer* (Gestaltung 183) ist der deutsche Vorbehalt gegen Art. 7 Abs. 1 EVÜ „eng auszulegen".

[1350] Vgl. hierzu auch *Drobnig*, FS Neumayer 162 und 177; *Junker*, JZ 1991, 701; *Lehmann*, Vertragsrecht 47 und 59; *E. Lorenz*, RIW 1987, 581; *Schulte* 39; *Schurig*, RabelsZ 54 (1990), 241 f.

gegen eine Sonderanknüpfung und für eine Berücksichtigung angeführt werden an Gewicht[1351].

So läßt sich die Annahme, durch eine bloße Berücksichtigung werde an der Maßgeblichkeit des Vertragsstatuts festgehalten, nicht uneingeschränkt aufrechterhalten. Auch bei einem „Einbau" einer fremden Norm in das Sachrecht des Vertragsstatuts werden die Wertungen einer anderen Rechtsordnung beachtet und wird von dem Vertragsstatut abgewichen[1352]. Ebenfalls nicht stichhaltig ist das Argument, bei einer Sonderanknüpfung werde – aufgrund des Abstellens auf den Anwendungswillen der fremden Normen – kollisionsrechtlich das „Heft aus der Hand gegeben"; nicht mehr das deutsche Kollisionsrecht entscheide über das anwendbare Recht, sondern eine fremde Rechtsordnung. Die – überzeugenden – Gegenargumente wurden bereits dargestellt[1353]. Der Anwendungswille ist nur Ausgangspunkt für eine Prüfung anhand des deutschen Kollisionsrechts, ob diesem Willen stattgegeben werden kann. Die Entscheidung über die Anwendung wird durch das deutsche Kollisionsrecht gefällt[1354]. Das Abstellen auf den Anwendungswillen stellt nur insoweit eine Besonderheit dar, als nicht mehr die Berufung durch das deutsche (Verweisungs-) Recht den Anstoß für die Anwendung gibt, sondern der Geltungswille der fremden Norm[1355]. Ausländische Eingriffsnormen berufen sich selbst, über ihre Anwendung entscheidet aber das inländische Kollisionsrecht. Das Abstellen auf den Anwendungswillen stellt nach der hier vertretenen Auffassung den Ausgangspunkt jeder kollisionsrechtlichen Prüfung der Beachtung ausländischer Eingriffsnorm dar. Bei einer Berücksichtigung auf Ebene des materiellen Rechts erfolgt ebenfalls ein Rückgriff auf den Anwendungswillen, da auch die Berücksichtigung nur dann in Betracht kommt, wenn die Eingriffsnorm auf den betreffenden Sachverhalt angewendet

---

[1351] Ähnlich *Zimmer*, IPRax 1993, 66 ff.

[1352] Insoweit zutreffend *Schiffer* (94 ff.), der allerdings nicht zwischen materiellrechtlicher Berücksichtigung und Beachtung der Fakten unterscheidet. Vgl. auch *Lehmann*, Vertragsrecht 59 sowie *Schurig*, RabelsZ 54 (1990), 242 f.

[1353] Oben § 4 II.

[1354] Vgl. z.B. *Erne* 186 ff.; *E. Lorenz*, RIW 1987, 578; *Siehr*, RabelsZ 52 (1988), 84 und *Sandrock*, RIW 1986, 852.

[1355] Nach *Erne* (188) ist die Sonderanknüpfung (nur) insoweit „innovativ" als sie „traditionelle Kollisionsnormen" mit dem Abstellen auf den Anwendungswillen verbindet. Dem ist entgegenzuhalten, daß bei der Sonderanknüpfung keine Berufung wie im „traditionellen" Kollisionsrecht erfolgt.

werden will[1356]. Die Sonderanknüpfung stellt die Gerichte auch nicht vor größere praktische Probleme als die Berücksichtigung auf materiellrechtlicher Ebene. Ist ein ausländisches Recht Vertragsstatut, wird die Berücksichtigung eher schwieriger sein, da nicht nur die relevanten Eingriffsnormen ermittelt werden müssen, sondern auch das Sachrecht des Vertragsstatuts, in das ein „Einbau" erfolgt.

Auch auf andere Argumente, die – vermeintlich – gegen eine Sonderanknüpfung ausländischen Eingriffsrechts sprechen, wurde bereits an anderer Stelle eingegangen. So erweist sich der Einwand, mit der Sonderanknüpfung werde fremdes öffentliches Recht durchgesetzt, als unbegründet, da nur privatrechtliche Rechtsfolgen beachtet werden[1357]. Zutreffend ist dagegen, daß mit der Sonderanknüpfung (aber auch mit der Berücksichtigung[1358]) Interessen fremder Staaten gefördert werden[1359]. Warum dies gegen eine Sonderanknüpfung sprechen sollte, leuchtet aber nicht ein. Gesichtspunkte wie die zwischenstaatliche „comitas" oder der Grundsatz der „international-privatrechtlichen Gerechtigkeit und Gleichbehandlung" sprechen dafür, den Interessen anderer Nationen Rechnung zu tragen, soweit sie ein anerkennenswertes Interesse an der Regelung des Sachverhalts haben. Daß durch die Stattgabe ausländischer Regelungsansprüche nicht inländische Interessen beeinträchtigt werden, kann durch die Ausgestaltung der Voraussetzungen für eine Sonderanknüpfung sichergestellt werden[1360].

Damit läßt sich zunächst feststellen, daß keine grundsätzlichen Bedenken gegen eine Sonderanknüpfung bestehen. Damit ist jedoch noch nichts darüber gesagt, ob die Sonderanknüpfung gegenüber der Berücksichtigung die „bessere" Methode

---

[1356] Mit dieser Tendenz auch *Schiffer* 94 ff. Nach *Kreuzer* (Wirtschaftsrecht 90) geht auch die Rechtsprechung „stillschweigend" vom Kriterium der Anwendungswilligkeit aus. Vgl. jetzt auch BGH, Urteil vom 17.11.1994, BGHZ 128, 41, 53; der BGH erwähnt hier den Anwendungswillen ausdrücklich. Vgl. auch *Schurig* (RabelsZ 54 (1990), 243), der betont, die ausländische Norm müsse auch bei einer materiellrechtlichen Berücksichtigung „anwendbar" sein.

[1357] Vgl. hierzu oben § 3 II. 3. b).

[1358] Vgl. *Kreuzer*, IPRax 1984, 295: Der (unbegründete) Einwand, mit der Sonderanknüpfung werde ein „fremder ordre public" durchgesetzt, müsse sich eigentlich auch gegen die deutsche Rechtsprechung richten.

[1359] Nach einigen Stimmen in der Literatur ist bei der Beachtung ausländischen Eingriffsrechts von entscheidender Bedeutung, daß Staaten nur ihr eigenen Interessen fördern, vgl. z.B. *Kegel/Seidl-Hohenveldern*, FS Ferid 241; MünchKomm-*Sonnenberger* Einl. IPR Rn. 58 ff.; *derselbe*, FS Rebmann 833 und *Kreuzer*, Wirtschaftsrecht 92. Zur Bedeutung des Eigeninteresses aus Sicht der Rechtsprechung z.B. BGH, Urteil vom 29.9.1977, BGHZ 69, 295, 298.

[1360] Vgl. *Schiffer* 164 f. Ähnlich auch MünchKomm-*Martiny* Art. 34 EGBGB Rn. 48.

zur Beachtung ausländischer Eingriffsnormen darstellt. Ein pauschales Urteil erscheint schon deshalb schwierig, weil die Unterschiede zwischen den beiden Vorgehensweisen zum Teil gering sein werden. Eine generelle Entscheidung für eine Alternative ist aber auch deshalb nicht sinnvoll, weil beide Methoden ihre Berechtigung haben[1361].
Betrachtet man die oben genannten Ziele – wie z.B. Entscheidungseinklang, comitas, international-privatrechtliche Gerechtigkeit und Gleichbehandlung – so wird man zu der Feststellung gelangen, daß die Sonderanknüpfung grundsätzlich besser als die Berücksichtigung zur Erreichung dieser Ziele geeignet ist[1362]. Mit der Ausgestaltung einer Vorschrift als Eingriffsnorm streben die Erlaßstaaten eine Anwendung (und nicht nur Berücksichtigung) an; als Forumstaat wenden die betreffenden Staaten ihre Eingriffsnormen an. Eine bloße Berücksichtigung durch andere Staaten gewährleistet den internationalen Entscheidungseinklang also in geringerem Umfang als eine Anwendung. Da eigene Eingriffsnormen nicht berücksichtigt, sondern angewendet werden, kommt es nur bei einer Anwendung fremden Rechts zu einer Gleichbehandlung. Mit einer Anwendung wird dem Geltungswillen der ausländischen Norm in höherem Ausmaß Rechnung getragen, als mit einer Berücksichtigung; sie stellt die „stärkere" Form der kollisionsrechtlichen Beachtung dar[1363]. Die Ziele, die mit einer Beachtung ausländischen Eingriffsrechts verbunden sind, werden regelmäßig besser durch diese weitergehende Beachtung erreicht.

Eine Sonderanknüpfung erscheint grundsätzlich auch konsequenter und „ehrlicher" als eine Berücksichtigung auf materiellrechtlicher Ebene[1364]. Mit dem „Einbau" in das Sachrecht des Vertragsstatuts werden die kollisionsrechtlichen Grundsätze, die zu der Beachtung geführt haben, eher verschleiert. Oft wird darüber hinaus schon nicht erkennbar, daß überhaupt eine kollisionsrechtliche Beachtung erfolgt. Die Ergebnisse, die mit einer Sonderanknüpfung erreicht werden, erscheinen aus diesem Grunde vorhersehbarer[1365]. Auch entspricht die mit der Sonderanknüpfung verbundene Rechtsfolge der Anwendung der im Kollisionsrecht üblichen, von den Verweisungsnormen des Internationalen

---

[1361] Für ein Nebeneinander beider Methoden im Ergebnis auch: *Drobnig*, FS Neumayer 176 f.; *Junker*, Konzern 305 ff.; *derselbe*, JZ 1991, 700 ff.; *Kropholler*, IPR § 52 IX. 4.; *E. Lorenz*, RIW 1987, 582 f.; *Siehr*, RabelsZ 52 (1988), 96 ff.; *derselbe*, in: Holl/Klinke 121 f.; MünchKomm-*Sonnenberger* Einl. IPR Rn. 66 (mit teilweise anderen Prämissen); *Zimmer*, IPRax 1993, 66 ff. Auch Art. 7 Abs. 1 EVÜ geht von der Zulässigkeit beider „Techniken" aus, vgl. oben § 11 IV.

[1362] Ähnlich z.B. *Kropholler*, IPR § 52 IX. 4.; MünchKomm-*Martiny* Art. 34 EGBGB Rn. 33 und *Schiffer* 149 und 169 f. Vgl. auch schon *Wengler*, ZVglRWiss 54 (1941), 206.

[1363] Vgl. z.B. *Eichenhofer*, Sozialrecht 226 f. und *Junker*, Konzern 299.

[1364] Vgl. *Lehmann*, Vertragsrecht 202. Ähnlich *Kreuzer*, IPRax 1984, 295.

[1365] Vgl. nur Staudinger-*Magnus* Art. 34 EGBGB Rn. 139.

Privatrechts vorgesehenen Rechtsfolge. Durch Verweisungsnormen berufenes Recht wird angewendet, ein Einbau in das materielle Recht einer anderen Rechtsordnung ist dem „herkömmlichen“ Kollisionsrecht grundsätzlich fremd. Eine Sonderanknüpfung ist daher wohl auch systemgerechter als eine Berücksichtigung[1366]. Mit einer Sonderanknüpfung würde auch der Regelung des Art. 7 Abs. 1 EVÜ entsprochen, dessen Rechtsfolge „Wirkung verleihen“ zumindest auch eine Sonderanknüpfung erfaßt[1367].

Für viele Fälle wird also eine Sonderanknüpfung die „bessere“ Methode zur Beachtung ausländischen Eingriffsrechts sein.

c) Die Berücksichtigung auf materiellrechtlicher Ebene

Auch wenn durch eine Sonderanknüpfung oft sachgerechte Ergebnisse zu erzielen sein werden, bedeutet dies nicht, daß eine Berücksichtigung fremder Eingriffsnormen auf materiellrechtlicher Ebene nicht in Betracht käme. Die Vorgehensweisen schließen sich nicht gegenseitig aus, sondern ergänzen sich[1368].

Eingriffsnormen fremder Staaten sind – im Unterschied zum inländischen Eingriffsrecht – nicht immer anzuwenden, wenn sie angewendet werden wollen. Dies folgt schon aus der Tatsache, daß jeder Staat vorrangig eigene Interessen verfolgt. Ausländisches Eingriffsrecht ist also zumindest dann nicht anzuwenden, wenn eine Anwendung den Interessen des Forumstaates widersprechen würde oder die ausländische Norm unvereinbar mit Grundwertungen der inländischen Rechtsordnung ist[1369]. Der Verwirklichung der mit der Sonderanknüpfung fremden Eingriffsrechts verfolgten Ziele sind also gewisse Grenzen gesetzt. Die Entscheidungsharmonie steht ebenso wie die zwischenstaatliche Rücksichtnahme („comitas“) oder die international-privatrechtliche Gleichbehandlung und Gerechtigkeit unter dem Primat nationaler Interessen und grundlegender Wertvorstellungen[1370].

[1366] So *Schiffer* 154 ff.

[1367] Vgl. z.B. *Ebke* 332; *Erne* 197 f.; *Junker*, Konzern 306; *Siehr*, RabelsZ 52 (1988), 72.

[1368] Vgl. die Nachweise in Fn. 1361.

[1369] Vgl. z.B. *E. Lorenz*, RIW 1987, 582 f. Aus der Tatsache, daß Staaten vorrangig ihr eigenes Wohl verfolgen, folgt aber nicht die - z.B. von *Kegel/Seidl-Hohenveldern* (FS Ferid 241) getroffene – Schlußfolgerung, fremde Interessen seien nicht zu fördern und fremde Eingriffsnormen nicht anzuwenden.

[1370] Ähnlich *E. Lorenz*, RIW 1987, 581 und Soergel-*von Hoffmann* Art. 34 EGBGB Rn. 92.

Auch wenn ausländische Eingriffsnormen aus den genannten Gründen nicht angewendet werden können, stellt sich aber die Frage, ob nicht doch eine schwächere Form der kollisionsrechtliche Beachtung möglich ist: die Berücksichtigung auf materiellrechtlicher Ebene. Sie stellt gegenüber der Anwendung regelmäßig eine weniger weitgehende Beachtung des ausländischen Eingriffsrechts dar, da die Rechtsfolgen aus dem Vertragsstatut und nicht der Eingriffsnorm folgen[1371]. Eine Berücksichtigung bietet sich also z.B. dann an, wenn der normative Gehalt der Eingriffsnorm nicht als solcher mit den Interessen des Forumstaates oder mit grundlegenden Vorstellungen seiner Rechtsordnung unvereinbar ist, sondern nur die von der Norm vorgesehene Rechtsfolge[1372]. Die Berücksichtigung kann in diesen Fällen einen Kompromiß zwischen den Interessen des Forumstaates und des Erlaßstaates der Eingriffsnorm darstellen. Dem Anwendungswunsch der Eingriffsnorm wird zwar nicht vollständig Rechnung getragen, er wird (kollisionsrechtlich) aber auch nicht ignoriert. Die Berücksichtigung gibt dem Forumstaat insoweit die Möglichkeit auch denjenigen eigenen rechtlichen Vorstellungen Bedeutung zu verleihen, die nicht die Schwelle des ordre public im Sinne des Art. 6 EGBGB erreichen, ohne dabei die Interessen des Erlaßstaates vollständig zurückzudrängen.

Die betreffende Bedeutung der Berücksichtigung verdeutlicht folgender Fall: Eine ausländische Eingriffsnorm bestimmt, daß ein Arbeitsvertrag wegen Verstoßes gegen die betreffende Norm (z.B. eine Arbeitszeitnorm) vollumfänglich nichtig ist. Entspricht das in der Eingriffsnorm enthaltene Verbot den Wertungen der deutschen Rechtsordnung und erscheint seine Beachtung gerechtfertigt, stellt sich die Frage, wie die Rechtsfolge zu beurteilen ist. Insoweit wird man regelmäßig von einem Konflikt mit der deutschen Rechtsordnung ausgehen müssen, da hier gemäß § 139 BGB grundsätzlich nur von der Nichtigkeit der verbotswidrigen Klausel auszugehen wäre[1373]. Eine Sonderanknüpfung der Eingriffsnorm wäre daher problematisch. Sie wäre von der Abwägung zwischen dem Anwendungsinteresse des Erlaßstaates und der Bedeutung der kollidierenden

---

[1371] Geht man mit der h.L. (vgl. z.B. *Ferid* Rn. 4-70; *Kropholler*, IPR § 34 VI. 1.; *Neuhaus* 353 und 358; MünchKomm-*Sonnenberger* Einl. IPR Rn. 532. Kritisch *Looschelders* 72 ff.) davon aus, daß die Anpassung zu einer modifizierten Rechtsanwendung durch Abwandlung auf der Rechtsfolgenseite führt, zeigen sich insoweit Parallelen zur Berücksichtigung in dem hier verstandenen Sinne. Dennoch sind Anpassung und Berücksichtigung aber wohl nicht vergleichbar. So geht es bei der Berücksichtigung nicht um die der Anpassung zugrundeliegenden Normwidersprüche; es wird auch nicht die Rechtsfolge eines an sich anwendbaren Rechts modifiziert.

[1372] Vgl. *E. Lorenz*, RIW 1987, 582. Gegen eine „Auflösung der Verknüpfung von Tatbestand und Rechtsfolge" allgemein *Looschelders* 73 ff. Die von *Looschelders* angeführten Argumente relativieren sich aber für den Fall der Beachtung ausländischen Eingriffsrechts. So kann bei fremden Eingriffsnormen nicht uneingeschränkt von einem „Gebot ‚authentischer' Rechtsanwendung" (*Looschelders* 74) ausgegangen werden.

[1373] Vgl. nur *Schaub* 213.

Vorstellungen des Forumstaates abhängig bzw. der Frage, in welchem Ausmaß ausländischen Eingriffsnormen an der Rechtsordnung des Forumstaates zu messen sind[1374]. Eine „Kompromißlösung" ermöglichte die Berücksichtigung der Eingriffsnorm im Rahmen der §§ 134, 139 BGB (bei deutschem Vertragsstatut)[1375].

Eine Berücksichtigung kann gegenüber einer Anwendung auch dann die „bessere" Lösung darstellen, wenn die in der Eingriffsnorm vorgesehene Rechtsfolge nicht ohne erhebliche Schwierigkeiten in das Vertragsstatut integriert werden könnte[1376]. Die Rechtsfolge der Eingriffsnorm kann z.B. deshalb einen Fremdkörper innerhalb des Vertragsstatuts darstellen, weil sie Rechtsinstitute enthält oder voraussetzt, die das Vertragsstatut nicht kennt. Sie kann sich auf tatsächliche Einrichtungen berufen, die dem Vertragsstatut fremd sind[1377].
Die Möglichkeit, fremde Eingriffsnormen (nur) zu berücksichtigen und nicht anzuwenden, entspricht auch den Einsichten der Zweistufentheorie: Selbst wenn man davon ausgeht, daß Eingriffsnormen anderer Staaten grundsätzlich beachtet werden können, so kann in einigen Fällen doch nicht ignoriert werden, daß der Sachverhalt auch zu einer anderen Rechtsordnung – nämlich dem Vertragsstatut - eine enge Verbindung aufweist. Wie geschildert wurde, kann sich die Notwendigkeit zur Beachtung der Verbindung zum Recht des Vertragsstatuts schon daraus ergeben, daß die Eingriffsnorm in diese Rechtsordnung integriert werden muß[1378]. Dieser Verbindung zum Vertragsstatut kann dadurch Rechnung getragen werden, daß die Eingriffsnorm nicht angewendet, sondern auf materiellrechtlicher Ebene des Vertragsstatuts berücksichtigt wird[1379]. Auf der

---

[1374] Näher hierzu unten § 13 III. 5. a).

[1375] Hier zeigt sich auch, daß die Ansicht der Rechtsprechung, ausländische Eingriffsnormen könnten nur über § 138 BGB - nicht aber über § 134 BGB - berücksichtigt werden (vgl. nur BGH, Urteil vom 22.6.1972, BGHZ 59, 82, 85; weitere Nachweise bei Reithmann-Martiny-*Limmer* Rn. 465), wenig überzeugt. Eine Beachtung des normativen Gehalts der fremden Norm erfolgt in beiden Fällen; darüber hinaus kann auch im Rahmen des § 134 BGB eine Modifizierung der ausländischen Vorschrift (ihrer Rechtsfolge) stattfinden.

[1376] Nach *Erne* (198) besteht insoweit kein Grund von einer Sonderanknüpfung abzuweichen. Die Integration einer Norm in eine fremde Rechtsordnung stelle ein allgemeines Problem dar. Hierfür böten sich die bekannten Lösungsmöglichkeiten der „Anpassung und Transposition" an. Wie oben (Fn. 1371) gezeigt wurde, besteht bei dem Problem der Integration fremder Eingriffsnormen aber zumindest kein klassischer Fall der Anpassung.

[1377] Vgl. hierzu auch *Krings* 157 f. (für die Regelung in Art. 32 Abs. 2 EGBGB).

[1378] Vgl. allgemein auch *E. Lorenz*, FamRZ 1987, 646: Der Hauptzweck der Zweistufentheorie bestünde darin, die durch das Kollisionsrecht verursachten Spannungen zwischen dem „anwendbaren" und dem „verdrängten" Recht zu beseitigen.

[1379] Anders als beim inländischen Eingriffsrecht (vgl. oben § 5 IV. und *E. Lorenz*, FamRZ 1987, 648) besteht auch kein für die Gerichte des Forumstaates absolut verbindlicher Geltungsanspruch. Eine „modifizierte" Beachtung ist also möglich.

ersten Stufe wird also der Tatsache Rechnung getragen, daß der Anwendungswunsch der Eingriffsnorm berechtigt ist und die Norm somit zu beachten ist. Auf der zweiten Stufe wird berücksichtigt, daß der Sachverhalt auch eine enge Verbindung zum Vertragsstatut aufweist.

Festzuhalten bleibt, daß die Berücksichtigung in keinem Ausschließlichkeitsverhältnis zur Sonderanknüpfung steht; sie ergänzt sie vielmehr.

d) Ergebnis

Bei der kollisionsrechtlichen Beachtung ausländischen Eingriffsrechts sollten sowohl die Sonderanknüpfung als auch die Berücksichtigung auf materiellrechtlicher Ebene herangezogen werden. Neben der Sonderanknüpfung auch eine Berücksichtigung in Betracht zu ziehen, ermöglicht ein flexibleres Vorgehen und vermeidet ein Alles-oder-Nichts bei der Beachtung fremder Eingriffsnormen.

Beide Vorgehensweisen zuzulassen, entspricht auch der Wertung des Art. 7 Abs. 1 EVÜ, dessen Rechtsfolge „Wirkung verleihen" sowohl die Sonderanknüpfung als auch die Berücksichtigung erfaßt[1380]. Die entsprechende Lösung erscheint nach der hier vertretenen Auffassung auch deshalb systemkonform, weil sie hinsichtlich der Methode der Beachtung der Regelung in Art. 32 Abs. 2 EGBGB (Art. 10 Abs. 2 EVÜ) entspricht. Geht man davon aus, daß der Begriff des „berücksichtigen" im Sinne des Art. 32 Abs. 2 EGBGB ebenfalls eine Sonderanknüpfung und eine Berücksichtigung auf materiellrechtlicher Ebene umfaßt, ergibt sich ein schlüssiges Bild der Behandlung ausländischer Eingriffsnormen im EVÜ: Das EVÜ läßt sowohl im Rahmen des Art. 7 Abs. 1 als auch des Art. 10 Abs. 2 EVÜ beide kollisionsrechtlichen Vorgehensweisen zu. Unterschiede bestehen aber insoweit, als Art. 10 Abs. 2 EVÜ den Richter zur „Berücksichtigung" verpflichtet[1381], während nach Art. 7 Abs. 1 EVÜ den betreffenden Normen „Wirkung verliehen" werden „kann". Diese Abweichung in der Bindung der Gerichte vermag auch die unterschiedliche Terminologie zu erklären[1382]. Die Formulierung „ist Wirkung zu verleihen" wäre im Rahmen des

[1380] Vgl. z.B. *Coing*, WM 1981, 811; *Junker*, Konzern 306; *Kösters* 99 f.; *Lehmann*, Vertragsrecht 229 f.

[1381] Vgl. oben § 11 III. 1.

[1382] Anders *Junker*, Konzern 298 ff.: Die unterschiedlichen Formulierungen seien so zu erklären, daß mit „Berücksichtigung" im Sinne des Art. 10 Abs. 2 EVÜ nur die materiellrechtliche Berücksichtigung gemeint, eine Anwendung also ausgeschlossen sein, dagegen oben § 11 III. 2. d).

Art. 10 Abs. 2 EVÜ verfehlt gewesen, weil sie impliziert hätte, daß Wirkung verliehen werden muß, die Vorschriften des Erfüllungsortes also irgendwie beachtet werden müssen[1383]. Der Wortlaut „ist zu berücksichtigen" läßt dagegen die Option offen, das Recht des Erfüllungsortes kollisionsrechtlich nicht zu beachten, soweit nur dargelegt wird, daß die Möglichkeit der Beachtung in Betracht gezogen wurde. Es kann also nicht argumentiert werden, die verschiedenen Formulierungen in Art. 10 Abs. 2 EVÜ und Art. 7 Abs. 1 EVÜ seien kaum zu erklären, wollte man in beiden Fällen sowohl Sonderanknüpfung als auch Berücksichtigung auf materiellrechtlicher Ebene zulassen[1384].

1383 Auf der anderen Seite wäre auch die Formulierung „kann berücksichtigen" in Art 7 Abs. 1 EVÜ zumindest „unglücklich", weil sie die Möglichkeit, das ausländische Eingriffsrecht in kollisionsrechtlicher Form nicht zu beachten, gleich in zweifacher Weise zum Ausdruck bringen würde.

1384 So aber *Junker*, Konzern 298 ff.

III. Die Voraussetzungen für eine kollisionsrechtliche Beachtung ausländischen Eingriffsrechts

Nachdem die Methode, also das „Wie“, der Beachtung ausländischer Eingriffsnormen behandelt wurde, soll im folgenden untersucht werden, „wann“ eine kollisionsrechtliche Beachtung in Betracht kommt. Ein grundlegender Aspekt wurde bereits oben behandelt: Ausländisches Eingriffsrecht sollte kollisionsrechtlich nicht ignoriert werden. Die Frage nach dem „Ob“ der Beachtung wurde im Grundsatz also schon positiv beantwortet[1385]. Offen bleibt damit aber, unter welchen Voraussetzungen eine Beachtung ausländischen Eingriffsrechts erfolgen bzw. welche Kriterien das deutsche Kollisionsrecht für die Beachtung vorsehen soll.

Auch eine andere grundlegende Frage wurde bereits angesprochen: Die Prämissen bei der Frage nach den Anwendungsvoraussetzungen unterscheiden sich bei ausländischen Eingriffsnormen wesentlich von der Situation bei inländischem Eingriffsrecht[1386]. Anders als bei inländischen Eingriffsnormen ist eine „echte“ Kollisionsnorm für ausländisches Eingriffsrecht zu bilden. Inländische Eingriffsnormen enthalten eine kollisionsrechtliche Regelung, die grundsätzlich abschließend über ihre Anwendung entscheidet. Will die betreffende Norm angewendet werden, so hat das Gericht diesem Willen zu entsprechen. Das Gericht zieht keine anderen, allgemeinen Kollisionsnormen heran, die Aussagen über die Beachtung der inländischen Eingriffsnorm treffen[1387]. Bei ausländischem Eingriffsrecht ist der Anwendungswille der Norm dagegen nur Ausgangspunkt für die Prüfung der Frage, ob das deutsche Kollisionsrecht diesem Willen stattgibt. Letztlich entscheidet also nicht die Eingriffsnorm selbst über ihre Beachtung, sondern eine allgemeine Kollisionsnorm des deutschen Rechts[1388].

Die Ausführungen zur Methode der Beachtung waren notwendigerweise allgemein, eine Differenzierung nach verschiedenen Rechtsgebieten ist hier wenig sinnvoll. Bei der Untersuchung der Anwendungsvoraussetzungen tritt dagegen der Aspekt in den Vordergrund, ob für einzelne Gebiete - wie das Arbeitsrecht - spezifische Aussagen gemacht werden können. Ob sich also nur generelle Kriterien für die Beachtung aufstellen lassen, oder Konkretisierungen für bestimmte Rechtsbereiche möglich sind. Damit verbunden ist die Frage nach der

---

[1385] Vgl. oben § 12 II. 3. a).

[1386] Vgl. oben § 10 I.

[1387] Auch Art 34 EGBGB hat insoweit nur klarstellende Funktion, vgl. oben § 5 II.

[1388] Vgl. z.B. *Erne* 186 ff.; *E. Lorenz*, RIW 1987, 578; *Siehr*, RabelsZ 52 (1988), 84 und *Sandrock*, RIW 1986, 852.

entsprechenden Ausgestaltung einer (ungeschriebenen) Kollisionsnorm für das ausländische Eingriffsrecht: Sollte von einer allgemeinen Kollisionsnorm für alle Rechtsgebiete ausgegangen werden, oder sollte die Schaffung spezieller Normen für einzelne Bereiche angestrebt werden[1389]?

Unabhängig von der Beantwortung dieser Frage müssen zunächst die allgemeinen Voraussetzungen für eine Beachtung ermittelt werden, erst danach kann untersucht werden, inwieweit eine Konkretisierung sinnvoll ist.

[1389] Im legislatorischen Bereich ist bisher eher eine Beschränkung auf allgemeine Normen zu beobachten, vgl. z.B. Art. 7 Abs. 1 EVÜ und Art. 19 schweiz. IPRG. In der Literatur wird dagegen verstärkt versucht, Kollisionsnormen für spezielle Bereiche zu schaffen, vgl. oben § 11 VI. 1.

1. Der kollisionsrechtliche Anwendungswille

Daß eine ausländische Eingriffsnorm nur dann zu beachten ist, wenn sie angewendet werden will, liegt auf der Hand[1390]. Das inländische Kollisionsrecht muß also danach fragen, ob die betreffende ausländische Eingriffsnorm auf den konkreten Sachverhalt – unabhängig vom Vertragsstatut - angewendet werden will. Die Norm muß also zunächst international zwingend, mit anderen Worten eine Eingriffsnorm sein[1391]. Ob sie international zwingend ist, entscheidet die Rechtsordnung des Erlaßstaates. Der internationale Geltungswille ist gegebenenfalls durch Auslegung zu ermitteln. Bleiben Zweifel, ist gemäß der Unklarheitenregelung gegen den Charakter als Eingriffsnorm zu entscheiden[1392]. Ist die ausländische Vorschrift eine Eingriffsnorm, muß untersucht werden, ob ihre kollisionsrechtlichen Anwendungsvoraussetzungen (die Bedingungen der in der Eingriffsnorm enthaltene Kollisionsnorm) in dem konkreten Sachverhalt erfüllt sind. Diese Voraussetzungen beschreiben den Umfang des kollisionsrechtlichen Anwendungswillens. Es ist also z.B. danach zu fragen, ob die Eingriffsnorm eine bestimmte Inlandsbeziehung (z.B. einen inländischen Arbeitsort) voraussetzt[1393].

Die Streitfragen, die aus dem Abstellen auf den - einer fremden Rechtsordnung entstammenden - Geltungswillen resultieren, wurden bereits erörtert[1394]. An dieser Stelle sei daher nur darauf hingewiesen, daß die Heranziehung des fremden Anwendungswillen keine Übertragung der kollisionsrechtlichen Entscheidung auf eine fremde Rechtsordnung darstellt. Der Anwendungswille muß aber Ausgangspunkt für die Prüfung der Beachtung durch das deutsche Kollisionsrecht sein, weil die Verweisungsnormen des Internationalen Privatrechts die Eingriffsnorm gerade nicht berufen, der Anstoß für die Beachtung also aus der ausländischen Rechtsordnung (der Eingriffsnorm) folgt.

[1390] Allein aus Sicht der Schuldstatutstheorie ergeben sich insoweit Probleme. Die Theorie vermag nicht zu erklären, warum Eingriffsnormen des Vertragsstatuts, die nicht angewendet werden wollen, unberücksichtigt bleiben. Auch dieser „innere Widerspruch" spricht gegen die Schuldstatutstheorie, vgl. *Schubert*, RIW 1987, 732 f. und auch *Basedow*, RabelsZ 42 (1988), 21 f.; MünchKomm-*Martiny* Art. 34 EGBGB Rn. 35. Dieser Widerspruch läßt sich auch nicht auflösen, indem man argumentiert, die Eingriffsnorm bleibe unberücksichtigt, weil eine teleologische Anwendungsvoraussetzung fehle. Das Abstellen auf eine solche „Anwendungs-voraussetzung" bedeutet eine Berücksichtigung des Anwendungswillens der Norm, dieser müßte nach der Schuldstatustheorie aber eigentlich unbeachtlich sein, da die Verweisungsnormen abschließend über das anwendbare Recht entscheiden.

[1391] *E. Lorenz*, RIW 1987, 581.

[1392] Vgl. oben § 3 III. 3.

[1393] Vgl. z.B. MünchKomm-*Martiny* Art. 34 EGBGB Rn. 98.

[1394] Oben § 4 I. und II.

Es wurde ebenfalls schon darauf hingewiesen, daß auch ein Vorgehen logisch möglich wäre, das nicht den Anwendungswillen als Ausgangspunkt wählt[1395]. Es ließe sich also eine Kollisionsnorm bilden, die andere Rechtsordnungen als das Vertragsstatut (z.B. das Recht des Arbeitsortes) unter bestimmten Voraussetzungen beruft und erst in einem folgenden Schritt die Beachtung davon abhängig macht, ob das berufene Recht auch angewendet werden will[1396]. Ein derartiges – am Verweisungsrecht orientiertes - Vorgehen verschleiert aber nur die Tatsache, daß nicht das deutsche Kollisionsrecht die Anwendung der betroffenen Normen fordert (es erlaubt nur die Anwendung), sondern die Norm selbst. An dieser besonderer Situation ändert auch die Bildung einer Kollisionsnorm, die den Anwendungswillen erst dann prüft, wenn das Recht des Erlaßstaates „berufen" wurde, nichts. Das entsprechende Vorgehen ist auch nicht zur Erhaltung des kollisionsrechtlichen Systems erforderlich. Es erscheint auch nicht ganz klar, wie es dogmatisch einzuordnen ist: Erfolgt eine Sachnorm- oder eine Gesamtverweisung? Falls eine Gesamtverweisung erfolgt, bezieht sich diese nur auf Kollisionsnormen, die in Eingriffsnormen enthalten sind?[1397]

2. *Die materiellrechtlichen Voraussetzungen der ausländischen Eingriffsnorm*

Die Beachtung einer Eingriffsnorm kommt ferner nur dann in Betracht, wenn ihre materiellrechtlichen Voraussetzungen vorliegen. Die Norm muß nach ihren sachrechtlichen Tatbestandsmerkmalen auf den konkreten Sachverhalt anwendbar sein. Die Beurteilung dieser Frage hat aus der Sicht des Erlaßstaates zu erfolgen[1398].
Grundsätzlich erscheint es auch möglich, den kollisionsrechtlichen Anwendungswillen und die materiellrechtlichen Voraussetzungen unter einem einheitlichen Kriterium zusammenfassen. Auch die sachrechtlichen Voraussetzungen beschreiben Bedingungen, unter denen die Eingriffsnorm

---

[1395] Oben § 4 II.

[1396] So z.B. *Sonnenberger*, FS Rebmann 831 ff.; vgl. auch *Mäsch* 143 ff. und *Schurig*, RabelsZ 54 (1990), 234 ff.

[1397] Nicht eindeutig z.B. *Sonnenberger*, FS Rebmann 832 f.

[1398] *E. Lorenz*, RIW 1987, 582. Vgl. auch *Kreuzer*, Wirtschaftsrecht 90 f. Nach *Martiny* (in: MünchKomm Art. 34 EGBGB Rn. 98) und *Limmer* (in: Reithmann-Martiny Rn. 459) muß die Norm „sachlich und räumlich Geltung" beanspruchen, damit ist nichts anderes als der sach- und kollisionsrechtliche Anwendungswille gemeint angewendet werden will[1399]. In einer Kollisionsnorm ließen sich sachrechtliche und kollisionsrechtliche Anwendungsvoraussetzungen also unter einem Tatbestandsmerkmal zusammenfassen, welches bestimmt, daß die ausländische Eingriffsnorm auf den konkreten Sachverhalt angewendet werden wollen muß[1400]. Es könnte auch argumentiert werden, der kollisionsrechtliche Anwendungswille umfasse die materiellrechtlichen Voraussetzungen, da eine Norm auf Sachverhalte mit Auslandsberührung nur dann angewendet werden will, wenn auch ihr sachrechtlicher Regelungsbereich betroffen ist.

Eine derartige Zusammenfassung birgt jedoch die Gefahr, die Unterscheidung zwischen den beiden Ebenen vollständig aus den Augen zu verlieren. Sie wäre z.B. auch dann problematisch, wenn eine Kollisionsnorm ganze Bereiche eines Sachrechts für international zwingend erklärt[1401]; hier ergibt sich eine getrennte Prüfung schon aus der Systematik des ausländischen Rechts. Es erscheint also angebracht, eine Trennung zwischen kollisionsrechtlichem Anwendungswillen und materiellrechtlichen Voraussetzungen vorzunehmen.

3. *Die Durchsetzungsmacht des Erlaßstaates*

Bei der Durchsetzungsmacht bzw. -möglichkeit handelt es sich um eine faktische Gegebenheit. Dennoch wird sie auch als Kriterium für eine kollisionsrechtliche Beachtung genannt[1402]. Die Begründung hierfür scheint offensichtlich zu sein: Normen, die der Eingriffsstaat durchgesetzt hat oder mit hinreichender Sicherheit durchsetzen wird, können nicht ignoriert werden. Aus diesem Grund liegt es nahe, sie auch auf kollisionsrechtlicher Ebene zu beachten[1403]. Weiter könnte angeführt werden, bei bestehender Durchsetzungsmacht läge das Bestehen einer engen Verbindung zum Erlaßstaat bzw. eine erhebliche Auswirkung nahe[1404].

1399 In der Literatur wird daher regelmäßig nicht unterschieden und einfach vom „Anwendungswillen" gesprochen, vgl. z.B. *Kreuzer*, Wirtschaftsrecht 90 f.; MünchKomm-*Martiny* Art. 34 EGBGB Rn. 98; Reithmann-Martiny-*Limmer* Rn. 459. Vgl. auch Ermann-*Hohloch* Art. 34 EGBGB Rn. 24 („Normen, die nach dem Recht des Ursprungslands angewandt sein wollen.").

1400 Auch Art. 7 Abs. 1 EVÜ setzt das Vorliegen der materiellrechtlichen Bedingungen wohl stillschweigend als Selbstverständlichkeit voraus.

1401 So für das deutsche Recht in §§ 1, 7 AEntG.

1402 Vgl. z.B. *Drobnig*, FS Neumayer 178; *Junker*, Konzern 309 f.; Staudinger-*Magnus* Art. 34 EGBGB Rn. 144.

1403 So wohl *Drobnig*, FS Neumayer 178.

1404 Mit dieser Tendenz schon *Wengler*, ZVglRWiss 54 (1941), 185; vgl. auch *Schulte* 127.

Die (kollisions-) rechtliche Beachtung von tatsächlichen Gegebenheiten abhängig zu machen, ist logisch nicht ausgeschlossen, sie führt aber zu erheblichen Problemen[1405]. Sie ist kaum mit den oben dargestellten Zielsetzungen der Beachtung ausländischer Eingriffsnormen vereinbar; das Abstellen auf ein tatsächliches Kriterium läßt sich nur schwer mit den rechtlichen Erwägungen in Einklang bringen, die für die kollisionsrechtliche Behandlung des Eingriffsrechts maßgeblich sind. Geht man z.B. davon aus, daß ausländische Eingriffsnormen unter anderem aufgrund zwischenstaatlicher Rücksichtnahme und des Grundsatzes international-privatrechtlicher Gleichbehandlung beachtet werden, kann die Durchsetzungsmöglichkeit nicht von Bedeutung sein, weil ihr Vorliegen oder Fehlen für diese Aspekte belanglos ist. Zu bedenken ist auch, daß durch ein Abstellen auf die Durchsetzungsmöglichkeit die Entscheidung über die Beachtung des fremden Eingriffsrecht in gewisser Weise dem deutschen Kollisionsrecht entzogen wird, da Geltungsansprüche beispielsweise dann anerkannt würden, wenn der Erlaßstaat des Eingriffsrechts Fakten geschaffen hat. Die Beachtung des Eingriffsrechts würde also von dem Verhalten bzw. den Möglichkeiten eines fremden Staats abhängig gemacht[1406].

Wird bei der Entscheidung über Anwendung oder Berücksichtigung nicht auf rechtliche Erwägungen, sondern (auch) auf tatsächliche Gegeben-heiten abgestellt, kommt es darüber hinaus zu den bereits oben geschilderten zufälligen bzw. unbilligen Ergebnissen. So erscheint es wenig sinnvoll, die Beurteilung der rechtlichen Beziehungen zwischen den Vertragsparteien davon abhängig zu machen, ob der Erlaßstaat bei der Durchsetzung seines Eingriffsrechts aufmerksam war oder nicht[1407]. Auch wäre es kaum gerechtfertigt, danach zu differenzieren, ob die Parteien noch für den Erlaßstaat „erreichbar" sind, weil sie z.B. nicht nur ganz kurzfristig in dem betreffenden Staat tätig sind oder über Vermögen in diesem Staat verfügen. Für Arbeitsvertragsparteien, die sich dem Zugriff des Staates des vorübergehenden Arbeitsortes entziehen können, wäre es dann opportun, die Eingriffsnormen des Erfüllungsortes zu ignorieren, weil sie eine Beachtung durch deutsche Gerichte nicht zu fürchten bräuchten.

Der Versuch, der Durchsetzungsmacht Bedeutung für die kollisionsrechtliche Beachtung beizumessen, ist auch auf die ungenaue Abgrenzung zwischen Beachtung der faktischen Auswirkungen und kollisionsrechtlicher Berücksichtigung auf materiellrechtlicher Ebene zurückzuführen. Die Durchsetzungsmacht ist von wesentlich Bedeutung für die Frage, welche

---

1405 Kritisch auch: *Kreuzer*, Wirtschaftsrecht 88; *E. Lorenz*; RIW 1987, 581; MünchKomm-*Martiny* Art. 34 EGBGB Rn. 37; *Schnyder* Rn. 337; *Zimmer*, IPRax 1993, 68.

1406 Vgl. aus der Perspektive des (abzulehnenden) Territorialitätsprinzips *Kegel/Seidl-Hohenveldern*, FS Ferid 242.

1407 Vgl. *E. Lorenz*; RIW 1987, 581 sowie MünchKomm-*Martiny* Art. 34 EGBGB Rn. 37.

faktischen Auswirkungen fremdes Eingriffsrecht hat. Davon strikt zu trennen ist aber die Frage, ob ihm auch auf kollisionsrechtlicher Ebene Bedeutung beizumessen ist[1408]. Gemäß den oben gemachten Ausführungen ist diese Frage zu verneinen. Durchgesetztes oder durchsetzbares Recht kann hinsichtlich seiner faktischen Wirkungen nicht ignoriert werden, daraus folgt aber nicht zwingend die Notwendigkeit zur Beachtung auf kollisionsrechtlicher Ebene. Das obige Beispiel der im Ausland gezahlten Überstundenvergütung[1409] zeigt, daß auch durchgesetztes Recht kollisionsrechtlich nicht berücksichtigt oder angewendet werden kann: Kommt man zu dem Ergebnis, daß die ausländische Norm nicht zu beachten ist, hat der Arbeitnehmer den Zuschlag zurückzuzahlen; die faktischen Wirkungen werden wieder rückgängig gemacht.

Die Durchsetzungsmacht stellt also keine Voraussetzung für die kollisionsrechtliche Beachtung dar.

1408 Vgl. *Kreuzer*, Wirtschaftsrecht 88 sowie *Zimmer*, IPRax 1993, 66 ff.

1409 Vgl. oben § 10 I.

4. Die enge Verbindung zum Erlaßstaat

a) Das Kriterium im allgemeinen

Das Erfordernis einer engen Verbindung zum bzw. wesentlichen Auswirkung auf den Erlaßstaat wurde bereits bei den Darstellungen zu den inländischen Eingriffsnormen behandelt[1410]. Auch für ausländische Eingriffsnormen ist eine enge Verbindung des Sachverhalts zu dem Erlaßstaat zu fordern[1411], in dogmatischer Hinsicht besteht jedoch ein wesentlicher Unterschied zur Situation bei inländischem Eingriffsrecht: Inländische Eingriffsnormen bestimmen selbst abschließend, welche Verbindung zum Inland notwendig ist. Für ausländisches Eingriffsrecht wird Art und Ausmaß der nötigen Beziehung durch das deutsche Kollisionsrecht festgelegt[1412]. Auch fremdes Eingriffsrecht wird regelmäßig selbst eine bestimmte Verbindung des Sachverhalts zum Erlaßstaat fordern; die Erfüllung dieser Voraussetzung ist im Rahmen der Prüfung des Anwendungswillens zu untersuchen. Unabhängig hiervon ist aber danach zu fragen, welche Verbindung aus Sicht des deutschen Kollisionsrechts vorliegen muß und ob diese vorliegt[1413].

Die Gleichbehandlung in- und ausländischer Eingriffsnormen findet insoweit eine Begrenzung. Diese Ungleichbehandlung läßt sich aber unschwer begründen: Staaten setzen vorrangig ihre eigenen Rechtsordnungen durch. Die Beachtung fremder Eingriffsnormen (in Abweichung von den allgemeinen Verweisungsnormen) stellt ein „Entgegenkommen" gegenüber dem Erlaßstaat dar. Es ist daher durchaus legitim, den - sich in dem Eingriffsrecht manifestierenden - Vorstellungen, Werten und Interessen des fremden Staates nur dann zur Durchsetzung zur verhelfen, wenn der Regelungsanspruch aus Sicht des Forumstaates gerechtfertigt erscheint.

Durch das Erfordernis einer engen Verbindung wird aus Sicht der lex fori geprüft, ob der Erlaßstaat ein berechtigtes Interesse an der Regelung des Sachverhaltes

---

[1410] Oben § 6 II.

[1411] Vgl. die Nachweise in Fn. 1251. Anders z.B. *Kreuzer*, Wirtschaftsrecht 91 f.: Einhaltung der völkerrechtlichen Grenzen durch den Erlaßstaat reicht aus.

[1412] Vgl. schon *Wengler*, ZVglRWiss 54 (1941), 189 f. sowie MünchKomm-*Martiny* Art. 34 EGBGB Rn. 104. Vgl. auch *E. Lorenz*, RIW 1987, 582: „Das Auswirkungserfordernis ist nicht aus der Sicht des Erlaßstaates, sondern aus der Sicht des Forumstaates zu beurteilen." Anders wohl *von Hoffmann*, RabelsZ 38 (1974), 413 ff.

[1413] Vgl. auch *Wengler*, ZVglRWiss 54 (1941), 185.

hat[1414]. Liegt ein derartiges Interesse nicht vor - geht der Sachverhalt den Erlaßstaat „nichts an"[1415] - wird dem (nach Ansicht des Forumstaates) übersteigerten Regelungsanspruch nicht stattgegeben. Mit dem Kriterium der „engen Verbindung" wird also der kollisionsrechtliche Gehalt der ausländischen Eingriffsnorm einer wertenden Betrachtung unterzogen[1416].

Welcher Art die enge Verbindung sein muß, läßt sich nicht allgemein beurteilen[1417]. Das Bestehen einer räumliche Verbindung kann jedenfalls nicht - allein - entscheidend sein[1418]. Die Lösung ist vielmehr über den Ausgangspunkt der Problemstellung zu ermitteln: Hat der Staat ein berechtigtes Interesse an der Regelung des Sachverhalts[1419]? Es muß also zunächst danach gefragt werden, welche Interessen der betreffende Staat mit der international zwingenden Ausgestaltung der Norm verfolgt bzw. welche Interessen durch eine Nichtbeachtung der Eingriffsnorm beeinträchtigt würden. Zu prüfen ist also, welche Auswirkungen die Nichtbeachtung des Eingriffsrechts auf „den Erlaßstaat" – seine Rechts-, Wirtschafts- und Sozialordnung – hätte[1420]. Dabei

---

[1414] Vgl. *E. Lorenz*, RIW 1987, 582 und *Schnyder* Rn. 334. *Wengler* (ZVglRWiss 54 (1941), 185) spricht von der Ermittlung der „zuständigen fremden Rechtsordnung"; ähnlich auch MünchKomm-*Martiny* Art. 34 EGBGB Rn. 99 (Prüfung der „Zuständigkeit") sowie *Mentzel* 231 ff. (Bestimmung des „eingriffszuständigen Staats"). Nach Soergel-*von Hoffmann* Art. 34 EGBGB Rn. 90 ist der Geltungsanspruch am Maßstab internationaler und inländischer Ordnungsvorstellungen zu überprüfen.

[1415] *E. Lorenz*, RIW 1987, 582.

[1416] Das Erfordernis der „engen Verbindung" entkräftet also den Einwand, mit einer Sonderanknüpfung würde übermäßigen Regelungsansprüchen fremder Staaten stattgegeben, vgl. auch MünchKomm-*Martiny* Art. 34 EGBGB Rn. 33 und 99; *Schnyder* Rn. 337.

[1417] So z.B. MünchKomm-*Martiny* Art. 34 EGBGB Rn. 103; *Schnyder* Rn. 336 f.; Soergel-*von Hoffmann* Art. 34 EGBGB Rn. 95. Im Ergebnis auch Kropholler, IPR § 52 IX. 4.; *von Bar*, IPR I Rn. 266 sowie diejenigen Stimmen in der Literatur, die für bestimmte Rechtsgebiete spezielle Kollisionsnormen bilden wollen (vgl. oben § 12 VI. 1.). Anders wohl *Lehmann* (Vertragsrecht 223), nach dem eine enge Verbindung immer dann vorliegen soll, wenn „Handlungen auf dem Gebiet des eingreifenden Staates erfolgen sollen."

[1418] Vgl. *E. Lorenz*, RIW 1987, 582. Schwächer Staudinger-*Magnus* Art. 34 EGBGB Rn. 143: im wesentlichen würde sich die enge Verbindung auf eine räumliche Verbundenheit beziehen.

[1419] Vgl. insoweit auch *Schnyder* Rn. 334 ff. Für einen (unteren mehreren) Aspekten bei der Beachtung fremder Eingriffsnormen erfolgt also so etwas wie eine „governmental interests analysis", das bedeutet jedoch nicht, daß die „governmental interests analysis" als umfassendes Konzept herangezogen würde.

[1420] Inhaltlich dürften damit kaum Unterschiede bestehen, ob man auf eine „enge Verbindung" abstellt, oder von vornherein eine „erhebliche Auswirkung" fordert (so *Baum*, RabelsZ 52 (1988), 23 ff. und *E. Lorenz*, RIW 1987, 582).

erfolgt jedoch (noch) keine inhaltliche Bewertung der Norm bzw. der Rechts-, Wirtschafts- und Sozialordnung, die sie repräsentiert[1421]. Es wird also z.B. nicht danach gefragt, ob die Ausgestaltung der Wirtschaftsordnung aus Sicht des Forumstaates akzeptabel erscheint. Maßgeblich ist nur, ob es der Forumstaat allgemein als gerechtfertigt ansieht, daß ein Staat seine Wirtschaftsordnung schützt, indem er bestimmte Normen (z.B. bei Abwicklung des Vertrags im Inland) unabhängig vom Vertragsstatut anwendet[1422]. Die Bewertung durch die lex fori bezieht sich auf die Berechtigung des kollisionsrechtlichen Vorgehens, nicht auf die materiellrechtliche Ausgestaltung der Eingriffsnorm. Ein ganz genereller Maßstab wird insoweit das Ausmaß der Auswirkungen des Vertrages auf den Erlaßstaat sein. Nur bei einer erheblichen Auswirkung des Vertrages werden die Interessen des Erlaßstaates durch eine Nichtbeachtung des Eingriffsrechts wesentlich berührt; nur in diesen Fällen erscheint das Anliegen des betreffenden Staates, regelnd einzugreifen, berechtigt[1423].

Die Klärung der Frage, ob der Regelungsanspruch eines ausländischen Staates akzeptiert wird, weil der betreffende Staat aus Sicht des Forums hinreichend von dem Vertrag (dem Sachverhalt) betroffen wird, ist aber nicht vollkommen „wertfrei“. Auch hier spielt der „Interessen- und Wertegleichklang“ zwischen Forum- und Erlaßstaat – allerdings auf Ebene des Kollisionsrechts – eine Rolle. So werden Staaten mit ausdifferenzierten, umfassenden Sozialsystemen eher dazu neigen, Regelungsansprüche zum Schutz solcher Systeme zu akzeptieren. Staaten, die selbst in hohem Ausmaß eigenes Recht unabhängig vom Vertragsstatut anwenden, müßten auch dazu bereit sein, das entsprechende Vorgehen anderer Staaten zu billigen (zumindest würde dies dem Grundsatz der international-privatrechtlichen Gerechtigkeit und Gleichbehandlung entsprechen)[1424]. Dabei sollten die eigenen Vorstellungen aber nicht zu sehr in den Vordergrund gestellt werden; andernfalls würden die Ziele der Beachtung fremder Eingriffsnormen in höherem Ausmaße als notwendig beeinträchtigt. Es sollte also nicht geprüft werden, ob das kollisionsrechtliche Vorgehen des Erlaßstaates mit den Vorstellungen des Forumstaates genau übereinstimmt,

---

[1421] Vgl. MünchKomm-*Martiny* Art. 34 EGBGB Rn. 99 und 122.

[1422] Ähnlich auch *von Bar*, IPR I Rn. 266 f.

[1423] Vgl. *Baum*, RabelsZ 52 (1988), 23 ff.; *E. Lorenz*, RIW 1987, 582; wohl auch *Schnyder* Rn. 336 und Soergel-*von Hoffmann* Art. 34 EGBGB Rn. 95. Kritisch *Mentzel* 34: das Auswirkungserfordernis sei zu unbestimmt. *Mentzel* übersieht, daß das Auswirkungserfordernis nur als allgemeines Kriterium fungieren soll, das Konkretisierungen durchaus zugänglich ist.

[1424] Vgl. *von Bar*, IPR I Rn. 266: Die „Binnenbeziehung“, die einem deutschen Verbotsgesetz zur international zwingenden Anwendung genügt, müsse grundsätzlich auch die Anwendbarkeit eines ausländischen Gesetzes begründen können.

sondern ob der Regelungsanspruch aus Sicht des Forumstaates noch akzeptabel erscheint[1425].

Eine „enge Verbindung“ zu fordern, entspricht letztlich auch den (kollisionsrechtlichen) Parteiinteressen: Die Vertragsparteien werden grundsätzlich davon ausgehen, daß sie zwingende Vorschriften derjenigen Staaten beachten müssen, die eine enge Verbindung zu dem Sachverhalt aufweisen; also z.B. die Vorschriften des Arbeitsortes. Dagegen können sich die Parteien kaum darauf einstellen, daß auch Staaten, die nicht unmittelbar von dem Vertrag betroffen sind, Regelungsansprüche erheben; oft wird es den Parteien schon nicht möglich sein, diese Ansprüche zu erkennen. Die Beachtung von Rechtsordnungen, die keine „enge Verbindung“ aufweisen, kann von den Parteien also nicht erwartet werden[1426].

b) Die Möglichkeit einer Konkretisierung für das Arbeitsrecht

Wann eine Verbindung eng genug bzw. eine Auswirkung erheblich ist, läßt sich nicht generell beantworten. Es erscheint auch fraglich, ob jeweils auf den Einzelfall abzustellen ist oder zumindest allgemeine Aussagen für einzelne Rechtsbereiche, wie das Arbeitsrecht, möglich sind. Die Situation unterscheidet sich wiederum vom inländischen Eingriffsrecht: Hier war nach dem Willen des Gesetzgebers zu forschen, bei welcher Inlandsbeziehung eine Anwendung erfolgen soll[1427]. Bei ausländischen Eingriffsnormen ist danach zu fragen, bei welcher Verbindung der Regelungsanspruch aus Sicht der lex fori gerechtfertigt erscheint.

Grundsätzlich wird auch für Teilgebiete eine einheitliche Aussage über die Art der notwendigen engen Verbindung schwierig sein[1428]. So erschiene es aus deutscher Perspektive nicht gerechtfertigt, wenn andere Staaten ihr gesamtes

---

[1425] Das Problem läßt sich nicht mit der Forderung lösen, der Erlaßstaat müsse „international-typische Interessen“ verfolgen (dieser Aspekt wird zumeist bei der inhaltlichen Überprüfung der Eingriffsnorm angeführt, vgl. oben § 12 VI. 3. c). Auch damit wird eine „nationale Perspektive“ nicht verlassen: Welche Interessen „international-typisch“ sind, ist wiederum aus Sicht der lex fori zu beurteilen.

[1426] Weitergehend *Erne* 191: Die Berücksichtigung fremden Eingriffsrechts sei stets davon abhängig zu machen, ob die Parteien wußten oder wissen konnten, daß die Vertragsleistung gegen das ausländische Recht verstößt.

[1427] Vgl. oben § 6 II. 3.

[1428] Versuche finden sich bei MünchKomm-*Martiny* Art. 34 EGBGB Rn. 62 ff. und 105 ff. sowie Reithmann-Martiny-*Limmer* Rn. 470 ff.

Arbeitsrecht anwenden, nur weil der Arbeitsort in dem betreffenden Staat liegt. Auch innerhalb des Arbeitsrechts können Ausmaß und Art der Interessen an der Anwendung bestimmter Normbereiche divergieren. So kann die Wirtschafts- und Sozialordnung eines Staates wesentlich dadurch gestört werden, daß entsandte Arbeitnehmer zu anderen materiellen Arbeitsbedingungen (z.B. höchstzulässige Arbeitszeiten) beschäftigt werden als inländische Arbeitnehmer[1429]. Dagegen dürfte es die Ordnung des aufnehmenden Staates weniger berühren, wenn zumindest für kurzfristig entsandte Arbeitnehmer das Recht ihres Heimatstaates z.B. bezüglich des Kündigungsschutzes gilt, da sich der entsprechende Wettbewerbsvorteil nicht unmittelbar auf die Gestaltungsmöglichkeiten des Arbeitgebers (Unternehmens) hinsichtlich der angebotenen Leistung auswirkt[1430]. Es wird also grundsätzlich eine Analyse der betroffenen Interessen zumindest für jede Normgruppe innerhalb eines Rechtsbereichs notwendig sein.

Es ist allerdings auch zu beachten, daß allgemeine Aussagen zur engen Verbindung für bestimmte Rechtsgebiete den Vorteil größerer Rechtssicherheit haben und die Festlegung auf bestimmte Kriterien die Entscheidung über die Beachtung des ausländischen Eingriffsrechts vereinfacht. Aus den oben genannten Gründen sollten entsprechende Kriterien aber nur als Regelfälle verstanden werden, von denen sowohl Ausnahmen im positiven (enge Verbindung trotz Fehlens des Kriteriums) als auch im negativen Sinne (keine enge Verbindung trotz Vorliegens) möglich sind[1431]. Für das Arbeitsrecht wird man den Arbeitsort als maßgebliches Kriterium heranziehen können: Liegt bzw. lag der Arbeitsort im Erlaßstaat der Eingriffsnorm, wird grundsätzlich eine enge Verbindung vorliegen[1432]. Bei Ausführung der Arbeitsleistung in dem Erlaßstaat

---

[1429] Vgl. insoweit die Diskussion um die Berechtigung des AEntG und die Entsenderichtlinie, oben § 6 III. 1. b) ee) (3).

[1430] Zum deutschen Recht vgl. oben § 8 II. 1. b). Hier besteht die zu fordernde Inlandsbeziehung in der Zugehörigkeit zu einem deutschen Betrieb. Geht man davon aus, daß grundsätzlich die im inländischen Recht erforderliche enge Verbindung auch für eine Anwendbarkeit ausländischen Eingriffsrechts ausreicht (vgl. *von Bar*, IPR I Rn. 266), so würde die Zugehörigkeit zu einem ausländischen Betrieb die notwendige enge Verbindung vermitteln können.

[1431] Ein derartiges Vorgehen entspricht auch dem Regel-Ausnahme-Verhältnis in den Verweisungsnormen des internationalen Schuldvertragsrechts. Vgl. zu Art. 30 Abs. 2 EGBGB z.B. *Hönsch*, NZA 1988, 144; MünchKomm-*Martiny* Art. 30 EGBGB Rn. 45; Staudinger-*Magnus* Art. 30 EGBGB Rn. 2 f. (gegen den Begriff „Regel-Ausnahme-Verhältnis" MünchArbR-*Birk* § 19 Rn. 50).

[1432] Ebenso MünchKomm-*Martiny* Art. 34 EGBGB Rn. 112 und Reithmann-Martiny-*Limmer* Rn. 393. Im Ergebnis auch MünchArbR-*Birk* § 19 Rn. 81 sowie die Stimmen in der Literatur die allgemein dem Erfüllungsort (z.B. *Schnyder* Rn. 336) oder dem „Handlungsort" (*Lehmann*, Vertragsrecht 203) maßgebliche Bedeutung beimessen wollen. Durch das Abstellen auf den Arbeitsort wird man regelmäßig auch zu einem Gleichklang mit dem deutschen Eingriffsrecht gelangen.

wird der betreffende Staat oft ein berechtigtes Interesse an der Anwendung seines Arbeitsrechts haben: Werden auf dem Gebiet eines Staates Arbeitnehmer zu unterschiedlichen Bedingungen tätig, kann dies gravierende Folgen haben. So kann sich die Marktposition inländischer Arbeitnehmer und Unternehmen verschlechtern[1433]. Zu befürchten wäre auch, daß allgemein die Rechtstreue hinsichtlich der Beachtung arbeitsrechtlicher Vorschriften sinkt, weil die Nichtbefolgung inländischen Rechts durch entsandte Arbeitnehmer „Vorbildcharakter" entwickelt. Die Anwendung des eigenen Arbeitsrechts auf alle Tätigkeiten im Erlaßstaat wird also oft als berechtigt anzusehen sein, weil sie zum Schutz der Wirtschafts-, Sozial- und Rechtsordnung notwendig erscheint.

Wie oben angedeutet, ist es aber z.B. fraglich, ob eine enge Verbindung dann bejaht werden kann, wenn ein Arbeitnehmer nur ganz kurzfristig in einem Staat tätig ist und dieser Staat die Anwendung seines Kündigungsschutzrechts fordert. Hier reicht der kurzfristige Arbeitsort wohl nicht, um eine enge Verbindung anzunehmen[1434]. Andererseits kann eine enge Verbindung auch dann vorliegen, wenn Arbeitsort nicht der Erlaßstaat der Eingriffsnorm war. So können sich Arbeitsverträge auch dann auf den Erlaßstaat erheblich auswirken, wenn z.B. sowohl Arbeitgeber als auch Arbeitnehmer Inländer sind und sich die einstellende Niederlassung im Inland befindet. In den oben erwähnten Wehrpflichtfällen[1435] könnte in Betracht gezogen werden, schon die Staatsangehörigkeit des Arbeitnehmers als „enge Verbindung" ausreichen zu lassen.

5. *Die Bewertung des materiellrechtlichen Inhalts der Eingriffsnorm*

a) Allgemeines

Ob und inwieweit die Beachtung ausländischer Eingriffsnormen von einer – aus Sicht der lex fori erfolgenden – Bewertung des materiellrechtlichen Regelungsgehalts abhängt, ist heftig umstritten. Den einen Pol bildet insoweit die Auffassung, eine inhaltliche Überprüfung habe nur anhand des ordre-public-

---

[1433] Vgl. oben § 6 III. 1. b) ee) (3).

[1434] Vgl. MünchKomm-*Martiny* Art. 34 EGBGB Rn. 112: „Je nach dem Zweck der Schutznorm ist ein gewöhnlicher Arbeitsort erforderlich oder auch eine kurzfristige Inlandstätigkeit ausreichend."

[1435] Vgl. BAG, Urteil vom 22.12.1982, SAE 1983, 265 ff.; Urteil vom 7.9.1983, BAGE 43, 263 ff.; näher hierzu oben § 12 V. 2. b) cc).

Kriteriums des Art. 6 EGBGB zu erfolgen[1436]. Die Beachtung ausländischer Eingriffsnormen würde insoweit also keine Besonderheit gegenüber der Anwendung anderer (durch Verweisungsnormen berufener) ausländischer Vorschriften aufweisen. Den Gegenpol stellt die Ansicht dar, die Beachtung des ausländischen Rechts müsse nicht nur mit inländischen Interessen vereinbar sei, sondern diese sogar fördern. Als Begründung hierfür wird angeführt, Eingriffsnormen seien Normen, die der Verwirklichung von Gemeininteressen dienten. Jeder Staat verfolge aber nur seine eigene Gemeininteressen, daher komme eine Beachtung ausländischer Eingriffsnormen nur in Betracht, wenn diese auch inländischen Interessen diene (oder der Staat völker- oder europarechtlich zur Beachtung verpflichtet ist)[1437]. Zwischen diesen Positionen liegen die Auffassungen, die ausländische Eingriffsnormen einer inhaltlichen Überprüfung unterziehen wollen, die über den Maßstab des ordre public hinausgeht; ein inländisches Anwendungsinteresse aber nicht fordern. Als notwendig aber auch ausreichend wird angesehen, daß ein „Interessen und Wertegleichklang" („shared values") besteht, die Interessen des Forumstaates zumindest nicht verletzt werden, die ausländische Vorschrift mit der Rechtsordnung des Forumstaates vereinbar ist bzw. die Wertordnung des Gerichtsstaats dem Zweck des Eingriffsnorm „freundlich gegenübersteht"[1438].

Geht man von der Systematik des „herkömmlichen" Kollisionsrechts aus, ist die inhaltliche Bewertung des materiellrechtlichen Gehalts ausländischer Eingriffsnormen nicht unproblematisch: Das Verweisungsrecht beruht auf der Prämisse der Gleichwertigkeit der Rechtsordnungen. Die Beachtung ausländischer Normen von ihrem Inhalt abhängig zu machen, führt zu dem Vorwurf der Politisierung und Aufgabe des „wertfreien" Internationalen Privatrechts[1439]. Dem läßt sich zunächst entgegenhalten, daß auch dem Verweisungsrecht eine Überprüfung des berufenen Rechts anhand der Vorstellungen der lex fori nicht vollkommen fremd ist[1440]. Die Schranke des ordre public zeigt, daß der Gleichwertigkeit der Rechtsordnungen Grenzen gesetzt sind. Weiterhin verdeutlicht der neue Art. 40 Abs. 3 EGBGB, daß die Beachtung ausländischen Rechts auch innerhalb des Verweisungsrechts von dem Inhalt

---

[1436] Vgl. insbesondere *Wengler*, ZVglRWiss 55 (1941), 197 ff. und *Zweigert*, RabelsZ 14 (1942), 295.

[1437] Vgl. z.B. *Sonnenberger* MünchKomm Einl. IPR Rn. 58 ff. und 380; *derselbe*, FS Rebmann 833; *Kreuzer*, Wirtschaftsrecht 92 ff.

[1438] Vgl. oben § 12 VI. 3. c).

[1439] Vgl. *Mann*, FS Beitzke 620.

[1440] *Erne* 187. Nach *E. Lorenz* (Struktur 108) sollte eine über den ordre-public-Vorbehalt hinausgehende Politisierung des IPR grundsätzlich vermieden werden. Die Beachtung ausländischen Eingriffsrechts stellt aber eine Besonderheit dar, für die diese allgemeine Erwägung nicht ohne weiteres gilt.

dieses Rechts abhängig gemacht wird[1441]. Damit ist jedoch noch nichts darüber gesagt, warum die inhaltliche Bewertung ausländischer Eingriffsnormen über die allgemeine Schranke des ordre public hinausgehen sollte.

Vertritt man die Ansicht, das Anwendungsinteresse des Erlaßstaates sei für die Entscheidung des Forums, eine Eingriffsnormen zu beachten, grundsätzlich ohne Belang, ergibt sich die Forderung nach einer Förderung inländischer Interessen ohne weiteres, da ohne inländisches Anwendungsinteresse schlechthin kein Grund für die Beachtung bestehen würde[1442]. Die Beachtung inländischer Eingriffsnormen ist aber nicht auf inländische Anwendungsinteressen zurückzuführen, sie beruht vielmehr auf den oben dargestellten Motiven wie comitas, international-privatrechtliche Gerechtigkeit und Förderung des Entscheidungseinklangs. Der Anwendungswille, in dem sich die Anwendungsinteressen des Erlaßstaates manifestieren, ist Auslöser für die (mögliche) Beachtung, ein Rückgriff auf inländische Interessen bedarf es insoweit nicht. Die Beachtung einer fremden Eingriffsnorm setzt also nicht voraus, daß sie inländische Interessen fördert[1443].

Damit stellt sich die Frage, ob zumindest begründet werden kann, Eingriffsnormen müßten mit der Rechtsordnung (und nicht nur mit deren wesentlichen Grundsätzen) des Forumstaats vereinbar sein bzw. es müsse „Interessen- und Wertegleichklang" bestehen. Folgt man der Ansicht, die Beachtung von Eingriffsnormen stelle ein gesondertes – an öffentlichen Interessen orientiertes – Anknüpfungssystem dar, das neben dem am Ausgleich von Parteiinteressen ausgerichteten „herkömmlichen" Anknüpfungssystem besteht[1444], läßt sich eine Begründung relativ leicht finden. Es ließe sich argumentieren, daß die Grundsätze des „privatrechtsorientierten" Internationalen Privatrechts nicht ohne weiteres für die „öffentlichrechtsorientierten" Eingriffsnormen gelten. Normen, die auf staatliche Interessen abzielen, könnte die Austauschbarkeit

---

[1441] Art. 40 Abs. 3 EGBGB wird dabei als eine „spezielle Ausprägung" des ordre-public-Grundsatzes in Art. 6 EGBGB angesehen, vgl. z.B. *Huber*, JA 2000, 71; *Wagner*, IPRax 1998, 433.

[1442] Aus der entsprechenden Perspektive erscheint es dann auch konsequent, bei der Beachtung ausländischen Eingriffsrechts nicht primär auf den Anwendungswillen, sondern die Berufung durch das deutsche Kollisionsrecht, abzustellen, vgl. *Sonnenberger*, FS Rebmann 829 ff.: Fremde Eingriffsnormen werden berufen, wenn es inländischen Interessen dient, der Anwendungswille ist nur eine nachgelagerte Voraussetzung der Anwendung.

[1443] Geht man von der Notwendigkeit einer Förderung inländischer Interessen aus, erübrigt sich eine weitere inhaltliche Prüfung: Normen, bei denen ein inländisches Anwendungsinteresse besteht, müssen folglich auch mit der lex fori vereinbar sein, vgl. MünchKomm-*Sonnenberger* Einl. IPR Rn. 386 und Art. 6 EGBGB Rn. 36.

[1444] So insbesondere *Mankowski*, IPRax 1994, 95; vgl. oben § 9 I. 1.

fehlen, die für die am Ausgleich von Parteiinteressen ausgerichteten Vorschriften im Internationalen Privatrecht angenommen wird[1445]. Öffentliche Interessen seien staatsspezifisch und müßten daher stärker geschützt werden[1446]. Die Prinzipien der Gleichwertigkeit der Rechtsordnungen und der Wertfreiheit des Kollisionsrechts könnten für das kollisionsrechtliche System, das die Eingriffsnormen erfaßt, also nur eingeschränkt gelten.

Teilt man die Auffassung, es bestünden zwei verschiedene kollisionsrechtliche Systeme - die an unterschiedlichen Interessen ausgerichtet sind - nicht, können die oben genannten Argumente jedoch in dieser Form nicht herangezogen werden. Auch in diesem Fall läßt sich aber begründen, daß Eingriffsnormen einer inhaltlichen Bewertung zu unterziehen sind, die über den ordre-public-Vorbehalt des Art. 6 EGBGB hinausgeht: Wie auch bei der Forderung nach einer „engen Beziehung" (und damit einer Bewertung des kollisionsrechtlichen Gehalts) kann auch hinsichtlich der Bewertung des materiellrechtlichen Gehalts auf die Abweichung von den Verweisungsnormen bzw. das Entgegenkommen gegenüber dem Erlaßstaat der Eingriffsnorm abgestellt werden.

Im Verweisungsrecht für Schuldverträge werden ausländische Normen angewendet, weil sie durch das inländische Recht berufen werden, die Entscheidung über die Beachtung erfolgt aufgrund des inländischen Rechts. Ob der Erlaßstaat eine Anwendung der Normen wünscht, ist grundsätzlich unerheblich. (Im Schuldvertragsrecht wird – mangels Gesamtverweisung – auch nicht danach gefragt, ob das berufene Recht die Verweisung annimmt[1447].) Eine Rechtsordnung, die durch das eigene Recht berufen wurde - der man also selbst die Regelungskompetenz zugesprochen hat - einer über den ordre public hinausgehenden Inhaltsüberprüfung zu unterziehen, wäre schon in sich widersprüchlich. Damit würde man die Entscheidung, daß ein fremdes Recht über einen Sachverhalt herrscht (und zwar dasjenige, das die engste Verbindung aufweist), partiell wieder rückgängig machen, weil letztlich doch die eigenen Wertungen maßgeblich sind[1448].

[1445] Vgl. Reithmann-Martiny-*Limmer* Rn. 391.

[1446] Mit dieser Tendenz auch *von Bar*, IPR I Rn. 267: Wo Sachrecht politisch sei, sei es auch das IPR.

[1447] Vgl. Art. 35 EGBGB. Außerhalb des Internationalen Schuldvertragsrechts erfolgt dagegen gemäß Art. 4 Abs. 1 EGBGB grundsätzlich eine Gesamtverweisung. Beachtet wird insoweit aber nur das Kollisionsrecht der berufenen Rechtsordnung. Die Berücksichtigung von Eingriffsnormen eines anderen Rechts würde also auch bei einer Gesamtverweisung ein „Entgegenkommen" bedeuten.

[1448] Bei einer weitgehenden Überprüfung anhand der lex fori wäre in letzter Konsequenz also zu fragen, warum überhaupt noch nach dem anwendbaren Recht gesucht wird und nicht einfach die lex fori angewendet wird. Dadurch würde das Gleichheitsprinzip vollkommen aufgegeben, vgl. allgemein *E. Lorenz*, Struktur 60.

Anders bei der Beachtung fremden Eingriffsrechts. Hier weicht der Forumstaat durch die Beachtung gerade von seinem eigenen Verweisungsrecht ab, Auslöser ist der „Anwendungswunsch" des Erlaßstaates. Beruht die Beachtung der Norm auf fremden Anwendungsinteressen, erscheint es gerechtfertigt, diesem Anwendungsanspruch nur dann stattzugeben, wenn die Norm auch inhaltlich mit den Wertungen der lex fori vereinbar ist. Es kann nicht verlangt werden, daß Staaten andere Nationen bei der Durchsetzung von Rechtsvorschriften „unterstützen", wenn diese Normen Wertungen widerspiegeln, die der eigenen Rechtsordnung fremd sind[1449]. Zwischenstaatliche Rücksichtnahme und Entgegenkommen auf kollisionsrechtlicher Ebene können nur erwartet werden, falls der materiellrechtliche Regelungsgehalt der Eingriffsnorm aus Sicht der lex fori „akzeptabel" erscheint[1450]. Für die Stattgabe des fremden Anwendungswillens – und damit auch die Abweichung vom eigenen Verweisungsrecht - kann also gleichsam als „Gegenleistung" verlangt werden, daß das fremde Recht mit der Rechtsordnung des Forumstaates „kompatibel" ist. An die Vereinbarkeit der Eingriffsnormen mit der lex fori können also nicht deshalb höhere Anforderungen gestellt werden, weil Eingriffsnormen auf andere Interessen ausgerichtet sind als das „herkömmliche" Internationale Privatrecht, sondern aufgrund der eben geschilderten kollisionsrechtlichen Besonderheiten.

Dennoch sollte die Schwelle für die Beachtung des fremden Rechts nicht zu hoch angesetzt werden[1451]. Mit dem Ausmaß der inhaltlichen Überprüfung sinkt die Möglichkeit, die mit der Beachtung fremden Eingriffsrechts verbundenen Vorstellungen und Ziele – wie zwischenstaatliche Rücksichtnahme, internationaler Enscheidungseinklang – zu verwirklichen. Nicht jede Abweichung von den Wertungen der inländischen Rechtsordnung sollte daher zu einer Nichtbeachtung des fremden Eingriffsrechts führen[1452]. Mit der Forderung nach „Interessen- und Wertegleichklang" ist insoweit nicht viel gewonnen; auch hier ist der Umfang des Gleichklangs zu ermitteln. Es bietet sich aber eine Anlehnung an Art. 6 EGBGB an: Eine Eingriffsnorm bleibt kollisionsrechtlich unbeachtet, wenn sie mit der deutschen Rechtsordnung „offensichtlich unvereinbar ist", also

---

1449 Vgl. auch MünchKomm-*Martiny* Art. 34 EGBGB Rn. 123; Reithmann-Martiny-*Limmer* Rn. 460.

1450 Vgl. auch *Erne* (202), nach der zu fragen ist, ob der „Schutz" der Eingriffsnorm für den Gerichtsstaat „zumutbar" ist.

1451 Vgl. MünchKomm-*Martiny* Art. 34 EGBGB Rn. 123; *Zweigert*, Fünfzig Jahre Institut 131 (notwendig sei ein gewisser „Entrüstungsgrad").

1452 Ähnlich auch *Junker*, Konzern 310 f. sowie *Großfeld/Junker* 131 ff.

bei einer eklatanten Diskrepanz zu der lex fori[1453]. Das entsprechende Kriterium dürfte operationaler als die Forderung nach „Interessensympathie" oder „Wertegleichklang" sein, inhaltlich bestehen aber wohl keine Unterschiede.

b) Die Bedeutung des Europarechts, insbesondere der Grundfreiheiten

In der Literatur wird weiterhin darauf hingewiesen, ausländische Eingriffsnormen müßten europarechtskonform und insbesondere mit den Grundfreiheiten vereinbar sein[1454]. Hierfür spricht zunächst, daß auch EU-Recht zugleich deutsches Recht ist und damit schon aus diesem Grund für die Beurteilung ausländischer Eingriffsnormen relevant sein kann[1455]. Daß das Recht der EU den ordre public im Sinne des Art. 6 EGBGB beeinflußt, dürfte weitgehend unstrittig sein[1456]. Erst recht muß es daher auch bei der „erweiterten ordre-public-Prüfung" ausländischer Eingriffsnormen von Bedeutung sein.

Vor allem die Bedeutung der Grundfreiheiten darf insoweit aber nicht falsch verstanden werden; der Begriff der „Vereinbarkeit" bedarf näherer Erläuterung. Eine ausländische Eingriffsnorm muß z.B. nicht schon deshalb unbeachtet bleiben, weil ihre Anwendung den Austausch von Dienstleistungen behindert. Die Grundfreiheiten dienen der Verwirklichung des Binnenmarktes, gelten also unmittelbar nur für den Austausch von Dienstleistungen oder Waren zwischen den Mitgliedsstaaten[1457]. Soweit der Austausch von Leistungen zwischen anderen Staaten betroffen ist, unterfallen ausländische Eingriffsnormen keiner uneingeschränkten Überprüfung anhand der Grundfreiheiten, da der sachliche

---

[1453] Vgl. MünchKomm-*Martiny* Art. 34 EGBGB Rn. 123: „Normen, die das eigene Wirtschafts- und Gesellschaftssystem ernsthaft stören", müßten unangewendet bleiben. Weitergehend wohl *E. Lorenz*, RIW 1987, 582: Die Eingriffsnorm müsse mit der Rechtsordnung des Forumstaats vereinbar sein.

[1454] Vgl. zu dieser Frage z.B. *Höpping* 251 ff.; *Roth*, RabelsZ 55 (1991), 662; *Sonnenberger*, ZVglRWiss 95 (1996), 30; *Graf von Westphalen*, NJW 1994, 2118. Allgemein zur Frage der Vereinbarkeit des IPR mit dem EU-Recht z.B. MünchKomm-*Sonnenberger* Einl. IPR Rn. 142 ff.

[1455] Vgl. auch MünchKomm-*Sonnenberger* Art. 6 EGBGB Rn. 67 zur „europäischen Prägung des ordre public".

[1456] Vgl. nur *Baumert*, EWS 1995, 65 f.; *Martiny*, in: von Bar 220 ff.; *Jayme*, Methoden 12 f.; *Samtleben*, RabelsZ 45 (1981), 218 ff.; MünchKomm-*Sonnenberger* Art. 6 EGBGB Rn. 67; *derselbe*, ZVglRWiss 95 (1996), 42; *Steindorff*, EuR 1981, 426 ff.; *derselbe*, IPRax 1982, 50; *von Bar*, IPR I Rn. 175. Für Österreich: *Gamauf*, ZfRV 2000, 42 ff.

[1457] Vgl. hierzu nur den Wortlaut der Grundfreiheiten und Grabitz/Hilf-*Leible* vor Art. 28 - 31 EGV Rn. 1.

Anwendungsbereich der Freiheiten nicht eröffnet ist[1458]. Fraglich könnte aber sein, ob die Grundfreiheiten in diesen Fällen zumindest – wie das übrige deutsche Recht auch – innerhalb der „erweiterten ordre-public-Prüfung" heranzuziehen sind. Die ausländische Eingriffsnorm also darauf hin zu untersuchen ist, ob sie mit den Wertungen der Grundfreiheiten offensichtlich unvereinbar ist. Auch gegen ein solches Vorgehen bestehen aber Bedenken: Die Grundfreiheiten sind mit der Zielsetzung des Binnenmarktes untrennbar verknüpft[1459]. Eingriffsnormen ausländischer Staaten, die nicht Mitgliedstaat und damit nicht der Binnenmarktzielsetzung verpflichtet sind, können kaum an den Maßstäben dieser Freiheiten gemessen werden. Gleiches dürfte für Eingriffsnormen von Mitgliedsstaaten gelten, soweit der Wirtschaftsverkehr mit einem Nicht-Mitgliedsstaat betroffen ist.

Die Freiheiten stellen kein allgemeinverbindliches Wertesystem dar, das bei allen Sachverhalten beachtet werden müßte – sie unterscheiden sich insoweit von den deutschen Grundrechten oder den Gemeinschaftsgrundrechten[1460] -, sie sind vielmehr auf die spezielle Situation des Binnenmarkts zugeschnitten. Außerhalb ihres Anwendungsbereichs, d.h. dem Wirtschaftsverkehr innerhalb der Union, kann ihnen wohl nur sehr eingeschränkt eine „Leitfunktion" entnommen werden. Staatliche Maßnahmen, die in einem Binnenmarkt „unzulässig" bzw. „protektionistisch" sind, können außerhalb dieses Marktes durchaus – auch aus Sicht der EU und ihrer Mitgliedsstaaten - gerechtfertigt sein.

Die Grundfreiheiten sind daher nur dann von echter Bedeutung, wenn die Beachtung einer ausländischen Eingriffsnorm den Austausch von Waren oder Dienstleistungen zwischen den Mitgliedstaaten beschränkt bzw. in die Arbeitnehmerfreizügigkeit oder Niederlassungsfreiheit eingreift[1461]. Es geht also nicht um „die Vereinbarkeit" einer ausländischen Eingriffsnorm als solcher mit den Grundfreiheiten, sondern um die Vereinbarkeit ihrer Beachtung durch das Kollisionsrecht der lex fori mit den Freiheiten in einem konkreten Fall. Letztlich

---

[1458] Bei der Warenverkehrsfreiheit ist aber Art. 23 Abs. 2 EGV (ehemals Art. 9 Abs. 2 EGV) zu beachten: Die Warenverkehrsfreiheit erfaßt auch Waren aus Drittstaaten, die sich in den Mitgliedsstaaten „im freien Verkehr" befinden. Vgl. zu diesem Begriff Art. 24 EGV (ex Art. 10 Abs. 1 EGV) und zu den Drittlandswaren z.B. Grabitz/Hilf-*Voß* Art. 10 EGV (a.F.) Rn. 1 ff.

[1459] Vgl. z.B. *Mülbert*, ZHR 159 (1995), 19 ff.; *Steindorff*, ZHR 158 (1994), 160.

[1460] Vgl. für die Gemeinschaftsgrundrechte auch *Jarass*, EuR 1995, 204: „Die Grundfreiheiten des EG-Vertrags unterscheiden sich in verschiedener Hinsicht von den Grundrechten des Gemeinschaftsrechts." Ähnlich *Everling*, EuR 1990, Beih. 1, 102. Anders *Bleckmann*, GS Sasse (Bd. 2) 665 ff.

[1461] Vgl. auch *Höpping* 251: „Ausländische Eingriffsnormen, die geeignet sind, den innergemeinschaftlichen Handel zwischen den Mitgliedstaaten zu behindern ...".

entscheidet das Kollisionsrecht der lex fori über die Beachtung ausländischen Eingriffsrechts; mögliche Eingriffe in die Grundfreiheiten durch die Anwendung fremder Eingriffsnormen sind damit auf das inländische Kollisionsrecht zurückzuführen. Maßgeblich ist also die Konformität der kollisionsrechtlichen, inländischen Entscheidung mit den Freiheiten[1462]. Die Prüfung inländischer Eingriffsnormen anhand der Grundfreiheiten wurde bereits an anderer Stelle erörtert[1463], die betreffenden Ausführungen gelten hier entsprechend. Auch bei der Beachtung ausländischen Eingriffsrechts ist zu prüfen, ob die Berücksichtigung in den Schutzbereich einer Grundfreiheit eingreift und ob gegebenenfalls eine Rechtfertigung für diesen Eingriff vorliegt. Hierbei muß beachtet werden, daß keine Überprüfung der Eingriffsnorm in dem oben geschilderten Sinne erfolgt, es also nicht darum geht, ob die Eingriffsnorm offensichtlich mit den Grundfreiheiten unvereinbar ist und deshalb kein „Entgegenkommen" erwartet werden kann. Untersucht wird vielmehr, ob das deutsche Kollisionsrecht durch die Beachtung der ausländischen Eingriffsnorm einen ungerechtfertigten Eingriff in die Grundfreiheiten bewirken würde. Ist dies der Fall, muß die Eingriffsnorm unberücksichtigt bleiben.

c) Ein „bewegliches System"

Hinsichtlich der „engen Beziehung" und der Vereinbarkeit des materiellrechtlichen Gehalts mit der lex fori bietet sich ein „bewegliches System" an[1464]. Die beiden Aspekte stehen nicht isoliert nebeneinander. Je intensiver die Beziehung des Erlaßstaates zu dem Sachverhalt (Vertrag) ist, je eindeutiger man also von einer „Regelungszuständigkeit" des betreffenden Staates ausgeht, desto größer muß die Bereitschaft sein, diesem Staat die Durchsetzung eigener Vorstellungen zuzubilligen, mögen diese auch von den Wertungen der lex fori abweichen. Das Ausmaß der Überprüfung des materiellrechtlichen Gehalts anhand der lex fori kann also in Bezug zu der Intensität der Verbindung des Sachverhalts zu dem Erlaßstaat gesetzt werden. Wie oben gezeigt wurde, kann die Vereinbarkeit mit der lex fori auch die Methode der Beachtung beeinflussen: Ist nur die Rechtsfolge der Eingriffsnorm nicht mit der Rechtsordnung des Forumstaates vereinbar, erfolgt „nur" eine Berücksichtigung.

[1462] Nach *Höpping* (S. 251) ist zu prüfen, ob der „inländische Anwendungsbefehl" gegen die Warenverkehrsfreiheit verstößt. Dem ist dem Grundgedanken nach zuzustimmen, es geht jedoch nicht um einen inländischen „Anwendungsbefehl", sondern um die inländische „Öffnung" gegenüber dem ausländischen Anwendungswunsch.

[1463] Vgl. oben § 6 III. 1. b).

[1464] Vgl. auch *Basedow*, RabelsZ 47 (1983), 165 f.; *Hentzen*, RIW 1988, 510; *Junker*, Konzern 311.

d) Die Möglichkeit einer Konkretisierung für das Arbeitsrecht

Auch bei der Bewertung des materiellrechtlichen Regelungsgehalts stellt sich die Frage nach einer möglichen Konkretisierung für das Arbeitsrecht. Es könnte darauf abgestellt werden, daß Grundgedanke des deutschen Arbeitsrechts der Arbeitnehmerschutz ist[1465]. Bei arbeitsrechtlichen, ausländischen Eingriffsnormen könnte das „wertende Kriterium" also dahingehend konkretisiert werden, daß maßgeblich sein soll, ob die fremde Norm einen Arbeitnehmerschutz gewährleistet, der nicht vollkommen von dem Schutzniveau des deutschen Rechts abweicht. Auch wenn dieser Aspekt regelmäßig der entscheidende Gesichtspunkt bei der inhaltlichen Bewertung ausländischen Arbeitsrechts sein wird, würde das entsprechende Vorgehen im Ergebnis zu einer unzulässigen Reduktion der Fragestellung führen. Entscheidend ist immer, ob eine ausländische Eingriffsnorm mit der gesamten Rechtsordnung des Forumstaates vereinbar ist[1466]. Zwar wird sich in der Regel eine Diskrepanz der Eingriffsnorm zu dem Recht des Gerichtsstaates aus dem korrespondierenden Rechtsbereich (z.B. dem Arbeitsrecht) der lex fori ergeben, dies ist aber nicht zwingend, zumal die Bereiche zwischen den Rechtsordnungen unterschiedlich definiert werden können. Es wäre also verfehlt, ausländisches Arbeitsrecht nur am inländischen Arbeitsrecht zu messen und nicht an der gesamten Rechtsordnung[1467].

Hinsichtlich der materiellrechtlichen Bewertung drängt sich für Eingriffsnormen des Arbeitsrechts auch die Frage auf, ob von einem Günstigkeitsprinzip auszugehen ist; ausländische Eingriffsnormen also nur beachtet werden, wenn sie günstiger als das Recht des Vertragsstatuts sind[1468]. Insoweit ist auch das Verhältnis der Anknüpfung nach Art. 30 Abs. 1 EGBGB zu der Beachtung fremden Eingriffsrechts zu untersuchen.

Ein allgemeines Günstigkeitsprinzip ist abzulehnen. Von einem Arbeitsvertrag betroffene Staaten können auch dann ein anerkennenswertes Interesse an der Durchsetzung ihres Arbeitsrecht haben, wenn es für den Arbeitnehmer ungünstiger als das Recht des Vertragsstatuts ist. Der Anwendung

---

[1465] Vgl. anstatt vieler *Schaub* 3 f. Auch in den meisten anderen Staaten wird Arbeitsrecht in erster Linie Arbeitnehmerschutzrecht sein. Zwingend ist dies jedoch nicht. So war das Arbeitsgesetzbuch der DDR darauf ausgerichtet, die sozialistische Wirtschaftsordnung arbeitsrechtlich zu verwirklichen bzw. das „materielle und kulturelle Lebensniveau des Volkes" zu erhöhen (§ 1 Abs. 1 AGB-DDR), vgl. *Bartels*, RabelsZ 42 (1978), 518 und *Schaub* 8.

[1466] So im Ergebnis auch z.B. *E. Lorenz*, RIW 1987, 582.

[1467] Dabei spielen natürlich auch bei einem „erweiterten" ordre public die Grundrechte eine wesentliche Rolle.

[1468] So wohl Staudinger-*Magnus* Art. 34 EGBGB Rn. 149.

„ungünstigerer" Eingriffsnormen steht auch nicht die Regelung des Art. 30 Abs. 1 EGBGB entgegen. Aus Art. 30 Abs. 1 EGBGB läßt sich kein umfassendes Günstigkeitsprinzip für das internationale Arbeitsrecht ableiten. Art. 30 Abs. 1 EGBGB soll lediglich gewährleisten, daß dem Arbeitnehmer durch eine Rechtswahl nicht der Schutz der „an sich anwendbaren" Rechtsordnung genommen wird. Dem Arbeitnehmer als typischerweise schwächerer Partei soll durch eine Rechtswahl nicht der Schutz des Rechts entzogen werden, das die engste Verbindung zu dem Sachverhalt aufweist. Bezweckt ist also nur ein Schutz vor einer nachteiligen Rechtswahl, d.h. vor dem Ausnutzen der „stärkeren" Position durch den Arbeitgeber[1469]. Aus Art. 30 Abs. 1 EGBGB folgt aber nicht, daß das Schutzniveau des objektiven Statuts dem Arbeitnehmer auf jeden Fall erhalten bleiben muß. Eine Beachtung ausländischen Eingriffsrechts ist also auch dann möglich, wenn dieses Recht für den Arbeitnehmer ungünstiger als das objektive Arbeitsstatut ist. Dabei ist unerheblich, ob das objektive Statut durch Art. 30 Abs. 2 EGBGB berufen wird oder aufgrund der Regelung in Art. 30 Abs. 1 EGBGB gilt[1470]. Praktisch dürfte eine Abweichung von dem objektiven Statut zugunsten einer ungünstigeren fremden Eingriffsnorm aber nur sehr selten relevant werden, da eine ungünstigere Eingriffsnorm regelmäßig schon keine Anwendung auf den Sachverhalt verlangen wird[1471].

Damit ist auch im Arbeitsrecht ohne Rücksicht auf Günstigkeitserwägungen auf das oben vorgeschlagene allgemeine Kriterium abzustellen: Ausländische Eingriffsnormen sind danach nicht zu beachten, wenn sie offensichtlich mit der deutschen Rechtsordnung unvereinbar sind.

6. *Weitere Kriterien für die Beachtung ausländischen Eingriffsrechts*

Betrachtet man die in Art. 7 Abs. 1 EVÜ erfolgte Kodifikation, ergibt sich – zumindest auf den ersten Blick – ein Kriterium für die Beachtung fremden Eingriffsrechts, das bisher nicht behandelt wurde. Nach Art. 7 Abs. 1 EVÜ sind bei der Beachtung einer Eingriffsnorm „ihre Natur und ihr Gegenstand sowie die Folgen zu berücksichtigen, die sich aus ihrer Anwendung oder ihrer Nichtanwendung ergeben würden." Auch nach Art. 19 IPRG der Schweiz beurteilt sich die Berücksichtigung ausländischer Eingriffsnormen „nach ihrem Zweck und den daraus sich ergebenden Folgen".

[1469] Vgl. auch *Giuliano/Lagarde* 57 und MünchKomm-*Martiny* Art. 30 EGBGB Rn. 17.

[1470] So im Ergebnis *Junker*, Konzern 312 f. und wohl auch MünchKomm-*Martiny* Art. 30 EGBGB Rn. 71.

[1471] Vgl. *Junker*, Konzern 312.

Art. 7 Abs. 1 EVÜ umschreibt (ebenso wie Art. 19 IPRG) mit der entsprechenden – vagen - Formulierung aber in erster Linie nur das soeben behandelte wertende Kriterium[1472]. Natur und Gegenstand der Eingriffsnorm sowie die Folgen der Beachtung werden grundsätzlich durch die inhaltlich Bewertung anhand der lex fori miterfaßt[1473]. Auch wenn man davon ausgeht, daß bei der betreffenden Ausgestaltung des Art. 7 Abs. 1 EVÜ noch andere Aspekte eine Rolle gespielt haben – wie das Problem der Integration des fremden Rechts in das Vertragsstatut[1474] – werden diese bereits durch die bisher dargestellte Vorgehensweise erfaßt. So kann z.B. durch die Wahlmöglichkeit bei der Methode der Beachtung (Anwendung oder Berücksichtigung) die Einfügung des fremden Rechts in das Vertragsstatut erleichtert werden.
Natur, Gegenstand und Folgen der Eingriffsnorm stellen also keine selbständige Kriterien dar, die neben den bisher dargestellten Voraussetzungen herangezogen werden müßten.

Das Schweizer IPRG stellt darüber hinaus deutlicher auf die Parteiinteressen ab[1475]. Nach Art. 19 Abs. 1 IPRG kann eine fremde Eingriffsnorm berücksichtigt werden, wenn „nach schweizerischer Rechtsauffassung schützenswerte und offensichtlich überwiegende Interessen einer Partei es gebieten". Auch wenn auf die konkrete Ausgestaltung dieser Norm hier nicht näher eingegangen werden soll, tritt doch die Frage in den Vordergrund, ob „den Parteiinteressen" bei der Beachtung fremder Eingriffsnormen durch ein gesondertes Kriterium Rechnung getragen werden sollte[1476]. Letztlich erscheint dies nicht notwendig: In kollisionsrechtlicher Hinsicht wird den Parteiinteressen dadurch genüge getan, daß eine „enge Verbindung" gefordert wird. Die Parteien werden regelmäßig damit rechnen, daß das Eingriffsrecht derjenigen Staaten beachtet wird, die eine „enge Verbindung" zu dem Sachverhalt aufweisen[1477]. Ansonsten finden die Vorstellungen des Forumsstaates über einen „gerechten" Ausgleich der Parteiinteressen über das Kriterium der Vereinbarkeit mit der lex fori Beachtung. Würde das Interesse einer Partei aus Sicht der lex fori durch die Beachtung einer Eingriffsnorm zu sehr beeinträchtigt, wird die betreffende Norm nicht beachtet,

---

[1472] Vgl. zu Art. 7 Abs. 1 EVÜ z.B. *Giuliano/Lagarde* 59 sowie *Coester*, ZVglRWiss 82 (1983), 25 f.; *Erne* 195 f.; *Junker*, Konzern 308 f.; *Schnyder* Rn. 183; *Vogel* 204 ff. Nach *Lehmann* (Vertragsrecht 228) soll der Verweis auf die „Folgen" kaum eigenständige Bedeutung haben. Zu Art. 19 IPRG vgl. MünchKomm-*Martiny* Art. 34 EGBGB Rn. 122; *Vischer*, RabelsZ 53 (1989), 451 ff.

[1473] So insbesondere *Erne* 195 f.

[1474] Vgl. *Erne* 196.

[1475] Vgl. hierzu *Schnyder* Rn. 352 ff. und *Vischer*, RabelsZ 53 (1989), 451 ff.

[1476] Vgl. zu den Parteiinteressen auch oben § 11 III. 2. e) bb) (1).

[1477] Vgl. *Erne* 142 ff. und *Schiffer* 162 f.

weil sie „offensichtlich unvereinbar" mit der Rechtsordnung des Gerichtsstaates ist. Widerspricht nur die Rechtsfolge der lex fori, kommt eine Berücksichtigung der Norm auf materiellrechtlicher Ebene in Betracht.

IV. Ergebnis

Was die Voraussetzungen einer Beachtung fremder Eingriffsnormen betrifft, ist somit festzuhalten: Eine ausländische Eingriffsnorm - als solche, d.h. nicht nur ihre faktische Wirkung - ist zu beachten, wenn:
- die von der fremden Rechtsordnung vorgesehenen kollisionsrechtlichen und materiellrechtlichen Anwendungsvoraussetzungen der Norm vorliegen;
- der Sachverhalt eine „enge Verbindung" zu dem Erlaßstaat aufweist (im Arbeitsrecht wird diese regelmäßig durch den Arbeitsort vermittelt);
- die Norm mit der Rechtsordnung des Forumstaates nicht offensichtlich unvereinbar ist.

Liegen diese Voraussetzungen vor, ist die Norm zu beachten; ihr ist „Wirkung zu verleihen". Der Einräumung eines weiteren Ermessensspielraums – dahingehend die Norm „könne" beachtet werden – bedarf es insoweit nicht[1478]. Steht fest, daß die Norm kollisionsrechtlich zu beachten ist, muß darüber entschieden werden, ob sie angewendet oder berücksichtigt wird. Diese Entscheidung ist an den oben dargestellten Überlegungen zu orientieren.

Das im EVÜ gewählte Vorgehen, mit Art. 7 Abs. 1 EVÜ eine Generalklausel zu schaffen, die alle Bereiche ausländischen Eingriffsrechts erfaßt, erscheint durchaus sachgerecht. Wie gezeigt wurde, erscheint eine Konkretisierung der allgemeinen Kriterien regelmäßig weder sinnvoll noch durchführbar. Einzig die Ausgestaltung der „engen Beziehung" läßt sich für einzelne Rechtsbereiche näher bestimmen. Eine Generalklausel könnte also durch Vorschriften ergänzt werden, in denen die „enge Beziehung" für bestimmte Teilbereiche spezifiziert wird. Im Arbeitsrecht würde diese Normierung wie folgt lauten: *„Die enge Verbindung wird für zwingende Bestimmungen des Arbeitsrechts in der Regel durch den Arbeitsort vermittelt."*

Auch inhaltlich entspricht die hier vertretene Auffassung im wesentlichen der Regelung in Art. 7 Abs. 1 EVÜ. Abweichungen bestehen insoweit, als die

---

[1478] Anders Art. 7 Abs. 1 EVÜ, nach dem fremden Eingriffsrecht Wirkung verliehen werden „kann". Kritisch hierzu z.B. *Coing*, WM 1981, 813; *Coester*, ZVglRWiss 82 (1983), 20 f. Weitergehend *Erne* (197 f.), nach der fremdes Eingriffsrecht bei Vorliegen der geschilderten Voraussetzungen stets „anzuwenden" ist.

Kriterien des Art. 7 Abs. 1 EVÜ unbestimmter und der Ermessenspielraum für die Beachtung fremden Eingriffsrechts größer ist. Dies dürfte darauf zurückzuführen sein, daß die Frage der Beachtung fremden Eingriffsrechts zwischen den Unterzeichnerstaaten äußerst umstritten war. Art. 7 Abs. 1 EVÜ stellt den „kleinsten gemeinsamen Nenner" dar[1479]. Die beteiligten Staaten wollten wohl aufgrund der unterschiedlichen Ansichten jede Verpflichtung zu einer Beachtung ausländischen Eingriffsrechts vermeiden. Hinsichtlich der grundlegenden Aussagen - sowohl hinsichtlich der Methode als auch der Voraussetzungen einer Beachtung - unterscheidet sich die hier vertretene Ansicht aber nicht wirklich von der Konzeption des Art. 7 Abs. 1 EVÜ. Sie stellt teilweise - z.B. hinsichtlich der inhaltlichen Bewertung der ausländischen Eingriffsnorm - nur eine Konkretisierung der in Art. 7 Abs. 1 EVÜ getroffenen Aussagen dar. Auch wenn das EVÜ in Art. 22 Abs. 1 EVÜ die – von Deutschland genutzte - Vorbehaltsmöglichkeit gegenüber Art. 7 Abs. 1 EVÜ vorsieht, entspricht eine „Orientierung" an Art. 7 Abs. 1 EVÜ auch dem Sinn und Zweck des Übereinkommens. Der angestrebten Vereinheitlichung des internationalen Schuldvertragsrechts und den mit ihr verfolgten Zielen (wie Entscheidungseinklang und Vermeidung des forum shoppings) würde eine Konzeption für die Beachtung ausländischer Eingriffsnormen, die mit Art. 7 Abs. 1 EVÜ unvereinbar ist, widersprechen. Auch Staaten, die den Vorbehalt eingelegt haben, sollten sich daher an Art. 7 Abs. 1 EVÜ zumindest „orientieren"[1480]. Die zum Teil harsche Kritik[1481] an Art. 7 Abs. 1 EVÜ ist verfehlt; Art. 7 Abs. 1 EVÜ enthält eine Regelung für ausländisches Eingriffsrecht, die im Grundsatz sachgemäß ist. Zwar wären konkretere Aussagen wünschenswert gewesen, im Rahmen einer Einigung auf europäischer Ebenen waren diese aber nicht erreichbar.

[1479] Dies zeigen schon die Ausführungen im Bericht von *Giuliano/Lagarde* (58 ff.) zu Art. 7 Abs. 1 EVÜ. So wird z.B. darauf hingewiesen, daß eine vorgeschlagene Konkretisierung des Tatbestandsmerkmals „Natur, Gegenstand und Folgen" nicht durchgesetzt werden konnte.

[1480] Weitergehend *Lehmann* (ZRP 1987, 321), der eine Korrektur der gesetzgeberischen Entscheidung und eine nachträgliche Übernahme des Art. 7 Abs. 1 EVÜ fordert.

[1481] Vgl. die Hinweise in Fn. 915.

§ 14: Weitere Probleme bei der Beachtung ausländischer Eingriffsnormen

I. Die Eingriffsnormen des Vertragsstatuts

Bisher wurde pauschal von „ausländischen Eingriffsnormen“ gesprochen und nicht zwischen Eingriffsnormen des Vertragsstatuts und dem Eingriffsrecht anderer Staaten („drittstaatliche“ Eingriffsnormen) unterschieden[1482]. Eingriffsnormen zeichnen sich dadurch aus, daß sie unabhängig vom Vertragsstatut angewendet werden wollen. Die kollisionsrechtliche Fragestellung der Beachtung fremden Eingriffsrechts wird durch die Abweichung von den Verweisungsnormen bestimmt. Insoweit drängt sich die Frage auf, welche Stellung Eingriffsnormen, die dem Vertragsstatut angehören, einnehmen. Werden sie als Bestandteil des Vertragsstatuts durch die Verweisungsnormen berufen (wie andere Vorschriften auch) oder werden sie (nur) nach den oben dargestellten Grundsätzen für ausländisches Eingriffsrecht – also einem Sonderkollisionsrecht - beachtet?

Die Frage ist in der Literatur umstritten[1483]: Nach der Schuldstatutstheorie werden ausschließlich die Eingriffsnormen des Vertragsstatuts beachtet; die Verweisungsnormen erfassen sämtliche Vorschriften einer Rechtsordnung also auch die Eingriffsnormen. Wie gezeigt wurde, ist die Annahme, es seien ausschließlich die Eingriffsnormen des Vertragsstatuts zu beachten, nicht haltbar[1484]. Damit ist die andere grundlegende Aussage der Schuldstatutstheorie, auch Eingriffsnormen würden durch die Verweisungsnormen erfaßt („Einheitsanknüpfung“), aber nicht widerlegt[1485]. Die Kumulationstheorie knüpft an diese Aussage der Schuldstatutstheorie an: Eingriffsnormen des Vertragsstatuts würden durch das Verweisungsrecht berufen, daneben sei aber eine Sonderanknüpfung der Eingriffsnormen möglich, die einem anderen Recht

---

[1482] Drittstaatliche Eingriffsnormen sind solche, die nicht dem Vertragsstatut angehören bzw. nicht Bestandteil des relevanten Ausschnittes einer Rechtsordnung sind, das für eine bestimmte Teilfrage berufen wurde. Die Gegenüberstellung drittstaatliche Eingriffsnormen / Eingriffsnormen des Vertragsstatuts ist daher eigentlich verkürzend, vgl. *Siehr*, RabelsZ 52 (1988), 43 f. (Fn. 14). Der Einfachheit halber wird im folgenden aber dennoch nur von Eingriffsnormen des Vertragsstatuts gesprochen, vgl. auch BGH, Urteil vom 17.11.1994, BGHZ 128, 41, 52 und MünchKomm-Martiny Art. 34 EGBGB Rn. 23.

[1483] Zur - wenig aufschlußreichen - Rechtsprechung vgl. oben § 12 V. 2.

[1484] Vgl. oben § 13 II. 3. a).

[1485] Vgl. auch *Schurig*, RabelsZ 54 (1990), 244.

angehören[1486]. Gegen die Kumulationstheorie wendet sich die Ansicht, nach der Eingriffsnormen ausschließlich nach besonderen kollisionsrechtlichen Grundsätzen beachtet werden, das Eingriffsrecht aber nicht von dem herkömmlichen kollisionsrechtlichen System (den Verweisungsnormen) erfaßt wird. Auch Eingriffsnormen des Vertragsstatuts sollen nach dieser Auffassung nur unter den Voraussetzungen Beachtung finden, die für drittstaatliche Eingriffsnormen gelten. Insoweit kann von einer „Trennungstheorie" gesprochen werden[1487].

1. Die Kumulationstheorie

Von einer Mindermeinung wird die Kumulationstheorie vertreten[1488]. Ihre Verfechter stützen sich in erster Linie nur auf ein – allerdings gewichtiges – Argument: die Ausgestaltung des EVÜ. Dem EVÜ sei eindeutig eine Entscheidung für die Kumulationstheorie zu entnehmen. Dabei wird zum einen auf den Wortlaut der Artt. 29, 30 Abs. 1 EGBGB verwiesen. Verstehe man unter „zwingende Bestimmungen" alle nicht individualvertraglich abdingbaren Normen[1489], müßten zwangsläufig auch Eingriffsnormen erfaßt sein[1490].
Entscheidend soll aber die Gestaltung der Regelung für Eingriffsrecht in Art. 7 EVÜ sein. Das EVÜ habe in Art. 7 Abs. 1 EVÜ eine ausdrückliche Regelung für drittstaatliche Eingriffsnormen („eines anderen Staates") getroffen, in Art. 7 Abs. 2 EVÜ für Eingriffsnormen der lex fori. Innerhalb des EVÜ werde also sowohl für drittstaatliches als auch inländisches Eingriffsrecht eine Regelung hinsichtlich der Sonderanknüpfung getroffen, jedoch nicht für Eingriffsnormen des Vertragsstatuts. Es könne aber ausgeschlossen werden, daß Eingriffsnormen der lex causae unberücksichtigt bleiben sollten, während für drittstaatliche

---

[1486] Für die Kumulationstheorie z.B. *Erne* 186; *Lando*, C. M. L. Rev. (24) 1987, 205; *Wimmer*, Gestaltung 181 ff.; *derselbe*, IPRax 1995, 211. Wohl auch *von Bar*, IPR I Rn. 264 und *Lehmann*, ZRP 1987, 319. Zweifelnd *Kreuzer*, Wirtschaftsrecht 73.

[1487] Im Ergebnis für die „Trennungstheorie" die h.M.: *Basedow*, JZ 1986, 1054; *derselbe*, NJW 1986, 2978; *Drobnig*, RabelsZ 52 (1988), 5; *Junker*, Konzern 304 f.; *Droste* 116 ff.; *Kegel*, in: Schlechtriem/Leser 111; *Kegel/Schurig*, IPR § 2 IV. 2.; *Kreuzer*, Wirtschaftsrecht 84 ff.; *E. Lorenz*, RdA 1989, 226; *Mankowski*, IPRax 1994, 95; MünchKomm-*Martiny* Art. 34 EGBGB Rn. 41; *derselbe*, IPRax 1987, 278; *Philip*, in: North 85 ff.; *Radtke*, ZVglRWiss 84 (1985), 351 ff.; *Schubert*, RIW 1987, 736; *Sonnenberger*, FS Rebmann 823.

[1488] Vgl. die Hinweise in Fn. 1486.

[1489] Vgl. hierzu oben § 3 I. 1.

[1490] *Wimmer*, Gestaltung 182. *Lando* (C. M. L. Rev. (24) 1987, 205.) verweist zur Untermauerung der Kumulationstheorie auch auf die Artt. 8 Abs. 1 und 10 Abs. 1 e) EVÜ, kritisch hierzu *Droste* 117.

Eingriffsnormen die Möglichkeit einer Sonderanknüpfung vorgesehen werde. Folglich sei davon auszugehen, daß im EVÜ die Regelung einer Sonderanknüpfung für das Eingriffsrecht des Vertragsstatuts unterblieb, weil diese schon als Bestandteil des Vertragsstatuts durch die Verweisungsnormen berufen werden. Nach der Systematik des EVÜ müsse daher von der Kumulationstheorie ausgegangen werden[1491].

Viele Gegner der Kumulationstheorie teilen die Ansicht, aus Art. 7 EVÜ könne eine Entscheidung für die Kumulationstheorie abgeleitet werden; sie verweisen aber auf den Vorbehalt gegen Art. 7 Abs. 1 EVÜ[1492]. Dabei wird teilweise darauf abgestellt, der deutsche Gesetzgeber habe durch den Vorbehalt zu erkennen gegeben, daß er die Eingriffsnormen „aus dem Anwendungsbereich des allgemeinen Kollisionsrecht herausnehmen wollte."[1493] Andere Stimmen gehen zwar nicht von einer derartig eindeutigen Entscheidung aus, sie weisen aber darauf hin, daß wegen des Vorbehalts gegen Art. 7 Abs. 1 EVÜ keine „vollständige Bindung an die (vermutliche) Konzeption des Übereinkommens" bestehe[1494].
Nach abweichender Ansicht kann schon Art. 7 EVÜ bzw. dem EVÜ insgesamt keine Entscheidung für die Kumulationstheorie entnommen werden. Mangels ausdrücklicher Regelung habe keine Festlegung auf die Kumulationstheorie stattgefunden[1495]. Es bestehe eine Regelungslücke, die durch die Rechtsprechung[1496] oder eine Analogie zu Art. 7 Abs. 1 EVÜ[1497] zu schließen sei.

[1491] Vgl. *Wimmer*, Gestaltung 182 f. sowie *Busse*, ZVglRWiss 95 (1996), 416; mit dieser Tendenz auch *Lehmann*, ZRP 1987, 319. Erstmals wohl *Kreuzer*, in: Schlechtriem/Leser 105; *derselbe*, Wirtschaftsrecht 73.

[1492] Vgl. z.B. MünchKomm-*Martiny* Art. 34 EGBGB Rn. 40; *E. Lorenz*, RdA 1989, 225 f.; *Radtke*, ZVglRWiss 84 (1985), 350 f.; *Schubert*, RIW 1987, 736. Nach *Kropholler* (IPR § 52 IX. 3.) seien die Verfasser des EVÜ zwar „offenbar" von einer Einheitsanknüpfung ausgegangen, mangels ausdrücklicher Festlegung im Text des EVÜ müsse dem aber nicht gefolgt werden.

[1493] *E. Lorenz*, RdA 1989, 226.

[1494] MünchKomm-*Martiny* Art. 34 EGBGB Rn. 41.

[1495] Mit dieser Tendenz: *Basedow*, NJW 1986, 2978; *Droste* 123; *Kegel*, in: Schlechtriem/Leser 111; *Kleinschmidt* 288 f.; *Kropholler*, IPR § 52 IX. 3.; *Philip*, in: North 87 ff.; *Schurig*, RabelsZ 54 (1990), 244 („unbewußte Lücke").

[1496] *Droste* 123.

[1497] *Kleinschmidt* 288 f.; *Kropholler*, IPR § 52 IX. 3.

2. *Die Trennungstheorie*

Auf den ersten Blick erscheint das Ergebnis zu dem die Trennungstheorie gelangt überraschend: Das Verweisungsrecht beruft ein bestimmte Rechtsordnung; die Normen, die nach dem Willen des betroffenen Staates aber unbedingt gelten sollen, werden gerade nicht (mit-) berufen. Die Ausstattung einer Norm mit internationalem Geltungswillen hat also zur Folge, daß die Norm nicht von dem Verweisungsrecht der lex fori erfaßt wird, sondern nur von dem speziellen Kollisionsrecht für Eingriffsnormen.

Aus Sicht der Befürworter der Trennungstheorie ist dieses Ergebnis aber durchaus folgerichtig. So wird argumentiert, es bestünden zwei Anknüpfungssysteme, die streng voneinander unterschieden werden müßten. Das „herkömmliche" System des Internationalen Privatrechts mit seinen Verweisungsnormen sei an dem Ausgleich von Parteiinteressen orientiert, es sei somit ungeeignet, die an öffentlichen Interessen orientierten Eingriffsnormen zu erfassen[1498]. Wegen „Divergenz und Inkompatibilität der anknüpfungstragenden Interessen" würden Eingriffsnormen daher nicht von den Verweisungsnormen des Internationalen Schuldvertragsrechts umfaßt[1499].
Auch *Schurig* zieht „unterschiedliche Interessen" zur Begründung der Ablehnung der Kumulationstheorie heran. Zwar sei von einem einheitlichen kollisionsrechtlichen System auszugehen, Eingriffsnormen des Vertragsstatuts würden aber regelmäßig nicht von den geschriebenen Verweisungsnormen des Internationalen Privatrechts mitberufen, weil sie – aufgrund abweichender Interessen – nicht von den allseitigen Bündelungen dieser Verweisungsnormen erfaßt würden[1500].

Gegen die Kumulationstheorie wird weiterhin eingewandt, sie führe zu einer Erstreckung der Verweisungen auf das öffentliche Recht des Vertragsstatutsstaates und damit zu einer „mittleren Katastrophe"[1501]. Weiterhin sprächen praktische Erwägungen gegen die Kumulationstheorie[1502]. So sei es oft nicht sachgerecht, daß inländische ordnungspolitische Normen auf einen

---

[1498] *Kreuzer*, Wirtschaftsrecht 84 ff.; *Mankowski*, IPRax 1994, 95.

[1499] *Mankowski*, IPRax 1994, 95.

[1500] *Schurig*, RabelsZ 54 (1990), 244 ff.; eine Ausnahme soll allerdings für die in Artt. 29 Abs. 1, 30 Abs. 1 EGBGB (wegen des jeweiligen Absatzes 2) gelten. Vgl. auch *Kegel/Schurig*, IPR § 2 IV. 2.

[1501] *Kegel*, in: Schlechtriem/Leser 111; Bedenken auch bei *Kreuzer*, Internationales Wirtschaftsrecht 72 f. Vgl. insoweit auch BGH, Urteil vom 17.12.1959, BGHZ 31, 367, 370 f.

[1502] *Basedow*, JZ 1986, 1054; *derselbe*, NJW 1986, 2978; *Junker*, Konzern 305.

Sachverhalt angewendet werden, der außer der Rechtswahl keinerlei Verbindung zum Inland aufweist. Eine Berufung durch das Verweisungsrecht hätte weiterhin zur Folge, daß - wegen der reinen Sachnormverweisung (Art. 35 EGBGB) - Eingriffsnormen auch dann angewendet werden, wenn sie nicht angewendet werden wollen[1503]. Eine Eingriffsnorm des Arbeitsrechts wäre also schon dann anzuwenden, wenn die Parteien die entsprechende Rechtsordnung gewählt haben, die Norm selbst aber einen (tatsächlich nicht gegebenen) inländischen Arbeitsort voraussetzt.

Schließlich wird darauf hingewiesen, daß die Berufung von Eingriffsnormen als Bestandteil des Vertragsstatuts inkonsequent wäre: Eingriffsnormen würden gerade durch die Anwendung unabhängig vom Vertragsstatut charakterisiert. Dem würde es widersprechen, wollte man sie im Rahmen des Vertragsstatuts mitberufen. *Junker* führt insoweit aus: „Entweder bestimmen Eingriffsnormen ihren Anwendungsbereich selbst oder sie tun es nicht; eine Kombinationslösung ergibt keinen Sinn."[1504] Die Kumulationstheorie führe hinsichtlich ein und desselben Regelungsgegenstandes - der Beachtung fremden Eingriffsrechts - zu einem unzulässigen „Methodenwechsel"[1505]: Das „herkömmliche" Internationale Privatrecht beruhe auf einem Ansatz beim Sachverhalt, die Regeln für Eingriffsnormen stellten aber auf einzelne Normen ab. Für einen „Anknüpfungsgegenstand" (ausländische Eingriffsnormen) würden zwei unterschiedliche Anknüpfungspunkte bzw. Kollisionsnormen verwendet[1506]. Auch käme es durch die Kumulationslösung verstärkt zu Anwendungskonflikten von Eingriffsnormen, da stets die Eingriffsnormen des Vertragsstatuts beachtet werden müßten und daneben (gegebenenfalls) vertragsstatutsfremdes Eingriffsrecht[1507].

3. *Stellungnahme*

Vor einer Bewertung der Theorien soll zunächst auf die Frage eingegangen werden, ob die betreffenden Auffassungen sich wirklich hinsichtlich der erzielten Ergebnisse unterscheiden.

[1503] Vgl. auch *Basedow*, JZ 1986, 1054.

[1504] *Junker*, Konzern 305 f. Vgl. insoweit auch *Kreuzer*, Wirtschaftsrecht 84 f. und *Martiny*, IPRax 1987, 278: Es könne nicht begründet werden, warum die Berufung durch das Verweisungsrecht für die ausländischen Eingriffsnormen der geeignete Weg sein sollte, nachdem man ihn für inländisches Eingriffsrecht verworfen hat.

[1505] *Radtke*, ZVglRWiss 84 (1985), 352; *Schubert*, RIW 1987, 736.

[1506] Vgl. *Radtke*, ZVglRWiss 84 (1985), 351 ff.; *Schubert*, RIW 1987, 736. *Drobnig* spricht insoweit von einem „Systembruch"; *Drobnig*, RabelsZ 52 (1988), 5.

[1507] *Radtke*, ZVglRWiss 84 (1985), 351 ff.; MünchKomm-*Martiny* Art. 34 EGBGB Rn. 41.

a) Die Bedeutung des Meinungsstreits

Nach *E. Lorenz* handelt es sich bei der Entscheidung zwischen Kumulations- und Trennungstheorie um eine „Scheinalternative“[1508]. Im Ergebnis mache es keinen Unterschied, welcher Theorie man folge. Nach der Kumulationstheorie würden Eingriffsnormen des Vertragsstatuts berufen, wenn ihre materiellrechtlichen Voraussetzungen vorliegen und sie mit dem ordre public des Forums vereinbar seien. Damit würden sich letztlich keine wesentlichen Unterschiede zu der Prüfung der Anwendbarkeit im Rahmen des Sonderkollisionsrechts für Eingriffsnormen ergeben. Auch hier seien die materiellrechtlichen Voraussetzungen der Eingriffsnormen zu prüfen sowie die Vereinbarkeit mit dem ordre public. Weiterhin müsse eine „enge Verbindung“ zu dem Erlaßstaat vorliegen, diese sei aber stets gegeben, wenn der betreffende Staat Vertragsstatutsstaat ist[1509].

Dem ist insoweit zuzustimmen, als in der überwiegenden Zahl der Fälle tatsächlich ein „Scheinproblem“ vorliegen wird, da die beiden Ansätze tatsächlich zu gleichen Ergebnissen führen werden. Daran ändert sich im Grundsatz auch nichts, wenn man innerhalb des Sonderkollisionsrechts von einem erweiterten ordre-public-Vorbehalt ausgeht[1510]. Regelmäßig wird auch tatsächlich eine „enge Verbindung“ vorliegen, wenn die betreffende Rechtsordnung Vertragsstatut ist. Eine pauschale Gleichsetzung ist aber nicht ohne weiteres möglich; so erscheint es z.B. fraglich, ob bei einer Rechtswahl stets davon ausgegangen werden kann, es bestehe eine „enge Verbindung“ zu dem betreffenden Staat im Sinne des Sonderkollisionsrechts[1511]. Zu bedenken ist auch, daß im Rahmen einer Berufung durch das Verweisungsrecht der Anwendungswille (der kollisionsrechtliche Regelungsgehalt) der Eingriffsnormen wegen der Regelung in Art. 35 Abs. 1 EGBGB - zumindest dem Wortlaut nach - eigentlich nicht berücksichtigt werden kann[1512]. Die beiden Theorien würden also zu unterschiedlichen Ergebnissen führen, wenn eine Eingriffsnorm nicht angewendet werden will (weil z.B. der Arbeitsort nicht im Erlaßstaat liegt), nach deutschem Kollisionsrecht aber (z.B. aufgrund Rechtswahl) Bestandteil der lex causae ist.

1508 *E. Lorenz*, RIW 1987, 583.

1509 *E. Lorenz*, RIW 1987, 583.

1510 Inwieweit unterschiedliche Ergebnisse erzielt werden, hängt von der Ausgestaltung des „wertenden Kriteriums“ ab. Teilt man die hier vertretene Ansicht, daß bei der Bewertung der fremden Eingriffsnorm anhand der lex fori eher Zurückhaltung angebracht ist, sind die Unterschiede zum ordre public des Art. 6 EGBGB gering.

1511 Vgl. *Schurig*, RabelsZ 54 (1990), 245.

1512 Vgl. *Schurig*, RabelsZ 54 (1990), 246. Vgl. aber unten § 14 I. 3. b) dd).

Auch wenn es in der Mehrzahl der Fälle nicht darauf ankommen wird, ob man der Trennungs- oder Kumulationstheorie folgt, sind also Konstellationen denkbar, in denen unterschiedliche Ergebnisse erzielt werden, insoweit liegt also ein „echtes Problem" vor[1513].

b) Die Bewertung der Theorien

aa) Allgemeines

Nach der hier vertretenen Auffassung überzeugen die Argumente für die Trennungs- bzw. gegen die Kumulationstheorie nicht durchweg. So kann gegen die Kumulationstheorie nicht eingewendet werden, sie impliziere, daß sich die Verweisungsnormen des Internationalen Privatrechts auch auf (ausländisches) öffentliches Recht erstrecken. Es wurde bereits darauf hingewiesen, daß es nicht um die Anwendung fremden öffentlichen Rechts geht, sondern die Berücksichtigung privatrechtlicher Rechtsfolgen[1514]. Auch die Ansicht, Eingriffsnormen könnten nicht in das herkömmliche Internationale Privatrecht integriert und somit nicht von den Verweisungsnormen erfaßt werden, weil sie öffentlich-rechtlichen Interessen dienen (und nicht dem Ausgleich von Privatinteressen), überzeugt nicht[1515]. Dem möglichen Einwand, Eingriffsnormen des Vertragsstatuts müßten ebenso wie drittstaatliche Eingriffsnormen einer erweiterten ordre-public-Prüfung unterzogen werden, kann entgegengehalten werden, daß diese „höhere Schranke" bei drittstaatlichen Eingriffsnormen aufgrund des kollisionsrechtlichen Entgegenkommens gerechtfertigt ist[1516]. Gegen die Trennungstheorie spricht auch das Problem des Normenmangels. Nach der Trennungstheorie kann es zu Normmängeln kommen, wenn eine Eingriffsnorm des Vertragsstatuts nicht angewendet werden will oder nach dem Sonderkollisionsrecht für Eingriffsnormen nicht anzuwenden ist. Da die Norm auch nicht von dem Verweisungsrecht erfaßt wird, bleibt nach der Trennungstheorie eine Lücke; die Regelung des Vertragsstatuts (die Eingriffsnorm) wird ja gerade nicht angewendet. Es ist auch keine andere Rechtsordnung ersichtlich, durch die eine Ausfüllung bewirkt werden könnte[1517].

[1513] *Schurig*, RabelsZ 54 (1990), 246.

[1514] Vgl. oben § 3 II. 3. b).

[1515] Oben § 3 II. 2. b). und § 9 I. 1.

[1516] Vgl. oben § 13 III. 5. a). Bei Eingriffsnormen des Vertragsstatuts bedarf es ja keines Entgegenkommens, wenn man davon ausgeht, daß diese „mitberufen" werden.

[1517] Zu dem ähnlich gelagerten Fall einer „selbstbeschränkenden Sachnorm" vgl. *Junker*, SAE 1990, 327. Vgl. auch *Morse*, in: North 166.

Folgt man der hier vertretenen Auffassung, daß Art. 32 Abs. 2 EGBGB (auch) Eingriffsnormen erfaßt[1518], spricht ein weiteres Argument gegen die Trennungstheorie: Die Trennungstheorie ließe sich nur aufrecht erhalten, wenn begründet werden könnte, daß Art. 32 Abs. 2 EGBGB eine Sonderstellung gegenüber den anderen Verweisungsnormen (die Eingriffsnormen nicht erfassen) einnimmt. Für eine derartige Sonderstellung des Art. 32 Abs. 2 EGBGB sind aber keine Gründe erkennbar.

Dennoch spricht einiges für die Trennungstheorie. So erscheint es tatsächlich inkonsequent, von einer Erfassung der Eingriffsnormen des Vertragsstatuts durch die allgemeinen Verweisungsnormen auszugehen. Eingriffsnormen werden kollisionsrechtlich dahingehend definiert, daß sie unabhängig vom Vertragsstatut Anwendung verlangen; das Sonderkollisionsrecht für ausländische Eingriffsnormen regelt die Frage, ob und inwieweit diesem Anwendungsverlangen stattgegeben wird. Insoweit läßt sich auch nicht einwenden, die Mitberufung durch das Vertragsstatut stelle ein bloßes „Mehr" dar, welches neben die vertragsstatutsunabhängige Beachtung durch das Sonderkollisionsrecht trete; das Sonderkollisionsrecht betreffe also nur die Frage, ob ausländische Eingriffsnormen anwendbar sind, wenn sie nicht schon durch die Verweisungsnormen berufen werden. Teilt man die hier vertretenen Ansichten, ist Auslöser für eine mögliche Beachtung ausländischen Eingriffsrechts dessen Anwendungswille. Dieses Abstellen auf den Geltungswillen des fremden Rechts könnte konterkariert werden, würden Eingriffsnormen auch durch das Verweisungsrecht erfaßt. Sie wären - dies legt zumindest der Wortlaut des Art. 35 EGBGB nahe - auch dann anzuwenden, wenn sie selbst nicht angewendet werden wollen. Es wäre widersprüchlich, wenn man den Ansatz „von der Norm her" bei Eingriffsnormen des Vertragsstatuts verlassen würde, ihn ansonsten aber bei ausländischen Eingriffsnormen vertritt[1519].

bb) Die Regelungen im EVÜ

Die Argumente für die Trennungstheorie werden jedoch hinfällig, wenn das EVÜ eine Entscheidung für die Kumulationstheorie getroffen hat und diese trotz des Vorbehalts gegen Art. 7 Abs. 1 EVÜ auch für Deutschland verbindlich ist.
Schon die Artt. 29 Abs. 1, 30 Abs. 1 EGBGB könnten – zumindest in ihrem Anwendungsbereich – gegen eine Heranziehung der Trennungstheorie

---

[1518] Vgl. oben § 11 I. 1.

[1519] Mit dieser Tendenz: *Drobnig*, RabelsZ 52 (1988), 5; *Junker*, Konzern 305 f.; *Kreuzer*, Wirtschaftsrecht 84 f.; *Martiny*, IPRax 1987, 278; *Radtke*, ZVglRWiss 84 (1985), 351 ff.; *Schubert*, RIW 1987, 736.

sprechen[1520]. Nicht nur der Wortlaut der betreffenden Regelungen könnte dafür angeführt werden, daß mit den „zwingenden Bestimmungen“ auch die Eingriffsnormen gemeint sind, sondern auch der Sinn und Zweck der Vorschriften. So soll Art. 30 Abs. 1 EGBGB gewährleisten, daß dem Arbeitnehmer das Schutzniveau des objektiven Arbeitsstatuts nicht durch eine Rechtswahl genommen wird. Der Schutz des Arbeitnehmers könnte aber unvollkommen sein, würden die Eingriffsnormen außer Betracht bleiben[1521]. Oft wird das Eingriffsrecht gerade der Teil des Arbeitsrechts sein, der für den Arbeitnehmerschutz besonders bedeutsam ist (und aus diesem Grund auch mit internationalem Geltungswillen ausgestattet wurde). Da Art. 30 Abs. 1 EGBGB auf das nach Art. 30 Abs. 2 EGBGB anzuwendende Recht Bezug nimmt, liegt der Schluß nahe, die Verweisungsnorm des Art. 30 Abs. 2 EGBGB müsse auch Eingriffsnormen erfassen[1522].

Dem ließe sich entgegenhalten, daß eine Erfassung des Eingriffsrechts durch Art. 30 Abs. 1 EGBGB zum Schutz des Arbeitnehmers nicht notwendig ist, da die Eingriffsnormen des objektiven Statuts ohnehin schon regelmäßig aufgrund des Sonderkollisionsrechts anwendbar sind[1523]. Auch könnte die Schlußfolgerung, wegen der Regelung in Art. 30 Abs. 1 EGBGB müsse die Verweisung nach Art. 30 Abs. 2 EGBGB auch Eingriffsnormen umfassen, durch die Annahme umgangen werden, Art. 30 Abs. 1 EGBGB sei hinsichtlich der Art der relevanten Bestimmungen des objektiven Statuts losgelöst von Art. 30 Abs. 2 EGBGB zu sehen. Art. 30 Abs. 1 EGBGB würde dann im Gegensatz zu Art. 30 Abs. 2 EGBGB auch Eingriffsnormen erfassen und würde insoweit nur beschränkt auf Art. 30 Abs. 2 EGBGB Bezug nehmen[1524]. Die Artt. 29 Abs. 1, 30 Abs. 1

[1520] Vgl. insoweit auch *Wimmer*, Gestaltung 182 und *Schurig*, RabelsZ 54 (1990), 244.

[1521] In diesem Zusammenhang wird meist nicht explizit auf das Eingriffsrecht abgestellt. Es wird aber immer wieder betont, auch Vorschriften, die dem „öffentlichen Recht“ angehören, seien Schutznormen im Sinne des Art. 30 Abs. 1 EGBGB, soweit sie privatrechtliche Auswirkungen haben, vgl. nur: MünchArbR-*Birk* § 19 Rn. 76; *Kronke*, DB 1984, 405; Staudinger-*Magnus* Art. 30 EGBGB Rn. 77; MünchKomm-*Martiny* Art. 30 EGBGB Rn. 20; Reithmann-Martiny-*Martiny* Rn. 1343; *von Bar*, IPR II Rn. 448 und schon *Giuliano/Lagarde* 57.

[1522] So im Ergebnis wohl *Schurig*, RabelsZ 54 (1990), 244. Gegen eine Erfassung von Eingriffsnormen durch Art. 30 Abs. 2 EGBGB z.B. *E. Lorenz*, RdA 1989, 226. Vgl. allgemein auch *Birk* (in: MünchArbR § 19 Rn. 77), nach dessen Ansicht Art. 30 Abs. 1 EGBGB festlegt, daß zu den von der Verweisung nach Art. 30 Abs. 2 EGBGB umfaßten Normen alle „zwingenden Bestimmungen“ nach Abs. 1 gehören.

[1523] Zumindest die Voraussetzung der „engen Verbindung“ wird oft vorliegen, zwingend ist dies aber nicht, vgl. auch oben § 13 III. 4. a).

[1524] Zumeist wird aber wohl von einem Gleichklang zwischen Art. 30 Abs. 1 EGBGB und Art. 30 Abs. 2 EGBGB ausgegangen, vgl. MünchArbR-*Birk* § 19 Rn. 77.

EGBGB sprechen also wohl zumindest nicht zwingend für eine Entscheidung des EVÜ zugunsten der Kumulationstheorie.

Kaum zu entkräften ist allerdings das Argument, der Struktur des Art. 7 EVÜ sei zu entnehmen, die Kumulationstheorie sei Grundlage für das EVÜ geworden. Es kann wohl ausgeschlossen werden, daß eine Regelung für die Behandlung der Eingriffsnormen des Vertragsstatuts gewollt unterblieben ist (und der Rechtsprechung und Literatur überlassen bleiben sollte) oder sie schlicht übersehen wurde[1525]. Das EVÜ muß vielmehr so verstanden werden, daß es als selbstverständlich angesehen wurde, daß Eingriffsnormen auch von den Verweisungsnormen erfaßt werden. Hierfür spricht auch, daß in vielen Unterzeichnerstaaten vor „Geltung“ des EVÜ nach den nationalen Kollisionsrechten das Vertragsstatut auch Eingriffsnormen erfaßt hat[1526]. Es wäre zu erwarten gewesen, daß die Materialien zum EVÜ ausdrücklich darauf hingewiesen hätten, wenn ein (bekanntes) Problem im EVÜ nicht geregelt wird, sondern der Wissenschaft und den Gerichten überlassen bleiben sollte. Auch kann nicht davon ausgegangen werden, daß eine Regelung drittstaatlicher Eingriffsnormen – trotz der offensichtlichen Widerstände und Unsicherheiten[1527] – erfolgte, während die Eingriffsnormen des Vertragsstatuts ungeregelt blieben. Demgegenüber kann auch nicht eingewendet werden, daß EVÜ hätte eine Entscheidung für die Kumulationstheorie ausdrücklich anordnen müssen, weil es sich um eine schwerwiegende (und rechtspolitisch verfehlte) Entscheidung handele[1528]. Dieser Einwand beruht auf der unzutreffenden Annahme, die „Gefahr“ der Kumulationstheorie bestehe in der systemfremden Öffnung des Internationalen Privatrechts für ausländisches öffentliches Recht. Insoweit ist nochmals darauf hinzuweisen, daß die beiden Theorien oft zu den gleichen Ergebnissen führen werden, die Entscheidung für die Kumulationstheorie also auch deshalb nicht derartig schwerwiegend ist.
Aus dem EVÜ ist also eine Entscheidung zugunsten der Kumulationstheorie abzuleiten.

cc) Die Bedeutung des Vorbehalts gegen Art. 7 Abs. 1 EVÜ

Mit der Feststellung, daß dem EVÜ die Kumulationstheorie zugrunde liegt, wird die Frage relevant, ob der Vorbehalt gegen Art. 7 Abs. 1 EVÜ eine Abweichung

---

1525 Ähnlich *Kreuzer*, in: Schlechtriem/Leser 95 ff.; *derselbe*, Wirtschaftsrecht 73; *Radtke*, ZVglRWiss 84 (1985), 350; *Schubert*, RIW 1987, 736; *Wimmer*, IPRax 1995, 211.

1526 Näher hierzu: *Kreuzer*, Wirtschaftsrecht 73.

1527 Die letztlich zu der Vorbehaltsmöglichkeit geführt haben, vgl. *Giuliano/Lagarde* 60.

1528 *Kegel*, in: Schlechtriem/Leser 111; *Philip*, in: North 85.

von dieser Entscheidung im deutschen Kollisionsrecht erlaubt. Dies ist im Ergebnis abzulehnen[1529]. Insoweit dürfte zum einen von Bedeutung sein, daß der Vorbehalt in erster Linie auf die Unbestimmtheit des Art. 7 Abs. 1 EVÜ gestützt wurde[1530]. Der Vorbehalt spricht daher nicht dagegen, Art. 7 Abs. 1 EVÜ - aufgrund der anzustrebenden Vereinheitlichung - zumindest als Leitbild heranzuziehen. Zudem leuchtet auch nicht unmittelbar ein, warum der Vorbehalt gegen Art. 7 Abs. 1 EVÜ - der die Behandlung drittstaatlicher Eingriffsnormen betrifft - gleichzeitig eine Abweichung von den (ungeschriebenen) Regeln für Eingriffsnormen des Vertragsstatuts sein sollte[1531].

Selbst wenn man die hier vertreten Auffassung nicht teilt und in dem Vorbehalt eine „echte" Ablehnung des Regelungsgehalts des Art. 7 Abs. 1 EVÜ sieht, dürfte dies im Ergebnis ohne Bedeutung sein. Bei der Frage, ob die Verweisungsnormen nach der Konzeption des EVÜ auch Eingriffsnormen erfassen, geht es letztlich nicht um eine Auslegung des Art. 7 EVÜ, sondern eben um eine Auslegung der Verweisungsnormen wie z.B. Art. 6 Abs. 2 EVÜ (Art. 30 Abs. 2 EGBGB). Die Struktur des Art. 7 EVÜ gibt insoweit nur einen Hinweis auf die Auslegung der anderen Vorschriften. Deutschland ist aber aufgrund des Art. 18 EVÜ (Art. 36 EGBGB) zur einheitlichen Auslegung der Verweisungsnormen verpflichtet[1532]. Aufgrund der Systematik des EVÜ (vor allem Art. 7 EVÜ) ist aber davon auszugehen, daß Verweisungsnormen auch Eingriffsrecht erfassen sollen. An dieser Tatsache ändert sich auch durch den Vorbehalt gegen Art. 7 Abs. 1 EVÜ nichts. Der Vorbehalt kann schon deshalb die Auslegung anderer Vorschriften nicht beeinflussen, weil er von den meisten Unterzeichnerstaaten nicht erklärt wurde. Die Einlegung des Vorbehalts ist insoweit also wirkungslos, weil sie die Verpflichtung zur einheitlichen Auslegung der Verweisungsnormen nicht aufheben kann und Grundlage für die Auslegung die Gesamtkonzeption des EVÜ (einschließlich des Art. 7 Abs. 1 EVÜ) sein muß[1533]. Mit einer Ablehnung der Kumulationstheorie würde also nicht nur von Art. 7 EVÜ abgewichen, sondern auch von einer einheitlichen Auslegung der Verweisungsnormen. Es muß also davon ausgegangen werden, daß die

---

[1529] So z.B. auch *Wimmer*, Gestaltung 183.

[1530] Vgl. die Begründung des Regierungsentwurfs, BT-Drucks. 10/504, 100; als weiterer Einwand wurde allerdings auch angeführt, Art. 7 Abs. 1 EVÜ führe zur Anerkennung eines „ausländischen ordre publics". Dieses Argument könnte so verstanden werden, daß der Vorbehalt gegen Art. 7 Abs. 1 EVÜ eingelegt wurde, um die Beachtung fremder Eingriffsnormen ganz auszuschließen, vgl. hiergegen aber oben § 10 II.

[1531] Ähnlich *Wimmer*, Gestaltung 183.

[1532] Der Hinweis auf Art. 36 EGBGB findet sich auch bei *Wimmer*, Gestaltung 183.

[1533] So im Ergebnis auch *Wimmer* (Gestaltung 183), der allerdings darauf abstellt, der Vorbehalt müsse „eng ausgelegt" werden.

Trennungstheorie nicht mit dem EVÜ vereinbar ist und auch in Deutschland – trotz des Vorbehalts – nicht vertreten werden kann.

dd) Die Bedeutung des Art. 35 Abs. 1 EGBGB

Wie oben gezeigt wurde, erscheint dieses Ergebnis in erster Linie deshalb unbefriedigend, weil der Anwendungswille der Eingriffsnormen wegen Art. 35 Abs. 1 EGBGB nicht mehr von Bedeutung ist und damit gegebenenfalls Eingriffsrecht angewendet wird, das nicht angewendet werden will. Damit drängt sich die Frage auf, ob Art. 35 Abs. 1 EGBGB wirklich zu der entsprechenden Schlußfolgerung zwingt. Nach Art. 35 Abs. 1 EGBGB sind unter dem anzuwendenden Recht die „geltenden Sachvorschriften" zu verstehen, das internationale Schuldvertragsrecht enthält also Sachnorm- und keine Gesamtverweisungen[1534]. Nach dem Wortlaut des Art. 35 Abs. 1 EGBGB müßte also wohl davon ausgegangen werden, daß nur auf den sachrechtlichen Gehalt der Eingriffsnormen verwiesen wird[1535]. Die hier behandelte Problemstellung kann also nicht durch die Annahme gelöst werden, auch Eingriffsnormen seien (zumindest auch) „Sachvorschriften" und würden daher unproblematisch von den Verweisungen des Internationalen Schuldvertragsrechts erfaßt. Fraglich ist gerade, inwieweit der kollisionsrechtliche Regelungsgehalt zu beachten ist; auch wird der kollisionsrechtliche Teil oft verselbständigt sein (und sich auf ganze Sachrechtsbereiche beziehen)[1536], so daß insoweit nicht von einer „Sachvorschrift" gesprochen werden kann.

Es erscheint aber zweifelhaft, ob nach dem Sinn und Zweck des Art. 35 Abs. 1 EGBGB ausgeschlossen sein soll, daß sich die Verweisungen auch auf den kollisionsrechtlichen Gehalt des berufenen Eingriffsrechts beziehen[1537]. Der dem Art. 35 Abs. 1 EGBGB zugrundeliegende Art. 15 EVÜ trägt die Überschrift „Ausschluß der Rück- und Weiterverweisung". Unter dem Licht dieser Zielsetzung ist auch Art. 35 Abs. 1 EGBGB zu interpretieren[1538]. Nach dem

---

[1534] Vgl. anstatt vieler MünchKomm-*Martiny* Art. 35 EGBGB Rn. 2.

[1535] So auch *Schurig*, RabelsZ 54 (1990), 246 (im Ergebnis für die Anwendung des Art. 35 EGBGB) und *Junker*, SAE 1990, 326 f. (für den Fall einer selbstbeschränkenden Sachnorm gegen die Anwendung des Art. 35 EGBGB – entgegen seinem Wortlaut).

[1536] Diese Vorgehensweise wurde auch im AEntG (und der Entsenderichtlinie) gewählt, vgl. § 7 AEntG.

[1537] So auch *Junker*, SAE 1990, 326 f. Die von *Junker* a.a.O. besprochene Entscheidung des BAG (Urteil vom 24.8.1989, SAE 1990, 317) bezieht sich zwar auf eine selbstbeschränkende Sachnorm. Die Problemlage ist jedoch vergleichbar, da es bei der hier behandelten Frage um die Fälle geht, in denen Eingriffsrecht nicht angewendet werden will.

[1538] Vgl. *Junker*, SAE 1990, 326 f.

Bericht von *Giuliano/Lagarde* ist der betreffende Ausschluß gerechtfertigt, weil im Falle der Rechtswahl eine Rück- und Weiterverweisung dem Zweck der Wahl widersprechen würde und bei objektiver Bestimmung nicht die in dem internationalen Abkommen getroffenen „Lokalisierungen" wieder in Frage gestellt werden sollten[1539]. Bei der Verweisung auf den kollisionsrechtlichen Gehalt einer Eingriffsnorm geht es aber zum einen nicht um eine mögliche Rück- oder Weiterverweisung. Die Eingriffsnorm verweist nicht auf andere Rechtsordnungen, sondern entscheidet nur über ihren eigenen Anwendungsbereich, sie ist einseitig[1540]. Auch wird die Rechtswahl oder Lokalisierung durch die Beachtung des Anwendungswillens nur sehr partiell in Frage gestellt. Anders als bei einer Rück- oder Weiterverweisung hat die Berücksichtigung des kollisionsrechtlichen Gehalts nicht zur Folge, daß eine andere Rechtsordnung (also eine Vielzahl von Vorschriften) über den Vertrag oder bestimmte Teilbereiche „herrscht". Sie führt lediglich dazu, daß einzelne Normen - wenn sie selbst nicht angewendet werden wollen - unangewendet bleiben, obwohl sie Teil des Vertragsstatuts sind; hierdurch werden weder der Sinn der Rechtswahl noch die durch das EVÜ gefundenen Lokalisationen unterlaufen. Nach seiner Zwecksetzung ist Art. 35 Abs. 1 EGBGB also so auszulegen, daß er eine „Gesamtverweisung" auf Eingriffsnormen nicht ausschließt. Die Verweisungsnormen des Internationalen Schuldvertragsrechts erfassen also zwar auch Eingriffsnormen, sie verweisen aber auch auf deren kollisionsrechtlichen Regelungsgehalt. Damit entscheidet auch bei Eingriffsnormen des Vertragsstatuts der eigene Anwendungswille über die Beachtung[1541]. Das grundlegende Problem der Kumulationstheorie wird damit gelöst.

ee) Die Entstehung von Regelungslücken

Mit diesem Vorgehen tritt aber nochmals die Frage nach der Relevanz des Meinungsstreits in den Vordergrund. Beachtet man auch im Rahmen der Kumulationstheorie den kollisionsrechtlichen Anwendungswillen, so verwischen die Unterschiede zur Trennungstheorie noch stärker. Die erzielten Ergebnisse werden sich nur ganz selten unterscheiden. Mit dem Abstellen auf den Anwendungswillen geht aber auch ein Vorteil der Kumulations- gegenüber der

---

[1539] *Giuliano/Lagarde* 69 f. Vgl. auch Staudinger-*Haussmann* Art. 35 EGBGB Rn. 2.

[1540] Ähnlich *Junker*, SAE 1990, 327.

[1541] Im Ergebnis auch *Junker*, SAE 1990, 327 und MünchArbR-*Birk* § 19 Rn. 77. Vgl. weiterhin *Kaye* 344: Art. 15 Abs. 1 EVÜ würde den Grundsatz unberührt lassen, daß zwingende Bestimmungen angewendet werden müßten „in accordance with the national spatial or other limitations placed upon their operation by those national legal systems themselves."

Trennungstheorie verloren: die Vermeidung von Normmängeln. Ist die betreffende Rechtsordnung Vertragsstatut, will die Norm aber nicht angewendet werden, entsteht auch nach der „modifizierten" Kumulationstheorie eine Lücke[1542].

Wie dieses Problem zu lösen ist, läßt sich nicht ohne weiteres beurteilen. Konsequent wäre eine Befolgung der kollisionsrechtlichen Regelung der Eingriffsnorm, die betreffende Frage bliebe dann ungeregelt. Diese Lösung wird aber oft – gerade auch im Arbeitsrecht aus Gründen des Arbeitnehmerschutzes – unbefriedigend sein. Vor allem im Arbeitsrecht wird sich das Problem in einigen Fällen entschärfen lassen: Die Regelungslücke wird oft dadurch entstehen, daß das Recht des Erlaßstaates gewählt wurde, die Eingriffsnorm aber eine (nicht vorhandene) enge räumliche Beziehung voraussetzt. In diesen Sachverhalten legt schon die Regelung in Art. 30 Abs. 1 EGBGB nahe, die Lücke durch das objektive Arbeitsstatut zu schließen[1543]. Ist das Recht des Erlaßstaates selbst objektives Statut, ist die Lösung schwierig, weil keine andere Rechtsordnung erkennbar ist, deren Anwendung angebracht wäre[1544]. In diesem Fall ist die Eingriffsnormen wohl auch dann anzuwenden, wenn sie nicht angewendet werden will, falls ein Normmangel aus Sicht der lex fori unerträglich erscheint. Dogmatisch läßt sich dieses Ergebnis wohl nur durch einen Rückgriff auf den ordre public begründen[1545]: Wäre eine Regelungslücke aus deutscher Sicht unerträglich, verstößt der kollisionsrechtliche Gehalt der Eingriffsnorm gegen den deutschen ordre public und ist damit nicht zu beachten[1546]. Damit ließe sich die Anwendung arbeitsrechtlicher Eingriffsnormen auch gegen den kollisionsrechtlichen Geltungswillen dieser Normen begründen, wenn der Arbeitnehmer ansonsten hinsichtlich eines wichtigen Regelungsbereichs schutzlos bleiben würde.

1542 Vgl. hierzu auch *Junker*, SAE 1990, 327 f.

1543 Auch in anderen Rechtsbereichen bietet sich das objektive Statut zur „Lückenfüllung" an. Die Heranziehung des objektiven Statuts aus Gründen des Arbeitnehmerschutzes drängt sich durch die Regelung in Art. 30 Abs. 1 EGBGB aber geradezu auf.

1544 Vgl. (zu den Fällen der selbstbeschränkenden Sachnormen) *Junker*, SAE 1990, 327 und *Morse*, in: North 166.

1545 Vgl. auch *Junker*, SAE 1990, 327 f.

1546 Nicht nur ausländisches Sachrecht kann mit dem deutschen ordre public unvereinbar sein, sondern grundsätzlich auch ausländisches Kollisionsrecht, vgl. *von Bar*, IPR I Rn. 636; MünchKomm-*Sonnenberger* Art. 6 EGBGB Rn. 45 und 33 ff.

II. Die Bedeutung des Europarechts für eine Pflicht zur Beachtung ausländischer Eingriffsnormen

1. Problemstellung

Bisher wurde das Europarecht vorrangig unter dem Aspekt betrachtet, inwieweit es die Berücksichtigung von Eingriffsnormen beschränken kann. In neuerer Zeit wird aber auch die Frage aufgeworfen, ob sich aus dem Recht der EU nicht andererseits eine Pflicht zur Beachtung ausländischen Eingriffsrechts ergeben kann[1547]. Die Diskussion konzentriert sich dabei auf das Problem, ob die Mitgliedsstaaten der EU aus dem Gemeinschaftsrecht verpflichtet sind, Eingriffsnormen anderer Mitgliedstaaten – sofern diese selbst gemeinschaftsrechtskonform sind – zu beachten.

Vereinzelt scheint vertreten zu werden, aus dem EU-Recht könne auch eine Pflicht zur Beachtung des Eingriffsrechts von Nicht-Mitgliedstaaten folgen[1548]: Ausländische Eingriffsnormen könnten zu (tatsächlichen) Leistungshindernissen führen. Würden diese Leistungshindernisse nicht auch auf rechtlicher Ebene beachtet, könnten Wirtschaftssubjekte davon abgeschreckt werden, grenzüberschreitende Verträge abzuschließen, was wiederum z.B. den Austausch von Waren beeinträchtigen könnte. Nach *Höpping* sind die Mitgliedstaaten daher aufgrund der Warenverkehrsfreiheit verpflichtet zu berücksichtigen, daß ausländische Eingriffsnormen die tatsächlich Handlungsmöglichkeit einer Partei beschränken können[1549]. Hierauf soll im folgenden nicht näher eingegangen werden. Zwar sind Fälle denkbar, in denen eine Eingriffsnorm eines dritten Staates den Austausch von Waren oder Dienstleistungen zwischen Mitgliedstaaten beeinflußt. Es leuchtet aber nicht ein, warum die Grundfreiheiten allein aufgrund dieses möglichen Einflusses eine Beachtung der betreffenden Eingriffsnorm gebieten sollten. Die Beschränkung der Handlungsmöglichkeit einer Partei zwingt aus Sicht des Gemeinschaftsrechts nicht dazu, die entsprechende Norm zu berücksichtigen. Im folgenden soll daher nur die Frage behandelt werden, ob eine Verpflichtung zur Beachtung gemeinschaftskonformer Eingriffsnormen anderer Mitgliedstaaten besteht.

[1547] Vgl. z.B. *Engel*, RabelsZ 52 (1988), 295; *Höpping* 255 ff.; *Martiny*, in: von Bar 217; *Mestmäcker*, RabelsZ 52 (1988), 237; *Reich*, RabelsZ 56 (1992), 493; *Roth*, RabelsZ 55 (1991), 662 ff.; MünchKomm-*Sonnenberger* Einl. IPR Rn. 183; *derselbe*, ZVglRWiss 95 (1996), 39 f.; *von Bar*, IPR I Rn. 175; *Graf von Westphalen*, NJW 1994, 2118; *von Wilmowsky*, RabelsZ 62 (1998), 26 ff.

[1548] So wohl *Höpping* 257 f.

[1549] Vgl. *Höpping* 257 f.

Als Grundlage für eine derartige Pflicht kommt sowohl Primär- als auch Sekundärrecht der EU in Betracht. Unproblematisch ist die Sachlage, wenn die entsprechende Verpflichtung positivrechtlich im Gemeinschaftsrecht normiert wurde. Aufgrund des Vorrangs des EU-Rechts sind die Mitgliedstaaten dann zur Anwendung des Eingriffsrechts anderer Staaten verpflichtet, auch wenn nach ihrem eigenen (autonomen) Internationalen Privatrecht die betreffenden Eingriffsnormen nicht zu beachten wären. Derartige Positivierungen lassen sich im Sekundärrecht finden. So ist in Art. 93 Abs. 1 EWGVO Nr. 1408/71[1550] geregelt, daß die Mitgliedsstaaten verpflichtet sind, unter bestimmten Bedingungen Regelungen anderer Mitgliedstaaten über die Ansprüche von Sozialversicherungsträgern gegen den Schädiger eines Versicherten anzuerkennen[1551].

2. *Die Bedeutung der Entsenderichtlinie*

Für das Arbeitsrecht ist von besonderem Interesse, ob der Entsenderichtlinie eine Verpflichtung zur Beachtung des Eingriffsrechts anderer Mitgliedstaaten (das dem Katalog des Art. 3 Abs. 1 ERL angehört) entnommen werden kann. *Roth* hat dies für den Richtlinienvorschlag der Kommission aus dem Jahre 1993[1552] bejaht. Aus Art. 3 des Vorschlags ergebe sich, daß die Mitgliedstaaten die betreffenden Arbeitsschutznormen anderer EU-Staaten anwenden müßten. Hierdurch entstehe – in Abweichung von Art. 7 Abs. 1 EVÜ, der ein Ermessen hinsichtlich der Beachtung einräumt – eine Verpflichtung zur Anwendung drittstaatlichen Eingriffsrechts[1553]. Diese Schlußfolgerung war für den Richtlinienvorschlag relativ unproblematisch. Der Vorschlag bestimmte in Art. 3 Abs. 1, daß die Mitgliedstaaten dafür Sorge tragen, daß entsandten Arbeitnehmern nicht die Arbeitsbedingungen des Arbeitsortes versagt werden. Nach dem allgemein gehaltenen Wortlaut ergab sich für die Staaten auch die Verpflichtung zu gewährleisten, daß inländische Gerichte das Recht des ausländischen Arbeitsortes anwenden.

[1550] ABl. EG 1997 Nr. L 28, S. 1; Art. 93 abgedruckt bei MünchKomm-*Martiny* Art. 33 EGBGB Rn. 34.

[1551] Vgl. hierzu MünchKomm-*Sonnenberger* Einl. IPR Rn. 183; *derselbe*, ZVglRWiss 95 (1996), 39 f.

[1552] Geänderter Vorschlag für eine Richtlinie des Rates über die Entsendung von Arbeitnehmern im Rahmen der Erbringung von Dienstleistungen, KOM (93) 225, ABl. EG 1993 Nr. C 187, S. 5.

[1553] *Roth*, IPRax 1994, 168.

Der Wortlaut der endgültigen Fassung der Entsenderichtlinie weicht jedoch von der Formulierung des Richtlinienvorschlags ab. Die Staaten tragen nach Art. 3 Abs. 1 ERL dafür Sorge, daß den „in ihr Hoheitsgebiet entsandten Arbeitnehmern" inländische Arbeitsbedingungen gewährleistet werden. Aus dem Wortlaut ergibt sich damit nur die Verpflichtung, eigenes (Eingriffs-) Recht anzuwenden. Über die Anwendung der korrespondierenden Eingriffsnormen anderer Staaten bei Entsendung von Arbeitnehmern in diese Staaten wird unmittelbar keine Aussage getroffen. Dennoch ist nach der Zielsetzung der Richtlinie davon auszugehen, daß die Mitgliedstaaten auch ausländisches Eingriffsrecht beachten sollen. Die Entsenderichtlinie soll gewährleisten, daß bestimmte arbeitsrechtliche Regelungen des aufnehmenden Staates auch für entsandte Arbeitnehmer gelten und bezweckt insoweit eine Koordination der Gesetze der Mitgliedstaaten[1554]. Diese Ziele setzen eine gegenseitige Anerkennung des betreffenden Eingriffsrechts voraus. Es wäre widersprüchlich, würde man davon ausgehen, daß die Mitgliedstaaten zwar garantieren sollen, daß für in ihr Staatsgebiet entsandte Arbeitnehmer inländisches Arbeitsrecht gilt; es ihnen aber gleichzeitig freisteht, aufgrund der Entsenderichtlinie geltungswilliges ausländisches Recht nicht anzuwenden. Der Geltungsanspruch ausländischer Eingriffsnormen ist für die in der Entsenderichtlinie geregelten Bereiche europarechtlich „fundiert". Die Mitgliedstaaten sind verpflichtet, den auf der Richtlinie beruhenden Anwendungswillen ausländischer Normen zu respektieren.

Mit dieser Feststellung entsteht aber ein weiteres Problem: Die aus der Richtlinie folgende Verpflichtung zur Anerkennung (mitgliedstaatlichen) ausländischen Eingriffsrechts wurde im deutschen Recht nicht umgesetzt. Der Richtlinie kommt aber grundsätzlich auch keine unmittelbare Wirkung zu. Eine Umsetzung war auch nicht zu erwarten, da sich die entsprechende Verpflichtung nur inzident aus der Richtlinie ergibt und nicht ausdrücklich geregelt wurde. Es ließe sich nun argumentieren, der deutsche Gesetzgeber müsse – unter dem Hintergrund der Gewährleistung des „effet utile" (der praktischen Wirksamkeit)[1555] – die Anerkennungspflicht gesetzlich regeln[1556]. Eine Regelung auch dieser Frage ist jedoch kaum zu erwarten. Der Richtlinie könnte aber auch auf anderem Wege Wirkung verliehen werden: durch eine richtlinienkonforme Auslegung des deutschen (Kollisions-) Rechts[1557]. Von nationalem Recht im Wege einer

---

[1554] Vgl. vor allem Erwägungsgrund Nr. 14 der Richtlinie.

[1555] Vgl. zum „effet utile" insoweit auch *Arndt*, Europarecht 54.

[1556] Vgl. zu der Frage, ob eine Richtlinienumsetzung auch durch Exekutive oder Legislative möglich ist *Dreher*, EuZW 1997, 522.

[1557] *Oppermann* (Rn. 560) bezeichnet die richtlinienkonforme Auslegung als „eine Art indirekter Drittwirkung von EG-Richtlinien im Privatrechtsverkehr". Vgl. auch *Streinz* Rn. 405 und *Krebber*, ZVglRWiss 97 (1998), 131 f.

richtlinienkonformen Auslegung abzuweichen, ist nicht unproblematisch[1558]. Schon aufgrund des Grundsatzes der fehlenden unmittelbaren (horizontalen) Wirkung von Richtlinien und auch aufgrund der Gewaltenteilung könnten insoweit Bedenken bestehen[1559]. Auf diese Probleme soll an dieser Stelle nicht näher eingegangen werden. Für die hier interessierende Fragestellungen entschärfen sie sich aus folgendem Grund: Die Anerkennung fremder Eingriffsnormen ist im deutschen Kollisionsrecht nicht geregelt; die maßgeblichen „Grundsätze" wurden allein von der Rechtsprechung entwickelt. Es existiert also keine deutsche Kollisionsnorm, die der Anerkennung von ausländischen Eingriffsnormen für den Bereich der Entsenderichtlinie entgegensteht. Die Entsenderichtlinie widerspricht damit nicht (geschriebenem) deutschen Recht, so daß die Frage der Grenzen der richtlinienkonformen Auslegung nicht relevant wird[1560].

„Richtlinienkonforme Auslegung" heißt in dem hier betrachteten Zusammenhang, die Grundsätze der Rechtsprechung an die Anforderungen der Entsenderichtlinie anzupassen. Es geht also gegebenenfalls nur darum, die „Lücke" in der Umsetzung der Richtlinie durch eine Abweichung von der bisherigen - der Anwendung ausländischen Eingriffsrecht eher ablehnend gegenüberstehenden - Rechtsprechung zu schließen. Dieses Vorgehen dürfte unproblematisch sein; auch die Gerichte sind nach der Rechtsprechung des EuGH von der Pflicht betroffen, das in einer Richtlinie vorgesehen Ziel zu erreichen und alle zur Erfüllung dieser Verpflichtung geeigneten Maßnahmen zu treffen[1561]. Damit läßt sich folgendes festhalten: Eingriffsnormen anderer Mitgliedstaaten, die zur - richtlinienkonformen - Umsetzung der Entsenderichtlinie geschaffen wurden, sind

---

[1558] Vgl. oben § 6 III. 2. b) aa) (1) und die Nachweise in Fn. 678.

[1559] Vgl. zu der Frage einer Begrenzung der richtlinienkonformen Auslegung durch nationale Gesetze insbesondere *Brechmann* 265 ff. Das Problem eines Widerspruchs zwischen nationalem Recht und einer Richtlinie wurde im Fall des - alten - § 611 a Abs. 2 BGB relevant. Die Begrenzung auf den Ersatz des Vertrauensschadens widersprach der Richtlinie 76/207 über die Gleichbehandlung vom 9.2.1976 (ABl. EG 1976 Nr. L 39, S. 40). Das BAG hat das Problem gelöst, indem es die gesetzliche Haftungsbeschränkung des § 611 a Abs. 2 BGB für vertragliche Ansprüche – entgegen des sonst üblichen systematischen Vorgehens – nicht auf deliktische Ansprüche wegen Verletzung des Persönlichkeitsrechts ausgedehnt hat, BAG, Urteil vom 14.3.1989, BAGE 61, 209, 214 f. Vgl. hierzu auch *Brechmann* 270 und *Krebber*, ZVglRWiss 97 (1998), 131 f.

[1560] Vgl. auch *Jarass*, EuR 1991, 222: Die richtlinienkonforme Auslegung könne allein dort stattfinden, „wo das nationale Recht Auslegungsspielräume beläßt." Nach *Brechmann* (272) liegt die Grenze der richtlinienkonformen Auslegung in „einer entgegenstehenden gesetzgeberischen Regelungsabsicht."

[1561] Ständige Rechtsprechung des EuGH (zur richtlinienkonformen Auslegung), vgl. z.B. EuGH, Urteil vom 10.4.1984, Rs. 14/83 (von Colson und Kamann), Slg. 1984, 1891, 1909 und EuGH, Urteil vom 10.4.1984, Rs. 79/83 (Harz), Slg 1984, 1921, 1942.

von deutschen Gerichten grundsätzlich anzuwenden. Geht das nationale Recht aber über die aus der Entsenderichtlinie vorgegebenen Anforderungen hinaus, folgt aus der Richtlinie auch keine Anwendungsverpflichtung. Damit besteht im Arbeitsrecht für ausländische Eingriffsnormen in wichtigen Bereichen eine Verpflichtung zur Anwendung, soweit Normen anderer Mitgliedstaaten betroffen sind. Die allgemeinen Grundsätze für die Behandlung ausländischen Eingriffsrechts werden insoweit zurückgedrängt. Aus der Perspektive der hier vertretenen Auffassung, nach der man oft zu einer Sonderanknüpfung des Eingriffsrechts des Arbeitsortes gelangen wird, dürfte sich aber auch in den seltensten Fällen eine Abweichung zu diesen Grundsätzen ergeben.

3. Das Primärrecht

Soweit sich eine Anwendungspflicht hinsichtlich Eingriffsnormen anderer Mitgliedstaaten für bestimmte Rechtsbereiche nicht aus dem Sekundärrecht ergibt, gelangt man zu dem Problem, ob aus dem Primärrecht - in Frage kommt insoweit nur der EGV - eine generelle Verpflichtung zur Berücksichtigung des (gemeinschaftskonformen) Eingriffsrechts anderer Mitgliedstaaten abgeleitet werden kann. Eine derartige Verpflichtung aus einer (auf dem EGV beruhenden) „allgemeinen Solidaritätspflicht"[1562] zwischen den Mitgliedstaaten ableiten zu wollen, wird wohl allgemein abgelehnt; die Annahme einer derartigen Solidaritätspflicht wird zumindest als „verfrüht" angesehen[1563]. Diskutiert werden aber folgende Ansätze: Die Anwendungsverpflichtung könne sich aus den Grundfreiheiten[1564], dem Binnenmarktziel[1565], dem Grundsatz der Gemeinschaftstreue[1566] und/oder dem Subsidiaritätsprinzip (bzw. der Begrenzung der vergemeinschafteten Politikfelder)[1567] ergeben.

[1562] Vgl. hierzu *Drobnig*, RabelsZ 52 (1988), 3.

[1563] MünchKomm-*Sonnenberger* Einl. IPR Rn. 183.

[1564] Vgl. *Martiny*, in: von Bar 217; *Mestmäcker*, RabelsZ 52 (1988), 237; *Reich*, RabelsZ 56 (1992), 493; *Roth*, RabelsZ 55 (1991), 662 ff.; MünchKomm-*Sonnenberger* Einl. IPR Rn. 183; *derselbe*, ZVglRWiss 95 (1996), 39 f.

[1565] Vgl. insbesondere *Roth*, RabelsZ 55 (1991), 662 ff.

[1566] So *von Wilmowsky*, RabelsZ 62 (1998), 29 ff.

[1567] Vgl. MünchKomm-*Sonnenberger* Einl. IPR Rn.183; *derselbe*, ZVglRWiss 95 (1996), 39 f.

a) Der Meinungsstand

Zunächst zu den Grundfreiheiten: Abgestellt wird zum einen auf das Herkunftslandprinzip[1568]. Nach diesem Prinzip müsse der „Aufnahmestaat" eine Ware oder Dienstleistung akzeptieren, wenn sie dem Recht des Herkunftsstaates entspricht. Der „Aufnahmestaat" müsse also die „ausländische Rechtslage hinnehmen"[1569], die zwingenden Vorschriften des Herkunftslandes seien anzuwenden[1570]. Im Zusammenhang mit den Grundfreiheiten wird daneben auch auf andere Aspekte hingewiesen: Eingriffsrecht beschränke regelmäßig den Austausch von Waren und Dienstleistungen, greife also in die Grundfreiheiten ein. Um gemeinschaftsrechtskonform zu sein, müsse es daher einem vom Gemeinschaftsrecht anerkannten Allgemeininteresse dienen. Nationales Recht, das durch entsprechende Allgemeininteressen gerechtfertigt ist, sei somit in besonderer Weise legitimiert, weil der Erlaßstaat ein „anerkanntes, aber noch nicht vergemeinschaftetes Allgemeininteresse" wahrnehme[1571]. Insoweit wird auch das Subsidiaritätsprinzip bzw. die Begrenzung der Vergemeinschaftung angeführt: In den Bereichen, in denen eine Rechtsvereinheitlichung nicht zulässig sei, weil die Mitgliedsstaaten ausreichende Regelungen treffen können, müsse eine Verpflichtung zur Anwendung ausländischer Eingriffsnormen in Betracht gezogen werden[1572]. Zu berücksichtigen sei ebenfalls das Gebot des Abbaus von Mehrfachzuständigkeiten zwischen den Mitgliedsstaaten: Mehrfachzuständigkeiten ließen sich vermeiden, wenn die Mitgliedsstaaten auch die jeweils fremden Eingriffsnormen anwendeten und nicht ausschließlich das eigene Eingriffsrecht[1573].

Auch das Binnenmarktziel soll für eine Verpflichtung zur Anwendung fremder Eingriffsnormen sprechen: Die Schaffung eine Binnenmarkts verlange die Vermeidung von Nachteilen und Friktionen im grenzüberschreitenden Verkehr. Hieraus folge auch die Forderung nach Entscheidungsharmonie. Binnenmarktähnliche Verhältnisse seien nur zu erreichen, wenn jedes Gericht die gleichen Normen anwendet und sich die betroffenen Bürger damit auf eine

---

[1568] Vgl. *Martiny*, in: von Bar 217; *Mestmäcker*, RabelsZ 52 (1988), 237; *Roth*, RabelsZ 55 (1991), 662 ff.; der Tendenz nach auch *Reich*, RabelsZ 56 (1992), 493.

[1569] *Martiny*, in: von Bar 217.

[1570] *Mestmäcker*, RabelsZ 52 (1988), 237.

[1571] *Roth*, RabelsZ 55 (1991), 662 ff.

[1572] MünchKomm-*Sonnenberger* Einl. IPR Rn. 183; *derselbe*, ZVglRWiss 95 (1996), 39 f. Vgl. auch *Martiny* (in: von Bar 217), der auf die Kommissionspolitik verweist, nur Angleichungen im Grundsatz vorzunehmen und ansonsten auf eine gegenseitige Anerkennung der ursprungsstaatlichen Regelung zu dringen.

[1573] MünchKomm-*Sonnenberger* Einl. IPR Rn. 183; *derselbe*, ZVglRWiss 95 (1996), 39 f.

einheitliche Entscheidung - unabhängig vom Sitz des angerufenen Gericht - verlassen können[1574].

Von Wilmowsky vertritt die Auffassung, die Pflicht zur Anwendung Eingriffsnormen anderer Mitgliedsstaaten könne sich aus dem Grundsatz der Gemeinschaftstreue ergeben. Auch *von Wilmowsky* verweist im Ergebnis auf die besondere Legitimation des Eingriffsrechts, das „zwingende Erfordernisse" (Allgemeininteressen) in gemeinschaftsrechtskonformer Weise verfolgt. Beschränkungen der Grundfreiheiten müßten stets verhältnismäßig und damit auch geeignet zur Verfolgung anerkannter Interessen sein. Die Eignung einer Regelung zur Durchsetzung eines bestimmten Zieles würde aber beeinträchtigt, wenn die Regelung nicht auch Sachverhalte mit Auslandsberührung erfasste. Die Nichtanwendung fremder Eingriffsnormen durch andere Mitgliedsstaaten könne dazu führen, daß das Eingriffsrecht nicht mehr zur Erreichung gemeinschaftsrechtlich anerkannter Interessen geeignet ist, weil es vor Gerichten anderer Staaten keine Wirksamkeit erlangt. Der Grundsatz der Gemeinschafts-treue verpflichte die Mitgliedsstaaten zwar nur zur Verwirklichung von Europarecht, nicht von nationalem Recht anderer Staaten. Mit der Durchsetzung von Normen, die dem Schutz anerkannter Belange des Allgemeinwohls dienen, würden aber auch europarechtliche Vorgaben verwirklicht[1575].

b) Stellungnahme

Zwingend erscheint keiner der geschilderten Ansätze. Dem Abstellen auf das Herkunftslandprinzip ist entgegenzuhalten, daß aus den Grundfreiheiten keine Verpflichtung zur Anwendung des Rechts des Herkunftslandes abgeleitet werden kann. Die Grundfreiheiten verbieten es ausschließlich, bestimmte Schranken z.B. für den Austausch von Dienstleistungen aufzustellen, also eigenes Recht anzuwenden. Sie verpflichten dagegen nicht zur Anwendung fremden Rechts[1576]. Auch von einem „Gebot des Abbaus von Mehrfachzuständigkeiten" kann nur insoweit ausgegangen werden, als es einem Staat verwehrt wird, eigenes Recht anzuwenden. Ein Gebot, fremdes Recht anzuwenden, besteht nicht.

Der Verweis auf die „besondere Legitimation" gemeinschaftsrechtskonformen Eingriffsrechts vermag ebenfalls nicht zu überzeugen. Die Frage, ob eine nationale Eingriffsnorm einem anerkannten Allgemeininteresse dient, betrifft

---

[1574] *Roth*, RabelsZ 55 (1991), 662 ff.

[1575] *von Wilmowsky*, RabelsZ 62 (1998), 29 ff.

[1576] Gegen eine Heranziehung des Herkunftslandprinzips auch *Engel*, RabelsZ 52 (1988), 295; *von Wilmowsky*, RabelsZ 62 (1998), 28 f.

ausschließlich die Vereinbarkeit der Norm mit den Grundfreiheiten. Aus der Tatsache, daß ein bestimmtes Interesse auf dieser Ebene anerkannt wird, folgt aber nicht, daß die Durchsetzung dieses Interesses aus europarechtlichen Gründen „besonders legitimiert" ist oder von anderen Staaten gefördert werden muß. Allgemeininteressen können Beschränkungen der Grundfreiheiten rechtfertigen, daraus kann aber nicht die Schlußfolgerung gezogen werden, ihre Durchsetzung müsse aus europarechtlichen Gründen gefördert werden. Der Grundsatz der Gemeinschaftstreue fordert also nicht die Beachtung fremder Eingriffsnormen. Auch aus dem Subsidiaritätsprinzip (Art. 5 EGV) läßt sich keine Verpflichtung zur Anwendung der Eingriffsnormen anderer Mitgliedsstaaten ableiten. Das Subsidiaritätsprinzip soll „vor einer überflüssigen Aushöhlung autonomer Handlungsspielräume schützen" und richtet sich an die Gemeinschaftsorgane[1577]. Pflichten der Mitgliedsstaaten lassen sich aus ihm nicht ableiten.

Zwar ist zutreffend, daß binnenmarktähnliche Verhältnisse grundsätzlich Entscheidungseinklang voraussetzen, dennoch läßt sich aus dem Binnenmarktziel keine Pflicht zur Anwendung fremder Eingriffsnormen ableiten. Die Schaffung eines Binnenmarkts ist eine „Tätigkeit der Gemeinschaft" (vgl. Art. 3 Abs. 1 und Art. 14 EGV), obliegt also in erster Linie den Organen der Gemeinschaft (Art. 7 Abs. 1 EGV). Der EGV gibt auch nur die Zielsetzung „Binnenmarkt" vor, läßt aber offen, wie dieses Ziel zu erreichen ist. Die einzelnen Mitgliedsstaaten sind daher aufgrund des Binnenmarktzieles nicht generell verpflichtet, selbst Maßnahmen zur Verwirklichung binnenmarktähnlicher Verhältnisse zu treffen. Aus dem Binnenmarktziel läßt sich eine Pflicht der Mitgliedsstaaten zur Anwendung der Eingriffsnormen anderer Staaten also nicht ableiten[1578].

Das Primärrecht der EU enthält also keine allgemeine Verpflichtung zur Anwendung des Eingriffsrechts anderer Mitgliedsstaaten. Dennoch werden gemeinschaftsrechtskonforme Eingriffsnormen anderer Mitgliedsstaaten nach den hier entwickelten kollisionsrechtlichen Grundsätzen regelmäßig zu beachten sein. Eine offensichtliche Unvereinbarkeit mit der deutschen Rechtsordnung wird bei Eingriffsnormen, die mit dem Gemeinschaftsrecht vereinbar sind, selten sein. Zwischen den Mitgliedsstaaten wird oft ein „Interessen- und Wertegleichklang" bestehen. Auch wird aus der Feststellung, eine Norm verfolge aus europarechtlicher Sicht ein berechtigtes Allgemeininteresse, grundsätzlich folgen, daß der Regelungsanspruch der Vorschrift auch aus der Perspektive des deutschen Kollisionsrechts berechtigt erscheint. Ein Schutz berechtigter Interessen wird nur dann in Frage kommen, wenn der Erlaßstaat der

---

[1577] Grabitz/Hilf-*von Bogdandy/Nettesheim* Art. 3 b EGV Rn. 19, 26.

[1578] So auch *Höpping* S. 255 f. und *von Wilmowsky*, RabelsZ 62 (1998), 29.

Eingriffsnorm auch eine hinreichend enge Beziehung zu dem Sachverhalt aufweist[1579].

[1579] Im Ergebnis ähnlich *von Bar*, IPR I Rn. 195: Dem Recht der Gemeinschaft wohne „eine Tendenz inne, jedenfalls das Wirtschaftsrecht der in der Gemeinschaft zusammengeschlossenen Geschwisterstaaten mit besonderer Duldsamkeit und Liberalität anzugehen."

III. Normenkollisionen

1. Problemstellung

Beanspruchen in einem Sachverhalt die Eingriffsnormen mehrerer Staaten für ein und denselben Regelungsbereich Anwendung, entsteht das Problem der Kollision von Eingriffsnormen[1580]. Geht man mit der hier vertretenen Auffassung davon aus, daß die Anwendung einer Eingriffsnorm eine hinreichende Inlandsbeziehung voraussetzt, werden echte Konfliktfälle zwar selten sein; ausgeschlossen sind sie jedoch nicht, da eine enge Beziehung durchaus zu mehreren Staaten bestehen kann. In diesen Konstellationen muß grundsätzlich darüber entschieden werden, welcher Eingriffsnorm der Vorrang zu geben ist.

Die betreffende Frage kann dann unbeantwortet bleiben, wenn die anwendungswilligen Eingriffsnormen die gleiche Regelung vorsehen. Nach einer in der Literatur vertretenen Auffassung sei eine Entscheidung ebenfalls entbehrlich, wenn der Vertrag teilbar ist[1581]. In diesen Fällen soll eine territoriale Aufspaltung in Betracht kommen. *Von Hoffmann* vertritt diesbezüglich die Ansicht, die Eingriffsnormen erlangten jeweils nur für die Vorgänge auf dem Territorium des Erlaßstaates Geltung[1582]. Nach *Martiny* soll sich das jeweilige Eingriffsrecht nur insoweit durchsetzen, als die Verbindung zu der betreffenden Rechtsordnung besteht. Dies könne z.B. dazu führen, daß ein Vertrag für einen Staat als wirksam, für einen anderen Staat als unwirksam behandelt wird[1583]. Ein derartiges Vorgehen ist nicht unproblematisch: Eingriffsnormen sind ohnehin nur dann zu beachten, wenn der Sachverhalt eine enge Verbindung zu dem Erlaßstaat aufweist. Eine territoriale Aufspaltung würde bedeuten, nochmals nach einer „besonderen“ Verbindung zu fragen und z.B. den Territorialitätsgrundsatz heranzuziehen. Damit würden bereits beantwortete Fragen nach dem Geltungswillen der Eingriffsnorm und dem Umfang der Stattgabe dieses Willens erneut aufgeworfen; ob dies sinnvoll ist, erscheint zumindest zweifelhaft. Auch wäre eine entsprechende Aufspaltung mit erheblichen Unsicherheiten verbunden, da mehrere Rechtsordnungen für den gleichen Regelungsgegenstand maßgeblich wären. Auch bei Teilbarkeit des Vertrags sollte daher regelmäßig keine Aufspaltung erfolgen und nur das Eingriffsrecht eines Staates herangezogen werden.

1580 Vgl. zu dieser Fragestellung auch schon *Wengler*, ZVglRWiss 55 (1941), 193 ff.

1581 MünchKomm-*Martiny* Art. 34 EGBGB Rn. 119; Soergel-*von Hoffmann* Art. 34 EGBGB Rn. 104; Staudinger-*Magnus* Art. 34 EGBGB Rn. 146.

1582 Soergel-*von Hoffmann* Art. 34 EGBGB Rn. 104.

1583 MünchKomm-*Martiny* Art. 34 EGBGB Rn. 119.

Kommt es zu Konflikten, weil Eingriffsnormen verschiedener Staaten für den gleichen Gegenstand unterschiedliche Regelungen vorsehen, sind zwei Konstellationen zu unterscheiden: Zum einen kann eine inländische neben einer (oder mehreren) ausländischen Eingriffsnorm(en) Anwendung verlangen, zum anderen können Eingriffsnormen verschiedener ausländischer Rechtsordnungen miteinander konkurrieren.

2. *Kollision ausländischer Eingriffsnormen*

Über das Vorgehen für den Fall, daß nur ausländische Eingriffsnormen beteiligt sind, dürfte der Sache nach weitgehend Einigkeit bestehen: Es ist eine Abwägung der Regelungsinteressen der betroffenen Staaten vorzunehmen[1584]. Dabei können berücksichtigt werden: die Art der relevanten Interessen, die Folgen einer Nichtbeachtung des Eingriffsrechts, die Intensität der Inlandsbeziehung. Angewendet wird also die Eingriffsnorm des Staates, der ein (aus Sicht der lex fori) stärkeres bzw. besseres Interesse an der Regelung hat[1585].

Andere denkbare Ansätze, wonach z.B. dem „strengeren" Recht oder dem Recht, das am wenigsten Verbote ausspricht[1586], der Vorrang zu geben ist, erscheinen wenig überzeugend. Eine allgemeine Regel, wonach stets das liberalste oder restriktivste Recht anzuwenden sei, läßt sich aus Sicht der deutschen Rechtsordnung nicht begründen. Für das Arbeitsrecht wird die Auffassung vertreten, bei der Kollision von Eingriffsnormen müsse das Günstigkeitsprinzip beachtet werden; anzuwenden sei die für den Arbeitnehmer günstigere Norm[1587]. Auch dieser Ansicht kann so nicht gefolgt werden. Die Beachtung von Eingriffsnormen im Arbeitsrecht unterliegt keinem generellen Günstigkeitsprinzip. Ausländische Staaten können auch ein (aus deutscher Sicht) anerkennenswertes Interesse an der unbedingten - d.h. nicht nur einseitig zwingenden - Durchsetzung

---

[1584] Vgl. z.B. Staudinger-*Magnus* Art. 34 EGBGB Rn. 150. Im Ergebnis auch die Stimmen in der Literatur, die selbst bei inländischen Eingriffsnormen eine Abwägung befürworten; vgl. *Kronke*, Rechtstatsachen 119 ff.; MünchKomm-*Martiny* Art. 34 EGBGB Rn. 120.

[1585] Das Abstellen auf die lex fori kann zur Folge haben, daß die Vorschrift angewendet wird, die der lex fori am ähnlichsten ist, vgl. insoweit auch *Wengler*, RabelsZ 19 (1955), 422 f. Zwingend ist dies aber nicht, da auch einer Rechtsordnung der Vorrang gegeben werden kann, die zwar deutlicher als das Recht eines anderen Staates von der lex fori abweicht, dafür aber stärker von dem Vertrag betroffen ist.

[1586] So wohl *Erne* 193 ff. Vgl. hierzu auch MünchKomm-*Martiny* Art. 34 EGBGB Rn. 120 und *Rehbinder*, JZ 1973, 157.

[1587] Vgl. *Däubler*, AWD 1972, 1 ff.; Staudinger-*Magnus* Art. 34 EGBGB Rn. 149 (selbst das eigene Eingriffsrecht werde bei einer günstigeren ausländischen Eingriffsnormen nicht durchgesetzt); der Tendenz nach auch *Rehbinder*, JZ 1973, 157.

von Arbeitsrecht haben, das gegenüber alternativ anwendbaren Rechtsordnungen ungünstiger ist[1588]. Auch im Bereich des Arbeitsrechts hat daher eine Abwägung der Regelungsinteressen zu erfolgen; oft wird das Problem der Kollision von Eingriffsnormen aber schon nicht relevant werden, weil das „schlechtere" Arbeitsrecht bei Bestehen einer „besseren" Regelung in einer anderen anwendungswilligen Rechtsordnung nicht angewendet werden will.

3. *Kollision inländischer Eingriffsnormen mit ausländischem Eingriffsrecht*

Hinsichtlich der Kollision inländischer Eingriffsnormen mit ausländischem Eingriffsrecht werden zwei Ansichten vertreten. Nach einer Auffassung gelten die für die Konflikte ausländischer Rechtsordnungen entwickelten Grundsätze. Auch wenn Eingriffsnormen der lex fori Anwendung verlangen, müsse also eine Abwägung der Regelungsinteressen der betroffenen Staaten erfolgen[1589]. Eine andere Meinung will dem inländischen Eingriffsrecht stets Vorrang geben. Deutsche Gerichte müßten bei Konflikten also ohne weitere Abwägung deutsches Recht anwenden[1590].

Für die erste Ansicht wird angeführt, der Grundsatz der Rücksichtnahme auf die Interessen fremder Staaten müsse auch dann gelten, wenn die Anwendung eigenen international zwingenden Rechts berührt wird. Eine Bevorzugung der Geltungsansprüche der lex fori sei nicht begründbar[1591]. Nach der abweichenden Auffassung sei das Interesse an der Durchsetzung der eigenen Rechtsordnung dagegen höher zu bewerten als die Bereitschaft, fremde Rechtsordnungen durchzusetzen. Die rechtspolitischen Vorstellungen der lex fori müßten stets Vorrang gegenüber den Interessen anderer Staaten haben[1592]. Verwiesen wird weiterhin auf die Regelungsstruktur des Art. 7 EVÜ: Nach Art. 7 Abs. 2 EVÜ berühre das „Übereinkommen" nicht die Anwendung inländischer Eingriffsnormen. Eingriffsnormen der lex fori seien also gegenüber allen übrigen Anknüpfungen – also auch der Berücksichtigung ausländischen Eingriffsrechts

---

[1588] Vgl. oben § 13 III. 5. d).

[1589] *Kronke*, Rechtstatsachen 119 ff.; MünchKomm-*Martiny* Art. 34 EGBGB Rn. 120.

[1590] So im Ergebnis: *Audit* Rn. 812; *Busse*, ZVglRWiss 95 (1996), 411 f.; *Kaye* 265; *Lehmann*, Vertragsrecht 222; *Vischer*, Rec. des Cours 142 (1974-II), 26 f.; Soergel-*von Hoffmann* Art. 34 EGBGB Rn. 104; Ermann-*Hohloch* Art. 34 EGBGB Rn. 25; Palandt-*Heldrich* Art. 34 EGBGB Rn. 6. Grundsätzlich auch Staudinger-*Magnus* Art. 34 EGBGB Rn. 7 und 147, für das Arbeitsrecht soll allerdings das Günstigkeitsprinzip gelten.

[1591] *Kronke*, Rechtstatsachen 119 ff. (der von einer Gefahr des „richterlichen Chauvinismus" spricht); MünchKomm-*Martiny* Art. 34 EGBGB Rn. 120.

[1592] *Vischer*, Rec. des Cours 142 (1974-II), 26 f.; Soergel-*von Hoffmann* Art. 34 EGBGB Rn. 104; Staudinger-*Magnus* Art. 34 EGBGB Rn. 147.

nach Art. 7 Abs. 1 EVÜ – vorrangig. Die Nichtübernahme des Art. 7 Abs. 1 EVÜ ändere hieran nichts[1593].

Den zuletzt genannten Argumenten ist uneingeschränkt zuzustimmen. Das EVÜ geht in Art. 7 von einem absoluten Vorrang der Eingriffsnormen der lex fori aus. Dieser Vorrang ergibt sich auch unmittelbar aus der „Natur“ der Eingriffsnormen. Durch die Ausstattung mit einem Anwendungsbefehl zeigt der nationale Gesetzgeber, daß er auf der Geltung seiner Rechtsordnung besteht. Damit wird deutlich gemacht, daß die eigenen Vorstellungen unbedingt durchgesetzt werden sollen, für die Berücksichtigung der Interessen anderer Staaten bleibt kein Raum mehr. Anders als im Bereich des „üblichen“ Kollisionsrecht wird der Grundsatz der Gleichwertigkeit der Rechtsordnungen verlassen. Eingriffsrecht zeichnet sich gerade durch das Merkmal der „Bevorzugung“ der eigenen Rechtsordnung aus. Kollidieren Eingriffsnormen der lex fori mit ausländischen Eingriffsnormen, sind die Gerichte also verpflichtet, ihr Heimatrecht anzuwenden. Inländische Eingriffsnormen setzen sich also auch dann gegenüber ausländischem Recht durch, wenn letzteres ebenfalls international zwingend ist.

[1593] Staudinger-*Magnus* Art. 34 EGBGB Rn. 7 und 147. Vgl. auch *Lehmann*, Vertragsrecht 222 (vor Einlegung des Vorbehalts). Vgl. für die englische Fassung des EVÜ: *Kaye* 265. Aus französischer Sicht: *Audit* Rn. 812.

§ 15: Zusammenfassung

Ziel der Arbeit war es, einen Beitrag dazu zu leisten, daß Eingriffsnormen nicht länger den „unfertigen Teil“[1594] des Internationalen Privatrechts darstellen. Die Ergebnisse können wie folgt zusammengefaßt werden:

1. Eingriffsnormen sind zwingend und enthalten den Willen, unabhängig vom Vertragsstatut angewendet zu werden, sind also auch international zwingend. Sie entziehen sich einer Definition durch materiellrechtliche Kriterien, insbesondere ist nicht entscheidend, ob eine Vorschrift vorwiegend öffentliche Interessen verfolgt oder dem öffentlichen Recht zuzuordnen ist. Die h.M., die Normen, die vorwiegend dem Ausgleich privater Interessen dienen, aus dem Kreis der international zwingenden Vorschriften ausschließen will, ist somit abzulehnen. Zwingende Normen des Arbeitsrechts nehmen im Grundsatz keine Sonderstellung ein; sie können international zwingend sein, müssen es aber nicht. Der internationale Geltungswille ist durch Auslegung zu ermitteln, Umstände des Einzelfalls bzw. Günstigkeitserwägungen bleiben hierbei außer Betracht; im Zweifel ist gegen die Eingriffsnorm zu entscheiden. Das Kollisionsrecht der Eingriffsnormen zeichnet sich dadurch aus, daß auf die einzelne Norm und nicht den Sachverhalt abgestellt wird; es unterscheidet sich insoweit vom Verweisungsrecht des „herkömmlichen“ Internationalen Privatrechts.

2. Für Eingriffsnormen der lex fori gilt, daß Art. 34 EGBGB in erster Linie klarstellende Bedeutung hat; eine einheitliche Auslegung des Art. 34 EGBGB kann aus diesem Grund auch nicht dazu herangezogen werden, um den Begriff der „Eingriffsnorm“ näher zu definieren. Inländisches Eingriffsrecht ist anzuwenden, wenn seine materiellrechtlichen Voraussetzungen vorliegen. Soweit das international zwingende Recht nicht ausdrücklich etwas anderes bestimmt, setzt eine Anwendung weiterhin voraus, daß eine hinreichend enge Verbindung des Sachverhalts zum Inland besteht. Die Art der notwendigen Inlandsbeziehung ergibt sich aus der einzelnen Eingriffsnorm.

Der Anwendung inländischer Eingriffsnormen können europarechtliche Regelungen entgegenstehen. Als Schranke sind insbesondere die Grundfreiheiten zu beachten, im Arbeitsrecht in erster Linie die Dienstleistungsfreiheit. Die international zwingende Anwendung inländischen Arbeitsrechts auf entsandte Arbeitnehmer bedeutet aber nicht stets einen Eingriff in die Freiheiten. Aufgrund einer am Binnenmarktziel orientierten Auslegung ist vielmehr davon auszugehen, daß die Erstreckung inländischer Vorschriften des Arbeitsrechts grundsätzlich keinen Eingriff in die Grundfreiheiten darstellt, soweit hierdurch keine Doppelbelastung ausländischer Anbieter entsteht. Diese Auffassung entspricht

---

[1594] Vgl. *Junker*, IPR Rn. 79.

auch der Rechtsprechung des EuGH. Werden die Grundfreiheiten (ausnahmsweise) beschränkt, ist zu prüfen, ob der Eingriff durch zwingende Gründe des Allgemeininteresses gerechtfertigt ist. Das AEntG ist mit den Grundfreiheiten vereinbar, es bewirkt keine Diskriminierung und nach der hier vertretenen Ansicht grundsätzlich auch keine Beschränkung. Auch sekundäres Gemeinschaftsrecht kann die Anwendung inländischer Eingriffsnormen ausschließen, noch nicht umgesetzte Richtlinien können eine derartige Wirkung aber nicht entfalten. Die Entsenderichtlinie enthält keine Beschränkungen für den Umfang inländischen Eingriffsrechts im Bereich des Arbeitsrechts.

Liegen die geschilderten Voraussetzungen vor, unterscheidet sich die Anwendung inländischer Eingriffsnormen grundsätzlich nicht von der Anwendung von Sachnormen, die durch das Verweisungsrecht berufen werden. Ob Rechtsfolgen, die nicht direkt in der Eingriffsnorm geregelt sind, dem Vertragsstatut oder der Rechtsordnung des Erlaßstaates (der lex fori) zu entnehmen sind, hängt von der Zwecksetzung des Eingriffsrechts ab.

Zu den Grundlagen inländischer Eingriffsnormen läßt sich folgendes festhalten: Eingriffsrecht kann auf europäischen Rechtsakten beruhen; deutsche Vorschriften, die Richtlinien umsetzen, haben aber nicht ohne weiteres Eingriffscharakter (auch wenn der Vertragsstatutsstaat seiner Umsetzungspflicht nicht rechtzeitig nachgekommen ist). Richterrecht kann ebenso Grundlage für Eingriffsrecht sein wie kollektive Normenverträge. Bei Betriebsvereinbarungen und Tarifverträgen ist grundsätzlich davon auszugehen, daß sie unabhängig vom Vertragsstatut Anwendung beanspruchen.

Das deutsche Arbeitsrecht erhält vor allem aufgrund der Regelungen im AEntG international zwingende Wirkung, entgegen der h.M. sind aber z.B. auch der allgemeine Kündigungsschutz des KSchG sowie § 613 a BGB als Eingriffsrecht anzusehen.

Art. 30 Abs. 1 EGBGB und Art. 34 EGBGB erfassen nicht unterschiedliche Normgruppen, so daß Überschneidungen auftreten können. Bei Konflikten hat die Regelung des Art. 34 EGBGB – d.h. der kollisionsrechtliche Anwendungsbefehl der Eingriffsnorm - stets Vorrang.

3. Die Beachtung ausländischer Eingriffsnormen ist in Deutschland auch deshalb heftig umstritten, weil aufgrund des Vorbehaltes gegen Art. 7 Abs. 1 EVÜ keine generelle gesetzliche Regelung besteht. Mit Art. 32 Abs. 2 EGBGB existiert aber eine (bisher wenig beachtete) Vorschrift, die zumindest die Eingriffsnormen des Erfüllungsortes erfaßt, die die „Art und Weise der Erfüllung" betreffen. Nach Art. 32 Abs. 2 EGBGB muß Eingriffsrecht des Erfüllungsortes „berücksichtigt" werden; der Begriff „berücksichtigen" räumt den Gerichten dabei weites Ermessen hinsichtlich der Rechtsfolge ein: Das ausländische Recht kann

angewendet, auf materiellrechtlicher Ebene berücksichtigt werden oder unbeachtet bleiben.

Der Streit über die Beachtung ausländischer Eingriffsnormen außerhalb des Anwendungsbereichs des Art. 32 Abs. 2 EGBGB ist durch den Gegensatz zwischen Sonderanknüpfung und materiellrechtlicher Berücksichtigung geprägt, wobei letztere Lösung vor allem in der deutschen Rechtsprechung vertreten wird. Daneben finden sich Auffassungen, die ausländisches Eingriffsrecht grundsätzlich nicht oder nur als Datum beachten wollen, auf die Durchsetzungsmacht des Erlaßstaates abstellen oder das Territorialitätsprinzip heranziehen.

Betrachtet man die Frage nach der Methode - dem „Wie" - der Beachtung ausländischer Eingriffsnormen, muß zunächst offengelegt werden, daß eine Berücksichtigung des normativen Gehalts einer Vorschrift auf materiellrechtlicher Ebene von der Beachtung faktischer Auswirkungen zu trennen ist. Durch die Einsicht, daß auch die Berücksichtigung auf materiellrechtlicher Ebene ein kollisionsrechtliches Vorgehen darstellt, verliert die Unterscheidung zwischen Anwendung (im Rahmen einer Sonderanknüpfung) und Berücksichtigung an Bedeutung. Dennoch bleiben Unterschiede bestehen; nur bei einer Anwendung ergibt sich die Rechtsfolge unmittelbar aus der fremden Norm. Bei der Auswahl einer Methode ist grundsätzlich die Sonderanknüpfung vorzuziehen, da sie besser geeignet erscheint, die mit der Beachtung ausländischer Eingriffsnormen verfolgten Zwecke zu verwirklichen. Daneben kommt aber auch eine Berücksichtigung in Betracht, wenn z.B. (nur) die Rechtsfolge der Eingriffsnorm nicht mit dem Vertragsstatut vereinbar ist.

Eine kollisionsrechtliche Beachtung ausländischer Eingriffsnormen erfolgt dabei unter folgenden Voraussetzungen: Die Norm muß für den konkreten Sachverhalt kollisionsrechtlichen Anwendungswillen aufweisen und ihre materiellrechtlichen Voraussetzungen müssen vorliegen. Der Sachverhalt muß eine enge Verbindung zu dem Erlaßstaat aufweisen, im Arbeitsrecht wird diese Verbindung in der Regel durch den Arbeitsort vermittelt. Weiterhin darf die Eingriffsnorm nicht offensichtlich mit der Rechtsordnung der lex fori unvereinbar sein.

Eingriffsnormen des Vertragsstatuts werden von den Verweisungsnormen erfaßt, aufgrund der Vorgaben des EVÜ gilt die Kumulationstheorie. Trotz der Regelung in Art. 35 Abs. 1 EGBGB ist bei einer Berufung durch das Verweisungsrecht aber der Anwendungswille der fremden Eingriffsnormen zu beachten. Für die Eingriffsnormen anderer Mitgliedsstaaten der EU gilt, daß dem Europarecht keine Verpflichtung zur Beachtung dieser Normen entnommen werden kann. Regelmäßig werden sie aber nach den allgemeinen Grundsätzen berücksichtigungsfähig sein. Wollen die Eingriffsnormen mehrerer Staaten auf einen Sachverhalt angewendet werden, haben inländische Eingriffsnormen stets

Vorrang, bei mehreren ausländischen Normen sind die Regelungsinteressen der beteiligten Staaten gegeneinander abzuwägen.

Kolibri 360 GmbH
Ferdinand-Jühlke-Straße 7
99095 Erfurt, Deutschland
produktsicherheit@kolibri360.de

Druck:
CPI Druckdienstleistungen GmbH
im Auftrag der
Kolibri 360 GmbH
Ferdinand-Jühlke-Str. 7
99095 Erfurt